S0-BYL-786

DER BETENDE SÜNDER VOR GOTT

ARBEITEN ZUR GESCHICHTE DES ANTIKEN JUDENTUMS UND DES URCHRISTENTUMS

HERAUSGEGEBEN VON

Martin Hengel (Tübingen), Peter Schäfer (Berlin),
Pieter W. van der Horst (Utrecht), Martin Goodman (Oxford),
Daniël R. Schwartz (Jerusalem), Cilliers Breytenbach (Berlin)

XLV

DER BETENDE SÜNDER VOR GOTT

Studien zu Vergebungsvorstellungen in urchristlichen und frühjüdischen Texten

VON

SÖNKE VON STEMM

BRILL
LEIDEN · BOSTON · KÖLN
1999

This book is printed on acid-free paper.

Die Deutsche Bibliothek - CIP-Einheitsaufnahme

Stemm, Sönke von:
Der betende Sünder vor Gott : Studien zu Vergebungsvorstellungen in
urchristlichen und frühjüdischen Texten / von Sönke von Stemm.–
Leiden ; Boston ; Köln : Brill, 1999
  (Arbeiten zur Geschichte des antiken Judentums und des
  Urchristentums ; 45)
  ISBN 90-04-11283-9

Library of Congress Cataloging-in-Publication Data is also available

ISSN   0169-734X
ISBN   90 04 11283 9

© *Copyright 1999 by Koninklijke Brill NV, Leiden, The Netherlands*

*All rights reserved. No part of this publication may be reproduced, translated, stored in
a retrieval system, or transmitted in any form or by any means, electronic,
mechanical, photocopying, recording or otherwise, without prior written
permission from the publisher.*

*Authorization to photocopy items for internal or personal
use is granted by Brill provided that
the appropriate fees are paid directly to The Copyright
Clearance Center, 222 Rosewood Drive, Suite 910
Danvers MA 01923, USA.
Fees are subject to change.*

PRINTED IN THE NETHERLANDS

INHALT

VORWORT

Die vorliegende Arbeit ist die gekürzte Fassung meiner Dissertation, die im Sommersemester 1998 von der Theologischen Fakultät der Humboldt-Universität zu Berlin angenommen wurde. An erster Stelle möchte ich mich bei Prof. Martin Hengel (Tübingen) und Prof. Pieter van der Horst (Utrecht) bedanken, die die Arbeit auf diesem Wege der Öffentlichkeit zugänglich machen.

Bereits während des Studiums hat mein Doktorvater Prof. Cilliers Breytenbach mir den Blick für lexikologische Analysen und für eine Auslegung der urchristlichen Texte im Rahmen ihrer Umwelt geschärft. Zusammen mit dem Colloquium am Institut für Urchristentum und Antike hat er zudem die Bedingungen für eine intensive wissenschaftliche Arbeit geschaffen. Dafür bin ich ihm und meinen Kolleginnen und Kollegen sehr dankbar. In diesem Kreis habe ich mehr als eine wissenschaftliche Heimat gefunden.

Meinen guten Freunden verdanke ich, daß die Arbeit während des Vikariates in der vorliegenden Fassung fertiggestellt werden konnte. Schließlich wäre die Drucklegung neben der Arbeit im Pfarramt ohne die Hilfe meiner Mutter undenkbar gewesen!

Berlin/Sorsum, 25. Februar 1999   Sönke v. Stemm

KAPITEL I

EINFÜHRUNG UND AUFGABENSTELLUNG

Die vorliegenden Studien beschäftigen sich mit Texten, die den urchristlichen und frühjüdischen Glauben an Gottes „Vergebung" belegen. Dabei läßt sich weder in den jüdischen noch in den christlichen Texten ein einheitliches, fest geprägtes Verständis von „Vergebung" nachweisen. Eine Vielzahl von Vorstellungen strahlt vielmehr denjenigen entgegen, die die Texte nach Aussagen zum Umgang Gottes mit den Verfehlungen der Menschen befragen.

Bietet demnach das Urchristentum kein einheitliches Verständnis von „Vergebung"? Um diese Frage zu beantworten, erweist es sich im Rückblick auf die vorliegende Untersuchung als hilfreich, zwischen soteriologischen und alltagstheologischen „Vergebungs"-Vorstellungen zu unterscheiden. Denn in den hier untersuchten urchristlichen Texten geht es nicht um eine grundsätzliche Heilszueignung. Vielmehr geben diejenigen, die sich im Glauben an Jesus Christus „von ihren Sünden gerettet" (vgl. beispielsweise Mt 1,21) wissen, mit ihren Gebeten davon Zeugnis, wie sie Verfehlungstaten unter der Perspektive einer schon bestehenden Gottesbeziehung deuten und theologisch bewältigen. Die hier untersuchten „Vergebungs"-Vorstellungen sind damit Ausdruck theologischer Ethik: der „betende Sünder vor Gott" weiß um seine grundsätzlich vorhandene Gottesbeziehung, kennt aber auch seine dennoch begangenen Verfehlungen und bittet daher Gott um „Vergebung". Die zu beobachtende Vielfalt an „Vergebungs"-Vorstellungen läßt sich schließlich aus der jeweils unterschiedlich verstandenen Gottesbeziehung erklären.

Die folgende Einführung soll dazu dienen, den genommenen Weg zu diesen Ergebnissen der Arbeit nachvollziehbar zu machen. Daher ist in einem ersten Abschnitt (I.) die Fragestellung zu präzisieren und die Vorgehensweise einschließlich der Textauswahl zu erläutern. Dies soll jedoch nicht ohne einen angemessenen Blick in die bisherige Forschungsarbeit zu diesem Thema geleistet werden

(II.). Zur besseren Übersicht wird abschließend dieses einführende
Kapitel in einem eigenen Abschnitt zusammengefaßt (III.).

I. FRAGESTELLUNG UND METHODISCHE GRUNDENTSCHEIDUNGEN DER ARBEIT

1. *Der Untersuchungsgegenstand: Sprachgebrauch und konzeptionelle Verankerung von „Vergebungs"-Vorstellungen*

Die vorliegende Arbeit setzt sich zum Ziel, einen Beitrag zum Verständnis und zur Auslegung derjenigen urchristlichen Vorstellungen
zu liefern, die bis auf weiteres als „Vergebungs"-Vorstellungen bezeichnet werden können. Das Urchristentum thematisiert in unterschiedlichen Kontexten das Verfehlungshandeln von Menschen und
zugleich auch Gedanken und Vorstellungen, wie Gott mit diesem
Verfehlungshandeln oder mit der Sünde der Menschen umgeht bzw.
ferner umgehen wird. Auffällig ist dabei die Vielfalt an Formulierungen und sprachlichen Wendungen, die in den Texten verwendet
werden, um ein Vergebungshandeln Gottes zu beschreiben.

Beispieltexte für „Vergebungs"-Aussagen innerhalb der urchristlichen Texte können der Arbeit von *C.-H. Sung* entnommen werden. Seiner Untersuchung zu „Jesu
Praxis der Sündenvergebung" hat *Sung* mehrere tabellarische Übersichten hinzugefügt. Sie geben Einblick in die Vielfalt der voneinander unterscheidbaren Wendungen, Aussagen und Phrasen.[1] Bei allen methodischen Anfragen an die Arbeit[2] verschafft diese Statistik einen leichten Überblick über einige urchristliche Texte, in
denen ein „Vergebungs"-Handeln Gottes reflektiert wird. *Sung* beschränkt sich auf
den Kanon und listet 37 Kontexte auf (§ 36.1.4). Diese Liste läßt sich nun sogar in-
nerkanonisch noch verlängern, da zum Beispiel Jak 5,15f. und Röm 3,25f. keine
oder die Aussagen des Hebräerbriefes nur am Rande Erwähnung finden.

Aus der Vielfalt an „Vergebungs"-Aussagen ergibt sich für diese
Studien zunächst die Aufgabe, die Ausdrücke und Wortverbindungen, die ein „Vergebungs"-Handeln beschreiben, genauer nach den

---

[1] Siehe *C.-H. Sung*, Vergebung der Sünden. Jesu Praxis der Sündenvergebung
nach den Synoptikern und ihre Voraussetzungen im Alten Testament und frühen
Judentum, WUNT[2] 57, Tübingen 1993, § 36.

[2] Siehe dazu die Besprechung der Arbeit von *Sung* im Rahmen des Forschungsüberblickes, unten Abschnitt II.1.

jeweils implizierten Vorgängen bzw. Taten Gottes zu untersuchen. Denn es ist zu vermuten, daß eine durchgehende Wiedergabe der entsprechenden Aussagen mit der deutschen Vokabel „vergeben" die Vielfalt an Ausdrucksmöglichkeiten in den griechischen Texten vorschnell nivelliert.

Welches Gotteshandeln wird beispielsweise von dem betenden Zöllner erfleht, der im Tempel ausruft: ἱλάσθητί μοι τῷ ἁμαρτωλῷ (Lk 18,13)? Und in welchem Sinne unterscheidet sich diese Gottestat von derjenigen, die beispielsweise im Vaterunser (nach Mt 6,12) mit ἀφιέναι formuliert wird: καὶ ἄφες ἡμῖν τὰ ὀφειλήματα ἡμῶν ὡς καὶ ἡμεῖς ἀφήκαμεν τοῖς ὀφειλέταις ἡμῶν? Ebenso wird die Fragestellung beispielsweise an der Liste von Verben in 1 Clem 60,1-2 deutlich (ἄφες ἡμῖν τὰς ἀνομίας ἡμῶν καὶ τὰς ἀδικίας καὶ τὰ παραπτώματα καὶ πλημμελείας. μὴ λογίσῃ πᾶσαν ἁμαρτίαν δούλων σου καὶ παιδισκῶν, ἀλλὰ καθάρισον ἡμᾶς τὸν καθαρισμὸν τῆς σῆς ἀληθείας, καὶ κατεύθυνον τὰ διαβήματα ἡμῶν ἐν ὁσιότητι καρδίας πορεύεσθαι ...): Wird mit diesen Verben auf jeweils ein und dieselbe Tat Gottes referiert? Die vorliegenden Studien richten ihr Augenmerk demnach auf den Sprachgebrauch von ausgewählten Textpassagen, die einen Umgang Gottes mit den Verfehlungen der Menschen oder eine Handlung Gottes mit den Menschen selbst beschreiben, die Verfehlungen begangen haben.[3] Es soll geklärt werden, welche Taten und Handlungen Gottes beschrieben werden und worin nach Auffassung dieser Texte ein „Vergebungs"-Handeln Gottes besteht.

Das Ziel der Untersuchungen bleibt jedoch nicht auf die begriffliche Ebene eingegrenzt. Vielmehr sollen die sprachlichen und semantischen Untersuchungen der „Vergebungs"-Aussagen eingebettet werden in die weitergehende Analyse und Beschreibung der Konzeptionen, die in den „Vergebungs"-Aussagen zum Ausdruck kommen. Nicht allein der „Vergebungs"-*Vorgang* ist jeweils zu erheben, sondern die komplexe Vorstellung[4] vom Handeln Gottes an

---

[3] Vgl. zur präziseren Definition der „Vergebungs"-Aussagen als Untersuchungsgegenstand dieser Arbeit unten Seite 12.

[4] Der Terminus „Vorstellung" wird nicht als ein semantisch oder sprachtheore-

und mit den Menschen angesichts des Fehlverhaltens bzw. der Sünde der Menschen. Es wird dabei unter anderem für die Vorstellungen zu klären sein, in welchem Verhältnis das menschliche und das göttliche Handeln gesehen werden oder in welchem Sinne Bedingungen und Voraussetzungen für ein Vergebungshandeln Gottes geltend gemacht werden. Die vorliegenden Studien verstehen sich damit als Beitrag zur Erforschung des urchristlichen Glaubens. Es geht um die Beschreibung von religiösen Vorstellungen, die in verschiedenen urchristlichen Texten als wichtiges Element des Glaubens und Denkens belegt sind.

Das Interesse an den konzeptionellen Zusammenhängen der urchristlichen „Vergebungs"-Vorstellungen leitet sich aber, anders als bei einer Reihe von bisherigen Forschungsarbeiten zum Thema,[5] nicht aus einer aktuellen theologischen Diskussion ab. Vielmehr bleibt das vordringliche Erkenntnisinteresse auf eine historisch-deskriptive Ebene beschränkt.[6] Um die Spezifika der urchristlichen Texte hervortreten lassen zu können, soll religionsgeschichtlich bzw. traditionsgeschichtlich gefragt werden. Die urchristlichen „Vergebungs"-Vorstellungen sollen vor dem Hintergrund vergleichbarer jüdischer Vorstellungen ausgelegt und interpretiert werden. Im Mittelpunkt steht dabei nicht die Frage nach der Herkunft einer urchristlichen Vorstellung bzw. ihre Einordnung in die Traditionslinien des ältesten Christentums.[7] Vielmehr wollen die vorliegenden

---

tisch festgelegter Begriff verwendet. Er kann aber gemeinsam mit dem Begriff „Konzeption" eingesetzt werden, um komplexere Inhalte des menschlichen Denkens und auch Glaubens zu beschreiben. Der Begriff ist in jedem Fall allein ein Hilfsmittel, und es wird darum gehen, in den entscheidenden Fällen die Inhalte und Zusammenhänge der betreffenden „Vorstellung" zu definieren oder zu umschreiben.

[5] Inwieweit das Thema „Vergebung" im Interesse neuerer systematisch-theologischer Forschung steht, belegt eindrücklich die Arbeit von C. Gestrich, Die Wiederkehr des Glanzes in der Welt. Die christliche Lehre von der Sünde und ihrer Vergebung in gegenwärtiger Verantwortung, Tübingen 1989. Zu weiteren Arbeiten vgl. unten Abschnitt II.1.

[6] Vgl. zu den Möglichkeiten historischer Rekonstruktion jetzt auch V. Sellin, Einführung in die Geschichtswissenschaft, Göttingen 1995, bes. 185-189.

[7] Siehe zu einem eher traditionsgeschichtlich als „religionsgeschichtlich" vorgehenden Arbeiten unten Abschnitt I.2.a, Seite 8.

Studien die „Vergebungs"-Vorstellungen des Urchristentums besser verstehen lernen, indem zuvor vergleichbare „Vergebungs"-Vorstellungen aus der pseudepigraphischen und apokryphen Literatur des Judentums untersucht wurden. Es sollen zunächst in einem ersten Untersuchungsgang Vorstellungen von „Vergebung" erhoben werden, die zur Zeit der Entstehung der urchristlichen Schriften im damaligen Judentum in Gebrauch waren. Auf diese Weise kann ein zentraler Teil des kulturellen und religiösen Milieus sichtbar gemacht werden, in dem die urchristlichen Vorstellungen vom Vergebungshandeln Gottes ausgebildet wurden.[8]

Damit wird einerseits der methodischen Forderung Rechnung getragen, auch die theologischen Konzeptionen und systematischen Entwürfe des Urchristentums konsequent im Rahmen der Umwelt des Urchristentums zu beschreiben und auszulegen.[9] Andererseits kann durch die Fragerichtung den herangezogenen Vergleichstexten

---

[8] „Eine andere Regel ...: wenn du die Bücher des Neuen Testaments ganz und gar verstehen willst, versetze dich in die Person derer, denen sie zuerst von den Aposteln zum Lesen gegeben worden sind. Versetze dich im Geiste in jene Zeit und jene Gegend, wo sie zuerst gelesen wurden. Sorge, soweit es möglich ist, dafür, daß du die Sitten, Gebräuche, Gewohnheiten, Meinungen, überkommenen Vorstellungen, Sprichwörter, Bildersprache, tägliche Ausdrucksweisen jener Männer erkennst und die Art und Weise, wie sie andere zu überzeugen versuchen oder Begründungen Glauben verschaffen." *J.J. Wettstein*, Novum Testamentum Graecum II (1752), zitiert in der Übersetzung von *W.G. Kümmel*, Das Neue Testament. Geschichte der Erforschung seiner Probleme, Freiburg/München ²1970, 54.

[9] *C. Breytenbach* fordert in seiner Antrittsvorlesung an der Humboldt-Universität zu Berlin (31.5.1995), Exegese als Wissenschaft. Anlehnungen an Friedrich Schleiermacher (erscheint voraussichtlich 1998), im Anschluß schon an *W. Wrede*, Über Aufgabe und Methode der sogenannten Neutestamentlichen Theologie (1897), in: *G. Strecker*, Das Problem der Theologie des Neuen Testaments (WdF 167), Darmstadt 1975, 81-154, und auch an *H. Räisänen*, Beyond New Testament Theology, London/Philadelphia 1990, neben der Geschichte des Urchristentums eine Literaturgeschichte und schließlich eine „urchristliche Religionsgeschichte bzw. Geschichte der urchristlichen Religion und Theologie" als Aufgabe exegetischer Wissenschaft. Das Ziel der vorliegenden Arbeit kann in letzterem Bereich angesiedelt werden. Vgl. zur Aufgabe einer „Religionsgeschichte" des Neuen Testaments jetzt auch *H.-J. Klauck*, Die religiöse Umwelt des Urchristentums I. Stadt- und Hausreligion, Mysterienkulte, Volksglaube, Stuttgart u.a. 1995, 19-26.

aus dem Judentum ein größeres eigenes Gewicht beigemessen werden,[10] als dies gerade in älteren Arbeiten zum Thema „Vergebung"
häufig geschehen ist. Die jüdischen Stimmen werden nicht als Vor-
läufer urchristlicher Konzeptionen gelesen, sondern als eigenständige Zeugen für Vorstellungen vom Vergebungshandeln Gottes. Ziel
ist es, diese Vorstellungen zu beschreiben und systematisch auszu-
werten. So kann eine Folie erarbeitet werden, vor der anschließend
die urchristlichen Konzeptionen vergleichend ausgelegt werden können.[11]

Es ist in diesem Zusammenhang zu betonen, daß das in Frage
kommende Textmaterial nicht mit einem Anspruch auf Vollständigkeit bearbeitet werden kann. Die Vorgehensweise ist an Einzeltext-
auslegungen zu binden (vgl. dazu unten). Daher muß die Textbasis
für die folgenden Untersuchungen eingeschränkt werden. Es kann in
dieser Studie nur darum gehen, an einigen Punkten den theologischen und geistigen Horizont sichtbar zu machen, der durch die
„Vergebungs"-Vorstellungen in pseudepigraphischen und apokryphen Texten des Judentums gebildet wird. In diesen Horizont können dann einzelne Beispieltexte aus der urchristlichen Literatur bzw.
die in ihnen enthaltenen Vorstellungen eingezeichnet werden,[12] um

---

[10] Die Bibliographien von *J.H. Charlesworth*, The Pseudepigrapha and Modern Research. With a Supplement (SCS 7), Chico 1981, und *L. R. Ubigli*, Gli
apocrifi (o pseudepigrafi) dell' Antico Testamento. Bibliografia (1979-1989), Henoch 12 (1990) 259-321, zeigen, daß auf verschiedenen Gebieten die Apokryphen
und Pseudepigraphen des Alten Testaments wieder stärker zur Auslegung der urchristlichen Schriften herangezogen werden. Siehe auch *F. Hahn*, Die Bedeutung
der alttestamentlich-jüdischen Traditionen für die christliche Theologie, in: *ders.*,
Die Verwurzelung des Christentums im Judentum. Exegetische Beiträge zum
christlich-jüdischen Gespräch, Neukirchen-Vluyn 1996, 34-48, und *ders.*, Das
frühjüdische Traditionsgut und das Neue Testament (1993), in: *ders.*, Verwurzelung des Christentums, a.a.O., 172-189.
[11] Vgl. zur Bedeutung des Studiums der Pseudepigraphen und Apokryphen
auch den plakativen und illustrativen Aufsatz von *M.E. Stone*, Why Study the
Pseudepigrapha?, BA 46 (1983) 235-244, und die neuere Bestimmung des Verhältnisses von Pseudepigraphen und Apokryphen zum biblischen Schrifttum durch
J.H. Charlesworth, In the Crucible: The Pseudepigrapha as Biblical Interpretation,
in: *ders.* / *C.A. Evans*, The Pseudepigrapha and Early Biblical Interpretation (JSP
SS 14), Sheffield 1993, 20-43.
[12] Vgl. zur Verwurzelung des Christentums im Judentum auch *E.W. Stege-*

so das Profil der urchristlichen Aussagen und Gedanken schärfer zu erfassen. Weder im Blick auf das Judentum noch im Blick auf das Urchristentum kann es aber um die Erarbeitung eines breiten Überblicks gehen. Vielmehr sollen anhand von einzelnen Texten und Autoren theologische Positionen und Gedankengänge im Rahmen ihrer geistig-religiösen Umwelt beschrieben und miteinander verglichen werden.

2. Die Vorgehensweise: Auslegung von abgrenzbaren Texteinheiten

Um die Vergebungsvorstellungen in Texten des Urchristentums und des Judentums angemessen erheben zu können, ist die vorliegende Untersuchung als exegetische Analyse von einzelnen Texten konzipiert. Die Vorstellungen und theologischen Positionen, die es anhand der antiken Schriften zu erarbeiten gilt, sollen allein über den Weg der Auslegung selbständiger oder abgrenzbarer Texteinheiten erarbeitet werden. Die Einzeltextorientierung der vorliegenden Arbeit ergibt sich dabei einerseits aus dem Sachverhalt, daß nach komplexen und weitreichenden Vorstellungen gefragt werden soll, die kaum in oberflächlichen Gesamtüberblicken über das vorliegende Textmaterial zu erfassen sind. Andererseits liegt dieser Vorgehensweise aber auch die methodische Einsicht zugrunde, wonach eine Vorstellung in einem Text allein über die Auslegung der gesamten Texteinheit, nicht aber nur einzelner Begriffe erhoben werden kann.

a) Absage an eine begriffsorientierte Vorgehensweise

Anders als diejenigen Arbeiten, die urchristliche oder überhaupt antike Konzeptionen und Gedankenstrukturen mit Hilfe von semantischen Untersuchungen zu einer einzelnen Vokabel erschließen können,[13] läßt sich der Untersuchungsgegenstand der vorliegenden

---

mann / W. Stegemann, Urchristliche Sozialgeschichte. Die Anfänge im Judentum und die Christusgemeinden in der mediterranen Welt, Stuttgart u.a. 1995, bes. 99f. und 196ff.

[13] Vgl. z.B. die Erschließung der Versöhnungsvorstellungen über die semantische Analyse des Lexems δι/καταλλάσσειν bei *C. Breytenbach*, Versöhnung. Eine Studie zur paulinischen Soteriologie, WMANT 60, Neukirchen-Vluyn 1989.

Arbeit nicht mit einem einzigen *griechischen* Terminus fassen. Das
wird schon aus den wenigen oben genannten Passagen sichtbar, in
denen u.a. mit ἱλάσκεσθαί τινι, καθαρίζειν ἀπό oder μὴ λογίζεσθαι
κτλ. eine Vielzahl von unterschiedlichen Vokabeln gebraucht
wird.[14] Im weiteren Vorgehen kann zwar der deutsche Begriff
„Vergebung" zur Beschreibung und Kategorisierung der Vorstellungen oder theologischen Konzeptionen herangezogen werden, ebenso
wie vielleicht die mit verschiedenen Gottesepitheta bezeichneten Gedanken und Konzeptionen unter dem Begriff „Gottesvorstellungen"
zusammengefaßt werden können. Jedoch kann die Untersuchung
nicht von dem einzigen Terminus „Vergebung"/„vergeben" bzw.
einem griechischen Äquivalent ausgehen und ihn zu einem heuristi-
schen Prinzip erheben.

Im Gegensatz dazu suggeriert beispielsweise der Artikel von
Bultmann im Kittelschen Wörterbuch, daß die neutestamentlichen
und jüdischen Vergebungsvorstellungen ausgehend von der einen
Vokabel ἀφιέναι und deren Gebrauch dargestellt werden können.[15]
Doch Bultmann selbst macht mit seinen Ausführungen deutlich, daß
auch andere Bezeichnungsmöglichkeiten von ἀφιέναι berücksichtigt
werden müssen („loslassen"/„entlassen"/„verlassen" etc.)[16] und daß
die Darstellung der Textbefunde in eine methodische Aporie führt.
Auf der einen Seite werde nämlich gerade im paulinischen wie im
johanneischen Schrifttum mit der Vokabel ἀφιέναι κτλ. nur selten
der „Gedanke der Vergebung" formuliert, obwohl der Gedanke
selbst dort sehr wohl auch zu finden sei.[17] Und auf der anderen
Seite brächten andere „Begriffe" ebenfalls den Gedanken der Vergebung zum Ausdruck,[18] wobei Bultmann offenläßt, ob beispielsweise

---

[14] Vgl. dazu auch die Ausführungen unter II.1.

[15] Vgl. *R. Bultmann*, ἀφίημι κτλ., ThWNT I, Stuttgart u.a. 1933, 506-509.

[16] Siehe die allgemeinen Abschnitte zum „Sprachgebrauch" sowohl im Profangriechischen und der Septuaginta als auch im Neuen Testament, ebenda 506-
508.

[17] Vgl. ebenda, 509, Zeile 11ff.

[18] Ebenda, 509, Zeile 15-20 mit Beispielen. Es ist deutlich, daß sich auch *Bultmann* zwar der Konzeption des Kittelschen Wörterbuches unterwirft und Konzeptionen, Vorstellungen und theologische Gedanken beschreibt, welche mit einem
bestimmten *griechischen* Begriff benannt werden, so daß ein Nachschlagewerk in

mit καταλλαγή (Pls) und ἁγιάζειν (Hebr) tatsächlich ein und dasselbe bezeichnet wird. Somit wird dieser Artikel zwar unter das Stichwort „ἀφίημι, ἄφεσις, παρίημι, πάρεσις" innerhalb des „Wörterbuches" geordnet; es geht aber darum, den *Gedanken der Vergebung* im Neuen Testament zu beschreiben, wobei die griechische Vokabel allein als Einstieg verwendet wird. Eine Beschreibung des Gebrauches von ἀφιέναι κτλ. in den Texten des Neuen Testaments reicht aber augenscheinlich auch in den Augen des Autoren bei weitem nicht aus, alle Vergebungsvorstellungen im Neuen Testament zu erfassen, wie diese Vokabel darüber hinaus eine Reihe von weiteren Gedanken und Vorgängen bezeichnet, die nichts mit „Vergebung" gemein haben.[19] Schon ein Blick in den Artikel von Bultmann kann daher die Notwendigkeit sichtbar machen, nicht allein einen griechischen Terminus zum Ausgangspunkt der Untersuchung zu wählen. Vielmehr wird die Bedeutung von mehreren Begriffen und Ausdrücken zu erheben sein, um die Vorstellungen vom Umgang Gottes mit den Verfehlungen innerhalb der Texte des antiken Judentums und Christentums herausarbeiten zu können.

Damit kann aber die Forderung, die durchzuführenden Untersuchungen streng an der Auslegung von Einzeltexten zu orientieren, nicht aufgegeben werden. Denn die lexikologischen Analysen von einzelnen Vokabeln und Wortverbindungen sind als Teil und Ergänzung der Gesamttextanalysen zu verstehen. Ein solches Vorgehen

---

der äußeren Form eines Lexikons entstehen konnte, welches eigentlich ein Kompendium urchristlichen Glaubens und Denkens darstellt. Aber *Bultmann* macht insbesondere mit diesem Artikel sichtbar, daß die methodischen Vorgaben weder seinen eigenen lexikologischen Ansprüchen gerecht werden noch den Ansprüchen an eine Ideengeschichte. Ausführlicher hätte beschrieben werden müssen, welche Vorstellungen, Taten und Vorgänge mit den Stichwörtern bezeichnet werden können, und ausführlicher hätte auch der „Gedanke der Vergebung" in seinen vielfältigen und durch verschiedene Verben und Begriffe bezeichneten Belegen dargestellt werden können.

[19] Vgl. dazu auch die demnächst erscheinende Überarbeitung des Artikels „Vergebung" im „Theologischen Begriffslexikon zum Neuen Testament" von *C. Breytenbach* mit *S. v. Stemm*.

begründet sich dabei in der allgemeinen (sprachwissenschaftlichen) Erkenntnis, daß die Elemente eines Textes vor dem Hintergrund einer Kommunikationssituation miteinander zu einer absichtsvollen sprachlichen Einheit verknüpft sind.[20] Demnach ist davon auszugehen, daß auch einzelne Elemente eines Textes nur dann sinnvoll ausgelegt werden können, wenn der Aussagegehalt des einzelnen Elementes im Rahmen der gesamten Texteinheit interpretiert wird, wenn also die Bedeutung des Textes und die Funktion des Textes in der zugrundeliegenden Kommunikationssituation geklärt ist.[21]

Die verschiedenen Begriffsuntersuchungen, die im Rahmen der vorliegenden Fragestellung durchzuführen sein werden, sind demzufolge also nicht als unabhängige Analysen zu verstehen, sondern als Teil der Gesamttextauslegungen. Das Ziel der Einzelstudien wird zunächst darin bestehen, die gesamte zu untersuchende Texteinheit in ihrem Inhalt und in ihrer Funktion zu erfassen, um in weiteren Schritten diejenigen Abschnitte gesondert untersuchen zu können, die zum Verständnis der „Vergebungs"-Aussagen direkt beitragen. Wenn ein Bild von den Hauptgedanken und den zentralen Aussageabsichten der Texteinheit entworfen worden ist, werden auch die Gedanken und Vorstellungen vom Umgang Gottes mit den Verfehlungen in diesem Rahmen verständlich gemacht werden können.[22]

---

[20] Vgl. zur Texttheorie die Überblicksdarstellung bei *W. Heinemann / D. Viehweger*, Textlinguistik. Eine Einführung (RGL 115), Tübingen 1991, und siehe für den Bereich der neutestamentlichen Exegese beispielsweise die Lehrbücher von *K. Berger*, Exegese des Neuen Testaments, Heidelberg/Wiesbaden [3]1991, 11-32, und *W. Egger*, Methodenlehre zum Neuen Testament. Einführung in linguistische und historisch-kritische Methoden, Freiburg i.Br. [3]1987.

[21] Vgl. zur Reflexion der sprachtheoretischen und texttheoretischen Grundlagen jeder exegetischen Methode neben den Einführungen von *Berger*, Exegese, 11f., und *Egger*, Methodenlehre, 20-26, jetzt auch *J.W. Volz*, What Does This Mean?. Principles of Biblical Interpretation in the Post-Modern World, St. Louis 1995, bes. Anhang Nr. 4a (Traditional Linguistic Analysis and Modern Linguistic Response), 105-114, und sogar *G. Strecker / U. Schnelle*, Einführung in die neutestamentliche Exegese, Heidelberg [4]1993, 160-163.

[22] In der Gliederung der einzelnen Paragraphen wird sich dieser Sachverhalt darin niederschlagen, daß in einem ersten Abschnitt stets versucht werden soll, die Hauptgedanken und deren Verknüpfung innerhalb der Texteinheit darzustellen, bevor in einem weiteren Abschnitt vor einem so erarbeiteten Hintergrund die ei-

b) Begriffsanalysen als Teilaufgabe der Textauslegungen

Für das Vorgehen im einzelnen und damit auch für die lexikologischen Teilaufgaben ist dabei zu fordern, daß die exegetischen Einzelentscheidungen aus dem Vollzug und Gang der Analyse selbst nachvollziehbar bleiben.[23] Hinzuweisen ist aber darauf, daß dieser methodische Weg nicht von allen vergleichbaren Untersuchungen zu den „Vergebungs"-Vorstellungen gleichermaßen beschritten wurde und wird.[24] Unten werden diese Arbeiten zu besprechen sein; an dieser Stelle ist aber schon kritisch zu fragen, ob tatsächlich Vokabeln angemessen in ihrer Bedeutung und in ihrem Aussagegehalt für

---

gentlichen „Vergebungs"-Aussagen untersucht werden sollen. Variationen dieser Gliederung ergeben sich aus den exegetischen Anforderungen der einzelnen Texte.

[23] Es kann aber festgehalten werden, daß die Bedeutung einer Vokabel in einer eingrenzbaren Texteinheit bestimmt werden kann, indem zunächst die Bezeichnungsmöglichkeiten der Vokabel in der griechischen Sprache der Zeit erfaßt werden (Denotation), indem mit Hilfe von Gegen- und Parallelbegriffen das Spezifische der Bedeutung der zu untersuchenden Vokabel eingegrenzt wird (semantische Relationen) und indem geprüft wird, welche der herausgearbeiteten Bezeichnungsmöglichkeiten und semantischen Relationen ausschlaggebend für die Verwendung der Vokabel im zu untersuchenden Text und seinem Kontext sind bzw. was genau mit der Vokabel in der vorliegenden grammatischen Einbindung in den Text und seinen Kontext bezeichnet werden soll (Referenz). Vgl. dazu *M. Silva*, Biblical Words and Their Meaning. An Introduction to Lexical Semantics, Grand Rapids 1983, Part II (Seite 101-169); *Egger*, Methodenlehre, 92+110-113, und *Volz*, Principles, bes. 87-104. Verbunden ist dabei die allgemeine Forderung nach einer kontextbezogenen Auslegung von Begriffen mit der Einsicht, daß sich die meist komplexe Bedeutung eines Begriffes aus den *Beziehungen* heraus erheben läßt, in denen dieser Begriff zu anderen Begriffen der Sprache steht, und zwar auf der allgemeinen Ebene des sprachlich und grammatisch Möglichen und auf der Ebene der aktuellen Verwendung des Begriffes in einem konkreten Zusammenhang und in einer konkreten grammatischen Verbindung (syntagmatischen Konstellation). Zugrunde liegt einer entsprechenden Vorgehensweise eine relationale (strukturalistische) Semantiktheorie, wie sie beispielsweise von *J. Lyons*, Semantics, Vol. I+II, London 1977 (vgl. *ders.*, Semantik I+II, München [2]1983), ausgearbeitet wurde. Vgl. auch *Berger*, Exegese, 137-159, der die semantischen Relationen eher mit Hilfe von Feldtheorien zu beschreiben sucht.

[24] Siehe auch die Auseinandersetzung im Rahmen des forschungsgeschichtlichen Überblickes mit der begriffsgeschichtlichen Arbeit von *K. Metzler*, Der griechische Begriff des Verzeihens. Untersucht am Wortstamm συγγνώμη von den ersten Belegen bis zum vierten Jahrhundert n.Chr., WUNT[2] 44, Tübingen 1991, unten II.3.

einen Text erfaßt werden können, wenn nach einem ursprünglichen
Bedeutungszusammenhang für diese Vokabeln gesucht wird, der anschließend auf den zu untersuchenden Text übertragen werden soll.

Ein *Beispiel* zur Verdeutlichung: *Herbert Leroy* stellt im Zuge der Bearbeitung von
Mt 16,16f. fest, daß der Ausdruck σὰρξ καὶ αἷμα auch in 1 Kor 15,50 und Gal
1,16 begegnet.[25] Um nun aber die Wendung innerhalb des Matthäusevangeliums
zu deuten, fragt *Leroy* nicht nach den Bezeichnungsmöglichkeiten, die in der griechischen Sprache gegebenenfalls für diesen Ausdruck zur Verfügung stehen, und
fragt auch nicht vordringlich nach dem matthäischen Zusammenhang und Kontext,
in dem die Wendung gebraucht ist. Vielmehr sucht er nach einem ursprünglichen
Kontext der Phrase, um ihn als Interpretationshintergrund auf den matthäischen
übertragen zu können. Denn er vermutet im Blick auf zwei (!) weitere Belegstellen
dieser Phrase, „daß die genannten Stellen [sc. 1 Kor 15,50 und Gal 1,16] einiges
Licht auf den Sinn der Wendung bei Mt werfen."[26] Und Leroy rekonstruiert anschließend sowohl für 1 Kor 15,50 als auch für Gal 1,16 einen eschatologischen
Kontext der Aussage, der aufgrund der enthaltenen eschatologischen Terminologie
einen Schluß auf eine „älteste Ostertradition" als ursprünglichen Kontext für die
Phrase zulasse, welche von Matthäus an dieser Stelle eingefügt worden sei.[27]
Die Auslegung der Wortverbindung σὰρξ καὶ αἷμα verläuft also über den Umweg
einer Kontexterschließung in anderen Texten. Zwei weitere Belege der Verbindung
dienen Leroy dazu, sie traditionsgeschichtlich einzuordnen und eine „Tradition" zu
postulieren, in der die Wortverbindung eingebunden sei und demzufolge auch im
matthäischen Zusammenhang eingebunden sein müsse. Es bleibt ungesagt, aus
welchem Grund gerade diese beiden Belegstellen von σὰρξ καὶ αἷμα herangezogen
werden müssen, und es wird nicht ausreichend anhand des vorliegenden matthäischen Textes gezeigt, daß jener traditionelle Gedanke bzw. jene auch gattungskri-
tisch festgelegte „Ostertradition" in dem eigentlich zu interpretierenden Text auch
tatsächlich enthalten ist. Die Bedeutung der zu untersuchenden Wortverbindung
wird nicht durch seine Bezeichnungsmöglichkeiten und durch den vorhandenen
Kontext, sondern durch seine Herkunft aus einem Traditionszusammenhang bestimmt.

Gegenüber einem solchen Vorgehen ist die fundamentale Unterscheidung zwischen den in einem Sprachsystem vorhandenen Möglichkeiten, einen Begriff zur Bezeichnung von Dingen, Vorgängen
oder Sachverhalten zu verwenden (*langue*), und dem aktuell vorlie-

---

[25] Vgl. *H. Leroy*, Zur Vergebung der Sünden. Die Botschaft der Evangelien,
(SBS), Stuttgart 1974, 38f.

[26] Ebenda, 39.

[27] Vgl. ebenda, 40.

genden Gebrauch des Begriffes in einem Text und einer bestimmten Kommunikationssituation (*parole*)[28] auch für die vorliegende Untersuchung fruchtbar zu machen.

Ziel der lexikologischen Analyse eines konkreten Textes und der dort vorliegenden grammatischen Verbindung einer Vokabel ist daher nicht die Zuordnung dieser Verbindung zu einem bestimmten Lebensbereich und seinen Sprachäußerungen.[29] Vielmehr ist die fundamentale Unterscheidung zwischen Sprachgebrauch und Sprachsystem aufzunehmen und zu beschreiben, in welchem Sinne die zu untersuchende Wendung, beispielsweise ἀφίενταί σου αἱ ἁμαρτίαι, in Texten der damaligen Zeit gebraucht wurde. Die allgemeinen Verwendungsmöglichkeiten des Ausdrucks in der griechischen Sprache werden damit erhoben. Sie bilden die Grundlage dafür, den konkreten Sprachgebrauch, wie er an der zu untersuchenden Stelle vorliegt, einzuordnen und zu deuten.

Im Rahmen einer lexikologischen Untersuchung von „Vergebungs"-Vorstellungen ist daher zu versuchen, die getroffene Auswahl an „Vergebungs"-Begriffen, die grammatisch zu Sätzen oder Satzteilen bzw. Textelementen verbunden sind,[30] nachvollziehbar zu machen. Die Kompetenz in der Situation der Textabfassung, Vorstellungen von „Vergebung" auszudrücken, ist zunächst zu erfassen. Anschließend kann über den Vergleich mit dem erhobenen Material die spezifische Sprachverwendung im Rahmen des zu untersuchenden Kontextes interpretiert werden.

---

[28] Dies geschieht bekanntlich im Anschluß an *F. de Saussure*, Cours de Linguistique Générale (1915), Paris 1969; siehe auch *Lyons*, Semantics I, 241.

[29] Ein Gegenbeispiel wäre die Zuordnung der Wendung ἀφίενταί σου αἱ ἁμαρτίαι aus Mk 2,1-12 zum Bereich des juristischen Straferlasses. Dabei ist hervorzuheben, daß auch *Bultmann*, ἀφίημι, 506, das Verb nicht einem festen und traditionellen Kontext zuweisen und aus diesem heraus verstehen will, sondern explizit den „Sprachgebrauch" untersucht und von daher beobachtet, daß die Vokabel unter anderem auch häufig im juristischen Zusammenhang des Straferlasses verwendet wird. Dieses ist für ihn ein wichtiger Bereich der griechischen und hellenistischen Welt unter vielen, in dem die Vokabel häufig verwendet wird.

[30] Zum Verhältnis von „Äußerung" und „Satz" bzw. zur Bindung von sprachlichen Äußerungen an grammatische Texteinheiten vgl. auch *J. Lyons*, Die Sprache, München ²1987, 154-160, und *Volz*, Principles, 113f.

c) Der besondere Sprachgebrauch in jüdisch-christlichen Texten
Mit Hilfe einer solchen Unterscheidung von allgemeinem Sprachsystem (*langue*) und aktuellem Sprachgebrauch (*parole*) ist es zugleich möglich, die Besonderheiten der Texte des hellenistischen Judentums und des Urchristentums sprachtheoretisch einzuordnen.[31]

Methodisch stellt sich im Blick auf die Übersetzungssprache der Septuaginta und die entsprechenden syntagmatischen[32] wie lexikalischen Hebraismen die Frage, ob hier eine eigene biblisch-hermeneutische Vorgehensweise angeraten ist, da sich einige grammatische Konstellationen und Vokabelverwendungen in den griechischen Texten nahezu ausschließlich im Rückgriff auf hebräische Texte oder den Einfluß von Übersetzungsliteratur verständlich machen lassen.[33] Ein solches Vorgehen ist jedoch abzulehnen. Vorausgesetzt ist in der vorliegenden Arbeit vielmehr die sprachtheoretische Bewertung jener Besonderheiten in den Texten des Judentums und des

---

[31] Vgl. zur Auseinandersetzung um die Sprache des hellenistischen Judentums als „Bibelgriechisch" oder „Judengriechisch" die immer wieder dargestellten klassischen Positionen z.B. bei *G. Friedrich*, Zur Vorgeschichte des Theologischen Wörterbuchs zum Neuen Testament, ThWNT X/1, Stuttgart u.a. 1978, 1-51, bes. 21ff.; *N. Turner*, The Language of the New Testament (Peake's Commentary on the Bible), London 1962, 659-662; *E.V. McKnight*, Is the New Testament Written in 'Holy Ghost' Greek?, BiTrans 16 (1965) 87-93; *Silva*, Words, 57-66, und bei *G.H.R. Horsley*, The Fiction of 'Jewish Greek', NDIEC 5 (1989) 6-40.

[32] Ein syntagmatischer Hebraismus in der Sprache der Septuaginta liegt beispielsweise bekanntlich in der Verwendung der Vokabel ἐξιλάσκεσθαι mit Präposition (περί) und Personalobjekt vor, die in einigen Übersetzungstexten der Konstruktion der hebräischen Vokabel כפר mit Präposition (בעד/על) nachgestaltet ist. Siehe zum Beispiel Lev 4,20.26.31; 5,6.10.16 u.ö.

[33] Verschiedene Beispiele führt *E. Tov*, Die griechischen Bibelübersetzungen, ANRW II/20.1, Berlin/New York 1987, 121-189, bes. 151f.; *ders.*, Some Thoughts on a Lexicon of the Lxx, BIOSCS 9 (1976) 14-46, bes. 16f+22f., und *ders.*, Three Dimensions of Lxx Words, RB 83 (1976) 529-544, an. *Tov* selbst verneint in seiner kritischen, aber insgesamt positiven Auseinandersetzung mit der Position von *A. Deißmann* – vgl. *ders.*, Hellenistisches Griechisch (mit besonderer Berücksichtigung der griechischen Bibel), RE³ 7, Leipzig 1899, 627-639, und *ders.*, The Philology of the Greek Bible. Its Present and Future, London 1908, passim – die Existenz einer eigenen bibelgriechischen Sprache, bietet dafür jedoch keine konkreten linguistischen Erklärungsmodelle, sondern verweist u.a. auf verschiedene mit zu berücksichtigende Übersetzungstechniken als Ursprung für „Hebraismen", wie zum Beispiel die stereotype Verwendung eines Übersetzungsäquivalents in unterschiedlichen griechischen Kontexten; vgl. *ders*, Dimensions, 533ff.

Urchristentums als spezifischer *Gebrauch* einiger Elemente der allgemeinen griechischen Sprache.[34] Ausgehend von der oben genannten Unterscheidung nach allgemeiner Sprachkompetenz und aktuel-
ler Sprachperformanz lassen sich demnach syntagmatische und lexikalische Hebraismen, aber auch Latinismen und grammatische Fehler als milieubedingter Gebrauch des Griechischen beschreiben, der
im Rahmen des allgemeinen griechischen Sprachsystems verständlich bleibt.[35] Judentum und Christentum bilden demnach keine eigene, von der Koine differenzierbare Sprache aus.[36]

Für die im folgenden durchzuführenden lexikalischen Analysen
ergibt sich daraus die Notwendigkeit, die allgemeine sprachliche
Kompetenz, beispielsweise eine Vokabel als Vergebungsbegriff zu
verwenden, nach sprachlich-kulturellen Milieus gesondert zu berücksichtigen. Daher wird im folgenden vor allem das sprachliche
Vergleichsmaterial aus den griechischen Texten des Judentums und

---

[34] *M. Silva*, Bilingualism and the Character of Palastinian Greek, Biblica 61
(1980) 198-219, stellt heraus, daß aus Sicht der Linguistik in dem Streit um ein an-
gebliches „Bibelgriechisch" verschiedene Problemstellungen differenzierbar sind
(199) und in der Vergangenheit vielfach der Gegenstand des Streites nicht ausreichend definiert wurde, was er besonders am Beispiel der Frage nach den Dialekten
in der damaligen Sprache aufzeigen kann (205). Wenn aber die Sprache des Judentums und Urchristentums als „Dialekt" bezeichnet werden soll, so müsse vorher
zunächst präzise beschrieben werden, was ein Dialekt ist. Schärfer formuliert
schließlich *Horsley*, Semitisms, 6, seine Kritik, wenn er herausstellt, daß das Postulat eines „Judengriechisch" allein möglich ist, wenn jede theoretische Reflexion
über die griechische Sprache (Linguistik) ausgeklammert bleibe.

[35] „A slip of tongue, for example, is part of *parole*, not of *langue*. Similary, an
individual will make mistakes (*parole*) when speaking a foreign language due to
‚interference' from his native tongue, but these mistakes are not regularized, do not
become part of the system (*langue*)." *Silva*, Bilingualism, 209; vgl. auch ebenda
mit Anm. 28 den Hinweis darauf, daß schon *Deißmann* auch linguistische Argumente für seine Position berücksichtigt habe. *Silva* verwendet als linguistische Be-
schreibungskategorie den *Stil* („style") einer Sprachgemeinschaft, um die Besonderheiten der jüdischen Texte und auch um den Einfluß der Septuaginta sprachtheoretisch zu fassen (vgl. ebenda, 216-219).

[36] Siehe dazu auch das Urteil von *T. Holtz*, Zur Bedeutung der judengriechischen Terminologie für die Übersetzung des Neuen Testaments (1980), in: *ders.*,
Geschichte und Theologie des Urchristentums, WUNT 57, Tübingen 1991, 121-
125, hier 121. Anders geht beispielsweise immer noch *Sung*, Vergebung, a.a.O.,
in der (unten zu besprechenden) neuesten Arbeit zu den Vergebungsvorstellungen
des Urchristentums vor.

Urchristentums heranzuziehen sein.[37] Die lexikalischen Analysen dürfen jedoch nicht auf ein einziges sprachliches Milieu eingeengt bleiben, sondern müssen – wie oben beschrieben – die Bedeutung einzelner Vokabeln vor einem möglichst breiten Hintergrund an Verwendungsmöglichkeiten dieser Vokabel in den griechischen Texten der Zeit beschreiben.

3. *Die Textauswahl: Vergebungsaussagen in abgrenzbaren Texten*

Aus dem bisher Gesagten ergeben sich Kriterien, nach denen die große Menge der Texte auf eine überschaubare Basis eingegrenzt werden kann. Zu allererst muß gewährleistet sein, daß die zu untersuchenden Texte ein inhaltliches Kriterium erfüllen und Aussagen zum Vergebungshandeln Gottes enthalten. Dabei kann im weiteren von folgender *Definition* für Vergebungsaussagen ausgegangen werden: Es sollen erstens Verbalaussagen vorhanden sein, die ein Tun und Handeln Gottes bezeichnen. Zweitens sollen diese Verbalaussagen einen oder mehrere Sündentermini als Objekt der Handlung nennen bzw. einen oder mehrere Menschen als Personalobjekt beinhalten, von denen deutlich ist, daß sie Verfehlungen begangen haben. Auszuschließen sind drittens sämtliche Aussagen, die auf vernichtende und zerstörerische Handlungen und Vorgänge referieren.

---

[37] *Horsleys* Versuch, das Gespenst des „Judengriechisch" zu vertreiben, geschieht u.a. durch die breite Darstellung des Phänomens der Zweisprachigkeit (bilingualism), die er als Grund und Ursache für die Spracheigentümlichkeiten mit heranzieht (vgl. *ders.*, Semitisms, passim). Nicht zu unterschätzen ist jedoch m.E. darüber hinaus der theologische Einfluß, der von der sogenannten „Septuagintafrömmigkeit" auch auf Autoren ausgeübt wird, die ursprünglich griechische Texte verfassen. Die Ursprünge und sozial-religiösen Zusammenhänge, in denen die Texte des Judentums stehen, lassen sich zwar allein als sprachliche Phänomene untersuchen, können aber wohl nicht ausschließlich als linguistische Phänomene erklärt werden. Stärker noch sollten die Übersetzungstexte als Mittler eigener theologischer Konzeptionen interpretiert werden. Erst so scheint auch ihr überlieferungsgeschichtlicher Stellenwert voll zur Geltung zu kommen. Vgl. dazu insbesondere die grundlegenden Anregungen von *G. Bertram*, Vom Wesen der Septuagintafrömmigkeit, WO 2 (1956) 274-284.

Darüber hinaus ist oben dargelegt worden, daß Vorstellungen und Konzepte insbesondere dann angemessen innerhalb eines Textes erhoben werden können, wenn der gesamte Gedankengang und die Funktion dieses Textes bestimmt werden können. Die Textbasis für die zu untersuchenden Vergebungsaussagen soll daher im folgenden auf Gebete und Reden eingegrenzt werden. Es kann folglich nicht darum gehen, die Textauswahl auf eine bestimmte Textsorte zu beschränken. Vielmehr sollen *abgrenzbare Texteinheiten* herangezogen werden, die selbständig oder aber als Teiltexte eines größeren literarischen Werkes überliefert sind und somit einen relativ geschlossenen und eigenständigen Gedankengang enthalten.[38] Gebete und auch Redentexte stellen solche textlichen Mikroorganismen dar,[39] in denen Gedankengänge zumeist abgeschlossen entfaltet werden und anhand derer komplexe Vorstellungen und Konzeptionen gut erhoben werden können. Zur Untersuchung von „Vergebungs"-Vorstellungen legt sich zudem eine Auswahl von Gebets- und Redentexten auch aus inhaltlichen Gründen nahe.[40] Denn das Judentum und auch das Urchristentum thematisieren den Umgang Gottes mit den Verfehlungen der Menschen und mit den Menschen selbst, die Verfeh-

---

[38] Vgl. *A. Hamman*, La prière chrètienne et la prière païenne, formes et diffèrences, ANRW II/23.2, Berlin/New York 1980, 1190-1247; *A.G. Hammann*, Das Gebet in der Alten Kirche, Bern u.a. 1989. Vgl. zur Frage nach den Gattungen auch *W. Raible*, Was sind Gattungen?, Poetica 12/1980, 320-349.

[39] Dies zeigt jetzt auch der Überblick über die Gelegenheitsgebete des Judentums aus der Zeit des Zweiten Tempels von *B. Nitzan*, Qumran Prayer and Religious Poetry, Leiden u.a. 1994, 35-40. Nitzan vermutet, daß sich feste *Gebetsformen* hingegen erst unter dem Eindruck der Tempelzerstörung und dem wegfallenden Tempelkult ausgebildet haben. Einen Überblick über die Gebetstexte des griechisch sprechenden Judentums verschaffen *D. Flusser*, Psalms, Hymns, and Prayers, in: *M.E. Stone*, Jewish Writings of the Second Tempel Period, (CRIJNT II/2), Assen 1984, 551-577; *L.A. Hoffmann*, Gebet III. Judentum, TRE XII, Berlin/New York 1984, 42-47; *J.H. Charlesworth*, Jewish Liturgies: Hymns and Prayers (c. 167 B.C.E.-135 C.E.), in: *R.A. Kraft / G.W.E Nickelsburg*, Early Judaism and its Modern Interpreters (SBLCP 2), Atlanta 1986, 411-436; und auch *K. Berger*, Gebet. IV. Neues Testament, TRE XII, Berlin/New York 1984, 47-60.

[40] Vgl. zur Bedeutung der Gebete in den Texten des griechisch sprechenden Judentums auch *G. Mayer*, Die Funktion der Gebete in den alttestamentlichen Apokryphen, in: Theokratia II (FS K.H. Rengstorf, hrsg. v. *Wolfgang Dietrich u.a.*), Leiden 1973, 16-25.

lungen begingen, insbesondere in Gebeten, Hymnen und (innerhalb von Erzählwerken) in Monologen.

a) Die Auswahl exemplarischer urchristlicher Gebete

Werden also die obigen Auswahlkriterien zugrundegelegt, läßt sich die Textbasis für die Untersuchungen folgendermaßen bestimmen: Im lukanischen Sondergut finden sich mehrere Gebets- und Reden-texte, die ein Vergebungshandeln Gottes thematisieren.[41] Aus diesen sei dabei das kurze *Gebet des Zöllners* innerhalb des Gleichnisses Lk 18,9-14 ausgewählt, und zwar aufgrund der eigentümlichen Ter-minologie, mit der hier eine urchristliche „Vergebungs"-Bitte for-muliert ist (Kap. 8). Hinzustellen läßt sich das ausführliche *Ab-schlußgebet im Ersten Klemensbrief*, das eine ganze Reihe von „Vergebungs"-Bitten enthält. Es ist zu vermuten, daß anhand dieses Gebetes nicht nur die terminologische, sondern auch die inhaltliche Vielfalt urchristlicher „Vergebungs"-Vorstellungen untersucht wer-den kann (Kap. 9). Und schließlich ist auch das Vaterunser heranzu-ziehen, und zwar in der matthäischen Version, um auch einen Zu-gang zu den Vorstellungen und Konzeptionen des ersten Evangeli-sten zu erhalten.[42]

Auszuschließen sind für die folgende Untersuchung die hymni-schen Texte in den paulinischen bzw. deuteropaulinischen Briefen und im Hebräerbrief, wie beispielsweise der Kolosserhymnus (vgl. besonders Kol 1,20ff.). Hier liegen zwar relativ abgeschlossene Texteinheiten vor, diese lassen sich jedoch nicht unabhängig von den ausführlichen, systematischen Ausführungen zur Sündenverge-bung der entsprechenden Schriften untersuchen.[43] Ein entsprechen-des Unternehmen würde jedoch den Rahmen dieser Arbeit spren-

---

[41] Siehe besonders Lk 1,77 im Lobgesang des Zacharias, Lk 18,13 und das Gebet Jesu in Lk 23,34.

[42] Insgesamt ist zu versuchen, die Ergebnisse aus den Untersuchungen der ein-zelnen Gebetstexte mit weiteren Vergebungsvorstellungen in den rahmenden Groß-werken zu vergleichen, um sie als ein Element der soteriologischen Konzeptionen dieser Werke sichtbar werden zu lassen.

[43] Der Zusammenhang von Gebet und Sündenvergebung wird auch in Jak 5,15f. deutlich. Jedoch handelt es sich bei diesem reflektierenden Text nicht um ein wörtlich wiedergegebenes Gebet.

gen. Und anders als zu den Vergebungsvorstellungen in den oben genannten Gebetstexten liegt zudem zur paulinischen und deutero-paulinischen Soteriologie schon eine Reihe von Forschungsarbeiten vor (s.u.).

b) Die Auswahl exemplarischer jüdischer Gebets- und Redentexte
Im Blick auf die religionsgeschichtliche bzw. traditionsgeschichtliche Fragerichtung der Arbeit ist eine größtmögliche formale Vergleichbarkeit der jüdischen und urchristlichen Vergebungsaussagen zu gewährleisten. Ausgewählt seien demnach ausschließlich *griechische* Texte des Judentums, um innerhalb der Sprachgrenzen der urchristlichen Schriften zu bleiben. Heranziehen lassen sich aber auch Übersetzungstexte, da allein gewährleistet sein muß, daß der zu untersuchende griechische Text Ausdruck für das religiöse und kulturelle Milieu ist, in dem das älteste Christentum seinen Ursprung hat. Die in Frage kommenden pseudepigraphischen und apokryphen jüdischen Texte müssen Zeugen für Vorstellungen sein, die zur Zeit der Entstehung der urchristlichen Schriften im Umlauf waren und als Teil des damaligen jüdischen Vergebungsglaubens gesehen werden können. Wie oben dargelegt ist es das Ziel, mit Hilfe der jüdischen Texte einen gewissen Horizont an Vorstellungen sichtbar werden zu lassen, vor dem die urchristlichen Texte angemessen ausgelegt und interpretiert werden können. Es ist daher ausreichend, den Entstehungszeitraum der heranzuziehenden jüdischen Originaltexte bzw. Übersetzungen auf das *2. Jahrhundert v.Chr. bis zum 1. Jahrhundert n.Chr.* einzugrenzen. Ausdrücklich zurückgestellt seien jedoch die Schriften von *Josephus* und von *Philo*. Zum Teil liegen schon Untersuchungen zu den Vergebungsaussagen bei diesen Autoren vor (s.u.). Doch schon allein aufgrund der Textmenge ist es nötig, diesen Werken eigene Arbeiten zu widmen.

Zu betonen ist schließlich nochmals, daß mit der Textauswahl kein Gesamtüberblick über eine der damaligen jüdischen Gruppierungen gegeben werden soll. Es sollen allein Vergleichstexte herangezogen werden, die helfen, Aussagen des Urchristentums zur „Vergebung" deutlicher in ihren Eigenheiten und Besonderheiten zu fassen. Sinnvoll scheint es daher, thematische Doppelungen zu vermeiden. Die Textbasis für die Untersuchung kann also zudem eingegrenzt werden, wenn Gebete ausgewählt werden, die möglichst in unterscheidbaren theologischen Zusammenhängen das Vergebungshandeln Gottes ansprechen. Von daher wird zum Beispiel aus der Vielzahl der jüdischen Gebete, die Vergebungsvorstellungen in Verbindung mit der Buße einzelner und des Volkes Israel entwickeln, allein ein sogenanntes Bußgebet ausgewählt (siehe Kap. 6); aus Raumgründen sind beispielsweise das Gebet des Hohenpriesters Simeon (3 Makk 2,2-20) und das ausführliche Bußgebet in Bar 1,15ff. zurückzustellen.[44]

Im einzelnen sollen daher zunächst die Gebete und Monologe der Aseneth aus *Joseph und Aseneth* ausgewählt werden (Kap. 2), da in den beiden Monologen und schließlich im Gebet der Aseneth das Thema der „Vergebung" innerhalb eines geschlossenen Werkes auf vielfältige Weise entfaltet wird. Hinzuzustellen ist dem das eigenständige *Gebet Manasses* (ConstApost II 22,12-15), welches thematisch die Metanoia des Menschen und die Metanoia Gottes ins Zentrum der Überlegungen zum Vergebungsgeschehen rückt (Kap. 3). Mit Hilfe des *Gebetes Tobits* (Tob 3,1-6) und der programmatischen *Rede des Engels Raphael* (Tob 12) läßt sich ein Zugang zu den Vorstellungen von der Gerechtigkeit Gottes und zu Konzeptionen von „Vergebung" erarbeiten, die die Bedeutung menschlichen Tuns für vergebendes Handeln Gottes an den Menschen berücksichtigen (Kap. 4). Gedanken zur Gerechtigkeit Gottes bilden auch den Rahmen des Gebetes in *PsSal 9*. Im Mittelpunkt steht jedoch die Bundesbeziehung Gottes zu seinem Volk, so daß im Blick auf die Vorstellungen von der Gerechtigkeit und von der Vergebung eigene Akzente gesetzt werden (Kap. 5). Schließlich sei aus den jüdischen Bußgebeten, die in griechischer Sprache erhalten sind, das sogenannte *Gebet Asarjas* (Dan 3,26-45) als Teil der griechischen Hin-

---

[44] Zu den Bußgebeten siehe auch unten Kap. 6. *A. Strobel*, Erkenntnis und Bekenntnis der Sünde in neutestamentlicher Zeit, Stuttgart 1968, 12-16 (mit Anm. 24), gibt eine knappe Übersicht über die wichtigsten Bußgebete für die Frage nach der Sündenvergebung. Zu *Strobel*, siehe unten II.1.a).

zufügungen zum Danielbuch ausgewählt (Kap. 6). Hier wird das Vergebungshandeln Gottes bedacht, indem betend nach Alternativen zum Opferkultus gesucht wird.

Eine Analyse dieser Texte scheint geeignet, ein erstes Bild von den „Vergebungs"-Vorstellungen und den vielfältigen übergeordneten Konzeptionen zu zeichnen, die im Judentum zur Zeit der Ausformulierung urchristlicher „Vergebungs"-Vorstellungen in Gebrauch waren.

II. EINZEICHNUNG DER ARBEIT IN DIE FORSCHUNG

Den „Vergebungs"-Vorstellungen des Frühjudentums ist bislang keine eigene monographische Arbeit gewidmet worden, und nur selten wird überhaupt auf die oben genannten Gebets- und Redentexte in thematischen Untersuchungen eingegangen. Es liegen aber Arbeiten zu Vergebungsvorstellungen des alttestamentlichen und rabbinischen Judentums wie auch zu einzelnen urchristlichen Autoren vor.[45] Die griechischen Texte des Frühjudentums werden meist als Teilbereiche von Untersuchungen oder in größeren Zusammenhängen mit benachbarten Fragestellungen berücksichtigt. In dem folgenden knappen Überblick liegt daher das Schwergewicht nicht auf etwaigen Desideraten in der Forschung. Vielmehr ist zu versuchen, die oben dargelegte Aufgaben- und Fragestellung mit bisherigen Untersuchungen zu vergleichen und deutlich zu machen, welche Fragestellungen und methodischen Vorgehensweisen parallel bzw. anders gelagert sind als die der vorliegenden Arbeit. Dazu sollen einige jüngere Arbeiten zu den Vergebungsvorstellungen des Neuen Testaments und die meist in ihnen enthaltenen traditionsgeschichtlichen Ausführungen zum Frühjudentum dargestellt werden (1.).

---

[45] Im Blick auf die neutestamentlichen Vergebungsvorstellungen kann man sich dem Urteil von *Sung*, Vergebung, 189, anschließen: „Unser Thema wurde trotz seiner großen theologischen Bedeutung bis jetzt nicht hinreichend untersucht. Als wissenschaftliche Einzeluntersuchungen unserer Zeit sind nur die drei Arbeiten von H. Thyen, H. Leroy und P. Fiedler zu nennen." Die Arbeit von *Sung* selbst ist heute in dieser Reihe zu ergänzen.

Folgen sollen thematische Untersuchungen zur Theologie des Judentums, soweit sie die vorliegende Fragestellung berücksichtigen (2.). Abschließend ist noch auf eine begriffsgeschichtliche Studie aus der Altphilologie einzugehen, anhand derer nochmals das eigene Vorgehen plastisch werden wird (3.).

1. *Arbeiten mit neutestamentlichem Schwerpunkt*

Wie schon angedeutet scheint die griechische Literatur des Judentums erst wieder in zunehmendem Maße für die Untersuchung der neutestamentlichen Soteriologie fruchtbar gemacht zu werden. Denn auch die vielen traditionsgeschichtlichen Arbeiten zu einzelnen neutestamentlichen Textstellen oder zu dem Themenkomplex der „Vergebungs"-Vorstellungen insgesamt ziehen nur selten diese Texte mit heran. Wichtig sind daher für unseren Zusammenhang die Perspektiven und Problemstellungen, die in den neutestamentlichen Arbeiten mit der Vergebungsthematik verbunden wurden. So ist auffällig, daß neben den allgemeinen Überblicksdarstellungen verschiedene Komplexe verhandelt werden, wobei immer wieder die Frage nach der sündenvergebenden Autorität Jesu bzw. nach einem christlichen Vergebungsglauben unabhängig von jeder christologischen Begründung im Vordergrund stehen.

a) Überblicksdarstellungen

Die sogenannten Wörterbuchartikel setzen sich zum Ziel, den Gedanken der Vergebung in den antiken Texten kurz darzustellen. *R. Bultmann* zeichnet dazu in seinem Artikel eine Skizze des Sprachgebrauches von ἀφίημι/ἄφεσις κτλ. und informiert über die Verwendung des Verbes im allgemeinen sowie in der Septuaginta und im Neuen Testament. Er macht darauf aufmerksam, daß in der Septuaginta ἀφίημι nicht nur „entlassen"/„loslassen"/„wegschicken" bedeutet, sondern auch für hebräische Verben des „Vergebens" gesetzt wird, womit die Vokabel über die allgemein übliche Bedeutung hinaus eine religiöse Konnotation bekomme.[46] Auf die griechischen

---

[46] Vgl. *Bultmann*, ἀφίημι, 507.

Texte des Judentums geht Bultmann darüber hinaus nicht ein, er macht aber noch auf den im Hebräischen vorauszusetzenden kultischen Kontext der Vergebungsaussagen aufmerksam, welcher in der Septuaginta zu einem juristischen transformiert worden sei, und hebt die Besonderheiten der christlichen Vergebungsgedanken hervor, ohne die „at.lichen und jüdischen" eingehender zu beschreiben.[47]

Ebenso bietet auch *H. Vorländer* eine Liste über die Verwendung der Vergebungsvokabeln in der griechischen Literatur und gesondert in der Septuaginta. Er bemüht sich zudem, gemäß der Anlage des ThBNT, um eine kurze theologische Entfaltung der Begriffe.[48] Jedoch enthalten die Ausführungen zum Judentum allein schlagwortartige Hinweise auf einzelne Phänomene, die mit Josephus und einigen rabbinischen Schriftstellen nach Strack-Billerbeck belegt werden.[49] Die Qumranliteratur wird hingegen eigens behandelt. Vorländer stellt dabei für das „Judentum" heraus, daß „Gottes vergebende Güte, im AT verbunden mit seiner Gerechtigkeit (Ps 143,11 u.ö.) zu dieser in Spannung" trete. Es wird also vor allem der Unterschied der herangezogenen Aussagen des Historikers Josephus zu denen der Hebräischen Bibel deutlich gemacht. Eine positive Darstellung und weiterreichende Ausführung fehlt.

Eine Überblicksdarstellung über die Vergebungsvorstellungen, die auch frühjüdische Texte mit einbezieht, liegt in der Arbeit von *A. Strobel* vor.[50] Strobel versucht, einen exegetischen Beitrag für die Diskussion um die Sündenvergebung in der evangelischen Kirche zu liefern.[51] Daher bietet Strobel keine eigenen Textanalysen, sondern faßt wichtige Forschungspositionen zu einzelnen urchristlichen Texten zusammen und sucht in einer hermeneutischen Diskus-

---

[47] Vgl. ebenda, 508.
[48] Vgl. *H. Vorländer*, Vergebung, ThBNT II/2, Wuppertal 1971, 1263-1267, hier 1263f.
[49] Vgl. ebenda, 1264.
[50] *A. Strobel*, Erkenntnis und Bekenntnis der Sünde in neutestamentlicher Zeit, Stuttgart 1968.
[51] Die Arbeit gründet auf einem Referat vor der „Kommission für Gottesdienst und Geistliches Leben des Luth. Weltbundes". Zur Zielsetzung vgl. ebenda, 7.

sion, den „gemeinsamen Nenner" der neutestamentlichen Botschaft und ihre Bedeutung für das heutige „Beichthandeln der Kirche" darzustellen.

Strobel ist an einem Gesamtüberblick gelegen. Er bietet daher sowohl im Blick auf das Judentum als auch auf die urchristlichen Texte eine Fülle von Informationen und Diskussionsbeiträgen auf kleinstem Raum übersichtlich dar. Aus dem Vergleich von jüdischen und urchristlichen Vorstellungen ergibt sich für ihn eine grundlegende These: „Sündenerkenntnis ist im Neuen Testament ein theologischer, die Sündenvergebung ein christologischer, das Sündenbekenntnis ein seelsorgerlich-pastoraltheologischer Sachverhalt."[52] Strobel markiert dabei im Rahmen seiner Systematisierung den grundsätzlichen Unterschied zwischen neutestamentlichen und jüdischen Vorstellungen, da im Judentum bzw. im „Glauben Israels" eine Entwicklung von den umfassenden Vergebungsvorstellungen der Psalmen bis hin zur Gesetzlichkeit und zur strengen Trennung von Frommen und Sündern im „Spätjudentum" der neutestamentlichen Zeit festzustellen sei. Doch auch unabhängig von der Gesamtdeutung macht die Überblicksdarstellung von Strobel deutlich, daß sich der Vergebungsglaube des Urchristentums und auch der des damaligen Judentums aus verschiedenen voneinander unterscheidbaren Zeugnissen zusammensetzt und nur zu erheben ist, wenn die Texte einzeln analysiert werden.

Schließlich sei die ausführliche Darstellung im Anchor-Bible-Dictionary von *G.S. Shogren* herausgegriffen. Shogren gliedert seinen Artikel thematisch, so daß gut deutlich wird, welche Fragen in der bisherigen Forschung in Verbindung mit den Vergebungsvorstellungen des Urchristentums verhandelt wurden. Nach einer Definition von „forgiveness" gibt Shogren zunächst einen Überblick über die wichtigsten Vergebungsbegriffe (A.) und bezieht dann zu verschiedenen Punkten Stellung. Er beschreibt die Vergebungsvorstellungen im Blick auf die Möglichkeiten, Vergebung zu erlangen, und im Blick auf das Verhältnis von Taufe und Sündenvergebung,

---

[52] Ebenda, 71 (These III).

wie es in der Alten Kirche zur Diskussion erhoben wird (B.). Er
geht auf die Fragen nach der Vollmacht des irdischen Jesus von Nazareth ein, Sünden zu vergeben (C.), gibt seine Auffassung wieder,
wie der Tod Jesu und der Glaube an Sündenvergebung zusammenhängen (D.) und macht auf den Aspekt der notwendigen zwischenmenschlichen Vergebung und die Bedeutung der Reue und Buße für
den neutestamentlichen Vergebungsglauben aufmerksam (E.). Abschließend zeigt Shogren wirkungsgeschichtlich die Bedeutung der
apostolischen Vollmacht der Sündenvergebung auf (F.) und weist
auf die Diskussion um unvergebbare Sünden in der Alten Kirche hin
(G.).[53]

Kritisch ist zu bemerken, daß diese Übersicht zwar die Dimensionen der Vergebungsthematik sichtbar werden läßt, daß Shogren
aber von vornherein harmonisiert und sich bemüht, den Vergebungsglauben des gesamten Neuen Testaments als eine Einheit darzustellen. So ist nochmals hervorzuheben, daß Shogren „forgiveness" zunächst definiert,[54] ohne jedoch für diese Definition einen
neutestamentlichen Textbeleg geben zu können. Damit zeigt sich
auch hier die Schwierigkeit, den Untersuchungsgegenstand der Vergebungsvorstellungen („concept of forgiveness"; ebenda) von den
zu untersuchenden Texten her und nicht von den deutschen oder
englischen Sammelbegriffen „vergeben"/„to forgive" zu fassen. Zudem zeigt sich das Ziel Shogrens, einheitlich den Glauben des
Neuen Testaments darzustellen, wenn er zwar auf verschiedene Zusammenhänge und Auffassungen von der Bedeutung und Wirkung
der Sündenvergebung bei einzelnen neutestamentlichen Autoren aufmerksam machen kann,[55] immer wieder jedoch von der Hoffnung
des Alten Testaments spricht und demgegenüber oder in Anlehnung
daran die Auffassung *des* Neuen Testaments und aller neutestamentlichen Autoren gleichermaßen darstellt.[56]

---

[53] Vgl. *G.S. Shogren*, Forgiveness (NT), ABD II, New York u.a. 1992, 835-
838.

[54] Siehe ebenda, 835: „[F]orgiveness is the wiping out of the offense from
memory by the one affronted along with restauration of harmony."

[55] Vgl. ebenda, 836.

[56] „Far from denying *the OT demand* for blood sacrifice for forgiveness, *the*

Angesichts dieser herausgegriffenen Überblicksdarstellungen ist daher nochmals die skeptische Einschätzung zu formulieren, daß der Umgang Gottes mit den Verfehlungen der Menschen, wie er in den neutestamentlichen Texten zum Ausdruck kommt, tatsächlich über eine begriffliche Ordnung oder über eine thematische Ordnung der exegetischen Fragestellungen angemessen erfaßt werden kann. Die Vielfalt an begrifflichen und auch thematischen Aspekten, die sich bei einer Beschäftigung mit den Vergebungsvorstellungen offensichtlich auftun, scheint es vielmehr nötig zu machen, zunächst die jeweiligen Positionen der Texte für sich zu erarbeiten.

b) Hartwig Thyen

Im Jahre 1970 hat H. Thyen die Vergebungsvorstellungen der neutestamentlichen Autoren monographisch bearbeitet. Er stellt dabei seinen „Studien zur Sündenvergebung im Neuen Testament" ein Kapitel zum Alten Testament und den jüdischen Schriften voraus und geht in jeweils einem Paragraphen auf das Alte Testament, auf das palästinische Judentum, auf die Qumranliteratur und auf das hellenistische Judentum am Beispiel Philos ein.[57] Wie klar sich dabei auch das Kapitel im groben gliedert, ist doch die engere Vorgehensweise nicht immer ganz einsichtig. Thyen ist auf der einen Seite bemüht, eine Vielzahl von Problemen anzureißen, um in die laufende Forschungsdiskussion einzugreifen. Exkursartige Ausführungen und Einschübe durchbrechen an mehreren Stellen den eigentlichen Gedankengang, so zur Gerechtigkeit Gottes bei den Rabbinen (S. 23ff.), zur Scheidung des Judentums in Religionsparteien (S. 51ff.) oder zur Auffassung Stuhlmachers von der צדקת יהוה (S. 57ff.). Überhaupt ist zu bemerken, daß sich Thyen bei der Behandlung der Frage stark an der Forschung orientiert und zum Beispiel auch für die Belege von „Sündenvergebung" im palästinischen Judentum auf Literatur verweist.[58]

NT authors consistently point to Christ as the ultimate sacrifice, and the fulfillment of the Mosaic system"; ebenda, 836 (Hervorhebung nicht im Original).

[57] Vgl. H. Thyen, Studien zur Sündenvergebung im Neuen Testament und seinen alttestamentlichen und jüdischen Voraussetzungen, FRLANT 96, Göttingen 1970.

[58] Vgl. ebenda, 61, mit dem Hinweis auf E. Sjöberg (siehe dazu auch unten).

Für die Fragestellung und Vorgehensweise ist dabei entscheidend zu beobachten, daß Thyen nicht nur explizit vom Neuen Testament her die Texte untersuchen will,[59] sondern das Alte Testament und auch die jüdischen Schriften als „Voraussetzung" des Neuen Testaments betrachtet, wie es schon aus dem Untertitel der Arbeit hervorgeht. Es liegt Thyen also weniger an einer Einordnung der neutestamentlichen Vorstellungen in die Gedankenwelt eines vom Alten Testament geprägten Judentums der römischen Kaiserzeit als vielmehr an einer Nachzeichnung der Gedankenlinien, die ausgehend vom Alten Testament auf das Neue Testament hinführen. Dabei ist zusätzlich ein Bild von geschichtlicher Entwicklung ausschlaggebend, das bewußt Geschichte entweder als „Heilsgeschichte" oder als schlichte „Welt- und Religionsgeschichte" versteht.[60] Thyen bezieht also einen dezidiert christlichen und theologischen Standpunkt und behandelt historische Fragestellungen nachgeordnet.

Daraus ergibt sich aber, daß das Werk bei aller Ausführlichkeit im Blick auf das Judentum (das erste Kapitel umfaßt genau die Hälfte des Gesamtumfanges) auf spezielle Einzeluntersuchungen aus dem weiteren Kontext der Vergebungsthematik eingeschränkt ist und vor allem Textanalysen nur im neutestamentlichen Teil enthält. Die Studien Thyens können im Blick auf die jüdische Literatur mancherlei Hilfestellung zu einzelnen Fragen leisten, beispielsweise nach der Rolle des Kultus, der Einordnung Philos in das hellenistische Judentum oder nach dem Weiterleben alttestamentlicher Traditionen im Judentum. Sie beantworten jedoch die Frage nach den Vergebungsvorstellungen im antiken Judentum nur vor einem eng gefaßten Horizont und innerhalb der Diskussion virulenter Forschungsprobleme. Thyen behandelt daher aus der Literatur des griechisch sprechenden Judentums nahezu ausschließlich die Position Philos von Alexandrien als einem beispielhaft herangezogenen Ver-

---

[59] Vgl. ebenda, 10.
[60] Vgl. ebenda, 9f.

treter, der die Auffassungen des Alten Testaments aufnimmt und weitergibt.[61]

Die Studien, die Thyen zu neutestamentlichen Texten beifügt, enthalten in Teil II zunächst eine Untersuchung der urchristlichen Taufvorstellungen, ihres Ursprungs (§ 5), ihrer Rezeption durch die Urgemeinde (§ 6) und im Anschluß an einen exkursartigen Abschnitt zu den paulinischen Aussagen zur Bedeutung des Todes Jesu für die urchristliche Soteriologie (§ 7) eine Zusammenfassung, wie die Taufe letztlich als Initiationsritus verstanden werden konnte, der unter dem Vorzeichen eines endzeitlichen Äonenwechsels vollzogen wurde (§ 8). Der Teil III entfaltet schließlich ebenfalls in mehreren Paragraphen eine überlieferungsgeschichtliche und ebenso theologiegeschichtliche Einordnung der Logien vom „Binden" und „Lösen". Es ist deutlich, daß in diesen Einzelstudien die Vergebungsvorstellungen des Urchristentums nicht eigens Thema sind. Thyen faßt vielmehr unter seinen „Studien zur Sündenvergebung" verschiedene Arbeiten zusammen,[62] die unterschiedliche Themenkomplexe neutestamentlicher Soteriologie umfassen. Eine Klärung, welche sprachlichen Möglichkeiten oder welche theologischen Vorstellungen von Sündenvergebung das Urchristentum ausgebildet hat, spielen nur beiläufig eine Rolle, wobei jedoch die Ausführungen zur Bedeutung des Todes Jesu für die urchristlichen Vorstellungen der Sündenvergebung besonders hervorzuheben sind.

c) Herbert Leroy

Im Jahre 1972 bearbeitet *H. Leroy* in seiner Habilitationsschrift erneut das Thema der Sündenvergebung,[63] deren Ergebnisse in einer

---

[61] Eine grundlegende Auseinandersetzung mit der Arbeit von *Thyen* bietet *P. Fiedler*, Jesus und die Sünder, BET 3, Frankfurt/Bern 1976 (siehe dazu unten), bes. 19ff.

[62] Vgl. für Teil II: *H. Thyen*, Βάπτισμα μετανοίας εἰς ἄφεσιν ἁμαρτιῶν, in: Zeit und Geschichte (FS R. Bultmann), Tübingen 1964, 97-127, und für Teil III: *ders.*, Schlüsselgewalt, RGG³, Tübingen 1961, 1449-1451. Hinzuweisen ist auch auf die Studie zur Metanoia: *ders.*, Versuch über Metanoia, in: Elementarisierung theologischer Inhalte und Methoden 2 (Comenius-Institut), Münster 1977, 109-113.

[63] *H. Leroy*, Vergebung und Gemeinde nach dem Zeugnis der Evangelien, Habil. Tübingen 1972.

verkürzten Ausgabe zusammengefaßt sind.[64] Leroy verfolgt dabei einerseits eine Fragestellung, die parallel zu der vorliegenden Arbeit gesehen werden muß. Leroy versucht nämlich, verschiedene neutestamentliche Autoren auf ihre Vorstellungen und Anschauungen von „Vergebung" zu befragen und begrenzt seine Arbeit auf die vier Evangelien. Andererseits macht sich der Unterschied zur vorliegenden Bearbeitung der Fragestellung in der Vorgehensweise bemerkbar. Leroy geht grundsätzlich von einem Konzept „der" Vergebung aus, welches als Thema christlichen Glaubens und christlichen Gemeindelebens verortet wird und als solches auch zum Gegenstand der exegetischen Untersuchung erhoben wird. Es geht um die Zusammenschau von Vergebungs- und Gemeindeverständnis in den Evangelientexten vor dem Hintergrund einer aktuellen theologischen Diskussion.[65] Die exegetische Arbeit solle dabei „die eklatanten und nuancierten Unterschiede zwischen den einzelnen Konzeptionen ebenso sichtbar machen wie das Kontinuierliche, das in gewandelter Gestalt zu erkennen ist,"[66] um mit den heute gebotenen Antworten ins Gespräch gebracht werden zu können.

Fundamental ist dabei, daß Leroy sich nicht zum Ziel setzt, den mit „Vergebung" bezeichneten Akt oder Vorgang im zwischenmenschlichen Verhältnis oder in der Beziehung eines Menschen zu Gott zu erläutern oder zu beschreiben. Der Vorgang der Vergebung wird vielmehr als eine Konstante behandelt, die zwar von den urchristlichen Autoren unterschiedlich theologisch verortet oder mit verschiedenen Akzenten versehen wird, selbst aber als unveränderte Größe in allen Texten gleichermaßen bearbeitet werden kann. Damit liegt nicht die Frage nach einem Konzept und Element urchristlichen Glaubens im Rahmen seiner geistigen und religiösen Umwelt vor, das für jeden Text in seinem Inhalt allererst zu erheben ist, sondern die Frage nach der Aufnahme und Bearbeitung einer festen und vorgegebenen Größe, die leider in dem gesamten Werk nir-

---

[64] H. Leroy, Zur Vergebung der Sünden. Die Botschaft der Evangelien, SBS 73, Stuttgart 1974.

[65] Vgl. Leroy, Vergebung der Sünden, 9f.

[66] Leroy, Vergebung der Sünden, 9f.

gends definiert oder beschrieben wird. Die Frage, was „Vergebung" ist, welcher Vorgang oder dergleichen mit dieser Chiffre benannt ist, bleibt offen.

Daraus ergibt sich, daß die Texte des Judentums aus der Zeit des Zweiten Tempels von Leroy nicht notwendigerweise mit in die Untersuchung einbezogen werden müssen. Leroy geht nämlich davon aus, daß aufgrund der verschiedentlichen Aufnahme des Alten Testaments im Neuen auch damit zu rechnen sei, daß neutestamentliche Vergebungsaussagen auf alttestamentliche zurückgreifen, und stellt daher überblickshaft nur einige „charakteristische Züge zu den Vergebungszusagen des Alten Testamentes" dar.[67] Die griechischen Texte des Judentums werden nicht behandelt.

Entscheidend ist darüber hinaus, daß Leroy schon im Anschluß an seine alttestamentlichen Untersuchungen feststellt, „daß es zu einem rechten Verständnis von Vergebung unerläßlich ist, den größeren theologischen Zusammenhang mit zu bedenken."[68] Diese Beobachtung führt Leroy zwar in seinen weiteren Untersuchungen jedoch allein dazu, die unterschiedlichen theologischen Bedingungen und Konzeptionen aufzuzeigen, in denen „die" Vergebung von den neutestamentlichen Autoren verortet wird.[69] Die jeweiligen Konzeptionen der Vergebung selbst kommen nicht in den Blick.

d) Peter Fiedler

Im Zuge der erneuten Frage nach dem Historischen Jesus erscheint 1976 das Werk von *P. Fiedler*, der das Verhältnis und das Verhalten des irdischen Jesu zu Sünden und Sündern untersuchen und damit eine Lücke in der Forschung schließen will. Seiner Meinung nach werde nämlich zu wenig die Spannung zwischen der nachösterlichen Verkündigung Jesu und insbesondere seines Todes im Blick auf die Sündenvergebung auf der einen Seite und den Berichten von

---

[67] Ebenda, 13.

[68] Ebenda, 26.

[69] Das Schwergewicht liegt dabei getreu der Fragestellung (s.o.) auf dem Verhältnis von Gemeindeverständnis und der Bedeutung des Vergebungsglaubens innerhalb der vier Evangelien. Beeindruckend ist dabei, wie konsequent und mit welch reichhaltigen Ergebnissen die redaktionskritische Methode für die Frage nach den Intentionen und Absichten der Evangelisten hier angewendet wird.

Jesu sündenvergebendem Handeln auf der anderen Seite gesehen. Solche Taten Jesu könnten offensichtlich nicht in Zusammenhang mit seinem eigenen Tod stehen.[70]

Wenn damit die Fragestellung der Arbeit Fiedlers auch völlig anders gelagert ist als in der vorliegenden, sind doch einige Ergebnisse hervorzuheben. Fiedler stellt nämlich die Berichte von Jesu Sündenvergebung als Zeugnisse des nachösterlichen Glaubens heraus,[71] macht aber zugleich für die seiner Auffassung nach authentischen Berichte von Jesu Handeln und Umgang mit den Sündern, welches an keiner Stelle als Vergebungshandeln rekonstruiert werden könne, die zentrale Bedeutung der Gottesvorstellungen sichtbar. Das Verhalten Jesu, sein Aufruf zur Umkehr von den Sünden auf der einen Seite und sein dennoch positives Verhältnis zu den „Sündern" auf der anderen, wird von Fiedler auf die alttestamentlichen Gottesvorstellungen Jesu zurückgeführt: „Der vermeintliche Zwiespalt im Wirken Jesu hat seine alttestamentlichen Wurzeln: Der absolut heilige Gott ist der absolut liebende, ... Gott will den Tod des Sünders nicht, sondern – daß er lebe. Dieser Lebenswille Gottes für den Sünder ist die Richtschnur des Verhaltens Jesu, für das er um Gefolgschaft wirbt."[72]

Dieses Ergebnis und der gegangene Weg der Jesusforschung sind hier nicht zu diskutieren.[73] Entscheidend ist aber, daß Fiedler diese

---

[70] Vgl. *Fiedler*, Jesus, a.a.O., 15.

[71] Die Arbeit gliedert sich insgesamt in einen alttestamentlichen und einen neutestamentlichen Teil, wobei im zweiten verschiedene forschungsgeschichtliche Fragen nach der Historizität des Vergebungshandelns Jesu (Kap. 1-5), nach der Heilsexklusivität (Kap. 6), nach dem Ursprung der Sünde (Kap. 7) und nach dem Verhältnis zwischen Jesus und dem Täufer (Kap. 8) aufgearbeitet werden, nicht ohne dabei jeweils einen knappen Überblick über die Frage- und Problemstellungen in der bisherigen Forschung zu geben.

[72] *Fiedler*, Jesus, 274.

[73] Die sogenannte Third Quest in der Frage nach dem Historischen Jesus erklärt beispielsweise mit *J.D. Crossan*, The Historical Jesus, Edinburgh 1991, 323f. (vgl. *ders.*, Der Historische Jesus, München 1994, 428f.) das Vergebungshandeln Jesu hingegen wieder für historisch. Jedoch wird dabei nicht die theologische Dimension des Handelns erläutert, sondern das Erkenntnisinteresse dieser Forschungsrichtung liegt bekanntlich auf den sozialen und obrigkeitskritischen Implikationen des Verhaltens Jesu. Zur Frage nach der Vollmacht des Messias vgl. noch unten Anm. 100.

Einordnung der Vergebungsvorstellungen (in diesem Falle derjenigen des irdischen Jesus) mit Hilfe seiner Studien zum Alten Testament und zum Judentum erarbeitet und begründet. Nun ist der erste
Teil der Arbeit, der in enger Auseinandersetzung mit Thyens Entwurf vorgenommen wird, insbesondere von dem Willen getragen,
einer Neubewertung des Judentums Raum zu verschaffen, indem
durch die Bearbeitung verschiedener Themenkreise in alttestamentlichen wie in frühjüdischen Texten ein Vergebungsglaube, der die
Möglichkeiten der „Umkehr" einschließt, allererst nachgewiesen
wird.[74]

Zugleich stellt Fiedler in seinem solchermaßen auf
überlieferungs- und theologiegeschichtliche Linien konzentrierten
Überblick zusammenfassend die Geschichte der unterschiedlichen
Gotteserfahrungen Israels dar, die jeweils Vorstellungen von Gottes
Heilshandeln und seinem Umgang mit der Sünde Israels mit her-
vorbringen.[75] Somit arbeitet Fiedler nach dem bekannten Muster,
indem er nach Konzepten und traditionsgeschichtlichen Einord-
nungspunkten für den „Vergebungsglauben" forscht bzw. in den
Texten des Frühjudentums thematische Rahmenbedingungen erarbeitet, die den alttestamentlichen Vergebungsglauben weiterleben
lassen.[76] Daher sind seine Ausführungen auch thematisch gegliedert[77] und nicht an Begriffsanalysen ausgerichtet. Er sucht auf diese
Weise in den Texten des Judentums nach einem tragenden Konzept,
das bei allem theologiegeschichtlichen Wandel konstant die Bedingungen für einen Vergebungsglauben bereitstellt, findet dieses in
den Gottesaussagen und überträgt es letztlich auf die Jesusberichte.

e) Chong-Hyon Sung
Die 1984 fertiggestellte und 1992 für den Druck leicht überarbeitete
Dissertationsschrift von *C.-H. Sung* stellt die umfassendste neuere

---

[74] Vgl. *Fiedler*, Jesus, 19.51.95 u.ö. und siehe auch unten zu den Darstellungen der Theologie des Judentums (II.2).

[75] Vgl. *Fiedler*, Jesus, 86ff.

[76] Es ist hervorzuheben, daß *Fiedler* die Analyse eines Textes des griechisch
sprechenden Judentums (PsSal 9) bietet; vgl. ebenda, 76f.

[77] Es wird leider die Auswahl dieser Themenblöcke nicht weiter begründet;
vgl. ebenda, 21.

Bearbeitung der Vergebungsvorstellungen des Judentums und des Christentums dar.[78] Sung gliedert seine Arbeit in einen alttestament- lichen, einen frühjüdischen und einen neutestamentlichen Teil, wo- bei im Zentrum die Botschaft der Evangelien von der Sündenverge- bung Jesu steht. Das Werk kann demnach als Beitrag zur Frage nach dem Historischen Jesus verstanden werden und muß wohl als Antwort auf die Arbeit Fiedlers gelesen werden. Denn die (von Fiedler bestrittene) „Praxis der Sündenvergebung Jesu" soll erläu- tert und nachvollzogen werden, und zwar vor dem Hintergrund ent- sprechender alttestamentlicher und frühjüdischer Auffassungen[79] und zudem in Auseinandersetzung mit der forschungsgeschichtli- chen Position, daß die „Vergebungs"-Aussagen in der urchristlichen Taufpraxis nicht aber in der Verkündigung des irdischen Jesus und in seinem Tun selbst ihren theologischen Ursprung bzw. „Sitz im Leben" haben.[80] Aus der Zusammenfassung der neutestamentlichen Exegesen heraus entfaltet Sung schließlich seine Gegenthese zu dem Werk Fiedlers. Es geht ihm insbesondere darum, die paulinischen Aussagen über die Bedeutung von Jesu Leben und Sterben zur Ver- gebung der Sünden in Einklang zu sehen mit den Berichten der Evangelien über Jesus.[81] Daher werden zur Textgrundlage der Un-

---

[78] *Sung*, Vergebung, a.a.O.

[79] Vgl. *Sung*, Vergebung, 1f.

[80] Die Fragestellung der Arbeit wird in § 25 präzisiert und auf die historische Frage zugespitzt, ob Jesus überhaupt Sünden vergeben habe, bzw. welche Bedeu- tung der Sündenvergebung in Jesu Botschaft und Handeln zuzumessen sei. Die Problemstellung der Arbeit wird dabei gegen die Position von *R. Bultmann*, Die Geschichte der synoptischen Tradition, Göttingen [10]1995, 13) entwickelt, wonach die urchristliche Gemeinde ihr Recht auf Sündenvergebung erst nachträglich durch Erzählungen von einer Sündenvergebungspraxis Jesu legitimierte. *Sung* weist in § 25.3+4 kurz auf die Bestreitung dieser Position (*Jeremias, Goppelt, Schlatter*) und deren Ausarbeitung durch *Thyen* und *Fiedler* hin.

[81] *Sung*, Vergebung, 280: „Die Behauptung, alle Texte in den synoptischen Evangelien, die vom sündenvergebenden Jesus berichten, seien unecht und se- kundär, ist unbegründet und läßt sich auch mit den Grundaussagen des Neuen Te- staments nicht vereinbaren (vgl. nur Röm 3,24f; 4,25; 1 Kor 11,23ff; 15,3ff; 2 Kor 5,17ff; diese Stellen sind ohne Rückbezug auf die vergebende Tätigkeit des ir- dischen Jesus, auf sein Leiden und seinen Sühnetod kaum verständlich)."

tersuchungen nicht allein die beiden ausdrücklichen Berichte von einem Umgang Jesu mit den Verfehlungen von Menschen in Mk 2,1-2 und Lk 7,36-50 herangezogen (jeweils ἀφιέναι mit Sündenterminus), sondern auch Erzählungen und Worte Jesu, die Jesu sonstiges Handeln mit und an Sündern enthalten,[82] einschließlich der Rede von der stellvertretenden Lebenshingabe des Menschensohnes (Mk 10,45).[83]

Geklärt werden soll demnach in dieser Arbeit ein biblisch-theologisches bzw. historisches Problem. Nicht verhandelt werden soll die Frage, was die urchristlichen Berichte unter „Vergebung" verstehen, welche Vorstellungen und Handlungen sie mit „Vergebungs"-Aussagen bezeichnen und implizieren.[84] Hier wird tatsächlich ein Defizit in den Arbeiten von Thyen, Fiedler und Sung sichtbar, da stets allein nach dem theologischen Rahmen „der" Vergebung, nicht aber nach dem inhaltlichen Gehalt entsprechender „Vergebungs"-Aussagen gefragt wird.

---

[82] Herangezogen und ausgelegt werden neben Mk 2,1-12; Lk 7,36-50 (§ 28+29) die Aussagen des Täufers (Mk 1,4-8) in § 27, Gleichniserzählungen über Jesus (Mk 2,13-17; Lk 7,34/Mt 11,19) in § 30, Gleichnisworte Jesu (Lk 18,9-14; 15,11-32) in § 31, Jesu „Vergebungsbotschaft" im Vaterunser (und im Matthäusevangelium) in § 32 sowie die Aussagen in Mk 3,28-30 (§ 33).

[83] Die (biblisch theologische) Arbeitsweise Sungs läßt sich gut an § 34 der Arbeit veranschaulichen. Obwohl die markinischen Aussagen in Mk 10,45 und in 14,24 von dem Vergießen des Blutes bzw. von der Lebenshingabe „für viele" (ἀντὶ/ὑπὲρ πολλῶν) in keinem expliziten Zusammenhang mit Verfehlungen der Menschen oder dergleichen stehen, werden auch diese Texte im Blick auf die Sündenvergebung Jesu untersucht. Dies geschieht dabei im Rückgriff auf die Aussagen in Jes 53, welche nach seiner Auffassung eine Rolle für die Formulierung der authentischen Jesusworte in Mk 10,45; 14,24 spielten und welche in 53,11 eine Aussage über die Sündenvergebung Gottes enthielten (vgl. ebenda, 279). Vgl. zu Jes 53 und der sich daran anschließenden Diskussion um die Sündenvergebung jetzt aber auch B. Janowski, Er trug unsere Sünden. Jesaja 53 und die Dramatik der Stellvertretung (1993), in: ders., Gottes Gegenwart in Israel. Beiträge zur Theologie des Alten Testaments, 303-326.

[84] Hier ist sicher nicht der Ort, die methodischen Implikationen einer biblisch-theologischen Problemstellung zu diskutieren. Verwiesen sei aber auf den Kommentar von P. Stuhlmacher in der Vorbemerkung zu der Arbeit Sungs (ebenda, XIIIf.) zum Umgang Sungs mit der „(westliche[n]) Evangelienkritik" und auf die scharfe Kritik, die wiederum gerade Fiedler in seiner Rezension der Arbeit von Sung an dem Autoren und zugleich auch an Stuhlmacher übt; vgl. P. Fiedler, Sung, Vergebung der Sünden, TR 91 (1995), 386-388.

Im Blick auf die Behandlung der jüdischen Texte läßt sich die Fragestellung der Arbeit Sungs jedoch mit der vorliegenden vergleichen. Denn es ist ihm daran gelegen, die jüdischen Gedanken und Vorstellungen zu erarbeiten, die gegebenenfalls eine Rolle für die urchristlichen (jesuanischen) Aussagen spielen können. Die Fragerichtung ist hier ebenso allgemein und nimmt die jüdischen Texte nicht unter einer bestimmten traditionsgeschichtlichen und (anders als Fiedler) nicht unter einer bestimmten forschungsgeschichtlichen Problemstellung in den Blick, sondern versucht, einen relativ umfassenden Überblick zu verschaffen. So ist hervorzuheben, daß im zweiten Teil der Arbeit (Frühjudentum) neben anderem sowohl Texte aus der Qumranliteratur als auch älteste rabbinische Überlieferung herangezogen werden.[85] In diesem Abschnitt wird zudem auch die Inhaltsfrage gestellt: „Was (Inhalt) sagt das frühe Judentum (ca. 2 Jhdt. vor – 1 Jhdt. nach Chr.) über ‚Sünde' und ‚Vergebung'? Wo (Belege), wie (Art und Weise) und in welchem Zusammenhang (Kontext) wird davon gesprochen?"[86]

Dies ist umso mehr hervorzuheben, als Sung im alttestamentlichen Teil schlicht festsetzt, was er unter Vergebung versteht, indem er einerseits in den kurz dargestellten bisherigen Untersuchungen (vgl. § 1.1+2) stets die Sühneaussagen vermißt und andererseits neben סלח insbesondere כפר als die „wichtigsten Termini für Sündenvergebung im AT"[87] ansieht und seine Untersuchung an diesen Begriffen orientiert.[88] Leider wird aber in dem Abschnitt zu den

---

[85] Jedoch finden sich auch in dieser Arbeit keine Exegesen von Texten des griechisch sprechenden Judentums, da allein zu den Testamenten der Zwölf Patriarchen und zu den Psalmen Salomos kurze Anmerkungen gebracht werden (§ 17.5+6) und einige Beobachtungen zum Septuagintavokabular zusammengestellt sind (§ 23).

[86] *Sung*, Vergebung, 82.

[87] Ebenda, 18.

[88] Dieser Sachverhalt entspricht keinesfalls den Gegebenheiten in den Texten, wie die Untersuchung schon von A. *Eberhardter*, Die im AT üblichen Ausdrücke für die Sündenvergebung und ihre Entsprechungen in der Septuaginta und Vulgata, BZ 14 (1916) 293-300, zeigt. Auch *Sung* selbst sieht sich gezwungen, beispielsweise für die Qumranliteratur auch auf andere Verben („neben סלח und כפר") hinzuweisen, die einen Umgang Gottes mit Verfehlungen ausdrücken können (ebenda, 131), wobei er jedoch wiederum nur einen Begriff (טהר) zur Analyse herausgreift.

frühjüdischen Texten kaum eine ausreichende Antwort auf die explizit formulierten Fragen gegeben, da Sung davon absieht, auf dem Wege von Textauslegungen zu seinen Ergebnissen zu kommen. Vielmehr finden sich – abgesehen von einigen weitergehenden Ausführungen zu Sirach – zu verschiedenen Textgruppen allgemeine Überblicksinformationen, die mit Hilfe der Sekundärliteratur erarbeitet werden.[89] Bis auf die Psalmen Salomos wird dabei auch hier die Literatur des Frühjudentums nahezu vollständig ausgeklammert. Hervorzuheben ist jedoch, daß Sung auch eine Liste von verschiedenen Vergebungstermini in der Septuaginta bietet (§ 23), somit also die Vielfalt und die sich daraus ergebene Breite einer angemessenen Untersuchung sehr wohl andeutet. Diese Begriffe werden aber nicht im Rahmen ihrer Kontexte untersucht, sie veranlassen Sung vielmehr zu einer Feststellung, welche, da sie von Sung nicht weiter verfolgt wird, als Grundsatz für weitere Arbeiten im Vergleich zu Thyen, Leroy, Fiedler und Sung gelten sollte: „Die Sache der Sündenvergebung wird in der Septuaginta so gedanken- und wortschatzreich wiedergegeben, daß wir in diesem bibelgriechischen Sprachgebrauch unseren Blickwinkel, insbesondere in terminologischer Hinsicht, wesentlich erweitern müssen."[90]

f) Untersuchungen einzelner Themenbereiche

Hinzuweisen ist über diese großangelegten Studien zudem auf einige thematische Untersuchungen, die Teilaspekte der neutestamentlichen Soteriologie in den Blick nehmen und dabei auch auf die Verge-

---

[89] So kann *Sung* beispielsweise für die Jesaja-Apokalypse festhalten, daß „das Endgericht und die eschatologische Offenbarung der Gottesgerechtigkeit mit Heil und Sündenvergebung für die Gerechten verbunden" (108) sei; oder für 4 Esra, daß der „pharisäische Apokalyptiker außerhalb des Gesetzes kein Heil und keine Möglichkeit zur Sündenvergebung" sehe (117f.). Diese Sätze machen deutlich, daß es *Sung* nicht an einem differenzierten Bild gelegen ist, sondern daß einzelne Vertreter bestimmter jüdischer Gruppierungen knapp dargestellt werden sollen, um so einen gewissen Überblick über das gesamte Judentum des Zweiten Tempels geben zu können. Es wäre zu wünschen, daß *Sung* in zukünftigen Arbeiten sein gestecktes Ziel weiterhin vor Augen behält und in einzelnen Textanalysen das Mosaikbild gründlicher auffüllt.

[90] *Sung*, Vergebung, 176f.

bungsaussagen des Frühjudentums zurückkommen. So bemüht sich
E. Lohse in einem ersten Kapitel seiner Arbeit zu den ntl. Sühnetod-
vorstellungen darum, die neutestamentlichen Aussagen „von ihrer
Zeit her zu verstehen."[91] Ohne eine begriffliche Klärung vorzunehmen, kommt Lohse über die Bearbeitung eines verwandten Themas
zu einer Deutung der Vorstellung von der Sündenvergebung. Für
Lohse ist dabei ausschlaggebend, daß auch im sogenannten Spätjudentum der Zusammenhang zwischen Schuld und Tod gesehen
wird, so daß in manchen Texten selbst dem stellvertretenden Sterben sühnende, also vergebende Wirkung zugesprochen wird.[92]

So weist das Werk Lohses auf einen der vielfältigen Aspekte hin,
die sich hinter der Frage nach Sündenvergebung verbergen. Gleichzeitig zeigt das Vorgehen Lohses, wie ungeklärt eigentlich der
Begriff der Sündenvergebung ist und wie sehr er sich als Synonym
anderer Vorstellungen verwenden läßt. Zu einer der Hauptaufgaben
im weiteren wird es daher gehören, die verschiedenen Vergebungsaussagen auf ihre Begrifflichkeit und auf deren semantischen
Gehalt hin zu untersuchen.

Herausgegriffen sei in diesem Zusammenhang zudem die Arbeit
von *S.v. Dobbeler*, die im Zuge ihrer Untersuchungen zur Umkehrpredigt Johannes des Täufers auch eine diachrone Analyse der
entsprechenden Textpassagen vornimmt und zu einer knappen Darstellung der Thematik „Umkehr und Sündenvergebung im AT und
im Frühjudentum" kommt.[93] Von Dobbeler ordnet diese Analyse
der Auswertung der „Rezeption der Täuferbotschaft bei seinen Jün-
gern" (II. Teil) zu. Voraus gehen also die Rekonstruktion des Textes der Umkehrpredigt des Täufers, dessen synchrone Analyse und
die traditionsgeschichtliche Einordnung des Täufers. In Anlehnung
an *O.H. Steck*[94] reiht von Dobbeler dabei die Täuferpredigt in das

---

[91] *E. Lohse*, Märtyrer und Gottesknecht, Göttingen 1955, 9.

[92] Vgl. ebenda, Kap. III, wo *Lohse* besonders Jes 53 berücksichtigt (S. 94ff.).

[93] *S.v. Dobbeler*, Das Gericht und das Erbarmen Gottes, BBB 70, Frankfurt
a.M. 1988, 177ff. Das Zitat ist der Überschrift zu Kapitel 4.4.2 entnommen.

[94] Israel und das gewaltsame Geschick der Propheten, WMANT 23,
Neukirchen-Vluyn 1967.

Schema einer Überlieferungsgeschichte des deuteronomistischen Ge-
schichtswerkes einerseits ein, wie sie andererseits die Spezifika der
johanneischen Umkehrpredigt im Vergleich zu den deuteronomistischen über den Einfluß einer apokalyptischen Geschichtssicht erläutert.[95] Damit ist ein Interpretationsrahmen gesteckt, der auch das
weitere Vorgehen leitet.

Ausgangspunkt und Zielpunkt ist die Wendung ἄφεσις ἁμαρτιῶν in Mk 1,4, die diachron und traditionsgeschichtlich untersucht
werden soll. Um den semantischen Gehalt dieser Wendung zu erheben, unternimmt von Dobbeler eine Wortfelduntersuchung, wobei
sie den Bereich des kultischen Sühnerituals des Alten Testaments, in
welchem diese Wendung ebenfalls ihren Ort hat, zwar darstellt, für
ihre weitere Arbeit jedoch ausklammert, da sich in Mk 1,4ff. kein
kultischer Zusammenhang ausmachen lasse.[96] Die semantische Aufgabe gerät somit durch Verknüpfung mit der traditionsgeschichtlichen Frage in eine Sackgasse. Von Dobbeler grenzt nämlich ihre
Wortfeldanalyse auf deuteronomistische Texte ein und weist am
Beispiel von 2 Chr 6 nach, daß bei der Sündenvergebung an eine
konditionale Verknüpfung von Umkehr und Heil gedacht sei, so daß
„Sündenvergebung in diesem Zusammenhang als die direkte Wirkung von Exhomologese und Metanoia und konkret in der Restitu-
tion des heilvollen Verhältnisses zwischen Israel und Gott ... erfahrbar ist."[97] Ist aber diese konditionale Verknüpfung unter dem Einfluß eines apokalyptischen Geschichtsbildes aufgebrochen, wie von
Dobbeler für Mk 1,4 nachgewiesen hat,[98] so können nach von Dobbeler jene deuteronomistischen Texte nicht mehr allein als tradi-
tionsgeschichtlicher Hintergrund für die Umkehrpredigt des Täufers
und dessen Rezeption gelten. Letztlich bleibt damit aber die Bedeutung der zu untersuchenden Phrase im Text von Mk 1,4 ungeklärt.

Ähnliche Untersuchungen zu den Voraussetzungen einzelner
neutestamentlicher Aussagen finden sich in mehreren Arbeiten.

---

[95] Vgl. *Dobbeler*, Gericht und Erbarmen, 126ff., bes. 131 sowie 148ff.
[96] Vgl. ebenda, 180ff. bes. 184.
[97] Ebenda, 190.
[98] Vgl. ebenda in der Zusammenfassung, 190f.

Schon aus technischen Gründen oder aber auch aus bestimmten theologischen Vorentscheidungen heraus sind diese Studien eingegrenzt und erheben nicht den Anspruch, einen Überblick über die Vergebungsvorstellungen im Judentum insgesamt zu geben. Als Beispiel sei noch die Verhältnisbestimmung von priesterlichem Vergebungszuspruch und Sündenvergebung des Menschensohnes (Mk 2) durch *O. Hofius* genannt.[99] Hofius geht es darum, eine bestimmte traditionsgeschichtliche Herleitung der Vorstellung in Mk 2, wie sie in der Forschungsdiskussion begegnet, für unmöglich zu erklären, indem er die Sündenvergebung durch einen Menschen (-sohn) als völlig analogielos herausstellt und die vermutete Parallele in einem priesterlichen Absolutionsspruch als unhistorisches Konstrukt zu entlarven sucht.[100]

g) Auswertung

Es zeigt sich also, daß Arbeiten mit einem neutestamentlichen Schwerpunkt nur am Rande exegetische Textuntersuchungen zu der Literatur des griechisch sprechenden Judentums mit einfließen lassen. Die Vergebungsvorstellungen, die sich in diesen Texten ausmachen lassen, sind in Zusammenhang mit neutestamentlichen Arbeiten bisher meist in Überblicksdarstellungen, nicht aber in exegetischen Einzelanalysen aufgearbeitet worden. Insbesondere konnte festgestellt werden, daß kaum untersucht wurde, welche Vorgänge

---

[99] Vgl. *O. Hofius*, Vergebungszuspruch und Vollmachtsfrage, in: „Wenn nicht jetzt, wann dann?" (FS H.-J. Kraus), Neukirchen-Vluyn 1983, 115-127.

[100] Genannt werden muß hier vor allem die Position von *K. Koch*, Messias und Sündenvergebung in Jesaja 53-Targum, JSJ 3 (1972) 117-148, der nachweisen will, daß auch das rabbinische Judentum einen vollmächtig sündenvergebenden Messias kennt. Mit dieser Position setzten sich wie auch *Fiedler*, Jesus, 95f., und *Sung*, Vergebung, passim, auseinander. Siehe auch die Studie von *I. Broer*, Jesus und das Gesetz. Anmerkungen zur Geschichte des Problems und zur Frage der Sündenvergebung durch den historischen Jesus, in: *ders.*, Jesus und das jüdische Gesetz, Stuttgart u.a., 61-104. *Broer* untersucht in einem Unterabschnitt ebenfalls die jüdischen Texte auf Vergebungsvorstellungen, und zwar mit der Zielsetzung, Vorstellungen von nicht-kultischer Sündenvergebung im Judentum auch schon vor der Zerstörung des Tempels nachzuweisen, beschränkt sich aber auf die Zusammenfassung der wichtigsten bisherigen Forschungsergebnisse. Vgl. auch *O. Hofius*, Jesu Zuspruch der Sündenvergebung. Exegetische Erwägungen zu Mk 2,5b, in: Sünde und Gericht, JBTh 9, Neukirchen-Vluyn 1994, 125-143.

und Taten Gottes mit den „Vergebungs"-Aussagen impliziert sind. Die Frage, was inhaltlich den göttlichen Akt der „Vergebung" ausmacht, bleibt überwiegend unbeantwortet.

Zudem läßt sich im Unterschied zu der vorliegenden Arbeit feststellen, daß das Interesse der neutestamentlichen Arbeiten insbesondere auf einer traditionsgeschichtlichen Verortung und Einordnung der „Vergebungs"-Aussagen liegt. Es wird daher nach dem „Sitz im Leben" der entsprechenden urchristlichen Aussagen gefragt und zum Beispiel in der urchristlichen Taufpraxis und – als Gegenposition dazu – in dem Tun und Verhalten des irdischen Jesus gefunden. Oder es werden auch im Blick auf das Judentum Kontexte gesucht, in denen die zu untersuchenden „Vergebungs"-Aussagen zu beheimaten wären. Von neutestamentlicher Seite richten sich die Fragestellungen also weniger auf den Inhalt der entsprechenden Wendungen und Aussagen selbst bzw. auf die Vorgänge, die mit den „Vergebungs"-Aussagen bezeichnet werden. Völlig außer acht bleiben daher meist die lexikologischen Fragestellungen, da nicht erhoben wird, welche Möglichkeiten des Ausdrucks bestimmte Phrasen und Wendungen die griechische Sprache zur Zeit des Zweiten Tempels innerhalb des jüdisch-christlichen Kulturkreises bot. Die jüdischen Texte werden nicht untersucht, um den Horizont der griechischen Sprache besser abstecken zu können, aus dem heraus die urchristlichen Texte verstanden werden müssen.

Kennzeichnend ist für die Mehrzahl der neutestamentlichen Untersuchungen, daß das mit dem deutschen Begriff „Vergebung" bezeichnete Handeln Gottes oder Jesu als bekannt vorausgesetzt wird. In den vorliegenden Studien soll demgegenüber zunächst erst einmal geklärt werden, an welche Vorgänge und Taten Gottes gedacht ist, wenn in den antiken Texten von einem „Vergebungs"-Handeln Gottes oder Jesu die Rede ist.

2. Studien zur Theologie des Judentums

Sowohl in älteren als auch in den modernen Arbeiten, die sich um eine theologische Gesamtdarstellung des Judentums bemühen, finden sich vereinzelt Abschnitte zu den Vergebungsaussagen in den jüdischen Texten.[101] Von größerer Bedeutung sind aber die Werke, die sich ausdrücklich der Thematik der Sünde, Gnade und Barmherzigkeit zuwenden und die häufig zum Beleg für Aussagen über das Vergebungsverständnis des Judentums herangezogen werden.[102] Charakteristisch ist dabei für die vorliegende Fragestellung nach dem Verständnis von Sünde, Verfehlungen und Vergebung, daß die Darstellungen bis heute einerseits dem „Judentum seinen Formalismus und seine Veräußerlichung zu ‚beweisen‘ oder aber das Judentum und seine Anschauungen über die Sündenvergebung gegen solche christlichen Angriffe zu verteidigen"[103] suchen.

a) Justus Köberle

Immer wieder wird dabei das Werk *J. Köberles* rezipiert, der sich anschickte, das Thema „Sünde und Gnade", besonders im „späteren

---

[101] Verwiesen sei auch auf die Darstellungen des alttestamentlichen Glaubenszeugnisses. Die älteren Arbeiten wurden von *Sung*, Vergebung, 2-8, besprochen. Während in den neueren religionsgeschichtlich dargestellten Arbeiten kaum Ausführungen zu einem „Vergebungsglauben" zu finden sind, bietet *H.D. Preuß*, Theologie des Alten Testaments Band 2. Israels Weg mit JHWH, Stuttgart u.a. 1992, 190-198, hingegen jetzt wieder auch einen längeren Abschnitt im Rahmen der alttestamentlichen Anthropologie (§ 11). *Preuß* versucht – geordnet nach den wichtigsten hebräischen Begriffen –, einen Überblick zu verschaffen und den Stellenwert der Vergebungsaussagen im Gesamten des alttestamentlichen Glaubens zu bestimmen. Unter Aufnahme seiner Gesamtsicht des Alten Testaments verbindet er die Vergebungsaussagen dabei mit dem für ihn zentralen Erwählungsglauben, so daß er „Vergebung" als „Annahme des Sünders" interpretieren kann. Damit ist aber auch an *Preuß* die Frage zu richten, ob seine Darstellung nicht von einer bestimmten Vorstellung von „Vergebung", nämlich von der *iustificatio impii*, ausgeht, welche in ihren Strukturen auch im Glauben des Alten Testament nachgewiesen werden soll.

[102] Zentral ist für die vorliegende Untersuchung, daß insbesondere die Arbeiten zum Judentum als umfassende Beschreibungen der Theologie des Judentums gestaltet sind. So versucht beispielsweise *E.P. Sanders*, Judaism. Practice and Belief 63 BCE - 66 CE, London/Philadelphia 1992, das Judentum als *Religion* im Zeitraum der Zeitenwende zur Darstellung zu bringen. Er berücksichtigt zwar in einem dritten Teil insbesondere auch die verschiedenen Gruppierungen und Ausprägungen des Judentums; grundlegend ist aber eine thematische Ordnung der behandelten Sachverhalte.

[103] *Broer*, Jesus, 80.

Judentum", in der nur umfassendsten Weise zu bearbeiten.[104] Anhand der „religiösen Vorstellungen" zum Komplex Sünde und Gnade durchläuft Köberle chronologisch die vorchristlichen theologischen Strömungen des Judentums, wie sie sich in den Schriften des Alten Testaments und in der apokryphen sowie pseudepigraphischen Literatur niedergeschlagen haben. Ausgangspunkt ist dabei die Bedeutung der Begriffe Sünde und Gnade innerhalb der christlichen Religion; denn Köberle geht es in seiner Darstellung darum, die auf das „Christentum hinführende Geschichte der israelitischen und jüdischen Religion" zu beleuchten, um zu zeigen, „welch mannigfaltige und nachdrückliche Einwirkung Gottes und welche Fülle menschlicher Arbeit und menschlichen Kampfes notwendig war, bis auch nur einigermaßen eine höhere Auffassung und klarere Erkenntnis dessen, was Sünde und Gnade bedeuten, erreicht war."[105]

b) Erik Sjöberg

In Auseinandersetzung mit solchen negativen Einschätzungen des Judentums, wie sie bei Köberle begegnen, finden sich schließlich Studien, die von dem Interesse getragen sind, den alttestamentlichen Vergebungsglauben auch im Frühjudentum und in den rabbinischen Schriften nachzuweisen.[106] Grundlegend ist dabei insbesondere die Monographie *E. Sjöbergs*, der 1938 eine neue Sicht der Thematik darzustellen sucht.[107] Ihm ist es daran gelegen, ein angemessenes Bild des Judentums anhand der Quellen zu entwerfen, aus denen er „zwei Hauptmomente des jüdischen Gottesbildes" herausarbeitet: Die Vorstellung Gottes als Strafender und stets ergänzend die Vorstellung vom barmherzigen Gott. Sjöberg gliedert seine Untersuchung in zwei Teile und untermauert seine These zunächst anhand des tannaitischen Schrifttums, um davon ausgehend auch die apokalyptisch-pseudepigraphische Literatur darzustellen. Dabei grenzt

---

[104] Vgl. *J. Köberle*, Sünde und Gnade im religiösen Leben des Volkes Israel bis auf Christum, München 1905, im Vorwort, III.

[105] Ebenda, 1.

[106] Vgl. hierzu die von *Broer*, Jesus, 82, genannten Werke und auch die besprochene Darstellung der jüdischen Texte bei *Fiedler*, Jesus.

[107] *E. Sjöberg*, Gott und die Sünder im palästinischen Judentum, BWANT 4/27, Stuttgart 1938.

auch Sjöberg die Werke des hellenistischen Judentums als nicht re-
präsentativ für das Judentum überhaupt aus.[108] Ausgehend von einer
religiösen Strömung innerhalb des Judentums fragt Sjöberg nach
den Aussagen der Texte zum Verhältnis Gottes zu den Sündern im
Volke Israel und unter den Heiden, zu den Einzelnen und zu den
Umkehrenden. Die Diskussion des Umkehrgedankens macht dabei
die Intention Sjöbergs besonders deutlich: „Damit, daß gezeigt worden ist, daß die geläufige Gesamtauffassung des Judentums an wesentlichen Punkten schief ist, ist der wichtigste Grund der Auffassung der Umkehr als einer Leistung des Menschen widerlegt."[109]
In dieser Arbeit ist eine Fülle von Material zusammengestellt, um
ein bestimmtes Bild von der jüdischen Religion insgesamt zu entwerfen. Aber auch Sjöberg sieht davon ab, eine genaue Bestimmung
von „Sünde", „Umkehr" und „Sündenvergebung" zu unternehmen,
da eine Übersetzung der entsprechenden Begriffe ins Deutsche
schon als ausreichend angesehen wird. Zudem genügt es Sjöberg,
den Gedanken der Sündenvergebung überhaupt in den unterschiedlichen Kontexten nachweisen zu können. So steht als Ergebnis auch
nicht die Erläuterung des Verhältnisses Gottes zu den Sündern aufgrund der beiden herausgearbeiteten Hauptmomente des jüdischen
Gottesbildes, sondern die Feststellung, daß unter Einbeziehung der
rabbinischen Literatur diese beiden Hauptmomente im Gedankengut
des Judentums insgesamt sichtbar werden und vor einer Fehlein-
schätzung des Judentums (im Gefolge der Auffassungen Wellhau-
sens) bewahren.[110]
Auffällig ist das Ziel der Gesamtdarstellungen,[111] das Judentum
insgesamt als Religion darzustellen, wofür auf den breiten Fundus

---

[108] Vgl. ebenda, 193. Zur methodischen Trennung der religionsgeschichtlichen Bereiche Judentum und Hellenismus siehe auch *W.G. Kümmel*,
Das Erbe des 19. Jahrhunderts für die neutestamentliche Wissenschaft von heute,
in: *ders.*, Heilsgeschehen und Geschichte, Marburg 1965, 364-381, hier 376f.
[109] *Sjöberg*, Gott und die Sünder, 157.
[110] Vgl. ebenda, 261-264.
[111] Vgl. *G.F. Moore*, Judaism in the First Centuries of the Christian Era the
Age of the Tannaim, Vol. I, Cambridge 1958, Part II, Capter II (Sin and Its Conse-
quences), III (The Origin of Sin), IV (Ritual Atonement), V (Repentance), VI (The
Efficacy of Repentance, VII (Motives of Forgiveness). Einen knappen Überblick

der rabbinischen und der Qumran-Literatur zurückgegriffen wird, während griechische Texte aus der Zeit des Zweiten Tempels selten mit herangezogen werden.[112] Doch läßt sich wohl das Bild des Judentums gerade mit Hilfe dieser Texte noch weiter ausgestalten.

c) E.P. Sanders

Das belegt auch der kurze Abschnitt, den *E.P. Sanders* in seiner Darstellung des Judentums um die Zeitenwende der Thematik widmet („Reward and punishment, justice and mercy").[113] Sanders faßt diese Ausführungen unter das Kapitel zu den verbreiteten theologischen Anschauungen („Common Theology") und macht deutlich, daß grundsätzlich von der Auffassung auszugehen ist, daß Verfehlungen und Sünde mit Vergeltung und Strafe belegt werden, ob im zwischenmenschlichen oder im religiösen Bereich. Diese Voraussetzung werde aber stets mit den Gedanken der Barmherzigkeit Gottes, der Erwählung des Volkes oder auch der Bundeseinhaltung verbunden.[114] Ausgehend von dieser allgemeinen Feststellung beschreibt Sanders in einem knappen Überblick schließlich ebenso die Hauptaspekte, die in verschiedenen Darstellungen grundlegend für die Beschreibung und Diskussion der Vergebungsvorstellungen „des" Judentums sind: Sühne und Umkehr.

Die spezielle Position von Sanders wird daran ersichtlich, daß er

---

über jüdische Vorstellungen bis in die Neuzeit hinein verschafft auch *J. Maier*, Schuld und Versöhnung im Judentum, in: *B. Mensen*, Schuld und Versöhnung in verschiedenen Religionen, St. Augustin 1986, 21-37.

[112] Dies gilt zum Beispiel auch für den knappen Überblick von *Broer*, Jesus, 81ff. („3.3. Sündenvergebung im AT und Frühjudentum"), der fragt, „was ,der Jude' zur Zeit Jesu tun mußte, wenn er die Tilgung seiner Sünden von Gott erreichen wollte." Doch ist sich *Broer* der Datierungsproblematik der Rabbinica durchaus bewußt, wie nicht nur aus Anm. 99 und der Diskussion um die Halacha (ebenda, 3.3.3.8) deutlich wird. *Broer* will zur Klärung seiner Frage nach den Vergebungsvorstellungen des Judentums in der Zeit Jesu explizit keine neuen Belege anführen, sondern rezipiert die einschlägige Literatur zu dieser Thematik. Daher verwundert es nicht, daß über den öfter herangezogenen PsSal 9 hinaus kaum griechische Texte Frühjudentums diskutiert werden; denn diese werden in der von *Broer* verwendeten Literatur meist ausgespart.

[113] *Sanders*, Judaism, a.a.O., 270ff.

[114] Vgl. ebenda, 271.

an dieser Stelle nicht auf die kultischen Riten und deren Funktion für die Soteriologie zu sprechen kommt.[115] Dieser Bereich wird jedoch in anderen Darstellungen selten ausgeklammert, sondern insbesondere mit der Bedeutung des Versöhnungstages für die verschiedenen Strömungen des Judentums diskutiert.[116] Sanders legt sein Schwergewicht allein auf den „Umkehr"-Gedanken (repentance) und die Vorstellungen innerhalb verschiedener Texte, daß durch die Bekehrung und Abkehr von den Verfehlungen der Sünde-Straf-Zusammenhang aufgebrochen werden kann.[117] Zudem weist er auf die Bedeutung hin, die dem Bundesgedanken und verschiedenen Ausprägungen und Umsetzungen desselben in den Texten des Judentums zugemessen wird, wie gleichzeitig das Vertrauen in die Barmherzigkeit Gottes als Fundament deutlich wird, von interzessorischem Handeln eines Mittlers oder von gnädigem Handeln Gottes an seinem Volk ausgehen zu können.[118]

Wichtig ist für Sanders auch, die innerweltliche Dimension der Vergebungsvorstellungen deutlich werden zu lassen. Er geht aufgrund der Textbefunde davon aus, daß im von ihm untersuchten Judentum Vergeltung und Strafe nicht erst in eine zukünftige Zeit versetzt wurden. Vielmehr sei es gerade Kennzeichen einer *common theology*, Strafe und Leiden als Ausdruck der Gerechtigkeit Gottes zu verstehen, die aber zugleich vor Strafen und dergleichen im zukünftigen Leben bewahre. Allein in Zeiten des Leidens und der Verfolgung seien im Judentum auch Vorstellungen von einer zukünftigen und endzeitlichen Bestrafung ausgebildet worden.[119]

---

115 Insgesamt mißt *Sanders* den Opfern keinen hohen Stellenwert bei, vgl. ebenda, 102-118.

116 Vgl. nur *Moore*, Judaism I, Part II, Chapter IV (Ritual Atonement) *Maier*, Schuld, 23-25, und *Broer*, Jesus, 3.3.3.1.

117 Vgl. *Sanders*, Judaism, 271f.

118 Vgl. ebenda, 272.

119 Textbelege finden sich an dieser Stelle nicht, *Sanders* setzt sich aber auch mit paulinischen Aussagen zum Gericht und zum Tat-Ergehens-Zusammenhang auseinander und kann ihn schließlich ebenfalls als Zeugen für jene seiner Auffassung nach übliche Vorstellung innerhalb des Judentums heranziehen, daß im zukünftigen Leben zwar Gericht nach den Taten, aber keine Verdammnis zu erwarten sei, da diese mit irdischen Strafen abgegolten werden; vgl. ebenda, 273f.

Auch bei Sanders ist der apologetische Unterton nicht zu überhören, und so läuft der Abschnitt insgesamt darauf hinaus, das Judentum als *religion of grace* darzustellen.[120] Doch bezieht Sanders beispielsweise im Blick auf die Vorstellungen von *repentence* das Gebet Manasses und das Gebet Asarjas mit ein[121] und zieht neben den Schriften Philos und Josephus' auch den Aristeasbrief mit heran. Sanders macht damit in seinen knappen Ausführungen deutlich, daß für die Frage nach dem Glauben und Denken des Judentums in der Zeit des ersten nachchristlichen Jahrhunderts über die bisher herangezogenen Texte noch weitere Schriften des Frühjudentums zur Verfügung stehen, die ebenfalls Aufschlüsse über das damalige Verständnis von „Vergebung" versprechen.

d) J.H. Charlesworth

Herangezogen sei abschließend noch der Artikel von Charlesworth, da hier ein Beispiel für eine bestimmte systematische Ordnung und Darstellung der Thematik vorliegt. Es ist zu unterstreichen, daß sich Kselman in seinem entsprechenden Artikel zu „forgiveness" im Alten Testament streng an den Vergebungstermini orientiert und ausschließlich die Bezeichnungsmöglichkeiten der hebräischen Vokabel סלח und einiger Synonyme auflistet.[122] Denn Charlesworth will sich von einem solchen Vorgehen abheben. Er fordert vielmehr für eine umfassende Darstellung und Untersuchung, sich an der Auslegung von Texten zu orientieren: „The study of forgiveness in Early Judaism must not be centered on the Heb *(sĕlîḥâ)* and Gk *(aphesis)* nouns for ‚forgiveness' and verbs for ‚to forgive' ...; it must derive from the full, perceptive, and sensitive readings of all pertinent documents."[123]

Charlesworth bemüht sich in dem knappen Lexikonartikel ausgehend von einigen Texten die Vergebungsvorstellungen in den Glauben des „Frühjudentums" einzuzeichnen, bzw. zu fragen, „how

---

[120] Ebenda, 275ff. (Hervorhebung im Original).

[121] Vgl. ebenda, 271f.

[122] Vgl. *J.S. Kselman*, Forgiveness (OT), ABD II, New York u.a. 1992, 831-833.

[123] *Charlesworth*, Forgiveness, 834.

‚forgiveness' was perceived in Early Judaism and what methods were devised to obtain it."[124] Er unterteilt die Darstellung dabei in die Fragen nach der Notwendigkeit (*need*) von Vergebung und nach der kultischen, der personalen und nationalen Dimension, Vergebung zu erlangen.

Auch wenn Charlesworth in diesem Zusammenhang immer wieder Textbeispiele anführt, ist doch zu fragen, ob er in dem Artikel seiner eigenen methodischen Forderung gerecht wird und ob nicht auch er sämtliche Texte allein als Belege für einen einheitlichen Glauben des sogenannten Frühjudentums behandelt. So laufen die Ausführungen vor allem darauf hinaus, das Wissen und den Glauben um die *Notwendigkeit* eines Vergebungsgeschehens, sei es auf kultischer, personaler oder nationaler Ebene, innerhalb des Judentums nachzuweisen. Zu kurz kommen dabei nicht nur die Differenzen der einzelnen jüdischen Stimmen, sondern auch hier wird kaum untersucht, worin eigentlich die „Vergebung" besteht. Charlesworth deutet an, daß verschiedene theologische Themenbereiche zu untersuchen sind, wenn die Vergebungsvorstellungen erhoben werden sollen. Jedoch erscheint es sinnvoller, nicht von diesen Themen in der Bearbeitung der Fragestellung auszugehen, sondern die einzelnen Vorstellungen im Rahmen der Textauslegungen zu beschreiben. Auf diese Weise können dann auch die verschiedenen Themen und Zusammenhänge erarbeitet werden. Zudem wird sich auf diese Weise auch der Zweifel, ob das Judentum überhaupt Sünden- und Vergebungsvorstellungen ausgeprägt hat, von selbst als gegenstandslos erweisen.

3. *Eine Stimme aus der Altphilologie*

Von altphilologischer Seite ist in jüngster Zeit ein Vorstoß unternommen worden, die Bedeutung hellenistischer Vergebungsvorstellungen zu erläutern. Mit Hilfe einer Untersuchung zur Vokabel συγγνώμη versucht *K. Metzler* dabei die Verzeihensvorstellung griechi-

---

[124] Ebenda.

scher Texte aus verschiedenen Jahrhunderten zu skizzieren,[125] und zwar auch mit dem Ziel, die Beziehung der „spezifisch griechischen" Vorstellungen zum jüdisch-christlichen Denken deutlich werden zu lassen.

Die Forschungen Metzlers nehmen ihren Ausgangspunkt in einer kleinen Studie *K. Gaisers*, der anhand eines Vergleiches von Xenophon, Cyr 3,1,38-40 mit Luk 23,34 beispielhaft das Verhältnis von griechischen und jüdisch-christlichen Vergebungsaussagen zu bestimmen versucht.[126] Metzler fragt grundsätzlich, ob in der griechischen Kultur eine andere Verzeihensvorstellung vorherrscht als in der jüdisch-christlichen,[127] und reagiert damit auch auf *L. Oeing-Hanhoff*, der gegen Gaiser von einem prinzipiellen Unterschied des griechischen Verzeihens und dem christlichen Vergeben von Schuld ausgeht. Ersteres nämlich beinhalte ein Einsehen in die Schwächen und Handlungsmotive des Täters und damit eigentlich ein Erkennen und Anerkennen der Unschuld (= ent-schuldigen).[128]

Die wichtigsten Ergebnisse dieser Arbeit liegen dabei in den vielen Einzelstudien zur Verwendung der Vokabel συγγνώμη. Folgende Hauptgedanken lassen sich herausstellen: Die statistischen Untersuchungen Metzlers ergeben, daß συγγνώμη als Wort der griechischen Alltagssprache wohl kaum seinen Ursprung in der religiösen Sprache hat[129] und etymologisch aus einem indoeuropäischen Verzeihensbegriff mit der Wurzel gnō herleitbar ist. Die Vokabel kann demnach Vorgänge beschreiben, die von einer „Grundbedeutung" des Wortes her dem Wortfeld „erkennen" zuzuordnen seien. In Kontexten des Verzeihens bedeute die Vokabel demnach *„sich auf den Standpunkt eines anderen versetzen"*.[130]

Schon mit Hilfe der frühen Belege[131] zeigt Metzler allgemein die Bandbreite an Bedeutungsnuancen auf, die συγγνώμη durch die Beziehung zu den Bedeutungsfeldern „erkennen" einerseits und „verzeihen" andererseits gewinnt. Sie betont dabei, daß allein von der Etymologie des Wortes nicht auf einen rein intellektuellen Akt des Verzeihens geschlossen werden darf,[132] von daher also kein grundsätzlicher Gegensatz zum christlichen Vergeben bestehe.

---

[125] Vgl. *K. Metzler*, Der griechische Begriff des Verzeihens. WUNT[2] 44, Tübingen 1991.

[126] Vgl. *K. Gaiser*, Griechisches und christliches Verzeihen, in: Latinität und Alte Kirche (FS R. Hanslik), Wiener Studien Beiheft 8, Wien u.a. 1977, 78-100.

[127] Vgl. *Metzler*, Begriff, 6.

[128] Vgl. *L. Oeing-Hanhoff*, Verzeihen, Ent-schuldigen, Wiedergutmachen, Gießener Universitätsblätter 11 (1978), 68-80, hier 69f.

[129] Vgl. ebenda, Abschnitt A II sowie 73f.

[130] Ebenda, 31.

[131] Die Vokabel begegnet erst bei Simonides im 6./5. Jahrhundert, *Metzler* bemüht sich jedoch im Anschluß an *K. Gaiser* das Verzeihen „der Sache nach" auch in der epischen Dichtung nachzuweisen, vgl. ebenda, 61ff.

[132] Vgl. ebenda, 45f.

Anhand des von Metzler zugänglich gemachten Textmaterials läßt sich nun aber nochmals zeigen, wie wenig die Vorgehensweise der vorliegenden Untersuchung derjenigen Metzlers angeglichen werden kann. Eine Studie der Vergebungsvorstellungen des griechisch spechenden Judentums und Urchristentums kann nicht als begriffsgeschichtliche und auch nicht ausschließlich als semantische Untersuchung von Begriffen konzipiert werden. Zu fordern ist vielmehr nicht allein aus methodischen Erwägungen, sondern eben auch aufgrund der Erfordernisse des Textmaterials, eine von einzelnen lexikologischen Untersuchungen unterstützte exegetische Auslegung von Einzeltexten (siehe oben I.2).

So ist zunächst zu unterstreichen, daß Metzler im Blick auf die Septuaginta und weitere jüdische sowie auch urchristliche Texte gezwungen ist, ihre bisherige Vorgehensweise zu ändern und „fast eine neue Untersuchung mit anderem methodischen Ansatz zu beginnen: Es gilt, den *Begriff* des Verzeihens in seinem sehr vielfältigen Vokabular in Septuaginta und Neuem Testament herauszuarbeiten und daran die Verwendung von συγγνώμη wenigstens bei ausgewählten Autoren zu messen."[133] Metzler wählt dabei den Weg, sich ausschließlich an den Vokabeln bzw. an der Terminologie von „Vergebung" im biblischen Schrifttum zu orientieren.

Einschneidender ist aber im weiteren die Entscheidung Metzlers, trotz der Vielfalt an Vokabeln nach einem einheitlichen „Begriff" bzw. nach einer einheitlichen Vorstellung von Verzeihen in den biblischen Texten suchen zu wollen. So bestimmt Metzler für das Alte und Neue Testament einen gemeinsamen „Vergebungsbegriff", wobei die einzelnen Belege und Textstellen nur als Aspekte eines Ganzen gesammelt werden.[134] Die übrigen Untersuchungen zu den jüdischen Schriftstellern,[135] den Kirchenvätern und auch anderen

---

[133] *Metzler*, Begriff, 223 (Hervorhebung nicht im Original).

[134] Vgl. die Zusammenfassung der „Struktur des Verzeihensbegriffes" im Alten und Neuen Testament, ebenda, 248ff. Es ist hervorzuheben, daß *Metzler* stets die deutsche Vokabel „Begriff" einsetzt, um Gedanken, Vorstellungen und Konzeptionen zu bezeichnen.

[135] Kurz erwähnt werden Philo, JosAs und EpArist, während Josephus ausführlicher behandelt wird, wohl bewußt in Ergänzung zu den häufig verwendeten

frühchristlichen Autoren haben dabei weniger das Ziel, eine jeweils spezifische Vergebungsvorstellung herauszustellen. Vielmehr soll die Aufnahme des biblischen Begriffes auf der einen Seite und die schon in den Apokryphen wiederkehrende Verwendung der Vokabel συγγνώμη als Teil der Vergebungsterminologie auf der anderen Seite diskutiert werden, um so die Verbindung von griechischen und jüdisch-christlichen Vergebungsvorstellungen in der gemeinsamen hellenistischen Kultur zu beleuchten.

Metzler postuliert also methodisch und sprachtheoretisch eine einzige Vorstellung von Vergebung, die sich in verschiedener begrifflicher Ausgestaltung in den Texten der miteinander zu vergleichenden religiösen und sozialen Gruppen wiederfinden läßt. Sie kommt dazu, die Vorstellungen von „spezifisch griechischem" Verzeihen und „biblischem" Vergeben zu vergleichen, die Überschneidungen beider Vorstellungskomplexe darzustellen[136] und die Verbindung von heidnischem und jüdisch-christlichem Vergebungsdenken in einzelnen Schriften zu beleuchten. Sie kann dabei zudem auf den römischen Kultureinfluß aufmerksam machen, der dem Verzeihensbegriff einen juristisch-machtpolitischen Aspekt verleihen könne,[137] und kommt zu dem Schluß, daß sich in der hellenistischen Kultur die verschiedenen Verzeihens-„Begriffe" bei gegenseitiger Beeinflussung, aber nicht als gegensätzliche Vorstellungen, nachweisen lassen.[138] Doch gerade im Blick auf die von ihr selbst festgestellte begriffliche Vielfalt in den Texten des Judentums und ältesten Christentums ist zu fragen, ob die vorgenommene methodische Entscheidung, nach einem einzigen „Begriff" von Verzeihen suchen zu wollen, nicht an den Texten selbst vorbeigeht. Zumindest ist für die vorliegende Untersuchung nicht von solch einem Postulat eines einheitlichen Gedankens in allen Texten und zwar auch bei uneinheitlicher Vokabelverwendung auszugehen. Vielmehr ist vom Ein-

---

Studien *Thyens*, der sich weitgehend auf Philo beschränkt, vgl. *Metzler*, Begriff, 250-259.

[136] Vgl. ebenda, 249f.
[137] Vgl. nur zu Josephus, ebenda, 254ff.
[138] Vgl. ebenda, 277f.; 306 sowie schon 193ff.

zeltext her der Befund zu erheben, so daß im Anschluß die Einzelergebnisse miteinander verglichen werden können. Denn Metzler belegt gerade in ihren Untersuchungen zu den nicht-jüdischen Texten die Möglichkeiten, die eine Vokabel συγγνώμη in unterschiedlichen Kontexten zu verwenden und Unterschiedliches zu bezeichnen.

III. ZUSAMMENFASSUNG:
DIE AUFGABENSTELLUNG DER ARBEIT

Werden abschließend die obigen Ausführungen zur Fragestellung und Vorgehensweise dieser Arbeit sowie zur bisherigen Forschungsarbeit an den Vergebungsvorstellungen zusammengefaßt, kann nochmals die Aufgabenstellung der folgenden Untersuchungen skizziert werden.

Der Überblick über die bisherigen Forschungsarbeiten, die ausgehend von Problem- und Fragestellungen innerhalb der neutestamentlichen Texte das Thema der Vergebungsvorstellungen verhandeln, hat gezeigt, daß nur selten auf die Inhalte dieser Vorstellungen abgehoben wird. Es geht in den bisherigen Arbeiten insbesondere darum, den thematischen Rahmen zu erfassen, in dem von „Vergebung" bzw. von einem Umgang Gottes mit den Verfehlungen der Menschen die Rede ist. Von daher stehen Fragen nach der Verankerung der urchristlichen Rede von der Sündenvergebung in der Christologie bzw. in urchristlichen Gemeindevollzügen, wie der Taufe (Thyen, Leroy), oder Fragen nach der Vollmacht und der Rolle des irdischen Jesus, Sünden zu vergeben, im Zentrum der Debatten (Fiedler, Sung, Hofius). Nur vereinzelt wird in Verbindung mit anderen thematischen Untersuchungen (vgl. Lohse, v. Dobbeler) die Frage gestellt, welche Vorgänge und Handlungen Gottes eigentlich mit den sogenannten „Vergebungs"-Aussagen beschrieben werden. Im Mittelpunkt steht diese Frage wohl in der zuletzt besprochenen, altphilologischen Arbeit von K. Metzler, jedoch kann sie die jüdischen und christlichen Texte aufgrund des breitgesteckten Rahmens ihrer Arbeit und ihrer methodischen Voraussetzungen nur streifen.

Die Darstellungen der Theologie des Judentums sind zudem gerade im Blick auf die Thematik der Vergebungsvorstellungen davon geprägt, die jüdischen Aussagen im Vergleich mit christlichen zu bewerten, oder aber im entgegengesetzten, apologetischen Sinne, die Existenz des alttestamentlichen Vergebungsglaubens auch in den Texten des Frühjudentums nachzuweisen. Nur selten werden auch hier die griechischen Texte des Frühjudentums herangezogen; doch machen gerade die Überblicksdarstellungen und systematisch gegliederten Beschreibungen des Judentums die Notwendigkeit deutlich, die einzelnen Texte und die in ihnen enthaltenen Vorstellungen je für sich zu Wort kommen zu lassen. Ebenso wie beispielsweise versucht wird, den Beitrag der Qumrantexte oder auch der ältesten rabbinischen Literatur zu erfassen, scheint es daher sinnvoll, die Fragestellung aus der forschungsgeschichtlichen Alternative herauszuheben und das Bild der jüdischen Vergebungsvorstellungen weiter zu ergänzen, indem die pseudepigraphischen und apokryphen Texte als Zeugen mit einbezogen werden.

In der vorliegenden Untersuchung werden eingrenzbare Einzeltexte ausgelegt. Das hat zunächst einen sachlichen Grund: Es soll nach den je eigenen Vorstellungen der heranzuziehenden Texte gefragt werden, die in breiteren Überblicksdarstellungen unterzugehen drohen. Darüber hinaus ist oben aber auch die methodische Voraussetzung erläutert worden, wonach gerade Konzeptionen, wie die Vergebungsvorstellungen, in exegetischen Arbeiten allein dann angemessen bearbeitet und erhoben werden können, wenn die entsprechenden Begriffe und Ausdrücke im Rahmen ihres vorliegenden literarischen Kontextes interpretiert werden (I.2). Die Begriffsanalysen, die schon aufgrund der festgestellten Vielfalt an Vergebungstermini einen größeren Raum in dieser Arbeit einnehmen werden, sollen folglich als unterstützende Teilaufgaben innerhalb der Auslegung ganzer Texteinheiten konzipiert werden.

Auf diesem Wege wird dann in der vorliegenden Arbeit die Frage nach den Inhalten und Absichten der einzelnen Aussagen um so intensiver gestellt werden können. Diese Frage kam in verschiedenen Arbeiten zu kurz. Häufig wird vielmehr stillschweigend vorausgesetzt, daß sämtliche Aussagen, die unter die Kategorie „Vergebung" gefaßt werden können, in den griechischen Texten stets auch einen einheitlichen Vorgang bzw. Akt Gottes mit und an den Verfehlungen oder auch mit und an den „Sündern" beschreiben. In der vorliegenden Arbeit ist dieses Postulat nicht zugrunde zu legen, sondern im Zuge der Untersuchungen zu überprüfen.

In den folgenden Paragraphen werden demnach einzelne jüdische und urchristliche Texte untersucht und ausgelegt werden. Ausgehend von der getroffenen Textauswahl wird versucht, das Verständnis des Frühjudentums und seiner Vorstellungen von „Vergebung" zur Zeit der Entstehung der urchristlichen Schriften weiter zu fördern. Ziel der Studien ist es darüber hinaus, die erarbeiteten frühjüdischen Vorstellungen und Gedanken für die Auslegung der urchristlichen Texte fruchtbar zu machen. Die frühjüdischen Konzeptionen sollen als Teil des literaturgeschichtlichen und religiösen Horizontes, in dem die urchristlichen Texte und die in ihnen enthaltenen Vergebungsvorstellungen stehen, gesehen werden. Sie bilden den Hintergrund, vor dem die urchristlichen Vergebungsvorstellungen so untersucht und dargestellt werden können, daß ihr je eigenes Profil zum Vorschein kommt. Insgesamt kann und soll allein ein Teil der urchristlichen Zeugen für den Vergebungsglauben herangezogen werden. Die vorliegenden Studien wollen jedoch – begrenzt auf die Thematik der Vergebung und ausgehend von exemplarischen Texten – einen weiteren Beitrag leisten, den Glauben des Urchristentums im Rahmen seiner Umwelt zu beschreiben und zu verstehen.

KAPITEL II

DIE GEBETE DER ASENETH

Die wundervolle griechische Erzählung über die ägyptische Priestertocher Aseneth und spätere Gemahlin Josephs (vgl. Gen 41,45.50; 46,20) enthält an zentraler Stelle, in den Kapiteln 11-13, ein großes Gebet mit zwei vorgeschalteten Monologen, in denen die langsam vollzogene Bekehrung Aseneths zum Gott Israels in erzählende, klagende, bittende und bekennende Worte gefaßt ist.

Ausgewählt sind dabei diese Texte für die vorliegende Untersuchung, da mit Hilfe dieser relativ abgeschlossenen Textkomplexe innerhalb der Gesamterzählung besonders eindrücklich das Verhältnis des Gottes Israels zu einem Menschen anschaulich wird, der im Gebet zu Gott die Verfehlungen und Sündentaten bekennt. Die Texte enthalten gleich mehrere Aussagen über den Umgang dieses Gottes mit den Verfehlungen der Priestertochter Aseneth, aus denen die Zentralsätze in JosAs 11,10; 11,18 und 13,12ff. herausgegriffen werden können. Hier liegen Verbalaussagen vor, die ein Handeln Gottes an der Betenden oder mit ihren Verfehlungen zum Inhalt haben und im Sinne der oben formulierten Definition als „Vergebungsaussagen" bezeichnet werden können. Charakteristisch ist dabei die Variationsbreite in der Sprachgebung. Darüber hinaus läßt die Rezeptionsarbeit, die sich in diesen Texten widerspiegelt und traditionelle alttestamentlich-jüdische Gedanken mit (alltäglichen) Vorstellungen ganz unterschiedlicher Herkunft zur Beschreibung und Veranschaulichung der Sachverhalte verbindet, auf eine tiefe theologische Durchdringung der Materie schließen. Aus den ausgewählten eigenständigen Passagen dieser zauberhaften Erzählung ist vermutlich viel über Denken und Glauben des griechisch sprechenden Judentums zu erfahren.

I. VORÜBERLEGUNGEN:
TEXT UND AUFBAU DES GESAMTWERKES

1. *Der Text*

Im Anschluß an die Studien von Christoph Burchard zu Joseph und Aseneth hat sich ein gewisser Konsens herausgebildet:[1] „So darf als gesichert gelten, daß JosAs der griechisch sprechenden jüdischen Diaspora Ägyptens zuzurechnen ist als das genuine Werk eines Verfassers oder auch mehrerer Autoren."[2]

Auch besteht ein gewisser Konsens darüber, daß die sogenannte Langtextversion textkritisch die ältere und ursprünglichere Textfassung bewahrt hat als die kürzeren Versionen.[3] Dennoch ist diese Überlieferung der Erzählung von Joseph und Aseneth in der For-

---

[1] Vgl. die kurzen Zusammenfassungen der bisherigen Ergebnisse *Burchards* auch in *ders.*, Joseph and Aseneth, in: *J.H. Charlesworth*, The Old Testament Pseudepigrapha, Vol II, New York 1985, 177-247, sowie *ders.*, Joseph und Aseneth, TRE XVII, Berlin/New York 1987, 246-249. *R.D. Chesnutt*, The Social Setting and Purpose of Joseph and Aseneth, JSP 2 (1988) 21, faßt den sich ausbildenden Konsens folgendermaßen zusammen: „There is now general agreement that the original language of JosAsen is Greek, that its provenance is Egypt, it dates prior to 115 CE, and that the longer form of the text lies closer to the original than the shorter recension." Siehe auch den knappen Überblick über die Erforschung der Einleitungsfragen zu JosAs bei *D. Sänger*, Erwägungen zur historischen Einordnung und zur Datierung von »Joseph und Aseneth«, ZNW 76 (1985) 86-106, sowie schließlich die kritische und ausführliche erneute Darstellung der Diskussion bei *A. Standhartinger*, Das Frauenbild im Judentum der hellenistischen Zeit. Ein Beitrag anhand von 'Joseph und Aseneth', AGJU 26, Leiden u.a. 1995, 5-47.

[2] *Sänger*, Erwägungen, 90. Grob wird das Werk „irgendwann zwischen der Wende vom 2. zum 1. vorchristlichen Jahrhundert und etwa Mitte des 2. nachchristlichen Jahrhunderts" (ebenda) datiert. Und siehe insgesamt die Untersuchungen *Sängers* zu einer genaueren Datierung des Werkes.

[3] Eine erste Textausgabe wurde von *P. Batiffol*, Le Livre de la prière d'Aseneth, in: *ders.*, Studia patristica, Paris 1889/90, 1-87, erarbeitet. Im Jahre 1968 erschien die sich auf die sehr viel kürzeren Manuskripte stützende Ausgabe von *M. Philonenko*, Joseph et Aseneth. Introduction, texte critique et notes (Studia post biblia XIII), Leiden 1968. Zur textkritischen Diskussion siehe *C. Burchard*, Zum Text von „Joseph und Aseneth", JSJ 1 (1970) 3-34 und *ders.*, Joseph und Aseneth, JSHRZ II/4, Gütersloh 1983, 579-589. *Standhartinger*, Frauenbild, 46f., will sich hingegen nicht festlegen, sondern bearbeitet in ihrer Untersuchung sowohl den Langtext als auch den Kurztext.

schung noch nicht zu einer wissenschaftlichen Textausgabe aufgearbeitet worden. Es liegt jedoch eine vorläufige Textausgabe von Burchard[4] vor, die im allgemeinen zur Arbeitsgrundlage gewählt wird und auch von A. Denis konkordantisch erschlossen wurde.[5] Der von Burchard redigierte Langtext einschließlich der Verszählung soll auch dieser Arbeit zugrundegelegt werden, da die weitreichenden textkritischen Fragen zu JosAs ausgeklammert werden müssen.[6] Einzubeziehen sind demzufolge in die Untersuchungen nicht allein die eigentlichen Gebetsworte der Aseneth (JosAs 12+13), sondern auch die monologischen Abschnitte in jenen Versen, die nach Burchard mit 11,1x-18 zu zählen sind.[7] Für unseren Zusammenhang ist allein ausschlaggebend, daß die überlieferte und wissenschaftlich zugänglich gemachte Version des Textes als Teil der jüdischen Literatur der frühen Kaiserzeit bearbeitet werden kann.[8]

---

[4] *C. Burchard*, Ein vorläufiger griechischer Text von Joseph und Aseneth, DBAT 14 (1979), 2-53; vgl. auch *C. Burchard*, Verbesserungen zum vorläufigen Text von Joseph und Aseneth (DBAT 14, 1979, 2-53), DBAT 16 (1982) 37-39. Ein vorläufiger Apparat zu dieser Textausgabe findet sich in *Burchards* Übersetzung, Joseph und Aseneth, JSRHZ II/4, Gütersloh 1983.

[5] Siehe *A.-M. Denis*, Concordance greques des pseudépigraphes d'ancien testament, Concordance, corpus des textes, indices, Louvain-la-Neuve 1987, XV. Über den Anhang bei *Denis* ist dieser griechische Text von JosAs heute sehr leicht zugänglich.

[6] Ähnlich entscheidet sich auch *P. Dschulnigg*, Gleichnis vom Kind, das zum Vater flieht (JosAs 12,8), ZNW 80 (1989) 269 mit Anm. 1.

[7] Siehe die vergleichende Übersicht zur Verszählung bei *Burchard*, DBAT 14, 3. Die Kurzfassung in der Ausgabe von *Philonenko* enthält diesen Text nicht.

[8] Vgl. zu den Datierungsfragen des Gesamtwerkes auch *S. West*, Joseph and Asenath, The Classical Quarterly 24 (1974) 78ff.; und nochmals *Sänger*, Erwägungen, 86-106. Auch *Standhartinger*, Frauenbild, 20, sieht jetzt wieder aufgrund der allzu spärlichen Anklänge und Informationen, die der Erzählung entnommen werden können, davon ab, das Werk sozialgeschichtlich einzubetten und entsprechend auszulegen. Verwiesen sei noch darauf, daß *Sänger* sowohl in seinem Artikel (vgl. Erwägungen, 88f.) als auch in dem Forschungsbericht seiner Monographie zu *Joseph und Aseneth* (vgl. *ders.*, Antikes Judentum und die Mysterien. Religionsgeschichtliche Untersuchungen zu Joseph und Aseneth, WUNT[2] 5, Tübingen 1980) einen Überblick über die Bedeutung des jüdisch-hellenistischen Werkes für die Exegese des Neuen Testaments bietet. Siehe aber auch *C. Burchard*, The Importance of Joseph and Aseneth for the Study of the New Testament: A General Survey and a Fresh Look at the Lord's Supper, NTS 33 (1987) 109-117.

2. Die Gebetsworte Aseneths innerhalb des Gesamtwerkes

Die Kapitel JosAs 11-13 enthalten ein großes Gebet und zwei kürzere Monologe[9] der ägyptischen Priestertochter Aseneth, die sich unter dem Eindruck ihrer Liebe zu dem Hebräer Joseph von ihrem polytheistischen Glauben zum Dienst an dem lebendigen Gott Israels bekehrt, Joseph heiratet und schließlich einer Prüfung ihres gewonnenen Glaubens unterzogen wird.[10]

Die Worte Aseneths sind dabei kurz vor dem Höhepunkt des ersten Teils plaziert und schließen den Bericht von der siebentägigen Selbsterniedrigung Aseneths ab. Die Priestertochter, die aufgrund ihrer Absage an die alte Religion nun von ihrer Familie verstoßen ist und sich zudem selbst in Sack und Asche geworfen hat, wendet sich im Gebet an den Gott ihres geliebten Josephs. Daraufhin erscheint ihr vom Himmel her ein Gottes-Mann, der ihr unter wundervollen und mysteriösen Begleitereignissen ihre Bitten erfüllt (Kap. 14-18), so daß schließlich die glückliche Hochzeit Josephs und Aseneths berichtet werden kann (Kap. 19-21). Vom Gesamtkontext der Erzählung aus betrachtet, beschreiben demnach die Redenabschnitte die eigentliche Bekehrung Aseneths. Sie fassen die Abkehr von den Götzen und die Hinwendung zum Gott Josephs in Worte, indem die beiden kurzen Monologe (11,1-14 und 11,15-18) in das große Gebet (12,1-13,14) übergehen. Die Frage, ob Aseneth es wagen könne, den Herrn, den Gott Josephs, anzurufen, wird verzweifelt erwogen, schließlich bejaht und in die Tat umgesetzt.

---

[9] Die Erzählung wird durch mehrere reflektierende Redenabschnitte unterbrochen. Vgl. Kap 6 (siehe 13,14ff.) sowie 17,9f. und auch das abschließende Gebet in Kap 21. Zur Textsorte der Monologe vgl. *K. Berger*, Jüdisch-hellenistische Missionsliteratur und apokryphe Apostelakten, Kairos 17 (1975) 240-245.

[10] Diese Interpretation des zweiten Erzählteils (der Mordanschlag des Pharaonensohnes auf Joseph und Aseneth in Kap. 22-29) als Prüfung des Glaubens der Aseneth geht von einer grundsätzlichen Kohärenz in der vorliegenden Gesamterzählung der Kapitel 1-29 aus. Das schließt aber nicht aus, daß die vorliegende Erzählung aus zwei ursprünglich unabhängigen Erzählungen zu einem Gesamtwerk verbunden wurde. Vgl. *Burchard*, TRE, 246f.; *H.C. Kee*, The Socio-Cultural Setting of Joseph and Aseneth, NTS 29 (1983), 405f., und insgesamt *G. Delling*, Die Kunst des Gestaltens in »Joseph und Aseneth«, NT 26 (1984) 1-42.

II. GOTTES BARMHERZIGKEIT ALS BASIS DER ERSTEN VERGEBUNGSVORSTELLUNG (JosAs 11,3b-14)

Die im ersten Monolog der Aseneth enthaltenen Aussagen zum Umgang Gottes mit Verfehlungen und Menschen, die Verfehlungen begingen, werden im Rückgriff auf Worte aus Ex 34,6f. formuliert, die schon innerhalb des Alten Testaments häufig zitiert werden.[11] Doch bevor die Vorstellungen und Gedanken, die mit dieser Rezeptionsarbeit zum Ausdruck kommen, untersucht und beschrieben werden können (3.), soll zunächst aus einem Überblick über den Gedankengang des Textes die zentrale Aussageabsicht dieses Monologes herausgearbeitet (1.) und anschließend in einem eigenen Abschnitt selbst weiter erläutert werden (2.); denn die Vergebungsvorstellung ist in diesem Monolog Teil eines größeren Gedankens, der in nahezu argumentativer Weise entfaltet wird.

1. *Die Kernaussage des ersten Monologes*

Die Vergebungsaussagen im ersten Monolog der ägyptischen Priestertochter sind eingebettet in einen zweiteiligen Gedankengang (11,3b-9 und V.10-14): Aseneth beklagt zunächst ihre nahezu aussichtslose Lage. Ihre Situation besteht darin, daß sie sich schon vom ägyptischen Götzendienst getrennt hat, was ihr bisher nur Schmähungen eingetragen hat. Zugleich fürchtet sie sich aber, den Gott Israels um Hilfe anzurufen (V.3b-9). Im einzelnen werden die Notschilderungen (V.3b) mit dem Haß gegen die Priestertochter begründet. Aseneth beklagt, wie die „Menschen" und selbst ihre eigenen Eltern sie hassen ($\mu\iota\sigma\epsilon\hat{\iota}\nu$), da sie stets hochmütig gewesen sei (V.6) und sich nun von den Götzen lossagte (V.4f.). Aufgrund der Ahnung bzw. des Wissens um den Haß des Gottes Josephs gegen allen Götzendienst und damit auch gegen sie selbst (V.7-9) verwirft

---

[11] Siehe die Septuagintaversion von Ex 34,6b-7a: Κύριος ὁ θεὸς οἰκτίρμων καὶ ἐλεήμων, μακρόθυμος καὶ πολυέλεος καὶ ἀληθινὸς καὶ δικαιοσύνην διατηρῶν καὶ ποιῶν ἔλεος εἰς χιλιάδες, ἀφαιρῶν ἀνομίας καὶ ἀδικίας καὶ ἁμαρτίας, und vgl. PsLxx 85,15; 102,8; 144,8; Sir 2,11; Joel 2,13; Jona 4,2 u.ö.

Aseneth aber die Anrufung dieses Gottes: καὶ οὐκ ἐστί μοι τολμή ἐπικαλέσασθαι κύριον τὸν θεὸν τοῦ οὐρανοῦ (V.9c).

In dem für uns entscheidenden zweiten Teil des Textes (V.10-14) bringt Aseneth ihre Vorstellungen vom Umgang des Gottes ihres geliebten Josephs, des Gottes der Hebräer, mit Verfehlungen zum Ausdruck. Abgesetzt durch die Konjunktion ἀλλά werden der zuvor beklagten Situation Gottesprädikationen gegenübergestellt, die schließlich zu dem Entschluß (ὅθεν, V.11a) führen, sich doch diesem Gott zuzuwenden. Der erste Teil des Textes endete mit dem negativen Entschluß, den Gott Josephs nicht anzurufen (V.9c), angesichts der im zweiten Teil folgenden Gottesbeschreibungen kann dieser Entschluß jedoch revidiert werden (siehe V.11 + 14). Ganz im Gegenteil zu der oben zitierten Aussage in V.9c wird demnach in V.11 + 14 das Stichwort des „Wagnisses" (τολμή/τολμᾶν) wieder aufgenommen.

Der zentrale Gedanke dieses Textes besteht damit darin, den Haß des Gottes Israels gegen den Götzendienst zunächst als Ursache darzustellen, die betende Anrufung dieses Gottes aufgeben zu wollen. Anschließend werden weitere Attribute von diesem Gott aufgezählt, die den Entschluß zur betenden Hinwendung ermöglichen. Die Frage Aseneths, ob sie sich in der geschilderten Situation (V.3b-9) an den Gott Josephs wenden kann, erhält mit jenen Beschreibungen des israelitischen Gottes (V.10 + 13) eine Antwort: Die Art und Weise, wie dieser Gott mit und an den Menschen handelt, ermöglicht die Hinwendung zu ihm.

Dieser zweite Teil des Monologes gliedert sich dabei wiederum in zwei Teile. Zweimal wird der Entschluß getroffen, sich doch dem Gott Israels zuzuwenden, wobei dies zunächst im Anschluß an „zitierte"[12] Gottesprädikationen aus Ex 34,6f. formuliert wird (V.11). Daraufhin werden weitere Gottesprädikationen erwogen

---

[12] Die eigentümliche Einleitungswendung in JosAs 11,10 (ἀκήκοα πολλῶν λεγόντων, ὅτι ...) ist so gehalten, daß sowohl allgemein gültige Gottesaussagen als auch ein Schriftzitat eingeführt werden können, freilich unter dem erzählerischen Blickwinkel, daß in den Tagen Josephs und Aseneths die Schrift noch nicht existierte.

(V.12-13), so daß der gefaßte Entschluß in V.14 als Abschluß des gesamten Gedankenganges wiederholt wird.

10 ἀλλ᾽ ἀκήκοα πολλῶν λεγόντων·
    ὅτι ὁ θεὸς τῶν Ἑβραίων θεὸς ἀληθινός ἐστι καὶ θεὸς ζῶν
    καὶ θεὸς ἐλεήμων καὶ οἰκτίρμων καὶ μακρόθυμος καὶ πολυ-
    ελεος καὶ ἐπιεικὴς
    καὶ μὴ λογιζόμενος ἁμαρτίαν ἀνθρώπου ταπείνου
    καὶ μὴ ἐλέγχων ἀνομίας ἀνθρώπου τεθλιμμένου ἐν καιρῷ
    θλίψεως αὐτοῦ.
11 ὅθεν τολμήσω κἀγὼ καὶ ἐπιστρέψω πρὸς αὐτὸν καὶ κατα-
    φεύξομαι ἐπ᾽ αὐτὸν
    καὶ ἐξομολογήσομαι αὐτῷ πάσας τὰς ἁμαρτίας μου
    καὶ ἐκχέω τὴν δέησίν μου ἐνώπιον αὐτοῦ.
12 τίς οἶδεν εἰ ὄψεται τὴν ταπείνωσίν μου καὶ ἐλεήσει με;
    τυχὸν ὄψεται τὴν ἐρήμοσίν μου ταύτην καὶ οἰκτειρήσει με
13 ἢ ὄψεται τὴν ὀρφανίαν μου καὶ ὑπερασπιεῖ μου·
    διότι αὐτός ἐστιν ὁ πατὴρ τῶν ὀρφανῶν καὶ τῶν δεδιωγμένων
    ὑπερασπίστης καὶ τῶν τεθλιμμένων βοηθός,
14 τολμήσω καὶ βοήσω πρὸς αὐτόν.

2. Die Gottesprädikationen in V.10b.10c.13b

Die Aussagen zum Umgang des Gottes Israel mit den Verfehlungen der Menschen sind flankiert von weiteren Gottesprädikationen. Im folgenden sind die hier verwendeten Begriffe und Vorstellungen zu erheben, um sie anschließend mit den Vergebungsaussagen in Beziehung zu setzen.

a) Wahrheit und Leben (V.10b)

Voran steht sämtlichen Gottesprädikationen in einer doppelten Aussage die Hervorhebung des Gottes der Hebräer gegenüber anderen Göttern. So wird das Attribut der Wahrheit dieses Gottes abweichend von der Vorlage in Ex 34,6f. nicht als letztes genannt, sondern vorgezogen. Wie sehr dabei die ἀλήθεια des Gottes Israels als Hervorhebung gegenüber anderen Göttern zu interpretieren ist, lehren die Belege aus anderen Texten des griechisch sprechenden Judentums, beispielsweise in Jes 65,16; 3 Makk 6,18 oder bei Philo, SpecLeg I 332; LegGai 336.[13] Es scheint ein geläufiger Ausdruck im Judentum zu sein,[14] den Monotheismus in dieser Art zu vertreten.[15] Jedoch auch in der zweiten Aussage (θεὸς ζῶν) schwingt eine solche Spitze gegen den Polytheismus mit, besonders wenn man die alttestamentlichen Aussagen über den lebendigen Gott als Vorstellungshintergrund voraussetzen will.[16]

Letztere Gottesbezeichnung erhält nun jedoch im Zusammenhang der gesamten Erzählung von Joseph und Aseneth eine besondere Note. Sie begegnet überwiegend in den poetischen Abschnitten der Erzählung, wobei die lebensspendende Macht und die Schöpfertätigkeit des Gottes Josephs hervorgehoben werden.[17] So besteht im Bekenntnis zum lebendigen Gott auf der einen Seite jenes Unterscheidungsmerkmal zu den dezidiert „tot" genannten Götzen, weshalb die Wendung θεὸς ζῶν in JosAs 8,5.6 nahezu als Name für den Gott Israels verwendet werden kann.[18] Zudem sprechen die Aussagen über die ζωή[19] in JosAs aber auch eine Konzeption an, die das Ziel der menschlichen Existenz betrachtet. So besteht dies in einem ewigen Leben, herausgerissen aus dem Tod (8,9; 16,14), wie gleichzeitig die Möglichkeit besteht, an diesem Leben schon auf Erden teilzuhaben, sei es durch das „Brot des Lebens" und den „Geist des Lebens",[20] oder sei es durch die Vermittlung durch einen der Söhne Gottes.[21] Es wird nicht immer konkret ausgeführt, worin die Qualitäten dieser Teilhabe an der ζωή innerhalb des irdischen Daseins eines

---

[13] Siehe noch 1 Esr 8,86; Dan 3,27 u.ö.

[14] Vgl. als Beleg für diese Vorstellung auch in christlichen Texten nur 1 Thess 1,9 und 1 Clem 43,6.

[15] Vgl. *R. Bultmann*, ἀλήθεια κτλ., ThWNT I, Stuttgart 1933, 239-251; 250.

[16] Vgl. *C. Breytenbach*, Glaube an den Schöpfer und Tierschutz, EvTh 50 (1990), 343-356, hier 351f.

[17] Vgl. JosAs 8,3.9; 12,1 und grHen 5,1; TestAbr I 17,11; TestJob 37,2.

[18] Siehe auch OrSib III 763.

[19] Vgl. besonders Kap. 8; 12 und 19.

[20] Vgl. JosAs 8,5.9; 15,5; 16,8.14; 19,8.

[21] Vgl. Kap. 5 und Kap. 15 sowie 20,5.

Menschen liegen,[22] doch ist deutlich, daß sie als Gegenüber zum Tod und darüber hinaus als positive Füllung der menschlichen Existenz gerade mit dem Schöpfer und Erhalter des Lebens (8,9; 12,1ff.), also mit dem Gott Josephs, verbunden werden.[23]

Dieser Gott kann demnach von Joseph gebeten werden, die Priestertochter möge ebenfalls zu seinem auserwählten Volk gezählt werden, um sie damit an den Lebensverheißungen teilhaben zu lassen und ihr schließlich ein ewiges Leben zu gewähren (8,9). Von daher ist davon auszugehen, daß diese gebräuchliche und häufig belegte Gottesprädikation[24] gerade unter dem speziellen Blickwinkel hier aufgenommen wurde, daß mit dem Gott Israels jene Vorstellungen von Lebenssinn und Lebensziel verbunden sind und die Zugehörigkeit zu diesem Gott eine entsprechende Teilhabe gewährleistet.

b) *Barmherzigkeit (V.10c)*

Die folgende Gottesprädikation in V.10c besteht schließlich aus einer längeren Adjektivreihe, in der die Erbarmungsbereitschaft Gottes zum Ausdruck kommt. Wie gesehen sind die ersten vier Adjekti-

---

[22] Vgl. *U. Fischer*, Eschatologie und Jenseitserwartung im hellenistischen Diasporajudentum, BZNW 44, Berlin/New York 1978, bes. 112-115.

[23] Thematische Untersuchungen zu JosAs liegen nur wenige vor, vgl. aber nochmals die forschungsgeschichtlichen Hinweise bei *Sänger*, Mysterien, 48ff., und siehe auch die Bibliographie von *L.R. Ubigli*, Gli apocrifi (o pseudepigrafi) dell' Antico Testamento. Bibliografia (1979-1989), Henoch 12 (1990) 259-321. Im Zusammenhang neutestamentlicher Analysen finden sich u.a. in folgenden Arbeiten auch Untersuchungen zu den Jenseits- und Heilsvorstellungen in JosAs: *R. Bergmeier*, Glaube als Gabe nach Johannes. Religionsgeschichtliche Studien zum prädestinatianischen Dualismus im vierten Evangelium, BWANT 112, Stuttgart u.a. 1980; *E. Brandenburger*, Fleisch und Geist. Paulus und die dualistische Weisheit, WMANT 29 Neukirchen-Vluyn 1968; *H.C.C. Cavallin*, Life after Death. Paul's Argument for the Resurrection of the Dead in ICor 15. Part I: An Equiry into the Jewish Background, CBNT 7,1, Lund 1974; *ders.*, Leben nach dem Tode im Spätjudentum und im frühen Christentum, I. Spätjudentum, ANRW II/19.1, Berlin/New York 1979, 240-345; *Fischer*, Eschatologie, a.a.O.; *O. Hofius*, Katapausis. Die Vorstellung vom Endzeitlichen Ruheort im Hebräerbrief, WUNT 11, Tübingen 1970; *G. Nebe*, Hoffnung bei Paulus. Elpis und ihre Synonyme im Zusammenhang der Eschatologie, StUNT 16, Göttingen 1983.

[24] Vgl. *S. Kreuzer*, Der lebendige Gott. Bedeutung, Herkunft und Entwicklung einer alttestamentlichen Gottesbezeichnung (BWANT 6/16), Stuttgart 1983; *W. Stenger*, Die Gottesbezeichnung „lebendiger Gott" im Neuen Testament, TrThZ 87 (1978), 61-69.

ve Ex 34,6b entlehnt bzw. einer der parallelen Stellen, in der die Adjektivpaare ἐλεήμων/οἰκτίρμων und μακρόθυμος/πολυέλεος gemeinsam ebenfalls zur Kennzeichnung Gottes verwendet werden.[25] H. Gunkel übersetzt und urteilt: „Jahwe ist ein barmherziger und gnädiger Gott, langmütig und reich an Huld und Treue (Ex 34,6), ein Satz, der später zu einer Art Glaubensbekenntnis der Frommen geworden war."[26] Im Zentrum dieser Aussage steht die Barmherzigkeit Gottes, die in ihrer inhaltlichen Füllung und Bedeutung jedoch allein aus dem Zusammenhang deutlich wird, in dem dieses Zitat verwendet ist. Denn auch wenn in einer deutschen Übersetzung – wie von Gunkel gezeigt – die Variationsbreite der griechischen Adjektive nachgestaltet werden kann, läßt sich wohl keine aufgefächerte Bedeutung der einzelnen Begriffe mehr erheben. Die Adjektive scheinen in dieser geprägten Zusammenstellung des Zitates zu einer Einheit verschmolzen, die nicht konkret, sondern in größtmöglicher Breite die Barmherzigkeit Gottes benennt. Die Reihe von Attributen verengt demzufolge nicht die Vorstellung und präzisiert sie auch nicht, sondern bietet die Möglichkeit, verschiedene Vorstellungen von einem barmherzigen Handeln Gottes zu integrieren bzw. durch den weiteren Aussagezusammenhang zu verdeutlichen.

In JosAs 11,10 wird Ex 34,6f. in den Zusammenhang eingebunden, indem das Adjektiv ἀληθινός vorgezogen (V.10b) und ein weiterer Ausdruck für die Barmherzigkeit Gottes (ἐπιεικής) hinzugefügt wird. Auf diese Weise gewinnt die traditionelle Aussage an Prägnanz, und der vorgegebene Text wird mit Hilfe eines alltagssprachlichen Begriffs aus dem Bereich der zwischenmenschlichen Beziehungen fortgeschrieben.

Denn die Rede von der ἐπιεικεία eines Gottes ist abgesehen von einigen jüdischen Texten äußerst selten.[27] Häufig begegnet die Vo-

---

[25] Im Vergleich zu Ex 34,6 wird die Reihenfolge des ersten Adjektivpaares meist umgekehrt wiedergegeben. Vgl. u.a. PsLxx 85,15; 102,8; 144,8; Sir 2,11; Joel 2,13; Jona 4,2 und siehe oben Anm. 11.

[26] H. Gunkel, Die Psalmen II/2, Göttingen [5]1968, 443, zu Ps 103,8.

[27] Vgl. zu den jüdischen und christlichen Belegen u.a. Bauer, Wörterbuch, s.v. und Spicq, Notes I, 263-267.

kabel ἐπιείκεια (ἐπιεικής) in der antiken Literatur jedoch zur Qualifizierung von Menschen oder Verhaltensweisen im Sinne von „Milde" und „Ausgeglichenheit".[28] Die auffälligen Belege dieser Vokabel zur Kennzeichnung Gottes in jüngeren jüdischen Texten lassen sich dabei auf die vermehrte Beschreibung der Mildtätigkeit von Herrschern in der hellenistischen Literatur oder auf die allgemein große Verbreitung dieser Vokabel in der Koine zurückführen.[29] In jenen jüdischen Texten wird nämlich die „Milde" Gottes gerade auch mit seinen Herrscher- und Richtereigenschaften verbunden.[30] Jedoch hat sich diese Bezeichnung nicht im gesamten jüdischen Schrifttum durchgesetzt – weder zur Qualifizierung von Menschen noch von Gott[31] – und wird schließlich in christlichen Texten allein in paränetischen Kontexten und nicht zur Kennzeichnung Gottes verwendet.[32]

Es zeigt sich also, daß *Joseph und Aseneth* zu der hellenistischen Literatur gehört, der die Vokabel (ἐπιεικής) durchaus geläufig ist und darüber hinaus auch zur Prädikation Gottes geeignet scheint. So steht das viermal in dieser Schrift belegte Adjektiv in 11,10 und auch in 12,14 parallel zu weiteren Termini für die Milde (γλυκύς) und Güte (ἀγαθός) Gottes, wobei diese Attribute mit der Vaterschaft Gottes in Verbindung gebracht werden.[33] Durch die Verwendung dieser Vokabel wird nun zwar die traditionelle Sprache aus Ex

---

[28] Vgl. auch die englischen Übersetzungsäquivalente „reasonableness"/„equity" oder „fairness" bei LSJM, s.v.

[29] Vgl. vor allem den Exkurs zu ἐπιείκεια bei *Metzler*, Begriff, 166ff. Es ist aber darauf hinzuweisen, daß *Metzler* in ihrem Exkurs eine dezidiert diachrone Fragestellung verfolgt. Als Belege für die Beschreibung der Herrschertugenden sind daher aus dem für JosAs relevanten Zeitraum *Appianus* 2,602; *Dion Chrys.* 41,63,4; 45,21,1; 57,1,2; 66,8,6; *Polybius* 5,10,1; *Diodor Siculus* 1,54,2; 1,60,4 zu nennen.

[30] Vgl. Weish 12,18; Bar 2,27; Dan 3,42; 2 Makk 2,22; 10,4 und EpArist 211 sowie die Übersetzung des hebräischen Hapax סלח in PsLxx 85,6 mit ἐπιεικής. Auch in grHen 5,6 ist eine Gerichtsvorstellung vorausgesetzt, jedoch wird hier mit ἐπιείκεια nicht eine Eigenschaft Gottes, sondern parallel zu σωτηρία ein endzeitliches Heilsgut bezeichnet.

[31] So wird beispielsweise bei *Josephus* von der ἐπιείκεια eines Menschen, nicht aber von derjenigen Gottes gesprochen.

[32] Dies gilt wohl auch für die ἐπιείκεια Χριστοῦ (2 Kor 10,1).

[33] JosAs 12,14: Σὺ εἶ κύριε πατὴρ γλυκὺς καὶ ἀγαθὸς καὶ ἐκιεικής.

34,6 durchbrochen, so daß die Güte Gottes hervorgehoben wird, die im Rahmen des Gebetes der Aseneth insbesondere von Gott als dem Beschützer und Retter ausgesagt wird (12,14). Dieses Adjektiv ist der Alltagssprache entnommen und weist damit auf die Tendenz des Textes hin, Gott mit leicht verständlichen und eingängigen Begriffen zu beschreiben und in seinen Eigenschaften zu erläutern.

c) Vaterschaft, Schutz und Hilfe (V.13b)

Diese Tendenz zeigt sich besonders auch in den weiteren Gottesbildern, die Aseneth in Erinnerung ruft. Denn neben der Hervorhebung des Gottes der Hebräer gegenüber anderen Göttern und seiner Beschreibung als barmherziger Gott wird zusätzlich die Beziehung dieses Gottes zu den Menschen veranschaulicht. Verwendet sind dabei Bilder, die aus dem zwischenmenschlichen Bereich auf das Verhältnis zu Gott übertragen werden. Konkret ist die Situation Aseneths im Blick, die über die allgemeinen Beschreibungen Gottes in Anlehnung an Ex 34,6f. hinaus ihr spezielles Anliegen mit weiteren Attributen dieses Gottes in Verbindung bringt (V.12 + 13). Gott werden dabei drei Prädikate zugeschrieben, die jeweils einer Personengruppe zugeordnet sind. Faszinierend ist dabei, wie das jeweilige Gottesattribut aus den semantischen Komplementärbegriffen der Personenbeschreibungen gewählt ist.[34] So wird die Vaterschaft Gottes den Waisen gegenübergestellt ($\pi\alpha\tau\dot{\eta}\rho$ $\tau\hat{\omega}\nu$ $\dot{o}\rho\phi\alpha\nu\hat{\omega}\nu$), der göttliche Schutz den Verfolgten ($\tau\hat{\omega}\nu$ $\delta\epsilon\delta\iota\omega\gamma\mu\acute{\epsilon}\nu\omega\nu$ $\dot{v}\pi\epsilon\rho\alpha\sigma\pi\acute{\iota}\sigma\tau\eta\varsigma$) und schließlich die göttliche Hilfe den Bedrängten ($\tau\hat{\omega}\nu$ $\tau\epsilon\theta\lambda\iota\mu\mu\acute{\epsilon}\nu\omega\nu$ $\beta o\eta\theta\acute{o}\varsigma$). Über den Versuch hinaus, Gott mit Hilfe solcher Begriffe zu veranschaulichen, kommt klar zum Ausdruck, daß das, was den genannten Personen ermangelt, in dem genannten Attribut Gottes geboten wird. Aseneth hat zuvor ihre eigene Situation mit Parallel-

---

[34] Gerade dieser Gedanke geht in der Untersuchung des ersten Monologes durch *A. Strotmann*, »Mein Vater bist Du!« (Sir 51,10). Zur Bedeutung der Vaterschaft Gottes in kanonischen und nichtkanonischen frühjüdischen Schriften, FTS 39, Frankfurt 1991, 257-261, unter. Zwar gibt *Strotmann* ausführlich eine Deutung für die enthaltenen Gottesattribute und kann so auf der inhaltlichen Ebene beschreiben, welche Vater-Gott-Vorstellung für die Aussagen der Aseneth tragend sind. Auf der pragmatischen Ebene fragt sie aber zu wenig nach der Funktion der Vaterbezeichnungen für die Gesamtaussage des Textes.

begriffen umrissen ($\tau\alpha\pi\epsilon\acute{\iota}\nu\omega\sigma\iota\varsigma$, $\grave{\epsilon}\rho\acute{\eta}\mu\sigma\iota\varsigma$ und $\grave{\sigma}\rho\phi\alpha\nu\acute{\iota}\alpha$) und sich Erbarmen ($\grave{\epsilon}\lambda\epsilon\epsilon\hat{\iota}\nu$ $\kappa\alpha\grave{\iota}$ $\sigma\grave{\iota}\kappa\tau\iota\rho\epsilon\hat{\iota}\nu$) sowie Schutz ($\grave{\upsilon}\pi\epsilon\rho\alpha\sigma\pi\acute{\iota}\zeta\epsilon\iota\nu$) von Gott erhofft, und es wird aus dieser Gegenüberstellung der eigenen Wünsche mit den Gottesprädikationen insgesamt nur allzu deutlich, warum gerade jene Attribute der Vaterschaft, des Schutzes und der Hilfe den Entschluß herbeiführen, diesen Gott anzurufen (V.14).

d) Zusammenfassung

Der Gott der Hebräer wird also in diesen Beschreibungen des ersten Monologes Aseneths in seiner lebensverheißenden und gegenüber anderen Göttern einzigartigen Macht herausgestellt. Er wird mit traditionellen Worten als Gott der Barmherzigkeit gepriesen und letztlich als der Gott charakterisiert, der sich in der Beziehung zu den Menschen durch eben die Attribute ausweist, die Aseneth in ihrer Situation zugute kommen können. Im Blick auf die Rezeptionsarbeit hat sich darüber hinaus schon gezeigt, daß die traditionellen Vorstellungen mit Hilfe von Alltagsvokabular veranschaulicht werden. Es wird die Tendenz sichtbar, ein Gottesbild angesichts einer konkreten Situation und mit wenig abstrakten, vielmehr mit konkreten und leicht nachvollziehbaren Begriffen zu entfalten.

3. *Die Vergebungsaussage in JosAs 11,10d + e*

Kennzeichnend für die weiteren Gottesbeschreibungen mit Hilfe der Rezeption von Ex 34,6f. in JosAs 11,10 ist nun vor allem die eigene Bearbeitung der verwendeten Vorlage im Blick auf den Umgang Gottes mit Verfehlungen. Dieses zentrale Mosaiksteinchen innerhalb der Gottesprädikationen mit der eigentümlichen Begrifflichkeit gibt den Blick frei für die theologische Zielsetzung und den Gesamtduktus der erfolgten Rezeption dieses alttestamentlichen Verses. Dabei wird mit zwei verneinten Partizipien auf Handlungsweisen Gottes gewiesen, die im Blick auf die konkrete Situation der $\tau\alpha$-$\pi\epsilon\acute{\iota}\nu\omega\sigma\iota\varsigma$ und $\theta\lambda\hat{\iota}\psi\iota\varsigma$ ausgeschlossen werden.[35]

---

[35] Vgl. noch JosAs 11,10d in der Übersetzung *Burchards*, JSHRZ, 661: „... und nicht zurechnend Sünde eines (innerlich) nichtigen Menschen und nicht vorhaltend Ungesetzlichkeiten eines Menschen, (der da) betrübt ist, in (dem) Augenblick

a) Lexikologische Klärungen

Angesichts der syntagmatischen Konstruktion der Partizipien mit Gott als Subjekt und ἁμαρτία/ἀνομίαι als direktem Objekt stellt sich die Frage, warum gerade die Verben λογίζεσθαι und ἐλέγχειν für diese Vergebungsaussage gewählt wurden. Denn gerade die Formulierungen von λογίζεσθαι und ἐλέγχειν mit Sündenterminus als direktem Objekt sind äußerst seltene syntagmatische Konstellationen.

Während λογίζεσθαι in der Bedeutung „rechnen"/„berechnen"/ „anrechnen" häufig und überwiegend in finanztechnischen Kontexten belegt ist, finden sich Konstruktionen mit göttlichem Subjekt nahezu ausschließlich in jüdischen und christlichen Zitaten aus PsLxx 31,2.[36] Die Differenzierung eines kaufmännisch-technischen Denkens und einer priesterlich-kultischen Anrechnungstheologie als Verstehenshintergrund für die jüdischen und christlichen Belege von λογίζεσθαι, wie sie in der Sekundärliteratur begegnet, führt dabei wohl in eine falsche Alternative.[37] Zwar läßt sich der Sondergebrauch der Vokabel in jüdischen und christlichen Texten mit dem Einfluß der hebräischen Vokabel חשׁב auf die Septuagintaübersetzungen erklären. Λογίζεσθαι wird nahezu durchgängig für חשׁב gelesen. Daher wurde dieses Übersetzungsäquivalent wohl auch gewählt, wenn ungewöhnliche Konstruktionen von λογίζεσθαι mit Sündenterminus in Kauf genommen werden mußten.[38] Aber weder

---

seiner Trübsal." Der zweite Teil der atl. Worte wird in anderen Texten ebenfalls in abweichender Form aufgenommen; vgl. besonders die Variationen in PsLxx 85,15; 102,8-11; Sir 2,11 und auch TestSeb 9,7.

[36] Röm 4,8; 1 Klem 50,6; *Justin*, Dial 141,2; *Demosthenes*, Or 27,46; PapLond 259,94; 2 Kor 5,19; ApkSedr 16,6 und siehe noch 2 Sam 19,20 (διαλογίζομαι); grHen 99,2; TestSeb 8,5; TestBenj 3,6; 1 Kor 13,5 und 2 Kor 12,6. In TestSeb 9,7 liegt ebenfalls eine Kombination aus Ex 34,6f. und PsLxx 31,2 vor! LSJM verweist für die vorliegende syntagmatische Konstruktion allein auf 2 Kor 5,19.

[37] Siehe dazu nur den knappen Forschungsüberblick bei *F. Hahn*, Gen 15₆ im Neuen Testament, in: Probleme biblischer Theologie (FS G.v. Rad), München 1971, 90-92.

[38] Zu weiteren Besonderheiten vgl. auch *H.-W. Heidland*, λογίζομαι κτλ., ThWNT IV, Stuttgart u.a. 1942, 287f.

die hebräische noch die griechische Vokabel kann semantisch auf einen sozio-kulturellen Bereich festgelegt werden. Denn mit חשב lassen sich ebenfalls kalkulierende, rationale Denk- und Planungsvorgänge bezeichnen.[39]

Die Bedeutung der Aussage in V.10d läßt sich aber mit Hilfe von Ausdrücken näher bestimmen, die parallel zu οὐ λογίζεσθαι ἁμαρτίαν κτλ. verwendet werden. Häufig begegnen dabei Wendungen, die das Entfernen der Verfehlungen bezeichnen und mit Verben, wie ἀφιέναι (erlassen) oder ἐπικαλύπτειν (zudecken), formuliert sind.[40] Das „nicht Anrechnen" steht aber auch parallel zum Vorgang des nicht weiter Gedenkens (2 Βας 19,20) und nachtragenden Erinnerns (μνησικακεῖν; TestSeb 8,5). Auffällig ist dabei die Vielfalt an Konzeptionen und Gedankenzusammenhängen, in denen die zu untersuchende Wendung οὐ λογίζεσθαι ἁμαρτίαν κτλ., insbesondere auch als Zitat aus PsLxx 31,2, verwendet wird.[41]

Es ist also davon auszugehen, daß die vorliegende von Ex 34,6f. mit Hilfe von PsLxx 31,2 und die damit verbundene Wahl der Vokabel λογίζεσθαι nicht dazu dienen soll, eine bestimmte und geprägte Vorstellung vom Umgang Gottes mit den Verfehlungen der Menschen zum Ausdruck zu bringen. Vielmehr wird die Barmherzigkeit Gottes durch die Kombination der Zitate veranschaulicht, indem herausgestellt ist, daß Gott die Verfehlungen der Menschen nicht „zählt" und zu Buche schlagen läßt. Barmherzigkeit heißt demnach, daß die Verfehlungen, die zu zählen und zu merken sind, von Gott in diesem Falle nicht registriert werden. Die Vokabel λογίζεσθαι legt dabei diese göttliche Tat nicht als eine rationale (verbuchen)

---

[39] Siehe Lev 27,23; 1 Kön 10,21 und vgl. *K. Seybold*, חשׁב hāšab, ThWAT III, Stuttgart u.a. 1982, 243-261, gegen *Heidland*, λογίζομαι, 287f.

[40] Vgl. auch den Ausdruck ἀπορρίπτειν πονηρίαν in TestBen 3,6.

[41] Dies gilt auch für das Urchristentum. Paulus kommt es nach Röm 4,7 ausdrücklich auf die Ursachen des Anrechnungsvorganges (χωρὶς ἔργων) an, den er im Blick auf Abraham zu veranschaulichen sucht. Klemens will hingegen vor allem den Zustand der „Seligkeit" hervorheben (1 Klem 50,3-7). Parallel zu JosAs 11,10d liegt es TestSeb 9,7 schließlich daran, Gottes Umgang mit den Menschen zu vergegenwärtigen und sein Handeln an Israel zu erläutern, indem auf seine Barmherzigkeit und seine Bereitschaft, Verfehlungen zu erlassen, abgehoben wird.

oder emotionale (nachtragen) fest, veranschaulicht aber das göttliche
Handeln und den Umgang mit den Verfehlungen der Menschen, indem der alltägliche Vorgang des Rechnens und Zählens auf die Verfehlungstaten von Menschen bezogen und schließlich anthropomor-
phistisch auf Gott übertragen wird.

Der folgende Ausdruck μὴ ἐλέγχων [sc. ὁ θεὸς] ἀνομίας bildet
ebenso eine singuläre syntagmatische Konstruktion. Denn das häufig
und in unterschiedlichen Bedeutungen verwendete Verb ἐλέγχειν[42]
findet sich zwar in Kontexten, die die Sünde oder Verfehlungen thematisieren,[43] nie begegnet es aber mit Gott als Subjekt und zugleich
mit einem Sündenterminus als direktem Objekt. Zudem sind die Belege von ἐλέγχειν mit Sündenterminus durchaus im positiven Sinne
einer Aufdeckung und Aufklärung der Taten verstanden.[44] Durch
die vorliegende Konstruktion des Verbes in einem verneinten
Wunschsatz muß ἐλέγχειν wohl aber im negativen Sinne von „rü-
gen" und „strafen" verstanden werden. In dieser Bedeutung verwenden die griechischen Übersetzer der hebräischen Bibel die Vokabel, um sowohl das aus dem richterlichen Walten Gottes sich er-
gebende Strafen als auch das gegenseitige Züchtigen der Menschen
untereinander wiederzugeben.[45] Als Parallelbegriff begegnet dabei

---

[42] Weitaus am häufigsten ist die Vokabel im Zusammenhang von Erziehung
und Unterweisung und zwar im Sinne von „zurechtweisen"/„tadeln"/„überführen"
zu finden. Auffällig ist jedoch die Bezeichnungsvielfalt dieses Verbes, wie sie zum
Beispiel in Hiob 5,17 (tadeln); 9,33 (Richter); 13,3 (Recht einfordern/rechten);
15,6 (überführen) sichtbar wird. Vgl. *F. Büchsel*, ἐλέγχω κτλ., ThWNT III, Stuttgart 1935, 470f.

[43] Vgl. Lev 19,17; PsSal 17,25.36; *Josephus*, Vit 339; Hermas 1,6.

[44] Diese Bedeutung im Sinne von (zwischenmenschlichem) Tadeln und Zurechtweisen ist bei weitem die häufigste und läßt sich nicht nur in den weisheitlich-
biblischen Schriften, sondern auch in philosophischen Texten nachweisen. Auffällig ist jedoch, daß die griechischen Übersetzungstexte ἐλέγχειν jeweils mit *Personal*objekt konstruieren; vgl. Lev 19,17; SprLxx 9,7; 10,10; Sir 19,13-15; *Epiktet*,
Diss 3,9,13 und *Büchsel*, ἐλέγχω κτλ., 472f. In dieser positiven Bedeutung dient
das Verb schließlich zur Beschreibung des Gotteshandelns an Menschen und Völkern und geht dann einher mit einem heilschaffenden Rechtsprechen (neben
δικαιοῦν und κρίνειν); vgl. z.B. Hiob 5,17; 9,33; Jes 2,4; 11,3.4; Sir 18,13.

[45] Siehe PsLxx 49,8.21; 104,14; Spr 18,17; 19,25; 30,6; 24,25; Jer 2,19;
PsSal 16,14; 17,25.36 und die genannten weisheitlichen Forderungen zu ermahnen
u.a. in Sir 19,13ff; 31,31; SprLxx 10,10 und Weish 1,3ff; 2,11; 4,20; 12,2.17.

häufig παιδεύειν.[46] Somit ist zu vermuten, daß die Aussage μὴ ἐλέγχων ἀνομίας nicht allein darauf abzielt, Gott als denjenigen zu bezeichnen, der die Verfehlungstaten der Menschen nicht aufdeckt und offenbar macht, sondern darüber hinaus als denjenigen, der die Verfehlungstaten ebensowenig mit Strafe verfolgt.

Zusammenfassend ergibt sich damit für die beiden Beschreibungen des göttlichen Handelns in JosAs 11,10d, die als Fortschreibung des Exoduszitates gestaltet sind, daß hier vor allem das *Nicht* der angedeuteten Handlungen betont wird. Die Partizipialwendungen in JosAs 11,10d veranschaulichen die Barmherzigkeit Gottes insbesondere dadurch, daß verneint wird und bestimmte Taten und Vorgehensweisen ausgeschlossen werden. Als Kennzeichen seiner Barmherzigkeit gilt damit, daß Gott in diesem Fall nicht die Taten der Aseneth registrieren und mit (richterlicher) Strafe verfolgen wird. Die Barmherzigkeit Gottes erscheint als die Möglichkeit, Ausnahmen zum Wohle der Menschen von einem zu erwartenden Straf- und Verfolgungshandeln zu machen.

b) Die Situation der ταπείνωσις
Prägend für die Gesamtaussage in JosAs 11,10 ist vor allem die eigenständige Zuspitzung des Zitates aus Ex 34,6f., auf einen „niedrigen" und „bedrängten" Menschen im „Augenblick seiner Bedrängnis" (ἀνθρώπου ταπείνου bzw. ἀνθρώπου τεθλιμμένου ἐν καιρῷ θλίψεως αὐτοῦ). Obwohl allgemein von einem Menschen die Rede ist, läßt sich diese Konkretisierung der Barmherzigkeitsattribute Gottes mit der speziellen Situation der ägyptischen Priestertochter in Verbindung bringen. In auffälliger Weise wird nämlich im ersten Teil der Erzählung von *Joseph und Aseneth* mit den Begriffen ταπείνωσις κτλ. und θλῖψις κτλ. auf die Selbsterniedrigung Aseneths durch ihre Kasteiungen und ihr Fasten angespielt (vgl. Kap. 10).

Explizit werden die sieben Tage in 10,17 und 11,2 Zeit der „Erniedrigung"[47] genannt (ἑπτὰ ἡμέραις [καὶ ἑπτὰ νυξὶ] τῆς ταπεινώ-

---

[46] Siehe PsLxx 93,10; 140,5; Spr 3,11; 9,7f.; 15,12.

[47] Die Bezeichnungsmöglichkeiten von ταπεινός/ταπείνωσις/ταπεινοῦν im Sprachgebrauch des hellenistischen Judentums sind äußerst vielfältig. Zu nennen ist neben „flach"/„einebnen" in bezug auf Landschaften und Gegenstände (grHen

σεως) und in 15,3 laut Aussage des Gottes-Mannes auch als eine solche Zeit anerkannt: ἰδοὺ ἑώρακα καὶ τὴν ταπείνωσιν καὶ τὴν θλῖψιν τῶν ἑπτὰ ἡμερῶν τῆς ἐνδείας. Ähnlich wie in diesem Wort des Engels werden dabei θλῖψις und ταπείνωσις völlig parallel zur Beschreibung der Situation der Selbsterniedrigung Aseneths verwendet, wobei eine Differenzierung durch die Vokabeln wohl allein im Blick auf die Passivität (θλῖψις) und die selbst herbeigeführte Aktivität (ταπείνωσις) möglich ist.[48]

Über JosAs 11,10 hinaus wird also mit diesen Begriffen nicht allein eine allgemeine Notsituation beschrieben, sondern konkret die Lage der Priestertochter in ihrer Abkehr vom Götzenglauben. So ist mit ταπείνωσις und θλῖψις die Selbsterniedrigung bezeichnet, die von Gott angesehen werden soll: ἐπίσκεψαι κύριε τὴν ταπείνωσίν μου καὶ ἐλέησόν με ... καὶ οἴκτειρόν με τὴν τεθλιμμένην (13,1).[49] Denn im Anschluß an diese Bitte erläutert Aseneth nicht ihre Not, sondern weist nachdrücklich auf die einzelnen Abkehrhandlungen hin (13,1-12). Von daher wird es für JosAs 11,10 möglich, den ge-

---

26,4; PsSal 11,4; Bar 8,2.3.6; TestBen 9,5) auch die Bedeutung „bedrängt"/„Bedrängnis" (PsSal 2,35; grHen 90,2; 106,1; ApkSedr 10,6; Bar 7,5). Schließlich ist darauf hinzuweisen, daß mit dieser Wortgruppe häufig in allgemeiner Qualifizierung das (israelitische) Gegenüber zu Gott bzw. die entsprechende und angemessene Haltung des Frommen ihm gegenüber beschrieben wird (vgl. PsLxx 33,18f.; 81,3; 101,18; 118,17; Zeph 2,3; Sir 2,17; PsSal 5,12 u.ö.); vgl. insgesamt W. *Grundmann*, ταπεινόω κτλ., ThWNT VIII, Stuttgart u.a. 1969, 1-27; K. *Wengst*, Demut - Solidarität der Gedemütigten, München 1987.

[48] Siehe für die nahezu synonyme Verwendung der Vokabeln in *Joseph und Aseneth* aber neben 15,3 und 11,6 auch 13,1 und 18,3.7. In 18,7 bezeichnet sich Aseneth selbst als ταπείνη, was ebenso wie ihr eingefallenes Gesicht auf das Fasten (θλῖψις, 18,3) zurückgeführt wird.

[49] Vgl. auch 11,12 und dazu im Rückblick 15,3, besonders aber die mit ἰδού eingeleiteten Hinweise auf die einzelnen Bekehrungshandlungen innerhalb des großen Gebetes in JosAs 13,1-12. Die Selbstbezeichnung als „Arme" und „Niedrige" geschieht dagegen oft aus der Gewißheit, sich einer besonderen Fürsorge Gottes sicher sein zu können (PsSal 5,12; PsLxx 17,28; 73,21; 81,3; Spr 3,34f.; Sir 11,1 u.ö.). Zugleich machen andere Texte aber auch deutlich, daß die Haltung der „Demut" im Gegenüber zu Gott allein angemessen erscheint; vgl. Lev 16,29ff.; 23,27ff.; Jes 1,25; 58,3ff.; PsLxx 34,13f.; Jdt 4,9; und bes. PsSal 3,8.

nannten erniedrigten und bedrängten Menschen mit der Beterin Aseneth zu identifizieren, deren Situation der ταπείνωσις und θλῖψις konkret in ihrer siebentägigen Selbsterniedrigung besteht.

Einzubeziehen ist schließlich die Beobachtung, daß im Anschluß an die Rezeption von Ex 34,6f. ein zweiter Gedankenschritt weitere Gottesprädikationen entfaltet (V.12+13), die direkt mit der Situation Aseneths in Verbindung gebracht werden. Es konnte gezeigt werden, daß der Gott Israels mit solchen Attributen belegt wird, die sich als Not-wendend erweisen.[50] Demnach ist es umso wahrscheinlicher, daß auch die Rezeption von Ex 34,6f. im Blick auf die konkrete Situation der Aseneth, die mit den Worten ταπείνωσις und θλῖψις benannt ist, vorgenommen wurde. Die zitierten und neu zusammengestellten Gottesattribute beschreiben Grund und Anlaß für die Entscheidung, sich diesem Gott im Gebet zuzuwenden. Zugleich werden mit Hilfe der Umformulierungen die geprägten Worte übertragbar für die konkrete Situation der Beterin.

In diesem Sinne lassen sich schließlich auch die allgemeinen Aussagen zur Möglichkeit der Bekehrung, die in der Rede des Engels an Aseneth mit μετάνοια bezeichnet wird (JosAs 15,7f.), verstehen. So ist denjenigen, die den Gott Israels im Zuge ihrer Bekehrung (ἐν ὀνόματι τῆς μετανοίας) anrufen und anbeten, der Schutz des Gottes Israels zugesagt (V.7). Übertragen auf die Frage des ersten Monologs Aseneths, ob sie es wagen könne, den Gott Israels anzurufen, liegt in den Metanoia-Aussagen von Kap. 15 eine weitere Bestätigung, daß auch in JosAs 11,10 der Gott Israels als derjenige dargestellt werden soll, der im Falle der geschilderten Erniedrigung und Selbstkasteiung Aseneths bestimmte Handlungen im Umgang mit den Verfehlungen Aseneths unterläßt und damit die Bekehrung zu ihm ermöglicht.

III. DIE VERSÖHNUNG GOTTES (JosAs 11,16-18)

Parallel zum ersten Monolog Aseneths wird auch in den anschlie-

---

[50] Siehe oben Seite 65.

ßenden Versen (11,16-18) ebenfalls der Umgang Gottes mit Verfehlungen beschrieben. Es findet sich dabei eine weitere terminologische Differenzierung, die sowohl die Verfehlungstaten als auch die Person der sich verfehlenden Priestertochter in den Blick nimmt. Wie in JosAs 11,1-14 ringt Aseneth auch in ihrem zweiten Monolog mit der Frage, ob sie sich im Gebet an den Gott Josephs wenden kann. Auf die ausführliche erzählerische Einleitung zur wörtlichen Rede (V.15)[51] folgt im eigentlichen Corpus des Textes zunächst eine erneute Schilderung der fatalen Situation (V.16-17, vgl. 11,3-9) bzw. die Beschreibung der Unreinheit Aseneths. Durch diese ist es der Aseneth unmöglich, den Namen des Gottes Israels auszusprechen, sich also betend an diesen Gott zu wenden. So wird schließlich die zweifelnde Frage formuliert, was angesichts dieser Lage zu tun ist (V.18a). Dem Zweifel wird aber der Entschluß entgegengesetzt, gerade in dieser ausweglosen Lage (ἀλλὰ τολμήσω μᾶλλον), den κύριος anzurufen (V.18b), was abschließend als Zusammenfassung des gesamten Gedankenganges nochmals herausgestrichen wird (V.18f, vgl. V.14). In das Zentrum der Untersuchungen sind aber die drei Vertrauensbekenntnisse in V.18 zu rücken, die jenen Entschluß begründen, wobei für unsere Fragestellung die Aussage in V.18e herausgegriffen werden muß, da in diesem Satz die Verfehlungstaten der Aseneth thematisiert werden.

a   τί νῦν ποιήσω ἡ ταλαίπωρος ἐγώ;
b   ἀλλα τολμήσω μᾶλλον καὶ ἀνοίξω τὸ στόμα μου πρὸς αὐτὸν
     καὶ [ἐπικαλέσω] τὸ ὄνομα αὐτοῦ.
c   καὶ εἰ θυμῷ κύριος πατάξει με
     αὐτὸς πάλιν ἰάσεταί με
d   καὶ ἐὰν παιδεύσῃ με ἐν ταῖς μάστιξιν αὐτοῦ
     αὐτὸς ἐπιβλέψει ἐπ᾽ ἐμοὶ πάλιν ἐν τῷ ἐλέει αὐτοῦ
e   καὶ ἐὰν θυμωθῇ ἐν ταῖς ἁμαρτίαις μου
     πάλιν διαλλαγήσεταί μοι καὶ ἀφήσει μοι πᾶσαν ἁμαρτίαν.
f   τολμήσω οὖν ἀνοίξαι τὸ στόμα μου πρὸς αὐτόν.

---

[51] Siehe dazu oben Abschnitt I.3.

1. Das Verhältnis von Strafe und Heil in JosAs 11,16-18

Formal ist die zu untersuchende Aussage in V.18e[52] Teil einer
Reihe von drei Konditionalsätzen, die Gottes Heilshandeln unter die
Bedingung seines Strafhandelns stellen (V.18c-e). Durch die
Aneinanderkettung der drei Bedingungsgefüge[53] wird ebenso wie
durch das jeweils in der Apodosis aufgenommene πάλιν und durch
das Personalpronomen αὐτός, welches in V.18c+d Gott als den
Handelnden betont,[54] eine nahezu formelhafte und poetische Sprache erreicht. Die vorliegende Gedankenfolge, die in die Protasis das
Strafen Gottes und in die Apodosis das Heilshandeln Gottes setzt,
ist eine Charakteristik Gottes, die sich häufig in jüdischen Texten
findet. Die Zuweisung der Aussagen in JosAs 11,18 zu einem bestimmten *alttestamentlichen* Vorstellungsbereich und theologischen
Hintergrund will jedoch ausgehend von der vorliegenden Gedankenstruktur und von den verwendeten Stichworten θυμῶσθαι, παιδεύειν
und (πάλιν) ἰᾶσθαι nicht gelingen.

Als Möglichkeiten ergäben sich dabei das deuteronomistische Schema von Segen
und Fluch Gottes über Israel und auch die Aussagen vom „Schlagen" und späteren
„Heilen" der Verfehlungen Israels. Zu vergleichen sind inneralttestamentlich bei-

---

[52] JosAs 11,18c-e in der Übersetzung *Burchards*, JSHRZ, 662: „Und wenn
(in) Grimm Herr schlagen wird mich, er (selbst) wiederum wird heilen mich, und
wofern er züchtigt mich mit seinen Geißel(hiebe)n, er (selbst) wird hinblicken auf
mich wiederum in seinem Erbarmen, und wofern er ergrimmt durch meine Sünden, wiederum wird er sich versöhnen mir und vergeben mir eine jegliche Sünde."
[53] Will man für das Griechisch der nachklassischen Zeit eine Unterscheidung
in dem Realitätsbezug der Bedingungssatzgefüge aufgrund der unterschiedlichen
Konstruktion mit εἰ + Ind. Fut. in V. 18c und ἐάν + Konj. Aorist in V.18d+e
vornehmen (vgl. BDR § 371+372 mit Anm. 3), so sind die drei gereihten Sätze in
dem Sinne zu differenzieren, als V.18c überschriftsartig die Schlußfolgerung
(„wenn Gott wirklich zürnt, wird er auch …") formuliert, während die beiden folgenden Sätze die Wiederholung (Iterativus) betonen: „Jedesmal, wenn Gott mich
mit Schlägen züchtigt, wird er auch …".
[54] V.18e weicht insofern von den beiden übrigen Sätzen ab, als im Hauptsatz
das Personalpronomen αὐτός nicht wieder aufgenommen ist, dafür jedoch zwei mit
καί verbundene Verbalaussagen enthalten sind. In allen drei Aussagen wird aber
durch das Adverb πάλιν vor allem der direkte Anschluß des Bedingungsgefüges
und wohl auch der Rückbezug auf den vormaligen Zustand herausgestrichen, wie
beispielsweise in Gal 2,18.

spielsweise Dtn 30,1ff; 32,39; Jes 58,7f.; Jer 38,18ff.; oder PsLxx 6,2; 37,2 und aus dem Bereich des hellenistischen Judentums vielleicht die Vulgata-Lesart von Tob 11,17: Dicebatque Tobias benedico te Domine Deus Israhel quoniam tu castigasti me et tu sanasti me.[55] Eine ähnliche Gedankenstruktur im Blick auf Heils- und Unheilszuwendungen weist auch die prophetische Rede von der „Erziehung" Israels durch göttliche Schläge, insbesondere bei Jeremia und Deuterojesaja auf (vgl. vor allem Jer 6,8; 10,24; 46(26),28; 38,18-20; Dtjes 54,7f. u.ö.).[56] Der Gedanke, das Strafhandeln und das Heilshandeln Gottes miteinander in Beziehung zu setzen, findet sich auch in hellenistisch-jüdischen Texten, jedoch in sehr verschiedenen Ausprägungen. So gehört für Sirach[57] oder auch für das Gebet Manasses[58] sowohl das Strafen als auch das Helfen allgemein zu den charakteristischen Merkmalen Gottes und wird nicht in Form von Bedingungssätzen zum Ausdruck gebracht. Sehr große Ähnlichkeit zu den Aussagen in JosAs 11,18 weisen aber die Versöhnungsaussagen in 2 Makk 5,20 und 7,33 auf. In 2 Makk 5,20 wird ebenfalls das Strafhandeln Gottes mit seinem Heilshandeln in Beziehung gebracht, und in 7,33 liegt schließlich auch ein Bedingungssatzgefüge mit πάλιν in der Apodosis vor. Zudem ist das inhaltliche Element des Zorns Gottes (ὀργή/ὀργίζειν) und der späteren Versöhnung (καταλλαγή/καταλλάσσειν) parallel zu JosAs 11,18e in diesen makkabäischen Vertrauensaussagen enthalten. Zieht man noch *Josephus*, Bell 5,415 und Ant 7,153, mit heran, so scheint die für jüdische Texte charakteristische Verbindung von Strafhandeln und Heilshandeln des israelitischen Gottes an diesen Stellen mit Hilfe der „Versöhnungs"-Aussagen in eine eigene, im weiteren genauer zu untersuchende Form gebracht zu sein.

Kennzeichnend ist für JosAs 11,18, daß hier pointiert in der futurischen Form[59] herausgestellt wird, wie sehr das helfende und erbarmende Handeln Gottes an Aseneth als automatische Folge des Strafhandelns zu sehen ist. Vor allem wird mit dem dreimaligen πάλιν darauf insistiert, daß der heilvolle Zustand wiederhergestellt wird, wie er vor dem Strafhandeln bestand. Von daher wird in den Vordersätzen nicht eine Bedingung für das Heilshandeln formuliert. Vielmehr ist festgehalten, daß auch für den Fall des Strafhandelns gilt, daß später wiederum ein Heilshandeln folgen wird. Auffällig ist dabei, daß die traditionellen Aussagen über Gottes Zornes- oder

---

[55] Siehe aber auch Tob 13,2. Zur Überlieferungsgeschichte des Tobittextes vgl. vorläufig *R. Hanhart*, Septuaginta VIII/5. Tobit, Göttingen 1983, 14f. und 31f.

[56] Vgl. dazu *G. Bertram*, παιδεύω κτλ., ThWNT V (1954), 596-624, bes. 603ff.606ff.

[57] Vgl. Sir 16,11b: ἔλεος γὰρ καὶ ὀργὴ παρ' αὐτῷ, δυνάστης ἐξιλασμῶν καὶ ἐκχέων ὀργήν.

[58] Vgl. OrMan 5f. Siehe auch unten im folgenden Kapitel.

[59] Vgl. oben Anm. 53.

Züchtigungsschläge auf der einen Seite und über Gottes Heilen und Erbarmen über Aseneth auf der anderen Seite inhaltlich nicht weiter ausgefüllt werden. Es ist zu vermuten, daß diese, auf traditionelle Aussagen anspielende (s.o.) Sätze bewußt gewählt sind, um einen bekannten und geprägten Gedanken aufzunehmen, welcher dann allein mit Hilfe der dritten Aussage veranschaulicht werden soll, so daß erst von V.18e her die gesamte Aussage ein inhaltliches Profil erhält. Ausschlaggebend scheint daher an den Aussagen in V.18c+d allein die Struktur der Sätze, wonach einander entgegengesetzte Taten und Handlungen Gottes in einem Bedingungsgefüge ausgesagt werden.

Aus den drei aufeinanderfolgenden Sätzen in V.18c-e mit den futurischen Hauptsätzen geht zudem hervor, daß die Situation der Strafe bisher noch nicht besteht. Vielmehr macht Aseneth deutlich, daß sie gerade mit ihrem Anliegen, den Namen des Höchsten betend auszusprechen (vgl. V.16f.), sich strafendem Handeln Gottes aussetzen wird. Damit wird aber das Heilshandeln in keiner Weise abhängig gemacht von irgendwelchem vorhergehenden Erleiden Aseneths. Die geschilderte Notsituation treibt sie vielmehr dahin, ggf. eine Verfehlungstat zu begehen. Und der formulierte Zusammenhang von Heil und Strafe, wenn denn überhaupt mit einem Strafhandeln zu rechnen ist, bringt sie dazu, das Wagnis einzugehen und den Namen Gottes anzurufen.

2. *Die Versöhnungsaussage in JosAs 11,18e*

Bezogen auf diesen größeren Zusammenhang ist zu klären, wie sowohl die Protasis als auch die Versöhnungs- und Erlassensaussage in V.18e zu verstehen sind. Erneut gilt es aufgrund der eigentümlichen Sprachgestaltung in JosAs, unter Einbeziehung einer lexikalischen Analyse der einzelnen Aussagen die Bedeutung der Wendungen zu erheben. Es empfiehlt sich jedoch, die Versöhnungs- und die Erlassensaussage zunächst getrennt zu betrachten, um anschließend nach dem Vorstellungsgehalt der Gesamtaussage fragen zu können.

a) Die Bedeutung von διαλλάσσειν *in JosAs 11,18e*

Mit διαλλάσσειν bzw. διαλλαγή wird ebenso wie mit καταλλάσσειν/καταλλαγή sowohl ein „Wechseln"/„Tauschen" und „Verschieden-Sein" bezeichnet als auch ein Versöhnungshandeln,[60] wobei im Blick auf zwei Personen oder Parteien „das gestörte feindliche Verhältnis zwischen ihnen aufgehoben und durch eine Relation des Friedens, der Freundschaft oder Eintracht ersetzt wird".[61] In unserem Zusammenhang sind nun die Belege von Interesse, wo die Wortgruppe die Aussöhnung von einzelnen beschreibt.[62] Hier läßt sich nämlich beobachten, daß gerade im Falle der Aussöhnung einer höher gestellten Person mit einem Untergebenen, einem Freund oder mit den Bewohnern einer bekriegten Stadt der *Zorn dieser Person als Hinderungsgrund für die Versöhnung* genannt wird.[63] Dies findet sich besonders innerhalb der Personenbeschreibungen der hellenistischen Historiker und auch bei Josephus.[64] In diesen Zusammenhängen wird der beschriebene Vorgang darum auch mit Wen-

---

[60] Vgl. zum folgenden die lexikographischen Untersuchungen bei *Breytenbach*, Versöhnung, a.a.O., § 5+6.

[61] *Breytenbach*, ebenda, 82.

[62] Vgl. zum Beispiel in den unterschiedlichsten Kontexten die Aussöhnung von Eheleuten (*Euripides*, IphAul 1158; *Philo*, SpecLeg 3,30f.; *Josephus*, Ant 5,137; 6,353; 11,54 sowie Ri 19,3; 1 Εσδρ 4,31) sowie die Versöhnung von Göttern untereinander in der Erzählung von Hera und der Holzpuppe des Zeus bei *Plutarch*, Fragment 157 und *Pausanias*, IX 3,2.

[63] Die syntagmatische Konstruktion des Verbes ist dabei nicht immer differenziert, im allgemeinen überwiegt jedoch die passivisch-mediale Form, wenn die Versöhnung der Zorneshaltung einer Einzelperson ausgesagt werden soll, die aktive Form (διαλλάσσειν τινά τινι), um einen paritätischen Ausgleich zu beschreiben. Als Beispiel für eine Abweichung kann 1 Βας 29,4 gelten (ἐν τίνι διαλλαγήσεται οὗτος [ὁ Δαυιδ] τῷ κυρίῳ αὐτοῦ [τῷ Σαούλῳ];). Hier wird zwar die erwartete Versöhnung durch die einseitige Aktivität Davids (die in dem Töten der Philister besteht) als möglich angesehen, aber dennoch scheinen die Soldaten Achischs die Versöhnung im Sinne eines paritätischen Ausgleiches im Blick zu haben, da zwar David derjenige ist, der versöhnt werden soll, aber offensichtlich nicht der Erzürnte ist. Die Frage der Soldaten, durch wen versöhnt wird, läßt sich somit als Frage verstehen, wer oder was eine Friedensbeziehung zwischen David und Saul wiederherstellen kann. Anders *Breytenbach*, Versöhnung, 69. Vgl. einen ähnlichen Fall bei *Plutarch*, Theseus 15,1.

[64] Vgl. *Plutarch*, Sulla 6,8; Alexander 39,6; Dion 16,3; Marcellus 23,6; *Dio Chrys.*, 38,21fin; *Josephus*, Ant 6,143.151ff.; 16,26 u.ö.

dungen wie ἐπαύσατο τὴν ὀργήν,[65] μησικακοῦντον ὀργήν[66] oder
μείριος ὀργήν[67] paraphrasiert, während als Gegenaussagen μένειν
ἐπὶ τὴν ὀργήν[68] oder χαλεπανεῖ σοι[69] zu finden sind. Auffällig ist
zudem, daß die mit der Vokabel διαλλάσσειν/καταλλάσσειν beschriebene Handlung häufig aufgrund von Bitten erfolgt, so daß die
höher gestellte Person von ihrem Zorn abläßt, und statt eines feindlichen wieder ein freundschaftliches Verhältnis aufgenommen wird.

In diesen Fällen liegt dabei *kein paritätischer oder partnerschaft-
licher Ausgleich* zweier Parteien oder Individuen vor, wie sonst im
diplomatisch-politischen Kontext! Vielmehr wird ein Wechsel des
zornigen Gemütszustandes des einen beschrieben, wobei der andere
Streitpartner häufig vollkommen passiv bleibt. Es zeigt sich also,
daß die Wortgruppe δι- bzw. καταλλάσσειν κτλ. in der Bedeutung
„versöhnen" und in diplomatisch-politischen Kontexten nicht nur
auf ein paritätisches Ausgleichshandeln oder Einigungsgeschehen
zwischen zerstrittenen Parteien referiert.

b) Der Zorn Gottes

Ist aber ein solches Versöhnungsgeschehen auch in JosAs 11,18e
gemeint? Dazu ist zunächst festzuhalten, daß hier nicht der jüdisch-
griechische Sondergebrauch der Vokabel θυμῶσθαι vorliegt, wonach
mit dieser Vokabel auch ein Vernichtungshandeln Gottes bezeichnet
werden kann.[70] Konstruiert wird das Verb in solchen Fällen mit

---

[65] *Plutarch*, Moralia 179C.
[66] *Plutarch*, Themistocles 28,3.
[67] *Dionysius Halic.*, Antiquitates 7,34,1.
[68] *Dionysius Halic.*, Antiquitates 8,26,1.
[69] *Menander*, Samia 1,82.
[70] In der von der Septuaginta abhängigen Literatur werden die Substantive
θυμός und ὀργή einschließlich der entsprechenden Verben synonym verwendet;
vgl. H. *Kleinknecht u.a.*, ὀργή κτλ., ThWNT V (1954) 382-448; bes 410f. Daher
dient θυμός an diesen Stellen weniger als Ausdruck für Gemütszustände, „as a
principle of life, feeling and thought, esp. of strong feeling and passion" (LSJM,
810). Vielmehr steht an diesen Stellen θυμῶσθαι mit göttlichem Subjekt neben
ἐκτρίβειν (Ex 32,10), πατάσσειν πληγὴν μεγάλην σφόδρα (Num 11,33), ἐξολε-
θρεύειν (Dtn 6,15), ἀποδίδοναι ἐν χειρὶ ἀλλοφύλων/Φυλιστιμ (Ri 10,7) oder auch
neben παίειν mit Todeswirkung (2 Βας 6,7). Das Zürnen Gottes ist also mit seinem Vernichtungshandeln gleichgesetzt.

Dativobjekt der Person und der Sache sowie mit den Präpositionen εἰς und ἐπί und Akkusativobjekt der Person und Sache. In JosAs 11,18c wird das Verbum jedoch zunächst absolut gebraucht und darauf in V.18e mit dem Präpositionalausdruck ἐν ταῖς ἁμαρτίαις μου, der allein den Grund für die Empfindung des Zornes angeben kann.[71] Für JosAs 11,18e ergibt sich daraus, daß aufgrund der syntagmatischen Konstruktion und des sonstigen Gebrauches von θυμῶσθαι nicht ein Vernichtungshandeln Gottes an Aseneth zum Ausdruck gebracht werden soll. Vielmehr liegt hier eine Beschreibung des „Gemütszustandes" und der Empfindungen Gottes vor, die durch die Verfehlungen Aseneths ausgelöst wurden.

c) Zusammenfassung: Die Vorstellung von der Versöhnung Gottes
Die Beobachtungen ergeben damit ein geschlossenes Bild von der Vorstellung, wie im zweiten Monolog Aseneths der Umgang Gottes mit Aseneth gesehen wird. Die für religiöse Kontexte ohnehin seltene Vorstellung von der „Versöhnung" liegt hier nicht im Sinne einer partnerschaftlichen Aussöhnung vor, wie sie sich in einigen Texten des Urchristentums und bei Philo von Alexandrien belegen läßt.[72] Vielmehr finden sich zu der in JosAs 11,18 formulierten Versöhnungsvorstellung Parallelen in der hellenistischen Literatur. Im Kontext von Personenbeschreibungen wird die Änderung einer Zornesempfindung einer höher gestellten Person „Versöhnung" ge-

---

[71] Der Septuaginta-Sprachgebrauch liegt auch nicht in JosAs 4,9 vor, wo die biblische Wendung ἐθυμώθη ὀργῇ vermieden wird. Vielmehr wird durch die Phrase ἐθυμώθη ἐν ὀργῇ der zornigen Empfindung Aseneths gegenüber der Entscheidung ihres Vaters Ausdruck verliehen. Außerdem läßt sich in JosAs keine Zurückhaltung gegenüber der Verwendung des Verbes θυμοῦμαι in Gebetstexten beobachten, wie sonst in der Literatur des antiken Judentums. So begegnet beispielsweise jene formelhafte Wendung sonst eher in Erzähltexten mit Bezug auf Gott und auch auf einen Menschen (vgl. Gen 39,19; Num 22,22; Ri 2,14; 1 Βας 19,22; 2 Βας 12,5; DanLxx 3,13 u.ö.); siehe aber EpArist 254; OrSib V 298.358.592.

[72] Vgl. *Philo*, Praem 166f. sowie Röm 5,10 und ähnlich 2 Kor 5,18f. (siehe auch Eph 2,16; Kol 1,20.22 sowie *Platon*, Symp 193 B). Zur Sache vgl. insgesamt *Breytenbach*, Versöhnung, a.a.O., § 10, 178-193 und die dort besprochenen Gegenpositionen sowie *ders.*, Versöhnung, Stellvertretung und Sühne: Semantische und traditionsgeschichtliche Bemerkungen am Beispiel paulinischer Briefe, NTS 39 (1993) 59-79.

nannt. Im Mittelpunkt des Interesses steht dabei die einseitige Änderung einer negativen Haltung gegenüber einer anderen Person, wie es beispielsweise durch die Historiker von Herodes, Alexander, Dion oder Marcellus berichtet wird.[73] In dem vorliegenden religiösen Kontext von *Joseph und Aseneth* wird parallel dazu auf die Sinnesänderung und Wandlung der Empfindungen abgehoben, die gegenüber einer anderen Person gehegt werden. Die große Zahl der Belege macht dabei deutlich, daß in JosAs 11,18 ein Sprachgebrauch in der Verwendung der Wortgruppe δι- bzw. καταλλάσσειν κτλ. vorliegt, der in hellenistischer Zeit durchaus üblich und alltäglich war; allein die Übertragung in die religiösen Texte des Judentums ist selten.[74]

Dabei zeigen die gefundenen Belege, daß häufig auch ein „Versöhner" auftritt, dessen Aufgabe darin besteht, um die Änderung der Zorneshaltung zu bitten.[75] Die Beteiligung eines Mittlers an dem Versöhnungsgeschehen scheint jedoch nicht zwangsläufig.[76] In JosAs 11,18 liegt dem entsprechend weder eine Bitte Aseneths um Versöhnung vor, noch ist von einer dritten Person berichtet, die in

---

[73] Daß nicht ausschließlich von höher gestellten Personen die Änderung der Zorneshaltung bzw. die Weigerung, dies zu tun, ausgesagt werden kann, belegt die Anekdote bei *Dio Chrys.*, 38,21fin: τοῖς πατράσιν ἤ τοῖς μητράσιν οὐ βούλονται [παῖδες] καταλλάττεσθαι.

[74] Siehe nochmals 2 Makk 5,20; 7,33; *Josephus* Bell 5,415; Ant 6,143; 7,153.

[75] Vgl. beispielsweise *Josephus*, Ant 6,143: παρακαλεῖν ἤρξατο [ὁ Σαμουήλ] τὸν θεὸν καταλλάσσεσθαι τῷ Σαούλῳ καί μή χαλαπαίνειν; Ant 16,125: παρακάλει [ὁ Καίσαρος] Ἡρώδην διαλλάττεσθαι τοῖς παῖσιν.

[76] In der Übertragung auf den religiösen Bereich ist dabei von Bedeutung, daß der Mensch zwar durch Bitten und dergleichen auf die zornige Haltung Gottes ihm gegenüber einwirken kann, der Vorgang, der mit διαλλαγή zu bezeichnen ist, geht jedoch von Gott selbst aus. Der Mensch bleibt passiv, da sich die Einstellung Gottes ihm gegenüber ändert, indem Gott von seinem Zorn und entsprechenden Handlungen abläßt. Vgl. auch *Josephus*, Ant 7,295 und *Philo*, Fragment II 670, wo die zwischenmenschliche Versöhnung mit τὴν θείαν ὀργὴν ἀπαλλαγή identifiziert wird. In *Josephus*, Ant 7,153, spielt schließlich die Kategorie der Barmherzigkeit eine entscheidende Rolle. Die Vorstellung, daß Gott sich selbst *mit* jemand anderem im Sinne eines partnerschaftlichen Ausgleichs versöhnt, indem die Kriegssituation durch die Friedensrelation ersetzt wird, scheint allein in 2 Kor 5,19 belegt zu sein, wobei hier nach *Breytenbach*, Versöhnung, 192, insbesondere eine – und angesichts der obigen Ergebnisse ist wohl zu ergänzen: andere und weitere – „*theozentrische* Perspektive" (Hervorhebung im Original) sichtbar werde.

irgendeiner Weise auf Gott zu Gunsten Aseneths einwirkt. Die Aussage aber erweitert bzw. kombiniert mit dem Gedanken des Sündenerlasses. Dieser ist in die weiteren Überlegungen mit einzubeziehen.

Im Blick auf die *Diskussion um Sühne und Versöhnung* ist vielleicht noch nachzutragen, daß auch die oben ausgemachte Bezeichnungsmöglichkeit von δι- bzw. καταλλάσσειν nicht mit derjenigen von (ἐξ)ἱλάσκεσθαι gleichgesetzt werden kann. Es ist zwar möglich, auf die beschriebene Änderung der Zorneshaltung Gottes durch Bitten einzuwirken, möglicherweise auch im Anschluß an einen Versuch, Gott „gnädig zu stimmen".[77] Und gerade angesichts der in JosAs 11,18 ausgedrückten Vorstellung ist zu fragen, ob der Zorn durch das Verbüßen der Strafe gelindert werden kann. Doch nirgends wird ein Vorgang, in dem in irgendeiner Weise versucht wird, von seiten des Menschen auf Gott einzuwirken, mit den griechischen Vokabeln δι- bzw. καταλλάσσειν κτλ. benannt. Ebenso läßt sich gar der Ausdruck „Versöhnung des Zornes Gottes" nirgends belegen.[78] Gerade die Aussage in JosAs 11,18 macht deutlich, daß es um einen Akt Gottes selbst geht; Versöhnung ist eine Tat Gottes. Wenn Sühne und Versöhnung überhaupt in einem sachlichen Zusammenhang stehen, dann nur insofern, als „Καταλλαγή ... die Wirkung des durch ἱλάσκεσθαι bezeichneten Vorgangs der Sühne" beschreibt.[79] In den überwiegenden Fällen geschieht die Versöhnung im oben bezeichneten Sinne auf Bitten hin, denkbar wäre wohl auch eine Versöhnung Gottes aufgrund

---

[77] Gerade bei der Übersetzung von כפר haben sich in den Septuagintaübersetzungen verschiedene im Vergleich zum hellenistischen Sprachgebrauch besondere syntagmatische Konstruktionen und Konstellationen von (ἐξ)ἱλάσκεσθαι ergeben. Bis auf Sach 7,21; 8,22; Mal 1,9 läßt sich aber keine der sonst üblichen Konstruktionen von ἱλάσκεσθαι (τὸν) θεόν belegen! Es ist also zu fragen, ob in den Texten des Judentums überhaupt eine Vorstellung vom Besänftigen oder Gnädigstimmen Gottes nachzuweisen ist. Die Studien zur Septuagintafrömmigkeit sind an dieser Stelle noch nicht sehr weit vorangetrieben worden. Siehe zur Deutung von Lk 18,13c unten Kapitel 7.

[78] Gegen *G. Friedrich*, Die Verkündigung des Todes Jesu im Neuen Testament (BThSt 6), Neukirchen-Vluyn ²1985, 96.

[79] So *M. Wolter*, Rechtfertigung und zukünftiges Heil, BZNW 43, Berlin/ New York 1978, 44. Undeutlich bleibt dagegen, welche Belege für eine solche Position herangezogen werden können und ob *Wolter* tatsächlich davon ausgeht, daß καταλλάσσειν und ἱλάσκεσθαι in einer hyponymen oder gar synonymen Relation stehen, wenn er im Blick auf 2 Makk schreibt: „Obwohl ἱλάσκεσθαι im 2.Makk an keiner Stelle explizit genannt ist, spielt doch die damit bezeichnete Sache hier eine ganz zentrale Rolle und konstituiert zusammen mit καταλλαγή/καταλλάσσειν e i n e n einheitlichen ... Sach- und Aussagezusammenhang" (ebenda 43).

eines Opfers, das gnädig stimmen soll.[80] Doch weder bei Josephus noch im 2. Makkabäerbuch, wo ähnliche Formulierungen wie hier in JosAs 11,18 begegnen,[81] ist ein solcher Zusammenhang explizit belegt.

3. Das Erlassen von Verfehlungen

Grund für die vertrauensvolle Entscheidung Aseneths, schließlich doch das Gebet zum Gott Israels aufzunehmen, ist vor allem das erwartete Versöhnungsgeschehen, das verbunden wird mit der Hoffnung auf den „Erlaß" von Verfehlungen: καὶ ἀφήσει μοι πᾶσαν ἁμαρτίαν. Verwendet ist mit der ἀφιέναι/ἄφεσις-Terminologie einer der wichtigsten und am häufigsten belegten „Vergebungs"-Begriffe, besonders wenn auch die christlichen Schriften mit herangezogen werden.[82] Neben der Schwierigkeit, deutsche Äquivalente für die entsprechenden Aussagen zu finden, stellt sich die Frage, ob den Texten entnommen werden kann, welche Handlung Gottes (oder eines Menschen) im Blick ist, wenn gerade diese Begriffe gewählt sind, um Gottes Umgang mit Verfehlungen oder mit sich Verfehlenden zu skizzieren.[83]

a) Die Vokabel ἀφιέναι/ἄφεσις als Vergebungsbegriff

Ohne Unterschiede zum allgemeinen Sprachgebrauch der hellenistischen Zeit feststellen zu können, wird ἀφιέναι auch in jüdisch-christlichen Texten zur Bezeichnung verschiedener Lassens- und Er-

---

[80] Vgl. *Josephus*, Ant 6,153.

[81] Vgl. auch aus jüngerer Zeit die Übersetzung des Symmachus von Ps 30,6; 69,14 und Jes 60,10: Διὰ γὰρ ὀργήν μου ἐπάταξε σε καὶ διὰ τῇ διαλλαγῇ ἠγάπησά σε; vgl. *F. Field*, Origenes Hexaplorum II, Oxford 1875, 552.

[82] Vgl. die Auflistungen und Tabellen bei *Sung*, Vergebung, 285-293.

[83] Insbesondere stellt sich die Frage, ob das deutsche Verb „vergeben" tatsächlich eingesetzt werden kann, um Vorgänge des Erlassens und Gewährens zu bezeichnen und ob nicht vielmehr an Taten des Vergeltens bei der Verwendung dieses Begriffes zu denken ist; vgl. *F. Kluge*, Etymologisches Wörterbuch der deutschen Sprache, Berlin [22]1989, s.v. In jedem Falle sollte bei der Verwendung des deutschen Begriffes sichtbar gemacht werden, mit welchen griechischen oder hebräischen Äquivalenten die bezeichnete Handlung in den antiken Texten beschrieben wird, es sei denn, man verzichtet völlig auf diesen deutschen Terminus zur Benennung spezifischer „Vergebungs"-Vorgänge und setzt ihn allein als Oberbegriff für sämtliche Taten und Handlungen Gottes in seinem Umgang mit den Verfehlungen der Menschen ein.

lassensvorgänge verwendet.[84] Im Sinne von „vergeben"/„Verfehlungen erlassen" verwenden die Übersetzungen der hebräischen Bibel das Verb, um die סלח-Formeln der priesterschriftlichen Gesetzgebung[85] und um נשא mit Sündenterminus als logischem oder direktem Objekt zu übertragen.[86] An einer Stelle wird es auch herangezogen, um eine der mit כפר gebildeten Vergebungsaussagen wiederzugeben (Jes 22,14).

Das *Substantiv* ἄφεσις dient in den Übersetzungstexten der Septuaginta überwiegend zur Wiedergabe des Erlaß- und Jobeljahres (Lev 25+27; Dtn 15) und kann (meist im Sinne des Erlaßjahres) auch die Freilassung von Gefangenen und Sklaven bezeichnen (vgl. Jes 61,1; Jer 34(41),8.15.17; Ez 46,17). Nicht sicher ist die Übersetzung von Lev 16,26 zu deuten, wo im Griechischen der Name Asasel vermieden wird und nun der zweite Bock des Versöhnungstag-Kultes „bestimmt ist" (διεσταλμένον) εἰς ἄφεσιν, was die Aussetzung des Tieres in der Wüste meinen könnte (siehe V.22), aber auch die „Vergebung" der aufgeladenen Verfehlungen Israels (V.21). Letzteres wäre dann der einzige Gebrauch des Substantivs mit Sündenterminus als direktem – und logischem – Objekt, also als „Vergebungs"-Terminus, in der Septuaginta (vgl. aber die jüngeren Belege in grHen 12,5; 13,4.6; VitDan 15; OrMan 7).[87]

Die Verwendung der Terminologie in der Übersetzungsliteratur hat jedoch nicht zu einem weiterreichenden traditionsbildenden Einfluß auf andere jüdisch-christliche Texte geführt. Die Konstruktion von ἀφιέναι mit Sündenterminus[88] kann also keinem einheitlichen inner-

---

[84] Es überwiegt in der Konstruktion mit Infinitiv oder mit AcI die Bedeutung „gewähren"/„zulassen, daß..." (Sir 23,1; VitAd 28,1; 29,3.6; TestSim 3,2; TestJud 10,6; 18,3; PsSal 17,27.40; ParaJer 6,17). Die Spannweite reicht daneben aber von (den Weg/einen Freund) „verlieren" (grHen 89,44.45; TestSeb 4,6; Sir 27,19) über „verlassen" (Tob 10,5) bis hin zu „schriftlich niederlegen" (ἐν γραφῇ ἀφῆκα; Sir 39,32). Zum Substantiv ἄφεσις vgl. die Hinweise auf die vielfältige Verwendung als terminus technicus im Rahmen der Architektur, des Sportes, der Astrologie oder der Medizin bei *Spicq*, Notes, suppl., 81.

[85] Vgl. Lev 4,20; 5,6; 19,22 (passiv mit ἁμαρτία als grammatischem Subjekt und Dativ der Person); Lev 4,26.31.35; 5,10.13.16.18; 6,6; Num 15,25.28 (passiv mit Dativ der Person); Lev 16,10 (mit Akk.); Num 14,19 (mit Akk. der Sache und Dativ der Person); Num 15,26 (passiv mit κατά und Akk. der Person). Siehe auch Jes 55,7 (mit Sündenterminus als direktem Objekt).

[86] Siehe Gen 50,17; Ex 32,32; Ps 25(24),18; 32(31),3.5; 85(84),2); Jes 33,24.

[87] Vgl. dagegen *Dobbeler*, Gericht, 177f., und siehe aber noch zu OrMan 7 unten Kapitel 3.

[88] Siehe neben JosAs 11,18 aus der Literatur des Judentums den Zusatz zu Hiob 42,10; Sir 2,11; 28,2; 1 Makk 10,28ff.; 12,37; 13,16ff.; 15,5ff; TestAbr A

alttestamentlichen Vorstellungsbereich zugeordnet werden[89] und wird in der jüdisch-christlichen Literatur auch nicht einheitlich rezipiert.[90]

Werden nun die Texte mit einbezogen, die von einem *zwischenmenschlichen* Erlassen der Verfehlungen sprechen (vgl. bes. Sir 28,2[91] und 1 Makk 10; 13; 15),[92] so wird jeweils ein soziales Gefälle zwischen den Beteiligten sichtbar. Es scheint daher für die Handlungen, die mit dieser Terminologie beschrieben werden, konstitutiv zu sein, daß der Erlassende in einer höher gestellten Position gegenüber derjenigen Person steht, die Verfehlungen beging. Diese höhere Position ergibt sich dabei im Falle der juristischen Kontexte aus der rechtlichen Stellung des Richters, kann aber im

---

14,12.14; TestAbr B 2,10; TestGad 6,3.7.; 7,5; ParaJer 2,3; ApkSedr 12,4; 13,3; TestJob 42,8 und die Variante zu 2 Εσδρ 19,17. Zu *Philo* und *Josephus* vgl. *Thyen*, Studien, Teil I.

[89] *Bultmann*, ἀφίημι κτλ., ThWNT I, Stuttgart 1933, 506-509, stellt den Bezug der Erlassensterminologie im Profangriechischen insbesondere zu juristischen Kontexten heraus und vermutet einen solchen Hintergrund auch für die Wiedergabe der verschiedenen hebräischen Begriffe und Wendungen. Tatsächlich lassen sich auch aus der jüngeren jüdischen Literatur Belege heranziehen (vgl. TestAbr A 14,12.14 und PsSal 9,7), wo der Kontext den sündenerlassenden Gott sichtlich als Richtergott herausstellt. Siehe zur Vermeidung der Terminologie bei Paulus und der damit verbundenen geprägten Vorstellung eines Erlasses allein schon geschehener Taten auch *ders.*, Theologie des Neuen Testaments, Tübingen [9]1984, 287.

[90] Vgl. auch die entsprechenden Parallelbegriffe, wie zum Beispiel συγγιγνώσκειν (Josephus, Ant 6,92), συγχωρεῖν (TestAbr A 14,12) oder μὴ μιμνήσκειν (ApkSedr 13,3), die den Erlassensvorgang mit den verschiedensten Bereichen göttlichen und menschlichen Handelns in Verbindung bringen. Hervorzuheben ist im Blick auf die Gottesvorstellungen, wie sie in den Gebeten der Aseneth tragend sind, daß Sirach (2,11) das „Erlassen" von Verfehlungen durch Gott auch als eines der Attribute der göttlichen Barmherzigkeit und ebenfalls in Anlehnung an Ex 34,6f. entfaltet, wobei er insbesondere die Beständigkeit gegenüber denjenigen herausstreicht, die „den Herrn fürchten".

[91] Vgl. zur Stelle auch *H. Stadelmann*, Ben Sira als Schriftgelehrter, WUNT[2] 6, Tübingen 1980, 118f+126, und *A.A. di Lella*, The Wisdom of Ben Sira, AncB 39, New York 1987, 363.

[92] Deutlich ist besonders nach 1 Makk 13,37ff., daß auch im zwischenmenschlichen Bereich nicht allein Verfehlungen (ἀγνοήματα καὶ ἁμαρτήματα) Gegenstand der Erlassenshandlung sind, sondern auch Leistungen und Schulden (ἀφέματα). Siehe auch TestGad 6,3.7.

Falle von gleichgestellten Personen durch ein Schuldverhältnis begründet sein. Es wird also gerade dann die Erlassens-Terminologie verwendet, wenn durch die Verfehlungstat ein ungleiches Verhältnis von Anspruch auf der einen Seite und Schuld auf der anderen Seite vorausgesetzt ist. Daher beinhaltet ein Erlaß von Verfehlungen meist den *Verzicht* auf Rechte und Ansprüche, die eigentlich geltend gemacht werden könnten.

Diese Beobachtung läßt sich sicher nicht an allen religiösen Belegen verifizieren, was insbesondere mit dem abgeschliffenen Gebrauch der Terminologie zusammenhängt. Deutlich ist aber, daß durch die Verwendung der Versöhnungsterminologie in JosAs 11,18 ebenfalls ein vergleichbares Verhältnis zwischen Gott und Aseneth vorausgesetzt wird, so daß mit der Versöhnung, also der Beilegung des göttlichen Zorns ein Verzicht auf die Ansprüche einhergeht, die aufgrund der Verfehlungen Aseneths gegen sie erhoben werden könnten.

b) Der Tatcharakter der Hamartia in JosAs 11,18
In die weiteren Überlegungen ist vor allem die Frage nach den Sündenvorstellungen einzubeziehen.

Exkurs I. Anmerkungen zur Verwendung von ἁμαρτία
Ausgehend von den in dieser Arbeit untersuchten Texten erweist sich die Vokabel ἁμαρτία bei weitem als der häufigst verwendete Sündenterminus. Angesichts der verschiedenen Handlungen und Verrichtungen, die zur Umschreibung des göttlichen Umgangs mit Verfehlungen dienen, fragt sich aber, ob auch in der vorliegenden Untersuchung dem vielzitierten Urteil *Kochs* nachzugehen ist, wonach im Judentum „Sünde keine bloß geistige Angelegenheit, ein Werturteil ist, sondern eine raumhaft dingliche Sfäre."[93] Denn tatsächlich bezeichnet auch in den Texten des Frühjudentums die Vokabel ἁμαρτία nicht nur Verfehlungen, sondern beispielsweise auch die Neigung des Menschen zum Verfehlungshandeln oder das Tun der Verfehlungen selbst.[94] Jedoch ergibt sich daraus nicht die Notwendigkeit, insge-

---

[93] *K. Koch*, Sühne und Sündenvergebung um die Wende von der exilischen zur nachexilischen Zeit, EvTh 26 (1966) 217-239, 224.
[94] *Bauer*, Wörterbuch, s.v., stellt differenziert nach christlichen Autoren verschiedene Bezeichnungsmöglichkeiten der Vokabel zusammen. Zu vergleichen ist auch die neuere Studie von *G. Röhser*, Metaphorik und Personifikation der Sünde. Antike Sündenvorstellungen und paulinische Hamartia, WUNT[2] 25, Tübingen 1987, der im Blick auf die „Metaphorik und Personifikation der Sünde" dem Sündenverständnis bei Paulus nachgegangen ist. Er bemüht sich vor allem, die paulini-

samt die Verwendung dieses Begriffes im Judentum darzustellen, da in den überwiegenden Fällen mit der Vokabel ἁμαρτία eine *Tat oder das Ergebnis einer Tat*
bezeichnet wird. Nur in Ausnahmen – wie beispielsweise in der bildhaften Verwendung von Sir 27,10,[95] oder in der eigentümlichen Übersetzung hebräischer
Äquivalente[96] – wird von diesem Gebrauch abgewichen. Diese Beobachtung kann
folglich als Arbeitshypothese gewählt werden, die freilich ggf. an den zu untersuchenden Stellen zu überprüfen ist.

Darüber hinaus läßt sich aber noch eine weitere Gemeinsamkeit im Sprachgebrauch des griechisch sprechenden Judentums feststellen. So stehen parallel zu
ἁμαρτία neben vielen anderen[97] vor allem die Substantive ἀδικία und ἀνομία,
ἄγνοια bzw. ἀγνόημα[98] sowie noch ἀκαθαρσία und ἀσέβεια.[99] All diese Lexeme
können „Verfehlungs*taten*" bezeichnen. Zugleich haben diese Begriffe gemein,
daß sie sowohl in einem je spezifischen Sinne verwendet werden können als auch
in einer allgemeinen Bedeutung, die in der Zusammenstellung mehrerer Sündentermini nahezu zur Synonymität verschmelzen kann. Die einzelnen Begriffe können
demnach ohne weitere Kennzeichnung des Sachverhalts in einem übergreifenden

---

schen Aussagen in das weite Feld der antiken Sündenvorstellungen einzuordnen,
und stößt dabei auf die unterschiedlichsten Metaphern und bildlichen Ausdrücke
(vgl. Teil II/2 sowie die traditionsgeschichtlichen Untersuchungen in Teil II/3 und
III). Zusammenfassend stellt *Röhser* schließlich dar, was unter „Sünde" in antiken
Texten (aus einem Zeitraum von 1000 Jahren!) verstanden wird, wobei er darauf
hinweist, daß „auf abgestufte Wirklichkeitswerte bei Metaphern zu achten" ist (vgl.
ebenda, 101). *Röhser* lehnt sich dazu an die Bildfeldtheorie *H. Weinrichs* an und
baut diese aus, indem er den Gebrauch einer Metapher nach der „‚lebendigen'
bzw. ‚wirklichen' oder ‚wahren'" und nach der „usuellen" Gestalt unterscheidet.
„So hat dann z. B. das Bildfeld ‚Sündenlast' einen völlig anderen Wirklichkeitswert, wenn es aus seinem ursprünglichen dynamischen Realitätshintergrund ...
gelöst und zur Gebrauchsmetaphorik (‚usuell') geworden ist" (ebenda, 24). Für die
Frage nach dem Wirklichkeitswert bestimmter antiker Aussagen über die „Sünde"
bedeutet das nun, daß *Röhser* einerseits ein Instrumentarium für die Exegese zur
Verfügung zu stellen sucht, das über die engen Möglichkeiten von lexikographischen Begriffsbestimmungen hinausführt. Andererseits macht diese Arbeit
jedoch auch deutlich, daß die Frage nach dem Wirklichkeitswert von bildlicher
Rede eine Reihe von Differenzierungen nötig macht. Es gilt, die Vielzahl von
sprachlichen Figuren, Wendungen und Metaphern zu beachten, in denen das jeweilige Verständnis von Sünde ausgedrückt wird.

[95] Sir 27,10: λέων θήραν ἐνεδρεύει, οὕτως ἁμαρτία ἐργαζομένους ἀδικίαν.

[96] Letzteres gilt beispielsweise für die deklaratorischen Aussagen innerhalb der
Kultgesetzgebung ἁμαρτία ἐστιν: „Ein Sünd*opfer* ist es!" Vgl. Lev 4,21.24; 5,12
und dagegen Ex 29,15; Lev 5,19, wo zwar חטאת auch mit ἁμαρτία übersetzt
wird, aber in einer Genitivkonstruktion. Siehe noch Lev 4,29 und 32.

[97] Siehe auch die von *J.P. Louw / E.A. Nida*, Greek English Lexicon of the
New Testament based on semantic Domains, Vol 1+2, New York 1988, § 88.289-
318, angeführten Substantive und Verben.

[98] Vgl. bes. JosAs 12,5; 13,11; 15,5.

[99] Vgl. grHen 10,20.

Sinne ein „Vergehen", eine „Sündentat", bezeichnen. Diese Unbestimmtheit in der Bedeutung, auf welche Tat mit diesem Terminus gerade Bezug genommen werden soll, macht vor allem die Verwendung des Lexems ἁμαρτία aus. Es geht dabei also nicht vordringlich um die Kategorien „geistlich" oder „dinglich", da gerade die Konsequenzen und Wirkungen der ἁμαρτία durchaus unterschiedlich beurteilt werden können. Die Vokabel wird aber eingesetzt, um eine Verrichtung bzw. deren Ergebnis in *qualifizierender Weise* zu beschreiben.

Da im folgenden die Sündentermini in den zu untersuchenden Vergebungsaussagen je gesondert analysiert werden müssen, ist es an dieser Stelle nicht nötig, die Vielzahl der Belege für diesen Befund darzustellen. Zur Verdeutlichung des Gesagten sei aber beispielhaft ein Text herausgegriffen, in dem die Vokabeln nicht allein als Sündentermini eingesetzt werden, sondern das Bezeichnete auch ausdrücklich thematisiert ist. So bezeichnet in den Psalmen Salomos, die sich eingehend mit dem Verhältnis von δίκαιος und ἁμαρτωλός auseinandersetzen,[100] ἁμαρτία überwiegend eine verbrecherische Tat.[101] Dabei wird auf ein heimliches Vergehen rekurriert (1,7), das aufgedeckt werden kann,[102] oder auf sexuelle Schandtaten angespielt.[103] Meist ist jedoch eine größere Anzahl von Taten und Vergehen im Blick. In *PsSal 2*, wo der Beter mit dem Gericht Gottes und der Vergeltung κατὰ τὰς ἁμαρτίας ringt, lassen sich diese Verfehlungen nun genauer fassen. Doch der Begriff bleibt vielschichtig, wenn er zunächst (V.7) als Zusammenfassung für die aufgelistete Schändung des Heiligtums und die in Jerusalem vorgefallenen Verstöße gegen das kultische (?) Gesetz (ἀνομία) gebraucht wird: gemäß dieser Verfehlungen handelt Gott an Jerusalem. Und wenn andererseits im zweiten Teil des Psalms, in dem die Feinde Jerusalems ebenso in das Gerichtshandeln Gottes einbezogen werden, die Verfehlungen der Heiden als solche verstanden werden, die aus Überheblichkeit, Menschenverachtung und ἐπιθυμία[104] erwachsen sind, kommen weitere Aspekte hinzu, mit denen sich der Begriff ἁμαρτία füllen läßt. Dabei wird eine Trennung nach ethischem und religiösem Ursprung dieser Taten nicht vorgenommen. Sowohl die grausamen Plünderungen Jerusalems (2,24) wie auch die Überhebung des ἁμαρτωλός zum Herrn der Welt gegen die Macht Gottes (2,29f.) werden als Taten der ἁμαρτωλοί bezeichnet, die zum Maßstab des Vergeltungshandelns erhoben werden (2,34f.; vgl. PsSal 15). Mit dem Begriff ἁμαρτία wird also eine Vielzahl von Taten als Übeltat qualifiziert, vom kultischen Gesetzesbruch über die Gewalttat im Kriege bis hin zur menschlichen Überheblichkeit gegenüber Gott.

Es ist also festzuhalten, daß die Bezeichnung einer Tat mit der Vokabel ἁμαρτία diese weniger erläutert und in ihren Eigenheiten ex-

---

[100] Vgl. *S. Holm-Nielsen*, Die Psalmen Salomos, JSHRZ IV/2, Gütersloh 1977, 56ff.

[101] Zur Scheidung von singularischem und pluralischem Gebrauch vgl. PsSal 3,6 mit 15,11 und 17,5 mit 17,20.

[102] PsSal 2,17; 8,8; und 4,5; vgl. JosAs 12,3 und anders grHen 9,6ff.

[103] PsSal 16,7f.; vgl. TestAbr A 12; TestAbr B 9ff.

[104] Vgl. auch VitAdam 19,3: ἐπιθυμία γάρ ἐστι κεφαλὴ πάσης ἁμαρτίας.

pliziert, als daß diese Tat bewertet und als Verfehlung oder Unrecht qualifiziert wird. Wie aus dem Beispiel von PsSal 2 deutlich wurde, lassen sich die benannten Taten zum Teil konkretisieren, bleiben zum Teil aber auch völlig unbestimmt. Diese Unbestimmtheit führt auch dazu, daß in der grammatischen Unterscheidung von singularischem und pluralischem Gebrauch der Vokabel nur an wenigen Stellen auch eine semantische Differenz vorliegt.[105]

Für die Analyse von JosAs 11 ist darüber hinaus die Beobachtung entscheidend, daß in dem gesamten Werk *Joseph und Aseneth* ἁμαρτία und ἀνομία synonym gebraucht werden. Die Vokabeln begegnen dabei allein in der wörtlichen Rede Aseneths und bezeichnen neben den Objekten des göttlichen Handelns (11,10+18) das, was den Zorn Gottes erregen kann (11,18), worauf sich das Erbarmen Gottes richtet (12,15) und was Aseneth diesem Gott gegenüber bekennt (11,11; 12,3.4). Demnach handelt es sich jeweils um Verfehlungshandlungen, die mit diesen Sündentermini bezeichnet werden. Aus dem näheren Kontext von JosAs 11,18 ist zudem V.17 heranzuziehen, wo ἀνομία allein verwendet wird.[106] Als Grund für ihre Frage, wie sie den Namen des Gottes Israels anrufen könne, ohne ihn zu erzürnen, weist Aseneth darauf hin, daß die Anrufung ἐν ταῖς ἀνομίαις μου geschehe. Deuten läßt sich dieser Präpositionalausdruck parallel zu V.17a (ἐν τοῖς δάκρυσι μου τούτοις καὶ τῇ τέφρᾳ κατεσποδωμένη καὶ τῷ ῥύπῳ τῆς ταπείνωσεως μου) als Näherbestimmung der Situation Aseneths; sie weist sich selbst aus als eine Fehlgegangene, die sich in einem Umstand befindet, der durch ἀνομίαι gekennzeichnet ist.[107]

---

[105] Vgl. *G. Röhser*, Metaphorik und Personifikation der Sünde, WUNT 2/25, Tübingen 1987, 6f.

[106] JosAs 11,17: καὶ νῦν ἐν τοῖς δάκρυσι μου τούτοις καὶ τῇ τέφρᾳ κατεσποδωμένη καὶ τῷ ῥύπῳ τῆς ταπείνωσεως μου πῶς ἐγὼ ἀνοίξω τὸ στόμα μου πρὸς τὸν ὕψιστον καὶ πῶς ὀνομάσω τὸ ἅγιον αὐτοῦ ὄνομα τὸ φοβερόν μήποτε ὀργίσθη μοι κύριος διότι ἐν ταῖς ἀνομίαις μου ἐγὼ ἐπεκαλεσάμην τὸ ὄνομα τὸ ἅγιον αὐτοῦ;

[107] BDR § 219,4 weisen auf die *adverbiellen* Wendungen ἐν ἀληθείᾳ (Mt 22,16); ἐν δικαιωσύνῃ (Apg 17,31; Offb 19,11) und ἐν ἀσφαλείᾳ (Apg 5,26) hin, dem noch Tit 3,3 hinzustellen ist, wo auch Verfehlungstaten zur Kennzeichnung einer weiteren Handlung dienen (ἐν κακίᾳ καὶ φθόνῳ διάγοντες); durch die Deter-

Die mit dieser Wendung implizierten Taten lassen sich zudem konkretisieren, da Aseneth insbesondere die Verunreinigung ihres Mundes hervorhebt, die sie sich durch den *Götzendienst* zugezogen hat (V.16, siehe auch V.7-9). Die Handlungen des Götzendienstes verunreinigten ihren Mund, so daß sie sich nun fürchtet, diesen Mund zum Gebet an den Gott Israels zu öffnen. Dies wird explizit in den Schuldbekenntnissen des großen Gebetes (vgl. bes. JosAs 12,5) veranschaulicht: μεμίαται τὸ στόμα μου ἀπὸ τῶν θυσιῶν τῶν εἰδώλων ... καὶ νῦν οὐκ εἰμί ἀξία ἀνοίξαι τὸ στόμα μου πρός σέ κύριε. Und demzufolge werden ebenso die Sündenbekenntnisse Aseneths in JosAs 21,11ff. (ἥμαρτον κύριε ἥμαρτον ἐνώπιόν σου πόλλα ἥμαρτον) im Blick auf die Herkunft aus dem Hause eines ägyptischen Priesters (V.11+12), auf den Götzendienst (V.13+14), den Polytheismus (V.15) und die Sonderstellung gegenüber anderen Menschen (V.17-19) veranschaulicht. Die Taten Aseneths als Anhängerin eines ägyptischen Götzendienstes scheinen stets vor Augen, wenn in dem gesamten Werk die Verfehlungen Aseneths thematisiert werden.

Sollte es also zu einer Bestrafung durch Gott kommen, bedeutet ein Erlaß aller Verfehlungen Aseneths im Anschluß an die zu erwartende Versöhnung Gottes, daß ihre Handlungen als Götzendienerin und auch sämtliche übrigen Verfehlungen für nichtig erklärt werden. Gott wird demnach auf seine Ansprüche, die ihm durch die Verfehlungen entstehen, verzichten.

IV. GOTTES EINSEHEN MIT DEN UNWISSENTLICH BEGANGENEN VERFEHLUNGEN (JosAs 12-13)

Das große Gebet der Aseneth (Kap. 12+13) enthält verschiedene Aussagen zum Umgang Gottes mit Verfehlungen und der Person der

---

mination des Substantivs in JosAs 11,17 liegt wohl nicht eine Näherbestimmung der Anrufungshandlung vor. Siehe auch *Bauer*, Wörterbuch, s.v. ἐν, I.4, sowie BDR § 198,2.

Priestertochter Aseneth,[108] die zum größten Teil die Gedanken aus den vorangehenden Monologen Aseneths wiederholen. Für das Gesamtbild, das durch die poetischen Texte innerhalb der großen Erzählung von einer betenden und sich bekehrenden „Sünderin" vor Gott entworfen wird, ist jedoch die Abschlußbitte der Priestertochter entscheidend. Aseneth faßt ihre Anliegen zusammen in einer Bitte um „Rettung" und „Verzeihung" (JosAs 13,12f.) und entfaltet zugleich eine weitere und im Vergleich zu anderen Texten des griechisch sprechenden Judentums nahezu einzigartige Vorstellung von Gottes Umgang mit ihren Verfehlungen.

1. *Der Gesamtzusammenhang des Gebetes*

Auch das große Gebet Aseneths erhält mit 11,19 eine erzählerische Einleitung. Im Anschluß an den zweiten Monolog, welcher ja mit dem Entschluß endet, sich nun doch im Gebet an den Gott Israels zu wenden (V.18), folgt eine knappe Überleitung: Aseneth erhebt sich erneut, wendet sich gen Osten und beginnt zu beten. Das darauf folgende Gebet ist durch einen großen Hymnus zum Lob Gottes des Schöpfers und Erhalters eingeleitet (12,1-2) und erhält mit V.3f. eine ausführliche Überschrift. In diesen Sätzen wird das gesamte Gebet vorweggenommen, in welchem der Wille Aseneths zur „Flucht" zum Gott Israels, ihre Bitten um Rettung und schließlich die Bekenntnisse ihrer Verfehlungen in eindrückliche und breit ausgestaltete Worte gefaßt sind.

In einem ersten Teil (12,5-15) schildert Aseneth ihre Situation, bekennt sich zu den Verfehlungen aus ihrem Götzendienst, von dem sie sich erneut lossagt, und bittet wiederholt um Schutz und Rettung. Deutlich ist, daß in diesem ersten Abschnitt die Gottesvorstellungen, die Attribute der göttlichen Barmherzigkeit und der schützenden Vaterschaft, so wie sie in den beiden ersten Monologen rezitiert wurden, voll ausgestaltet und mit der Not ihrer Verlassenheit

---

[108] Vgl. die Sündenbekenntnisse in 12,3.4.5; 13,13 unter den Gottesprädikationen die Barmherzigkeitsaussagen (12,13.14.15; 13,1).

und Einsamkeit in Beziehung gesetzt werden,[109] wobei das Verhältnis von Barmherzigkeit und Umgang mit Verfehlungen nachdrücklich in 12,15 wiederholt wird.[110]

Der zweite Großabschnitt (13,1-12a) ruft die einzelnen Taten und Handlungen der Beterin in Erinnerung, die als Kennzeichen ihrer Abkehr vom Götzendienst und ihrer Bekehrung gelten. Aseneth insistiert darauf – verstärkt durch die jeweils wiederholte Partikel ἰδού –, Gott möge ihrer Situation ansichtig werden (ἐπισκέπτειν), wobei durch die rahmenden Aussagen in 13,1 + 12a deutlich wird, daß diese Hinweise mit dem Ziel erfolgen, der Hinwendung und schutzsuchenden Flucht Aseneths zum Gott Israels Ausdruck zu verleihen.

Der dritte Teil des Gebetes faßt zunächst sämtliche Bitten in den Versen 13,12a-13b nochmals zusammen und lenkt durch erneute Schuldbekenntnisse schließlich auf die Frage nach der Beziehung Aseneths zu *Joseph*, dem Sohn Gottes, über.[111]

12 καὶ πρός σέ κατέφυγον κύριε ὁ θεός μου.
     ἀλλὰ σὺ ῥῦσαί με ἀπὸ τῶν πολλῶν μου ἀγνοημάτων
13 καὶ σύγγνωθί μοι
     διότι ἥμαρτόν σοι ἐν ἀγνοίᾳ
     παρθένος οὖσα καὶ ἀδαὴς πεπλάνημαι
     καὶ λελάληκα βλάσφημα εἰς τὸν κύριόν μου Ἰωσήφ.

Im Anschluß an die Bitte wird das allgemeine Sündenbekenntnis (V.13a) auf die Verfehlungen gegen Joseph ausgeweitet (V.13b), und schließlich werden Fürbitten sowie eine letzte Bitte vorgebracht

---

[109] Damit ist dieses Gebet in profilierter Weise ein Beispiel dafür, daß der Gott Israels auch im griechisch sprechenden Judentum als barmherziger Vater angerufen wird (siehe noch 12,8). Vgl. auch *Strotmann*, Mein Vater, 261ff.264-271.

[110] Siehe JosAs 12,15: τίς πατὴρ οὕτω γλυκύς ἐστιν ὡς σὺ κύριε καὶ τίς οὕτω ταχὺς ἐν ἐλέει ὡς σὺ κύριε καὶ τίς μακρόθυμος ἐπὶ ταῖς ἁμαρτίαις ἡμῶν ὡς σὺ κύριε;

[111] Das umfangreiche Gebet Aseneths kann hier nicht im vollen Wortlaut abgedruckt werden. Herausgegriffen seien die zu untersuchenden Verse am Übergang zwischen dem zweiten und dritten Teil des Gebetes (13,12a-13b).

(V.14f.), Aseneth möge ihm, Joseph, als Magd und Sklavin übergeben werden.[112] Plaziert ist damit jene Bitte um „Verzeihung" in
V.12a-13b an einer Nahtstelle des Gebetes. Hier werden einerseits
nochmals sämtliche Bitten aufgenommen, wie andererseits durch das
folgende Schuldbekenntnis die thematische Überleitung geschaffen
wird, die auch innerhalb des Gebetes Aseneths den erzählerischen
Hauptfaden des Romans, nämlich die Liebe Aseneths und Josephs,
aufleuchten läßt.

2. Die verwendeten Begriffe

Als Teil der verschiedenen Rettungs- und Schutzbitten des Gebetes[113] wird die zu untersuchende Bitte um Verzeihung in JosAs
13,13 mit Hilfe der Vokabel συγγιγνώσκειν zum Ausdruck gebracht, einer in jüdischen Texten eher seltenen Vokabel, deren Bedeutung im folgenden zu klären sein wird. Zu berücksigen sind
aber auch die Sündentermini, die im Kontext der Verzeihensaussage
verwendet werden.

a) Συγγνώμη/συγγιγνώσκειν
Für die Vokabel συγγνώμη liegt in der Untersuchung von K. Metzler eine ausführliche Studie vor, in der sie nachweist, daß das Substantiv und auch die entsprechenden Verbalformen in der Bedeutung
„verzeihen"/„Verzeihung" häufig in den Texten der hellenistischen
und auch schon der klassischen Zeit verwendet werden.[114] Im jüdischen Schrifttum aus der Zeit des Zweiten Tempels sei jedoch ein
zurückhaltender Gebrauch festzustellen. So ist diese Vokabel zwar

---

[112] Diese Bitte wiederholt nahezu wörtlich die Gedanken der Aseneth an-
gesichts der ersten Begegnung mit Joseph (vgl. JosAs 6,1-8). Es wird also der
Spannungsbogen der Erzählung, der die ausführliche Bekehrungserzählung mit der
Liebesgeschichte verbindet, mit in das Gebet hineingenommen, wenn hier an die
Frage erinnert wird, in welchem Verhältnis nun die Priestertochter zu dem „Sohn
Gottes" stehen wird. Wiederum wird deutlich, wie sehr die wörtliche Rede in der
vorliegenden Erzählung tragendes erzählerisches Element ist und nicht schlicht zur
Ausschmückung hinzugefügt wurde.

[113] Vgl. zur Verwendung von ῥύεσθαι ἀπό + Sündenterminus unten Seite
97.

[114] Vgl. *Metzler*, Begriff, a.a.O., 223.

bei Philo und Josephus gut belegt,[115] wird aber in der Übersetzungsliteratur des Judentums allein in Sir 3,13 verwendet.[116] Damit
scheint, ohne daß schon eine Deutung der Vokabel gegeben werden
soll, sich auch in JosAs 13,13 die Tendenz bemerkbar zu machen,
alltagssprachliches Vokabular für die Beschreibung des Umgangs
Gottes mit Verfehlungen zu verwenden bzw. Vorgänge aus dem
zwischenmenschlichen Bereich auf das Verhältnis von Gott und
Menschen mit dem Ziel der Veranschaulichung zu übertragen.[117]

Aus der Arbeit von Metzler kann für die vorliegende Untersuchung folgendes festgehalten werden: Die mit der Vokabel συγγι-
γνώσκειν/συγγνώμη benannten Verzeihensvorgänge – von Metzler
als „spezifisch griechisch" gewertet – konstituieren sich vor allem
dadurch, daß eine vergangene Tat in den Blick genommen wird,
wobei ein *Verständnis für die Tatumstände* bzw. für die gegenwärtige Situation des Täters und für die Motive der Tat impliziert ist:
„Im lebendigsten, produktivsten Kern besteht συγγνώμη tatsächlich
in einem Vorgang des Verstehens."[118] Dabei schließt Metzler aufgrund ihrer Textuntersuchungen nicht aus, daß diese Verzeihensvorgänge auch emotional begründet sein können. Sie gibt die Vokabel
mit „sich auf den Standpunkt eines anderen versetzen" wieder.[119]

---

[115] Vgl. ebenda, 250ff.

[116] Auch für Sir 3,13 ist dabei zu vermuten, daß aus stilistischen Gründen
(Alliteration zu σύνεσις) συγγνώμη zur Übersetzung von עוב gewählt wurde; vgl.
T. Penar, Northwest Semitic Philology and the Hebrew Fragments of Ben Sira
(Biblica et Orientalia 28), Rom 1975, 5f. Siehe zu Sirach auch die rhetorische
Figur der captatio benevolentiae im Prolog des Buches, wo der Autor für die an-
gebliche Mangelhaftigkeit seiner Übersetzung „Verzeihung" erlangen möchte. Vgl.
dazu auch die parallele Möglichkeit, als Historiker συγγνώμη für eine unkorrekte
Darstellung zu erlangen, bei *Diodor Sic.* 13,90,7.

[117] In 2 Makk 14,20 (Var.); 14,31 und *Josephus*, Ant 16,330; 19,61, werden
mit der Vokabel συγγιγνώσκειν/συγγνώμη ebenfalls Erkenntnisvorgänge beschrieben. Auch im Judentum sind daher die verschiedenen Bezeichnungsmöglichkeiten
dieser Vokabel geläufig.

[118] *Metzler*, Begriff, 305. Diesen Befund führt Metzler schließlich auch als
Grund an, weshalb συγγιγνώσκειν/συγγνώμη in christlich-jüdischen Texten so selten zu finden sei; denn sie geht davon aus, daß die christlich-jüdischen Verzeihens-
vorstellungen zusätzliche Momente enthalten, die sich nicht angemessen mit der
Vokabel συγγιγνώσκειν/συγγνώμη beschreiben lassen.

[119] Vgl. ebenda, 31. *Metzler* dehnt ihre Untersuchungen bewußt auf die *Vor-*

b) Die syntagmatische Konstruktion der Verzeihensbitte

In JosAs 13,13 wird nicht nur eine besondere Vokabel verwendet, sondern diese auch in einer besonderen syntagmatischen Konstruktion, aus der Schlüsse für die Bedeutung der Wendung gezogen werden müssen. Denn die Wortverbindung σύγγνωθί μοι läßt sich als Imperativ Aorist II vom Verbum συγγιγνώσκειν mit Dativobjekt (Personalpronomen der 1. Person Singular) bestimmen, welche sich in dieser Form in hellenistischen Texten nur noch bei Epiktet, Diss 1,22,21 und Lukian, Dialog 6,1 findet.[120] Der Imperativ des Aoristes läßt sich dabei im Zusammenhang eines Gebetes als verstärkte Bitte mit Blick auf die sofort einsetzende Handlung (ingressiv) interpretieren. Die aktive Konstruktion der Vokabel mit göttlichem Subjekt im Zusammenhang von JosAs 13,13 macht zudem eine Deutung des Dativpronomens als dativus commodi möglich. Die Handlung geschieht demnach zum Vorteil der genannten Person. Auch in den übrigen Belegen mit dem Personalpronomen μοί sind stets die Bittenden als Empfänger der von dem genannten Subjekt erbetenen Handlung aufgenommen.

Es liegt damit eine intensive, einer Interjektion gleichende Bitte vor, der Angesprochene (Gott/ὁ θεός μου) möge umgehend *Verständnis für die Bittende* aufbringen.[121] Gewählt ist also ein Aus-

---

stellung aus, die mit der Vokabel συγγνώμη ausgedrückt wird. Wie in Kapitel I dargelegt, kann aber nicht davon ausgegangen werden, daß allein durch den Gebrauch einer Vokabel stets ein und dasselbe bestimmte Konzept in den Texten impliziert wird. Entscheidend sind aber die lexikologischen Ergebnisse *Metzlers*, die sich auf ein breites Fundament an Untersuchungen zu Texten aus verschiedenen literarischen und historischen Epochen stützt.

[120] Zu vergleichen ist noch das *Simonides*-Zitat bei *Dionysius Halic.*, De comp verb 26,142. Aus älterer Zeit stammen auch die Belege dieser Wortverbindung bei *Platon*, Leges 2,804; *Euripides*, Hercules 534; *Aristophanes*, Nubes 138, sowie innerhalb der anonymen Komödienfragmente (vgl. *T. Knock*, Comicorum Atticorum fragmenta III, Leipzig 1888, 281; *A. Meinicke*, Fragmenta comicorum Graecorum IV, Berlin 1841, 47). Die übrigen (neun) Belege für die vorliegende syntagmatische Konstruktion stammen aus dem dritten bis fünften Jahrhundert n.Chr.

[121] Im Blick auf eine Übersetzung dieses Ausdrucks fragt sich, ob die deutsche Sprache eine entsprechende Vokabel zur Verfügung stellt, mit der ebenfalls auf einen solchen Vorgang referiert werden und zugleich die emphatische Form des Ausdrucks wiedergegeben werden kann. Die deutschen Verben „vergeben" und „verzeihen" scheinen kaum geeignet. Will man also keine größere Umschreibung

druck, der die Beziehung des Gottes Israels zur Priestertochter Aseneth ins Zentrum stellt, aber zugleich deren Handlungen fokussiert, wobei auffällig ist, daß die Taten hier anders als in den Monologen Aseneths gewertet und gewichtet werden.

c) Ἄγνοια/ἀγνόημα

Mit den Begriffen ἄγνοια und ἀγνόημα sind zwei Termini aufgenommen, die insbesondere in der urchristlichen und altkirchlichen Diskussion um die läßlichen Sünden eine große Rolle spielen,[122] die aber auch im Zusammenhang des Gebetes Aseneths die Frage aufwerfen, welche Handlungen mit ihnen benannt sind und in welcher Weise sie durch diese Begriffe qualifiziert werden. Das Problem besteht darin, daß mit ἄγνοια in jüdischen Texten und in Abweichung vom sonstigen hellenistischen Sprachgebrauch[123] nicht nur die „Unwissenheit" und „Unkenntnis" bezeichnet werden kann,[124] sondern auch eine *Tat*, die gegebenenfalls in Unwissenheit begangen wurde.[125] Darüber hinaus muß hervorgehoben werden, daß dieser besondere Sprachgebrauch schließlich derart ausgedehnt wird, daß ἄγνοια als Sündenterminus verwendet werden kann, ohne daß der Aspekt der Unwissenheit der Handlung noch eine Rolle spielen muß.[126]

---

wählen, kann sich vielleicht mit *„habe (doch) ein Einsehen mit mir"* beholfen werden.

[122] Vgl. dazu vor allem die neuere Studie von H. *Löhr*, Umkehr und Sünde im Hebräerbrief, BZNW 73, Berlin/New York 1994, die insgesamt vor dem Problemhorizont der Wirkungsgeschichte der entsprechenden Aussagen des Hebräerbriefes und dem dort entfalteten Sündenverständnis entworfen ist; siehe die *Einführung* des Werkes und zu ἀγνόημα in Hebr 9,7 die Seiten 41ff.

[123] Eine Durchsicht aller Belege von ἄγνοια ist freilich nicht möglich, es sei aber darauf verwiesen, daß *Plutarch*, beispielsweise in Alc 38,1 ebenfalls die Vokabel als Sündenterminus parallel zu ἁμαρτία verwenden kann.

[124] In diesem Sinne gebraucht unter anderem *Strabon* die Vokabel, um auf die historische oder geographische Unkenntnis – wie zum Beispiel die Unkenntnis über die Germanenvölker nördlich und östlich der Elbe (Geog 7,2,4) – zu referieren; siehe auch Weish 14,22 und EpArist 130.

[125] Insbesondere in der Übersetzung der priesterlichen Gesetzgebung wird ἄγνοια im Sinne einer unwissentlich begangenen Verfehlungstat verwendet; vgl. Lev 5,18; Ez 48,39; 42,13; 44,29; 46,20; siehe auch Gen 26,10; 43,12.

[126] Dies gilt für die Übersetzungstexte von PsLxx 24,7; Koh 5,5; 1 Εσδρ 8,72; DanLxx 6,5; 9,6.20 und wohl auch für Sir 23,3; 28,7 und PsSal 3,8.

Zudem ist die Beobachtung zu berücksichtigen, daß die Vokabel ἀγνόημα zwar ausschließlich Taten bzw. die Ergebnisse von Handlungen bezeichnet, aber weder in jüdisch-christlichen Texten noch in der übrigen hellenistischen Literatur auf die Bezeichnung von unwissentlichen Verfehlungen festgelegt werden kann. Auch hier stellt sich die Frage, in welchem Maße die Unwissenheit impliziert ist, wenn eine Tat als ἀγνόημα beschrieben wird. Denn es können auch Fehlhandlungen, die beispielsweise im Geschichtsrückblick erkannt und für die Gegenwart als Negativbeispiel genommen werden sollen,[127] sowie interpretatorische Fehleinschätzungen, also fehlerhafte Leistungen,[128] mit diesem Begriff belegt werden,[129] ohne daß auf die Unwissenheit als Tatmotiv angespielt wäre.

Die Auslegung der Wendungen in JosAs 13,13 ist jedoch durch den engeren und weiteren Kontext, in den die Aussagen gestellt sind, erleichtert.[130] Das Wortfeld von ἀγνοεῖν spielt nämlich in diesem letzten Abschnitt des Gebetes eine entscheidende Rolle (vgl. 13,11a.12b.13b). Aseneth weist zudem zweimal daraufhin, daß sie um die entsprechenden Zusammenhänge ihrer Taten nicht wußte (οὐκ ᾔδειν; V.13). Die Sündenbekenntnisse legen den Ton damit eindeutig auf die Unwissenheit der Taten Aseneths, die sich auch aus ihrer Unkenntnis heraus an Joseph vergeht, von dem sie zunächst nicht weiß, daß er der Sohn Gottes ist. So ist deutlich, daß mit ἄγνοια im vorliegenden Zusammenhang auf die Unwissenheit Aseneths referiert wird,[131] die zu den von ihr bekannten Taten führte. Und es läßt sich aus dem gegebenen Kontext der Sündenbekenntnisse die Bedeutung der Vokabel ἀγνόημα in V.12 in jenem spezifischen Sinne von *unwissentlich* begangener Tat festlegen.

---

[127] Vgl. *Diodor Sic.* 1,1,4. Aus 1,71,4 wird deutlich, daß unter diesen Vergehen dabei nicht besonders weitreichende und leicht nachzuvollziehende Fehler verstanden wurden.

[128] Siehe *Dio Chrys.* 60,2.

[129] Vgl. für die jüdischen Texte besonders Tob 3,3; Jud 5,20; Sir 23,2; 51,19; 1 Makk 13,39 und wohl auch Hebr 9,7.

[130] Vgl. *Burchard*, JSHRZ, 646 mit Anm. 7, sowie *Löhr*, Umkehr, 41f. und die weiteren Hinweise ebenda, Anm. 173.

[131] Vgl. als parallele Aussagen noch JosAs 6,7 und TestRub 1,6 (2,9); TestJud 19,3; PsSal 13,7; 18,4 (Verborgenheit).

Der von Aseneth verrichtete Götzendienst erscheint damit an dieser Stelle in einem neuen Licht. Die von Aseneth im Gebet bekannten Taten (ἥμαρτόν σοι) werden weiterhin unter dem Blickwinkel der angestrebten Aufnahme in das Gottesvolk als Verfehlungshandeln betrachtet. Daß die Hinwendung zu diesem Gott jedoch möglich ist, liegt nach den im Gebet entfalteten Aussagen an einem bestimmten Gotteshandeln, welches die Taten Aseneths anders einschätzt und als unwissentlich begangene Handlungen gelten läßt.[132] Als solche können sie nicht die Gottesbeziehung stören.[133]

d) Die Rettungsbitte (V.12b)

Wie bereits angedeutet ist das große Gebet Aseneths (JosAs 12 + 13) durchzogen von Ausrufen und Bitten um Schutz und Rettung.[134] Anschaulich wird dabei jeweils ausgemalt, worin Aseneth die Gefahren sieht, vor denen sie bewahrt werden will. Sie fühlt sich einerseits bedrängt durch ihre Einsamkeit und Verlassenheit (vgl. 12,7f; 12,12.13). Andererseits sieht sie auch eine Gefahr für sich in der Macht der ägyptischen Götter, von denen sie sich verfolgt weiß

---

[132] Sichtbar wird damit im Gebet Aseneths ein Motiv, das sich beispielsweise auch in den sogenannten Missionsreden der Apostelgeschichte findet; vgl. *U. Wilckens*, Die Missionsreden der Apostelgeschichte. Formgeschichtliche und traditionsgeschichtliche Untersuchungen, WMANT 5, Neukirchen-Vluyn [3]1974, 86-91. Siehe dazu Apg 3,17; 13,27; 17,30 und 1 Tim 1,13. Wie anders die Taten der Heiden auch eingeschätzt werden können, zeigt z.B. die Gerichtsandrohung in OrSib 4,152-170. Vgl. zur Aufgeschlossenheit von Teilen des Judentums gegenüber der griechischen Welt jetzt *N. Umemoto*, Juden, »Heiden« und das Menschengeschlecht in der Sicht Philos von Alexandrien, in: *R. Feldmeier / U. Heckel*, Die Heiden, Juden, Christen und das Problem des Fremden, WUNT 70, Tübingen 1994, 22-51, und *R. Feldmeier*, Weise hinter „eisernen Mauern". Tora und jüdisches Selbstverständnis zwischen Akkulturation und Absonderung im Aristeasbrief, in: *M. Hengel / A.M. Schwemer*, Die Septuaginta zwischen Judentum und Christentum, WUNT 72, Tübingen 1994, 20-37.

[133] Zur sogenannten Missionstätigkeit des Judentums vgl. jetzt *S. McKnight*, A Light Among the Gentiles. Jewish Missionary Activity in the Second Temple Period, Minneapolis 1991; *M. Goodman*, Jewish Proselytizing in the First Century, in: *Tessa Rajak u.a.*, The Jews among Pagans and Christians in the Roman Empire, London 1992, S. 53-78, und *C. Breytenbach*, Paulus und Barnabas in der Provinz Galatien, AGJU 38, Leiden 1996, Exkurs IV, 140ff.

[134] Siehe neben der überschriftartigen ersten Bitte in 12,4 (φεῖσαί με) noch 12,7.11.12 (ῥῦσαί με) und 12,14 (φύλαξόν με).

(12,9-11). Dennoch wird deutlich, daß die Bitten nicht allein darauf abzielen, Aseneth vor den Gefahren und den widrigen Umständen zu „bewahren".[135] Denn prägend ist für den gesamten Text darüber hinaus das Motiv der „Zuflucht". Der Gedanke, daß Aseneth alles verlassen will oder schon verlassen hat, um bei dem Gott Israels Zuflucht zu nehmen, findet sich nicht nur in der Überschrift der Gebetsworte in 12,3f. (s.o.), sondern erscheint immer wieder innerhalb des großen Gebetes.[136] So geht es Aseneth neben der Trennung und Bewahrung vor allem um einen „Seitenwechsel".

In diesem Sinne läßt sich dann auch die abschließende Rettungsbitte in 13,12 verstehen, die in eigentümlicher Weise ῥύεσθαι ἀπό mit Sündenterminus konstruiert.[137] Denn auch wenn ῥύεσθαι ἀπό wohl im Sinne von „bewahren vor etwas oder jemandem" zu interpretieren ist, legt es sich nahe, hier nicht nur eine Bitte um die Bewahrung vor den Fehltaten der Aseneth und vor ihren unwissentlichen Vergehen zu sehen. Da nämlich der Ausdruck πολλῶν μου ἀγνοημάτων weniger auf mystische Sündenmächte oder dergleichen referiert, sondern vielmehr auf die in 12,5ff. und 13,11 genannten Taten des Götzenopferdienstes, beschreibt die gesamte Wendung ῥῦσαί με ἀπὸ τῶν πολλῶν μου ἀγνοημάτων zugleich auch eine örtliche

---

[135] Die in JosAs 12f. meistens und schließlich auch in JosAs 13,12 verwendete Vokabel ῥύεσθαι dient gerade in Gebetstexten des Judentums dazu, Rettungs- und Bewahrungsbitten auszudrücken. Aufgrund der unterschiedlichen Einbindung der Vokabel in Ausdrücke mit der Präposition ἀπό und der Präposition ἐκ legt es sich nahe, zwischen der Bezeichnung von Taten zu unterscheiden, die ein Bewahren vor einer ausstehenden Gefahr und einem Retten aus einer bestehenden Gefahr beinhalten (siehe JosAs 15,12; 27,10; PsSal 4,23; 12,1; 13,4; 17,45; ApkSedr 16,7). Ungewöhnlich ist hingegen die Verwendung von ῥύεσθαι ἀπό in JosAs 13,12 mit einem Sündenterminus, weshalb die Wendung wohl nicht wie die übrigen im Sinne von „bewahren vor" übertragen werden kann. S.u. und vgl. auch W. Kasch, ῥύομαι, ThWNT VI, Stuttgart u.a. 1959, 999-1004.

[136] Siehe 12,3.6.8.13; 13,1.2b.12a. Die große Wirkungsgeschichte der Erzählung von *Joseph und Aseneth* in der Spätantike hängt sicher nicht zuletzt damit zusammen, daß solche Motive in so eindrücklicher und eindringlicher Weise ausgestaltet sind, wie zum Beispiel in 12,8.

[137] Eine solche Konstruktion findet sich noch in PsLxx 38,9 und in Ez 37,23. Zu ῥύεσθαι mit der Präposition ἀπό vgl. u.a. Spr 2,12; Jes 25,4; 1 Makk 12,15; PsSal 4,23; ApkSedr 16,7; OrSib 2,244, die matthäische Rezeption des Herrengebetes in Mt 6,13 und Röm 15,31; 2 Thess 3,2; 2 Tim 4,18.

Bewegung weg von den Fehltaten. Die unwissentlich begangenen Verfehlungen sind Inbegriff und Ausdruck eben der Lebensumstände, von denen sich Aseneth durch ihre Bußhandlungen (vgl. 13,1-11) abgewendet hat und vor denen sie bewahrt werden will.

Somit bittet Aseneth in 13,12 um ein Handeln Gottes mit ihren Verfehlungen, das sie einerseits vor diesen Fehlern bewahrt, andererseits aber auch aus dem Bereich, der durch ihre früheren Taten gekennzeichnet ist, heraushebt, um sich dem Schutz Gottes unterstellen zu können. Damit erweist sich diese Rettungsbitte als die Summe des gesamten Gebetes und markiert zugleich deutlich noch einmal den missionstheologischen Horizont, vor dem sich auch die Bitte um Verzeihung verstehen läßt.

3. *Zusammenfassung: Die Verzeihens-Vorstellung im großen Gebet*

Fassen wir die terminologischen Ergebnisse zu den einzelnen Begriffen zusammen, wird eine weitere profilierte Vorstellung zum Umgang Gottes mit den Verfehlungen Aseneths sichtbar. Zum Abschluß des Gebetes werden nochmals die Verfehlungen Aseneths thematisiert, jedoch sind ausschließlich diejenigen Taten im Blick, die ἐν ἀγνοίᾳ, also aus Unwissenheit begangen wurden. Denn Aseneth ist nicht nur die Unberührte (παρθένος) und Erniedrigte (ἀθλία), sondern sie ist unwissentlich in die Irre gegangen (ἀδαὴς πεπλάνημαι).[138]

Der entscheidende Vorgang im Verhältnis zwischen Gott und Aseneth wird darüber hinaus als ein „Einsehen"/„Verständnis"-Haben geschildert. Die in JosAs 13,13 gewählte Formulierung legt den Ton auf die Nachvollziehbarkeit der Tatumstände, aus denen insbesondere durch den Zusammenhang die Unwissenheit hervorgehoben ist und die im Rahmen des Gebetes veranschaulicht wird. Es

---

[138] Der Gedanke der unwissentlich begangenen Fehltaten begegnet neben den Erniedrigungs- und Verlassenheitsaussagen als wichtigste Motivangabe in den Bekenntnissen der Aseneth (6,7; 12,5; 13,10.12; 21,15); vgl. *Burchard*, JSHRZ, a.a.O., 646, und G. *Delling*, Einwirkungen der Sprache der Septuaginta in „Joseph und Aseneth", JSJ 9 (1978) 37f.

ist dabei von Bedeutung, daß solche Vorgänge im Judentum kaum zur Veranschaulichung des Umgangs Gottes mit den sich verfehlenden Menschen herangezogen werden.[139] Es gehört aber zur hellenistischen Alltagssprache, zwischenmenschliche Beziehungen derart zu beschreiben. Und so kann beispielsweise Diodor Siculus davon ausgehen, daß ein Historiker für seine unwissentlichen Darstellungsfehler[140] Verständnis und „Verzeihung" (συγγνώμη) erlangen kann.[141]

V. Ergebnis: Verschiedene Vergebungsvorstellungen in einem Werk

Für die Untersuchung ist das Gebet der Aseneth mit den dazugehörenden kleineren Monologen ausgewählt worden, weil den relativ geschlossenen poetischen Abschnitten innerhalb der Erzählung die Funktion zukommt, die Bekehrung Aseneths, die zuvor in der Schilderung der Selbsterniedrigung und Kasteiung anschaulich gemacht wurde, in Form von wörtlicher Rede zu verdeutlichen und mit einem gedanklichen bzw. theologischen Hintergrund zu versehen.[142]

---

[139] Eine solche Vergebungsvorstellung, auf die ebenfalls mit der Vokabel συγγνώμη referiert wird, vermutet *Metzler* in dem Umkehrruf in OrSib 4,167f., wo die Übeltäter aufgefordert werden, Gott um Vergebung zu bitten und ihn gnädig zu stimmen: Συγγνώμην αἰτεῖσθε καὶ εὐλογίαις ἀσεβείαν πικρὰν ἱλάσκεσθε. Vgl. *Metzler*, Begriff, 259.

[140] Hier steht ἀγνόημα antonym zu προαίρεσις (*Diodor Sic.*, 13,90,7): δεῖ γάρ, οἶμαι, τοὺς συγγραφεῖς ἐν μὲν τοῖς ἀγνοήμασι τυγχάνειν συγγνώμης, ὡς ἂν ἀνθρώπους ὄντας καὶ τῆς ἐν τοῖς παροιχομένοις χρόνοις ἀληθείας οὔσης δυσευρέτου, τοὺς μέντοι γε κατὰ προαίρεσιν οὐ τυγχάνοντας τοῦ ἀκριβοῦς προσηκόντως κατηγορίας τυγχάνειν.

[141] *Metzler*, Begriff, 73ff. versucht zugleich auch in diachroner Fragestellung die Ursprünge dieser Vorstellung zu ergründen. Für unsere Zusammenhänge genügt aber schon die Feststellung, daß hier in einem jüdischen Text ein Gedanke aufgenommen ist, der sich nicht innerhalb des Alten Testaments, sondern vordringlich in der hellenistischen Alltagskultur finden läßt.

[142] Als zentral für das Verständnis von JosAs 11-13 hat sich neben dieser Funktionsbestimmung auch die innere Struktur der aufeinander bezogenen und miteinander verbundenen poetischen Texte erwiesen. Die Monologe in JosAs 11,3-14 und 16-18 lassen sich demnach nicht als retardierende Elemente innerhalb der Erzählung verstehen, da sie vielmehr die Erzählung an einem entscheidenden Punkt voranbringen und durch die Form der wörtlichen Rede die auszusagenden

In diesen Abschnitten wird dabei nicht von Bekehrung gesprochen, ohne den Umgang Gottes mit den Verfehlungen Aseneths bzw. das Verhältnis Gottes zu einer Beterin zu thematisieren, die Verfehlungen begangen hat. Neben den Teilergebnissen der Einzelstudien hat sich für den weiteren Verlauf der vorliegenden Untersuchung vor allem ergeben, daß die drei poetischen Texte unterschiedliche Begriffe und Ausdrücke verwenden und jeweils auch zu unterscheidende Vorstellungen entfalten, wie das Verhältnis Gottes zur Sünderin gedacht wird und von welchem Gotteshandeln angesichts der Verfehlungen Aseneths ausgegangen wird. Die erarbeiteten Konzeptionen lassen sich insgesamt als „Vergebungs"Vorstellungen qualifizieren, doch es ist deutlich geworden, daß der deutsche Begriff „Vergebung" in keinem Falle ausreicht, um die in diesen Texten ausgedrückten Vorgänge und Handlungen Gottes zu beschreiben und angemessen wiederzugeben.

Eine der wichtigsten Kennzeichen der Texte in JosAs 11-13 ist dabei die Tendenz, Veranschaulichungsmaterial zu liefern, Sachverhalte und theologische Konzepte zu verdeutlichen und verstehbar zu machen. Dies wird besonders gut an den gewählten Formulierungen und Ausdrücken sichtbar. So ist allen untersuchten Texten gemein, daß hier Alltagsvokabular verwendet wird, um den Umgang Gottes mit Verfehlungen zum Ausdruck zu bringen und demzufolge mit Hilfe von gängigen zwischenmenschlichen Vorstellungen zu veranschaulichen.

Gedanken hervorheben. Die Monologe veranschaulichen, aus welchen Gründen eine ägyptische Priestertochter sich zu dem Gott Israels bekehren kann, und das große Gebet gibt schließlich ein Bild davon, wie eine solche Bekehrung aussehen mag. Der rote Faden, der die Texte durchläuft, ist schließlich durch die verschiedenen Beschreibungen des göttlichen Umgangs mit Verfehlungen gegeben. Im Zentrum steht damit die Veranschaulichung und die Beschreibung Gottes selbst. *P.-G. Klumbies*, Die Rede von Gott bei Paulus in ihrem zeitgeschichtlichen Kontext (FRLANT 155), Göttingen 1992, 71-74, dagegen beobachtet in seiner Darstellung der Gottesvorstellung im Buche *Joseph und Aseneth* zwar ebenso die Vielfalt an Gottesbildern – auch wenn die Vaterbezeichnung Gottes in JosAs 11,13; 12,8.13.14.15 unberücksichtigt bleibt –, aber *Klumbies* fragt nicht nach der Funktion, welche die Gottesbeschreibungen für die Gesamtaussage von JosAs 11-13 übernehmen.

In JosAs 11,10 wird mit λογίζεσθαι ἁμαρτίαν auf den Vorgang des Registrierens zurückgegriffen und mit der eigentümlichen Formulierung ἐλέγχειν τὰς ἀνομίας zugleich ein richterliches Strafverfolgen der Taten zum Ausdruck gebracht bzw. für den Umgang Gottes mit Aseneth ausgeschlossen. Die Aussagen in JosAs 11,18 verknüpfen hingegen das traditionelle alttestamentliche Motiv, wonach Gottes Strafhandeln und sein Heilshandeln miteinander in Verbindung stehen und auf die Zeit der Strafe stets die des Heiles folgen wird, mit dem Gedanken der Aussöhnung des Zornes einer höher gestellten Persönlichkeit gegenüber dem Fehlverhalten eines anderen Menschen. Das erwartete Verhalten des Gottes Israels gegenüber Aseneth wird im Rückgriff auf zwischenmenschliche Verhaltensmuster erläutert. Und schließlich nimmt die Abschlußbitte des Gebetes (JosAs 13,13) eine Vorstellung zu Hilfe, die sich sonst kaum in jüdischen, umso mehr aber in anderen hellenistischen Texten findet. Denn hier wird um ein Gotteshandeln angesichts der Verfehlungen Aseneths gebeten, das ein Verständnis für die Tatumstände und Handlungsmotive einschließt.

Die Unterschiede der jeweils zugrundegelegten Vorstellungen und Konzeptionen werden insbesondere an der verschiedenen Bewertung der Sündentaten sichtbar. Im Anschluß an die Beschreibung des göttlichen Umgangs mit Verfehlungen in Ex 34,6 wird nämlich in JosAs 11,10ff. ein Gotteshandeln vorausgesetzt, das die Verfehlungstaten schlicht außer Geltung setzt. Konstitutiv ist dabei der Gedanke, daß es hier um einen Menschen geht, der sich in der Notsituation der Abkehr von seinem Götzenglauben und der beginnenden Hinwendung zum Glauben an den Gott Israels befindet. In dieser Situation werden die Taten des Götzendienstes und die damit verbundenen Verunreinigungen nicht als Verfehlungstaten gerechnet und mit Strafe verfolgt. „Vergebung", die der Barmherzigkeit Gottes Ausdruck verleiht, ist demnach die Rücksichtnahme auf die Situation des betreffenden Menschen und das damit verbundene Nein zu allen wohl möglichen und zu erwartenden Reaktionen auf die Verfehlungstaten, die das Beziehungsverhältnis verhindern und diesem im Wege stünden.

Das im zweiten Monolog Aseneths (11,16-18) herangezogene Versöhnungsgeschehen behält dagegen die Taten Aseneths und vor allem ihre Verunreinigung durch den Götzendienst sehr wohl als Verfehlungs- und Sündenhandlungen im Blick, denn sie können den Zorn Gottes wider die Beterin hervorrufen. Doch einbezogen ist hier eine weitere Gottesvorstellung, die skizziert wird, ohne auf die Barmherzigkeit Gottes zu rekurrieren. Danach ist das Ziel des göttlichen Handelns mit den Menschen stets ein heilvolles, so daß parallel zu etwaigem Strafhandeln immer auch das wiederherstellende Handeln Gottes gesehen und erhofft wird. Demzufolge wird in diesem zweiten Gedanken ausgeführt, daß die Taten Aseneths zwar negative Auswirkungen für sie haben könnten, daß aber stets auch von einem weitergehenden Gotteshandeln an ihr ausgegangen werden muß. Hier ist „Vergebung" Teil eines umfassenderen Geschehens, das einerseits die von Gott selbst begonnene Beilegung seines Zornes, die Versöhnung (διαλλάσσειν), beinhaltet und andererseits den Verzicht auf etwaige weitere Schuld- und Rechtsansprüche (ἀφιέναι ἀνομίαν), die aus den Verfehlungstaten Aseneths abzuleiten sind.

Die Bitte des Gebetes (JosAs 13,13) wirft schließlich wiederum ein anderes Licht auf die Taten der Priestertochter. Denn hier wird um Einsicht in die Handlungszusammenhänge und um Verständnis für die Tatmotive gebeten (σύγγνωθί μοι), wobei gleichzeitig immer wieder die Unwissenheit Aseneths als zentrales Motiv herausgestellt ist. Die Taten werden neu qualifiziert und ihres Charakters als Sündenhandlungen nahezu vollständig entledigt. „Vergebung" ist demnach in diesem letzten Falle die Einverständniserklärung mit dem betenden Gegenüber, dessen Lebens- und Tatumstände anerkannt werden, so daß die entsprechenden Handlungen in einem neuen Licht erscheinen und in keinem Fall negative Konsequenzen zeitigen können.

Schließen sich aber die voneinander unterscheidbaren Vorstellungen gegenseitig aus und sind die unterschiedlichen Gedanken als Alternativen zu fassen? Im Blick auf den Gesamtduktus der Erzählung scheint sich diese Frage nicht zu stellen. Denn die Erzählung von der Bekehrung Aseneths und die Beschreibung der von ihr vollzogenen Handlungen und durchlebten Seelenzustände dient zu allererst dazu, anhand einer beispielhaften Erzählfigur die vielfältigen theologischen Sachverhalte aufzuzeigen, die eine solche Bekehrung erlauben.[143] Im Zentrum steht dabei wie gesehen das Gottesbild. Es wird nicht ein monolithischer Entwurf vorgelegt, sondern es werden die vielfältigen Attribute und Eigenschaften des Gottes Israels umschrieben und mit Hilfe der wörtlichen Reden eingehend verdeutlicht.

Aseneth wiederholt mehrmals ihre Entscheidung, sich zum Gott Israels zu kehren (vgl. 11,11.14.18) und zwar jeweils im Anschluß an weitere Gottesattribute, die sie sich in Erinnerung ruft. Daß die ausformulierte Bitte schließlich auf keine der zuvor dargelegten Vorstellungen vom Umgang Gottes mit den Verfehlungen der Beterin zurückgreift, sondern eine weitere Vorstellung zugrundelegt, verwundert nicht. Es geht nicht darum, den einen Weg der Bekehrung vorzugeben, sondern ein Gottesbild zu entwerfen, aus dessen Farbenreichtum und Vielfalt die Möglichkeiten deutlich ersichtlich sind, sich zu diesem Gott zu bekehren. Daher sind in *Joseph und Aseneth* die Aussagen über die „Vergebung" in erster Linie Bekenntnisse zum Gott Israels und Beschreibungen seines Handelns: Die Rede von der „Vergebung" ist Rede von Gott.

---

[143] Siehe zur Gesamtdeutung des Werkes auch *Delling*, Kunst, 38f.

KAPITEL III

DAS GEBET MANASSES: STRAFMILDERUNG AUF-GRUND DER METANOIA GOTTES

I. Das Gebet als geschlossene Texteinheit

Das hellenistisch-jüdische Gebet, das König Manasse zugeschrieben wird, fand Eingang in die christliche Tradition als ein Beispiel par exellence für eine Anleitung zur „rechten Buße",[1] als „Buß- und Betpsalm".[2] Ausschlaggebend war dabei die innerhalb dieser geschlossenen Texteinheit entfaltete Konzeption von Metanoia, auch wenn diese je und je anders verstanden worden sein mag. Für die vorliegende Untersuchung gewinnt das Gebet aber insofern große Bedeutung, als hier weitere Vorstellungen vom Umgang Gottes mit den Verfehlungen der Menschen und mit den Menschen selbst zur Sprache kommen. Sie sind eingebettet in ein spezifisches Gottes- und Menschenbild, das greifbar wird an dem entfalteten Zusammenhang der Metanoia des Menschen und der Metanoia Gottes.[3]

1(12) Κύριε παντοκράτωρ, ὁ θεὸς τῶν πατέρων ἡμῶν τοῦ Αβρααμ καὶ Ισαακ
καὶ Ιακωβ καὶ τοῦ σπέρματος αὐτῶν τοῦ δικαίου,
2 ὁ ποιήσας τὸν οὐρανὸν καὶ τὴν γῆν σὺν παντὶ τῷ κόσμῳ αὐτῶν,
3 ὁ πεδήσας τὴν θάλασσαν τῷ λόγῳ τοῦ προστάγματός σου,
ὁ κλείσας τὴν ἄβυσσον καὶ σφραγισάμενος αὐτὴν τῷ φοβερῷ
καὶ ἐνδόξῳ ὀνόματί σου·
4 ὃν πάντα φρίσσει καὶ τρέμει ἀπὸ προσώπου δυνάμεώς σου,
5 ὅτι ἄστεκτος ἡ μεγαλοπρέπεια τῆς δόξης σου,
καὶ ἀνυπόστατος ἡ ὀργὴ τῆς ἐπὶ ἁμαρτωλοὺς ἀπειλῆς σου,

---

[1] E. *Oßwald*, Gebet Manasses, JSHRZ IV, Gütersloh 1974, 17; vgl. auch die Klassifizierung als „individuelles Klagelied", ebenda, 20.

[2] *O.F. Fritzsche*, Kurzgefasstes exegetisches Handbuch zu den Apokryphen des Alten Testaments I, Leipzig 1851, 157.

[3] Da die Septuagintaversion des Gebetes nicht als ursprünglich angesehen werden kann (siehe dazu unten), wird hier zur leichteren Handhabung der Text des Gebetes (nach ConstApost II 22,12-14) abgedruckt, wobei die Verse (in Anlehnung an die Septuagintaversion) neu gezählt werden.

6   ἀμέτρητόν τε καὶ ἀνεξιχνίαστον τὸ ἔλεος τῆς ἐπαγγελίας σου,
7   ὅτι σὺ εἶ κύριος, μακρόθυμος εὔσπλαγχνος πολυέλεος
     καὶ μετανοῶν ἐπὶ ταῖς κακίαις τῶν ἀνθρώπων,
     ὅτι σὺ ὁ θεὸς κατὰ τὴν χρηστότητα τῆς ἀγαθωσύνης σου
     ἐπηγγείλω μετανοίας ἄφεσιν τοῖς ἡμαρτηκόσιν
     καὶ τῷ πλήθει τῶν οἰκτιρμῶν σου ὥρισας
     μετάνοιαν ἁμαρτωλοῖς εἰς σωτηρίαν.
8(13) σὺ οὖν κύριε, ὁ θεὸς τῶν δικαίων, οὐκ ἔθου μετάνοιαν δικαίοις,
     τῷ Αβρααμ καὶ Ισαακ καὶ Ιακωβ τοῖς οὐχ ἡμαρτηκόσιν σοι,
     ἀλλ' ἔθου μετάνοιαν ἐπ' ἐμοὶ τῷ ἁμαρτωλῷ,
9   διότι ἥμαρτον ὑπὲρ ἀριθμὸν ψάμμου θαλάσσης,
     ἐπλήθυναν αἱ ἀνομίαι μου, κύριε, ἐπλήθυναν αἱ ἀνομίαι μου,
     καὶ οὐκέτι εἰμὶ ἄξιος ἀτενίσαι καὶ ἰδεῖν τὸ ὕψος τοῦ οὐρανοῦ ἀπὸ πλήθους
     τῶν ἀδικιῶν μου
10 κατακαμπτόμενος πολλῷ δεσμῷ σιδήρου
     [εἰς τὸ ἀνανεῦσαί με ὑπὲρ ἁμαρτιῶν μου,][4]
     διότι παρώργισα τὸν θυμόν σου καὶ τὸ πονηρὸν ἐνώπιόν σου ἐποίησα
     στήσας βδελύγματα καὶ πληθύνας προσοχθίσματα.
11(14) καὶ νῦν κλίνω γόνυ καρδίας μου δεόμενος τῆς παρὰ σοῦ χρηστότητος·
12 ἡμάρτηκα, κύριε, ἡμάρτηκα καὶ τὰς ἀνομίας μου ἐγὼ γινώσκω.
13 ἀλλ' αἰτοῦμαι δεόμενός σου· ἄνες μοι, κύριε, ἄνες μοι,
     καὶ μὴ συναπολέσῃς με ταῖς ἀνομίαις μου
     μηδὲ εἰς τὸν αἰῶνα μηνίσας τηρήσῃς τὰ κακά μοι
     μηδὲ καταδικάσῃς με ἐν τοῖς κατωτάτοις τῆς γῆς.
     ὅτι σὺ εἶ ὁ θεὸς τῶν μετανοούντων,
14 καὶ ἐν ἐμοὶ δείξεις τὴν ἀγαθωσύνην σου·
     ὅτι ἀνάξιον ὄντα σώσεις με κατὰ τὸ πολὺ ἔλεός σου,
15 καὶ αἰνέσω σε διαπαντὸς ἐν πάσαις ταῖς ἡμέραις τῆς ζωῆς μου.
     ὅτι σὲ ὑμνεῖ πᾶσα ἡ δύναμις τῶν οὐρανῶν,
     καὶ σοῦ ἐστιν ἡ δόξα εἰς τοὺς αἰῶνας. ἀμήν.

1. Zur Datierung des Gebetes

Das Gebet Manasses erweist sich ebenso wie die apokryphen Gebete im Buch Daniel oder Esther als Fortschreibung eines kanonischen Erzähltextes. Anlaß, auch dem König Manasse einen solchen Text zuzuschreiben, scheint dabei der explizite Hinweis in 2 Chr 33,18 auf sein Gebet (וַתְּפִלָּתוֹ) zu sein, das der König in der Gefangenschaft (2 Chr 33,11-13) formuliert haben soll und welches nachzulesen sei im „Buch der Könige Israels". Forschungsgeschichtlicher Konsens

---

[4] Ergänzung nach den Septuaginta-Versionen. Siehe dazu unten Anm. 21.

wurde aber in der Position erzielt, daß der erhaltene griechische Text des Gebetes nicht auf einen solch alten Quellentext der Chronikbücher zurückgehen kann.[5] Konsens besteht darüber hinaus auch in der Bestimmung des jüdischen Ursprungs des Gebetes.[6] Unsicher bleibt aber die Datierung, die zwischen dem ersten und zweiten Jahrhundert v. Chr. bis zum dritten Jahrhundert n. Chr. schwankt.

Die Bezeugung des Textes ist dabei eher spät, da der älteste griechische Beleg des Gebetes in den Apostolischen Constitutionen (ConstApost II 22,12-14)[7] vorliegt und schließlich in einige Septuagintahandschriften als Anhang zum Psalter aufgenommen wurde.[8] Selbst Hieronymus ist dieser Text unbekannt geblieben, so daß das Gebet erst im Zuge von Text-Revisionen im 13. Jahrhundert in die Vulgata gelangte, hier nun direkt im Zusammenhang mit 2 Chr 33.[9] Für die Bestimmung des Alters ist noch von Bedeutung, daß auch in der syrischen *Didaskalia* aus dem dritten Jahrhundert, welche als Vorlagentext für die Apostolischen Constitutionen gilt,[10] das Gebet

---

[5] *V. Ryssel*, Das Gebet Manasses, in: *E. Kautzsch*, Die Apokryphen und Pseudepigraphen des Alten Testaments I, Tübingen u.a. 1900, 165-167, führt ausführlich sämtliche Argumente ins Feld und weist zugleich auf die älteren Kommentatoren hin, denen das Gebet als Übersetzung aus einer hebräischen Vorlage für das Chronikbuch galt.

[6] Will man nicht die stilistisch-formale Verwandtschaft des Gebetes Manasses zu weiteren Gebetstexten des griechisch-sprechenden Judentums anführen, die in die griechische Bibeltextüberlieferung aufgenommen wurden (vgl. schon Neh 9//2 Esr 19), so ist auf die betonte Bezeichnung Gottes als Vätergott (OrMan 1+8) und vor allem auf das Fehlen jeglicher christologischer (und pneumatologischer) Anklänge hinzuweisen.

[7] *B. Altaner/A. Stuiber*, Patrologie, Freiburg u.a. [8]1978, 256, datieren diese Lehrschrift ins Jahr 380 n. Chr.; siehe auch *D.A. Fiensy*, Prayers Alleged to be Jewish, Chico 1985, 19ff.

[8] Das Gebet findet sich in den Codizes Alexandrinus und Turicensis und in einigen Minuskelhandschriften; vgl. *A. Rahlfs*, Septuaginta X, Göttingen 1931, 361-363.

[9] Vgl. *H. Schneider*, Der Vulgata-Text der Oratio Manasse. Eine Rezension des Robertus Stephanus, BZ 4 (1960) 277f. und *H. Volz*, Zur Überlieferung des Gebetes Manasse, ZKG 70 (1959) 294f. In älteren Kommentaren ist dieser Sachverhalt noch nicht bedacht, vgl. daher die Vermutungen *Fritzsches*, Handbuch I, 159, und *Ryssels*, Gebet, 168, zum Verhältnis der lateinischen Versionen zur Vulgata.

[10] Vgl. *J. Quasten*, Patrology II (1950), Westminster 1986, 147 + 151 (zum Alter des Gebetes Manasses) und *Fiensy*, Prayers, 19 mit Anm. 4.

Manasses überliefert ist.[11] Hier liegt die älteste erreichbare Version des Gebetes vor.[12] Die Textgeschichte wird daher im Anschluß an *Nestle* so rekonstruiert, daß die Textfassung der Septuagintahandschriften in Abhängigkeit von den Constitutionen bzw. von deren syrischer Vorlage gesehen wird,[13] so daß die Version der Constitutionen auch dieser Arbeit zugrunde gelegt werden wird; zur einfacheren Handhabung wird jedoch die Verszählung der Septuaginta übernommen![14]

Eine genaue Aussage über das Alter des Gebetes ist damit jedoch nicht gemacht, auch wenn angenommen werden kann, daß das Gebet in den Didaskalia auf ältere griechische Vorlagen zurückgeht. Aus dem Text selbst lassen sich keinerlei Anspielungen oder Hinweise auf die Entstehungszeit entnehmen, allein auf die inhaltliche Nähe zu den Metanoia-Ausführungen im 1. Clemensbrief und auf die in 1 Clem 57 begegnende ungewöhnliche Wendung γόνατα τῆς καρδίας und die etwaige Parallele im Gebet Manasses V.11 ist hinzuweisen.[15] Dennoch wird sich im folgenden zeigen, daß mit diesem Text eine jüdisch-griechische Stimme vorliegt, die in ihrer Art, alttestamentliche Texte zu rezipieren und Erzähltexte mit Hilfe von Gebetstexten zu interpretieren bzw. fortzuschreiben, in der Tradition der Gebete zu Esther, Daniel oder Tobit steht.[16]

---

[11] Vgl. *P. de Lagarde*, Didascalia Apostolorum syriacae. Reproductio phototypica editionis 1854, Osnabrück/Wiesbaden 1967, 29f.

[12] Vgl. *E. Nestle*, Septuagintastudien III, Stuttgart 1899, 17f. Zu den weiteren syrischen Versionen und ihrem Verhältnis untereinander vgl. die Darstellung bei *Oßwald*, Gebet, 17f.

[13] Vgl. *Nestle*, Septuagintastudien III, 18.

[14] Dem oben abgedruckten Text liegt die Ausgabe von *M. Metzger*, Les Constitutions apostoliques. Introduction, texte critique et notes, I+II, Paris 1985, zugrunde; siehe aber auch *A.-M. Denis*, Fragmenta pseudepigraphorum quae supersunt graeca, PVTG 3, Leiden 1970, und den Wiederabdruck in der Konkordanz von *Denis*, Concordance, a.a.O., 905.

[15] Vgl. *Nestle*, Septuagintastudien IV, Stuttgart 1903, 6.

[16] Vgl. auch *Oßwald*, Gebet, 19f., und *Flusser*, Psalms, 562.

2. Zum Gesamtduktus des Gebetes

Funktion und Intention des Gebetes Manasses lassen sich wohl kaum mit Hilfe einer Gattungsbestimmung erheben, da zwar eine Reihe typischer Gebetselemente aufgenommen ist, ein festes Schema geprägter Elemente aber nicht vorliegt.

Die Parallelität des Gebetes zu anderen Texten liegt vor allem im thematisch-inhaltlichen Bereich. Im formalen Sinne scheint allein das Lob des Schöpfers, wie es sich auch in anderen Gebetstexten findet, als Einleitung vorangestellt zu sein, wobei die umfangreiche Ausgestaltung desselben sich besonders noch in JosAs 12 (s.o.) nachweisen läßt. Als festes Element jüdischer Gebetssprache ist zudem auch das Lobgelübde in V.15 anzusehen, welches sich schon im hebräischen Psalter und auch in den Gebeten des griechisch sprechenden Judentums findet.[17] Jedoch läßt sich auch das Gelübde nicht als Teil einer bestimmten Gebetgattung verstehen.[18]
Über das Lob des Schöpfers und die Rezeption von Ex 34,6f. hinaus zeigt sich zunächst, daß die Frage des Bundesverhältnisses Gottes zu seinem Volk auch im Gebet Manasses anklingt (vgl. V.1+8). Anders jedoch als beispielsweise im Gebet Asarjas (Dan 3) oder im Gebet der Esther (Est 4,17[n]ff.) wird nicht explizit auf den Israelbund rekurriert, um die Bitten vorzubringen. Vielmehr ist hier die Gerechtigkeit des Volkes bzw. der Väter im Gegenüber zu Gott entscheidend. Der Gott der Väter gilt als Gott der „Gerechten" (V.8) bzw. ihrer gerechten Nachkommenschaft (V.1), denn die Väter galten als diejenigen, die sich nicht verfehlt haben.[19] Das Verhältnis Gottes zu seinem Volk wird also nicht von seiten Gottes, sondern von seiten der Menschen in den Blick genommen. Der *Beter* bezieht sich nicht mit in das Volk ein, sondern *stellt sich den Gerechten gegenüber*.[20]
Stark modifiziert wird auch das Gebetselement der Klage über die äußeren Umstände, so daß kaum ein bestimmter Abschnitt des Gebetes mit diesem Prädikat belegt werden kann. Denn die Schilderung der Gefangenschaft in V.10 dient nicht dazu, die beklagenswerte Situation vor Augen zu führen. Der Beter beschreibt sich

---

[17] Vgl. PsLxx 7,18; 34,18.28; 55,10f.; 68,31; 85,12; 108,30; 118,175; 144,2; Sir 51,1.12; DanLxx 2,23; 4,37 u.ö.

[18] Vgl. *Gunkel / Begrich*, Einleitung, a.a.O., 243+247ff.

[19] Vgl. die Apposition zu den δικαίοις in V.8: τῷ Αβρααμ καὶ Ισαακ καὶ Ιακωβ τοῖς οὐχ ἡμαρτηκόσιν σοι.

[20] Für die nach *Ryssel*, Gebet, 167, „unbiblische" Wendung θεὸς τῶν δικαίων bzw. τῶν μετανοούντων (V.13) ist zu fragen, ob durch diesen Genitiv eine Einschränkung vorgenommen wird oder ob die besondere Nähe Gottes zu der bezeichneten Gruppe ausgesagt werden soll. Da in OrMan aber das Gebet gerade eines ἁμαρτωλός vorliegt, ist wohl eher letztere Variante heranzuziehen, so daß ebenso wie in der Phrase θεὸς τῶν πατέρων (vgl. OrMan 1 und Tob 8,5; Weish 9,1; Dan 3,26.52; TestJud 19,3; TestGad 2,5; TestJos 1,4; 6,7) nicht die Ausgrenzung anderer ausgedrückt werden soll. Vgl. dagegen aber θεὸς τῶν Ἑβραίων in TestJos 12,3; JosAs 11,10.

als einen von Fesseln Gebeugten (κατακαμπτόμενος), führt aber mit diesem parti-
cipium coniunctum das Bekenntnis seiner „Unwürdigkeit" (V.9c: οὐκέτι εἰμὶ ἄξι-
ος) aus,[21] um die gesamte Notlage auf seine Vergehen zurückzuführen (V.10bc).
Damit werden diese Schilderungen der Gefangenschaft zum Element des Sündenbekenntnisses. Kaum klagend, eher anerkennend und feststellend werden die aktuellen Konsequenzen der Vergehen mit in das Bekenntnis derselben einbezogen.
Es geht um die *Anerkenntnis der Gefangenschaft als Konsequenz der Verfehlung*.
Die Sündenbekenntnisse selbst gelten dabei als Begründung für die Bitte um „Metanoia" (V.9a), als Anerkenntnis der Notsituation (V.10c+d) sowie schließlich als
emphatische Formulierung der Einsicht, daß die Taten des Beters als Verfehlungen
angesehen werden (V.12). Im Zusammenhang der Aussagen in V.9-13a übernehmen die Bekenntnisse dabei die Funktion, den Beter als ἁμαρτωλός zu beschreiben. Explizit geht dies aus dem Übergang von der Bitte zum ersten Bekenntnis in V.8/9 hervor, wo sich der Beter als ἁμαρτωλός tituliert und dann auf die
Vielzahl seiner Verfehlungen aufmerksam macht. Indem aber der krasse Gegensatz
zwischen seinen Verfehlungen bzw. seiner „Unwürdigkeit" (V.9) und der Gerechtigkeit der Väter aufgebaut wird, ergibt sich als Ziel der Bekenntnisse weniger die
Beschreibung der Abkehr von den Sünden als die *Disqualifikation des Beters*.

Charakteristisch für das Gebet Manasses ist also die spezielle Komposition typischer Gebetsinhalte.[22] Im Zentrum stehen dabei die
Prädikation Gottes und die Formulierung der verschiedenen Bitten,
die im folgenden eingehender zu untersuchen sein werden. Doch
schon an dieser Stelle kann aufgrund der übrigen Gebetselemente
versucht werden, den Gesamtzusammenhang des Textes, der zugleich den Hintergrund für die Bitten ergibt, zu beschreiben.

Das Gebet ist dadurch gekennzeichnet, daß der Beter sich von
den Gerechten absetzt, daß er seine Notlage konsequent auf seine
Verfehlungen zurückführt und daß er sich schließlich bemüht, seine

---

[21] Nur schwer zu verstehen und schon in der Textüberlieferung Anlaß für Veränderungen ist das Ziel des Beugens (κατακαμπτόμενος), wie es in manchen Textzeugen angegeben wird: εἰς τὸ ἀνανεῦσαί με ὑπὲρ ἁμαρτιῶν μου. In einigen Septuagintahandschriften wird erleichternd eine Verneinung eingefügt, denn gewöhn-
lich steht das Verb ἀνανεύειν, um ein Hochheben (des Kopfes) zu beschreiben
(siehe LSJM, s.v., und vgl. JosAs 11,1) – oder in jüdischen Texten als Übersetzung von מאן und נוא das Abwehren und Verweigern einer Sache (Ex 22,16(17);
Num 30,6ff.; 2 Εσδρ 19,17). *Ryssel*, Gebet, 170, schlägt für die unverneinte Lesart
vor, εἰς τὸ + Inf. im Sinne von τοῦ + Inf. zu verstehen und übersetzt: „... als daß
ich mein Haupt erheben könnte". Die Bedeutung des Satzes scheint sich zu
erschließen, auch wenn die vorliegende syntagmatische Konstruktion des Verbes
dunkel bleibt.

[22] Vgl. ebenso schon *Fritzsche*, Handbuch I, 157.

„Unwürdigkeit" herauszustellen. Es wird eine Haltung und Selbsteinschätzung in Worte gefaßt, die angesichts der Not und des eigenen Schuldbewußtseins den Ausweg im Gebet zu Gott sucht. Ausgangspunkt ist die krasse Gegenüberstellung von Gott und den Gerechten auf der einen Seite und dem Betenden auf der anderen Seite. Dieser Gegensatz wird durch die Beschreibung des Betenden als άμαρτωλός und die Anerkennung seiner Taten als Verfehlungen drastisch verschärft. Gelöst wird diese Spannung nicht, sie wird vielmehr vor dem Abschlußgelübde am Ende sämtlicher Bitten nochmals prägnant unterstrichen.[23]

Bevor aber die Bitten formuliert werden, stellt der Beter heraus, wie sehr er sich dieses Gegensatzes bewußt ist, ihn anerkennt und auf sein eigenes Fehlverhalten zurückführt. Indem er aber seine „Unwürdigkeit" immer noch stärker herausstellt, versucht er zugleich, seiner Hinwendung zum Gebet einen weiteren Ausdruck zu verleihen. Das Einnehmen der „Gebetshaltung" und das Bekennen der Sünden werden zu einem einzigen Akt, in dem die Wendung hin zu Gott deutlich wird.

Damit liegt in diesem Gebet wohl mehr als nur ein Klage- und Bittgebet vor, mehr aber auch als ein Bekenntnisgebet. Es kann die Vermutung geäußert werden, daß dieses Gebet insgesamt dazu dient, die formulierten Bitten in einen Rahmen zu stellen, aus dem deutlich hervorgeht, daß sich der Beter einerseits seinem Gott in Ehrfurcht voll unterstellt und daß er andererseits in Anbetracht seiner Verfehlungen eine Bewegung hin zum Gebet vollzogen hat. Die Gegenüberstellung der für ihn fundamentalen Gottesattribute und seiner eigenen Situation bringt ihn dazu, die Sünden zu bekennen und sich betend an diesen Gott zu wenden.

---

[23] Aus der krassen Formulierung geht deutlich hervor, daß im Gebet Manasses die Sünden nicht mit dem Ziel bekannt werden, in positiver Weise die Abkehr des Sünders von seinen Verfehlungen herauszustellen. Dem Gebet liegt also nicht der Gedanke der Buße im herkömmlichen Sinne zugrunde. Die Anerkenntnis der eigenen Taten als Verfehlungen scheint (anders beispielsweise als in Dan 3) nicht als Voraussetzung für die „Rettung" zu gelten.

II. Die Bedeutung von Metanoein/Metanoia

In keinem Text des griechisch sprechenden Judentums stehen Aussagen über die Metanoia der Menschen und auch Gottes derart im Zentrum wie im Gebet Manasses. Die einschlägigen Lexika stellen für die Vokabel μετανοεῖν/μετάνοια die Informationen zur Verfügung, daß die Wortgruppe verwendet werde, um Vorgänge des „Umdenkens" und „Andersdenkens" („to change one's mind") wiederzugeben.[24] Es wird – konstruiert mit der Präposition ἐπί oder mit einfachem Dativobjekt – ein begangenes Fehlverhalten in den Blick genommen bzw. der Grund und Anlaß der Metanoia-Handlung. Dabei kann das Einsehen in die begangene Tat oder in den vorliegenden Sachverhalt auch im Sinne einer „Reue" oder eines „Bedauerns" gemeint sein,[25] so daß schließlich mit der Vokabel auch Handlungen der Bußleistung und die „Buße" selbst bezeichnet werden (vgl. Mt 11,21; Lk 10,13).[26]

1. *Die Frage nach der Metanoia in der Forschung*

William Wrede leitet im Jahre 1900 eine Wende in der Frage nach der Bedeutung der Vokabeln μετάνοια und μετανοεῖν ein, indem er untersucht, ob die gängige Übertragung des Begriffes mit „Sinnesänderung" tatsächlich auch den Intentionen der christlichen und einiger jüdisch-hellenistischer Texte entspricht.[27] Methodisch war damit die Frage nach dem je spezifisch in einem Text vorliegenden Gebrauch eines Wortes gestellt, aber auch die Möglichkeit eröffnet,

---

[24] Auch die Kompositumform μετα-νοεῖν bezeichnet also überwiegend Denk-Prozesse, jedoch kann allein das Verbum dezidiert ein „Hinterher-Denken"/„connaître après" bezeichnen und ist dann Gegenbegriff zu προνοεῖν; vgl. *Spicq*, Notes suppl., 453 und auch die Belege bei *E. Würthwein / G. Behm*, μετανοέω, μετάνοια, ThWNT IV, Stuttgart u.a. 1942, 972f.

[25] Vgl. *Würthwein / Behm*, μετανοέω, 974, und *A.H. Dirksen*, The New Testament Concept of Metanoia (Diss.), Washington D.C. 1932, 165ff.

[26] Zur Frage, ob in dieser Bezeichnungsmöglichkeit eine jüdisch-christliche Sonderbedeutung vorliegt, vgl. unten.

[27] Vgl. *W. Wrede*, Miscellen I. Μετάνοια Sinnesänderung?, ZNW 1 (1900) 66-69.

in den jüdisch-christlichen Belegen der Wortgruppe einen Sondergebrauch zu entdecken. Die folgenden Unterabschnitte versuchen in
exkursartiger Form einen knappen Einblick in die Forschungs-
auffassungen zur Frage nach der Bedeutung von μετανοεῖν bzw.
μετάνοια zu vermitteln, die sich in Auseinandersetzung bzw. im
Anschluß an Wredes Position entwickelten. Damit wird einerseits
ein weiterer forschungsgeschichtlicher Horizont deutlich, vor dem
die Auslegung des Gebetes Manasses an Bedeutung gewinnt, wie
zugleich nochmals die obigen Ausführungen (siehe Kapitel 1) zur
semantischen Analyse von Begriffen ein plastisches Beispiel erhalten. – Die Ergebnisse die Exkurse werden unter II.1.d) zusammengefaßt und unter II.2 in die weitere Untersuchung aufgenommen.

a) Der Beitrag W. Wredes
Verortete man bis dahin den „Begriff" μετάνοια durchgängig im
ethischen Bereich zur Beschreibung von ethischen Entscheidungs-
vorgängen,[28] so liegt es Wrede daran, aufzuzeigen, daß μετάνοια
mit „Buße" und „Reue" wiedergegeben werden sollte. Wrede bringt
mit seiner knappen Miszelle die Forschung in dem Sinne voran, als
er belegen kann, wie wenig eine etymologische Herleitung der Vokabel vom Verbum νοεῖν für die Bedeutungsbestimmung in den von
ihm untersuchten christlichen Texten helfen kann, da die semantischen Relationen in eine andere Richtung wiesen.[29] Zugleich läge
aber auch kein Neologismus des Übersetzungsgriechischen der Septuaginta bzw. des griechisch sprechenden Judentums vor, so daß
seiner Meinung nach die hebräischen bzw. aramäischen Äquivalente
zu μετανοεῖν und μετάνοια ebenfalls nicht helfen, die Bedeutung
dieser Wortgruppe zu bestimmen. Daher stellt Wrede die These
auf,[30] daß sich bestimmte griechische Vorstellungen mit diesem sogenannten Bußbegriff verbinden, die sich schon bald auch in jüdischen Texten niedergeschlagen haben und schließlich über das Judentum auch in das Christentum gelangten.

---

[28] Vgl. u.a. *H. Holtzmann*, Neutestamentliche Theologie I, 1. Auflage, Tübingen 1897, 206.
[29] Vgl. *Wrede*, Sinnesänderung, 67.
[30] Vgl. ebenda, 68.

Wrede läßt aber leider offen, welche Bezeichnungsmöglichkeiten für die Wortgruppe μετάνοια/μετανοεῖν in Texten aus der Zeit des Zweiten Tempels zu erheben sind. Die Miszelle verfolgt nicht das Ziel einer lexikologischen Studie, sondern will allein die Unhaltbarkeit einer bestehenden Forschungsposition erweisen. Wrede liefert dementsprechend keine genaue Begriffsbestimmung, er versucht aber durch die Übersetzung, die Bedeutung der Vokabel zu umschreiben, und fügt zu „Buße" in Klammern weitere deutsche Äquivalente hinzu: „Umkehr, Bekehrung, unter Umständen auch Besserung und Reue".[31]

Obwohl Wrede mit seiner Miszelle einen Lösungsweg für die Klärung der Vorstellungen und Hintergründe, die zur Verwendung der Vokabel μετάνοια führen, gewiesen hat,[32] hat er doch für die weitere neutestamentliche Forschung allererst die Frage aufgeworfen, welcher Vorstellungshintergrund genau sich jeweils rekonstruieren läßt und ob sich die Verwendung der Vokabel in christlichen Texten sowohl vor dem Hintergrund sogenannten jüdischen als auch griechischen Denkens verstehen läßt.

b) Der begriffsgeschichtliche Ansatz

Im Anschluß und in Auseinandersetzung mit Wrede bemühen sich dann verschiedene Exegeten, die Hintergründe der Vokabelverwendung zu erhellen bzw. die Herkunft des in den jüdischen und christlichen Texten aus der Zeit des Zweiten Tempels nachgewiesenen Konzeptes von Metanoia zu finden. Zwei gegensätzliche Positionen bilden sich heraus, wobei die neutestamentlichen Konzepte von Metanoia auf der einen Seite aus dem jüdisch-alttestamentlichen Bereich und auf der anderen Seite aus dem hellenistisch-profangriechischen Bereich abgeleitet werden.

In diesem Sinne bemüht sich schon E. Norden zu zeigen, daß in profan-griechischen Texten keine Ausdrucksweise für „Buße" enthalten ist, die den christlich-jüdischen Vorstellungen nahe kommt, und daß demnach die Wortgruppe μετανοεῖν/μετάνοια dort nicht in

---

[31] Ebenda, 67.
[32] Vgl. ebenda, 68f.

einem vergleichbaren Sinne gebraucht wird.[33] H. Windisch setzt darüber hinausgehend weitere Akzente, indem er die Bedeutung dieser Vokabeln in den jüdischen und urchristlichen Texten mit Hilfe alttestamentlicher Umkehr-Vorstellungen erhebt.[34] Diese Interpretation weicht dabei offensichtlich von derjenigen Wredes ab, der ausdrücklich nicht auf die hebräischen Äquivalente von μετανοεῖν/ μετάνοια zurückgreifen zu können glaubte. Doch hat sich Windisch dahingehend durchgesetzt, daß in vielen Untersuchungen bis heute μετάνοια im Sinne des hebräischen שוב mit „Umkehr" wiedergegeben wird.[35]

Die Exegeten folgen der Untersuchung *Windischs* darin, daß sie die „Metanoia"-Vorstellungen des Urchristentums und auch des griechisch sprechenden Judentums auf die sogenannte prophetische Umkehrpredigt zurückführen, wie sie in Prophetentexten der hebräischen Bibel nachzuweisen sei. Nicht ganz einheitlich sind dabei die einzelnen Differenzierungen, die anhand der verschiedenen Texte vorgenommen werden. Denn während *Windisch* selbst „Bekehrung" als „Radikalübergang vom Bösen zum Guten, als ein völliges und endgültiges Abtun aller Sünden"[36] versteht und Spuren von diesem, den gesamten Menschen erfassenden, prophetischen Radikalismus auch in den Texten des „späteren" Judentums entdeckt, will *Dietrich* beispielsweise zwischen einer prophetischen und einer „gesetzlichen" Umkehrpredigt unterscheiden: „Auf den ersten Typ, der ganz aus der lebendigen Gottesoffenbarung quillt, hat Jesus zurückgegriffen ... An den zweiten hat das Durchschnittsjudentum angeknüpft und ihn weiter entwickelt".[37] Ausführlich wollen schließlich *Behm* und *Würthwein* den Nachweis erbringen, daß der alttestamentliche Topos der radikalen Umkehr hin zu Gott in jüngeren jüdischen und christlichen Texten mehr und mehr mit den Vokabeln μετανοεῖν und μετάνοια wiedergegeben wird. Sie

---

[33] Vgl. *E. Norden*, Agnostos Theos, Leipzig/Berlin 1913, 134-140.

[34] Vgl. *H. Windisch*, Taufe und Sünde im ältesten Christentum bis auf Origenes. Ein Beitrag zur altchristlichen Dogmengeschichte, Tübingen 1908, 18-50.54-60.74-97. Siehe auch *E.K. Dietrich*, Die Umkehr im Alten Testament und im Judentum, Stuttgart 1936, sowie *A.D. Nock*, Bekehrung, RAC II, Stuttgart 1954, 113-116.

[35] Vor allem in der deutschen Forschung wird diese Position auch in jüngster Zeit noch vertreten; vgl. z. B. die einschlägigen Lexikonbeiträge von *H. Merklein*, μετάνοια κτλ., EWNT II, 1022-1031, *J. Goetzmann*, μετάνοια, TBLNT I, Wuppertal 1976, 72-74, und auch *v. Dobbeler*, Gericht, a.a.O., passim.

[36] *Windisch*, Taufe, 13.

[37] Es muß wohl nicht eigens darauf hingewiesen werden, daß diese negative Einschätzung des Judentums in der Erforschung des Urchristentums keine Ausnahme bildet. Im Blick auf die Metanoia folgen *Dietrich* vor allem *O. Michel*, Die Umkehr nach der Verkündigung Jesu, EvTh 5 (1938), 406, und auch *Würthwein/Behm*, μετανοέω, passim.

weisen dabei darauf hin, daß die hierfür geläufige hebräische Vokabel שוב erst in
jüngeren Texten mit μετανοεῖν übersetzt wird, es aber schließlich seit Sirach zur
synonymen Verwendung von μετανοεῖν und ἐπιστρέφειν kommen könne.[38]

Unter der methodischen Voraussetzung, die zur Bedeutungsbestimmung einer Vokabel nach einem tragenden Vorstellungshintergrund,
gewissermaßen nach einer geistigen Heimat des „Begriffes" sucht
und diesen dann auf die zu untersuchenden Texte überträgt, bildete
sich also unter einem Großteil der Neutestamentler die Auffassung
heraus, daß in den Schriften des Frühjudentums und daher auch in
urchristlichen Texten die Wortgruppe μετανοεῖν/μετάνοια in anderer Bedeutung verwendet wird als in den übrigen antiken griechischen Texten, da in diesen religiösen Texten bestimmte alttestamentliche Vorstellungen zum Ausdruck gebracht werden sollten.
Und Behm kann schließlich in seinem Aufsatz zusammenfassen:
„Den Ursprung des nt.lichen Verständnisses von μετανοέω und
μετάνοια, des sprachlichen wie des sachlichen, sucht man auf griechischem Boden vergeblich".[39]

Die Gegenposition, die besonders auch von Altphilologen vertreten wurde, unterscheidet sich von der ersteren vor allem dadurch,
daß die Vokabeln μετανοιεῖν/μετάνοια nicht von vornherein als
„Träger des Umkehrgedankens" gedeutet werden, da der Sprachgebrauch der neutestamentlichen Texte nicht einlinig aus einem Verständnis des Alten Testaments und seiner griechischen Übersetzung
heraus gedeutet wurde. Unterschiedlich ist schließlich zudem die
Bewertung der Metanoia-Aussagen in der hellenistisch-griechischen
Literatur.[40] Unter Hinweis beispielsweise auf den Dialog des Pi-
nax[41] ist daher versucht worden, ein ebenso weitreichendes und die

---

[38] Vgl. *Würthwein/Behm*, μετανοέω, 986f., und siehe auch ebenda die Anmerkung 71 von *G. Bertram*, der mit Hilfe der Synonyme von μετανοεῖν die Entwicklung der Bedeutung bis hin zu „sich bekehren" aufzeigen will.
[39] *Würthwein / Behm*, μετανοέω, 976.
[40] Vgl. den Überblick über die Diskussion bei *H.G. Schönfeld*, METANOIA.
Heidelberg (Diss.) 1970, 8ff., sowie *A. Tosato*, Per una revisione degli studi sulla
metanoia neotestamentaria, RivBib 23 (1975) 3-45, und den knappen Überblick bei
H. Löhr, Umkehr und Sünde im Hebräerbrief, BZNW 73, Berlin 1994, 141ff.
[41] Siehe *C. Praechter*, Cebestis Tabula, 10f. Leipzig 1893.

gesamte Existenz des Menschen betreffendes Konzept von Metanoia auch innerhalb der griechischen Kultur und Religion aufzuzeigen und als Grundlage für die neutestamentlichen Vorstellungen darzustellen.[42] Verschiedene Auffassungen bildeten sich heraus, welche Rolle die Vorstellung von Bedauern und Reue z.B. in der Polemik der Stoa spielt[43] oder in welchem Sinne die personifizierte Metanoia bei Lukian verstanden werden kann.[44] Eine breit angelegte Untersuchung der Belege von μετανοεῖν/μετάνοια in der griechisch-hellenistischen Literatur[45] ist schließlich von H.G. Schönfeld begonnen worden. Diese Arbeit konnte nicht abgeschlossen werden; Schönfeld kommt jedoch zu dem Schluß, daß die Bedeutung des Konzeptes von Metanoia in der hellenistischen Literatur allererst ermöglichte, den alttestamentlichen Gedanken innerhalb der Schriften des Neuen Testaments zu übersetzen. Er verbindet also in einem gewissen Sinne die alternativen Positionen,[46] kann aber die Untersuchun-

---

[42] In ältester Zeit tun dies schon *T. Zahn*, Das Evangelium des Matthäus, Leipzig 1903, 119 Anm. 7., und besonders *W. Jaeger*, Rezension zu E. Norden, Agnostos Theos, 1913, GGA 175 (1913) 590, und wissen sich wie gesehen in dieser Position mit *Wrede*, Sinnesänderung, 67f., einig. Vgl. aus neuerer Zeit *R. Joly*, Note sur μετάνοια, RHR 160 (1961) 149-156, und *C. Spicq*, Notes suppl., a.a.O., 453.

[43] Hier stehen sich bekanntlich *Jaeger*, Rezension, 591, mit seinem Ansatzpunkt, eine spezifisch neupythagoräische Vorstellung von Metanoia rekonstruieren zu wollen, und *Dirksen*, Concept, 178ff., gegenüber, der gerade den Gedanken der „Conversion" („discarding false opinions and acquiring correct and sound judgments") auch in der Stoa mit Hilfe von μετάνοια beschrieben sieht (ebenda 180f.).

[44] Vgl. die Hinweise bei *Löhr*, Umkehr, 142 mit Anm. 33.

[45] Hinzuweisen wäre vor allem auch auf die Belege bei Plutarch, die schon *Michel*, Umkehr, 403f., dazu veranlaßten, die Alternative zwischen griechischem und „biblischem Empfinden" relativieren zu wollen. Die Belege außerneutestamentlicher und jüdischer Stellen bei *Würthwein / Behm*, μετανοέω, sind besonders auch von *Spicq*, Notes suppl., 453-456, vermehrt worden.

[46] *Schönfeld*, METANOIA, hält in der Vorbemerkung zu seiner Arbeit als Ergebnis fest, „daß das Wort metanoein seine Wahl zu einem der wichtigsten Begriffe der eschatologischen Botschaft des Urchristentums e i n e m seiner Bedeutungsschwerpunkte in der hellenistischen Profangräzität verdankt. Denn dort hatte es im Bereich des Richtens und Strafens ... kulturelle Bedeutsamkeit und jenen besonderen Klang erlangt, der es dem hellenistischen Judentum und in dessen Gefolge dem Urchristentum als geeignet erscheinen ließ, den alttestamentlich-jüdischen Umkehrgedanken in gelungener hermeneutischer Übersetzung zum Ausdruck zu bringen."

gen zum Verständnis von μετάνοια in der hellenistischen Literatur nicht abschließen, so daß man sich der Auffassung von H. Löhr aus dem Jahre 1994 anschließen mag: „Die Akten über die griechische μετάνοια sind nicht geschlossen."[47]

c) Der methodische Fortschritt in der Lukasforschung

Auffällig ist im Blick auf die beiden Positionen, daß auch die deutsche Lukasforschung sich nicht einmütig jener Auffassung anschließen konnte, die die Metanoia-Aussagen mit Hilfe eines Umkehrgedankens interpretierte. Die redaktionsgeschichtliche Methode lenkte vielmehr den Blick auf die Gesamtanlage des Lukas und deutet den Sprachgebrauch des Evangelisten überwiegend vor dem Hintergrund der theologischen Konzeption des ganzen Werkes, so daß die lukanischen Aussagen zur Metanoia überwiegend als *Gesinnungswandel* interpretiert werden. Demnach wird mit dieser Vokabel im lukanischen Werk ein Wechsel beschrieben, der innerhalb der unterschiedlichen Kontexte mit verschiedenen Akzenten versehen ist (Bekehrung, Reue, Sinnesänderung).

Diese Auffassung der Lukas- und Actaforschung spiegelt sich in der breiten Untersuchung des Gebrauches von μετάνοια/μετανοεῖν im lukanischen Doppelwerk von J.-W. Taeger wider.[48] Taeger entwickelt seine eigene Position grundsätzlich in Auseinandersetzung mit der Auffassung Conzelmanns, wonach die Vokabeln schlicht den „Wandel der *Gesinnung* und den der *Werke*" bezeichnen.[49] Er schickt sich daher an zu „prüfen ..., ob Lukas mit den Begriffen auch umfassend den ganzen Vorgang der Bekehrung, das Christwerden, beschreiben kann oder ob er damit nur *einen* Aspekt, die Abkehr von falscher Gesinnung, die Reue als Teil des Bekehrungsvorganges bezeichnet."[50] Indem er die folgenden Einzeluntersuchungen

---

[47] *Löhr*, Umkehr, 143.

[48] J.-W. *Taeger*, Der Mensch und sein Heil, Gütersloh 1982, 130-147.

[49] H. *Conzelmann*, Die Mitte der Zeit. Studien zur Theologie des Lukas (BHTh 17), Tübingen [5]1964, 91 (Kursivierung im Original). Hervorzuheben ist, daß *Conzelmann* von einer im Vergleich mit den übrigen christlichen Autoren besonderen Sprachverwendung ausgeht, vgl. ebenda, 213f.

[50] *Taeger*, Mensch, 130.

zu den Belegen in der Apostelgeschichte und im Lukasevangelium auf die unterschiedlichen Aspekte der lukanischen Vokabelverwendung abhebt und dabei zu dem Ergebnis kommt, daß je nach Kontext mit μετανοεῖν/μετάνοια die umfassende Bekehrung des Menschen zum christlichen Glauben,[51] die Abkehr vom schuldhaften Handeln[52] und auch die ggf. wiederholbare Reue über begangene Taten[53] benannt werden kann, streicht er einerseits deutlich sein umfassendes Verständnis des von Lukas beschriebenen „Überzeugungswechsels"[54] heraus. Andererseits ordnet er seine Position aber auch in die bisherige Forschung ein, so daß sichtbar wird, daß er zwar eigene Akzente in der Deutung der Vokabelverwendung sieht. Mit einem Großteil der Lukasforschung stimmt aber auch Taeger darin überein, daß im lukanischen Werk grundsätzlich die Metanoia-Terminologie eingesetzt wird, um einen Gesinnungswandel zu beschreiben.[55]

---

[51] Vgl. ebenda, 131-135. Als wichtigste Belege dienen ihm dabei Apg 5,31; 11,18; 17,30 und 20,21. *Taeger* schließt sich dabei insbesondere *B. Weiss*, Apostelgeschichte – katholische Briefe, Apokalypse im berichtigten Text, Leipzig [2]1902, 191, an, wenn er als Ziel der Verkündigung in der Apostelgeschichte μετάνοια und πίστις gleichgestellt sieht.

[52] Auch hier liegt es *Taeger*, Mensch, 135-139, daran zu zeigen, daß im lukanischen Metanoia-Verständnis nicht allein ein moralischer Gedanke zum Ausdruck kommt, sondern, besonders in Lk 16, einhergehen kann mit der Überzeugung von religiösen und theologischen Grunddaten wie der Auferstehung Jesu. Er schließt: „... zusammen mit der Taufe bezeichnet die Metanoia die menschliche Seite des Bekehrungsvorganges insgesamt" (ebenda, 139).

[53] Vgl. *Taeger*, Mensch, 141, zu Lk 17,3 und Apg 8,22.

[54] Ebenda, 146. Vgl. auch die Anmerkung 586.

[55] *Taeger* nennt neben *Conzelmann*, Mitte, 90ff.; *H.H. Wendt*, Die Apostelgeschichte, KEK 3, Göttingen [5]1913, passim; *M. Hoffer*, Metanoia (Bekehrung und Buße) im Neuen Testament, Diss., Tübingen 1947, passim; *H. Flender*, Heil und Geschichte in der Theologie des Lukas (BEvTh 41), München [2]1968, passim; *R. Michiels*, La conception lucanienne de la conversion, EThL 41 (1965) 42-78; *E. Haenchen*, Die Apostelgeschichte, KEK 3, Göttingen [5]1968, passim; *C. Burchard*, Der dreizehnte Zeuge (FRLANT 103), Göttingen 1970, 116; *U. Wilckens*, Die Missionsreden der Apostelgeschichte, WMANT 5, Neukirchen-Vluyn [3]1974, 67.179f.; *H. Thyen*, Versuch über Metanoia, in: Elementarisierung theologischer Inhalte und Methoden 2 (Comenius-Institut), Münster 1977, 109-113, und besonders *J. Dupont*, Repentir et conversion d'après les Actes du Apôtres, in: *ders.*, Études sur les Actes du Apôtres (LeDiv 45), Paris 1967, 421-457 u.a.

Auffällig ist dabei, daß auch Taeger nicht die traditionsgeschichtlichen Forschungen außer acht läßt und – freilich ohne Angabe irgendwelcher Belege – im Blick auf die übrige Verwendung der Vokabeln schließt: „Im jüdisch-hellenistischen Schrifttum bezeichnet die Metanoia zweifellos die religiöse ‚Umkehr'".[56] Doch es ist deutlich, daß Taeger diese Auffassung Behms nicht an den jüdisch-hellenistischen Texten überprüft. In der Deutung der lukanischen Texte behauptet er aber seine exegetischen Ergebnisse und damit die Verwendung von μετανοεῖν/μετάνοια in der Bedeutung eines „Gesinnungswandels" auch gegenüber Behm, ohne eine genaue traditionsgeschichtliche Einordnung der lukanischen Vorstellung vorzunehmen.[57] Die redaktionskritische Vorgehensweise bleibt stets vorgeordnet und beeinflußt insgesamt die Ergebnisse der Auslegungen. Der Sprachgebrauch wird demnach vor dem Hintergrund des zu rekonstruierenden Gesamtverständnisses einer lukanischen Theologie beschrieben und erst in zweiter Linie vor dem Hintergrund anderer Texte. Es ist damit über den Umweg der Redaktionskritik ein methodischer Fortschritt für die Lexikologie erzielt, von dem heute nur noch selten abgewichen wird.[58] Eingang haben die entsprechenden Ergebnisse dabei in die lexikologischen Arbeiten zum Neuen Testament gefunden,[59] sieht man einmal ab von den sogenannten „Wörterbüchern" zum Neuen Testament.

a) Methodischer Ertrag des Forschungsüberblickes

Die hier beleuchtete Frage nach der Metanoia in der Forschung

---

[56] *Taeger*, Mensch, 144.

[57] Siehe ebenda, 145, Anm. 583.

[58] Dazu ist vor allem auf die neueste Untersuchung zu μετάνοια im Neuen Testament von *Löhr*, Umkehr, 139ff. hinzuweisen. *Löhr* baut seinen lexikologischen Überblick zwar in Anlehnung an die Wörterbuchartikel des ThWNT auf (Befund, paganes Griechisch, Septuaginta und zwischentestamentliche Literatur, Philo und Josephus, Neues Testament und schließlich Hebräerbrief), deutlich werden von ihm aber die methodischen Schwächen und auch die vorschnellen Urteile gegenüber den hellenistischen Belegen und Vorstellungen von Metanoia aufgezeigt. Dementsprechend verwendet *Löhr* den knappen Überblick über die Metanoia-Belege auch allein, um die Bezeichnungsmöglichkeiten der Vokabel zu sichern und um die Interpretation der Hebräerbriefpassagen auf ein lexikologisches Fundament stellen zu können. Diesem Beispiel ist hier zu folgen.

[59] Vgl. nochmals *Bauer*, Wörterbuch, s.v., und *Spicq*, Notes suppl. 453.

nahm ihren Ausgangspunkt in den Beobachtungen Wredes, daß die Vokabelverwendung in manchen urchristlichen Texten von einem besonderen Vorstellungskonzept getragen sein müsse, da an diesen Stellen kaum eine Sinnesänderung impliziert sei, zu deren Bezeichnung die Vokabel aber in anderen Texten diene.[60] Weitergeführt wurde das Anliegen Wredes dabei meist traditionsgeschichtlich, indem nach Konzepten und Vorstellungen gesucht wurde, die als Ursprung und Hintergrund der neutestamentlichen Aussagen verstanden werden können. Alttestamentliche und griechisch-hellenistische Vorstellungen wurden dabei zum Teil alternativ und schließlich in der monographischen Arbeit Schönfelds (s.o.) in Kombination herangezogen.

Der knappe Einblick in die Forschungsarbeit zu den Metanoia-Vorstellungen im lukanischen Doppelwerk hat dabei gezeigt, daß heute nur noch selten von diesen methodischen Voraussetzungen her die Bedeutung der Vokabel geklärt wird. Vielmehr stehen heute primär die Einzelaussagen im Zusammenhang der jeweiligen Kontexte und der mit ihnen gegebenen theologischen Konzeptionen im Mittelpunkt der Untersuchungen, während die traditionsgeschichtliche Einordnung der Aussagen sekundär geworden ist.

Für die vorliegende Arbeit und die Exegese des Gebetes Manasses stellt sich demnach nicht die Aufgabe, die Belege von etwaigen Metanoia-Vorstellungen in der hellenistischen Literatur zu vermehren. Das ergibt sich schon aus dem sachlichen Grund der unüberschaubaren Zahl in Frage kommender Texte, die im Rahmen dieser Studien nicht bearbeitet werden können.[61] Demnach gilt es zunächst unter Voraussetzung der Lexikologie, die Aussagen von OrMan 7.8+13 zu klären und möglichst präzise zu bestimmen, worauf mit den Vokabeln μετανοία und μετανοιεῖν im Zusammenhang des Gebetes referiert wird. Und nicht zur Bestimmung des Ursprungs der dort gefundenen Vorstellung und einer etwaigen tradi-

---

[60] Siehe oben Seite 112.
[61] *Schönfeld*, METANOIA, 25, nahm ursprünglich die Zahl von 750 Belegen für seine zweibändig geplante Monographie in Angriff.

tionsgeschichtlichen Einordnung des Gebetes, sondern zur genaueren Differenzierung sind darüber hinaus Vergleichstexte heranzuziehen, in denen parallele oder auch zu unterscheidende Aussagen zu finden sind. Hilfreich ist dabei die bisherige Forschung in dem Sinne, als anhand der vorliegenden Ergebnisse eine Auswahl getroffen und auf die Darstellung größerer Zusammenhänge zurückgegriffen werden kann.

1. *Der Befund im Gebet Manasses*

Im Gebet Manasses wird die Wortgruppe μετανοεῖν/μετάνοια in dreifacher Weise verwendet. Die Partizipialform μετανοῶν dient in V.7a zur Beschreibung einer Handlungsweise Gottes, μετάνοια ist nach V.7b.c+V.8 Gegenstand der göttlichen Verheißung (ἐπαγγέλλειν) und Setzung (ὁρίζειν/τιθέναι). Und schließlich wird Gott in V.13 im Rahmen der vorgebrachten Bitten des Beters als ὁ θεὸς τῶν μετανοούντων angerufen.

a) Die Metanoia Gottes (V.7a)

Wie gesehen wird mit V.7a eine Erläuterung der im Vorausgehenden angesprochenen Barmherzigkeit Gottes (ἔλεος) gegeben, indem die Beschreibung des barmherzigen Gottes Israels nach Ex 34,6f. rezipiert wird. Schon anhand des Gebetes der Aseneth war deutlich geworden, daß die Vergebungsbereitschaft Gottes, die ebenfalls Element der in Ex 34,6f. gründenden und häufig verwendeten Tradition ist,[62] in terminologischer Variation aufgenommen werden kann.[63] Im Gebet Manasses werden abweichend von allen übrigen Exodus-Zitaten nur drei Adjektive zur Charakterisierung des gnädigen Gottes genannt, wobei die zweite Vokabel εὔσπλαγχ-

---

[62] Kennzeichnend für diese Tradition ist vor allem die Reihung von Barmherzigkeitsattributen, meist in Form von zwei Doppelpaaren; nur selten wird die in Ex 34,6b-7a (κύριος ὁ θεὸς οἰκτίρμων καὶ ἐλεήμων, μακρόθυμος καὶ πολυέλεος καὶ ἀληθινὸς καὶ δικαιοσύνην διατηρῶν καὶ ποιῶν ἔλεος εἰς χιλιάδας, ἀφαιρῶν ἀνομίας καὶ ἀδικίας καὶ ἁμαρτίας) folgende Beschreibung des Umgangs mit Verfehlungen in Form von Partizipialaussagen rezipiert.
[63] Vgl. ebenso 2 Εσδρ 19,17; PsLxx 85,15; 102,8; 144,8; Sir 2,11; sowie die für unseren Zusammenhang wichtigen Belege in Joel 2,13 und Jona 4,2.

νος sonst äußerst selten verwendet wird.[64] Doch auch mit dieser Reihe von Gottesprädikationen wird der κύριος in seinem Großmut und Erbarmen gekennzeichnet, denn die Einfügung von εὔσπλαγχνος bewirkt keine Bedeutungsveränderung in der Bezeichnung des κύριος durch diese Reihe nahezu synonymer Adjektive.[65]

In formaler Anlehnung an die Vorlage wird die Reihe der Attribute fortgesetzt durch ein Partizip Präsens zur Charakterisierung des Umgangs Gottes mit sich Verfehlenden und Verfehlungen.[66] Die vorliegende Konstruktion von μετανοεῖν mit ἐπί ist sehr gebräuchlich, wobei der Präpositionalausdruck den Grund für die Handlung der Metanoia angibt.[67] Bezeichnet ist somit eine Handlung Gottes im Sinne eines „Andersdenkens" aufgrund der Verfehlungen der Menschen.[68] Genauer fassen lassen sich die Aussage und die implizierte Vorstellung im Blick auf parallele Texte, die ebenfalls eine Metanoia Gottes thematisieren. Zu nennen sind zunächst die weiteren Zitate und Anlehnungen an Ex 34,6f. in den Septuagintaversionen von Joel 2,13 und Jona 4,2 (vgl. auch Jona 3,9f.), wo Gott ebenfalls als μετανοῶν bezeichnet wird.

Die hebräischen *Originaltexte* von Joel und Jona enthalten das Verb נחם ni. („sich reuen"). Die Übersetzung mit μετανοεῖν ist jedoch ungewöhnlich, da ähnliche Aussagen üblicherweise mit παρακαλεῖν[69] oder mit μεταμέλεσθαι übertragen wurden.[70] Überlicherweise bringt die Vokabel נחם mit Gott und nicht mit einem Menschen als Subjekt ein Reuen Gottes über bestimmte Taten und Pläne zum Aus-

---

[64] Vgl. aber TestSeb 9,7, wo ebenfalls mit Hilfe dieser Vokabel auf Ex 34,6f. zurückgegriffen wird.

[65] Εὔσπλαγχνος in der Bedeutung „Mitleid haben"/„gnädig sein" wird in jüdischen Texten durchgehend als Parallelbegriff zu ἔλεος (θεοῦ) verwendet; vgl. ApkSedr 15,1; ApkEsdr 1,10 sowie ApkSedr 5,8; 13,4; 14,8 und die Belege in den TestXIIPat, bes. TestSeb 1,1; 9,7f.

[66] Vgl. den Text von Ex 34,6f. in Anm. 62.

[67] Siehe neben Joel 2,13; Jona 4,2 (vgl. dazu unten) *Josephus*, Ant 8,362; *Lucian* Verae historiae 2,35,24; *Diodor Sic.* 18,72,1; *Plutarch*, Agis, 19,8,1; 1 Clem 7,7; 2 Kor 12,21 u.ö.

[68] Wie auch sonst in der jüdischen Literatur üblich wird in OrMan 7 κακία als ein Sündenterminus verwendet; vgl. neben Ex 32,12; 1 Βας 20,7ff; Jer 8,6 u.a. VitAd 26,3; 29,9; grHen 107,1; PsSal 17,27 und besonders EpArist 188. Abweichend davon wird in Jona 3,9f. auf das Unheilshandeln Gottes referiert!

[69] Vgl. Ri 2,18; Ps 90(89),13; 2 Sam 24,16.

[70] Vgl. Ps 106(105),45; 110(109),4; Jer 20,16; 1 Chr 21,15.

druck, die er selbst vorhatte bzw. schon umsetzte.[71] Es wird in diesen hebräischen Texten und entsprechend in den mit παρακαλεῖν und μεταμέλεσθαι übersetzten griechischen Parallelen ein Gemüts- und Gesinnungswandel Gottes beschrieben, der vor allem in seiner Konsequenz, nämlich der verändert positiven Zuwendung, erfahrbar wird. Es überwiegt also in der Darstellung jeweils die positive Perspektive der erneuten Zuwendung Gottes zu den Menschen.

Für unseren Zusammenhang ist nun von Bedeutung, daß die Vokabel μετανοεῖν bis auf jene Stellen in Joel und Jona nicht zur Übersetzung eines solchen Vorgangs herangezogen wird, aber sehr wohl zur Verneinung: נחם לא wird mit οὐκ/μὴ μετανοεῖν übertragen.[72] Dies geschieht vorwiegend in prophetischen Unheilsworten, indem ausgeschlossen wird, daß Gott die angekündigte Strafe aufhebt und die gefaßten Vorsätze ändert. Deutlich wird auch, daß die Möglichkeit der Umwandlung gleichwohl besteht,[73] aber im Blick auf die jeweilige Situation nicht ergriffen wird.

Bis auf OrMan 7 und die Parallelen in Joel 2,13; Jona 3,9f.; 4,2 (Jer 18,8.10) besteht also eine Scheu, μετανοεῖν zur Übersetzung von נחם mit Gott als Subjekt zu verwenden. Demnach kann nicht davon ausgegangen werden, daß die griechischen Äquivalente dieses hebräischen Verbes (παρακαλεῖν, μεταμέλεσθαι und μετανοεῖν) als Synonyme von den Übersetzern verstanden wurden. Vielmehr wird die Vokabel μετανοεῖν nur in bestimmten Fällen eingesetzt, da sie Bezeichnungsmöglichkeiten mit sich bringt, die in der Übersetzung von נחם mit μεταμέλεσθαι und παρακαλεῖν vermieden werden konnten. Allein in Joel 2,13 und Jona 4,9f.; 4,2 wurde ein solches Problem nicht empfunden, sondern die „Reue" Gottes als „Metanoia" Gottes interpretiert.

Worin diese Nuance besteht, wird vielleicht aus dem Traktat Philos über die Metanoia als Tugend deutlich:[74] Dem Alexandriner

---

[71] Zum Beispiel straft Gott Jerusalem mit Zerstörung, läßt es sich dann aber gereuen, ändert also sein Vorhaben und hebt die Strafe wieder auf (2 Βας 24,16; 1 Chr 21,15). Vgl. auch J. Jeremias, Die Reue Gottes, Neukirchen-Vluyn 1975.

[72] 1 Βας 15,29; Sach 8,14; Jer 4,28. Siehe aber auch Jer 20,16.

[73] Auffällig ist besonders Amos 7,3.6, wo die hebräische Aussage, daß es Gott gereute, vermieden wird. Im griechischen Text bittet der Prophet stattdessen um eine Entscheidungsänderung: μετανόησον κύριε ἐπὶ τούτῳ. καὶ τοῦτο οὐκ ἔσται (οὐ μὴ γένηται), λέγει κύριος. Positive Wiedergaben der hebräischen Vokabel mit μετανοεῖν finden sich noch in Jer 18,8.10, doch hier sind die Aussagen in ein (paralleles) Bedingungsgefüge eingebunden, so daß Gott sich in bezug auf die Wohltaten und in Bezug auf das Unheil nur umentscheidet, wenn das betreffende Volk sich angemessen verhält.

[74] Vgl. Περὶ μετανοίας, in Philo, Virt 175-186.

gilt die Metanoia als eine der Tugenden, die vor allem die Abkehr und den Wechsel beinhaltet, sei es von den Verfehlungen (Virt 175ff.) oder sei es von der Vielgötterei (Virt 179).[75] Ausführlich wird der *Wechsel* beschrieben, der die Handlung der Metanoia charakterisiert, es ist insgesamt die Abkehr von Untugenden und die Hinwendung zu Tugenden (Virt 180f.). Deutlich macht Philo schließlich, daß sich diese Veränderungen nicht allein auf den Intellekt des Menschen beziehen, sondern einen umfassenden Wandel von Herz, Mund und Hand meinen (Virt 183). Die Betonung des Wechselns und Abänderns macht auch verständlich, warum Philo die Metanoia für einen jeden Weisen fordert und sie aber zugleich für Gott scharf ablehnt (Fug 157ff.). Der sündlose Gott verändert seine Entscheidungen nicht, sondern bleibt unwandelbar (Imm 33; 72 u.ö). Gott ermöglicht aber und fordert die Metanoia des Menschen, indem er Zeit zur Metanoia setzt, um Fehltritte „heilen" und wiedergutmachen zu können (LegAll III 106,7).

Demnach ist zu folgern, daß mit μετανοεῖν wohl weniger die intellektuelle und rationale Art und Weise einer Entscheidung hervorgehoben werden soll, als daß der totale Wechsel zum Vorhergehenden zum Ausdruck kommt. Die Metanoia Gottes aufgrund der Taten der Menschen impliziert einen völligen Wechsel und Umschwung in der zuvor gefaßten Entscheidung.[76] Und ist die Metanoia Gottes wie in OrMan 7 und den Parallelen als Ausdruck der Barmherzigkeit verstanden, so beinhaltet sie einen Wechsel des Entscheidens und Denkens Gottes angesichts der Verfehlungen der Menschen. Aus dem Kontext des Gebetes geht schließlich die Dimension dieses Wechsels hervor, der als Ausdruck der Barmherzigkeit angesichts der Verfehlungstaten vollzogen werden soll. Denn die Gottesbe-

---

[75] Anders als in JosAs 15 oder in der Apostelgeschichte wird der Übertritt vom Heidentum zum Judentum/Christentum bei *Philo* nicht explizit μετάνοια genannt.

[76] Daher scheint es auch passend, im Töpfergleichnis (Jer 18,8.10) die Vokabel zu verwenden: gegen die Zusagen werden Verheißungen oder Unheil nicht durchgeführt (μετανοήσω περὶ τῶν κακῶν / ἀγαθῶν, ὧν ἐλογισάμην (ἐλάλησα) τοῦ ποιῆσαι αὐτοῖς).

schreibung in V.5, die auf den Vernichtungswillen Gottes gegen die Sünder anspielt, und die in den Sündenbekenntnissen (V.10) ausgedrückte Vorstellung, daß die derzeitige Notsituation des Beters sich in dem Zorn Gottes gegen seine Verfehlungen begründet (siehe zu V. 10 unten), machen sichtbar, daß die Metanoia Gottes den totalen Wechsel vom vernichtenden Zorn (ὀργὴ τῆς ἐπὶ ἁμαρτωλοὺς ἀπειλῆς; V.5) zu helfendem und rettendem Handeln (εἰς σωτηρίαν; V.7c) beinhaltet. Es kommt hier in OrMan 7 eine Vorstellung zum Ausdruck, wonach der barmherzige Gott seinen Umgang mit den Verfehlungstaten der Menschen ins absolute Gegenteil zu kehren vermag.

b) Das Setzen von Metanoia (V.7b.c.8)

Charakteristisch ist dabei für das Gebet Manasses, daß das so verstandene heilvolle Handeln in den anschließenden Aussagen ebenfalls mit Hilfe der Metanoia-Terminologie veranschaulicht wird. Gott wird als derjenige angerufen, der aufgrund seiner Milde (χρηστότης) und der Fülle seines Erbarmens (οἰκτιρμός) μετάνοια verkündigt (ἐπαγγέλλειν) und festsetzt (ὁρίζειν). Letzteres wird im Blick auf den Beter selbst und seine Verfehlungen (vgl. V.9) nochmals wiederholt (τιθέναι μετάνοιαν; V.8). Auffällig ist in V.7b dabei zunächst die Genitiv-Verbindung μετανοίας ἄφεσιν.

Es besteht nicht die Möglichkeit, die Frage nach dieser Genitiv-Konstruktion textkritisch zu lösen,[77] auch wenn in Handschriften der ConstApost die Lesart *μετάνοιαν καὶ ἄφεσιν* bezeugt ist.[78] Denn diese Variante muß als sekundäre Vereinfachung des Textes gesehen werden, da in der syrischen Textüberlieferung der Didaskalia nicht eine Aufzählung der Objekte, sondern ebenfalls eine „Genitiv"- bzw. Konstruktusverbindung vorliegt. So ist im syrischen Text nach der Ausgabe *Lagardes*[79] als Objekt der Verkündigung die *„Erlassung/Vergebung zur Rettung derjenigen, die sich von ihren Verfehlungen abkehren"* zu rekonstruieren. Es wird deutlich, daß in der syrischen Überlieferung schon in V.7b die Rettung (σωτηρία) genannt wird und das Partizip *tîbn* nicht als ein direktes Objekt, sondern durch das Pronomen *d*[80] angeschlossen ist. Es legt sich damit also nahe, den Wortlaut des

---

[77] Gegen *Oßwald*, Gebet, 24.

[78] Vgl. ebenda. Siehe auch Apg 11,18.

[79] V.7b lautet in hebräischer Umschrift etwa: שׁוּבְנָא לְאֵילִין דְּתִיבִין מִן חטהיהון. Vgl. *de Lagarde*, Didascalia, 29.

[80] Vgl. zur Konstruktion der Genitiv-Verbindungen mit dem Relativpronomen C. *Brockelmann*, Syrische Grammatik, Leipzig [13]1981, §192 b sowie § 87.

Gebetes Manasses, wie er in den ConstApost überliefert wird, beizubehalten und die Genitiv-Konstruktion μετάνοιας ἄφεσιν zur Grundlage der Interpretation zu machen.

Damit ist zu präzisieren, daß Gegenstand der Verkündigung oder vielmehr Verheißung[81] der Erlaß (ἄφεσις) ist, und zwar in einem bestimmten Bezug zur Metanoia, während Gegenstand der „Setzung"/„Festsetzung" der Erlaß selbst ist. Die ungewöhnliche Voranstellung des Genitives in der Phrase von V.7b (μετανοίας ἄφεσιν τοῖς ἡμαρτηκόσιν) betont wohl dessen attributive Funktion[82] und wird aus dem Versuch verständlich, eine Deutung als genitivus objektivus zu vermeiden. Heißt es nämlich im folgenden, daß die Metanoia gesetzt wird, so beinhaltet die Verheißung nicht einen Erlaß von Metanoia, sondern einen Erlaß mit der Eigenschaft von Metanoia.[83]

Die Aussagen heben dabei deutlich hervor, daß der Grund des beschriebenen Gotteshandelns in Gottes Barmherzigkeit bzw. in seiner Güte und seinem Großmut liegt (κατὰ τὴν χρηστότητα τῆς ἀγαθωσύνης, V.7b). In zweifacher Weise läßt sich auch das Ziel dieses Handelns erschließen, wobei es sich einerseits nahelegt, die drei Aussagen von der Verheißung und Setzung und die jeweiligen Dativobjekte gemeinsam im Sinne von V.8 zu interpretieren, wo aus der Präpositionalwendung mit ἐπί hervorgeht, daß die Metanoia den ἁμαρτωλοί (V.7b.c) nicht aufferlegt wurde, sondern „um ihrer / meiner willen" gesetzt ist.[84] Andererseits ist in V.7c als Sinn und

---

[81] Aufgrund des Zusammenhangs mit der Aussage in V.6, wo vom ἔλεος τῆς ἐπαγγελίας die Rede ist, und im Blick auf die Verwendung von ἐπαγγέλλειν/ἐπαγγελία im Sinne von „versprechen"/„verheißen" in TestAbr A 3,6; 6,5; 8,5; 20,11; TestJos 20,1; PsSal 7,10; 12,6; 17,5; ApkEsdr 3,10; Röm 4,21; Gal 3,19; Tit 1,2 u.ö. ist auch in OrMan 7 davon auszugehen, daß die Verkündigung hier als Zusicherung und Verheißung verstanden ist.

[82] Vgl. auch BDR § 271.

[83] Eine ähnliche Voranstellung von μετάνοια findet sich u.a. auch in Hebr 12,17 und in 1 Clem 7,5 (μετανοίας τόπος), und siehe auch Apg 26,20 (ἄξια τῆς μετανοίας ἔργα). Überhaupt sticht die Parallelität von OrMan 7f. und 1 Clem 7,5f. ins Auge, jeweils ist die Metanoia eine Gabe und führt zum Heil!

[84] Anders Oßwald, Gebet, 24. Siehe zum Gebrauch von ἐπί mit Dativ auch BDR § 235.

Zweck der Setzung die Rettung (εἰς σωτηρίαν) angegeben. Damit bekennt der Beter, daß der Umgang Gottes mit Metanoia als Ausdruck seiner Barmherzigkeit zu verstehen ist und unterstreicht den obigen Gedanken des völligen Wechsels in der Reaktion Gottes auf die Verfehlungstaten der Menschen, indem als Ziel der Handlung die σωτηρία genannt wird. Dabei läßt sich aus der konkreten Umsetzung dieses Gedankens in den schließlich folgenden Bitten des Beters rekonstruieren, daß diese Rettung in der Beendigung der Notsituation besteht, die durch die Verfehlungen selbst heraufgeführt wurde (s.u.).

Die vorliegende Verwendung des Begriffes ἄφεσις läßt offen, was der Inhalt des Erlasses ist.[85] Aber aus der Kombination der Aussagen läßt sich die Art des erbetenen Gotteshandelns rekonstruieren. In der Anwendung der allgemeinen Aussagen (V.7b.c) auf die Situation des Beters (V.8) wird von einem Handeln Gottes ausgegangen, das sowohl für die Väter Israels als auch für den gegenwärtig Betenden Wirkung hätte zeigen können. Die Setzung der Metanoia wird demnach nicht als eine je in Anbetracht der Verfehlungen von einzelnen vollzogene Reaktion Gottes verstanden. Vielmehr läßt sich aus der Gegenüberstellung von Gerechten und Sündern die Auffassung schließen, daß die allgemein gültige Einrichtung für die Gerechten unnötig ist. Sie gilt für die, die in der Vergangenheit fehlgingen (ἡμαρτηκότες), und kann daher auch von dem Beter in Anspruch genommen werden.

---

[85] Es mag für den absoluten Gebrauch von ἄφεσις in OrMan 7 vermutet werden, daß hier ein *Erlaß von Verfehlungen* gemeint ist, der sich an die biblische Verwendung des Verbes ἀφίεναι + Sündenterminus anlehnt und sich schließlich auch in wenigen anderen griechischen Texten des Judentums belegen läßt (siehe neben der unsicheren Stelle in Lev 16,26 allein grHen 12,5; 13,4.6 und mit Sündenterminus VitDan 4,15: ἄφεσις τῆς ἀνομίας). In jedem Fall ist ein unterschiedlicher Gebrauch von Substantiv und Verbum zu beobachten. Ein fester und geprägter Ausdruck „Vergebung der Sünden" existiert im Frühjudentum nicht! Dies hätte auch in die traditionsgeschichtliche Analyse v. *Dobbelers*, Gericht und Erbarmen, a.a.O., 177ff., Eingang finden müssen. Zum absoluten Gebrauch siehe Mk 3,29; Hebr 9,22; 10,18; 1 Clem 53,5 u.ö. Vgl. auch *Bultmann*, ἀφίημι, a.a.O., 506f., und *Spicq*, Notes, suppl., 81-87.

Von einer auferlegten Bußleistung ist nicht die Rede,[86] was schon aus der Konstruktion von τιθέναι ἐπί τινι hervorgeht.[87] Die Metanoia wird von Gott aufgrund seiner Barmherzigkeit und mit dem Ziel der σωτηρία für die sich Verfehlenden eingerichtet, und zwar als Institut im Verhältnis zwischen Gott und „Sünder". Zugleich geht aus diesen Beschreibungen des Gotteshandelns als feste Einrichtung von dauernden Möglichkeiten für alle Menschen hervor, daß der θεὸς μετανοῶν zwar bereit ist, seine Einstellung zu verändern, doch geht die Initiative für diese Veränderung von ihm selbst aus. Die Möglichkeit der Veränderung impliziert damit nicht eine Wandelbarkeit, die von außen bewirkt werden könnte. Vielmehr ist um der Sünder willen diese Möglichkeit der Veränderung von schon gefaßten Plänen Gottes als eines der Attribute Gottes in ihm selbst gesetzt.[88]

Ist die Metanoia also Anlaß oder Grund für eine verheißene Amnestie und das, was von Gott derart um der „Sünder" und insbesondere auch um des Beters willen zu deren Rettung eingesetzt ist, so ist mit μετάνοια nicht allein die Abkehr von den Verfehlungen bezeichnet. Vielmehr ist das *von Gott ermöglichte Institut der Abwendung* von den Verfehlungstaten benannt, welches von Gott selbst zu Gunsten und wegen der „Sünder" eingerichtet ist. Es wird ein weiterer Umgang Gottes mit sich Verfehlenden zum Ausdruck gebracht, wonach das Verhältnis zwischen Gott und ἁμαρτωλός u.a. getragen wird von einer Einrichtung, die den Menschen trotz ihrer Verfehlungen „Rettung" ermöglicht und die mit dem Begriff μετάνοια umschrieben ist.

---

[86] Zur Verwendung von μετάνοια im Sinne einer Bußleistung siehe neben den „Reuehandlungen" Adams und Evas (VitAd 29,9; 32,4) bes. die (christlichen) Dialoge in ApkSedr 12,4-13,6 und 14,2; vgl. auch TestRub 1,9; TestJud 15,4 und *Philo*, LegAll III 106,7 mit SpecLeg I 236.

[87] In solchen Fällen hätte τιθέναι mit Akkusativ (mit und ohne Präposition) konstruiert werden müssen. Vgl. *Bauer*, Wörterbuch, s.v. und LSJM, s.v.

[88] Damit scheint eine Differenz zu den Aussagen von der Gabe der Metanoia durch Gott vorzuliegen, wie sie in OrSib 4,168 belegt ist. Denn hier scheint eine Wandlung Gottes impliziert zu sein, die allererst durch die menschlichen Bitten und Sühnehandlungen erzielt wird (vgl. auch *F. Blaß*, Die Sibyllinischen Orakel, APAT II, 204).

Traditionsgeschichtlich betrachtet steht diese Vorstellung nicht allein, denn parallel zu OrMan 7 wird besonders im ersten Clemensbrief ebenfalls von einem Institut der Metanoia, eingesetzt von Gott und zugunsten der Menschen, ausgegangen. Aus der Zusammenfassung des Briefes geht hervor, inwiefern die Metanoia zum Thema des gesamten Schreibens erhoben ist (vgl. 62,2). Es ist dabei von Bedeutung, daß 1 Clem auf eine Erziehung zur Metanoia im zwischenmenschlichen Bereich abzielt, eine Forderung, die sich in dieser Art nicht im Gebet Manasses findet.[89] Parallel zu OrMan erscheint hier die Metanoia als eine (durch das Blut Christi ermöglichte und in der Geschichte Israels immer wieder gepredigte) Chance, sich von den Verfehlungen abzuwenden, sich Gott erneut zuwenden zu dürfen und schließlich von den Verfehlungen befreit zu werden (Kap. 8). Konkret bedeutet die Metanoia für die Korinther die Wendung zum Gebet, die Hinwendung zu Gottes Barmherzigkeit und die Abkehr von den (zwischenmenschlichen) Verfehlungen (9,1).
1 Clem nennt dabei diese Ermöglichung der Metanoia μετανοίας τόπος (7,5) und spricht von der μετανοίας χάρις. Die Metanoia bezeichnet damit einen umfassenden menschlichen Akt der Abkehr und Zuwendung zu Gott, welcher aufgrund von Verfehlungen nötig geworden ist und welcher von Gott selbst den Menschen zu ihren Gunsten ermöglicht wird.

3. *Die von Gott ermöglichte Metanoia des Menschen*

Um genauer fassen zu können, wie im Gebet Manasses die von Menschen zu vollziehende und von Gott ermöglichte Metanoia verstanden wird, ist nochmals auf den Gesamtzusammenhang des Gebetes zu verweisen. Wie gesehen sind die Bitten des Gebetes (V.13b-15) eingebettet in jene Aussagen, die im Anschluß an die Gottesprädikationen (V.1-7) die Wendung zum Gebet skizzieren: Das Bekenntnis zu der von Gott ermöglichten Metanoia (V.8) wird erst dann zur Einleitung der Bitten (ἀλλ᾽ αἰτοῦμαι δεόμενός σου·) in V.13a hingeführt, nachdem der Beter mehrfach seine Sünden bekannt, seine eigene Unwürdigkeit betont und auf seine Abkehr von den Verfehlungen hingewiesen hat. Die Handlung der Abkehr ist dabei umschrieben mit der Wendung vom „Beugen des Herzensknies" (κλίνω γόνυ καρδίας; V.11). Denn steht das Beugen des Knies als Bezwingung von Kraft und Willensstärke,[90] ist wohl mit

---

[89] In auffälligerweise wird dies, wie gesehen, parallel zu OrMan mit dem Beugen des Herzensknie umschrieben (κάμψαντες τὰ γόνατα τῆς καρδίας ὑμῶν; 57,1).

[90] Vgl. u.a. *Appian*, Bell Civ 3,20.30.

dem Bild vom Herzensknie, das nur noch in 1 Clem 57,1[91] begegnet, der Sitz der Willensstärke und insgesamt das Zentrum des rationalen wie emotionalen Entscheidungsorgans gemeint, welches – wenn es gebeugt ist – nun verändert und nach anderen Maßstäben als zuvor ausgerichtet ist.

Insgesamt kommen mit der *Er*kenntnis und dem Bekenntnis (vgl. bes. V.12b) der Verfehlungen und der Abkehr von den vormaligen Entscheidungen Aspekte im Verhältnis des ἁμαρτωλός zu Gott zur Geltung, die in anderen Texten als Bestandteil der Metanoia des Menschen angesehen werden. Deshalb ist zu vermuten, daß auch im Gebet Manasses eine solche Vorstellung von Metanoia tragend ist und den Aussagen über die ermöglichte Metanoia und der Selbstbeschreibung des Beters (V.13) zugrunde liegt.

a) Die Erkenntnis der Verfehlungen

Die Wörterbücher sehen durchaus die Möglichkeit, mit der Vokabel μετανοεῖν Denkprozesse zu benennen, die eine rationale Einsicht beinhalten.[92] Dies gilt nicht nur für die Beschreibung Gottes und seiner Pläne mit dem Volk Israel,[93] sondern auch für die Bestimmung des Verhältnisses von sich Verfehlenden zu Gott. Vor allem in der Sapientia und in den Testamenten der Zwölf Patriarchen werden die Einsicht in die falsche Tat und der rationale Akt hervorgehoben, wenn beispielsweise die Veränderung des Denkens (λογισμός) beschrieben wird (Weish 11,23; 12,10.19)[94] oder die Erkenntnis (γνῶναι) und das Wissen (εἰδέναι) der Verfehlungszusammenhänge mit der Metanoia einhergehen (TestSim 2,13; TestGad 5,6.8).

---

[91] Auffällig ist, daß auch in 1 Clem 57,1 die Beugung des Herzensknies mit der Metanoia des Menschen verbunden wird: ... παιδεύθητε εἰς μετάνοιαν κάμψαντες τὰ γόνατα τῆς καρδίας ὑμῶν.

[92] Vgl. u.a. *Spicq*, Notes suppl., 453.

[93] Vgl. die Kontexte der Berichte über das Vernichtungshandeln Gottes und die Nähe der (ausgeschlossenen) Metanoia Gottes zu intellektuellen Entscheidungen, die mit διανοεῖν (Sach 8,14) und ἀποστρέφειν (Jer 4,28) bezeichnet sind. Die Entschlüsse, Israel zu vernichten, werden „überlegt" und gefaßt, und die abgelehnte Metanoia bedeutet, daß Gott sich nicht „umentscheidet".

[94] Vgl. auch Weish 5,3 und TestAbr A 10,15.

So verwundert es nicht, wenn auch im Gebet Manasses dieser Aspekt der Einsicht in die Verfehlungen als Bestandteil der Metanoia enthalten und in OrMan 12 explizit neben die Bekenntnisse der Verfehlungen gestellt ist: ἡμάρτηκα, κύριε, ἡμάρτηκα καὶ τὰς ἀνομίας μου ἐγὼ γινώσκω.

b) Die Abkehr von Verfehlungen und die Wendung zu Gott

Konstitutiv für die Vorstellung von der Metanoia im Zusammenhang des Verhältnisses von Gott und ἁμαρτωλοί ist darüber hinaus vor allem das Element des Wechsels im Vergleich zum vorherigen Handeln. Besonders deutlich wird das an den Konstruktionen von μετανοεῖν mit ἀπό/ἔκ τινος, die sich (wohl) allein in jüdischen und christlichen Texten nachweisen lassen.[95] Μετανοεῖν umschreibt demnach einen Vorgang, der aus Einsicht in die falsche Tat zu einer Abwendung von ihr und zu einem Wechsel der Handlungsorientierung führt. Dennoch scheint es nicht angebracht, an diesen Stellen von einer „Umkehr" im Sinne einer Rückkehr auf einen bisher gegangenen Weg zu sprechen.

Wie gesehen wird in der Forschung unter Hinweis auf die angebliche Synonymität von μετανοεῖν und ἐπιστρέφειν in den Septuaginta-Übersetzungen μετανοεῖν κτλ. als Ausdruck für den prophetischen „religiös-sittlichen" Umkehrgedanken gesehen. Nun zeigt sich tatsächlich, daß sowohl in Übersetzungstexten als auch in griechischen Originalschriften μετανοεῖν und ἐπιστρέφειν in gemeinsamen Aussagen begegnen. Doch läßt sich von diesen Aussagen her noch nicht eine semantische Synonymität der Verben sichern. Denn die hebräische Vokabel שוב, wie sie in manchen prophetischen Texten verwendet wird, kann nicht zur Erläuterung sämtlicher griechischer Phrasen herangezogen werden, die mit ἐπιστρέφειν gebildet sind. Selbst ἐπιστρέφειν bezeichnet nicht immer „Umkehr".
So wird beispielsweise ἐπιστρέφειν in Lk 17,4; Apg 3,19; 26,20 verwendet, um die Bekehrung vom Heidentum zu bezeichnen.[96] Von einem ethisch-sittlichen Zurück- oder Umkehren auf einen schon gegangenen Weg kann hier nicht die Rede sein. Auch geht der Einfluß der Septuagintaübersetzungen nicht so weit, daß die Vokabel שוב nicht auch mit anderen griechischen Vokabeln übertragen werden könnte. So liegt wohl gerade in der oben festgestellten intellektuellen Nuance in der Beschreibung eines Vorgangs mit μετανοεῖν der Grund, warum in Sir 48,15 nicht ἐπιστρέφειν verwendet wurde. Demnach ließ sich das Volk nicht von den

---

[95] Vgl. *Josephus*, Ant 7,54; Bell 6,103; TestAbr B 12,13; das Zitat in 1 Clem 8,2.3; ActaApoll 4,3; *Justin*, Dial 47,5; 109,1; 121,3; Apg 8,22; Offb 2,21; 9,20.21; 16,11 und auch JosAs 9,2 (μετανοεῖν ἀπὸ τῶν θεῶν).

[96] Vgl. *Taeger*, Mensch, 130-147.

Wundertaten Elisas überzeugen und *blieb bei seiner Einstellung* (οὐ μετενόησεν ὁ λαός bzw. שׁוּב לֹא). Referiert ist im griechischen wie im hebräischen Text auf die Taten des Volkes, das sich eben nicht von den Verfehlungen abwendet (V.15b).[97] So wird hier οὐ μετανοεῖν gewählt, um die Unveränderlichkeit in der Handlungsorientierung zum Ausdruck zu bringen.

Schließlich ist neben SprLxx 20,25; 24,32, wo jedoch nicht ein hebräisches Verbum übersetzt wird, noch auf Jes 46,8 hinzuweisen. Hier steht für den Teilsatz הָשִׁיבוּ פוֹשְׁעִים עַל־לֵב in der Septuaginta μετανοήσατε, οἱ πεπλανημένοι, ἐπιστρέψατε τῇ καρδίᾳ. Es mag zurecht „die Zusammengehörigkeit der beiden Vokabeln empfunden" werden,[98] doch ist nicht leicht zu sagen, was mit ἐπιστρέψατε τῇ καρδίᾳ überhaupt ausgesagt werden soll. Von einer „Umkehr" scheint jedenfalls nicht die Rede, vielmehr legt der Kontext nahe, daß hier eine Ermahnung vorliegt, die die rechte Einstellung gegenüber dem Gott Israels in Erinnerung ruft: „werdet anderen Sinnes und nehmt euch zu Herzen" (vgl. Dtn 4,39).[99] Weder μετανοεῖν noch ἐπιστρέφειν bezeichnen hier einen Vorgang der „Umkehr".

Charakteristisch ist also für die zum Ausdruck gebrachten Metanoia-Vorstellungen der krasse Wechsel und die Abneigung zum vorherigen Tun. Im Gebet Manasses wird diese Abwendung von den zuvor geschilderten (Greuel-)Taten in dem Bild vom gebeugten Herzensknie explizit (vgl. insgesamt V.11-13). Der Beter kehrt sich ab von seinem Tun und Planen und wendet sich nun bittend an seinen Gott und dessen Güte (χρηστότης).

c) Zusammenfassung

Im Gebet Manasses ist die Metanoia-Terminologie dominierend und bringt in mehrfacher Hinsicht Vorstellungen vom Umgang Gottes mit den Verfehlungen und mit dem Betenden zu Tage, die das Fundament für die noch gar nicht in den Blick genommenen Bitten des Gebetes bilden. So ist nach dem Gebet Manasses das Verhältnis von Gott zu den ἁμαρτωλοί bestimmt durch das Institut der Metanoia. Der Beter geht von einem Erlaß aus, der aufgrund der Abkehr von

---

[97] Vgl. noch Sir 17,24. Sirach scheint überhaupt den intellektualistischen Aspekt der Metanoia hervorzuheben, wenn das Beispiel-Zeichen der Erkenntnis (אוֹת דַּעַת) in Sir 44,16 als ὑπόδειγμα μετανοίας rezipiert wird.

[98] Vgl. die Anmerkung 71 von *Bertram* bei *Behm/Würthwein*, μετανοέω, 986.

[99] Schließlich kann auch die Reihe in Joel 2,14, wo μετανοεῖν mit ἐπιστρέφειν und ὑπολείπειν zusammensteht, nicht als Beleg für die Synonymität der Verben herangezogen werden, da hier drei zu unterscheidende Handlungen genannt werden. Der Ausdruck ὑπολείψεται ὀπίσω αὐτοῦ εὐλογίαν innerhalb der Frage von Joel 2,14 beschreibt dabei wohl die Möglichkeit, daß Gott (aufgrund des Kultus) doch noch „segensvolle Zuwendungen für das Volk übrigbehalten wird".

den Verfehlungstaten gewährt werden kann und als Zeichen der göttlichen Barmherzigkeit gerade denjenigen verheißen ist, die sich verfehlten. Denn die Metanoia ist von Gott selbst wegen der ἁμαρτωλοί und zu ihrem Heil gesetzt und geschaffen, um ihnen die Möglichkeit zu geben, die Einstellung gegenüber ihrem Tun zu ändern und sich von den Verfehlungen abzuwenden.

Im Gebet Manasses geht es dabei nicht um abzuleistende Bußhandlungen, die als Voraussetzung für die Rettung (σωτηρία) gelten könnten. Es handelt sich bei der Einrichtung der Metanoia um einen generellen Akt Gottes, der grundsätzlich für das Verhältnis Gottes zu Israel gilt, aber eben nicht wegen der Gerechten und der Väter Israels vollzogen wurde, sondern um der Sünder willen. Die Metanoia hatte schon zu Zeiten Abrahams Gültigkeit und gilt nun auch für den Beter. Zudem wird im Verlauf des Gebetes an keiner Stelle auf etwaige Handlungen und Taten rekurriert, die als Bußleistungen interpretiert werden könnten. Auch der Bericht von der Gefangenschaft des Beters (V.10) dient zur Untermalung der Unwürdigkeit des Beters und seiner Entfernung von Gott (V.9). Das Gebet hebt dagegen umso stärker diese „Unwürdigkeit" hervor, die schließlich in dem dialektischen Bekenntnis von V.14 gipfelt: ὅτι ἀνάξιον ὄντα σώσεις με κατὰ τὸ πολὺ ἔλεός σου.

Insgesamt verdeutlichen also die bisher untersuchten Bekenntnisaussagen das Verhältnis Gottes zu den Sündern unter einem bestimmten Vorzeichen, welches mit dem Institut der Metanoia benannt ist. Es ist demnach charakteristisch für den angerufenen Gott, der auf sich einen unbeschreiblichen, vernichtenden Zorn gegen die Sünder und zugleich eine nahezu unbegrenzte Barmherzigkeit vereinigt, mit der Metanoia eine Möglichkeit für diejenigen zu schaffen, die Verfehlungen begingen. Ihnen ist die Möglichkeit gewährt, die Verfehlungen als solche zu erkennen, sich von ihnen abzuwenden und sich Gott im Gebet zuzuwenden. Ein greifbares Beispiel für eine solche in die Tat umgesetzte Metanoia ist dabei mit dem vorliegenden Gebet gegeben.

Wie in keinem anderen Gebetstext führt das Gebet Manasses
damit also die Gottesvorstellungen, die Vorstellungen vom Sünder,
der sich gerade angesichts seiner Verfehlungen Gott gegenüberstellen will, und schließlich die grundlegenden Vorstellungen von dem
Beziehungsverhältnis zwischen Gott und Sünder in dem einzigen
Begriff der Metanoia zusammen. Damit ist aber in großer Deutlichkeit der Umgang Gottes mit den Verfehlungen des Menschen so formuliert, daß die Beziehung zu dem zugrunde gelegten Gottesbild
sichtbar wird. Es wird zu prüfen sein, ob sich auch in anderen
Gebetstexten ähnliche Beziehungen feststellen lassen.

III. STRAFMILDERUNG UND RETTUNGSGEWISSHEIT

Vor diesem Hintergrund ist die Frage aufzugreifen, wie nach Auffassung des Gebetes Manasses Gott mit den Verfehlungen des Beters und ihm selbst umgehen möge, welche weiteren Vorstellungen
also in den Bitten des Gebetes zum Ausdruck kommen. Indem der
Beter die Metanoia als Möglichkeit für sich ergreift, spricht er weitere Handlungen und Vorgehensweisen Gottes an, und vergleichbar
mit dem ersten Monolog der Aseneth (siehe JosAs 11,10) enthalten
seine Wünsche vor allem Verneinungen. Ein bestimmtes Verhalten
Gottes gegenüber dem Sünder wird vorausgesetzt und soll aber mit
diesem Gebet von dem Beter ferngehalten werden.

1. *Die Bitten und Bekenntnisse des Beters (V.13-14)*

Das gesamte Gebet Manasses läuft in seinem letzten Teil auf drei
Bitten um Strafmilderung zu (V.13c-e), die umrahmt sind von einem emphatischen Ausruf (V.13b) und weiteren Bekenntnisaussagen, die als Begründungen für diese Bitten dienen.
a) V.13c-e
Die Bitten enthalten den dreifachen Versuch, die strafenden Handlungen Gottes, die durch die Verfehlungen bereits ausgelöst wurden, von dem Beter abzuwenden, bzw. diese zu mildern. Gott wird
dreifach aufgefordert, bestimmtes Tun zu unterlassen: Gott möge
den Beter nicht zugrunde richten aufgrund seiner Verfehlungen, er

möge nicht bis in alle Ewigkeiten zürnen und ihm die Übeltaten „vorhalten" und er möge ihn, der sich schon jetzt in den Abgründen der Erde befindet, nicht verurteilen. Der Beter verwendet dabei jeweils Formulierungen, die sich zwar an den Sprachgebrauch anderer jüdischer Texte anlehnen, aber im einzelnen singulär sind.

Ungewöhnlich ist die Verwendung des Kompositums συναπολλύναι (mit Dativ), da wohl kaum die Ungesetzlichkeiten als Objekt der göttlichen Vernichtung gelten können, so daß in OrMan 13b auf ein „gemeinsames Untergehen" nicht referiert wird.[100] Vielmehr geben die Verfehlungen, ähnlich wie in Gen 19,15, den Grund für die Vernichtung an,[101] so daß συναπολλύναι hier wie auch in Weish 10,3 als Verstärkung von ἀπολλύναι im Sinne einer völligen und endgültigen Vernichtung des Beters zu verstehen ist.

Der folgenden Bitte ist die zeitliche Bestimmung εἰς τὸν αἰῶνα vorangestellt und ist damit wohl auf das Zürnen Gottes (μηνίειν/„zürnen" bzw. „cherish wrath")[102] ebenso wie auf das „Bewahren" der Übeltaten gegenüber dem Beter zu beziehen. Sonst wird in jüdischen Texten mit τηρεῖν meist das Halten und Bewahren (von Geboten etc.) durch Menschen bezeichnet (vgl. Tob 14,9; Spr 3,1.21; grHen 100,5; Dan 9,4; TestDan 5,1 u.ö.). Das „Bewahren" von Übeltaten (durch Gott) ist sonst nicht belegt. Es finden sich aber Aussagen, die von der Aufbewahrung einer Sache oder von Personen bis zu einem bestimmten Zeitpunkt sprechen, so beispielsweise von einer Gelegenheit (Jdt 12,16), vom Geoffenbarten (TestJos 6,6) oder von Noah und seiner Familie bis zu einer befürchteten weiteren Flut (Josephus, Ant 1,97).[103] Demnach läßt sich in OrMan 13c der Wunsch des Beters rekonstruieren, Gott möge seine Übeltaten nicht weiterhin verwahren und zwar bis in alle Ewigkeit und zu seinen Ungunsten.[104] An dieser Stelle wird also eine weitere Vorstellung vom Umgang Gottes mit den Verfehlungen sichtbar, wenn er darum gebeten wird, die Verfehlungstaten sich und den Tätern nicht vorzuhalten, um sie somit in ihren Konsequenzen aus Strafe und Zorn Gottes (vgl. V.5) nicht weiter aufrecht zu erhalten.

Mit der dritten Bitte wird schließlich versucht, den juristischen Akt der Verurteilung (καταδικάζειν) vom Beter fernzuhalten, ohne daß zugleich der juristische Kontext weiter ausgemalt wäre.[105] Zurückgegriffen wird vielmehr nochmals auf

---

[100] Siehe zur Verwendung des Verbes neben Gen 18,23 und 19,15; vor allem PsLxx 25,9; 27,3; DanLxx 2,13; Sir 8,15; *Josephus*, Bell 4,92.409; 5,355.566; 6,95; Ant 1,199; *Plutarch*, Cato 38; u.ö.

[101] Anders Oßwald, Gebet, 25.

[102] Vgl. Lev 19,18; Ps 102,9; Sir 10,6; 28,7; Jer 3,12; OrSib 4,51.

[103] Vgl. auch 1 Petr 1,4 und vor allem 2 Petr 2,9.17 (3,7).

[104] Wenn hier nicht eine Verschreibung von μου zu μοι vorliegt, ist das Pronomen wohl allein sinnvoll im Sinne eines Dativus sociativus zu interpretieren.

[105] Vermuten ließe sich, daß mit der ewigen Verwahrung der Übeltaten und der Verurteilung eine geschlossene Vorstellung von einem (endzeitlichen) Gericht zum Ausdruck kommt. Die Andeutungen in V.13f. sind allein jedoch zu vage, um hier weitergehende Aussagen treffen zu können.

die Situation des Beters, die mit dem Untersten der Erde verglichen wird. Dabei scheint keine Hadesvorstellung anzuklingen,[106] da durch den Gebrauch von ἐν wohl auch eine Verurteilung hinein in die Unterwelt ohnedies ausgeschlossen ist. Es liegt daher eine Ortsangabe vor, die mit κατωτάτα die unterste Tiefe der Erde anzugeben sucht. Wie in Ps 63,10; 139,15; Hiob 37,12 und wohl auch Eph 4,9 ist ein Punkt anvisiert, der weniger einen bestimmten Raum als die abgründige Tiefe der Erde, also die Entfernung von Gott, angibt.[107]

Die drei Bitten versuchen also, eine *Steigerung des schon bestehenden Zustandes zu vermeiden*: die endgültige Vernichtung, das ewige Zürnen und Verwahren der Übeltaten und schließlich die Verurteilung desjenigen, der sich schon in den Abgründen befindet. Die Bitten werden aus der Perspektive eines „Sünders" formuliert, der schon mit den Konsequenzen seiner Verfehlungen und dem strafenden Zorn Gottes konfrontiert ist (siehe auch V.10b).

b) V.13b
In diesem Sinne läßt sich auch der emphatische und mit V.12 korrespondierende Ruf in V.13b interpretieren. Einbezogen in die folgenden Aussagen erklärt sich das absolute ἀνιέναι im Sinne von „erlassen"/„let loose at one": es ist die Bitte um das Erlassen der Strafe bzw. der momentanen Situation formuliert.[108] Es wird nicht um das Erlassen von Verfehlungen gebeten, sondern allgemein um die Veränderung der Situation. Gott möge ablassen von der völligen Vernichtung, dem Zürnen und der Verurteilung.

c) V.13f+14
Den Abschluß bilden drei Gewißheitsaussagen, die nochmals das Fundament und die Zielrichtung der Bitten freilegen. Im Vertrauen auf Gott wird eine Rettungsgewißheit formuliert, die prägnant die Charakteristik des göttlichen ἔλεος benennt. Die Bitten begründend wird Gott zunächst als ὁ θεὸς τῶν μετανοούντων qualifiziert. Werden nämlich mit dem Partizip diejenigen benannt, die ihre Verfeh-

---

[106] Vgl. dagegen TobΣ 4,19; 13,2; Ps 86,13; Sir 51,6 u.ö.

[107] Vgl. zu Eph 4,9 auch *R. Schnackenburg*, Der Brief an die Epheser, EKK X, Zürich/Neukirchen-Vluyn 1982, und siehe *F. Büchsel*, κάτω κτλ., ThWNT III, Stuttgart 1938, 640-643.

[108] Siehe auch *Louw/Nida*, Lexicon, a.a.O., § 68.43 und den Hinweis auf Eph 6,9.

lungen erkennen und sich von diesen abwenden (s.o.), so zählt sich
der Beter mit dieser Aussage zu eben jenen und nimmt zugleich die
besondere Nähe Gottes auch für sich als Begründung für die Bitten
in Anspruch. Mit anderen Worten benennt der Beter sogleich
(V.14a) diese Zuwendung als Erweis der Güte Gottes.[109]

Dieselbe Sicherheit ist auch der nächsten Aussage (V.14b) eigen
und wird noch durch das Bekenntnis zur Rettung des Beters gestei-
gert. Das Gebet gipfelt hier in jenem dialektischen Satz, der in aller
Deutlichkeit *die Wirkung der göttlichen Barmherzigkeit* vor Augen
führt. Die Barmherzigkeit ist es, die die Rettung eines sich Verfehlenden ermöglicht, der eigentlich der Strafverschonung „unwürdig"
ist. So erkennt der Beter nochmals die eigentlichen Konsequenzen
aus seinem Tun an, geht aber davon aus, daß Gott diesen Zusammenhang mit dem Ziel seiner Rettung durchbrechen wird. Die Metanoia des Beters kann dabei diesen Zusammenhang nicht durchbrechen. Dem menschlichen Tun wird an keiner Stelle eine solche Wirkung zugesprochen; die Aufhebung der Strafe wird allein aufgrund
der Barmherzigkeit Gottes erwartet.

2. *Ergebnis: Strafmilderung aufgrund der Metanoia Gottes*

Die bisherigen Beobachtungen können zusammengefaßt werden: Im
Gebet Manasses geht es zu allererst um Strafverschonung, um die
Rettung des Beters aus der Notsituation, die auf den göttlichen Zorn
wider die Verfehlungen des Beters zurückgeführt wird. Es werden
Bitten formuliert, die Gott bewegen sollen, die Strafhandlungen
nicht bis zum Ende einer völligen Vernichtung des Beters durchzuführen (V.13). Die hinzugestellten Gewißheitsbekenntnisse legen
das Ziel der Bitten frei, nämlich die Hoffnung auf die Errettung des
Beters. Die im Gebet Manasses ausgedrückten Vorstellungen impli-

---

[109] Als Übersetzung von טוֹבָה ist die Vokabel ἀγαθωσύνη ein bibelgriechi-
scher Neologismus, der als menschliche Eigenschaft vor allem bei Qohelet eine
große Rolle spielt; siehe aber auch 2 Εσδρ 19,25.35. Vgl. *Spiqc*, Notes I, 13f. und
J. Lust/E. Eynickel/K. Hauspie, A Greek-English Lexicon of the Septuagint, Part I,
Stuttgart 1992, s.v.

zieren dabei nicht eine Aufhebung des Zusammenhangs von Tun und Ergehen. Es liegt ein Unterschied zu den Aussagen in *Joseph und Aseneth* vor.[110] Im Gebet Manasses ist das Strafleiden der Anlaß für das Gebet und den ausformulierten Wunsch nach Rettung. Damit wird der Zusammenhang zwischen den Verfehlungstaten und dem negativen Ergehen in aller Schärfe deutlich. Folglich wird nach Wegen gesucht, diesen Zusammenhang nicht bis hin zur endgültigen Vernichtung des Beters erleiden zu müssen.

Hervorzuheben ist dabei, daß es keines weiteren Aktes bedarf, wie dem Beter die so verstandene „Vergebung" zu eigen werden kann. Die Wendung der konkreten Not, so geht es aus den Vertrauensaussagen hervor, markiert ein Ende der auf die Verfehlungen folgenden Strafen. Der Umgang Gottes mit den Verfehlungen wird als ein aktuell erfahrbares Eingreifen in die Geschehens- und Wirkungszusammenhänge verstanden, denen der Mensch aufgrund seiner Verfehlungen ausgeliefert ist.

Diese Vorstellungen vom Umgang Gottes mit den Verfehlungen sind im Gebet Manasses eingebettet in ein umfassendes Bild vom Sünder vor Gott. Es hat sich gezeigt, daß neben den erwarteten oder erbetenen Handlungen Gottes gegenüber dem Beter Mühe darauf verwendet wird, die Gottesvorstellungen zu benennen und die Auffassungen von einem Sünder-Gott-Verhältnis zu verdeutlichen, welche gemeinsam als die gedanklichen und theologischen Fundamente des Ausgesagten gelten. Auch in diesem Gebet wird damit der Horizont abgesteckt, vor dem die „Vergebung" allererst als möglich angesehen wird. Und die Besonderheit des vorliegenden Textes zeigt sich in der Vokabelwahl, die sowohl für das tragende Gottesbild als auch zur Beschreibung des menschlichen Verhaltens auf die Metanoia rekurriert.

Charakteristisch ist darüber hinaus, daß die menschliche Metanoia und die göttliche Metanoia nicht gleichermaßen als Bedingung

---

[110] Dort war die Notsituation Aseneths durch ihren Beschluß zur Bekehrung zum größten Teil selbst herbeigeführt und nur indirekt durch ihr Verfehlungshandeln bewirkt. Die Gebete der Aseneth spiegelten zudem die generelle Abneigung des Gottes Israels gegenüber den Taten und Verunreinigungen der Heiden wider.

für das Vergebungshandeln Gottes gesetzt werden. Denn indem die Möglichkeit einer Erkenntnis und gleichzeitigen Abkehr von den Verfehlungen für den Menschen so verstanden wird, daß sie von Gott selbst als ein festes Institut im Verhältnis von Gott zu Israel erst eingerichtet ist, liegt die fundamentale Voraussetzung für die „Vergebung" – in diesem Falle die Aufhebung des Strafhandelns – in der als Metanoia explizierten Barmherzigkeit Gottes. Wie in den Gebeten der Aseneth so sind auch hier mit den Gottesprädikationen die theologischen Grundgedanken gesetzt, die die weiteren Ausführungen bestimmen. Und auch hier ist die Notwendigkeit empfunden worden, den tragenden Gedanken der Barmherzigkeit Gottes, wie er durch Ex 34,6f. vorgegeben ist, eingehender zu erläutern. Denn das Gebet Manasses läßt ebenfalls durchscheinen, daß barmherziges Handeln Gottes mit den Verfehlungen in einem außerordentlichen, ausnahmehaften Tun bestehen kann, das auf das Wohl der betreffenden Menschen ausgerichtet ist. Aber es liegt dem Gebet Manasses daran, die *Barmherzigkeit als Metanoia* zu verdeutlichen und in ihrer Funktion und Wirkung zu bestimmen.

Der θεὸς μετανοῶν wird demnach als derjenige verstanden, der seine Entscheidungen zu ändern bereit ist, und somit nicht ausschließlich das fest umrissene Verhältnis von Taten und Strafen sowie die fest vorgegebenen Umgangsweisen mit den Verfehlungen der Menschen aufrechterhält. In JosAs und in OrMan werden unterschiedliche Vorstellungen vom Umgang Gottes mit den Verfehlungen und auch zu differenzierende Gottesbilder sichtbar, die durch den Gedanken der Barmherzigkeit vorgeprägt sind.

KAPITEL IV

DAS GEBET TOBITS UND DIE REDE RAPHAELS: DIE RETTENDE FUNKTION DER TATEN TOBITS

Ein weiterer Zeuge für Glauben und Denken des Judentums in der Zeit der Entstehung der neutestamentlichen Schriften liegt in der griechischen Übersetzung[1] des Tobitbuches vor.[2] Diese märchenhafte Erzählung von dem in der Diaspora lebenden Israeliten Tobit, seinem Sohn Tobias und dessen späterer Frau Sara ist übersät mit Gebets- und Redentexten, die in die Wiedergabe des Handlungsab-

---

[1] „Das Original des Tobitbuches ist mittelhebräisch"; *K. Beyer*, Die aramäischen Texte vom Toten Meer, Ergänzungsband, Göttingen 1994, 134. Vgl. ebenda, 135-147, die aramäischen und das eine hebräische Tobitfragment. Die zu untersuchenden Vergebungsaussagen sind gar nicht auf Aramäisch bzw. auf Hebräisch erhalten oder nur unvollständig (Die von *Beyer* gebotene Rekonstruktion von Tob 4,10 ergänzt den abgebrochenen Text mit Hilfe der Septuagintaversionen.).

[2] Die vorliegende Arbeit bezieht sich auf den Text der Gruppe I nach der Textausgabe von *R. Hanhart*, Septuaginta VIII/5 (Tobit), Göttingen 1983, ohne damit eine textkritische Entscheidung zu treffen. Vielmehr soll dieser sogenannte „Kurztext", der aus einer gut bezeugten Gruppe von Textzeugen rekonstruiert wurde (vgl. *Hanhart*, Tobit, 34ff), ausgewählt werden, um ein Dokument des griechisch sprechenden Judentums aus der Zeit des Zweiten Tempels untersuchen zu können. Für diese Arbeit ist es nicht entscheidend, den ursprünglichsten Tobittext zu erreichen, sondern gewährleistet zu wissen, daß der zugrundegelegte Text aus dem für die Fragestellung relevanten Zeitraum entstammt. Der neuere deutsche Kommentar zu Tobit von *P. Deselaers*, Das Buch Tobit. Studien zu seiner Entstehung, Komposition und Theologie, OBO 43, Freiburg (Schweiz)/Göttingen 1982, entscheidet sich ebenfalls für die Textform der BA-Gruppe (nach der Ausgabe von *A. Rahlfs*), sieht in ihr jedoch zugleich die ursprünglichste Textform (vgl. ebenda, 19f.). Zu Datierungs- und weiteren Einleitungsfragen vgl. *M. Löhr*, Das Buch Tobit, in: *E. Kautzsch*, Die Apokryphen und Pseudepigraphen des Alten Testaments I, Tübingen u.a. 1900, 135-147; *D. C. Simpson*, The Book of Tobit, in: *R. H. Charles*, The Apokrypha and Pseudepigrapha of the Old Testament in English I (1913), Oxford 1963, 174-241; *A. Clamer*, Tobie, La Sainte Bible IV, Paris 1952; *F. Zimmermann*, The Book of Tobit (JAL), New York 1958; *N. Poulssen*, Tobit, BOT, Roermond 1968; *M. Lackmann*, Tobit und Tobias. Das Wirken Gottes durch seine Engel, Aschaffenburg 1971; *J. C. Dancy*, Tobit, CBC. The Shorter Books of the Apokrypha, Cambridge 1972; *H. Groß*, Tobit. Judith (EB 19), Würzburg 1987.

laufes hineinkomponiert sind. Aus denjenigen Texten, die ausdrücklich einen Umgang Gottes mit Verfehlungen thematisieren, sollen dabei das erste Gebet Tobits (Tob 3,1-6) und die Rede des Engels Raphael (Tob 12,6-15) herausgegriffen werden. Diese poetischen Texte sind nicht allein an Zentralstellen der Erzählung plaziert, sondern liefern zugleich einen interpretatorischen Schlüssel für das Gesamtverständnis des Tobitbuches. Während das Gebet den Blick auf die Gottesvorstellung freilegt, die für die Erzählung insgesamt und für die hier zum Ausdruck gebrachten Vorstellungen zum Umgang Gottes mit Verfehlungen leitend ist, bietet die Rede des Engels eine Antwort auf die zentrale Frage dieser Erzählung, in welchem Zusammenhang die Taten der ἐλεημοσύνη Tobits mit seinem Ergehen stehen.[3]

I. DAS GEBET TOBITS UND DIE REDE DES ENGELS IM ERZÄHLGANG

Das Tobitbuch zerfällt deutlich in drei große Teile: einen Hauptteil (4,1-12,22), eine ausführliche Exposition (1,3-3,17) und ein abschließendes Gebets- und Redenkapitel (Kap. 13,1-14,1 + 14,2-15). Durch den Rahmen aus Einleitung und Reden wird die Erzählung, die in episodischer Folge einzelne Geschehnisse aneinanderfügt und überwiegend szenisch ausgestaltet ist, zum Buch des *Tobit*.[4] Im Mittelpunkt der rahmenden Abschnitte steht diese Erzähl-

---

[3] Die für die Erzählung wichtige Rede in Tob 4 und auch das abschließende Gebet in Tob 13 können daher hier vernachlässigt werden, auch wenn auf einzelne Aussagen innerhalb dieser Textkomplexe im Vergleich mit Tob 3 + 12 zurückgegriffen werden muß. Zur Auswahl der Rede des Engels siehe auch unten Anm. 14.

[4] Untersuchungen zur Erzähltechnik und zur Komposition des gesamten Werkes liegen in den Arbeiten von *I. Nowell*, The Narrator in the Book of Tobit, SBL.SP Atlanta 1988, 27-38, und *D. McCracken*, Narration and Comedy in the Book of Tobit, JBL 114 (1995) 401-418, vor, die jeweils jedoch eine eingegrenzte Fragestellung verfolgen und nicht darauf eingehen, wie die poetischen Texte mit den erzählenden zu einem Ganzen verwoben wurden. Ein Werk, das vergleichbar zur Arbeit von *Delling*, Kunst, a.a.O., einen Gesamtüberblick über die Erzählung *Joseph und Aseneth* vermittelt, steht für das Tobitbuch noch aus.

figur, so daß auch in den verschiedenen Szenen und Einzelerzählungen des Erzählkorpus nicht aus dem Blick gerät, daß die „Geschichte" dieses im Exil lebenden Israeliten wiedergegeben werden soll,[5] der sich vor allem anderen durch seine Taten der ἐλεημοσύνη und δικαιοσύνη auszeichnet, aber dennoch in Not geriet. Die poetischen Texte innerhalb der Erzählung markieren dabei jeweils Knotenpunkte und stellen Kerngedanken heraus, wobei die zu untersuchenden Texte in Tob 3 und Tob 12 den Höhepunkt der Exposition einerseits und des Hauptteils andererseits bilden.[6]

---

[5] Die Frage, welchem literarischen Genre das Tobitbuch angehört, ist bislang nicht zufriedenstellend geklärt; vgl. *Deselaers*, Tobit, 262ff. Dabei scheinen insgesamt die Beobachtungen zur Erzähltechnik und dramatischen Ausgestaltung des Werkes im Blick auf die Gattungsbestimmung vernachlässigt worden zu sein. M.E. ist weniger die Festlegung der Erzählung beispielsweise als „Novelle" für die Interpretation hilfreich, als daß die Frage beantwortet werden sollte, in welchem Maße hier hellenistische Erzähltechnik und Stilistik übernommen wird. Schon in den Motiven der Reise und der Zusammenführung eines Liebespaares mag eine inhaltliche Nähe zu den späteren hellenistischen Romanen sichtbar werden (vgl. hierzu vor allem die Darstellung von *T. Hägg*, Eros und Tyche, Mainz 1987, 17f.). Darüber hinaus ist wohl auch noch nicht genügend untersucht, worin das Spezifische der Erzähltechnik im Tobitbuch liegt, welches beispielsweise in der Beleuchtung von psychischen Vorgängen, der Technik des Vor- und Rückverweisens oder in der Vorwegnahme der gesamten Erzählung schon in der Exposition (vgl. 3,16f.) zum Ausdruck kommt, so daß für den Spannungsbogen der Erzählung allein die Frage bleibt, *wie* Tobit und Sara geholfen wird, nicht aber daß überhaupt Gott sich ihnen zuwendet (vgl. dagegen *G.W.E. Nickelsburg*, Literature, 30; zur Vorwegnahme der Handlung vgl. *Hägg*, Eros, 139f.). Gehört die Tobiterzählung schließlich zu einem neuen Genre, in dem alttestamentlich-jüdische und hellenistische Erzählkunst sich verbinden? Siehe dazu auch die Einordnung von *Joseph und Aseneth* durch *Delling*, Kunst, a.a.O., 38ff. Vgl. noch zur ungelösten Frage der Ursprünge des griechischen Romans *R.F. Hock*, The Greek Novel, in: *D.E. Aune*, Greco-Roman Literature and the New Testament, Atlanta 1988, 129f.; und die Auseinandersetzung mit der These *Merkelbachs* zur Herkunft des Romans aus der religiösen und mythischen Literatur bei *C.W. Müller*, Der griechische Roman, in: *E. Vogt*, Neues Handbuch der Literaturgeschichte II (Griechische Literatur), Wiesbaden 1981, 377-412.

[6] „Das Gebet finden wir immer dann vor, wenn sich die Handlung wandelt oder wenn sie fortschreitet." So *G. Mayer*, Die Funktion der Gebete in den alttestamentlichen Apokryphen, in: Theokratia II (FS K.H. Rengstorf), Leiden u.a. 1973, 19, zu allen hellenistischen Erzählungen in der Septuaginta. Inhaltlich haben die Gebete für *Mayer* die Funktion, eine bestimmte „Geschichts"-Deutung mit den Erzählungen und historisierenden Handlungen zu verbinden; vgl. ebenda, 25. Die Beobachtung zur Komposition der Erzählung trifft auch für das Tobitbuch zu, je-

1. *Das Gebet Tobits (3,2-6) in der Exposition*

Die Exposition (1,3-3,17) des Tobitbuches entfaltet zwei Episoden, indem die Erzählfigur des Tobit und die der Sara dargestellt werden. Die Einführung von zwei Hauptfiguren an unterschiedlichen Schauplätzen führt jedoch auf eine einzige Erzählung mit einem durchgehenden Erzählfaden im Hauptteil von 4,1-12,22 zu. Und so sind auch die Schilderungen in der Exposition vollständig parallel und beginnen sogar an ein und demselben Tag. Die Beschreibung Tobits und seiner Notlage korrespondiert mit derjenigen Saras und ihrer Geschichte. Parallel[7] sind die Elemente des Berichts vom Unglück, von der Schmähung durch die Mitmenschen und schließlich vom Gebet zu Gott.

Der Spannungsbogen, der durch die doppelte Exposition für die folgende Erzählung aufgebaut wird, ist einheitlich. Es wird die Not von frommen und bisher tadellosen Israeliten erzählt, die sich schließlich hilferufend an ihren Gott wenden. Die Verbindung der beiden Episoden geschieht dabei einerseits durch jene parallele Erzählstruktur, andererseits wird noch in der Exposition wiedergegeben, wie beide Gebete gemeinsam zum Himmel aufsteigen. Dort werden sie vom Engel Raphael erhört. Dies führt schließlich zur Aussendung des Engels, um sowohl Sara als auch Tobit zu retten (3,16f.).

Eine *thematische Einheit* wird zudem durch die Frage hergestellt, wie die geschilderte Notlage der frommen Israeliten mit ihrem Tun zusammenhängt. Sara, der sieben Ehemänner auf dem Hochzeitslager von einem bösen Dämon getötet wurden und die darum von ihren Mitmenschen geschmäht wird (3,7-11a), betont in ihrem Gebet, von aller Verfehlung frei zu sein (V.14). Sie bittet, ent-

---

doch scheint mit den poetischen Texten nicht allein eine Deutung der Erzählabläufe (der Geschichte) geliefert zu werden. Vielmehr zeigt sich anhand von Tob 3 und 12 (sowie Tob 4 und 13), daß über die Deutung des erzählten Handlungsablaufes hinaus in den Abschnitten der wörtlichen Rede auch Inhalte vermittelt werden, die in den berichtenden Abschnitten nur implizit enthalten sind.

[7] *G.W.E. Nickelsburg*, Jewish Literature Between the Bible and the Mishnah, 30, spricht von einer „close literary symmetry".

weder die Not konkret von ihr abzuwenden oder sterben zu dürfen. Tobit wird hingegen stets unter dem Blickwinkel der Barmherzigkeits- und Gerechtigkeitstaten geschildert. Der in der ersten Person gehaltene Bericht des in Ninive lebenden Israeliten Tobit von seiner Herkunft, seiner Tugendhaftigkeit, seiner Erblindung und von der anschließenden Schmähung im Streit mit seiner Frau Hanna (1,3-2,14) stellt daher Tobit nicht nur als Täter von Barmherzigkeitstaten[8] vor (1,3). Vielmehr wird sein berichtetes Verhalten zur Zeit der Bedrückung durch den König Sanherib (vgl. 1,15-22) insgesamt als ein solches Tun von ἐλεημοσύνη und δικαιοσύνη (1,16) gekennzeichnet. Die erzählerische Spannung wird im folgenden dadurch aufgebaut, daß diesen Wohltaten die Notlage Tobits, insbesondere seine Erblindung, entgegengestellt wird.[9]

In der Szene des Streites Tobits mit Hanna wird die Frage nach der Wirkung der Taten Tobits explizit: ποῦ εἰσιν αἱ ἐλεημοσύναι σου καὶ αἱ δικαιοσύναι σου; ἰδοὺ γνωστὰ πάντα μετὰ σοῦ (2,14). Aufgrund des Ergehens Tobits wird der Nutzen seiner Rechtschaffenheit insgesamt in Frage gestellt. Zugleich wird diese Frage auch zum Inhalt des Gebetes erhoben, indem nicht allein um Hilfe gebeten wird, sondern die Gründe und Zusammenhänge des Unheils mit den Taten beleuchtet werden. Die Gebete Tobits und Saras lösen somit allein von ihrer Plazierung in der Exposition des Tobitbuches die weitere Handlung der Rettung dieser Israeliten durch Gott und seinen Engel aus. Zugleich formulieren sie aber auch die thematischen Leitgedanken der gesamten Erzählung.

2. Die Rede Raphaels (12,6-15) als Höhepunkt der Erzählung

Der Hauptteil des Tobitbuches (4,1-12,22) enthält die Erzählung von der Rettung bzw. Heilung Tobits und Saras mit Hilfe des von

---

[8] Gemäß der Lesart der Textgruppe II wird Tobit auch von anderen als ποιῶν ἐλεημοσύνας bezeichnet, vgl. 7,7.

[9] Wie sehr die Erblindung eines rechtschaffenen Menschen als „Problem" gesehen wird, zeigt sich an den Reaktionen Raguels und seiner Familie auf die Nachrichten von Tobit in 7,7+8.

Gott gesandten Engels Raphael.[10] Voran steht die große „Aussen-dungsrede" Tobits an seinen Sohn Tobias (4,3-21), in der er ihn schließlich beauftragt, einen in Medien hinterlassenen Geldbetrag zurückzubringen. Damit wird eine Handlung, die in der Exposition nur kurz erwähnt wurde (1,14), wieder aufgegriffen, und es ent-spinnt sich ein Erzählfaden, der eine Anzahl von Nebenhandlungen und Begebenheiten rund um diese Reise wiedergibt, die Tobias ge-meinsam mit dem glücklich gefundenen Reisegefährten Raphael un-ternimmt. Zu diesen Episoden zählt nicht zuletzt auch die Zusam-menführung von Sara und Tobias. Die Figur des Tobit tritt dabei bis auf die kurze Einblendung der wartenden Eltern zurück,[11] wird aber wieder zur Hauptfigur der Erzählung erhoben, als Tobias und Raphael gemeinsam mit Sara nach Ninive zurückkehren (11,1ff.). Die Heilung von seiner Erblindung (V.11-13), sein Dankgebet (V.14f.), seine Begrüßung der Schwiegertochter (V.16f.), die Ver-breitung der Freude (V.17f.) und schließlich die erneute Hochzeits-feier in Ninive (V.18) werden mit Tobit als Hauptakteur erzählt.

Abschließend folgt eine Szene (12,1-22), in der der Reisegefähr-te Raphael sich in einer ausführlichen Rede an Tobit und Tobias wendet (V.6-15) und zuletzt vor ihren Augen entschwindet (V.21). Formal wird damit der gesamte Hauptteil durch die beiden Szenen in Kap.4 und Kap.12 gerahmt, die jeweils eine große Rede als Zen-tralelement enthalten. Die zu untersuchende Rede des Engels steht damit am Endpunkt der Erzählung. Es folgen neben dem großen Gebet Tobits (13,1-14,1) und seiner Abschlußrede (14,3-11) keine weiteren Ereignisschilderungen, die zum Fortgang der Handlung ge-hörten. Auf die Rede des Engels läuft die gesamte Handlung zu, sie bildet den erzählerischen Abschluß.

---

[10] Eine knappe und übersichtliche Inhaltsangabe zum Tobitbuch findet sich u.a. bei *H.-P. Rüger*, Apokryphen I., TRE III, Berlin/New York 1978, 289-316.

[11] Vgl. die anschauliche Szene (10,1-7), in der wieder Hanna mit eindringli-chen Worten die Sorge um ihren Sohn Tobias zum Ausdruck bringt. Hier liegt ein weiterer Erzählfaden vor, der in der Exposition vorbereitet ist (2,11-14), in 5,18-23 und in 10,1-7 aufgenommen wird und schließlich in der Szene von der Wieder-kehr des Tobias nach Ninive (11,5+6) seinen Abschluß findet. Insgesamt wird ein überaus kunstvoller Erzählstil sichtbar.

Die Rede des Engels bildet jedoch nicht allein den Schlußpunkt des Handlungsablaufes, sondern enthält auch einen zentralen inhaltlichen Knotenpunkt. Gerahmt durch den Dialog von Tobit und Tobias über den Lohn des Reisegefährten (V.1-5) und durch die wiedergegebene furchtsame Reaktion der beiden auf die Rede des Engels, die mit den Abschiedsworten und dem Aufstieg des Engels in den Himmel verbunden wird (V.16-22), ist die wörtliche Rede (V.6-15) kompositorisch in das Zentrum der Szene gestellt. Inhaltlich wird der Blick dabei zudem auf das Thema „Offenbarung" gerichtet, denn Raphael lüftet seine Identität. Bisher wissen die übrigen Erzählfiguren – im Gegensatz zu den Lesenden der Geschichte[12] – nichts von der Identität des Engels. Die Rede liefert also die erzählerische Antwort auf die Frage, wie Tobit, Tobias und Sara erfahren, daß Gott selbst sie durch seinen Engel geleitet und gerettet hat.

Die zentrale Funktion der Rede wird auch aus der Wiederaufnahme der Frage nach den Barmherzigkeits- und Gerechtigkeitstaten deutlich. Während die Exposition auf die Aporie zwischen den Wohltaten und der Notlage Tobits zuläuft, erläutert die Rede des Engels in 12,6-15 den Zusammenhang zwischen den Taten Tobits und seiner Rettung.[13] Nicht nur die Identität des Engels steht damit im Mittelpunkt der Rede, sondern die bisher nicht ausdrücklich verhandelte Frage nach den Hintergründen für das Ergehen der Haupterzählfigur Tobit.[14] Es wird im Blick auf sämtliche berichteten Er-

---

[12] Vgl. neben 3,16f. auch 5,4.

[13] Auffällig ist, daß im Hauptteil der Bericht von der Hilfe für Sara einen breiten Raum einnimmt (vgl. Kap. 6-9), während sie als Erzählfigur anschließend keine Rolle mehr spielt. Im Zentrum steht dagegen wie schon im ersten Teil der Exposition das Geschehen um Tobit und die Bedeutung seines Tuns.

[14] Ein Vergleich der Rede Tobits (Kap.4) mit der Rede des Engels (Kap.12) zeigt einerseits, daß die Thesen zur rettenden Funktion der Barmherzigkeitstaten in Tob 4,9-11 unverbunden und ohne Vermittlung mit dem Ergehen Tobits und insbesondere seiner Not gesetzt werden; vgl. dazu auch *Nickelsburg*, Literature, 31. Andererseits bringt die Rede des Engels die rettende Funktion der Barmherzigkeitstaten mit den Verfehlungen (12,9b) und mit einem „Umgang" mit denselben in Zusammenhang. Letzteres begründet nochmals den Entschluß, die Rede des Engels ins Zentrum der Untersuchung zu stellen.

eignisse und Geschehnisse in dieser Erzählung offengelegt, warum ein ποιῶν ἐλεημοσύνας solch ein Schicksal erleiden muß, zugleich aber erhört und von Gott gerettet wird (3,16f.). Es wird offenbart, weshalb gerade zu einem solchen Verhalten und Tun, wie es Tobit bewiesen hat, aufgefordert werden kann. Diese Rede bündelt daher in mehrfacher Hinsicht das Tobitbuch und bringt die Erzählung zum Abschluß.

3. Die Leitfrage der Erzählung

Als grundlegender *Kerngedanke der Erzählung*, der sämtliche Einzelschilderungen zusammenbindet, erweist sich damit die Frage nach der Bedeutung der ἐλεημοσύνη-Taten.[15] Diese Taten fungieren als das zentrale Charakteristikum der Haupterzählfigur;[16] sie werden durch die Beispielschilderungen (bes. Kap. 1+2) in ihrer Art und Weise bestimmt, sie werden in den paränetischen Abschnitten (bes. Kap. 4+12) zur allgemeinen Forderung erhoben und bilden schließlich einen fundamentalen Bestandteil in der explizierten Soteriologie der Erzählung.[17] Zudem ist im Anschluß an die Exposition

---

[15] Aus dem Vergleich der Kontexte wird deutlich, daß sowohl mit der pluralischen als auch mit der singularischen Form der Vokabel ἐλεημοσύνη auf ein Konglomerat von Handlungen referiert werden kann. So fordert Tobit u.a. von seinem Sohn, sich Hungernden und Unbekleideten zuzuwenden, und ermahnt ihn, die Toten, einschließlich seiner selbst und seiner Frau Hanna, zu begraben. Zum Tatcharakter der Barmherzigkeit vgl. aber vor allem unten Abschnitt III.

[16] Tobit wird besonders in der Exposition durch seine Taten dem Leser geschildert. Ansonsten finden sich in der Überschrift zu dem gesamten Werk (1,1f.) Angaben zur Herkunft und zur historischen Verortung der Erzählfigur. Einzelne biographische Verweise nennen schließlich noch die Heirat mit Hanna, die Geburt des Sohnes Tobias (1,9) sowie zum Abschluß der Erzählung den Hinweis auf sein Alter (14,2) und die Nachricht von seinem Tod (14,11). Insgesamt wird also weniger Wert auf die Darstellung eines Individuums als auf die Beschreibung einer typischen Figur gelegt. Gleiches gilt für den historischen Rahmen der Erzählung, es werden Situationen und Rahmenereignisse genannt, die für das Leben des Diasporajudentums typischen Wert haben.

[17] Eine Gesamtinterpretation der Erzählung unter der Überschrift allein der Barmherzigkeits*forderung* scheint entscheidende Aspekte des Textes auszuklammern. Die Pragmatik der Erzählung kann mit *Deselaers*, Tobit, 358, in der „Notwendigkeit einer eindeutigen Weisung in einer Situation der Orientierungssuche" verortet werden. Anhand der Rede des Engels (Tob 12,6-15) kann aber gezeigt

klar, daß Tobit und Sara gerettet werden (vgl. 3,16f.). Offen bleibt allein, *wie* Gott sie durch seinen Engel retten wird und welchen Beitrag die breit geschilderten Wohltaten Tobits an seinen Mitmenschen zu seiner Rettung leisten.

Grundsätzlich wird im folgenden von der *Einheitlichkeit der vorliegenden Tobiterzählung* ausgegangen. Im Blick auf die Scheidungshypothesen zum Tobitbuch, wie sie in jüngster Zeit noch von *Deselaers* vertreten werden, läßt sich festhalten, daß sich in der Forschung zu Tobit kaum noch Stimmen finden, die in dem vorliegenden Text nicht eine einheitliche und kohärente Erzählung sehen. Selbst *Deselaers* geht beispielsweise allein von „Bearbeitungsschichten" aus und nicht von unterschiedlichen Quellen mit je eigenen Intentionen, die redaktionell zu einem uneinheitlichen Text verarbeitet worden wären.

Schon anhand des stringenten Aufbaus der Exposition läßt sich die Notwendigkeit literarkritischer Quellenscheidung im Tobitbuch bestreiten. *Deselaers* weist beispielsweise Tob 2,11-14 der sogenannten „jerusalemer Bearbeitungsschicht" zu,[18] die die „Grunderzählung" um mehr als die Hälfte erweitere. Als Argumente für eine solche Ausscheidung des Textstückes, welches den Streit Tobits mit seiner Frau Hanna um deren Lohnarbeit wiedergibt, werden keine sprachlich-strukturellen Beobachtungen vorgebracht.[19] Vielmehr wird nach Auffassung *Deselaers* ein der ursprünglichen Erzählung fremdes und überflüssiges Moment, nämlich die Versorgung Tobits durch Hanna, eingefügt. Dem läßt sich jedoch einerseits entgegenhalten, daß innerhalb der – auch von *Deselaers* beobachteten – parallelen Struktur der Exposition in dieser Szene das Element der Schmähung und Verachtung zum Ausdruck kommt, die sowohl Tobit als auch Sara (vgl. 3,7-11a) erfahren. Andererseits läßt sich zeigen, daß gerade mit den Worten Hannas die zentrale Frage der gesamten Erzählung formuliert ist, da in dieser Reaktion auf das Unglück Tobits deutlich wird, wie sehr der Tun-Ergehens-Zusammenhang als Komplikation innerhalb der Darstellung der Erzählfigur Tobit fungiert. So läßt sich gerade auf der inhaltlich-konzeptuellen Ebene argumentieren, daß 2,11-14 ein sinnvolles und im Sinne der parallelen Struktur der Exposition sogar notwendiges Erzählelement für den Abschnitt Tob 1-3 darstellt.

---

werden, daß die Paränese in der Tobiterzählung nicht vollzogen wird, ohne theologische und soteriologische Fundamente freizulegen und zu „verkündigen".

[18] Vgl. ebenda, 26f.+374ff. Zu dieser werden ebenfalls die Klagesätze in 3,6c.d.e sowie der Hauptteil von 12,6b-14 gerechnet!

[19] *Deselaers*, Tobit, 374, erachtet den durchgehaltenen Erzählstil der ersten Person im Blick auf diese Bearbeitungsschicht für sekundär. Er läßt aber unbeantwortet, im Zuge welcher redaktionellen Bearbeitung des Textes die Umgestaltung in die erste Person erfolgte. Oder bestand die „jerusalemer Bearbeitungsschicht" als ein eigenes Textdokument?

II. Das Gebet des Tobit (Tob 3,2-6)

Das Gebet Tobits und das Gebet Saras lösen die nachfolgende
Handlung aus, indem beide Gebete zum Himmel steigen und die
Aussendung Raphaels bewirken. Dennoch ist der Charakter der
Gebete unterschiedlich: Sara formuliert eine Klage und bittet um
Hilfe in der Not. Tobit dagegen gibt ein Schuldbekenntnis ab,
indem er sich in die Linie seiner Väter und deren Verfehlungen
einreiht. In der Reformulierung von Bekenntnisaussagen zum Gott
Israels und in der Auseinandersetzung mit den eigenen Verfehlun-
gen entwickelt Tobit seine Bitten, endet aber mit dem resignierten
Wunsch zu sterben.

1. *Aufbau und Inhalt des Gebetes*

Das Gebet des Tobit hat einen zweiteiligen Aufbau. Voran stehen in
einem ersten Teil drei Bekenntnissätze (V.2), an die Bitten (V.3)
und Begründungsaussagen (V.4) angeschlossen sind. Im zweiten
Teil wird in einer nahezu argumentativen Satzfolge der in den Bitten
ausgedrückte Wunsch wieder zurückgenommen (V.5) und zu der
weiteren Bitte hinübergeführt, sterben zu dürfen (V.6). Im einzelnen
ist besonders die Verknüpfung der Aussagen ungewöhnlich, da einerseits die Sätze schlicht gereiht werden, andererseits begründende
und folgernde Aussagen getroffen werden. So sind die drei Bekenntnisaussagen, die die Gerechtigkeit Gottes (V.2a), die Barmherzigkeit und Wahrheit seines Tuns (V.2b) sowie die Gerechtigkeit und
Wahrheit seines Gerichtshandelns (V.2c) bezeugen, asyndetisch an
die folgende zweifache Bitte um die Zuwendung Gottes (V.3a+b)
sowie an die weitere Bitte zum Umgang sowohl mit den Verfehlungen der Väter als auch mit den Verfehlungen Tobits selbst
(V.3c+d) angeschlossen. Die Reihe der Bitten ist hingegen durch
die Feststellung, daß der Ungehorsam der Väter sowohl die Zerstreuung des Volkes Israel als auch die Schmähungen durch die
Fremdvölker bedingte, begründet, indem die Aussagen mit der Partikel γάρ verknüpft werden. Es wird aufgezeigt, welche Folgen sich
für die Väter und auch für Tobit ergeben haben, als sie sich verfehl-

ten und sich nicht im Gehorsam gegenüber Gott verhielten.

Der zweite Teil des Gebetes ist deutlich markiert (καὶ νῦν), es wird auf V.2 zurückgegriffen und erneut die Wahrheit der Gerichte Gottes herausstellt. Tobit schließt hier, daß in Parallelität zum Handeln Gottes an den Vätern für ihn selbst auch ein verurteilendes Handeln Gottes gelten müsse. Aufgrund der „Wahrheit" des göttlichen Gerichtshandelns wird demnach Gott auch mit Tobit gemäß seinen Sünden verfahren (V.5a). Als Begründung folgt die doppelte Aussage, daß Tobit ebenso wie seine Väter die Gebote mißachtet und einen nicht Gott gemäßen Lebenswandel geführt hat (V.5b+c). Deutlich führen damit der erste Teil des Gebetes und dieser zweite Gedankengang in eine Aporie, die auch nicht gelöst wird, vielmehr stellt Tobit abschließend Gott selbst die Entscheidung zwischen der erbetenen Zuwendung und der Strafgerechtigkeit anheim (V.6a).

Weitere Bitten um die Wendung der Not werden nicht vorgebracht, sondern es wird wiederum asyndetisch die Bitte angeschlossen, Tobit doch sterben zu lassen. Dabei sind die klagenden Begründungssätze (V.6c.d.e) gerahmt von den zwei expliziten Bitten (V.6b+f). Abgeschlossen wird das Gebet schließlich mit einer letzten, wieder mit dem Vorhergehenden unverbundenen Bitte, Gott möge sich nicht von Tobit abwenden (V.6g), so daß sämtliche Bitten und ihre Begründungen eingeschlossen sind von der Bitte um die Zuwendung Gottes zu Tobit.

2. Das Bekenntnis zum richtenden Gott (Tob 3,2)

Wie schon in den zuvor untersuchten Gebeten sind auch den Worten Tobits Gottesprädikationen vorangestellt. Die Bekenntnisaussagen sprechen Gott als Richter an. Das traditionelle sprachliche Material aus dem Psalter[20] ist dabei so komponiert, daß eine eigene Gottesvorstellung zum Ausdruck kommt.

---

[20] Vgl. *Deselaers*, Tobit, 76f. mit Anm. 45. Besonders eindrücklich sind die terminologischen und inhaltlichen Parallelen zu PsLxx 24. Ebenso wie in Tob 3,2 kreisen hier die Gedanken um die „Wege" Gottes (V.4.8.9.10.12), um die „Wahrheit" Gottes (V.5.10), um die Barmherzigkeit (V.6-10) und um das „Rich-

Die Aussagen der Einleitung (V.2) belegen Gott selbst mit dem Attribut der Gerechtigkeit (δίκαιος) und seine Handlungen und Taten (ὁδοί/ἔργα θεοῦ) mit den Attributen (Prädikatsnomen) der Barmherzigkeit und Wahrheit. Schließlich bezeichnen sie Gottes Gerichtshandeln (κρίσεις) ebenfalls als ἀληθινή und δίκαια.[21] Diese Attribute werden sonst im Tobitbuch zur Beschreibung eines rechtschaffenen Israeliten herangezogen. So zeichnen sich die Wege Tobits durch ἀλήθεια, δικαιοσύνη und ἐλεημοσύναι aus (1,3). Es ist daher ungewöhnlich, daß allein hier in Tob 3,2 von Gottes „Wahrheit" und „Gerechtigkeit" die Rede ist.

Ein „barmherziges" Walten Gottes ist im Tobitbuch dagegen häufig thematisiert. Besonders in den Gebetstexten des Werkes wird darauf rekurriert, daß Gott sich den Betenden zuwendet (3,15; 8,4.7), ihnen Gutes widerfahren läßt (7,12; 8,1.6+ 17), aus Notsituationen rettet (6,18) und von seinen Strafschlägen wiederum absieht (11,15; 13,9; 14,5). Es ist aber hervorzuheben, daß diese Zusammenhänge und Sachverhalte bis auf 13,6[22] nicht mit dem Begriff ἐλεημοσύνη/ἐλεημοσύναι ausgedrückt werden!

Sowohl die Attribute der ἐλεημοσύναι und ἀλήθεια als auch die Prädikation δίκαιος/δίκαια werden im Tobitbuch als Kennzeichen menschlichen Handels verwendet (4,6; 13,6; 14,7).[23] In Tob 3,2

---

ten" (V.9). Und blickt man über Tob 3,2 hinaus, zeigen sich auch Berührungen zu den übrigen Bitten Tobits in V.6.7 und 16 sowie schließlich zum Gedanken des Aufnehmens der Seele zu Gott in V.1. Nahezu wörtlich identisch sind Tob 3,2b und PsLxx 24,10 (πᾶσαι αἱ ὁδοὶ κυρίου ἔλεος καὶ ἀλήθεια); vgl. noch DanLxx 3,27: ὅτι δίκαιος εἶ ἐπὶ πᾶσιν, οἷς ἐποίησας ἡμῖν, καὶ πάντα τὰ ἔργα σου ἀληθινά, καὶ αἱ ὁδοί σου εὐθεῖαι καὶ πᾶσαι αἱ κρίσεις σου ἀληθιναί/ἀληθεία. So zeigt sich, daß in Tobit 3,2 zumindest geprägte Sprache, wenn nicht Zitate aufgenommen sind. Diese Beobachtungen können jedoch nicht dazu dienen, Ps 25(24) auch als Interpretationshintergrund zu verwenden oder gar die übernommene Terminologie mit Hilfe des hebräischen Textes zu deuten. Vielmehr ist im folgenden aufzuzeigen, in welcher Weise die Wendungen aus PsLxx 24 in Tob 3 rezipiert werden.

[21] Siehe noch die unbestimmt belassene Wendung κύριος τῆς δικαιοσύνης in 13,6 und vgl. zur Phrase δίκαιος εἶ, κύριε noch PsLxx 118,137; 2 Esra 9,15; 19,8.33; Est 4,17n; PsSal 2,32; VitAd 27,5 sowie Ex 9,27; Dtn 32,4; 1 Sam 2,2; 2 Chr 2,6; PsLxx 111,4; 114,5.17 TestJob 4,11, 43,13 u.ö.

[22] In Kap. 13 wird zudem offengelassen, worin sich das Erbarmen Gottes (ποιεῖν ἐλεημοσύνην) gegenüber den Sündern auswirkt.

[23] Im Blick auf die weiteren Aussagen im Tobitbuch zur „Wahrheit" des menschlichen Tuns läßt sich die ἀλήθεια als Ausdruck für die korrekte Wiedergabe von Sachverhalten (7,10) verstehen. Sie steht zudem im Gegensatz zur Unlau-

liegt damit eine eigene Rezeption der traditionellen Gottesattribute vor, denn hier wird göttliches und menschliches Handeln parallelisiert.[24] Das Ziel und die Intention dieser Rezeption ergibt sich dabei aus der Einbettung des Gebetes in den Kontext der Exposition. Denn es war deutlich geworden, wie sehr der Erzählfaden in der Exposition den Zusammenhang der Wohltaten Tobits mit seinem Ergehen in Frage stellt. Angesichts der Notsituation, in der sich die Erzählfigur befindet, erscheint es unwahrscheinlich, die Gottesattribute primär als Lobpreis zu verstehen.[25] Vielmehr werden die traditionellen Gottesaussagen rezitiert, die dem Beter ins Gedächtnis rufen, welche Eigenschaften Gottes als Grundvoraussetzung zur Lösung seiner Frage angenommen werden müssen. Den Einleitungssätzen des Gebetes kommt demnach vor dem Hintergrund der erzählten Situation die Funktion zu, die Anerkennung der richterlichen Herrschaft Gottes auszudrücken. Tobit bekennt, daß er auch in seiner derzeitigen Situation von dem richterlichen Walten Gottes über ihn ausgehen wird.

---

terkeit bzw. Unzucht ($\pi o\rho\nu\epsilon\iota\alpha$ – 8,7) und wird vom Brechen der Gebote Gottes abgehoben (3,5). Insgesamt scheinen im Tobitbuch die Vokabel $\dot{\alpha}\lambda\dot{\eta}\theta\epsilon\iota\alpha$ und die mit diesem Begriff gebildeten Ausdrücke und Wendungen auf den *Gehorsam gegenüber den Geboten Gottes* zu referieren. So wird im Anschluß an die überschriftartige Charakterisierung der Taten Tobits in 1,3 zunächst sein Gehorsam gegenüber den Satzungen Israels geschildert (vgl. 1,6), was mit „Wandeln in Wahrheit" zusammengefaßt wird. Die Barmherzigkeits- und Gerechtigkeitstaten werden anschließend dagegen – bevor sie anhand von Beispielen geschildert werden – eigens genannt (1,16) und somit nicht unter das Wandeln in Wahrheit gefaßt.

[24] *Deselaers* versucht nun nachzuweisen, wie sehr die Eigenschaften Tobits gerade den in Tob 3,2 formulierten Eigenschaften Gottes parallelisiert werden, wobei gleichzeitig in dieser Aussagenreihe des Gebetes die Güte Gottes als Zentrum und inhaltlicher Zielpunkt zu fassen sei. Auf diese gründeten sich die übrigen Bitten Tobits. *Deselaers* begründet seine Auffassung auch mit der Beobachtung, daß die Attribute der Gerechtigkeit und Wahrheit um das der Barmherzigkeit herum angeordnet sind (vgl. ebenda, 77f.). Dies entspricht jedoch nicht der grammatischen Struktur der Sätze, die schlicht parataktisch durch die Konjunktion $\kappa\alpha\iota$ verknüpft sind. Der Mittelsatz enthält zudem nicht eine einzige Aussage zur Barmherzigkeit, sondern es werden zwei Prädikatsnomen mit den Subjekten verbunden, so daß eine Ergänzung vorliegt und das Handeln Gottes nicht nur durch Barmherzigkeit, sondern auch durch Wahrheit charakterisiert ist.

[25] Vgl. dagegen die Gebete in Tob 3,11; 8,5; 8,15; 13,1.

Im zweiten Teil des Gebetes (3,5) wird zudem der Hinweis auf die wahren und gerechten Urteile Gottes wieder aufgenommen. Angesichts der in Erinnerung gerufenen Taten Gottes an seinem Volk, also angesichts der Exilierung und der Verbannung Israels (V.4) wird nochmals betont, daß die Urteile Gottes als „wahr" gelten müssen (V.5). Und das Handeln Gottes an Tobit wird aus den Verfehlungen (περὶ τῶν ἁμαρτιῶν) abgeleitet. Demnach besteht das richterliche Handeln Gottes gerade in seiner angemessenen Reaktion auf das Verfehlungshandeln der Menschen. *Gott handelt an den Menschen in dem Sinne „gerecht" und „wahr", als er das zuteil werden läßt, was den Taten und Handlungen der Menschen entspricht.* Die „Gerechtigkeit Gottes" wird hier mit traditionellen Begriffen ausgedrückt, aber in einem eigenen Sinne verstanden.[26] Die Wohltaten, die Gott in seinem Handeln und Führen erweist, widerstehen diesen Attributen nicht, sondern fügen sich ein in das korrekte und den realen Sachverhalten angemessene Walten Gottes.

Implizit ist damit auch die zugrundeliegende Frage nach der Aporie von Tun und Ergehen im Leben des Tobit beantwortet. Denn Tobit erkennt nicht nur an, daß seine Not mit dem gerechten Richten Gottes in Verbindung steht, sondern im Laufe des Gebetes bezieht er sich mit in das Ganze seines Volkes ein,[27] so daß die Verfehlungen des Volkes auch als die seinen gelten.

3. *Das Nein zur Vernichtung aufgrund von Verfehlungen (Tob 3,3b)*

Vor diesem Hintergrund kann schließlich die Vergebungsaussage des Gebetes auf die enthaltene Vorstellung zum Umgang des Richtergottes mit den Verfehlungen Tobits und seiner Väter untersucht werden. Die erste Doppelbitte (V.3a.b) drückt zusammen mit dem Abschlußruf (V.6g) in geprägter Sprache den Wunsch nach der Zu-

---

[26] Zum zentralen Gottesattribut wird schließlich die „Gerechtigkeit" Gottes in dem noch zu untersuchenden PsSal 9 gefaßt; siehe dazu unten im folgenden Paragraphen.

[27] Vgl. schon das auffällige Personalpronomen ἡμᾶς in V.4, welches in V.5 wieder aufgenommen wird.

neigung Gottes zu Tobit aus. Die Formulierungen entstammen dem Psalter der Septuaginta und sind dabei in keiner Weise modifiziert; sie gleichen Gebetsfloskeln, die zur Unterstreichung der Hauptanliegen beigefügt sind.[28] Ihre inhaltliche Kontur erhalten sie allein durch die Zusammenstellung mit den übrigen Aussagen des Gebetes.

Die Wahl der Vokabel ἐκδικεῖν für die getroffene Aussage ist eigentümlich, lehnt sich aber wohl an den jüdisch-hellenistischen Sprachgebrauch an, der über die allgemeine und neutrale Bedeutung von „urteilen" oder „richten"/"Recht schaffen"[29] hinaus weitere Akzente setzt. So ist in der jüdisch-hellenistischen Literatur mit Hilfe der Wortgruppe ἐκδικεῖν/ἐκδίκησις im Bezug sowohl auf Menschen als auch auf Gott ein Strafhandeln und Vergelten zum Ausdruck gebracht.[30] An welchen Vorgang dabei gedacht ist, wird beispielsweise deutlich, wenn die Taten Simeons und Levis an Sichem (Gen 34) in hellenistischen Texten als ἐκδίκησις interpretiert werden.[31] In den überwiegenden Fällen wird die Strafhandlung mit einer Tötung bzw. mit massiv lebenseinschränkenden Maßnahmen gleichgesetzt.[32] In den Kontexten, die allein Gott als Subjekt einer Strafhandlung ausweisen, ist ebenfalls an ein Vernichtungshandeln gegenüber dem Menschen oder gegenüber Völkern gedacht. Nur

---

[28] Aus den unzähligen Belegen sowohl für μιμνήσκεσθαι in Gebetstexten, wo Gott gebeten wird, sich eines Sachverhaltes oder einer Person erneut anzunehmen, als auch für die Imperativform von ἐπιβλέπειν im Sinne der Zuwendung Gottes zum Beter, sei Ps 25 (24) herausgehoben. In der Formulierung der Bitte von V.6g liegt schließlich eine Zitatwendung vor, die sich so oder in leichter Abwandlung in vielen Septuagintapsalmen findet (PsLxx 12,2; 26,9; 68,18; 87,15; 101,3; 131,10; 142,7; vgl. auch PsSal 2,8).

[29] Auch in jüdischen Texten liegt eine Verwendung der Vokabel in diesem neutralen Sinne vor; vgl. neben den Belegen aus der Septuaginta und den Papyri bei G. Schrenk, ἐκδικέω, ThWNT II, Stuttgart 1935, 440ff., und LSJM, s.v., noch grHen 20,4; 25,4; OrSib III 365; Josephus, Ant 1,294 sowie Luk 18,1ff. und Röm 12,9.

[30] Vgl. z. B. Sir 5,3.7; 7,17; 18,24; 39,28-30; Jud 1,12; 2,6; 6,5; 1 Makk 9,42; JosAs 23,14; 28,4.14; Josephus, Ant 4,277; 6,303; 7,386; Philo, All 3,105f.; Praem 147; Det 167f. u.ö.

[31] Vgl. JosAs 23,14; TestLev 2,2; 5,3.

[32] Vgl. JosAs 28,4.14; TestTub 6,6; Josephus, Ant 4,277; 6,307; 7,386; Philo, Praem 147.

selten wird dabei ein Akt der Rache im Sinne einer gewalttätigen
Vergeltungshandlung für ein angetanes Unrecht beschrieben,[33] da
das unglückliche Schicksal der Gottlosen als Strafe Gottes gedeutet
wird, die der Wiederherstellung der Lebensordnungen dient.[34] Innerhalb der eschatologisch-apokalyptischen Gerichtsaussagen in der
Testamentenliteratur wird schließlich mit der Vokabel ἐκδικεῖν von
einem Strafvollzug am Ende der Zeiten gesprochen, der den richterlichen Eigenschaften Gottes gemäß ist und den Gottlosen die ihnen
zukommende Vernichtung zumißt.[35] Schon in den Übersetzungstexten der Septuaginta wird in ähnlicher Weise mit der Wortgruppe ἐκ-
δικεῖν/ἐκδίκησις ein Handeln Gottes beschrieben,[36] das in großer
Radikalität und Totalität und meist mit vernichtenden Konsequenzen
für die Betroffenen verbunden ist.[37] Insgesamt zeigt sich, daß die
Vokabel ἐκδικεῖν in der Bedeutung „strafen" in religiösen Kontexten
auf ein umfassendes und endgültiges Handeln Gottes referiert, welches sich in lebensbeeinträchtigenden Maßnahmen gegen den Menschen oder gegen ein ganzes Volk und darüber hinaus auch in der
völligen Vernichtung derselben zeigen kann.

Durch die Wahl dieser Vokabel erfährt die Aussage in Tob 3,3
daher eine ungewöhnliche Schärfe. Denn die Verwendung von ἐκδικεῖν in einem Gebetstext, der als den zu Bestrafenden allein den
einzelnen Beter im Blick hat, ist singulär und liegt nur in Tob 3,3
vor.[38] In Tobit 3,3 ist eine herausstechende Formulierung gewählt,

---

[33] Vgl. aber JosAs 23,14, wo ausdrücklich Gott als ausführende Person der
Rache Levis und Simeons an Sichem genannt ist.

[34] Vgl. Sir 5,3.7; 7,17; 18,24 sowie JosAs 28,14.

[35] Vgl. TestJud 23,3; TestRub 6,6; TestLev 3,3.3 und auch Sir 7,17! In grHen
20,4; 25,4 wird zwar auf eine endzeitliche, den gesamten Kosmos betreffende
Handlung referiert, diese ist aber neutral mit einem richterlichen Entscheiden
gleichzusetzen.

[36] Vgl. die Überblicksdarstellungen von *C. Westermann*, Rache, BHH III, Göttingen 1966, 1546; *W. Dietrich*, Rache. Erwägungen zu einem alttestamentlichen
Thema, EvTh 36 (1976) 450-472; *G. Sauer*, נקם nqm rächen, THAT II, München
1984, 606-609; *E. Lipinski*, נקם nāqam, ThWAT V, Stuttgart u.a. 1896, 602-612.

[37] Dies gilt insbesondere für die Wiedergabe der prophetischen Drohworte
gegen Israel und die Fremdvölker; vgl. Hos 1,4; 2,13; 4,9; Am 3,2.14; Jer 15,3;
46(26),25; 50(27),18.21; 51(28),44 u.ö.

[38] In Ps 18(17),48 verleiht Gott (διδόναι) die „Rache" dem Beter, was aber

um dem richterlichen Handeln Gottes an Tobit eben jene absolute und umfassende Dimension eines konsequent negativen Strafens zu verleihen. Die Vokabel κρίνειν wird bewußt vermieden[39] bzw. aus V.2c nicht wieder aufgenommen.

In aller Deutlichkeit bringt Tobit darüber hinaus dieses Vernichtungshandeln Gottes mit seinen Verfehlungstaten und denen seiner Väter in Verbindung. Es ließe sich vielleicht fragen, ob die Einbeziehung der Väter gerade dazu dient, die Bedeutung der eigenen Taten Tobits für die Reaktion Gottes abzuschwächen, da Tobit selbst in der bisherigen Erzählung allein als Wohltäter geschildert wurde.[40] Aufrechterhalten und betont wird aber in jedem Falle der Zusammenhang zwischen den ἁμαρτίαι und dem weiteren Ergehen der Väter und damit auch Tobits. Veranschaulicht wird nämlich das implizierte Vernichtungshandeln Gottes anhand der Verbannung und Auslieferung Israels an die Fremdvölker (V.4; siehe auch 1,4). Das Verfehlungshandeln der Väter wird von Tobit als Grund und Ursache für die von Gott heraufgeführte gerichtliche Verfolgung mit Unheilshandeln gefaßt. Die Taten der Väter und die Verfehlungstaten Tobits stehen dabei gleichermaßen im Blickfeld, auch wenn zwischen der dritten Person und der ersten Person Plural (= die Väter) in den Sündenbekenntnissen gewechselt wird. Tobit bezieht sich in das Übertretungshandeln mit ein (ὅτι οὐκ ἐποιήσαμεν τὰς ἐντολάς σου) und bekennt seine eigenen Verfehlungen (V.3b.5b).

Damit wird sichtbar, daß die Ursache für die Vernichtung, die Tobit mit seiner Bitte von sich fernzuhalten sucht, in den Taten Tobits bzw. in den Verfehlungen des Volkes Israel gegenüber seinem Gott gesehen wird. Mit seiner Bitte erkennt Tobit demnach den

---

einer Ausstattung mit Herrschermacht auch über Fremdvölker gleichkommt: ὁ θεὸς ὁ διδοὺς ἐκδικήσεις ἐμοὶ καὶ ὑποτάξας λαοὺς ὑπ᾽ ἐμέ. Vgl. noch die Vorstellung, wonach die Gottheit die Rache zugunsten eines einzelnen ausführt, bei *Lipinski*, nāqam, 610f.

[39] Vgl. auch *F. Büchsel*, κρίνω κτλ. A. Sprachliches, ThWNT III, Stuttgart 1938, 921f.

[40] Anders als Sara betont Tobit nie seine Unschuld, so daß die Schuldbekenntnisaussagen in V.5c beispielsweise im Blick auf 1,3 nahezu paradox erscheinen.

Zusammenhang zwischen diesen Verfehlungen und der Verurteilung durch Gott an, die in der Exilierung und Verfolgung des Volkes sichtbar geworden ist. Doch es ist zu betonen, daß diese Bitte, die gerade ein solches Strafhandeln verneint und als Möglichkeit des Umgangs Gottes mit den Verfehlungen Tobits ausgeschlossen werden soll, auf der Vorstellung basiert, daß der Zusammenhang von Verfehlungstaten und Strafhandlungen Gottes durch eine solche Bitte aufgehoben werden kann.

4. Der Todeswunsch (Tob 3,6)

Charakteristisch ist nun für das Gebet des Tobit, daß diese Vorstellung von einem für Tobit positiven Umgang Gottes mit seinen Verfehlungen nicht weiter entfaltet wird. Eine Vergebungsvorstellung klingt an, wird aber nicht expliziert. Im Anschluß an das ausführliche Schuldbekenntnis in V.5[41] unterdrückt Tobit vielmehr jeglichen Gedanken an einen Ausweg aus dem Zusammenhang von Verfehlungstaten und Verurteilung. Tobit stellt Gott die Entscheidung anheim, was weiter geschehen soll (V.6a). In nicht zu überbietender Eindeutigkeit stimmt Tobit in V.5 und V.6a[42] dem Sachverhalt zu, daß Gottes Umgang mit ihm und seinem Volk sich an den begangenen Taten zu orientieren hat (περὶ τῶν ἁμαρτιῶν).

Angeschlossen wird daran die ohne Umschweife ausgedrückte Bitte um den Tod (V.6b). Vor welchem gedanklichen Hintergrund dieser Wunsch formuliert ist, läßt sich den Begründungssätzen[43] entnehmen, die zwischen die wiederholten Aussagen gestellt sind. Der Tod bringt demnach für Tobit den größeren Nutzen als das Leben;[44] denn falsche Beschimpfungen und großes Leid bedrängen

---

[41] Siehe oben Seite 153.

[42] Vgl. dagegen *Dancy*, Tobit, 23f.

[43] Die Aussagen V.6c.d.e bilden eine einzige Begründung. Verbunden mit der Konjunktion διότι beschreibt V.6c allgemein, weshalb Tobit sterben will, während die weiteren Aussagen (V.6d+e), angeschlossen durch kausales ὅτι und miteinander verknüpft durch parataktisches καί, zweifach spezifizieren, wie die Begründung insgesamt zu verstehen ist.

[44] Das Verbum λυσιτελεῖν wird gemeinsam mit den entsprechenden Derivaten

ihn. Die Klagesätze gehen damit auf die Situation Tobits ein, benennen jedoch keine konkreten Punkte.[45] Im Blick auf das Vorausgegangene läßt sich unter den Beschimpfungen aber einerseits die Erniedrigung der Israeliten durch die Fremdvölker verstehen, wie sie in V.4 genannt ist (ἔδωκας ἡμᾶς εἰς ... αἰχμαλωσίαν καὶ ... παραβολὴν ὀνειδισμοῦ πᾶσιν τοῖς ἔθνεσιν, ...). Andererseits legt es der unmittelbar vor dem Gebet Tobits berichtete Streit mit Hanna nahe (2,11-14), die dort gefallenen Worte gegen Tobit hier angesprochen zu sehen, zumal diese im Blick auf die Tugendhaftigkeit Tobits als falsch (ψευδεῖς) gelten sollen. Ähnlich wird auch im Gebet Saras mit der Vokabel ὀνειδίζειν auf die persönlichen Beschimpfungen gegen sie referiert (V.7.13.15).[46] Schließlich begründet Tobit die Nutzlosigkeit seines Lebens mit dem Gefühl der „Trauer". Mit λύπη/λυπεῖν wird im Tobitbuch zumeist auf erschütterte und traurige Gemütszustände referiert,[47] das Verb kann aber auch im kausativen Sinne von „traurig machen"/„ins Unglück treiben" verwendet werden, indem eine Handlung beschrieben wird, die vor allem aus dem längerfristigen Miteinander von Menschen ausgeschlossen werden soll (4,3; 10,13).

Somit führt das Gebet Tobits in 3,2-6 aus den Klagen und den vorausgehenden Bekenntnissen der Schuld und Anerkenntnissen des Zusammenhangs von Verfehlungstaten und Verurteilung durch Gott in die Resignation. Das Gebet enthält zwar die Bitte um Abwendung des Urteils (V.3), führt aber die Zusammenhänge zwischen Tun und

---

in der jüdischen Literatur eher zurückhaltend gebraucht. So finden sich neben Tob 3,6 allein Belege bei Sirach (20,10.14; 28,21; 29,11). *Philo* und *Josephus* verwenden jedoch die Vokabel im selben vollen Umfang, wie sie auch sonst in der hellenistischen Literatur begegnet. Besonders das Adjektiv λυσιτελής wird verwendet, um das Vorteilhafte und Segensbringende einer Sache und eines Sachverhaltes oder einer Regel und einer Handlungsweise zu beschreiben; vgl. *Josephus* Bell 2,343; 4,177.320; Ant 4,86; 7,202; 16,155; *Philo* Agr 41; 85; 122; SpecLeg II 18; 184; 239; LegGai 49; 242 u.ö.

[45] Vgl. dagegen nochmals das Gebet Saras 3,15.

[46] Der umfangreichere Text der vor allem durch den Codex Sinaiticus vertretenen Textgruppe vermehrt die Episode um Sara beträchtlich. Dementsprechend ist hier die zentrale Vokabel häufiger belegt (3,7.11.13.15).

[47] Dies gilt vor allem für die passiven Verbalformen in 3,10; 7,7; 13,5.

Ergehen derart vor Augen, daß die für israelitische Ohren schmerzende Bitte um den Tod ausgesprochen wird.[48] Die erste (Vergebungs-) Bitte wird dadurch wieder aufgehoben und letztlich allein in die floskelhafte Schlußwendung, die nochmals die Nähe Gottes anmahnt, hinübergeführt.

III. Die Rede des Engels (Tob 12,6-15): Barmherzigkeit rettet vom Tode

Angesichts der bisherigen Ergebnisse stellt sich nun besonders nachdrücklich die Frage nach den soteriologischen Vorstellungen des Tobitbuches. Aus der Untersuchung des Erzählganges war dabei schon deutlich geworden, daß die Frage nach den Zusammenhängen und Hintergründen der berichteten Rettung Tobits über die gesamte Erzählung virulent bleibt, aber erst in der abschließenden Szene wieder explizit thematisiert wird. So ruft die Rede des Engels Raphael in Tob 12,6-15 die ἐλεημοσύνη-Taten Tobits in Erinnerung und gibt eine Antwort auf die Frage Hannas (2,14), welchen Nutzen die Wohltaten Tobits haben können angesichts seiner Erblindung und seiner Not.

1. *Die Komposition der Rede: Offenbarungsworte und Paränese*

Der Gedankengang der Rede des Engels umfaßt zwei inhaltliche Komplexe: die Paränese (V.6-10) und die Offenbarungsworte (V.11-15). Wie gesehen wird der Handlungsablauf der Tobiterzählung in dieser Rede durch die Preisgabe der Identität des Engels vorangetrieben bzw. abgeschlossen. Das Geheimnis um seine Per-

---

[48] Es kann vermutet werden, daß dieser resignative Zug als Teil der Erzähltechnik des Tobitbuches zu begreifen ist, da die Rettungsaktion des Engels Raphael angesichts der beiden Todeswünsche von Tobit und Sara um so größer erscheint; siehe auch *McCracken*, Narration and Comedy, 406. Zur Bewertung des Todes vgl. die Untersuchungen zu Sirach von *F.V. Reiterer*, Deutung und Wertung des Todes durch Ben Sira, in: Die alttestamentliche Botschaft als Wegweisung (FS H. Reinelt), Stuttgart 1990, 203-236, bes. 217ff.; und *J. Hausmann*, Studien zum Menschenbild der älteren Weisheit (FzAT 7), Tübingen 1995, 312ff.

son lüftet der Engel dabei in einem Dreischritt. Er berichtet zunächst davon, daß er am Schicksal Tobits und Saras schon längst beteiligt gewesen sei, indem er die Gebete Saras und Tobits vor „den Heiligen" gebracht habe (V.12a+b; vgl. 3,16). Auch weist er auf seine Anwesenheit bei Tobit hin (V.12c+d; vgl. 2,1-7),[49] offenbart, daß er ein Gesandter Gottes ist (V.14, vgl. 3,17), und nennt zum Abschluß seinen Namen.[50] Eingeleitet sind diese Offenbarungsworte in V.11 mit einer erneuten Anrede an Tobias und Tobit. Indem hier wiederum auf das $\mu \nu \sigma \tau \acute{\eta} \rho \iota o \nu \ \beta \alpha \sigma \iota \lambda \acute{\epsilon} \omega \varsigma$[51] (V.7a) zurückgegriffen wird und indem der Akt der Offenbarung selbst ebenfalls als eine gute Tat bezeichnet wird, sind die Offenbarungsworte mit der vorangestellten Paränese (V.6-10) verklammert. Die Offenbarungsworte erscheinen durch die Einleitung in V.11 als Lobpreis der Werke Gottes, so daß Raphael zugleich die erste seiner paränetischen Forderungen selbst erfüllt.

Denn in immer neuen Worten fordert der Engel im ersten Teil der Rede dazu auf, die Werke Gottes vor aller Welt bekanntzumachen und ihn öffentlich zu loben (V.6b-7a). Die für den erzählten Handlungsablauf so wichtigen Offenbarungsworte erhalten also mit der vorgeschalteten Paränese nicht allein eine Einleitung und doxologische Ausschmückung. Vielmehr erfährt die in wörtlicher Rede wiedergegebene zentrale letzte Handlung des Tobitbuches, nämlich

---

[49] Raphael wertet in diesem Zusammenhang Tobit nochmals als einen Wohltäter ($\dot{\alpha} \gamma \alpha \theta o \pi o \iota \hat{\omega} \nu$). Deutlich wird aber, daß die Gesamtaussage in V.13 auf das Mit-Sein Raphaels hinausläuft. Dem in V. 12 gebrauchten, äußerst seltenen Verb $\sigma \nu \mu$-$\pi \alpha \rho \epsilon \hat{\iota} \nu \alpha \iota$ ist zugleich ein statischer wie auch ein aktiver Charakter eigen (vgl. bes. die Belege bei *Pape*, Wörterbuch, a.a.O., s.v.). Daher ist auch für Tob 12,12 zu vermuten, daß Raphaels Anwesenheit bei Tobit einer solchen gleicht, wie sie von der Weisheit erfleht wird (vgl. Weish 9,10), und somit ebenfalls ein Zuhilfekommen beinhaltet. In jedem Fall ist aber an eine reale Anwesenheit gedacht, die im Blick auf die weiteren Ereignisse ein Zusammensein bzw. ein gemeinsames Handeln impliziert; vgl. noch Spr 8,12-31, bes. V.27.

[50] Vgl. zu dem traditionsgeschichtlichen Problem des himmlischen Hofstaates *Deselaers*, Tobit, 191.

[51] Die Deutung des Ausdrucks $\mu \nu \sigma \tau \acute{\eta} \rho \iota o \nu \ \beta \alpha \sigma \iota \lambda \acute{\epsilon} \omega \varsigma$ als Begriff für das (zukünftige) Handeln Gottes in der Geschichte (vgl. aber Eph 1,9; 3,3.4; Kol 1,26.27 u.ö.) scheint sich in diesem Falle zu verbieten, da hier auf das Geheimnis der Identität Gottes selbst angespielt ist.

die Preisgabe der Identität des Engels, innerhalb derselben Rede
eine theologische Interpretation. Grundlage und damit Ziel der Offenbarung ist das Gebot, wonach es „gut" ist, die Identität Gottes
selbst zwar verborgen zu halten, seine Werke und sein Handeln an
den Menschen aber in aller Öffentlichkeit preiszugeben.

In diese Klammer mit hineingenommen ist der weitere Gedanke,
der dieses „Gut"-Sein einer Handlung veranschaulicht und zugleich
beantwortet, auf welche Weise das Gotteslob zum Ausdruck gebracht werden kann.[52] So fordert der Engel ebenfalls dazu auf,
Gutes zu tun, wobei die imperativischen Ausrufe mit allgemeinen
Aussagen wechseln, welche Beispiele herausgreifen, die als „gut"[53]
qualifiziert werden können. An dieser Stelle wird auf die Taten der
ἐλεημοσύνη und δικαιοσύνη zurückgegriffen; sie werden als Ausweis guten Handelns genannt und in ihrer Wirkung ausführlich erläutert (V.8-10). Insgesamt bietet damit die Paränese des Engels
durch die Gliederung in die Aufforderung zum Gotteslob und die
Aufforderung, Gutes zu tun, in doppelter Weise das theologische
Fundament für die Tobiterzählung. Verschränkt mit der folgenden
Offenbarung macht sie deutlich, daß die gesamte Erzählung dazu
dient, die Taten und Werke Gottes bekanntzumachen. Das Handeln
Gottes mit den Menschen wird in dieser Erzählung verkündigt. Zugleich wird aber auch deutlich, aus welchen Gründen innerhalb dieser Erzählung immer wieder die positive Bedeutung der Barmher-
zigkeits- und Gerechtigkeitstaten herausgestrichen wird und aus
welchen Gründen die Erzählfigur Tobit tatsächlich als Beispiel für
einen rechtschaffenen Israeliten genommen werden kann.[54] Die

---

[52] Deutlich ist, daß innerhalb von V.7 die Handlungsaufforderung (ἀγαθὸν
ποιήσατε) asyndetisch mit der Aussage über die Bekanntmachung der Werke Gottes verbunden ist. Will man nicht davon ausgehen, daß hier völlig unvermittelt ein
neues Thema eingeleitet ist, so legt es sich nahe, das Tun von guten Taten als weiteren Ausdruck für den Lobpreis Gottes und seiner Werke zu sehen.

[53] Im Text wecheln die Adjektive ἀγαθόν und καλόν.

[54] Demnach sind weder Ironie noch Sarkasmus hinter den Worten des mit
Blindheit geschlagenen Tobit zu vermuten, der seinen Sohn dazu auffordert,
ebenso zu handeln, wie auch er getan hat. Vielmehr ist es Ziel der Rede Raphaels
und damit der gesamten Erzählung, die Stichhaltigkeit dieser Forderung zu erweisen und zu demonstrieren. Vgl. dagegen *Nickelsburg*, Literature, 31.

Konsequenzen, die sich aus dem barmherzigen und gerechten Handeln ergeben, sind der Grund dafür, daß jene Taten als „gut" gelten können, wie sie gleichzeitig auch die Forderung, Gutes zu tun, begründen.[55] Der Engel Raphael führt also die Vermehrung und Erhaltung der ζωή, die Reinigung von Verfehlungen und die Rettung aus dem Tode als ziehende Argumente für seine Aufforderung an. Dieser Begründungszusammenhang ist im weiteren genauer zu untersuchen.

2. Der Tatcharakter der Barmherzigkeit als Voraussetzung

Die Aufforderung, Gutes zu tun, wird durch drei Sätze erläutert, die in Fortführung von V.7b anaphorisch das Attribut der Güte (ἀγαθόν und im letzten Fall καλόν) der jeweils beschriebenen Handlungen voranstellen.[56] Als eine gute Tat wird damit das *Gebet* herausgestellt, jedoch allein im Verbund mit den Taten des Fastens, der Gerechtigkeit und der Barmherzigkeit. Letzteres ist dabei als Einschränkung zu verstehen, wie mittels eines Präpositionalausdruckes (μετά c. gen.) festgehalten ist.[57] Das Gebet bleibt also an die Taten des Fastens, der Barmherzigkeit und der Gerechtigkeit gebunden.[58]

---

[55] Implizit erfolgt im weiteren Verlauf der Rede noch eine Gleichsetzung von „guter Tat" und Barmherzigkeitstat. Denn in V.13 bezeichnet Raphael die in 1,3ff. als Taten der Barmherzigkeit gewerteten Handlungen Tobits als Wohltaten; siehe auch Anm. 61.

[56] Es ist zu vermuten, daß das Stilmittel der Anapher auch dazu führte, die Positivform des Adjektivs mit komparativer Funktion (V.8b) zu verwenden (vgl. *Kühner/Gert*, Grammatik II, 303). Weshalb die Reihe in V.8c mit dem Adjektiv καλόν durchbrochen wird (vgl. schon V.6+7), läßt sich nicht mehr ausmachen. In jedem Fall liegt aber eine synonyme Verwendung beider Vokabeln hier vor, da V.8c keinen neuen Gedanken, sondern ebenfalls eine Explikation von V.8a enthält; vgl. für die Synonymität der Adjektive im Neuen Testament noch *Louw/Nida*, Lexicon, a.a.O., § 88.1+4.

[57] Vgl. *Mayser*, Grammatik II, 440ff.; BDR § 227.

[58] Gegen *Dancy*, Tobit, 56, ist zu bemerken, daß mit der Beobachtung, das Fasten sei sonst nicht Thema der Tobiterzählung, die Frage nach νηστεία nicht schlicht textkritisch beiseite gewischt werden kann (die Lesart der Gruppe II enthält - wohlgemerkt aber in einem anderen Aussagezusammenhang - hier wie auch in Tob 3 ἀλήθεια). Denn innerhalb der Gruppe I der Textzeugen liegt keine Variante für diese Stelle vor. Mit dem Begriff νηστεία wird dagegen auf eine Handlung re-

In zwei disjunktiven Parallelsätzen werden im folgenden diejenigen Taten nochmals hervorgehoben, die sich den Mitmenschen zuwenden (V.8b+c): die Taten der Gerechtigkeit und Barmherzigkeit. Und abschließend wird in einem synonymen und in einem antithetischen Parallelismus auf die Wirkung gerade dieser Taten aufmerksam gemacht (V.9+10). Es kommt ein dezidiertes Verständnis des Zusammenhangs zwischen Verfehlungen des Menschen und dem Heilshandeln Gottes zum Ausdruck, das eine weitere Dimension innerhalb dieses Vorstellungsbereiches in den herangezogenen Texten des Judentums deutlich werden läßt.

Zentral für den Aussagezusammenhang ist aber, daß mit den Begriffen δικαιοσύνη und ἐλεημοσύνη in diesem Zusammenhang menschliche *Taten* bezeichnet sind. Als Attribute des Handelns werden die Vokabeln ἐλεημοσύνη und δικαιοσύνη im Tobitbuch häufig parallel gebraucht (1,3; 2,14; 12,8.9.10), ohne die Handlungsweise im einzelnen genauer zu bestimmen. Zu einem „rechtschaffenen" Verhalten (δίκαιος/δικαιοσύνη) gehört jedoch unter anderem das Halten der Gebote (4,5; 14,9),[59] so daß die Kinder der Gerechten (υἱοὶ τῶν δικαίων) mit den Israeliten selbst, die sich den Geboten Gottes unterstellen, gleichgesetzt werden können (13,9.13). Über die Aussagen in 12,8 hináus wird besonders in V.9c das Tun (ποιεῖν) und damit der Tatcharakter der Gerechtigkeit und Barmherzigkeit betont. Ein nochmaliger Blick auf die Bedeutung der Barmherzigkeitstaten für das gesamte Tobitbuch bestätigt dies.

---

feriert, in der die Reue bzw. Buße des Menschen gegenüber Gott zum Ausdruck kommt (vgl. JosAs 13,9; PsSal 3,8), in jedem Fall also das Gott-Mensch-Verhältnis im Blick ist. Eine Verbindung von Fasten und Beten begegnet neben den Makkabäerbüchern vor allem in den TestXIIPat (vgl. 1 Makk 3,47; 2 Makk 13,12; TestJos 3,4; 4,8; 10,1; TestBen 1,4). In Anlehnung an die Septuagintaübersetzungen verwenden *Philo* und *Josephus* die Vokabel als Ausdruck für einen Festtag allgemein bzw. für den großen Fastentag, das Versöhnungsfest; vgl. *Josephus*, Vita 290; Ap 2,282; Ant 14,66.487, 5,166; 11,134; 17,165f.; *Philo*, SpecLeg 1,167.186; 2,41.193-200.

[59] Zur Verwendung von δικαιοσύνη als Tugendbegriff zur Umschreibung menschlicher Handlungen bietet insbesondere Sirach anschauliche Belege (Sir 16,22; 26,28; 44,10; 45,26).

Hervorzuheben ist besonders die einleitende Charakteristik Tobits in 1,3ff., wonach sich sein Verhalten einerseits auf den „Wegen der Wahrheit" bewegte, andererseits aber von den Gerechtigkeits- und Barmherzigkeitstaten gegenüber seinen Mitmenschen gekennzeichnet war. Berichtet wird dann zunächst von dem Gehorsam Tobits in bezug auf den Tempelkult und die Zehnten (V.4-8), auf die Wahl einer Ehefrau aus dem eigenen Stamm (ἐκ τοῦ σπέρματος τῆς πατριᾶς ἡμῶν; V.9) und auf die Einhaltung der Gebote auch in der Diaspora (V.10-12). Die Zuwendungen zu den Mitbrüdern während der Herrschaft des Königs Sanherib werden schließlich nochmals als Barmherzigkeitstaten qualifiziert (1,16), bevor geschildert wird, daß Tobit Hungernden Brot, Nackten Kleidung gab und die unbestattet aufgefundenen Israeliten begrub (V.17). Aus diesen beispielhaften Handlungen wird nun vor allem letztere als zentrales Erzählmotiv herausgehoben. So zwingt die unerlaubte Bestattung von Israeliten Tobit zur Flucht aus Ninive (V.18-20), wie gleichzeitig das Motiv der Bestattungen in der Pfingst-Episode (2,1-8) wiederholt und eindrücklich ausgestaltet wird.[60]

Werden in der Exposition die Barmherzigkeitstaten Tobits einerseits überschriftartig genannt, um daraufhin andererseits in kurzen Episoden oder Berichten aus dem Leben Tobits veranschaulicht zu werden, so wird im Fortgang der Erzählung, der keine Taten Tobits mehr enthält, ohne weitere Erläuterung von Barmherzigkeits- und Gerechtigkeitstaten gesprochen. Zu nennen sind insbesondere die Handlungsanweisungen, in denen Barmherzigkeitstaten gefordert werden (4,7-8.16) und welche sich in diesem Falle als Almosengeben konkretisieren lassen. In den übrigen Fällen bleibt jedoch die Erwähnung der ἐλεημοσύνη ebenso wie die der δικαιοσύνη unspezifiziert und begegnet schlicht als Forderung bzw. wird wie in 12,8f. in ihrer rettenden Wirkung beschrieben (vgl. 4,10 und 14,11).[61]

Wichtig scheint auch ein Hinweis auf das Verhältnis der Vokabeln ἐλεημοσύνη und ἔλεος. Im Tobitbuch wird eine Barmherzigkeitstat nur in 14,7 mit Hilfe der Vokabel ἔλεος umschrieben (vgl. auch 14,9), was in Parallelität zum Gebrauch der Phrase ποιεῖν ἔλεον in Texten des hellenistischen Judentums steht, die meist auf das barmherzige Handeln Gottes an Israel anspielen.[62] Schließlich wird jedoch

---

[60] Vgl. auch die Mahnungen Tobits an Tobias, sowohl ihn als auch seine Frau nach ihrem Tod rechtmäßig zu begraben (Tob 4,2.4; 14,10).

[61] Explizit werden nochmals in der Rede des Engels, Tob 12,12f., die Taten Tobits erwähnt, ohne sie ausdrücklich als Taten der Barmherzigkeit zu qualifizieren. Im Rückgriff auf 1,3-2,14 spielen aber die von Tobit durchgeführten Bestattungen, welche oben sehr wohl als Barmherzigkeitstaten galten, eine Rolle, und Tobit wird deshalb als ein Täter guter Taten (ἀγαθοποιῶν) in den Augen des Engels beschrieben. Siehe auch die Zusammenfassung des weiteren Lebens Tobits in 14,2.

[62] Vgl. grHen 1,8; 5,6; TestAbr 14,9.11; JosAs 11,18; 12,13ff.; PsSal 2,8.33ff.; 4,25; 5,15; 9,8 u.ö. Zur Umschreibung menschlichen Handelns an anderen Menschen begegnet die Wendung dagegen häufig in Erzählungen im Kontext von Kriegsberichten, wo ποιεῖν ἔλεον schlicht mit „schonen"/„Leben erhalten" wiedergegeben werden kann (vgl. neben Jos 2,12.14; 11,20; Ri 1,24; 6,17; 8,35; 21,22; 1 Βας 15,6; JosAs 23,3 auch Gen 24 u.ö.).

auch die von den Propheten geforderte Wohltat am Mitmenschen (חֶסֶד) in den Septuaginta-Übersetzungen mit ἔλεος wiedergegeben (vgl. Hos 4,1; 6,4.6; 12,7; Mi 6,8; Sach 7,9; Ez 18,19.21 [צְדָקָה] u.ö.), was aber nur in wenigen weisheitlichen Sprüchen aufgenommen wird (vgl. Sir 18,13; 29,1 und Jak 2,13; 3,17). Es ist also zu vermuten, daß zur Beschreibung der menschlichen Wohltaten die sprachgeschichtlich ältere Vokabel ἔλεος schließlich gegenüber ἐλεημοσύνη zurückgetreten ist.[63] In anderen Texten wird das insgesamt eher selten verwendete Substantiv ἐλεημοσύνη einerseits parallel zu ἔλεος zur Beschreibung der göttlichen Zuwendungen an Israel oder an einzelne Beter[64] oder zur positiven Spezifizierung seines Richterhandelns gebraucht.[65] Auf der anderen Seite referiert diese Vokabel aber auch in weiteren jüdischen Schriften auf eine *menschliche Tat, die im Gegenüber zu anderen Menschen gefordert und von Gott geboten ist*.[66]

Es ist also festzuhalten, daß es Taten sind, die hier gefordert werden und deren Wirkung veranschaulicht wird. Welche Handlungen konkret gemeint sind, geht nicht aus den allgemeinen Aussagen der Offenbarungsrede des Engels hervor. Doch das Tobitbuch mit der Hervorhebung der Hauptfigur liefert insgesamt eine Reihe von anschaulichen Beispielen und Konkretisierungen.

Demnach ist auch in 12,8c nicht zwangsläufig unter der Barmherzigkeitstat das Geben von *Almosen* zu verstehen, das dem Schätzesammeln entgegengestellt wird.[67] Parallel zu Tob 4,10 wird zwar auch hier die bildliche Sprache des Spar- und Geldwesens verwendet, jedoch gerade um die Negativfolie auszumalen. Das positive Gegenbild der ἐλεημοσύνη wird nicht weiter erläutert, so daß wohl in dieser Aussage wie auch in den vorausgehenden und folgenden

---

[63] Zur semantischen Relation der Vokabeln siehe schon R. *Bultmann*, ἔλεος κτλ., ThWNT II, Stuttgart 1935, 482.

[64] Siehe Dtn 6,25; 24,13; PsLxx 23,5; Spr 14,22; 19,22; Jes 38,18; Sir 17,28; PsSal 9,11; 15,13 u.ö.

[65] Siehe PsLxx 32,5; 34,24 (v.l.); 102,6; Jes 1,27; 58,16; Dan θ' 9,16; Sir 16,14.

[66] Siehe Gen 47,29; Spr 3,3; 20,28; 21,21; Dan 4,27(24) sowie Sir 3,14.30; 7,10; 12,3; 16,14; 17,19-24; 40,17.24 u.ö. Vgl. die Belege aus der hellenistischen Literatur bei *Bauer*, Wörterbuch, s.v.

[67] Im Zusammenhang von Tob 4 ließe sich vermuten, daß mit der Wendung τὸ ὀλίγον auf ein geringes Vermögen angespielt wird (vgl. 4,8), so daß beide Sätze auf das Thema des Geldgebens abheben. Vor allem *Deselaers*, Tobit, 410 mit Anm. 64, zeigt auf, wie sehr sich das Motiv des Geldes durch die Tobiterzählung zieht. Er sieht in 12,8 dieses prägnant zusammengefaßt.

allgemein von barmherzigen „Wohltaten" die Rede ist, die das Geben von Almosen selbstverständlich einschließen.[68]

3. *Die Wirkung von Barmherzigkeitstaten (12,9+10)*

Die Untersuchung der Rede kann vor dem Hintergrund der bisherigen Ergebnisse nun auf die Vorstellungen zum Umgang mit den Verfehlungstaten weiter zugespitzt werden. Es gilt zu klären, welche Bedeutung dem menschlichen Tun von Wohltaten und zugleich auch von Verfehlungstaten durch die Worte des Engels zugemessen wird. Denn die Bedeutung menschlicher Wohltaten für das Wohlergehen legt der Engel dar, indem er drei positive Wirkungen der Barmherzigkeits- und Gerechtigkeitstaten anführt (V.9+10): Die Rettung vom Tode (ἐκ θανάτου ῥύεται), die Reinigung von ἁμαρτία und die „Vermehrung" des Lebens (πλησθήσονται ζωῆς).

Die Aufgabe besteht also, die inhaltliche Füllung der Aussagen und zugleich die semantische Verbindung der Gedanken zu erheben, da eine syntaktische Verknüpfung nicht vorliegt. Vielmehr lassen sich die Aussagen in zwei jeweils doppelgliedrige Paare unterteilen, deren erstes Paar (V.9a+b) die personifizierte ἐλεημοσύνη zum Subjekt hat.[69] Das zweite Paar (V.9c+10) fällt dagegen die Aussa-

---

[68] *Deselaers*, ebenda, geht dagegen davon aus, daß die Bedeutung von ἐλεημοσύνη zwischen V.8 und V.9 wechselt.

[69] Zum Begriff der Personifikation vgl. die Untersuchung des Sündenbegriffes durch G. *Röhser*, Metaphorik und Personifikation der Sünde. Antike Sündenvorstellungen und paulinische Hamartia, WUNT[2] 25, Tübingen 1987. *Röhser* vertritt im Anschluß an *J. Kopperschmidt*, Allgemeine Rhetorik, [2]1976, die Auffassung, daß rhetorische Figuren „die Wirklichkeit strukturieren". Damit versucht *Röhser* eine Definition von Personifikation bzw. Prosopopoiie zu geben, die im Gegensatz zu anderen rhetorischen Modellen den modernen Personen-Begriff umgeht und gleichzeitig aber der „metaphorischen Struktur der Prosopopoiie voll Rechnung trägt" (ebenda, 133). Das Ziel *Röhsers* ist offensichtlich, die Personifikation der Sünde bei Paulus sowohl von der rhetorischen Seite aus zu erfassen als auch von der metaphorischen, die Wirklichkeit abbildenden Seite her. Er strebt dabei an, die Personifikation der Sünde weder als rein ornativ-rhetorisches Stilelement verstehen zu müssen noch als Beschreibung von realen Mächten (vgl. bes. III/1.2 „Differentierungsversuche", 136ff. sowie 141ff.). *Röhser* definiert somit Personifikation bzw. Prosopopoiie als ein „Strukturmuster" in rhetorischen und poetischen Texten, in dem als „Abweichung vom normalsprachlichen Standard" „konkrete

gen über die Täter der Barmherzigkeit und Gerechtigkeit sowie über die Sünder. Innerhalb der Parallelismen ist eine syntaktische Verbindung gegeben, da in V.10 durch die adversative Partikel δέ das Handeln der Sünder (ἁμαρτάνοντες) den in V.9c genannten Tätern (ποιοῦντες) der Barmherzigkeit und Gerechtigkeit gegenübergestellt wird. Hier ist der inhaltliche Gegensatz also durch die adversative Struktur des Parallelismus betont. Liegt aber im ersten Paar ebenfalls eine Verknüpfung von Rettungsaussage (V.9a) und Reinigungsaussage (V.9b) vor, die über eine schlichte Beiordnung hinausgeht?

Schon um diese Frage klären zu können, empfiehlt es sich, zunächst die Verse in den Blick zu nehmen, die die Rettungsaussage in V.9b rahmen. Zunächst soll also die Gedankenverbindung der parallelen Aussage in V.9c + 10 und auch der Aussagegehalt des vorausgehenden Satzes (V.9a) geklärt werden. Anschließend kann leichter die Funktion der Rettungsaussage (V.9b) für den Gesamtzusammenhang erhoben werden. In einem eigenen Abschnitt ist die Untersuchung daraufhin noch weiter zuzuspitzen, indem als Ziel sämtlicher Einzelschritte die in der Rettungsaussage enthaltene Vorstellung vom Handeln und Umgehen mit der Hamartia herausgearbeitet wird (s.u. 4.).

a) Rettung aus dem Tod (V.9a)

Die Wirkung einer Barmherzigkeitstat ist in V.9a zunächst als Rettungsaussage formuliert, wobei der vorliegende Präpositionalausdruck ῥύεσθαι ἐκ im Sinne eines Herausreißens aus einem räumlichen Bereich verstanden werden kann.[70] Denn der mit θάνατος umschriebene Bereich meint an dieser Stelle wohl kaum den Tod eines Menschen, so daß sich eine Deutung der Aussage als „Bewahrung vor einem vorzeitigen Lebensende" ausschließt.

Gegenstände, Naturkräfte oder Abstraktnomina (z. B. Sünde) mit *Prädikaten* kombiniert sind, *die normalerweise nur Lebewesen zukommen*" (ebenda, 134; Hervorhebungen im Original. *Röhser* entlehnt die Begriffe bei *Kopperschmidt*).

[70] Zur überaus häufigen Verbindung von ῥύεσθαι mit der Präposition ἐκ im lokalen Sinne siehe Esra 4,8.17; Hiob 5,10; PsLxx 17,17ff.; 30,15; 32,19; 33,4; Spr 10,2; 11,4.6; 15,25; 23,14; Weish 2,18; 10,9.13; Hos 13,14 u.ö. und vgl. *Mayser*, Grammatik II, 283ff. Zur Verwendung von ῥύεσθαι ἀπό ... siehe auch oben zu JosAs 13,12.

Parallel zur Rettungsaussage wird nämlich in V.7b als Ziel guter Taten die Vermeidung von „Unheil" (κακόν) innerhalb des Lebens herausgestellt. Außerdem dienen im Tobitbuch, und zwar gerade im Zusammenhang der weiteren Hinweise auf die rettende Funktion der Barmherzigkeitstaten, neben θάνατος noch παγὶς θανάτου bzw. σκότος zur Umschreibung der Bereiche, aus denen heraus die Rettung vollzogen wird. In welchem profilierten Sinne die Aussagen gedacht sind, läßt sich zudem ermessen, wenn das Schuldbekenntnis Tobits (Tob 3,4) in Erinnerung gerufen wird, in dem er den „Tod" (θάνατος) mit den Umständen und dem Leben im Exil bzw. mit der Verbannung unter die Fremdvölker identifizieren kann. Einbezogen werden kann schließlich auch der Erzählduktus der gesamten Erzählung, der die „Rettung" Tobits und Saras eben nicht als Bewahrung vor dem Tode, sondern als Herausführung aus ihrer Notsituation darstellt. Demnach scheint auch in Tob 12,9 auf eine Herausreißung aus widrigen Lebensumständen angespielt zu sein, für die die Blindheit Tobits oder die Bedrängung Saras durch den Dämon ein Beispiel sind. Das Tun von Barmherzigkeitstaten bewirkt demnach nicht allein eine Bewahrung vor Übel und Not, sondern es kann eine Änderung und Herausführung aus todesähnlichen Zuständen erwirkt werden.[71]

b) Die Vermehrung des Lebens (V.9c + 10)

Aus der Korrespondenz der Begriffe ζωή und θάνατος läßt sich daraufhin auch der zweite Parallelismus in V.9c + 10 interpretieren, wenn nämlich mit ζωή ebenfalls ein Bereich angesprochen ist, der über die Bezeichnung des natürlichen menschlichen Lebens hinausgeht. Zwar wird sonst im Tobitbuch mit dieser Vokabel auf die Lebenszeit referiert,[72] die Einbindung dieses Begriffes als Objekt einer

---

[71] Parallel dazu wird in der Abschlußrede Tobits (14,10) die Rettung (σωθῆναι) Achikars mit seinem Tun von Barmherzigkeit und Gerechtigkeit in Verbindung gebracht. Auch Achikar befand sich schon in einer Notlage, wurde aber aus ihr befreit. Im einzelnen ist die Kenntnis der Begebenheiten um Achikar in Tob 14 vorausgesetzt, so daß die konkrete Notsituation nur kurz angerissen wird. Vgl. *M. Küchler*, Frühjüdische Weisheitstraditionen. OBO 26, Freiburg (Schweiz)/Göttingen 1979, 365ff.

[72] Vgl. 1,3; 3,6.10; 4,3.5; 6,14; 8,17; und die Varianten zu 10,13 und 11,1.

Handlung des Vermehrens ($\pi\acute{\iota}\pi\lambda\eta\nu\alpha\iota/\pi\lambda\eta\sigma\theta\tilde{\eta}\nu\alpha\iota$) bzw. als Ziel einer feindlichen Gesinnung (V.10) macht eine Deutung beschränkt auf das natürliche Leben jedoch schwer nachvollziehbar. Es ist in Betracht zu ziehen, daß sich gerade in weisheitlichen Schriften eine Vorstellung von „Leben" findet, die über die hohe Wertschätzung des natürlichen Lebens hinaus auch den Aspekt der Gott gefälligen und unbescholtenen Lebensführung mit aufnimmt. So kann die Vokabel $\zeta\omega\acute{\eta}$ als Gegenbegriff auch zu $\dot\alpha\mu\alpha\rho\tau\acute{\iota}\alpha$ (vgl. Spr 10,16) oder zu Umschreibungen negativer Lebensumstände verwendet werden (vgl. Spr 19,23; Sir 37,18). Positiv wird der *Weg des Lebens* nicht nur als Abfolge der Lebensereignisse, sondern als sinnvolle Lebensführung ausgemalt (vgl. Spr 5,6; 6,23; 8,35), wie schließlich Sirach vom Gesetz des Lebens spricht (Sir 17,11; 45,5; vgl. PsSal 14,2). Die Verehrung der Weisheit und das Einhalten der Gebote gelten ihm als Liebe des Lebens (Sir 4,12). Sowohl „Leben" als auch „Tod" stehen dem Menschen daher für seine Lebensführung zur Wahl.[73]

Wird hier in Tob 12,9c von einer Vermehrung des Lebens gesprochen bzw. von der Feindschaft zum Leben, wird demnach deutlich, daß mit dem Begriff $\zeta\omega\acute{\eta}$ wie auch mit dem Begriff $\theta\acute\alpha\nu\alpha\tau o\varsigma$ auf eine Wertvorstellung zur Charakterisierung der Lebensumstände referiert wird, vergleichbar mit anderen weisheitlichen Texten. Die Vermehrung des Lebens entspricht damit nicht schlicht einer Verlängerung der Lebensdauer,[74] sondern vermehrt werden die Werte und positiven Merkmale eines menschlichen Lebens, wie zugleich durch das Begehen von Verfehlungen ($\dot\alpha\mu\alpha\rho\tau\acute\alpha\nu\epsilon\iota\nu$) die genau entgegengesetzte Wirkung erzielt wird, die im Bild der Feindschaft wider das eigene Leben veranschaulicht wird (V.10).

---

[73] Schon im Zusammenhang der eschatologischen Vorstellungen bei JosAs war deutlich geworden, welch eine zentrale Rolle die Lebens-Vorstellungen in den Texten des griechisch sprechenden Judentums spielen können. Eine gründliche Untersuchung dieses Vorstellungsbereiches in hellenistisch-jüdischen Schriften fehlt. Vgl. aber *Schmitt*, Leben, a.a.O., bes. 180ff.

[74] Daß dies ebenfalls noch als ein Wert angesehen wird, zeigen die Belege aus Spr 3,16; 4,10; PsSal 3,12; 13,11; grHen 5,9 u.ö.

c) Reinigung von ἀμαρτία *(V. 9b)*

Durch die Satzstruktur mit der Rettungsaussage parallelisiert ist schließlich die These von der Reinigung aller Hamartia durch Barmherzigkeitstaten: καὶ αὐτὴ ἀποκαθαριεῖ πᾶσαν ἀμαρτίαν. Das Verb ἀποκαθαρίζειν ist nur äußerst selten und nahezu ausschließlich in jüdisch-christlicher Literatur belegt.[75] Daher läßt sich fragen, ob durch die Verwendung des Kompositums ἀποκαθαρίζειν + Sündenterminus der verbale Ausdruck keine Bedeutungsveränderung gegenüber den Wendungen erfährt, die mit dem Verb καθαρίζειν + ἀπό + *Sündenterminus* formuliert werden.[76] Auf der anderen Seite liegen aber auch vereinzelt Aussagen vor, in denen die Hamartia bzw. Anomia als direktes Objekt einer Reinigungshandlung begegnen (s.u.). Es wird in einem eigenen Abschnitt auf die Vorstellungen von Reinheit und Sündenfortschaffung einzugehen sein, um von dort aus auch Rückschlüsse auf die Aussage in Tob 12,9 ziehen zu können.

Zuvor ist aber die Frage nach der Verbindung dieser These mit der vorausgehenden Rettungsaussage aufzugreifen. Die schlichte Kopula καί läßt sich einerseits im Sinne einer Verbindung zweier gleichwertiger Elemente verstehen, wonach in Tob 12,9a + b sowohl die rettende Wirkung als auch die reinigende Wirkung der ἐλεημοσύνη postuliert werden soll. Andererseits legt sich im Blick auf die Parallelstelle in Tob 4,9-11 nahe, die *Reinigungsaussage als Explikation der Rettungsaussage* zu begreifen.[77] Dort ist die Ret-

---

[75] Die Vokabel wird neben Tob 12,9 und Hiob 25,4 allein in jüngeren christlichen Texten verwendet; vgl. *Athanasius*, expositio in psalmum 27,241; *Macarius (Alex.)*, homiliae 50; *Origines*, exerpta in psalmum 17,137 u.ö. Zu den Derivaten von ἀποκαθαρίζειν vgl. die Belege bei LSJM, s.v. In Hiob 25,4 wird ἀποκαθαρίσαι ἑαυτόν mit δίκαιος εἶναι parallelisiert. Ohne daß ein Sündenterminus genannt wird, macht der Zusammenhang deutlich, daß hier die Vokabel verwendet wird, um auf einen Vorgang zu referieren, der einen schuldfreien, also reinen Zustand des Menschen im Gegenüber zu Gott herstellt, welcher als Kennzeichen der Gerechten gilt.

[76] Siehe vor allem die Belege aus Texten des griechisch sprechenden Judentums: Jdt 16,18; PsSal 10,1ff.; 18,5; grHen 10,20ff.; Sir 23,10; 38,9-12 und TestLev 2,3b,14; (Eph 5,26) Hebr 9,14; 1 Joh 1,7ff.

[77] In seinen letzten Worten weist Tobit nochmals auf die rettende (hier ist neben ῥύεσθαι auch σώζειν gebraucht) Wirkung der Barmherzigkeit und Gerechtig-

tungsthese von zwei weiteren Aussagen flankiert, die ausdrücklich durch die Konjunktionen διότι und γάρ in ein Kausalverhältnis miteinander gestellt werden. So gibt Tobit für die Aufforderung, Taten der Barmherzigkeit zu üben, folgende Begründung: θέμα γὰρ θησαυρίζεις σεαυτῷ εἰς ἡμέραν ἀνάγκης· διότι ἐλεημοσύνη ἐκ θανάτου ῥύεται καὶ οὐκ ἐᾷ εἰσελθεῖν εἰς τὸ σκότος· δῶρον γὰρ ἀγαθὸν ἐστιν ἐλεημοσύνη πᾶσι τοῖς ποιοῦσιν αὐτὴν ἐνώπιον τοῦ ὑψίστου.[78]

Jeweils wird mit einer weiteren These begründet, weshalb es sinnvoll und geboten ist, Barmherzigkeitstaten zu verrichten, wobei explikativ auf die Wirkung der ἐλεημοσύνη und auf die Konsequenzen eines solchen Tuns verwiesen wird. Bezieht man zudem den Parallelismus von Tob 12,9c+10 mit ein, der die Wirkung des Verfehlungshandelns und des Tuns von Barmherzigkeit und Gerechtigkeit in ein Verhältnis setzt, wonach dem menschlichen Handeln jeweils eine angemessene und entsprechende Wirkung zukommt, so scheint es nur folgerichtig, den Parallelismus in Tob 12,9a+b im Sinne einer Erläuterung zu interpretieren: die Barmherzigkeitstat kann aus dem Tode herausreißen, *indem* sie von ἁμαρτία „reinigt", da die todesähnlichen Lebensumstände gerade auf die Wirkung der Verfehlungshandlungen zurückzuführen sind. Welche Vorstellung verbirgt sich aber hinter der Reinigungsaussage?

4. Die Vorstellung einer Reinigung von Verfehlungen

Die Deutung der Reinigungsaussage in Tob 12,9b ist im weiteren mit Blick auf die Frage nach dem Verhältnis von Kultus und Ethik in der israelitischen Weisheit vorzunehmen.[79] Wird doch meist

---

keit hin (14,8ff.). Ziel der dortigen Ausführungen ist es jedoch allein, diese rettende Wirkung herauszustellen und am Beispiel von Achikar zu verdeutlichen. Genauere Gründe für diese Wirkung werden in dieser Rede also nicht angegeben.

[78] Siehe zur Deutung von Tob 4,11 unten Abschnitt 4.b).

[79] Einen knappen Überblick über Problemstellung und Forschungspositionen verschafft der entsprechende Exkurs bei *H. Stadelmann*, Ben Sira als Schriftgelehrter, WUNT[2] 6, Tübingen 1980, 99-112.

davon ausgegangen, daß die kultischen Vorstellungen, wie sie sich u.a. in der priesterschriftlichen Gesetzgebung finden, in den weisheitlichen Texten durch ethische und moralische ersetzt werden.[80] Dagegen ist aber auch die These aufgestellt worden, daß das Tobitbuch zur Veranschaulichung seiner ethischen und moralischen Forderungen auf den Kultus und seine Wirkung zurückgreift und somit die Ethik gerade vor dem Horizont des Kultgeschehens entfaltet.[81] Wie gesehen spielt in der Rede Tobits (4,9-11) kultische Terminologie eine gewisse Rolle. Um jedoch die Frage beantworten zu können, ob mit der Phrase von der „Reinigung der Verfehlungen" in 12,9b ebenfalls auf kultische Handlungen und die soteriologische Wirkung des Kultus angespielt werden soll, ist vor der Einzeluntersuchung zu dieser Vorstellung zunächst ein Überblick über die Bedeutung kultischer Handlungen für das Tobitbuch zu geben.

a) Die Bedeutung des Tempels
Als Kennzeichen seines tugendhaften Lebenswandels nennt die Erzählung auch Tobits Teilnahme am jerusalemer Kultus (vgl. Tob 1,3-8). Tobit weist darauf hin, daß er im Gegensatz zu sämtlichen Stämmen Israels nicht „abgefallen" (ἀποστάναι/συναποστάναι) sei, sondern alljährlich (vgl. 1,7fin) nach Jerusalem zog, um dort die gebotenen Abgaben zu leisten. Angedeutet wird dabei, welcher Art die Abgaben sind und welcher Zielgruppe sie zukommen.[82] Der

---

[80] Im Blick auf die gesamte hellenistisch-jüdische Literatur gilt damit wohl bis heute die Forderung *G. v. Rads*, die Frage allein „unter sorgfältiger Aufbietung alles erdenklichen Quellenmaterials schrittweise einer Lösung" zuzuführen (*G. v. Rad*, Weisheit in Israel, Neukirchen-Vluyn [2]1982, 243). Im folgenden soll durch die Bearbeitung des Materials bei Tobit zumindest ein solcher Schritt gegangen werden.

[81] *Stadelmann*, Ben Sira, geht davon aus, daß im Vergleich zu Sirach in Tob (12,9) eher unbefangen Wohltätigkeit „sühnende Kraft" zugesprochen wird. Dies sei aber weniger Indiz für Kritik oder Tendenzen, den Kultus aufzulösen, sondern gerade ein Beleg dafür, daß auch im Umfeld von Jesus Sirach eine „Kultisierung – und damit Konkretisierung – abstrakt-geistiger Begriffe" (ebenda, 102) zu beobachten sei.

[82] In eigentümlicher Weise wird hier einerseits versucht, die Abgaben und Empfänger zu differenzieren, andererseits bleibt beides aber auch unbestimmt. So wird zunächst zwischen den Opfergaben und den Zehnten der Früchte und der Erstlingsschur (πρωτοκουρία) unterschieden (V.6), im folgenden wird dann aber nochmals zwischen erstem, zweitem und drittem Zehnten differenziert, wobei al-

Zweck der Abgaben ist mit der Phrase πρὸς τὸ θυσιαστήριον angegeben, womit wohl auf die Verwendung als Opfergaben angespielt
ist, wenn nicht allgemein der Dienst der Priester mit diesen Worten
skizziert werden soll.[83] Im Mittelpunkt dieser Schilderungen innerhalb der Exposition steht aber nicht eine Funktionsbestimmung des
Kultus, vielmehr wird in zweifacher Weise betont, daß mit den Taten Tobits die geschriebenen Gebote auf der einen Seite (1,6) und
die aus der Erziehung übernommenen auf der anderen Seite (1,8)
eingehalten werden. Demnach wird auch die Funktion des Kultus in
diesem Zusammenhang nicht weiter bedacht. Beschrieben wird allein die Stadt Jerusalem als die unter allen Stämmen Israels Erwähl-
te, wo die Opfer darzubringen sind und wo der Tempel Gottes als
Wohnung des Höchsten für alle Zeit erbaut wurde (1,4). Der Kultus
ist mit der Verzehntung ein Aspekt unter anderen, der in erzählerisch veranschaulichender Weise herausgegriffen ist, um Tobits Ge-
botsgehorsam zu belegen. Der Ton der Episode liegt auf dem Hinweis, daß Tobit die Gebote erfüllt und sich in diesem Verhalten von
den übrigen Stämmen Israels unterscheidet.

b) Ethisierung des Kultus in Tob 4,11?

Weshalb wird aber in Tob 4,11 das Tun von Barmherzigkeit mit einer Opfergabe[84] gleichgesetzt?[85] Aus dem unmittelbaren Zusam-

---

lein der erste inhaltlich gefüllt wird (τῶν γενημάτων; V.7). Ebenfalls werden die
aaronitischen Priester und die Leviten genannt, gleichzeitig aber auch eine völlig
unbestimmte Gruppe (οἷς καθήκει).

[83] In 1,7 bleibt unklar, ob mit dem Pronomen αὐτάς allein die Opfergaben
(ἀπαρχάς) aus dem vorherigen Satz aufgenommen werden, während die ebenfalls
genannten Zehnten erst im nächsten Satz aufgenommen und genauer ausgeführt
werden. Ebenfalls ist nicht eindeutig zu entscheiden, ob die Gaben an die aaronitischen Priester zu deren Unterhalt dienen, wie die Abgabe der ersten Zehnten an
die Leviten. Denn die Wendung πρὸς τὸ θυσιαστήριον läßt sich als Beschreibung
des Dienstes der Aaroniten verstehen (so Deselaers, Tobit, 457 mit Anm. 18),
kann aber auch das Ziel der Handlung des Gebens nennen (vgl. BDR § 239,7).

[84] Die Vokabel δῶρον wird sowohl im allgemeinen Sinne eines „Geschenkes"
als auch im spezielleren und religiösen Sinne einer „Opfergabe" verwendet; vgl.
LSJM, s.v. In der Kombination mit der Ortsangabe (ἐνώπιον τοῦ ὑψίστου) kann
aber wohl nur ein Opfergeschenk impliziert sein.

[85] Auffällig ist, daß gerade Sirach ganz im Gegenteil zu einer solchen Erläuterung der ἐλεημοσύνη als δῶρον die Forderung nach Barmherzigkeitstaten der Wirkung von Opfergaben gegenüberstellen kann (Sir 7,9f.)!

menhang wird deutlich, daß die Barmherzigkeitstaten ebenfalls auch als Rücklage (θέμα ἀγαθὸν θησαυρίζειν)[86] für Notzeiten gesehen werden. Die Aussage von der rettenden Kraft der Barmherzigkeit (V.10) erhält damit zwei Belege. Einmal wird die rettende Funktion der Barmherzigkeitstaten aus dem Vergleich mit der finanziellen Rücklage gefolgert, und zum anderen dient das Bild der Opfergabe zur Erläuterung der Wirkung von Barmherzigkeitstaten. Der gesamte Abschnitt von V.9-11 bringt damit zum Ausdruck, daß die Barmherzigkeit vom Tode rettet, weil sie als θέμα ἀγαθόν und auch als δῶρον ἀγαθόν gelten kann.

Deutlich ist, daß durch diesen Aussagezusammenhang einer Opfergabe in irgendeinem Sinne eine soteriologische Wirkung zugesprochen wird, ähnlich wie dies in dem Bild von dem zu sammelnden Schatz zum Ausdruck kommt. Die implizierte kultische Handlung, nämlich das Darbringen von Opfergaben, ist jedoch nicht weiter charakterisiert oder im näheren und weiteren Kontext ausgeführt[87] und wird auch nicht mit einer weiteren Handlung parallelisiert. Die genaueren Zusammenhänge des Kultus werden als so bekannt vorausgesetzt, daß sie zur Veranschaulichung der These von der Rettung durch Barmherzigkeitstaten und der Forderung, solche Taten zu verrichten, herangezogen werden können.

Beide Beispiele, sowohl die Geldrücklage als auch die Opfergabe, erfahren keine weitere Bewertung. Vielmehr werden sie schlicht als Element des enzyklopädischen Alltagswissens herangezogen und in die Rede Tobits integriert. Die Taten der Barmherzigkeit, die Tobit an seinen Mitmenschen verrichtet, stehen dagegen wie gesehen im Mittelpunkt der Erzählung. So kann *weder von*

---

[86] Die Deutung von θέμα als kultische Gabe, wie es sich aus dem biblischen Gebrauch dieser Vokabel nahelegen könnte (vgl. Lev 24,6f.; 1 Βας 6,8ff.; Sir 30,18; und auch *Philo*, SpecLeg I,173), wird durch die Zusammenstellung zu einem Ausdruck mit dem Verb θησαυρίζειν ausgeschlossen. Weitere Belege für die Bedeutung „Rücklage" siehe bei LSJM, s.v.

[87] Im Gegensatz dazu werden die Taten der Barmherzigkeit und Gerechtigkeit wie gesehen sehr ausführlich durch Beispiele veranschaulicht und schließlich durch die gesamte Erzählung in ihrer rettenden Wirkung beschrieben.

einer Ethisierung des Kultus noch von einer Kultisierung ethischer Forderungen gesprochen werden. Es werden Alltagserfahrungen herangezogen, die nicht weiter hinterfragt oder theologisch durchleuchtet werden.[88]

c) Die Beseitigung der Sünde (12,9b)

Die Frage nach der Bedeutung kultischer Vorstellungen für die Aussagen im Tobitbuch kann nun auch für die Auslegung von Tob 12,9b fruchtbar gemacht werden. Denn es zeigt sich, daß durch die Verwendung der Reinigungsterminologie in dieser Phrase nicht auf eine (sühne-)kultische Aussageabsicht geschlossen werden kann. Selbst wenn in V.9b eine Rezeption von Spr 16,6 bzw. SprLxx 15,27 vorliegt und damit der hebräischen Wendung כפר pu. mit Sündenterminus als direktem Objekt[89] eine gewisse Bedeutung auch für den griechischen Text zuzusprechen wäre,[90] kann schon im Blick auf die Frage nach den Tendenzen der Ethisierung oder Kultisierung im Tobitbuch geurteilt werden, daß gegebenenfalls allein

---

[88] Wenn das Tobitbuch aber besonders die soteriologische Wirkung des Kultus hervorheben wollte, so ist zu fragen, warum eine genauere Interpretation des Kultus oder eine Auslegung seiner Wirkung unterbleibt. *Stadelmann*, Ben Sira, 102, deutet wie gesehen die Darbringung der Opfergaben als Teil des „Sühne"-Kultus. Das mag der opfertheologischen Auffassung der Priesterschrift entsprechen, die sämtliche Kultvorgänge als Sühnekultus zu begreifen sucht (siehe Lev 4-7 und vgl. *R. Rendtorff*, Studien zur Geschichte des Opfers im Alten Israel, WMANT 24, Neukirchen-Vluyn 1967, 241f.). Doch läßt sich m.E. nicht erheben, wie das Tobitbuch als Vertreter des griechisch sprechenden Judentums den jerusalemer Kultus und seine soteriologischen Funktionen gedeutet hat. Konkret wird daher die vorgenommene Veranschaulichung der These des Tobitbuches allein dann, wenn die Offenheit des Textes und das vorausgesetzte, jedoch nicht erläuterte Wissen um die Bedeutung des Kultus durch einen Leser des Textes gefüllt wird.

[89] Vgl. noch Jes 6,7, wo ebenfalls die eigentümliche hebräische Konstruktion mit Hilfe einer Kompositumform (περικαθαρίζειν) umgangen wurde.

[90] Wenn im hebräischen Text durch die Verwendung der Vokabel כפר pu. in Spr 16,6 überhaupt ein sühnekultischer Ausdruck vorliegt, so ist er wohl durch die griechische Übersetzung mit ἀποκαθαίρειν eher vermieden als deutlich hervorgehoben. Denn in der Regel wird כפר in den Septuagintaübersetzungen mit ἐξιλάσκεσθαι übertragen, so daß zum Beispiel in Sir 3,3.30; 20,28; 28,5; 34,19 von einer Veranschaulichung der benannten Vorgänge mit Hilfe kultischer Terminologie gesprochen werden könnte. Doch kann καθαρίζειν wohl ebensowenig wie das sprachgeschichtlich ältere καθαίρειν mit der Sühneterminologie in eins gesetzt werden.

zur Veranschaulichung des Vorgangs auf diese Terminologie zurückgegriffen wurde. Doch ist für die Aussage in Tob 12,9 ebenso zu bezweifeln, daß die Reinigungsterminologie gewählt wurde, um die Wirkung der menschlichen Taten anhand des Kultus zu erläutern, da anders als in Tob 4,11 keine sonstigen Anklänge an kultische Terminologie oder Technika nachweisbar sind. Somit kann die Aussage in Tob 12,9 auch nicht mit den entsprechenden Beschreibungen bei Sirach gleichgesetzt werden, da Sirach die Wirkung der ἐλεημοσύνη mit Hilfe der Vokabel ἐξιλάσκεσθαι zu veranschaulichen sucht,[91] hier aber abweichend davon auf einen Reinigungsvorgang abgehoben wird.

Darüber hinaus kann wohl als Selbstverständlichkeit gelten, daß die Reinigungsterminologie, gleichwohl sie in Spr 16,6 (15,27) wie auch an einigen anderen Stellen zur Übertragung von כפר herangezogen wurde, nicht schon eo ipso als terminus technicus kultischer Texte angesehen werden kann. Laut Bauer beispielsweise tritt nämlich in hellenistischer Zeit καθαρίζειν allgemein und nicht nur im jüdischen Kulturkreis für καθαίρειν ein.[92] Die Vokabel wird mit einer großen Vielfalt an Bezeichnungsmöglichkeiten verwendet, wobei er die Inschriften hervorhebt, in denen das Verb als terminus technicus der landwirtschaftlichen Pflege und Säuberung gebraucht wird.[93] Aber neben schlichten Säuberungshandlungen, wonach ein Mensch oder ein Gegenstand von Schmutz und dergleichen gereinigt wird, werden wie mit dem sprachgeschichtlich älteren Lexem in kultischen Kontexten Reinigungs- und Weiheriten[94] beschrieben, im

---

[91] Siehe die Belege in der vorigen Anmerkung und vgl. z.B. Sir 3,30: πῦρ φλογιζόμενον ἀποσβέσει ὕδωρ, καὶ ἐλεημοσύνη ἐξιλάσεται ἁμαρτίας. Für diese Textstellen liegt kein hebräisches Original mehr vor.

[92] In den Texten des Frühjudentums spielt die Vokabel καθαίρειν kaum noch eine Rolle. Siehe in der Septuaginta 2 Βας 4,6 und Jes 28,2, aber auch *Philo*, Somn, 1,198; *Josephus* Ant 5,42 sowie im Neuen Testament Joh 15,2.

[93] Vgl. *Bauer*, Wörterbuch, 785.

[94] Unter „Weihe" werden im folgenden Handlungen verstanden, die einen Gegenstand oder einen Menschen in einen solchen Zustand bringen, der es erlaubt, den Gegenstand für bestimmte weitere (kultische) Handlungen zu verwenden bzw. den Menschen an bestimmten (kultischen) Handlungen teilnehmen zu lassen oder diese selbst durchzuführen.

Zusammenhang der Metallherstellung Läuterungs- und Prüfungshandlungen sowie in ethisch-paränetischen Kontexten die Herstellung von Tugendhaftigkeit oder Schuldfreiheit.[95] Ein Sondergebrauch des Verbes kann in den Texten des Judentums und auch des Christentums nur an wenigen Stellen ausgemacht werden.[96]

Die Bedeutung der dezidiert als Reinigungsaussage formulierten Wendung in Tob 12,9b kann sich demnach aus der Möglichkeit erschließen, die Kompositumform ἀποκαθαρίζειν im Sinne von καθαρίζειν ἀπό aufzulösen. Dann wäre hier eine Reinigung *von* Verfehlungen impliziert, somit die Herstellung eines Zustandes, der „rein" von Verfehlungstaten ist. Ein solcher Zustand ist beispielsweise auch in der Exposition des Tobitbuches genannt, wenn Sara ihre jungfräuliche Unschuld als „Reinheit" beschreibt (καθαρά εἰμι ἀπὸ πάσης ἁμαρτίας ἀνδρός; Tob 3,14). Die Kompositumform ἀποκαθαρίζειν kann aber auch als Verstärkung des Simplex καθαρίζειν und als Betonung des implizierten Beseitigungsaktes verstanden werden. Die wenigen Belege der Reinigungsterminologie mit Sündenterminus als direktem Objekt legen eine solche Deutung nahe.[97] Beispielsweise wird in TestHiob 43,17 die Reinigung von Sünde mit einer Fortschaffung und mit einem Erlaß derselben gleichgesetzt.

Eliphas faßt zum Lob der ihm und den weiteren Freunden des Hiob widerfahrenen „Aufhebung" seiner Verfehlungen seinen Hymnus mit folgenden Worten zusammen: ἦρται ἡ ἁμαρτία ἡμῶν κεκαθάρισται ἡμῶν ἡ ἀνομία (V.17). Im Verbund mit den Aussagen zum Umgang Gottes mit den Verfehlungen in V.4 (περιῄρηνται ἡμῶν αἱ ἁμαρτίαι καὶ τέθαπται ἡμῶν ἡ ἀνομία.) rahmt dieser Satz den gesamten Hymnus des Eliphas (V.4-17) und gibt ihm seine thematische Zielrichtung. Angesprochen ist in diesen Aussagen der Erlaß der Verfehlungen, der im Anschluß an das von Hiob für seine Freunde vollzogene Opfer gewährt wurde. Gott forderte dieses Opfer aufgrund der Verfehlungen der Freunde und nahm es schließlich an,

---

[95] Vgl. auch LSJM zu καθαίρειν.

[96] Für die Belege der Reinigungsterminologie siehe auch oben Anm. 76.

[97] *Josephus*, Ant 11,153, stellt die Zurechtbringung des Mischehenproblems durch Esra ebenfalls als Reinigungsakt dar, wiederholt als Objekt für καθαρίζειν jedoch nicht den Verfehlungsterminus, sondern einen anderen Abstraktbegriff: ἁμάρτημα τὸ περὶ τους γάμους ... ἐπανορθώσας, Ἔσδρας ἐκαθάρισε τὴν περὶ ταῦτα συνήθειαν.

so daß er den Freunden ihre Verfehlungen nachließ: καὶ ὁ κύριος προσδεξάμενος ἀφῆκεν αὐτοῖς τὴν ἁμαρτίαν (TestJob 42,8b).

Die genannte Reinigungshandlung Gottes kann also nicht mehr von der Erlassens- oder Aufhebungshandlung unterschieden werden. Jeweils sind Sündentermini als logische Objekte genannt, jeweils läßt sich Gott als Subjekt dieser Handlungen erheben. Demnach ist die „Reinigung der Ungesetzlichkeit" in TestHiob 43,17 nicht anders zu verstehen als das göttliche Erlassen von Verfehlungen.

Übertragen auf die Aussage in Tob 12,9 (und SprLxx 15,27) bedeutet das, daß hier ebenfalls die Reinigungsterminologie gewählt wurde, um sich die Möglichkeit zunutze zu machen, auf einen Entfernungs- und Beseitigungsakt referieren zu können. Als Objekt einer solchen Handlung steht damit die Wendung πᾶσαν ἁμαρτίαν weniger für die Gesamtheit der Taten als für die umfassende Wirkung der Verfehlungstaten und die Schuld, wie dies auch in anderen Formulierungen z.B. mit αἴρειν oder ἀφιέναι der Fall ist. Demnach „reinigt" die ἐλεημοσύνη alle Hamartia in dem Sinne, als sie sämtliche Schuld der Verfehlungstaten beseitigt.

Ist also für das Tobitbuch davon auszugehen, daß die mit θάνατος beschriebenen Umstände, aus denen heraus die Barmherzigkeitstaten retten können, gerade durch die Verfehlungstaten bewirkt werden, da Taten und Strafhandlungen Gottes in einem direkten Zusammenhang gedacht werden (siehe oben II.2+5), und kann davon ausgegangen werden, daß in Tob 12,9 die Reinigungsaussage zur Begründung der Rettungsaussage dient,[98] so läßt sich ein Bild rekonstruieren, wie die soteriologische Funktion der Barmherzigkeitstaten hier verstanden wird. Demnach können die Barmherzigkeitstaten die Rettung aus den Lebensumständen auslösen, die durch die Verfehlungen verursacht sind, gerade weil das Tun von Barmherzigkeitstaten den Verfehlungstaten ihre Wirkung nimmt und sie beseitigen kann. In Tob 12,9 wird damit ein Gedanke zum Ausdruck gebracht, wonach die Taten des Menschen einander in ihren Wirkungen aufheben können, so daß die Barmherzigkeitstaten der

---

[98] Siehe oben Seite 170.

todbringenden Wirkung der Verfehlungstaten entgegenstehen und sie sogar zu einer Vermehrung des „Lebens" aufwiegen können.

5. Der Beitrag der Rede des Engels zur Deutung der Vergebungsvorstellungen im Tobitbuch

Abschließend sei für das gesamte Tobitbuch nochmals zusammengefaßt, wie hier der Umgang Gottes mit den Verfehlungen der Menschen verstanden wird. Aus dem Gebet Tobits (Tob 3) war in aller Schärfe deutlich geworden, daß das Tobitbuch von einem Zusammenhang von Verfehlungstaten und Strafhandeln Gottes ausgeht (siehe oben II.2 + 5). So wie das Volk Israel die Strafe des Exils getroffen hat, rechnet auch Tobit aufgrund seiner Zugehörigkeit zum Volk mit einem Handeln Gottes ihm gegenüber, das seinen bzw. den Verfehlungstaten seiner Väter angemessen ist. Dieser Zusammenhang wird durch den Engel bestätigt, wenn er die Täter von Verfehlungen „Feinde" ihres eigenen Lebens nennt (12,10).

Darüber hinaus macht die Rede des Engels aber auch deutlich, daß der Gedanke der Alternative zu diesem Verfehlung-Straf-Zusammenhang, der in der Bitte Tobits (Tob 3,3b) aufleuchtet, nicht völlig untergeht, wie es aus dem Todeswunsch und der Resignation Tobits hervorzugehen scheint. Es ist daher zu vermuten, daß dieses Element der Resignation eher erzählerische als theologische Funktionen hat, da auf diese Weise der expositorische Charakter des Gebetes unterstrichen wird. Im Anschluß an den zweiten Teil des Gebetes und am Ende der Exposition des Tobitbuches bleibt die Frage bestehen, wie Gott sich gegenüber diesem Menschen verhalten wird, der zwar durch die Verbundenheit mit seinem Volk ein „Sünder" genannt werden kann, sich aber vor allem durch Taten der Barmherzigkeit und Gerechtigkeit auszeichnet und nun einem schweren Leiden ausgesetzt ist. Denn nicht die Ausweglosigkeit aus dem Zusammenhang von Tun und Ergehen ist der Hauptinhalt der Tobiterzählung, vielmehr enthält die mit der Erzählung des Tobitbuches verknüpfte Botschaft auch einen soteriologischen Kern. Dieser soteriologische Hauptgedanke wird in der Exposition des Werkes angesprochen, aber erst in der Rede des Engels voll entfaltet. Der Engel stellt eine Verbindung her zwischen dem rettenden Handeln Gottes, das angesichts des Erzählverlaufes in der Entfernung Tobits und Saras aus ihren todeswürdigen Lebensverhältnissen gesehen werden kann, und dem Tun von Barmherzigkeitstaten. Diesen Taten nämlich spricht der Engel rettende Wirkung zu.

Erläutert wird diese Wirkung schließlich damit, daß durch die Taten der Barmherzigkeit die Verfehlungstaten aufgewogen werden können. Die Wirkung der Verfehlungen ist „Tod", die der Barmherzigkeit „Leben". So ist es möglich, durch das Tun von Barmherzigkeit die eigene Rettung auszulösen. Die gesamte Erzählung von Tobit, Tobias und Sara veranschaulicht diese Wirkung der Taten Tobits in seiner Rettung, es ist aber nicht ausgeführt, welche Taten im einzelnen welche Verfehlungen beseitigen können. Es soll keine Aufrechnung oder dergleichen vorgenommen werden, sondern der Zusammenhang zwischen den Taten des Menschen und dem Rettungshandeln Gottes aufgezeigt werden.

Somit bleibt es auch im Tobitbuch nicht bei einem kurz aufblitzenden Alternativgedanken zur absoluten Gültigkeit des Tat-Folge-Zusammenhangs. Die Krise der Weisheit wird vielmehr überwunden, ohne von den weisheitlichen Grundsätzen abzulassen. Sie werden sogar weiterhin als Grundlage für die Paränese herausgestellt. Dabei werden die zugrundeliegenden Vorstellungen auf erzählerischem Wege offengelegt und erläutert: Eine Herausführung und Rettung aus den unwiderruflichen und lebensbedrohenden Strafhandlungen Gottes, die den Verfehlungen entsprechend in Kraft gesetzt werden, ist demnach durch das barmherzige Handeln des Menschen selbst möglich. Dieser Zusammenhang wird in der Rede des Engels in Form von Thesen entfaltet, doch die gesamte Erzählung von dem Diasporajuden Tobit kann als anschaulicher Beleg gelesen werden für die rettende Funktion der Barmherzigkeitstaten.

KAPITEL V

PSALM SALOMO 9:
GOTTES GÜTE ÜBER DIE GERECHTEN

Kann auch die Gerechten innerhalb des Volkes Israel das strafende und vernichtende Gericht Gottes treffen, das in der Bedrückung durch die äußeren Feinde sichtbar und erfahrbar wird? Dies ist eine der Kernfragen, vor die sich die Autoren der zu einer Sammlung zusammengeschlossenen Psalmen Salomos gestellt sehen.[1] Und so kreisen ihre Gedanken um die Gerechtigkeitstaten der Menschen als Weg, dem göttlichen Gericht zu entgehen. Sie beleuchten das Verhältnis von der Gerechtigkeit Gottes und seiner Barmherzigkeit unter der Voraussetzung des Bundesverhältnisses zu Israel. Und schließlich wird auch die Möglichkeit erörtert, dem Zusammenhang von Verfehlungen und Vergeltung entgehen zu können. Anlaß, PsSal 9 aus der Sammlung herauszugreifen, gibt die ausführliche Reflexion um das Erlassen von Verfehlungen durch Gott in V.6-7. Hier werden verschiedene Vorstellungen, die sonst über die Psalmensammlung vereinzelt begegnen, zu einem größeren Komplex zusammengestellt.

Die Psalmen Salomos stehen stärker als die meisten übrigen griechischen Texte des Frühjudentums im Mittelpunkt des Forschungsinteresses, da sie sich wie kaum eine andere antike jüdische Textsammlung literaturgeschichtlich fixieren lassen.[2] Seit Hilgenfeld[3]

---

[1] Vgl. als Gesamtdarstellung zum Beispiel *J. Schüpphaus*, Die Psalmen Salomos. Ein Zeugnis jerusalemer Theologie und Frömmigkeit in der Mitte des vorchristlichen Jahrhunderts, Leiden 1977.

[2] Vgl. die bibliographischen Hinweise bei *Charlesworth*, Modern Research, a.a.O., 195-197.303f., und *Ubigli*, Apocrifi, a.a.O., 309-310, aus denen hervorgeht, daß insbesondere PsSal 17 und seine Bedeutung für die eschatologischen Vorstellungen des Judentums untersucht wurden. Wie oben in dem Forschungsüberblick gesehen, wird PsSal 9 bisher allein von *Fiedler*, Jesus, 76ff., in einer knappen Darstellung zur Untersuchung von Vergebungsvorstellungen bearbeitet.

[3] Vgl. *A. Hilgenfeld*, Messias Judaeorum, Leipzig 1869, 25-33.

und Wellhausen[4] geht man bekanntlich davon aus, daß die (nicht erhaltenen) hebräischen Originaltexte der Psalmen im ersten Jahrhundert v.Chr. und wohl unter dem Eindruck der Eroberung Jerusalems durch Pompeijus entstanden sind[5] und wenig später auch ins Griechische übertragen wurden.[6] Die sozio-kulturelle Zuordnung der Texte zum palästinischen Pharisäismus,[7] wie sie im Anschluß an jene historische Einordnung der Psalmen Salomos geschah, wird heute nicht mehr durchgehend geteilt.[8] Für die vorliegende Untersuchung ist jedoch nicht von Bedeutung, eine dezidiert pharisäische Stimme vor sich zu haben. Die Aufgabe besteht vielmehr darin, auch diese Texte auf ihre Gedanken und Vorstellungen zum Umgang Gottes mit Verfehlungen zu befragen, die insgesamt Zeugnis für eine profilierte theologische Position ablegen und sich in großer *historischer* Nähe zum palästinischen Urchristentum befinden.

---

[4] Vgl. *J. Wellhausen*, Die Pharisäer und die Sadduzäer (1874), Greifswald ²1924.

[5] Vgl. PsSal 2; 8; 17 und besonders 2,26ff.

[6] Vgl. die Einleitungen bei *R. B. Wright*, Psalmes of Solomon, in: *J. H. Charlesworth*, The Old Testament Pseudepigrapha II, London 1985, 639-49 und *S. Holm-Nielsen*, Die Psalmen Salomos, JSHRZ V/2 (Poetische Schriften), Gütersloh 1977, 49-60.

[7] So kann *H. Braun* schließlich in seiner Untersuchung zur Barmherzigkeit Gottes in den Psalmen Salomos den damaligen Konsens zusammenfassen: „Seither (sc. seit Wellhausen) gelten die Psalmen Salomos als die klassische Quelle für den Pharisäismus. Die großen Züge dieser Frömmigkeit liegen fest und sind immer wieder dargestellt worden." *H. Braun*, Vom Erbarmen Gottes über den Gerechten, Gesammelte Studien zum Neuen Testament und seiner Umwelt (1950), Tübingen ²1967, 9.

[8] Siehe *Wright*, Psalmes, 641f. und den von *Charlesworth* hinzugefügten Absatz ebenda, 642, sowie *Sanders*, Judaism, a.a.O., 413f; 452. Anders *Schüpphaus*, Psalmen Salomos, passim. Wie verlockend es ist, die Gebetstexte dieser Sammlung aufgrund der vorhandenen Anklänge an historisch fixierbare Ereignisse mit Hilfe von präzisen Einordnungen in die Geschichte und Glaubensgeschichte des Judentums zu interpretieren, machen auch die Thesen von *R.R. Hann*, The Community of the Pious: The Social Setting of the Psalms of Solomon, SR 17 (1988) 169-189, deutlich, der die Autoren der Psalmen als eine essenische Gruppe versteht. Es bleibt aber die Frage, ob solche Fixierungen tatsächlich helfen, die Texte besser zu verstehen, und ob nicht gerade Gebetstexte sich dagegen versperren, als Produkt einer einzelnen und nur dieser einen historisch festlegbaren Größe oder Person ausgelegt werden zu können.

I. PsSal 9 als Lehrpsalm und Bitte um Barmherzigkeit

Der neunte Psalm Salomos zeichnet sich besonders dadurch aus, daß der Dialog des Volkes mit seinem Gott auf der einen Seite und die lehrhaften Aussagen zur Gerechtigkeit Gottes auf der anderen Seite miteinander zu einem Gebetstext verbunden sind. Den eigentlichen Bitten und Gebetsanliegen sind ausführliche hymnische Teile mit Bekenntnissen vorangestellt, die wiederum deutlich herausstellen, welche Attribute Gottes für die formulierte Bitte tragend sind. Als zentrale Aufgabe stellt sich dabei speziell für diesen Gebetstext die Frage nach der Einheitlichkeit und Geschlossenheit des Gedankenverlaufes, da der gedankliche rote Faden des Textes durch die Komposition von so verschiedenen Textelementen wie weisheitlicher Ermahnung, Anamnesen und Bitten nicht immer deutlich zu Tage tritt.

1. *Anmerkungen zur Textüberlieferung von PsSal 9*

Die Arbeit zu den Psalmen Salomos basiert auf einem Konsens *textkritischer* Forschung und fußen im allgemeinen auf einer Textfassung, die O. v. Gebhardt in seiner kritischen Ausgabe[9] erstellt hat und die auch A. Rahlfs für seine Septuagintaausgabe[10] verwendete. Eine neuere textkritische Ausgabe der Psalmen Salomos, in die z.B. auch die Untersuchungen der syrischen Textzeugen hinreichend Eingang gefunden hätten,[11] ist bisher nicht erstellt worden. Einige Konjekturen in der oben genannten Textausgabe sind aber in Frage zu stellen, da diese stets unter der Prämisse gesetzt wurden, daß die hebräische Vorlage der Psalmen nur unzureichend in der griechischen Sprache wiedergegeben wurde.

---

[9] *O. v. Gebhardt*, Die Psalmen Salomos, Leipzig 1895.
[10] *A. Rahlfs*, Septuaginta. Id est vetus testamentum graece iuxta LXX interpretes II, Stuttgart 1935.
[11] Vgl. *K.G. Kuhn*, Die älteste Textgestalt der Psalmen Salomos, BWANT 21, Stuttgart 1937; *J. Begrich*, Der Text der Psalmen Salomos, ZNW 28 (1939) 131-164, und *J.L. Trafton*, The Psalms of Solomon. New Light from the Syriac Version?, JBL 105 (1986) 227-237.

Im folgenden kann offenbleiben, ob in V.5 die Lesart αὐτῷ des Codex R gegen die mehrheitlich bezeugte Variante ἑαυτῷ in αὐτῷ zu ändern ist. Entscheidender und daher nicht zu ändern ist dagegen das Zeugnis sämtlicher griechischer Handschriften zu V.6f. Wie schon in V.2 bezeugen alle Handschriften einen Personenwechsel bei den Verben.[12] Gebhardt vereinheitlicht ohne Anhalt an der Überlieferung durchgehend zur zweiten Person Singular und liest in V.6b καθαριεῖς und in V.7a ἀφήσεις. Die Ersetzung der durchgehend bezeugten Präposition περί in V.7c durch ἐπί stellt ebenso eine unnötige Textvereinfachung dar. Schließlich ist auch die Konjektur in V.9b (καὶ οὐκ ἀπώσῃ εἰς τὸν αἰῶνα) abzulehnen und mit Begrich und Holm-Nielsen[13] als ursprünglichste Lesart die Variante der Codizes J,L,C anzusehen (καὶ ἔθου τὸ ὄνομα σου ... καὶ οὐ καταπαύσει εἰς τὸν αἰῶνα).

2. *Der Gedankengang des Gebetes*

Nicht Klagen oder Bitten sind das erste Kennzeichen dieses Psalmes, sondern die weisheitliche Auseinandersetzung mit der Gerechtigkeit Gottes. Es finden sich daher in diesem Text unter anderem Thesen über den Zusammenhang der Gerechtigkeit Gottes und der Gerechtigkeit des Menschen (V.1-7).[14] Damit verbunden sind lobende Bekenntnisaussagen, die Gott direkt ansprechen, und schließlich enthält V.8 eine Bitte um Barmherzigkeit gegenüber seinem geliebten Volk Israel, welche dann begründet wird, indem Gott an den Bundesschluß mit seinem Volk erinnert wird (V.9f.). Das Element der Klage tritt nahezu völlig zurück und ist allein in den ersten Sätzen (V.1+2) enthalten, die knapp die derzeitige Notsituation des Volkes schildern.

Charakteristisch ist für den Psalm, daß die Lehraussagen und die Bekenntnisaussagen lose aneinandergereiht sind. Zudem gehen die Lehraussagen in V.4+5 unverbunden in zwei rhetorische Fragen (V.6+7) über. Das tragende Stichwort der bisherigen Aussagen, nämlich die Gerechtigkeit, fehlt dabei in diesen Fragen und den folgenden selbst gegebenen Antworten. Dafür wird explizit der Um-

---

[12] Uneinheitlich ist in PsSal 9 auch die Gegenüberstellung von Betenden und Gott, da vom Volk Israel bzw. von den einzelnen Tätern der Gerechtigkeit (den Frommen) und des Unrechts sowohl in der dritten Person (V.1-2a.3.4b.6a+b.7.11) als auch in der ersten Person (V.2b.4a.6c.8-10) die Rede ist.

[13] Vgl. *Holm-Nielsen*, Psalmen Salomos, 84.

[14] Die Überschrift wird nicht mit in die Exegese einbezogen.

gang Gottes mit den Verfehlungen der Menschen und insbesondere mit denen der Gerechten thematisiert, wobei das Handeln Gottes in auffälliger Weise mit dem Prädikat der „Güte" belegt ist. Die Begriffe χρηστεύεσθαι und χρηστότης rahmen die Verse 6+7 und verleihen den Aussagen ein anderes Gepräge.[15] Es kann die Frage gestellt werden, ob sich die Vorstellung von der Güte Gottes mit den Aussagen zum göttlichen Strafgericht und seinen Urteilen über die Menschen in den vorausgehenden Versen 9,1-5 verbinden läßt.[16] An verschiedenen Punkten läßt sich aber die Einheitlichkeit des Textes und die Kohärenz des Gedankengangs aufzeigen.

a) Die Gerechten als Demonstrationsbeispiele

Der rote Faden im Gedankengang des Gebetes kann insbesondere dann sichtbar gemacht werden, wenn die Ausführungen zum Handeln Gottes an den Gerechten in V.6+7 als Zielaussage des Psalms verstanden werden, auf die die Reflexionen zur Gerechtigkeit Gottes in V.1-3 und V.4+5 zulaufen. Denn es läßt sich zeigen, daß die in V.6+7 genannten Personen als ein besonderer Kreis gelten, der bei-

---

[15] Vgl. dazu unten Abschnitt II.1.

[16] *Braun*, Erbarmen Gottes, 53f., entdeckt in V.4+5 den Einsatz eines „Werkoptimismus", der im Vergleich zur Gerichtspredigt der ersten Verse einem Leistungsschema für die Gerechtigkeit des Menschen vor dem göttlichen Richter zum Durchbruch verhelfe, und sieht in V.6+7 einen plötzlichen Umschwung von der Gerechtigkeit Gottes hin zur Güte Gottes, der „nirgends expressis verbis motiviert und vorbereitet" (54) sei. Vgl. dagegen *Seifrid*, Justification, 119-121. Eine grundlegende Auseinandersetzung mit der Arbeit *Brauns* kann ausgehend von nur einem Psalm in dieser Sammlung nicht angestrebt werden. Es sei aber vorweggenommen, daß einerseits der Ansatz, die Theologie der Psalmen Salomos ausgehend von den Barmherzigkeitsaussagen zu beschreiben, sich gerade auch im Blick auf PsSal 9 rechtfertigt, da auch dieser Psalm auf die Bitte um Barmherzigkeit zuläuft. Andererseits scheint der Blickwinkel *Brauns*, „der vom NT zurückschaut" (Erbarmen Gottes, 9), allzu sehr auch als Maßstab gehandhabt zu werden, so daß bei aller ausführlichen Darstellung und Beschreibung des Textes die Aussagen zu schnell an einem spezifischen Verständnis von der Rechtfertigung des *Sünders* gemessen und verurteilt werden. Es ist aber zu zeigen, daß die PsSal ein eigenes Verständnis von der Gerechtigkeit Gottes und der Gerechtigkeit des Menschen ausbilden, das die Vorstellungen der Güte Gottes und des strafenden Richteramtes integriert und welches zunächst exegetisch zu beschreiben und erst in zweiter Hinsicht mit anderen Vorstellungen zu vergleichen ist.

spielhaft herausgegriffen wird, um das Handeln Gottes zu demonstrieren.[17]

So ist in 9,6 mit dem Partizip ἐπικαλούμενοι nicht einfach eine Gruppe von Betenden bezeichnet, sondern im Sprachgebrauch des Judentums begegnet das Verbum ἐπικαλεῖν in der Beschreibung von mehreren Personen zumeist,[18] um das gegenseitige Verhältnis zwischen Gott und betendem Volk zu markieren. „Die Gott Anrufenden" gelten als Adressaten der göttlichen Weissagungen[19] und stehen als Parallelbegriff schließlich zum Volk Israel (Dtn 4,7; Bar 2,15). Demnach liegt wohl auch den Psalmen Salomos (siehe PsSal 2,36; 6,1; 7,7) die Vorstellung zugrunde, daß durch den Akt der Anrufung nicht nur eine einseitige Hinwendung des Menschen zu Gott zum Ausdruck kommt.[20] Es geht vielmehr um das gegenseitige Verhältnis von Bitte und Antwort bzw. um einen Ausdruck der Zugehörigkeit derjenigen, die mit Gott in Kontakt stehen.[21]

Ebenso ist die Vergebungsaussage, die zunächst allgemein Verfehlende anspricht (V.7a), im weiteren allein im Blick auf die δίκαιοι expliziert (V.7b). Ist aber davon auszugehen, daß das Attribut δίκαιος überwiegend als Verhältnisbegriff eingesetzt wurde, um das angemessene Verhalten gegenüber einer zwischenmenschlichen oder

---

[17] Vgl. zur historischen Einordnung der „Frommen" (PsSal 2,36; 3,8; 4,1.6.8; 8,23.34; u.ö.) *Jonge*, The Expectation of Future, 6.

[18] Vgl. *K.L. Schmidt*, καλέω κτλ., ThWNT III, Stuttgart u.a. 1938, 499. Dies gilt auch für die Septuagintaübersetzungen, wobei noch besonders auf die Übersetzung von שׁכן mit ἐπικαλεῖν hinzuweisen ist. Denn in Ex 29,45f.; Dtn 16,2.6.11; 26,2 wird die Stiftshütte bzw. der Tempel selbst nicht mehr als Ort der Einwohnung Gottes auf Erden, sondern als Ort der Anbetung Gottes interpretiert (vgl. auch Dtn 12,5ff.; 14,23; 17,8; 28,10; Jes 18,7; Jer 7,11.14; Bar 2,15). Der Gedanke der Einwohnung Gottes ist jedoch nicht durchgängig in den Septuagintaübersetzungen vermieden worden, z.B. Num 35,34; Ez 43,7ff.; Sach 2,14f.; 8,3.8.

[19] Vgl. Joel 3,5; Zef 3,9; Jes 43,7; TestDan 5,11; 6,3.

[20] Vgl. auch die neutestamentlichen Belege, bes. Röm 10,12f.; 2 Tim 2,22 und Apg 22,16.

[21] Auffällig ist dabei auch, daß in den jüngeren Übersetzungstexten der Septuaginta der Hilfeschrei des Volkes zum Gott Israels (hebr. קרא) nicht mehr durchgängig mit κράζειν (Ri 1,4; 3,9; 4,3 u.ö), sondern ebenfalls mit ἐπικαλεῖν wiedergegeben wird; vgl. Sir 46,5.16; 47,5.18; 48,20; Mi 6,9; Jona 1,6; Jer 4,20; Jdt 7,26; 2 Makk 7,37; 3 Makk 5,7; PsSal 5,15; 15,1.

auch einer religiösen Norm zu charakterisieren,[22] so wird auch in
den Psalmen Salomos das Gerechtsein eines Menschen aus dem Gegenüber zu Gott verstanden,[23] was zusätzlich auch an der Verwendung des Substantives δικαιοσύνη gezeigt werden kann.

Denn wie in anderen Texten des griechisch sprechenden Judentums wird in PsSal 9
mit dem *Nomen* δικαιοσύνη zunächst eine menschliche Tat bezeichnet,[24] die im
Unterschied zur Unrechttat eine positive Beurteilung durch den gerechten Richter
zur Folge hat. Welche Handlungen und Taten dezidiert gemeint sind und nach welchen Kriterien eine Handlung als δικαιοσύνη bzw. als ἀδικία bezeichnet werden
muß, wird auch in PsSal 9 nicht gesagt. Es bleibt bei der Abgrenzung vom Unrecht
und der Betonung der positiven Wirkung dieser Gerechtigkeitstaten, indem sie mit
dem „Sammeln von Leben bei Gott" gleichgesetzt werden (V.5).[25] In PsSal 9 ist
zudem anders als beispielsweise im Tobitbuch nicht das Verhältnis zu den Mitmenschen thematisiert, so daß eine Deutung der Gerechtigkeitstaten als „gute
Taten" an anderen Menschen auszuschließen ist. Vielmehr steht die Handlung als
Tat im Gegenüber zu Gott im Zentrum; die Taten des Menschen werden stets mit
der Perspektive der folgenden göttlichen Beurteilung geschildert, so daß – wohl parallel zu PsSal 14,1f.[26] – δικαιοσύνη gerade dann zur Qualifizierung einer mensch-

---

[22] Vgl. *Spicq*, Notes, suppl., 122ff.

[23] Vgl. PsSal 2,34f.; 3,3; 15,6 (neben ὅσιος!) u.ö.

[24] In TestAbr A 1,1; EpArist 18; TestJud 24,1 (vgl. PsSal 1,2f.) wird
δικαιοσύνη als gute Tat neben anderen positiven menschlichen Handlungen genannt. Die Vokabel steht z. B. in TestAbr A 12,12; 13,9f.; TestDan 6,10 als Gegenbegriff zur ἀδικία/ἁμαρτία und gilt besonders im Aristeasbrief als Ziel allen
menschlichen Handelns, das durch das Mosegesetz gefordert ist (EpArist 131.
144.147.151). In den TestXIIPat findet sich schließlich noch die Forderung der
Patriarchen, Gerechtigkeit zu üben (ποιήσατε δικαιοσύνην); TestLev 13,5; Test-
Gad 3,1 (neben der Gesetzeserfüllung); TestBen 10,3 (neben ἀλήθεια), vgl. auch
PsSal 17,19. Vgl. insgesamt *Fiedler*, Διακαιοσύνη, 120-143.

[25] Ähnlich wie in Tob 12, wo die Vermehrung von ζωή als Ziel der
Gerechtigkeits- und Barmherzigkeitstat gilt, scheint auch in PsSal 9,5 eine Vermehrung der positiven Merkmale eines menschlichen Lebens, wie sie von Gott
geschenkt werden können, im Blick zu sein. Doch während im Tobitbuch ζωή zur
Bezeichnung rein diesseitiger Bereiche und Zustände verwendet wird, findet sich in
den PsSal auch die Vorstellung des „ewigen Lebens" (vgl. PsSal 3,9ff; 13,11;
14,1ff.). Die Vokabel dient dabei vor allem zur Beschreibung dessen, was die Gerechten im Gegensatz zur „Verdammnis" (ἀπώλεια) der Sünder erwartet. So ist
damit zu rechnen, daß auch in PsSal 9,5 ζωή in einem gewissen Sinn endzeitlich
verstanden wird, das „Schatzsammeln von Leben" also nicht allein die positive
Wirkung von guten Taten in einem menschlichen Leben meint, sondern auch die
Möglichkeit einer Teilhabe an einer über den Tod hinaus bestehenden Existenz-
form. Vgl. zum Verhältnis von Naherwartung und Zukunftshoffnung auch *de
Jonge*, The Expectation of the Future, 9f.

[26] PsSal 14,1f.: Πιστὸς κύριος τοῖς ἀγαπῶσιν αὐτὸν ἐν ἀληθείᾳ ... τοῖς

lichen Tat herangezogen wird, wenn sie dem Verhältnis zu Gott (bzw. seinem Gesetz gegenüber) angemessen erscheint. Demzufolge geht es in PsSal 9,4+5 nicht um eine tugendhafte Einstellung, aus der heraus eine Handlung geschieht, sondern die von Gott beurteilte Tat selbst wird charakterisiert und vom Maßstab des göttlichen Gerichtes aus bewertet.[27]

Daraus ist aber zu folgern, daß das Adjektiv δίκαιος in PsSal 9,7 gerade nicht dazu verwendet wird, diejenigen zu charakterisieren, die δικαιοσύνη/αι tun. Vielmehr wird in den Psalmen Salomos das Attribut δίκαιος als *Titel*, und zwar stets absolut und determiniert (ὁ δίκαιος) verwendet. Und aus der Gegenüberstellung von Gerechtem und Sünder (ἁματωλός) in den Gebeten geht zudem hervor, daß ein ἁμαρτωλός zwar durch sein Verfehlen gekennzeichnet ist, ein Gerechter aber zeichnet sich durch sein Gottesverhältnis aus. Die längeren Ausführungen in PsSal 3+13 über den Gerechten und auch die vorliegende Stelle in 9,7 machen sogar deutlich, daß Gerechte sehr wohl auch fehlgehen können (siehe bes. PsSal 3,7; 13,10). Zentral ist daher, daß Gott an ihnen handelt, daß sie sich also in einem Beziehungsverhältnis zu ihm befinden.

b) Das Hauptanliegen des Gebetes in V.8-10

Getreu der Eigenart dieses Psalmes als einer Verbindung aus Lehrpsalm und Bittgebet folgen im Anschluß an die Bekenntnis- und Lehraussagen (V.1-7) Bitten, die das Anliegen des Gebetes nochmals verdeutlichen und in Form eines nachdrücklich begründeten Wunsches zum Ausdruck bringen. Mit καὶ νῦν werden die Bitten als neuer Abschnitt aus dem Vorherigen hervorgehoben. Und während zuvor das Gottesverhältnis sowohl im Blick auf den einzelnen im Gegenüber zu Gott als auch im Blick auf das betende Wir des Volkes bedacht wurde,[28] fokussieren die Bitten und deren Erläuterungen allein das Verhältnis derjenigen zu Gott, die in einer besonders

---

πορευομένοις ἐν δικαιοσύνη προσταγμάτων αὐτοῦ, ἐν νόμῳ, ᾧ ἐνετείλατο ἡμῖν εἰς ζωὴν ἡμῶν.

[27] Zur Verwendung von δικαιοσύνη als „Relationsbegriff" vgl. u.a. *C.H. Dodd*, The Bible and the Greeks, London 1954, 42f. *Fiedler*, Δικαιοσύνη, 120-143; *G. Quell/G. Schrenk*, δίκη, δίκαιος, δικαιοσύνη κτλ., ThWNT II, Stuttgart u.a. 1935, 194ff.

[28] Siehe auch oben Anmerkung 12.

engen Beziehung zu ihm stehen. Es geht um das Volk Israel. Inhalt
der Bitte ist die barmherzige Zuwendung Gottes (οἰκτιρεῖν) zu seinem Volk (V.8a) bzw. der Wunsch, Gottes Barmherzigkeit (ἔλεος/
ἐλεημοσύνη) möge nicht von dem Volk fernbleiben (V.8c+V.11).
In dem kurzen Nachsatz von V.8c klingt dabei an, daß diese Zuwendung Gottes gerade in der Bewahrung vor der bestehenden Gefahr durch die heranstürmenden äußeren Feinde konkret werden
soll.[29]

Im Blick auf die kohärente Verbindung dieser Bitten mit den
vorausgehenden Bekenntnissen ist entscheidend, daß in V.9+10 zusätzlich zu der zusammenfassenden Betonung des besonderen Verhältnisses Gottes zu seinem Volk Israel in V.8a die Fundamente für
die Bitten freigelegt werden. Die Betenden erinnern mit den vorliegenden Sätzen Gott an seinen Väterbund mit Israel. Die Aussagen
sind mit ὅτι an die Bitten angeschlossen und lassen sich daher in
dieser begründenden Funktion verstehen: sie erbitten die Barmherzigkeit, *weil* sie von den Zusagen des Väterbundes ausgehen. Zugleich geben die thetisch formulierten Sätze implizit und mit V.10c
schließlich explizit der Hoffnung des Volkes auf den Gott des Vä-

---

[29] Dunkel bleibt bei der Formulierung in V.8, welche Situation für das Volk
Israel im einzelnen vorausgesetzt wird. Aus dem Psalm selbst ließe sich die
Zerstreuung unter die Völker (V.2) als noch fortbestehend vermuten, so daß als
Subjekt für das „Überwältigen" die Fremdvölker gedacht wären. Zudem wird in
PsSal 1,1; 7,1; 17,5 mit der Vokabel ἐπιτίθεσθαι das Heranstürmen von Feinden
gegen Israel bzw. das Überwältigtwerden Jerusalems beschrieben. Damit scheint
der Finalsatz in 9,8 zur Bestimmung des positiven Zieles der barmherzigen Zuwendung (ἵνα μὴ ἐπιθῶνται ἡμῖν) diesen Psalm in den historischen Rahmen der
äußeren Bedrohung Israels zu stellen, der zwar auch in den meisten übrigen Psalmen der Sammlung durchscheint, der aber gerade in PsSal 9 in keiner Weise weiter entfaltet oder beschrieben wird. Auf diese Weise gelingt es, den Gebetstext
nicht allein als Hilferuf angesichts beispielsweise der römischen Eroberung von
Jerusalem zu begreifen. Es liegt ein poetisches und religiöses Werk vor, das nicht
nur für eine singuläre Situation des Volkes Israel und der Beziehung zu seinem
Gott spricht, sondern die Entstehungssituation bewußt im dunkeln beläßt, um
zugleich vielen vergleichbaren Situationen Ausdruck zu verleihen. Oder mit anderen Worten: „The authors do not want to write history. They are composing
psalms"; *M. de Jonge*, The Expectation of the Future in the Psalms of Solomon
(1965), in: *ders.*, Jewish Eschatology, Early Christian Christology and the Testaments of the Twelve Patriarchs, Leiden 1991, 1-27, dort 7.

terbundes Ausdruck, so daß der Wunsch nach zukünftigem Handeln und das Bekenntnis zu Gottes Handeln eine untrennbare Mischung eingehen (V.11). Damit ist aber durch diese Bitten ein Bogen geschlagen zu dem einleitenden Geschichtsrückblick, der ebenfalls das Verhältnis Israels zu seinem Gott in den Blick nimmt.

c) Zusammenfassung

Von dieser Beobachtung aus geurteilt erhalten die Gedanken zum Verhalten Gottes und zu seinem Umgang mit dem einzelnen in V.4-5 und mit den Gerechten in V.6-7 eine bestimmte Funktion: Der rote Faden des Textes geht aus von einem Rückblick in die Geschichte Israels und thematisiert damit das Verhältnis von Gott und Mensch als das Beziehungsverhältnis zwischen dem Volk Israel und seinem Gott. An diesem Gerichtshandeln des Gottes Israels wird der Umgang Gottes mit dem einzelnen Menschen deutlich (V.4-5). Ebenso veranschaulichen auch die Aussagen zum Verhalten Gottes gegenüber den Gerechten (V.6-7), in welcher Weise das Volk von einem weiteren Handeln Gottes an Israel ausgehen kann. Die Frage nach dem Gottesverhältnis des Menschen wird ausgehend vom Gericht über Israel und vom Richten über den einzelnen veranschaulicht und dann auf den Problemfall der Verfehlungen derjenigen zugespitzt, die sich zum Volk Israel zählen und die „gerecht" genannt werden, damit diese Letztgenannten abschließend ihre Bitten vortragen können.

Insgesamt ist damit ein Interpretationsmodell vorgegeben, das erlaubt, die Einzelteile dieses Psalmes, die sowohl formal als auch inhaltlich so sehr nebeneinander zu stehen scheinen, von einem durchgehenden roten Faden durchlaufen zu sehen. Demnach ist auch zu vermuten, daß die Aussagen vom vergebenden Handeln Gottes eingebunden sind in die hier insgesamt entfaltete Konzeption vom gerechten und gütigen Handeln Gottes an den Menschen.

3. Die Gottesvorstellung als Fundament aller Aussagen

a) Die Gerechtigkeit Gottes

Wie gesehen wird das Handeln Gottes in PsSal 9 zu allererst als ein Gerichtshandeln gedeutet, als deren vornehmstes Kennzeichen die δικαιοσύνη gilt.[30]

Es ist ein wichtiges Kennzeichen aller Gebete in der Sammlung der Psalmen Salomos, Gott selbst mit dem Prädikat δίκαιος zu belegen. Sowohl das Richteramt Gottes (σὺ κριτὴς δίκαιος) als auch sein Urteilen ἐν δικαιοσύνῃ werden dabei in unmittelbarer Reaktion auf das Handeln des Volkes und der einzelnen verstanden, denn nicht ein zukünftiges Gericht ist im Blick. Auch in PsSal 9,1f. werden gerade die vergangenen Unheilserfahrungen Israels auf das Attribut der Gerechtigkeit des göttlichen Richters zurückgeführt.[31] Das geschehene Unheil der Verbannung Israels wird in Erinnerung gerufen und zum Anlaß genommen, Gott als „gerecht" zu preisen. Gott, der Richter, ist also in dem Sinne „gerecht", als er dem Volk gemäß ihren Verfehlungen bzw. ihren Ungesetzlichkeiten (ἀνομίαι) Strafen und Unheil zukommen läßt.[32]

Zudem sind das Richten, die Durchforschung der einzelnen (V.4) und seine Urteile (V.5) durch Gerechtigkeit gekennzeichnet, sie ergehen „in Gerechtigkeit". Die jeweils verwendete Phrase ἐν (τῇ) δικαιοσύνῃ (σου) dient dabei einerseits der Beschreibung Gottes selbst, indem der Grund für seine Gerechtsprechung genannt wird (V.2). Und die Phrase dient andererseits zur Beschreibung des Ge-

---

[30] Die Vokabeln δικαιοῦσθαι, δίκαιος und δικαιοσύνη werden in PsSal 9 demzufolge in mehrfacher Weise verwendet. Als Ziel des Gerichtshandelns Gottes gilt die „Gerechtsprechung" (δικαιωθῆναι) Gottes (V.2b), das Gerichtshandeln selbst ist mit dem Ausdruck δίκαιος bzw. ἐν (τῇ) δικαιοσύνῃ qualifiziert (V.2b.c.4b.5c.) und das Handeln des Menschen wird nach δικαιοσύνη/αι und Unrechttat (ἄδικα/ἀδικία) unterschieden (V.3a.4a). Schließlich fällt die Bezeichnung δίκαιος ebenfalls auch für die Menschen (V.7b), denen Gott sich zuwendet.

[31] Vgl. auch PsSal 2,18.32; 17,32.

[32] PsSal 9,2 wäre also folgendermaßen zu paraphrasieren: Unter alle Völker ist Israel, wie Gott es angekündigt hat, zerstreut, so daß du, Gott, aufgrund deines zumessenden Handelns im Blick auf unsere Verfehlungen als gerecht giltst, denn du bist ein Richter, der entsprechend den Taten über alle Völker der Erde richtet.

richtshandelns Gottes, indem die Art und Weise der göttlichen Be-
und Verurteilung der Menschen umschrieben wird (V.4+5). Damit
referiert die Vokabel δικαιοσύνη primär auf ein Attribut der Taten
Gottes als auf eine Tat selbst.[33] Es ist eine „Eigenschaft" Gottes beschrieben, die nicht nur sein heilschaffendes Umgehen mit dem
Volk Israel,[34] sondern nach PsSal 9,1-5 auch sein vernichtendes
Handeln kennzeichnet.[35] Sowohl ζωή als auch ἀπώλεια gelten als
Wirkung der göttlichen δικαιοσύνη, denn die „Gerechtigkeit" ist Ursprung und Merkmal des göttlichen Gerichtes zugleich.[36] Es wird,
vergleichbar mit juristischen Maßstäben, nach Recht und Unrecht
unterschieden und dementsprechend geurteilt.[37]

---

[33] Die hebräische Wendung בְּצִדְקָתֶךְ, die in einigen Psalmen zur Beschreibung
des richtenden Handelns Gottes dient, referiert stellenweise auf eine Rettungs*tat*
(vgl. z.B. *F. Crüsemann*, Jahwes Gerechtigkeit (s^e daqa/sädäq) im Alten Testament,
EvTh 36 (1976) 440f.). Dennoch ist nach *Crüsemann* auch für die hebräischen
Texte von einer Entwicklung im Verständnis von Jahwes Gerechtigkeit auszugehen
(vgl. ebenda, 427-450). Daher läßt sich weder die griechische noch die hebräische
Präpositionalwendung als geprägtes und festes Motiv in der Literatur des Judentums bezeichnen.
[34] Als Belege für die Bezeichnung einer Heilstat, bzw. einer ausschließlich
heilschaffenden Gerechtigkeit siehe PsLxx 9,5.9; 21,32; 30,2; 34,24.28; 39,10f;
47,11; 66,4 (v.l.); 68,28; 70,2; 71,2; 95,13; 97,9; 118,7.40.75.106 u.ö; vgl. *D.
Hill*, Greek Words and Hebrew Meanings, SNTS MS 5, Cambridge 1967, 87+88
mit Anm.1.
[35] *Fiedler*, Δικαιοσύνη, 138f., bemüht sich daher, an dieser strafenden Gerechtigkeit Gottes auch die „heilende und helfende Funktion" herauszustellen. Ihm geht
es jedoch darum, die Bedeutung der Vokabel entweder „von der spezifisch griechischen Prägung des Wortes ‚Gerechtigkeit'" oder aber vom „alttestamentlichen
Begriff sædæq/s^e daqa" (ebenda, 143) her füllen zu können.
[36] Vgl. ebenso auch PsSal 2,15; 4,24; 5,17; 8,24.25.26; 17,23.26.29 sowie
Weish 1,1; Sir 45,26; TestAbr A 13,10. Gerade an den anderen Belegen aus den
Psalmen Salomos oder auch anhand der das Joch des Gerichtes ausschlagenden
Gerechtigkeit (TestAbr) wird sichtbar, daß sich Vorstellungen einer iustitia distri-
butiva auch im hellenistischen Judentum belegen lassen. Es mag dabei eine besondere Vorstellung vorliegen, deutlich ist aber auch, daß die Verwendung der Vokabel δικαιοσύνη nicht schon einen oder mehrere fest definierbare Vorstellungen impliziert. *Seifrid*, Justification, 119, bestreitet schließlich in seiner Auseinandersetzung mit *Braun* gänzlich, daß in den Psalmen Salomos der Gedanke einer *iustitia
salutifera* belegt werden könne. Wie auch immer die jeweiligen Vorgänge betitelt
werden mögen, in jedem Fall ist aber nicht zu übersehen, daß auch die Gabe der
ζωή in PsSal 9,4f. auf die Gerechtigkeit Gottes zurückgeführt wird.
[37] Vgl. zur juridischen Verwendung von δικαιοσύνη *Spicq*, Notes, suppl.,

b) Der Gott des Bundes

Aus der Beschreibung der Gerechtigkeit Gottes in PsSal 9 geht nun aber auch hervor, wie sehr es darum geht, das Verhalten Gottes und das des Menschen aufeinander zu beziehen. Grundlegend für sämtliche Ausführungen ist in diesem Psalm das Verhältnis Gottes zu dem betenden Volk, wobei in den Bitten und Bekenntnissen von V.8-10 dieses Verhältnis als Bundesverhältnis explizit benannt wird.

Für den Geschichtsrückblick in V.1-3 ist zu betonen, daß gerade die Beziehung Gottes zu Israel im Hintergrund dieser Aussagen steht. Das Unheil über Israel und die Vertreibung resultieren demnach aus dem von seiten des Volkes gestörten Beziehungs- bzw. Bundesverhältnis (ἐν τῷ ἀποστῆναι αὐτοὺς ἀπὸ κυρίου) und werden zudem als Verstoßung von dem zugesagten Erbe gedeutet. Unterstrichen wird dabei das enge Verhältnis Gottes zu seinem Volk noch durch den Titel λυτρωσάμενος (V.1). Denn das Volk fällt von dem Gott ab, der sich als sein Retter und Bewahrer erwiesen hat.[38] Stellt man dabei in Rechnung, daß in den überwiegenden Fällen die Vokabel λυτροῦν mit göttlichem Subjekt in den Septuagintaübersetzungen gebraucht wird, um die Rettung des Volkes aus Ägypten zu beschreiben,[39] so ist der κύριος in PsSal 9,1 durch den Rettertitel umso mehr als Gott des Israelbundes qualifiziert.

Schließlich wird Gott explizit als Gott des Israelbundes angesprochen, indem ihm die Bitte um Barmherzigkeit ans Herz gelegt wird (V.8ff.). In beeindruckender Weise erinnert die betende Gemeinschaft mit verschiedensten Ausdrücken an die besondere Bezie-

---

128f.; *Schrenk*, δίκαιος, 195, und auch *K. Berger*, Neues Material zur „Gerechtigkeit Gottes", ZNW 68 (1977) 266-275.

[38] In den Gebetstexten des Judentums kann der Gott des Exodus folglich auch als Retter für die gegenwärtige und die zukünftige Not angerufen werden; vgl. neben den Psalterbelegen vor allem Jes 41,14; 43,1.14; 44,22ff. und Sir 50,24; 51,2f. Siehe dazu besonders auch PsSal 8,30-33, wo zum Ausdruck gebracht wird, daß der Gott, der Israel bisher gerettet und bewahrt hat, auch in der aktuellen Situation als Beschützer und Erhalter seines Volkes verstanden wird. Zu PsSal 8,11 vgl. *Holm-Nielsen*, Psalmen Salomos, 79.

[39] Das griechische λυτροῦν dient dabei sowohl zur Wiedergabe von פדה wie auch von גאל, vgl. Ex 6,6; 13,11-16; 15,13; Dtn 7,8; 9,26; 13,6; 15,15; 21,8; 24,18; 2 Βασ 7,23; 1 Chr 17,21 u.ö. Auffällig ist außerdem, daß mit dem Verbum

hung, die dieser Gott mit seinem Volk eingegangen ist.[40] Dabei wird jedoch nicht auf einen Rechtsanspruch des Volkes verwiesen, vielmehr wird mit diesen Sätzen um die Zuwendung des Gottes Israels geworben wie zugleich deutlich gemacht wird, daß die διαθήκη das Fundament der vorausgehenden Bittstellung und sämtlicher Hoffnungen des Volkes bildet (V.10).

Aus dem Rückblick (V.1-3) und den Begründungsaussagen für die Barmherzigkeitsbitte (V.8-10) geht somit hervor, daß das Handeln Gottes, sei es zum Unheil oder zum Wohl des Volkes, stets im Rahmen des Israelbundes verstanden wird. Sämtliche Ereignisse, die dem Volk in der Vergangenheit widerfahren sind oder die noch eintreten, werden als Geschichte mit dem Gott Israels gesehen. Daraus ergibt sich einerseits eine Deutungskategorie für Vergangenheit und Gegenwart, andererseits bilden aber die so gedeuteten Geschichtsereignisse auch ein erfahrbares und einsehbares Fundament, weiterhin Bitten zu formulieren. Denn der Israelbund läßt nicht nur die Geschichte des Volkes verständlich werden, sondern die als Handeln Gottes an diesem Volk gedeuteten Ereignisse geben auch Grund, von weiteren Ereignissen, einem weiteren Gotteshandeln an diesem Volk ausgehen zu können.[41]

II. VERGEBUNG ALS ZURECHTBRINGUNG DER GERECHTEN (PSSAL 9,6-7)

Ist damit der gedankliche Rahmen nachgezeichnet, in den die Vergebungsaussage von PsSal 9 eingebettet ist, so kann nun in einem wei-

---

λυτροῦν in der Septuaginta nicht auf die wiederholte Bewahrung des Volkes vor den Fremdvölkern zur Zeit der Richter und Könige Israels rekurriert wird.

[40] Die Betenden bezeichnen sich als das Volk, das von Gott geliebt ist (λαός, ὃν ἠγάπησας), qualifizieren Gott als θεὸς Ισραηλ und sich selbst als die ihm Zugehörenden (σοί ἐσμεν).

[41] Die Frage, welcher Art der mit διαθήκη benannte Israelbund ist, stellt sich hier, anders als beispielsweise in Gal 4,21ff., nicht. Zwar spielt das Thema Gebot und Gesetz in PsSal 9 kaum eine Rolle, aber die genannten Elemente der Exodustradition (V.1), des Abfalls und der Bestrafung durch die Exilierung (V.2), der Zugehörigkeit zur Nachkommenschaft Abrahams (V.9) und der Verheißung für die Väter (V.10) machen deutlich, daß es insgesamt darum geht, den Bund als Beleg

teren Schritt die Vorstellung selbst in den Blick genommen werden, die von dem gütigen und erlassenden Handeln des Bundesgottes zum Ausdruck gebracht wird. Die Untersuchung hat sich dabei zunächst den Begriffen der „Güte" und den korrespondierenden der „Reinigung", der „Segnung" und des „Erlassens" zuzuwenden. Zugleich sind aber auch die Ausführungen über die Gerechten und diejenigen, die Gott anrufen, weiterzuführen, indem die Frage nach den Voraussetzungen für ein solches Gotteshandeln vertieft wird. Damit stößt die Untersuchung bis zu dem gedanklichen Fundament der gesamten Psalmensammlung vor, das auch als Folie für die in PsSal 9,6f. formulierten Aussagen dient.

1. Die Güte

Wie gesehen wird in V.6+7 durch die Rahmung der Aussagen mit den Begriffen χρηστεύεσθαι bzw. χρηστότης die „Güte" Gottes hervorgehoben. Die Psalmen Salomos verwenden diese Vokabel häufig zur Beschreibung Gottes und seines Handelns, singulär ist für jüdische Texte allein die Verbalform von χρηστεύεσθαι in PsSal 9,6.[42]

Das *Substantiv* χρηστότης wird in den Septuagintaübersetzungen verwendet, um die hebräische Wortgruppe טובה/טוב wiederzugeben, so daß auf ein Attribut Gottes referiert wird, das z.B. in dem Erlassen von Sünden (PsLxx 24,7) sichtbar wird, als Ausdruck des Schutzes und der helfenden Zuwendung (PsLxx 30,20; 67,11) sowie als Kennzeichen des göttlichen Richtens (PsLxx 118,65-68) gesehen werden kann.[43] Bedeutsam ist wohl auch, daß das im Vergleich zu ἀγαθός durchaus seltenere Adjektiv χρηστός fast ausnahmslos zur Übersetzung von טוב herangezogen wird, wenn Gott selbst charakterisiert werden soll. Damit scheint χρηστός gegenüber ἀγαθός nicht die Bedeutung des angemessenen und im Sinne einer Tugend geforderten Guten zu haben, sondern stärker den Aspekt einer aus dieser Eigenschaft resultierenden, zum Nutzen anderer dienenden, guten Tat zu unterstreichen.

---

für die Geschichte Gottes mit Israel zu sehen. Es geht um das Handeln Gottes an seinem Volk in der Vergangenheit und in der Zukunft sowie einem dieser Geschichte angemessenen menschlichen Verhalten.

[42] Erst in jüngeren, christlichen Texten (z. B. 1 Kor 13,4; 1 Clem 13,2; 14,3) findet das Verbum zunehmende Verwendung; vgl. *Spicq* Notes II, 771-776.

[43] Vgl. auch die christliche Verwendung dieser Vokabel in Röm 2,4; 11,22; Eph 2,7; Tit 3,4; 1 Clem 9,1; 2 Clem 15,5 u.ö.

Um Gottes Handeln zu charakterisieren, wird sowohl das Substantiv als auch das Adjektiv in den Psalmen Salomos verwendet.[44] Demnach ist es Ausdruck der „Güte" Gottes, sein Erbarmen (ἔλεος) walten zu lassen (PsSal 5,15) bzw. den Bittenden Gaben (δόματα) zukommen zu lassen (5,14; 18,1). Die „Güte" ist Eigenschaft des rettenden und über Israel herrschenden Gottes (8,28; 5,18). Nimmt man auch hier die Verwendung des Adjektives hinzu, so wird deutlich, wie eng in diesen Gebeten χρηστός und ἐλεήμων als Prädikate Gottes verbunden gedacht werden (vgl. 2,36; 5,2; 10,7) und wie zugleich unter der Güte Gottes die helfende Zuwendung für den einzelnen Beter (5,2.12) und für das gesamte Israel (8,32; 10,2.7) gesehen wird.[45]

Für die zu untersuchenden Aussagen in PsSal 9,6+7 ist schließlich von Bedeutung, daß auch an anderer Stelle das Gerichtshandeln Gottes mit seiner Güte in Zusammenhang gebracht wird. Nach PsSal 8,32 erweist sich nämlich gerade darin die Nähe Gottes zu Israel, daß seine Gerichte als „gut" zu bezeichnen sind (χρηστὰ τὰ κρίματά σου ἐφ' ἡμᾶς).[46] Denn durch den engeren Kontext der Aussagen in PsSal 9,1-5 spielt auch an der zu untersuchenden Stelle in V.6 das richterliche Walten Gottes eine entscheidende Rolle. Demnach referiert das hapax legomenon χρηστεύεσθαι in V.6 wohl auf ein Handeln Gottes, das in Verbindung mit dem Richten Gottes in einem dem menschlichen Gegenüber helfenden und erbarmenden Zuwenden besteht.

Von daher läßt sich ermessen, in welchem Sinne mit den Fragen bzw. Thesen zur Güte Gottes in PsSal 9,6+7 ein besonderer Umgang Gottes mit den Verfehlungen der Menschen beschrieben ist, die den vorausgehenden Aussagen zur Gerechtigkeit Gottes einen

---

[44] Allein in PsSal 5,13 bezieht sich das Substantiv auf das menschliche Verhalten.

[45] Darin bestätigt sich dann nochmals, daß in den Bitten des Psalmes (V.8-10) mit den Begriffen ἔλεος, ἐλεημοσύνη, bzw. οἰκτιρεῖν gerade ein solches Verhalten von Gott erbeten wird, wie es in der „Güte" gegenüber den Gerechten zum Ausdruck kommt.

[46] Vgl. nochmals PsLxx 118,39.65-68, wo ebenfalls Gottes Güte als Charakteristikum seines Gerichtshandeln gesehen wird.

entscheidenden Aspekt hinzufügen. Während die Gerechtigkeit Gottes sowohl zu heilschaffenden als auch vernichtenden Reaktionen Gottes auf die Taten der Menschen führen kann, verweisen diese Aussagen auf die uneingeschränkt positive Zuwendung und rufen das helfende und rettende Handeln Gottes in Erinnerung. Betont wird dabei die Wirkmächtigkeit, indem zur Beschreibung nicht allein ein Substantiv, sondern zudem auch ein verbum agens herangezogen wird. Auch hier findet sich damit ein Beleg für die sprachschöpferische Tendenz des Judentums, den Umgang Gottes mit den Menschen, die Verfehlungen begehen, zu veranschaulichen.

Demzufolge wird – wie aus den weiteren Ausführungen hervorgeht – in diesem speziellen Gedankengang von PsSal 9 das Attribut der Güte Gottes als Grundlage für die Erwartung von Wohltaten herausgestrichen, die gerade denjenigen gelten, die Verfehlungen begangen haben. Im Blick auf die zuvor skizzierte Gerechtigkeit Gottes im Umgang mit den menschlichen Taten der δικαιοσύνη und der ἀδικία (V.4+5) ist damit eine Ausnahme formuliert, die konstitutiv für das Gottesbild der hier zu Worte kommenden Gemeinschaft ist und auf die Angehörigen dieser Gemeinschaft zugespitzt bzw. eingeschränkt ist. Es gibt eine weitere Möglichkeit für diejenigen, die Verfehlungen begangen haben, die nicht in der ἀπώλεια liegt.

2. Die Reinigung als Ausrichtung

Im vorausgehenden Kapitel ist schon deutlich geworden, daß auch die Psalmen Salomos mit einer gewissen Vorliebe die Reinigungsterminologie als soteriologische Begrifflichkeit einsetzen. Deutlich hat sich auch gezeigt, daß diese Terminologie nicht mit einem bestimmten und festen Motiv in den Texten des frühen Judentums verbunden ist, vielmehr liegt eine Vielzahl von Reinheits- und Reinigungsvorstellungen vor, die je unterschiedlich in die Kontexte und Gedankengänge eingebaut werden. Entscheidend ist nun für das Verständnis der Wendung in PsSal 9,6b (καθαρίσει ἐν ἁμαρτίαις ψυχὴν ἐν ἐξομολογήσει ἐν ἐξαγορίαις) einerseits, daß auch hier auf eine Handlung Gottes referiert wird, die als Objekt der „Reinigung" einen Menschen nennt. Andererseits kommt an dieser Stelle ein Gedanke zum Ausdruck, der sich auch an anderen Stellen der Psalmen Salomos belegen läßt und ein spezifisches Konzept und ein spezifisches Verständnis des Verhältnisses von Gott und Volk enthält.[47]

a) PsSal 3

Die Reinigungsterminologie spielt vor allem in PsSal 3 und in PsSal 10 eine tragende Rolle, wobei beide Texte in ihrer Zentralaussage übereinstimmen. PsSal 3 ist insgesamt bemüht, das Verhältnis von Gerechtem und ἁμαρτωλός angemessen darzustellen. Anlaß zu diesen Überlegungen gibt das, was in V.5+9 das Straucheln und Fallen genannt wird, nämlich das widrige Ergehen eines Menschen. Zentral ist dabei für unseren Zusammenhang, daß dieses widrige Ergehen, die negativen Schicksalsschläge für den einzelnen, als ein Erziehungshandeln Gottes interpretiert werden (V.4). Es geht in diesem Psalm um den Gerechten, παιδευόμενος ὑπὸ κυρίου. Denn unter der Voraussetzung, daß auch der Gerechte von solch negativen Schicksalsschlägen getroffen wird, expliziert der Psalm anhand des Bildes vom Straucheln und Fallen, wie der Gerechte und wie der ἁμαρτωλός mit dieser Situation der göttlichen παιδεία umgehen.

Die Haltung des Gerechten besteht demnach – im Gegensatz zu der des ἁμαρτωλός (vgl. V.9ff.) – darin, daß er diese παιδεία wertschätzt (V.3+4), und auch angesichts des ihm widerfahrenen Strauchelns und Fallens (V.5) nicht weiterer Verfehlungen erliegt (V.6f.). Vielmehr strebt er eine Demutshaltung an: ἐξιλάσατο περὶ ἀγνοίας ἐν νηστείᾳ καὶ ταπεινώσει ψηχῆς αὐτοῦ (V.8a). Auch in den Zeiten des „Fallens" wird nicht von Gott und der Hoffnung auf ihn abgelassen. So wird am Tun-Ergehens-Zusammenhang festgehalten und das Straucheln der Gerechten ebenfalls auf begangene

---

[47] Vgl. aber nochmals auch die Reinigungsvorstellung in PsSal 17,22.30; hier besteht die Aufgabe des kommenden königlichen und richterlichen Messias u.a. darin, Jerusalem von den frevelnden Heidenvölkern zu befreien und die Stadt in ihrem ursprünglichen Zustand wieder herzustellen.

Verfehlungen zurückgeführt. Doch besteht die Forderung, sich im Fallen an Gott zu halten (V.5), nach den eigenen begangenen Verfehlungen zu forschen (V.7) und ihnen entsprechend zu bereuen.

Denn das Handeln Gottes an diesem Gerechten wird als „Reinigung" interpretiert: καὶ ὁ κύριος καθαρίζει πᾶν ἄνδρα ὅσιον καὶ τὸν οἶκον αὐτοῦ (V.8b). Im Blick auf die Anerkennung der παιδεία und die geforderte Reue erweist sich damit die „Reinigung" als göttliche Reaktion auf die Verfehlungen des Gerechten, die aber nicht in einer Vernichtung oder Verurteilung desselben besteht, sondern in der Zufügung von leichten „Schlägen", die letztlich den Gerechten vor dem Strudel der sich ständig vermehrenden und schließlich zum Verderben führenden Verfehlungen (V.10+11) bewahren.

b) PsSal 10
Vergleichbar wird auch in PsSal 10 die Wendung καθαρίζειν ἀπό nicht primär mit dem Ziel gesetzt, ein vollständiges Entfernen der Hamartia auszusagen.[48] Denn die Reinigung dient vielmehr dazu, die Anhäufung von Hamartia zu verhindern (καθαρισθῆναι ἀπὸ ἁμαρτίας τοῦ μὴ πληθῦναι).[49] Demnach meint καθαρίζειν nicht ausschließlich ein Entfernen und endgültiges Beseitigen der Sünde. Wer nämlich seinen Rücken für die göttlichen Erziehungsschläge bereithält (V.2), der wird gereinigt. Wie in PsSal 3,8 wird hier gefordert, in Demut für die Erziehungsschläge Gottes offen zu sein, um so durch das Erleiden von negativem Ergehen von Gott selbst gereinigt zu werden. Und daß mit diesen Gedanken nicht allein die Wirksamkeit des Tun-Ergehens-Zusammenhanges weiter aufrechterhalten bleibt, wird daraus deutlich, daß die so verstandene Reinigung der Gerechten mit der erneuten korrekten Ausrichtung ihrer Lebenswege gleichgesetzt ist (V.3: ὀρθώσει γὰρ ὁδοὺς δικαίων καὶ

---

[48] Siehe bes. PsSal 10,1-3: μακάριος ὁ ἀνὴρ οὗ ὁ κύριος ἐμνήσθη ἐν ἐλεγμῷ καὶ ἐκυκλώθη ἀπὸ ὁδοῦ πονηρᾶς ἐν μάστιγι καθαρισθῆναι ἀπὸ ἁμαρτίας τοῦ μὴ πληθῦναι. ὁ ἑτοιμάζων νῶτον εἰς μάστιγας καθαρισθήσεται χρηστὸς γὰρ ὁ κύριος τοῖς ὑπομένουσιν παιδείαν. ὀρθώσει γὰρ ὁδοὺς δικαίων καὶ οὐ διαστρέψει ἐν παιδείᾳ καὶ τὸ ἔλεος κυρίου ἐπὶ τοὺς ἀγαπῶντας αὐτὸν ἐν ἀληθείᾳ.

[49] Diese Vorstellung liegt wohl auch dem Bild in PsSal 3,6 zugrunde: οὐκ αὐλίζεται ἐν οἴκῳ δικαίου ἁμαρτία ἐφ' ἁμαρτίαν; vgl. neben Jes 30,1; Sir 3,32; 5,5; noch PsSal 3,10.

οὐ διαστρέψει ἐν παιδείᾳ). Demnach besteht der Reinigungsakt in dem Zufügen von Schlägen gemäß der göttlichen παιδεία. Einbezogen werden kann zudem PsSal 18,5, wo mit der Reinigung ebenfalls nicht ein weiterer Akt im Umgang Gottes mit Israel erbeten wird.[50] Vielmehr soll im Blick auf das gesamte Volk die παιδεία Gottes mit dem Ziel einer Vorbereitung auf den herbeigesehnten Tag des Erbarmens bzw. des Gerichtes (ἐκλογή) durchgeführt werden. Züchtigung bzw. Zurechtbringung des Volkes und Reinigung des Volkes sind gleichgesetzt.[51]

c) Reinigung als παιδεία

Zusammenfassend stellt sich in den Psalmen Salomos die göttliche Reinigung einzelner Menschen von Verfehlungen und auch des gesamten Volkes als eine Korrektivhandlung dar, die zwar strafend wirkt, jedoch mit dem Ziel, das Tun und Handeln der Betreffenden korrekt auszurichten und wieder zurechtzubringen und zwar durch Gott selbst.[52]

Begegnet also in der Psalmensammlung die Vorstellung, wonach die Reinigung durch Gott darin besteht, daß Gott das Volk oder den Gerechten durch Züchtigungsschläge, also durch negatives Ergehen, wieder auf den rechten Weg bringt, so läßt sich vermuten, daß mit der Formulierung in 9,6b auf einen ebensolchen Vorgang referiert werden soll. Deutlich ist, daß Gott nicht *von* Verfehlungen reinigt, sondern es ist die zu reinigende Seele (ψυχή), also der Mensch selbst, der angesichts seiner Verfehlungen in den Blick genommen wird.[53] Nicht das Verschwinden der Verfehlungen ist Inhalt der

---

[50] PsSal 18,5: καθαρίσαι ὁ θεὸς Ισραηλ εἰς ἡμέραν ἐλέους ἐν εὐλογίᾳ εἰς ἡμέραν ἐκλογῆς ἐν ἀνάξει χριστοῦ αὐτοῦ.

[51] Eine Läuterung Israels durch Züchtigung bzw. negatives Ergehen ist wohl auch in DanLxx 11,35 ausgedrückt, wo sowohl צרף als auch לבן mit καθαρίζειν interpretiert werden (vgl. auch Jes 1,25). Das Straucheln der „Einsichtigen" wird hier in den letzten Tagen erwartet, aber als ein von Gott verfügtes Läutern auch derjenigen interpretiert, die bis zum Ende beharren.

[52] Hinzuweisen ist nochmals auf *Josephus*, Ant 11,153. Auch hier wird die „Reinigungs"-Handlung, die in diesem Fall von Esra durchgeführt wird, als das Zurechtbringen einer mißbräuchlichen Handlungsweise interpretiert (ἐπανορθώσας Ἔσδρας ἐκαθάρισε τὴν περὶ ταῦτα συνήθειαν).

[53] Dennoch bleibt der dativische Präpositionalausdruck ἐν ἁμαρτίαις an dieser

Reinigungshandlung, sondern sie werden durch die Aussage hervorgehoben. Demnach folgern die Betenden dieses Psalmes aus der gütigen Zuwendung Gottes zu seinem Volk, daß er denjenigen, der Verfehlungen beging, zwar Notsituationen aussetzt, diese dienen aber nicht zur Vernichtung des Täters. Denn die ἀπωλεία gilt den ἁμαρτωλοί. Die sich aber an Gott halten, werden von ihm mit Hilfe von Erziehungsmaßnahmen wieder zurechtgebracht.

3. Segen und Strafe für die Gerechten (V.7)

Wie sehr auch für die in V.7 folgenden Aussagen zum Umgang Gottes mit den Verfehlungen die Vorstellung der göttlichen παιδεία tragend ist, zeigen die Erläuterungen des beschriebenen Sündenerlasses (ἀφήσει ἁμαρτίας).

a) Der Segen
Expliziert wird das Erlassen von Verfehlungen zunächst als „Segnen" der Gerechten (δικαίους εὐλογήσεις). In den Psalmen Salomos wird an zwei weiteren Stellen die Zuwendung Gottes an sein Volk Israel mit der Vokabel εὐλογεῖν wiedergegeben, mit der ansonsten auch das *Loben* des Volkes benannt wird.[54] So ist es die besonders enge Verbindung zwischen Gott und seinem Volk, die gerade darin zum Ausdruck kommt, daß das Volk seinen Gott lobt und Israel von seinem Herrn „gesegnet" wird.[55] Ebenso erwartet nach PsSal 17,35 das Volk den künftigen Messias als einen königlichen Richter, der die Erde schlagen (πατάξει γὰρ γῆν) und das Volk Gottes aber „segnen" wird (εὐλογήσει λαὸν κυρίου ἐν σοφίᾳ). Zieht man die Aussagen über die εὐλογία Gottes in den Psalmen Salomos mit hinzu,

---

Stelle nicht eben leicht verständlich, muß aber wohl nicht als Fehlübersetzung von מחמאתות gesehen werden, da z.B. auch in V.2 und in der weiteren Beschreibung der Personen, denen das Vergebungshandeln gilt (V. 6+7; vgl. auch V.10), ein ähnlicher Gebrauch der Präposition ἐν zu belegen ist. Vgl. *Holm-Nielsen*, Psalmen Salomos, 83, und siehe zur Deutung der weiteren Umschreibungen unten Abschnitt 3.d), Anmerkung 69.

[54] Siehe 2,33; 3,1; 5,19.

[55] Siehe PsSal 8,34: αἰνετὸς κύριος ... ἐν στόματι ὁσίων καὶ εὐλογημένος Ισραηλ ὑπὸ κυρίου εἰς τὸν αἰῶνα.

so wird deutlich, daß dieser Segen über die besondere Verbunden-heit Gottes und seines Gesalbten gegenüber dem Volk hinaus auch die materiell verstandene oder dinglich erfahrbare Wohltat beinhal-tet. Dieses teilt Gott aufgrund seiner Gerechtigkeit (!) dem From-men im ausreichenden Maße zu (5,17), es ist Kennzeichen des Mes-sias (17,38) und des herbeigesehnten Tages des Erbarmens bzw. Gerichtes, an dem der Messias erscheinen soll (18,5).

Im Zusammenhang von PsSal 9,6f. läßt sich demnach der Segen für die Gerechten als Weiterführung und Explikation des Erlassens von Verfehlungen begreifen, da zum Ausdruck kommt, daß von einer weiteren und zukünftigen Zuwendung Gottes an die Gerechten ausgegangen wird. Damit wird angesichts der Verfehlungen die Verbundenheit Gottes mit den Gerechten herausgestellt und betont, daß Gott sich auch weiterhin den Gerechten wohltätig erweisen wird.

b) Ein weiterer „Vergebungs"-Terminus (V.7)
Schließlich wird das Erlassen der Verfehlungen durch einen weite-ren bisher nicht begegneten Terminus erläutert (καὶ οὐκ εὐθυνεῖς). Die Aussage referiert dabei ebenfalls auf eine zukünftige Handlung Gottes an den Gerechten und zwar im Blick auf deren Verfehlungen (περὶ ὧν ἡμάρτοσαν).[56] Allgemein wird die Vokabel εὐθύνειν ver-wendet, um den Akt des Lenkens und Ausrichtens zu beschreiben.[57] Die Kontexte verweisen dabei meist auf den Bereich der Ethik, fin-den sich aber bis auf Sirach[58] und Philo selten in der jüdischen Lite-

---

[56] Da allein die im Hauptsatz genannten δίκαιοι Subjekt dieses Relativsatzes sein können, müssen sie auch als (logisches) Objekt zu οὐκ εὐθυνεῖς verstanden werden. Das Verb wird hier also nicht intransitiv verwendet.

[57] In diesem Sinne wird εὐθύνειν auch in der griechischen Literatur des Juden-tums verwendet. Meist geht es in weisheitlich oder paränetischen Kontexten darum, den Lebensweg und die Ausrichtung des Menschen (καρδία) entweder durch den Menschen selbst oder auch durch Gott wieder zurechtzubringen; vgl. Jos 24,23; TestSim 5,2; Test Job 36,4; Sir 2,2.6; 6,17; 37,15; 49,9; Spr 20,24. Einzig in Joh 1,23 ist Objekt der Ausrichtung der Weg des κύριος. Zu vergleichen sind auch Num 22,23 und Jak 3,4, wo das Lenken von Tieren bzw. Schiffen ge-meint ist. Ein Sondergebrauch scheint in der Übersetzung von Ri 14,7 und 1 Sam 18,20.26 vorzuliegen, wo εὐθύνεσθαι im Sinne von „Gefallen an einer Frau ha-ben" gebraucht wird.

[58] Hingewiesen sei nochmals auf Sir 38,10, wo εὐθύνειν mit καθαρίζειν paralle-

ratur.[59] Hier in PsSal 9,7 ist aber der Begriff durchaus negativ belegt, denn die *nicht* durchgeführte Handlung des „Ausrichtens" birgt für die Gerechten positive Konsequenzen. Es kann demnach also nicht ein Ausrichten in dem ethischen Sinne einer Zurechtbringung der Gerechten auf den Pfad der Tugend durch Gott gemeint sein.

Der Bedeutungsgehalt der Aussage ergibt sich jedoch aus einer weiteren Bezeichnungsmöglichkeit von εὐθύνειν.[60] So verwenden u.a. die hellenistischen Historiker und auch der Autor des 3. Makkabäerbuches[61] die Vokabel, um die Handlung des Strafens und des „zur Rechenschaft-Ziehens" auszudrücken. Jene Texte stehen meist in Zusammenhang mit dem Vorgehen von Amtspersonen oder staatlichen Institutionen bzw. der Kritik und Beurteilung einzelner Staatsmänner und ihrer Amtsführung. So ist es die Pflicht des Gesetzgebers oder anderer Amtsinhaber, gegenüber dem Staatswesen oder auch gegenüber dem Kriegsrecht[62] Verfehlende zur Rechenschaft zu ziehen,[63] wobei als Strafmaß auch die Todesstrafe einge-

---

lisiert wird: ἀπόστησον πλημμέλειαν καὶ εὔθυνον χεῖρας καὶ ἀπὸ πάσης ἁμαρτίας καθάρισον καρδίαν.

[59] *Philo* beschreibt mit dieser Vokabel ebenfalls auch das Lenken und Steuern von Schiffen, Pferden und dergleichen (All 2,104; Post 22; 28; Conf 115; Jos 33), nimmt diesen Sachverhalt als Bild für das Lenken und Leiten des Lebens (All 3,316; SpecLeg 1,224) und bringt meist die korrekte und tugendhafte Ausrichtung des Lebens zum Ausdruck (All 3,224; Gig 50; 64; Imm 164; Agr 177; Migr 129; Her 245; Som 2,134; Abr 70). *Josephus* verwendet nur in Ant 14,245; 16,28 das Simplex εὐθύνειν, in Ant 15,76 das Substantiv εὔθυνα und sonst die Komposita ὑπευθύνειν, ἀνυπεύθυνειν und dergleichen; vgl. Ant 2,146; 7,39; 14,258; 16,398; Bell 1,469 u.ö.

[60] Zu älteren Belegen bei *Plato* und *Aristoteles* vgl. *Pape*, Wörterbuch, s.v.

[61] Siehe 3 Makk 2,17: μὴ ἐκδικήσῃς ἡμᾶς ἐν τῇ τούτων ἀκαθαρσίᾳ μηδὲ εὐθύνῃς ἡμᾶς ἐν βεβηλώσει ἵνα μὴ ... In diesem Sinne von Rechenschaftsbericht oder gar Strafe verwenden *Philo* und *Josephus* das Substantiv εὔθυνα, aber auch die Komposita ὑπευθύνειν und ἀνυπεύθυνειν können auf das Ablegen von Rechenschaft referieren. Vgl. *Josephus*, Ant 2,146; 7,39; 14,258; 16,398; 19,179; *Philo*, Mut 244, Decal 98; Mos 1,327; SpecLeg 1,19f.; 3,140.

[62] Vgl. *Cassius Dio*, 27,90,1.

[63] Siehe *Dionysios Halic.*, Ant 11,46,2; Ars 10,6; *Dio Chrys.*, Orationes 7,131; 12,48; *Polybios* 34,12,12; *Plutarch*, Cato 40,3; Cicero 9,4; *Cassius Dio* 8,36,30; 22,76,1; 40,52,1; 43,14,6 u.ö.

schlossen sein kann.[64] Vor diesem semantischen Befund ist deutlich, daß in 3 Makk 2,17 und auch in PsSal 9,7 auf eine Handlung *Gottes* referiert wird, die als richterliches Verfolgen und Zumessen von Strafe verstanden werden muß. Dennoch bleibt die Frage, in welchem Sinne hier an „Strafe" gedacht ist.

c) Der Trost für die Gerechten (PsSal 13) als Parallele

Ausgehend von den Beobachtungen zu den Reinigungsvorstellungen in PsSal 3 und PsSal 10 (s.o.) ist nochmals die Frage aufzugreifen, ob sich weitere vereinheitlichende Tendenzen in dieser Psalmensammlung feststellen lassen, wie hier der Umgang Gottes mit den Gerechten gedeutet wird, die Verfehlungen begingen.

Es hat sich gezeigt, daß sowohl in PsSal 3 als auch in PsSal 10 angesichts eines widrigen Ergehens zur Geduld und Einsicht aufgerufen wird, die Schicksalsschläge ($\mu\acute{\alpha}\sigma\tau\iota\gamma\epsilon\varsigma$) als Zeichen der Reinigung bzw. $\pi\alpha\iota\delta\epsilon\acute{\iota}\alpha$ Gottes zu verstehen, der es sich nicht zu verschließen gilt. Wer sich den gerechten Schlägen aussetzt (10,2), wird gereinigt und verhindert so die Vermehrung der Verfehlungen. Ebenso deutlich wird schließlich in dem nachträglich, aber äußerst zutreffend mit „Tröstung für den Gerechten" ($\pi\alpha\rho\acute{\alpha}\kappa\lambda\eta\sigma\iota\varsigma\ \tau\tilde{\omega}\nu\ \delta\iota\kappa\alpha\acute{\iota}\omega\nu$) überschriebenen PsSal 13 das Ergehen von Gerechtem und $\dot{\alpha}\mu\alpha\rho\tau\omega\lambda\acute{o}\varsigma$ als $\pi\alpha\iota\delta\epsilon\acute{\iota}\alpha$ einerseits und als $\kappa\alpha\tau\alpha\sigma\tau\rho\phi\acute{\eta}$ andererseits interpretiert. Die widrigen Lebensumstände sind demnach also nicht Kennzeichen der den Verfehlenden drohenden Vernichtung ($\dot{\alpha}\pi\acute{\omega}\lambda\epsilon\iota\alpha$) durch Gott.[65] Vielmehr soll mit dem Bild des Gerechten als Kind und Erstgeborenem in V.9 ($\upsilon\dot{\iota}\grave{o}\varsigma\ \dot{\alpha}\gamma\alpha\pi\acute{\eta}\sigma\epsilon\omega\varsigma/\pi\rho\omega\tau\acute{o}\tau\kappa\varsigma$) hervorgehoben werden, daß ihm nicht dasselbe widerfährt wie dem $\dot{\alpha}\mu\alpha\rho\tau\omega\lambda\acute{o}\varsigma$ (V.7), und zwar gerade in Anbetracht von begangenen Übertretungen (V.5). So müssen auch die Gerechten mit negativen Konsequenzen aufgrund ihrer Verfehlungen rechnen, doch bewahrt Gott die ihm Zugetanen, indem er durch Erziehungsmaßnahmen die

---

[64] Vgl. *Cassius Dio* 37,36,4, aber auch *Dio Chrys.*, Orationes 56,12+14.

[65] Vgl. die Schilderung des Unterganges bzw. des $\lambda\iota\mu\acute{o}\varsigma\ \kappa\alpha\grave{\iota}\ \theta\acute{\alpha}\nu\alpha\tau\varsigma$ $\dot{\alpha}\mu\alpha\rho\tau\omega\lambda\tilde{\omega}\nu$ in V.3 sowie V.6a und V.11b+c.

Übertretungen „tilgt": ὅτι φείσεται κύριος τῶν ὁσίων αὐτοῦ καὶ τὰ παραπτώματα αὐτῶν ἐξαλείψει ἐν παιδείᾳ (V.10).[66]

Somit können sich nach Auffassung von PsSal 13 auch die Gerechten den Wirkungen der Verfehlungen nicht entziehen. Die Übertretungen geben Anlaß zum Schrecken (V.5), denn sie bedeuten für den einzelnen ein negatives Ergehen. Doch vor dem drohenden Untergang werden die Gerechten und Frommen des Gottes Israels bewahrt, sie werden anders als die ἀμαρτωλοί nur zurechtgebracht und erzogen. Die Konsequenzen der Verfehlungen bleiben bestehen, doch die Gerechten kommen in dem Sinne von ihnen los, als ihre Wirkung an ihnen nicht bis zur endgültigen Vernichtung reicht.

d) Die Besonderheiten in PsSal 9

Im Blick auf diese Parallelaussagen in PsSal 13,10 wird sichtbar, wie sehr sich diese Vorstellung von der göttlichen παιδεία für die Gerechten als Hintergrund für die Gedanken in PsSal 9,6+7 über-

---

[66] Das schon in einer Reihe von Septuagintaübersetzungen als Vergebungsterminus begegnende Lexem ἐξαλείφειν (vgl. bes. Jes 43,25; Jer 18,23; PsLxx 50,3.11; 108,14) wird auch in der übrigen hellenistischen Literatur des Judentums in der Bedeutung „wegnehmen/tilgen von Verfehlungen" verwendet; vgl. Sir 23,26; 40,12; 46,20; 2 Makk 12,42; grHen 10,20; TestAbr B 11,10; TestLev 2,3b,13. Aus dem Gebrauch der Vokabel gerade auch in Zusammenhang mit Abstraktbegriffen wird erkenntlich, an welchen Vorgang dabei gedacht ist. So wird z.B. der Aseneth oder dem Patriarchen Levi zugesagt, daß ihre im himmlischen Buch des Lebens/Gedenkens verzeichneten Namen niemals mehr getilgt werden (JosAs 15,4; TestLev 18,2b,60; vgl. Sir 41,11), ebenso wird nach Sirach die σύνεσις eines Schriftgelehrten im Lob der Menge (Sir 39,9) oder die δόξα der Väter Israels (Sir 44,13) niemals verschwinden. Hinzuzunehmen ist die Bezeichnungsmöglichkeit „vernichten/töten von Menschen" (vgl. Sir 44,18; ApkEsdr 3,6; *Josephus*, Bell 1,600; Ant 17,78; *Philo*, Her 20; QaestGen 2,15). An diesen Stellen aus der jüdischen Literatur wird also das Verb verwendet, um einen völligen Vernichtungs- oder Auslöschungsvorgang zu bezeichnen. Daher scheint auch die Bezeichnung einer Tilgung und vollständigen Vernichtung von Verfehlungen mit Hilfe dieser Vokabel ausgesagt werden zu können.

In PsSal 13,10 wird also auf einen Vorgang referiert, wonach Gott die Übertretungen der Gerechten vernichtet und *wirkungslos* macht, indem er die Gerechten zwar „erzieht", sie aber nicht der Vernichtung preisgibt. Denn insgesamt geschieht die Vernichtung der Übertretungen ἐν παιδείᾳ, und parallelisiert werden dem Ausdruck die Verben des Ermahnens (νουθήσεται) und Zurechtweisens (παιδεύεται) und schließlich des Bewahrens (φείσεται).

tragen läßt. Auch scheint nun die Art und Weise des Strafens verstehbar, die mit Hilfe von εὐθύνειν angedeutet ist. Es ist ein Strafen impliziert und zugleich als Teil des Umgangs Gottes mit den Gerechten ausgeschlossen, welches einer völligen Vernichtung gleichkommt.[67] Die verschiedenen Aussagen in PsSal 9,6+7 sind zusammengehalten von der Vorstellung, daß zwar die Verfehlungen sich negativ auf das Ergehen auch der Gerechten auswirken. Die Gerechten werden aber nicht vollständig vernichtet, sondern Gott richtet sie aufgrund seiner Güte neu aus.

Es ergibt sich für die Aussagen in V.6+7 ein geschlossenes Gesamtbild: Anders als beispielsweise in PsSal 13,12, wo für den Umgang Gottes mit den Verfehlungen allein auf Gottes ἔλεος verwiesen wird, und auch anders als in PsSal 3,8 bzw. PsSal 10,1-3, wird im Zusammenhang von PsSal 9,6+7 stärker das Gewicht der Demutshaltung und Reue der Gerechten hervorgehoben. Auffällig ist insbesondere das Schuldbekenntnis in V.6b, in dem sich wiederum das betende Wir einschaltet in die allgemein gefaßten Reflexionen über das Verhalten Gottes. Die nahezu formelhafte Zuweisung der αἰσχύνη nimmt den Sprachduktus der Bußgebete auf, die uns schließlich im nächsten Kapitel eingehender beschäftigen werden.[68] Das Schuldbekenntnis dient an dieser Stelle nun dazu, die Bußbereitschaft derjenigen zu unterstreichen, die von der beschriebenen „Reinigung" bzw. Ausrichtung durch Erziehungsschläge Gottes ausgehen. So zeichnet sich die Seele bzw. der Mensch, dem dieses Handeln gilt, dadurch aus, daß er seine Verfehlungen bekennt und offenlegt (ἐν ἐξομολογήσει ἐν ἐξαγορίαις).[69] Zudem wird in V.7c

---

[67] „Denn die Sündenvergebung ist hier (sc. in PsSal 9) ... als Besserung des schon vorhandenen religiösen Fundus zu verstehen. Gottes Barmherzigkeit erweist sich darin, daß er von Sünden reinigt und zur Besserung treibt". *Braun*, Erbarmen Gottes, 15.

[68] Vgl. zunächst die Gegenüberstellung von δικαιοσύνη Gottes und αἰσχύνη des Volkes in Bar 1,5; 2,6; Dan 9,7f.

[69] Die eigentümlichen Präpositionalausdrücke wurden oben schon als Charakteristikum der (Übersetzungs-)Sprache der Psalmen Salomos herausgestellt. Auffällig ist darüber hinaus aber auch noch die Verwendung des sonst in jüdischen Texten nicht belegten Substantivs ἐξαγορία. Im Blick auf die Verwendung des Verbes ἐξαγορεύειν zur Wiedergabe von Bekenntnisakten, sei es in Verbindung mit dem

die Reue (μεταμέλεια) derjenigen genannt, die Verfehlungen begingen, aber nun von der Güte Gottes ausgehen.

Es liegt also den Betenden dieses Psalmes weniger daran, das Verhältnis von Gerechten und Sündern zu beleuchten. Vielmehr dient der Umgang Gottes mit den Gerechten allein zur Veranschaulichung, wie auch in V.4-5 allgemein das Verhältnis von göttlichem und menschlichem Tun in Erinnerung gerufen wurde. Der Ton dieses Psalmes liegt aber – und das wird durch die abschließenden Aussagen und Bitten in V.8-10 nochmals klar vor Augen geführt – auf dem Verhältnis Gottes zu seinem Volk. Und so finden sich die Gedanken von der παιδεία für die Gerechten, die für mehrere der Psalmen Salomos als tragend herausgestellt werden konnten, auch hier wieder, doch sie werden auf die Notsituation des Volkes und auf die Hoffnungen übertragen, die angesichts dieser Voraussetzungen und einer solchen Deutung des Gotteshandelns an den Menschen gefaßt werden könnten. Die παιδεία ist in PsSal 9 nicht Ziel der Aussage, sondern Veranschaulichungsbeispiel für das zukünftige Verhalten Gottes gegenüber seinem Volk.

4. Zusammenfassung: Die Vergebungsvorstellung nach PsSal 9

In diesem Gebetstext sind zwei Vorstellungen miteinander verbunden: der Gedanke der Reinigung derjenigen, die Verfehlungen begingen, und der Gedanke des Erlasses von Verfehlungen. Aus der Verknüpfung der Aussagen und der Einbindung in die weiteren Gebetsanliegen ist dabei sichtbar geworden, daß der Erlaß von Verfehlungen hier nicht eine völlige Aufhebung oder Vernichtung der Schuld enthält. Vielmehr wird in V.7b der zentrale Gedanke für PsSal 9 ausgeführt, wonach trotz und angesichts eines Übertretungshandelns der Menschen die Verbundenheit der Gerechten mit dem

---

dung mit Bußgebeten (vgl. LxxPs 31,5; Dan 9,20; 2 Εσδρ 10,1; 11,6; 19,2; Bar 1,14) scheint aber die Bedeutung dieses Substantives eindeutig auf das Sünden- und Schuldbekenntnis festgelegt zu sein. Außerhalb des Judentums wird die Wortgruppe eher in einem neutralen Sinn von „bekanntmachen"/„tell out, make known" verwendet; siehe LSJM, s.v.

Gott Israels weiterhin besteht. Dem korrespondiert, daß die Wirkung der Verfehlungen nicht als vernichtende und zerstörende Strafe verstanden wird, sondern als ein Zurechtbringen und Erziehen der Gerechten durch Gott. Im Rückgriff auf die Parallelaussagen in PsSal 3; 10 und 13 konnte nämlich das in PsSal 9 begegnende Konzept der „Strafe für Verfehlungen" mit den Aussagen vom Untergang der ἁμαρτωλοί in Beziehung gesetzt werden. Die Betenden des neunten salomonischen Psalmes gehen demnach davon aus, daß Gott sich den Gerechten, die Verfehlungen begingen, auch weiterhin zuwenden und sie nicht dem Schicksal der ἁμαρτωλοί preisgeben wird.

Einen ähnlichen Aspekt enthält die Reinigungsvorstellung, da auch die Reinigung der Menschen durch Gott nicht als ein vollständiges Beseitigen der Verfehlungen oder ihrer Wirkungen gesehen wird. Vielmehr zeigt besonders der parallele PsSal 10, daß die Reinigung mit der göttlichen παιδεία gleichgesetzt wird. Reinigung meint folglich, daß die Gerechten durch „Schläge" und auch Notsituationen auf den rechten Lebensweg zurückgebracht werden. Was schließlich durch die Vorstellung vom gütigen Handeln Gottes bzw. von seiner Güte gegenüber den Verfehlenden zusammengefaßt wird, ist also die Ausrichtung und Zurechtweisung der Gerechten durch Schicksalsschläge. Es entspricht demnach der Güte Gottes, die negativen Wirkungen der Verfehlungen nur als ein erzieherisches Mittel einzusetzen und nicht zur vollen, vernichtenden Auswirkung kommen zu lassen.

KAPITEL VI

DAS GEBET ASARJAS:
ALTERNATIVEN ZUM OPFERKULT

Zu den sogenannten „Zusätzen zu Daniel", die sich nicht im hebräischen bzw. aramäischen Danielbuch finden, zählt neben der
„Susanna"-Erzählung und den Episoden „Bel und der Drache" auch
das Gebet Asarjas als erster Abschnitt der griechischen Einfügung
in die Erzählung von den drei Männern im Feuer (Dan 3,1-30). Die
griechische Danielüberlieferung hält in der Erzählung für einen
Augenblick inne und legt den dreien[1] ein Bekenntnis- und Bittgebet
in den Mund, in dessen Mittelpunkt die Frage nach dem Verhältnis
von Gerechtigkeit und Gnade Gottes steht.

I. DAS GEBET ASARJAS ALS TEIL DER GRIECHISCHEN ZUSÄTZE ZU DANIEL

Jede Untersuchung des Gebetes Asarjas wird mit einer Fülle von
Einleitungsfragen konfrontiert.[2] Für unseren Zusammenhang ist dabei vor allem zu klären, wie dieses Gebet literaturgeschichtlich einzuordnen ist, ob es also als ein Produkt des griechisch sprechenden
Judentums aus der Zeit des Zweiten Tempels gelten kann.

Überliefert ist das Gebet als ein Abschnitt der größten griechischen Hinzufügung zum kanonischen Danielbuch. Doch anders als

---

[1] In der Kirchengeschichte hat sich der Gebrauch der sogenannten Theodotion-
Überlieferung des Danieltextes durchgesetzt, nachdem die Septuaginta-Überlieferung verdrängt wurde (vgl. die Vorrede von *Hieronymus* zu seinem Danielkommentar (CChr.SL 75a, Turnhout 1964). Es hat sich daher durchgesetzt, Dan 3,26-
45 als „Gebet Asarjars" zu betiteln, da nach „Theodotion" allein Asarja diese
Worte spricht, obwohl im Lxx-Text alle drei Männer das Gebet anstimmen und
Asarja nur hervorgehoben wird. Zur Textüberlieferung vgl. unten Seite 211.

[2] Vgl. *C. A. Moore*, Daniel, Esther, and Jeremiah. The Additions, AncB 44,
New York 1977, 3-35; *O. Plöger*, Das Buch Daniel, KAT XVIII, Gütersloh 1965,
25-31, *J.J. Collins*, Daniel: A Commentary on the Book of Daniel, Hermeneia,
Minneapolis 1993, sowie die unter Anm. 4 genannte Literatur.

die Episoden „Susanna" oder „Bel und der Drache" finden sich in den zusätzlichen 68 Versen zwischen DanMT 3,23 und 24[3] keine eigenständigen Erzähleinheiten. Vielmehr wird die Episode von den drei Männern im Feuer (DanMT 3,1-30) fortgeschrieben, indem der griechische Text die beiden poetischen Texte des Gebetes Asarjas und des Hymnus' der drei Männer überliefert und zudem berichtet, daß ein Engel Gottes zu den im Feuer Betenden tritt und sie vor den Flammen bewahrt. Der masoretische Text hingegen berichtet von keinerlei Gebet, sondern daß der König Nebukadnezar plötzlich einen vierten, gottgleichen (בַּר אֱלָהִין) Mann in den Flammen erkennt, in die er nur die drei Judäer hatte werfen lassen. Die griechische Hinzufügung gestaltet demnach die Szene in der masoretischen Erzählung aus und ist in der vorliegenden Form nicht als selbständig überlieferte Texteinheit denkbar. Somit läßt sich für die Frage nach dem Alter der Texte zunächst festhalten, daß die gesamten heute vorliegenden Verse DanLxx/Danθ' 3,24-90 als erzählerische Fortschreibung eines schon vorhandenen Textes, des masoretischen Danielbuches, beurteilt werden können.[4]

---

[3] Im folgenden werden die Versangaben nach den griechischen Versionen vorgenommen und die Zählung der eingefügten Verse nicht neu mit Vers 1 begonnen; anders *Moore*, Additions, 40, Anm. 3.

[4] Die ältere Forschung ging seit *Eichhorn* davon aus, daß die in den griechischen und in davon abhängigen Versionen erhaltene Hinzufügung zur Erzählung von den drei Männern im Feuer ursprünglich in griechischer Sprache abgefaßt sei. Darüber hinaus wird im Zuge der Literarkritik an Daniel die Hinzufügung schließlich nicht als Fortschreibung des masoretischen Textes gesehen, sondern eine „Lücke" zwischen V.23 und 24 im aramäischen Text behauptet (vgl. *J. W. Rothstein*, Die Zusätze zu Daniel, in: *E. Kautzsch*, Die Apokryphen und Pseudepigraphen des Alten Testaments I, Tübingen u.a. 1900, 173; und neuerdings auch wieder *K. Koch*, Deuterokanonische Zusätze zum Danielbuch, AOAT 38/1, Kevelaer/ Neukirchen-Vluyn 1987, 11). Es ist jedoch zu vermuten, daß diese Lücke allein angesichts der griechischen Versionen des Danieltextes konstruiert werden kann, nicht aber anhand der Analyse des masoretischen Textes. Vgl. den umfassenden Nachweis der Kohärenz von DanMT 3 bei *C. Kuhl*, Die drei Männer im Feuer, BZAW 55, Berlin/New York 1940, 39 und 86ff. und das Urteil zu V.23-25 des der literarischen Segmentierung wahrlich nicht abgeneigten *R. Stahl*, Von Weltengagement zu Weltüberwindung, Kampen 1994, 151. Auch das „gewundene Urteil" (so *Koch*, ebenda) *Plögers* läßt sich unter Hinweis auf seinen Danielkommentar (Das Buch Daniel, KAT XVIII, Gütersloh 1965) als ein eindeutiges fassen!

Als Argument für die Abhängigkeit der griechischen Hinzufügung vom masoretischen Text läßt sich auch die Textüberlieferung
bzw. ein Vergleich der Versionen des Asarjagebetes anführen. Denn
nahezu einmütig geht man im Anschluß an die Arbeiten von J.
Ziegler und W. Hamm davon aus, daß der Text der sogenannten
Theodotion-Überlieferung zwar mehrheitlich bezeugt, jedoch in Abhängigkeit von der Septuaginta-Überlieferung entstanden ist, die uns
heute allein in der Minuskel 88, der Syrohexapla und in dem Papyrus 967 erhalten ist.[5] Die gesamte Hinzufügung, samt poetischen
und prosaischen Texten kann in der vorliegenden Form also nicht
auf einen von beiden griechischen Überlieferungsversionen aufgenommenen semitischen Originaltext zurückgeführt werden.[6]

Während also die gesamte Einfügung auf die Rezeptionsarbeit
der griechischen Tradenten des Danielbuches zurückgeführt wird,[7]
ist dennoch die Frage gestellt worden,[8] ob nicht die poetischen Texte innerhalb dieser hinzugefügten Verse vormals selbständig und
womöglich in hebräischer und aramäischer Sprache überliefert wurden.[9] Liegt demnach im Gebet Asarjas ein Text vor, dessen Entste

---

[5] Vgl. *J. Ziegler*, Septuaginta. Vetus Testamentum Graecum Auctoritate Societatis Litterum Gottingensis editum, XVI/1+2 (Ezechiel + Susanna, Daniel, Bel et
Draco), Göttingen 1952 und 1954, sowie *W. Hamm*, Der Septuaginta-Text des Buches Daniel, PTA 10 (1969) + PTA 12 (1977).

[6] Vgl. u.a. *A. Bludau*, Die alexandrinische Übersetzung des Buches Daniel.
Und ihr Verhältnis zum massorethischen Text, Freiburg 1897; *A. Schmitt*, Stammt
der sogenannte „Θ"-Text bei Daniel wirklich von Theodotion?, Mitteilungen des
Septuaginta-Unternehmens 9, Göttingen 1966; *J. Schüpphaus*, Das Verhältnis von
Lxx- und Theodotion-Text in den apokryphen Zusätzen zum Danielbuch, ZAW 83
(1971) 49-72, sowie den „Forschungsstand" bei *Koch*, Zusätze I, 7-44.

[7] „Der sogenannte θ-Text hat nichts mit dem Übersetzer zu tun, der uns durch
seine griechische Übersetzung anderer alttestamentlicher Bücher unter dem Sigel θ'
bekannt ist." *Schmitt*, Theodotion, 112. Für unseren Zusammenhang ist dabei von
Bedeutung, daß die poetischen Teile bis auf wenige Abweichungen parallel überliefert sind, während es in den prosaischen Abschnitten erhebliche Unterschiede gibt.
Diese Abweichungen werden jedoch gemeinhin als Bearbeitungen des Septuaginta-
Textes erklärt. Vgl. *Schüpphaus*, Verhältnis, 69.

[8] Einen Überblick über die in der Forschung begegnenden Positionen bietet
Kuhl, Männer, 107f. Vgl. neuerdings auch *Moore*, Additions, 44ff., und *Koch*, Zusätze I, 7-44.

[9] Dies ist die Position *Kochs*, Zusätze II, 69 (u.ö.). Er stützt seine Interpretation dabei auf einen aramäischen Text, der in der mittelalterlichen Chronik Jerach

hungszeit weit vor der des kanonischen Danielbuches angesetzt werden kann?

Zwei Punkte sind an dieser Stelle herauszustellen. Zunächst ist festzuhalten, daß das Gebet selbst keinerlei ausreichende Hinweise

---

meel enthalten ist und zuerst von M. *Gaster* als Originaltext des Gebetes Asarjas angesehen wurde (The Unknown Aramaic Orignial of Theodotion's Additions to the Book of Daniel (1893-95), in: *ders.*, Studies and Texts in Folklore, Magic, Mediaval Romance, Hebrew Apokrypha and Samaritan Archaeology I (1928), New York 1971, 39-68). Mit dem Aufwand eines gewaltigen Forschungsunternehmens versucht *Koch* nun, die These *Gasters* gegenüber den vernichtenden Urteilen *E. Schürers* (Geschichte [4]III, 454) und anderer zu rehabilitieren und die von ihm rekonstruierte aramäische Textfassung als Vorlage auch der griechischen Versionen darzustellen (Zusätze I, 23 und passim). M.E. sprechen folgende Gründe gegen die These *Kochs*: 1. Es erscheint als äußerst fragwürdig, den textkritischen Wert eines Textes aus der sekundären Einleitung desselben zu erheben. So können anhand eines Vergleiches ausschließlich der parallel zu Dan 3,24-45 überlieferten Verse die Abweichung der Versionen voneinander nicht eindeutig die Sekundarität der griechischen Texte erweisen. Anführen läßt sich allein der in den griechischen Texten verdorbene Vers Dan 3,40c (I, 35 und passim). Doch der von *Koch* vermutete ursprüngliche Wortlaut der griechischen Versionen ἐξιλάσαι ἔμπροσθέν σου, der aus dem Aramäischen übersetzt und später unabhängig davon bei der Überlieferung der griechischen Texte verdorben sei, bietet durchaus keine „Lösung des jahrhundertelang verhandelten Rätsels" (Zusätze I, 37), da die Verbform ἐξιλάσαι im Zusammenhang des vorliegenden Satzes keinen Sinn ergibt. 2. Wird aber die Überleitung innerhalb jener mittelalterlichen Chronik Jerachmeel mit herangezogen, so läßt sich dennoch nicht eindeutig behaupten, daß der vom genannten Thodos (תודוס), der seit *Gaster* mit Theodotion identifiziert wird, „gefundene" Textabschnitt einen Urtext des Gebetes Asarjas darstellt, den sowohl er als auch die Septuaginta-Übersetzer bei der Bearbeitung von Dan 3 verwendeten. Vielmehr ist auch der zweite, aramäische Zusatz dieser Überleitung zu beachten, der vielleicht einen Hinweis auf den Fundort der von Theodotion verarbeiteten Textstücke gibt: לא אישתכח בסּפרא דעבראי אילהין מן שבעים סבייא (sic!). In der Übersetzung *Kochs* (I, 24): „(welche) nicht gefunden wurden im Buch der Hebräer, vielmehr bei den 70 Greisen", von denen es dann weiter heißt, sie hätten in den Tagen des Ptolemäius die „Oraita" übersetzt. Damit wäre die in der Chronik enthaltene Version eine Übersetzung aus Theodotion, wobei die Quelle Theodotions, nämlich die Septuaginta, ebenfalls angegeben ist. 3. Schließlich kann *Koch* nicht erläutern, aus welchen Gründen dieses aramäische Textstück, und zwar die gesamten parallelen Verse zu Dan 3,23-90, nicht mit der masoretischen Überlieferung von Dan 3 tradiert worden ist. Das Schweigen sämtlicher masoretischer und auch anderer hebräischer wie aramäischer Textzeugen spricht gegen seine Annahme. In einem „Appendix: The Prayer of Azariah and the Song of the Three Young Men", in seinem neueren Kommentar gibt *Collins*, Daniel, 195-203, allein die Interpretation *Kochs* wieder.

auf eine historisch sicher datierbare Entstehungssituation enthält. Auch läßt sich die Feststellung in V.38, daß das Volk ohne politische und geistliche Führung dasteht und zudem keinerlei Opferkult möglich ist,[10] nicht zur Datierung des Textes verwerten. Denn sowohl diese Anspielung als auch die angebliche „Bußstimmung"[11] des Gebetes oder die „eigentümlich unbestimmte Haltung"[12] sind allein zu vage, um hier eine Entscheidung treffen zu können.[13]

Zudem kann nicht von einer grundsätzlichen Inkohärenz des griechischen Textes ausgegangen werden.[14] Deutlich wird zwar auch aufgrund beispielsweise der erzählerischen Wiederholungen, daß hier eine Hinzufügung zum masoretischen Text vorgenommen wurde,[15] daß aber das Gebet Asarjas inhaltliche Spannungen im Textgefüge der Gesamterzählung von Dan 3 hervorruft, läßt sich nicht belegen. Denn die Eigentümlichkeit des Gebetes, in dem nicht sofort ein „Hülfsschrei"[16] formuliert wird, sondern ein Sündenbekenntnis gerade derjenigen, die sich nach Ausweis der Erzählung

---

[10] Vgl. Dan 3,38: καὶ οὐκ ἔστιν ἐν τῷ καιρῷ τούτῳ ἄρχων καὶ προφήτης καὶ ἡγούμενος οὐδὲ ὁλοκαύτωσις οὐδὲ θυσία οὐδὲ προσφορὰ οὐδὲ θυμίαμα, οὐ τόπος τοῦ καρπῶσαι ἐνώπιόν σου καὶ εὑρεῖν ἔλεος.

[11] So O. Plöger, Zusätze zu Daniel, JSHRZ I/1, Gütersloh 1973, 68.

[12] So Kuhl, Männer, 103, im Anschluß an H. Gunkel/J. Begrich, Einleitung in die Psalmen HAT 2/Ergänzungsband, Göttingen 1933, 139.

[13] Entsprechend unterschiedlich wird das Gebet Asarjas in der Literatur datiert. Ausgehend von einem griechischen Original sieht die ältere Forschung die Zusätze gemeinsam mit der Übersetzung des Danielbuches entstanden, also im 1./2. vorchr. Jahrhundert (vgl. u.a O. F. Fritzsche, Kurzgefasstes exegetisches Handbuch zu den Apokryphen des Alten Testaments I, Leipzig 1851, 121f.). Die Vertreter einer semitischen „Vorlage" vermuten eine Entstehung des Urtextes in der frühen nachexilischen Zeit (vgl. u.a. Kuhl, Männer, 103f.; Plöger, Zusätze, 68) oder auch in der Zeit der Krise unter Antiochus Epiphanes IV. (vgl. u.a. M. Delcor, Le Livre de Daniel, Paris 1971, 89+107; Moore, Additions, 46; Koch, Zusätze II, 70).

[14] Darauf weist vor allem Delcor, Daniel, passim hin, siehe selbst Rothstein, Zusätze, 172.

[15] Vgl. neben Rothstein, Zusätze, 181[d] vor allem Kuhl, Männer, 86f. Moore, Additions, 39ff. entwickelt schließlich ein Schema, wonach die Hinzufügungen zum masoretischen Text in mehreren Bearbeitungsstufen durchgeführt wurden.

[16] Diesen vermißt Fritzsche, Handbuch I, 115.

als treue Anhänger ihres Gottes erwiesen haben, ist nicht als Zeichen mangelnder Textkohärenz, vielmehr als Ausdruck einer bestimmten theologischen Intention zu werten, die sich auch in anderen Gebetstexten nachweisen läßt.[17] Eine semitische Vorlage mag zwar zu den Gebeten existiert haben, sie ist jedoch heute nicht mehr erreichbar, sondern liegt ggf. allein in der Rezeption durch die griechischen Übersetzer des Danielbuches in einer mit der Erzählung von den drei Männern im Feuer verschmolzenen Form vor.

Abschließend ist noch ein Blick auf Dan 3,40 zu werfen, da dieser Vers immer wieder eine zentrale Rolle bei der Einordnung des Gebetes gespielt hat. Die zweite Hälfte dieses Wunschsatzes (V.40c) ist jedoch in den griechischen Versionen ohne Konjekturen nicht mehr verständlich: $\kappa\alpha\grave{\iota}$ $\grave{\epsilon}\xi\iota\lambda\acute{\alpha}\sigma\alpha\iota$ $\check{o}\pi\iota\sigma\theta\acute{\epsilon}\nu$ σov bzw. nach Θ': $\kappa\alpha\grave{\iota}$ $\grave{\epsilon}\kappa\tau\epsilon\lambda\acute{\epsilon}\sigma\alpha\iota$ $\check{o}\pi\iota\sigma\theta\acute{\epsilon}\nu$ σov. Das Problem ergibt sich aus den Verbformen, da ein Infinitiv Aorist Aktiv die Satzkonstruktion sprengt und zudem von $\grave{\epsilon}\xi\iota\lambda\acute{\alpha}\sigma\epsilon\sigma\theta\alpha\iota$ sonst nicht belegt ist.[18] Auch läßt sich eine Verbindung der Vokabeln mit dem Adverb (?) $\check{o}\pi\iota\sigma\theta\epsilon\nu$ sonst nicht nachweisen.

Im Gefolge von *Fritzsche* ist daher vermutet worden, der (ursprünglich griechische) Teilvers habe $\kappa\alpha\grave{\iota}$ $\grave{\eta}$ $\grave{\epsilon}\xi\acute{\iota}\lambda\alpha\sigma\iota\varsigma$ $\check{\epsilon}\mu\pi\rho o\sigma\theta\acute{\epsilon}\nu$ σov gelautet.[19] *Rothstein* dagegen konjeziert $\grave{\epsilon}\xi\iota\lambda\acute{\alpha}\sigma\alpha\iota$ $\tau\grave{o}$ $\pi\rho\acute{o}\sigma\omega\pi\acute{o}\nu$ σov, ohne also das grammatische Problem zu lösen, da er eine bestimmte Sühnevorstellung hinter der Aussage von V.40c vermutet, die auch in Sach 7,2; 8,22; Mal 1,9 belegt sei.[20] Die übrigen Kommentatoren bemühen sich nun nicht weiter, den vorliegenden griechischen Text zu interpretieren, sondern verstehen ihn zum Teil schlicht als „Hebraismus"[21] oder nehmen gerade diesen Teilvers als Hinweis auf eine hebräische Vorlage für das Gebet Asarjas.[22] Sämtliche Versuche in diese Richtung sind jedoch äußerst unbefriedi-

---

[17] Zur Interpretation *Kochs* vgl. unten.

[18] Vgl. auch den vorsichtigen Versuch von *Ziegler*, Septuaginta, 123 (Anmerkung zum θ'-Text!), ggf. $\tau o\hat{v}$ $\grave{\epsilon}\xi\iota\lambda\acute{\alpha}\sigma\alpha\iota$ zu lesen. Siehe auch ebenda, 15f., wo *Ziegler*, Dan 3,40c als Dublette wertet.

[19] Handbuch I, 126.

[20] Vgl. *Rothstein*, Zusätze, 180, Anm n.

[21] *Bludau*, Übersetzung, 160, führt V.40c als einen „für einen griechischen Leser harte(n) Ausdruck" auf למלא אחריך zurück. Er läßt offen, ob er die ihn interessierende „alexandrinische" Übersetzung, also die Lxx-Überlieferung, oder allein die Theodotion-Überlieferung auf diese Weise erklärt.

[22] *Kuhl*, Männer, 108+146, vermutet, daß schon in der hebräischen Vorlage des Textes ein Schreibfehler vorgelegen habe, so daß לכלה חרונך als ursprüngli-

gend, so daß man sich dem Urteil *Moores* anschließen mag: „Thus far, efforts to
produce a Hebrew text from which both the LXX and Θ could have originated
have been unsecessful."[23] *Moore* scheint sich dabei bei seiner eigenen Interpretation des Gebetes im Falle der Theodotion-Version *Bludau* und im Falle der Lxx
Rothstein anzuschließen und liefert allein mit dem Hinweis auf die bisher ungelöste
Problematik eine eigene nicht weiter hergeleitete Übersetzung des Textes.[24] Ähnlich kommt schließlich auch *Delcor* im Rückgriff auf eine in anderen Texten belegte opfertheologische Vorstellung zu einer Auslegung des Textes, ohne auf die Problematik der Doppelüberlieferung und der sprachlichen Schwierigkeiten des griechischen Wortlautes weiter einzugehen.[25]

Es zeigt sich also, daß weder mit Hilfe von Konjekturen noch mittels der Rekonstruktion eines vermuteten semitischen Originaltextes
der ursprüngliche Wortlaut dieses Teilverses befriedigend hergestellt werden kann. Es ist daher auch davon abzusehen, aufgrund
der überlieferten Vokabeln ἐξιλάσαι, ὄπισθεν oder ἐκτελέσαι eine
bestimmte Konzeption zu rekonstruieren, auch wenn vermutet werden kann, daß in dem unzerstörten Text eine Sühnevorstellung zum
Ausdruck gebracht wurde.[26] Läßt sich aber der Wortlaut des Textes
nicht herstellen, so ist auch eine angemessene Interpretation dieses
Textabschnittes nicht möglich, auch wenn es an dieser Stelle beson-

---

cher Text zu rekonstruieren sei. Er setzt dabei voraus, daß in V.38ff jenes antike
Opferverständnis zugrunde liegt, wonach Opfer stets dazu dienen, die Gottheit gnädig zu stimmen und dem Betenden Gnade zu erwerben (vgl. ebenda, 144-146). Der
griechische Wortlaut (die Lxx-Version ist gar nicht im Blick) wird also nicht weiter
erläutert, vielmehr wird ein Gesamtverständnis des Gebetes mit Hilfe von Vorstellungen und antiken Konzepten hergestellt, die aus anderen Texten gewonnen werden. Siehe auch *Koch*, Zusätze I, 56.
[23] *Moore*, Additions, 59.
[24] Vgl. ebenda, 59, und die Übersetzung, 55: „So may our „sacrifice" be in
your sight this day and so may we wholeheartedly follow you."
[25] Vgl. *Delcor*, Daniel, 101.
[26] Insgesamt scheint dabei die oben genannte Konjektur von *Fritzsche*, Handbuch I, 126 (καὶ ἡ ἐξίλασις ἔμπροσθέν σου), dem Gedankenverlauf des Textes am
nächsten zu kommen. Denn auch ohne eine Konkjektur kann vielleicht vermutet
werden, daß 3,40c parallel zum vorausgehenden Teilvers neben θυσία eine weitere
Funktion der genannten Handlung der Betenden nennt, wobei die Parallelität
zudem durch die Ortsangaben ἐνώπιόν σου und ὄπισθέν σου unterstrichen wäre. Da
aber der Artikel für ein solches Substantiv und zudem die Endung desselben
(ἐξίλασις/ἐξίλασαι?) unsicher ist, wird man sich dem Urteil von *Fritzsche*, Handbuch I, 126 (aus dem Jahre 1851!), anschließen müssen: „Das ... Gebet ist in alter
Zeit verderbt, aber aus den Varr. ist wenig Raths zu erholen."

ders mißlich ist, keinerlei Aussagen treffen zu können, da hier ein weiterer Hinweis auf die Funktion des „Opfers" bzw. seiner Alternativen zu vermuten wäre (siehe unten, II).

Insgesamt ist somit *zusammenzufassen*, daß weder aufgrund der Textüberlieferung noch aufgrund der Geschichte des im Gebet Asarjas verarbeiteten Traditionsstoffes bezweifelt werden kann, daß die heute vorliegende Textgestalt unabhängig von dem masoretischen Danieltext entstanden ist. Ältere Traditionen mögen Aufnahme gefunden haben, deren Wortlaut ist jedoch weder zu rekonstruieren noch durch die übrigen antiken Versionen gesichert. Somit ergibt sich als exegetische Aufgabe, die Übersetzung des Danielbuches als Interpretationskontext für das Gebet heranzuziehen, da die Zusätze zu Dan 3 als bewußte Fortschreibung der kanonischen Erzählung komponiert sind.[27] Als terminus a quo für die Entstehung des vorliegenden Textes ergibt sich folglich die Übersetzung des Danielbuches, welches voraussichtlich während der Zeit des Antiochus IV. Epiphanes fertiggestellt worden ist.[28]

II. DAS GEBET ASARJAS ALS BUSSGEBET

Die Aussagen des Gebetes Asarjas zum Umgang Gottes mit den Verfehlungen sind eingebunden in einen Gebetstext, in dem mehrere traditionelle Motive aus den sogenannten Bußgebeten anklingen. Indem im folgenden nach den Besonderheiten und Eigenheiten gefragt wird, die das Gebet Asarjas im Blick auf die Rezeption dieser Motive auszeichnet, kann die theologische Ausrichtung und Zielsetzung dieses Gebetstextes sichtbar gemacht werden.

---

[27] *Koch* bestreitet ebenfalls nicht, daß das Gebet Asarjas als Text des hellenistischen Judentums zu lesen ist, aber eben nicht des griechisch sprechenden Judentums.

[28] Vgl. schon *Prophyros* (234-304 n. Chr.) nach *Hieronymos*, a.a.O.; *R. Smend*, Die Entstehung des Alten Testaments, Stuttgart u.a.[3]1984, 223, stellt demnach für das kanonische Danielbuch fest: es „herrscht heute bei der Datierung des Buches in die Makkabäerzeit Übereinstimmung". Als *terminus ad quem* für die Entstehung des Gebetes Asarjas läßt sich die Zitierung einzelner Verse desselben bei *Justin*, Apol 1,46. angeben.

1. *Der Gedankengang des Gebetes*

Das Gebet Asarjas verbindet verschiedene Gebetselemente, indem ohne klare Zäsuren die einzelnen Gedanken auseinander hervorgebracht werden. Ziel und Endpunkt des Textes liegen dabei in den abschließenden Bitten von V.42-45, wenn von der gesamten Erzählung der drei Männer im Feuer aus geurteilt wird. Hier wird nochmals dem Wunsch um Bewahrung Ausdruck verliehen und zugleich die Schwächung für diejenigen erhofft, die die Betenden bedrängen (V.44).[29] Mit diesen Bitten fügt sich das Gebet in die Erzählung von Dan 1+2 ein, denn es geht letztlich um die Demonstration der Macht des Gottes Israel gegenüber dem Machtanspruch des Königs Nebukadnezar, die in der Errettung der drei Männer sichtbar wird (V.45). Gegenüber dem masoretischen Text rückt damit zugleich der König aus dem Mittelpunkt des Geschehens, in dem nun das Handeln Gottes steht. Die erbetene (V.43) und schließlich in der erzählenden Überleitung zum großen Hymnus berichtete (V.49-50) wundervolle Errettung der Männer durch Gott bzw. durch seinen ἄγγελος verleiht der fortgeschriebenen Gesamterzählung einen zusätzlichen, dezidiert theologischen Aspekt, der durch den anschließenden großen Hymnus der drei Männer zum Lob Gottes unterstrichen wird.

Diesem letzten Abschitt des Gebetes gehen zum Teil sehr unterschiedliche Gebetselemente voraus. Dabei wird das Bestreben deutlich, sowohl das schon geschehene Gotteshandeln als auch das erhoffte und erbetene mit theologischen Grundaussagen in Verbindung zu bringen, die eigens in Erinnerung gerufen werden.[30] Neben dem

---

[29] Siehe auch die Klage über den einzelnen König, dem die Betenden ausgeliefert sind, und vgl. *Delcor*, Daniel, 101.

[30] Die lineare Gedankenabfolge scheint damit die jeweils folgende Aussage aus der vorherigen abzuleiten. Dennoch lassen sich inhaltliche Bezüge und Querverweise innerhalb des Gebetes feststellen, die von der Gestaltung des Textes her auf eine bewußte Komposition und Anlage des Textes schließen lassen. Beispielsweise ist Gott nach der ersten (V.26a) und letzten Zeile (V.45) des Gebetes zu loben. Ebenso wird Gottes Name gepriesen, bzw. wird er als Gott der Väter angeredet (V.26), so daß die Bitten sowohl um des Ruhmes seines Namens (V.34a, vgl. V.43b) als auch um der Väter willen (V.35b-36) formuliert werden können.

Zitat aus Gen 22,17[31] in V.36 und der Anspielung auf die besonders bei Ezechiel häufig belegte Erweisformel (V.45)[32] tragen folgende inhaltliche Elemente dieses Gebet: das Gotteslob und die Hervorhebung der *Gerechtigkeit Gottes*, dem das *Sündenbekenntnis* direkt zur Seite gestellt ist, die *Bitten* und die Berufung auf das *Bundesverhältnis* Gottes zu seinem Volk. Diese inhaltlichen Elemente
sind durchaus konstitutiv für eine Reihe von weiteren Gebetstexten.
Im Blick auf das Gebet Asarjas wird aber auch die Variationsmög-
lichkeit dieser Gebetselemente und die theologische Gestaltungs-
arbeit erkennbar.

2. Das Vergleichsmaterial in den sogenannten „Bußgebeten"

Angestrebt werden kann im Rahmen dieser Arbeit nicht ein ausführlicher gattungsbezogener Vergleich der sogenannten Bußgebete. Ein
solcher erscheint auch nicht nötig, da es vielmehr darum geht, sich
eine Folie zu erarbeiten, vor der die Inhalte des Gebetes Asarjas
und deren Funktion für die Gesamtaussage besser verstanden werden können. Um die Bandbreite deutlich werden zu lassen, seien
hier das große Gebet Esras (2 Εσδρ 19),[33] das Gebet des Propheten
Daniel (Dan 9), das wohl von letzterem abhängige Gebet der babylonischen Exulanten in Bar 1-3,[34] sowie als Beispiel für ein individuelles Gebet auch die Worte der Esther in Est 4,17[l-z] ausgewählt.[35]

---

[31] Vgl. GenLxx 22,17: ... καὶ πληθύνων πληθυνῶ τὸ σπέρμα σου ὡς τοὺς
ἀστέρας τοῦ οὐρανοῦ καὶ ὡς τὴν ἄμμον τὴν παρὰ τὸ χεῖλος τῆς θαλάσσης ...

[32] Vgl. Ez 7,27; 12,16; 13,23; 26,6; 28,23; 29,9.16.21; 32,15; 33,29 u.ö.,
aber auch Ex (10,2) 29,46 und als Abschluß eines Gebetes in Sir 36,17.

[33] Im masoretischen Text werden die Worte als Gebet mehrerer, zum Teil
namentlich Genannter überliefert (Neh 9,6-10,1).

[34] Vgl. insgesamt zum Baruchbuch und besonders zur Frage nach der Rezeption traditioneller Überlieferungen im Bußgebet von Bar 1-3, O.H. Steck, Das
apokryphe Baruchbuch. Studien zu Rezeption und Konzentration »kanonischer«
Überlieferung, Göttingen 1993, bes. 81ff.

[35] Die methodischen Schwierigkeiten einer solchen Vorgehensweise treten klar
zu Tage. Auch wenn allein griechische Gebetstexte bzw. im Falle von 2 Εσδρ 19
ein griechischer Übersetzungstext (von Neh 9) herangezogen wurden und damit die
Einheit der Sprache für die Vergleichstexte gewährleistet ist, bleibt doch die
Schwierigkeit, Rezeptionsarbeit festzustellen, die sich nicht an der Aufnahme von

a) Das Gebet Esras (2 Εσδρ 19,6-20,1)
Das große Gebet Esras in 2 Εσδρ 19,6b-20,1 enthält nur die einzige Bitte, die momentane Qual des Volkes nicht zu übersehen (V.32),[36] und entfaltet ansonsten in einem Rückblick die Geschichte Gottes mit seinem erwählten Volk Israel. Anders als die weiteren, häufig in Anlehnung an diesen Text gestalteten Gebete ist das Bekenntnis der Sünden des Volkes nicht das eigentliche Thema des Gebetes. Im Vordergrund steht vielmehr die Geschichte des Gottes Israel mit seinem Volk, also das Gotteslob.[37]
Voran steht demnach die Preisung der Schöpfermacht Gottes (V.6), an die sich eine Nacherzählung der Geschichte Israels anschließt. Aus der Geschichte der Beziehung Gottes zu seinem Volk werden die Erwählung Abrahams samt der im Bundesschluß ergangenen Landverheißung (V.7-8), ausführlichst das Exodusgeschehen und die Gesetzgebung am Sinai (V.9-21) und schließlich der Einzug ins verheißene Land (V.22-25) herausgegriffen. Es folgt die Schilderung der stereotypen Ereignisse aus Abfall des Volkes, Preisgabe an Feinde, Hilferufe und schließlich Errettung des Volkes durch Gott (V.26-28). Der Rückblick endet mit der Erinnerung an die Ablehnung der Propheten, deren Umkehrmahnungen und an die endgültige Preisgabe Israels an fremde Völker (V.29-31).
Der zweite Teil des Gebetes nimmt nun diese ausführliche Erinnerung an die Bundesbeziehung des Volkes Israel zu seinem Gott zum Anlaß, die genannte Bitte zu formulieren (V.32). Kennzeichnend ist dabei, daß die Not des Volkes nicht im Anschluß an diese Bitte beklagt wird, sondern daß zunächst das Gotteshandeln dem Verfehlungshandeln des Volkes gegenübergestellt wird. Es wird die Gerechtigkeit Gottes, sein den Verfehlungen des Volkes angemessenes Tun hervorgehoben (V.33) und mit den Bekenntnissen der Schuld des Volkes verbunden (V.34-35). Erst abschließend erfolgt ein Hinweis auf die aktuelle Lage des Volkes (V.36-37). Getreu der erzählerischen Rahmung des Gebetes (siehe bes. 20,30) laufen der Geschichtsrückblick, seine Deutung durch die Gerechtigkeit Gottes und die Verfehlungen des Volkes zu auf das Gelöbnis, sich zukünftig dem Bund zu verpflichten (20,1). Das Gebet verfolgt damit deutlich eine paränetische Intention, indem an

---

Texten, sondern allein an der Übernahme von Wendungen oder Begriffen orientieren kann. Wenn aber im folgenden unter anderem nach dem Motiv „*Freispruch des gerechten Gottes*" (so die Überschrift für Bar 2,6-10 bei *Steck*, Baruchbuch, 80) gesucht wird, so werden nur die Texte herangezogen, die unter Verwendung der Vokabel δίκαιος/δικαιοσύνη Gott das Prädikat der „Gerechtigkeit" zusprechen und zwar ausschließlich, um (genannte) Handlungen und Taten Gottes in diesem Sinne zu qualifizieren. Es wird also die Begrifflichkeit des Gebetes Asarjas zum Ausgangspunkt genommen, um nach inhaltlich vergleichbaren Aussagezusammenhängen zu fragen.

[36] 2 Esr 19,32b: μὴ ὀλιγωθήτω ἐνώπιόν σου πᾶς ὁ μόθος.

[37] Es wird in der einleitenden Erzählung berichtet, daß das Volk Israel bei der großen Versammlung seine Sünden bekennt (19,1-2); in der direkten Einleitung zum (V.5) wird jedoch das Volk aufgerufen, Gott zu loben (εὐλογεῖν).

die Geschichte des Bundes erinnert, das Verhältnis von göttlicher Gerechtigkeit und menschlicher Verfehlung anerkannt wird und schließlich die zukünftige Einhaltung des Bundes gelobt wird.

b) Das Gebet Esthers (Est 4,17^{l-z})

Das Gebet, welches Esther angesichts ihrer Notlage formuliert, ist dagegen ein echtes Klage- und Bittgebet. Nach der kurzen Einleitung (V.17^l) und der Erinnerung an den Bund Gottes mit Israel (V.17^m) folgen direkt das kurze Sündenbekenntnis[38] und die Anerkennung des Gerechtseins Gottes (V.17^n). Auf diese Gegenüberstellung erfolgt die Beschreibung der Notlage (V.17^{o+p}), und es werden eine Reihe von Bitten um Rettung aus der demütigenden Situation formuliert (V.17^{q-t}). Das Bittgebet endet schließlich mit Unschuldsaussagen Esthers, die einerseits ihre Notlage, andererseits den Zwang verdeutlichen, aus dem heraus sie als Konkubine des persischen Herrschers handelte.

Auch in diesem Gebet sind damit die Elemente der Bundeserinnerung, der Gegenüberstellung der göttlichen Gerechtigkeit und der menschlichen Verfehlungen samt der anschließenden Klage enthalten, doch stellt Esther diesem die Hinweise auf die Unvermeidlichkeit ihres eigenen Tuns hinzu. Das Schuldbekenntnis bezieht sich auf die Vergehen des gesamten Volkes und nimmt das Bundesverhältnis zu Gott in den Blick. Vom geschlossenen Bund aus betrachtet hat sich Israel verfehlt, Gott aber handelte gerecht, dem Bund angemessen. Dieses Motiv wird aufgenommen, bleibt aber inhaltlich völlig am Rande des Gebets, da der Ton vielmehr auf der Unschuld Esthers und ihren Bitten liegt.

c) Das Gebet Daniels (Dan 9,4b-19)

Im Gebet Daniels (Dan 9,4b-19) stehen das kollektive Sündenbekenntnis und die Bitten um die Wendung der Not des gesamten Volkes wieder im Mittelpunkt. Anders als sonst in Dan 7-12 wird in Kap. 9 nicht eine Vision mit anschließender Deutung berichtet. Vielmehr tritt das zu deutende Problem, nämlich die auf siebzig Jahre bemessene Verödung Jerusalems, beim Schriftstudium auf, woraufhin der Prophet dieses große Bußgebet anstimmt. Voran steht auch diesem Gebet ein Lob der Stärke und Macht Gottes (V.4b), ausführlich werden dann die Sünden des Volkes geschildert (V.5-12), was zweimal durch den Hinweis auf die Gerechtigkeit Gottes unterbrochen wird (9,7+8).[39] Deutlich wird daraufhin vor Augen geführt, daß die Verfehlungen Israels auch nicht angesichts des in der Schrift bzw. im Gesetz angedrohten Unheils vermieden wurden, so daß dieses schließlich über das Volk hereinbrach (V.12+13). Den Abschluß des ersten Teils bildet eine nochmalige Gegenüberstellung des Gerechtseins Gottes und des Ungehorsams des Volkes (V.14), während – wiederum im Anschluß an diese Gegenüberstellung – im zweiten Teil (V.15-19) klagend und bittend die Wendung des Unheils erfleht wird. Auffällig ist nun, daß eine Vielzahl von Elementen, die schon in 2 Esr 19 begegneten, hier aufgenommen werden, wie z.B. der Ungehorsam gegenüber den Propheten (Dan 9,6/2 Esr 19,26) und gegenüber dem Gesetz (Dan 9,5b.10.11/2 Esr

---

[38] Die Verfehlungen, die Esther im Namen des Volkes bekennt, bestehen nicht in der Gesetzesübertretung, sondern in der Götzenverehrung.

[39] Im Gegensatz zu 2 Esr 19 bezieht sich der Prophet mit ein. Die Bekenntnisaussagen sind stets im Plural formuliert. In 2 Esr 19 wird allein die aktuelle Bedrückung des Volkes auf die Sünden der Betenden zurückgeführt (vgl. 19,37).

19,16.26.29.34) oder die Erinnerung an das Exodusgeschehen (Dan 9,15), sie werden jedoch eingebaut in einen neuen Text mit eigener Zielsetzung. Denn anders als in den anderen Gebeten wird weniger an das Bundesverhältnis appelliert, wenn die Wendung der Not erfleht wird, als an Gottes göttlichen ἔλεος. Im Zentrum steht damit ein Gottesattribut, das in einsgesetzt wird mit dem Namen Gottes, und dessen Wirkung und Geltung an der verheißenen Zuwendung zu seinem Volk und zu seiner Stadt abgelesen wird.

d) *Das Gebet der Exulanten (Bar 1,15-3,8)*
Das ausführlichste Gebet dieser Art liegt nun in Bar 1,15aβ-3,8 vor, von dem *O.H. Steck* in seiner Untersuchung zum Baruchbuch eine detaillierte Gliederung entworfen hat.[40] Das Gebet unterteilt sich deutlich in einen bekennenden (1,15-2,10) und einen bittenden Teil (2,11-3,8), wobei im ersten Teil in zwei Anläufen ausführlich beschrieben wird, daß das Israel zuteilgewordene Unglück allein auf die Nichteinhaltung des Bundes von seiten des Volkes zurückzuführen ist. Formelhaft werden die beiden Abschnitte dieses ersten Teils des Gebetes mit dem Bekenntnis zur Gerechtigkeit Gottes und der eigenen Sünden eingeleitet (Bar 1,15; 2,6): τῷ κυρίῳ ἡμῶν ἡ δικαιοσύνη, ἡμῖν δὲ [καὶ τοῖς πατράσιν ἡμῶν] αἰσχύνη τῶν προσώπων. Und schließlich wird der gesamte Teil mit dieser Gegenüberstellung nochmals zusammengefaßt (2,10).[41]

Konstitutiv scheint für all diese Gebete, daß im Blick auf das Verfehlungshandeln des Volkes Israel, das allenthalben bekannt wird, das Unheilshandeln Gottes als „gerecht" beurteilt wird. So wird in all diesen Texten das Bekenntnis zur ausgleichenden Gerechtigkeit Gottes neben das Bekenntnis der Verfehlungen gestellt, und zwar zum Teil in Form eines direkten Kontrastes. So durchziehen zum Beispiel im großen Gebet der Exulanten von Bar 1-3 die formelhaften Gegenüberstellungen des gerechten Handelns Gottes und des Verfehlungshandeln des Volkes den Text. „Dem Herrn sei Gerechtigkeit, uns aber die Schande (1,15; 2,6). Aber auch im Gebet Esras schließt sich die Aussage von der Gerechtigkeit Gottes (2 Εσδρ 19,33) direkt an den Bericht von der Exilierung Israels an[42] und lei-

---

[40] Vgl. *Steck*, Baruchbuch, dort 67-115, bes. 76ff.

[41] *Steck* gliedert das Gebet vor dem Hintergrund der klassischen Psalmengattung „Klagelied des Volkes", die auch *Kuhl*, Männer, 89+100, zur Interpretation des Gebetes Asarjas heranzieht. Beide erheben die Gattungsmerkmale im Anschluß an *Gunkel/Begrich*, Einleitung, § 4. Unberücksichtigt bleibt jedoch die Frage, ob tatsächlich das Element der Klage mit dem des Sündenbekenntnisses in eins gesetzt werden kann und ob so Intention und Funktion dieser Gebetstexte angemessen erfaßt sind.

[42] 2 Esr 19,33: καὶ σὺ δίκαιος ἐπὶ πᾶσι τοῖς ἐρχομένοις ἐφ' ἡμᾶς, ὅτι ἀλήθειαν ἐποίησας, καὶ ἡμεῖς ἐξαμάρτομεν.

tet über zu dem Sündenbekenntnis (V.33+35), dem die Beschreibung der Unterdrückung folgt (V.36-37). Das gerechte Handeln Gottes und seine Strafen über Israel werden schon durch die Komposition der Gebetsaussagen in eine direkte Beziehung zum Verfehlungshandeln des Volkes gebracht. Dies läßt sich auch an der formalen Gestaltung des Gebetes der Esther festmachen, da hier die Aussage über das Gerechtsein Gottes asyndetisch und in direktem Anschluß an das Sündenbekenntnis folgt,[43] um dann die Situation der Bedrückung zu skizzieren (V.17°ff.). In Dan 9 findet sich die Gegenüberstellung von Gerechtigkeit Gottes und Verfehlung des Volkes (V.14) ebenfalls vor den ausformulierten Bitten um Wendung der Not und im Anschluß an das große Sündenbekenntnis (V.5-13). Hier begegnet schließlich eine nahezu formelhafte Gegenüberstellung von Gerechtigkeit Gottes und Schande des Volkes (V.7f.),[44] die in Bar 1,15 und 2,6 wieder aufgegriffen wird.[45]

Gemeinsam ist diesen Texten auch, daß das Bundesverhältnis Gottes zu seinem Volk in diesen Gebeten an verschiedenen Stellen hervorgehoben wird. Meist geschieht dies, wie beispielsweise in dem ausführlichen Rückblick in 2 Εσδρ 19,7-31, indem die Geschichte des Gottes Israels mit seinem Volk nacherzählt wird und gleichermaßen das Heils- und Unheilshandeln Gottes nachgewiesen wird. So ist diese Beziehung zwischen Gott und Israel in allen Gebeten die Grundlage, um die jeweiligen Bitten formulieren zu können, auch wenn durchaus unterschiedliche Akzente gesetzt werden, wenn schlicht um die Fortsetzung dieser Beziehung gebeten (2 Εσδρ 19) oder zusätzlich beispielsweise an Gottes Barmherzigkeit appel-

---

[43] Esther 4,17ⁿ bzw. C,17+18 (nach der Zählung H. Bardtkes, Zusätze zu Esther, JSHRZ I/1, Gütersloh 1973, 18.): καὶ νῦν ἡμάρτομεν ἐνώπιόν σου, καὶ παρέδωκας ἡμᾶς εἰς χεῖρας τῶς ἐχθρῶν ἡμῶν, ἀνθ᾽ ὧν ἐδοξάσαμεν τοὺς θεοὺς αὐτῶν· δίκαιος εἶ, κύριε.
[44] Vgl. Dan 9,14.: καὶ ἠγρύπνησε κύριος ὁ θεὸς ἐπὶ τὰ κακὰ καὶ ἐπήγαγεν ἐφ᾽ ἡμᾶς, ὅτι δίκαιος κύριος ὁ θεὸς ἐπὶ πάντα; sowie Dan 9,7f.
[45] Zur Abhängigkeit von Bar 1-3 von Dan 9 vgl. nochmals die Diskussion bei Steck, Baruchbuch, 88f.

liert wird (Dan 9). Jedoch gehen all diese Gebete von dem Bundesverhältnis aus und rufen es in Erinnerung.

Es scheint damit, daß diese sogenannten „Bußgebete" von durchaus vergleichbaren theologischen Koordinaten ausgehen, die in einer
gemeinsamen Auffassung von der Gerechtigkeit Gottes, der Bundesbeziehung Israels zu seinem Gott und der daraus sich ergebenden
Möglichkeit, sich an diesen Gott zu wenden, sowie in der eindeutigen Rückführung der momentanen Notlage auf das eigene Verfehlungshandeln bestehen. Unterschiedlich ist allein die Gewichtung
dieser für die Gebete konstitutiven Gedanken und die Komposition
auf den jeweiligen Zielpunkt des Textes hin.[46]

Auffällig ist, daß in all diesen Gebeten zumindest die Elemente
der Gerechtsprechung Gottes, bzw. des Lobes der Gerechtigkeit
Gottes angesichts seines Strafhandelns gegenüber den Verfehlungen
Israels und der Erinnerung an die zurückliegende und in der Geschichte greifbare Beziehung Gottes zu seinem Volk enthalten
sind. Dieses inhaltliche Material konnte auch im Gebet Asarjas
nachgewiesen werden, und in einem weiteren Schritt wird nun danach zu fragen sein, in welcher Form und vor allem mit welcher
Funktion diese inhaltlichen Komponenten hier eingesetzt werden.

3. *Bund, Gerechtigkeit Gottes und Sündenbekenntnis*

a) *Die Gerechtigkeit Gottes angesichts der Verfehlungen des Volkes*
Die Aussagen über die Gerechtigkeit und die Bewirkung des aktuellen Unheils für das Volk lassen sich im Gebet Asarjas zunächst als
Explikation des Gotteslobes verstehen. Damit geht das Gebet Asarjas aber über die übrigen sogenannten „Bußgebete" hinaus und
nimmt eine weitere Tradition auf, die schon im Gebet des Tobit be-

---

[46] Die Funktion der „Bußgebete" und ihre Einbettung in den jeweiligen erzählerischen Kontext im einzelnen zu erfassen, wäre eine lohnenswerte Aufgabe, die
jedoch über das hier gesteckte Ziel hinausgeht. Entscheidend ist allein die
Beobachtung, daß jene Gebetselemente in diesen Texten durchgängig vorhanden
sind und jeweils mit einer eigenen Zielsetzung zu einem geschlossenen Gebetstext
verarbeitet werden.

gegnete. Denn in eigentümlicher Weise schließt sich an das Lob Gottes in V.26 – verbunden durch die Partikel ὅτι[47] – eine Kette von Sätzen an, die die Gerechtigkeit, die Wahrheit und die Angemessenheit der Urteile und Taten Gottes betonen. Nimmt man die angeschlossenen Sündenbekenntnisse in V.29+30 hinzu, die parallel zu anderen Gebeten die Verfehlungstaten (ἁμαρτάνειν, ἐξαμαρτάνειν[48] und ἀνομεῖν) als Gesetzesungehorsam deuten,[49] so dienen diese Aussagen über die Gerechtigkeit des Gotteshandelns dazu, die Schuld des Volkes in aller Deutlichkeit anzuerkennen. Durch die Voranstellung und Einbindung in das Lob Gottes tritt aber auch die Intention hervor, den Gott Israels in seinen Attributen und Eigenschaften anzuerkennen und diese auch angesichts der Notlage deutlich für andere herauszustellen. An der Schwäche Israels und – übertragen auf den Kontext des Gebetes – an der Not der drei Männer im Feuer läßt sich eben nicht eine Schwäche des Gottes Israel ablesen, sondern allein die Gerechtigkeit seines Handelns.

---

[47] Sowohl V.27a als auch die Bekenntnisaussagen in V.29+30 werden mit kausalem ὅτι eingeleitet. Der zusammenfassende und zum Sündenbekenntnis überleitende Satz V.28c wird mit einer kausalen Konjunktion (διότι bzw. ὅτι) eingeleitet und gibt zugleich die Ursache für das Handeln Gottes mit einer διά-Konstruktion an, vgl. V.37.

[48] Auch das Verb ἐξαμαρτάνειν scheint hier in der unspezifizierten Bezeichnungsmöglichkeit „verfehlen", „sündigen" verwendet worden zu sein, wie sich dies in der jüdischen Literatur in Hab 2,10; Zeph 1,17; Qoh 5,5; PsSal 5,16; VitAd 13,5 nachweisen läßt. Die geprägte Bedeutung des Verbes innerhalb der formelhaften Beschreibung der „Sünde (des Hauses) Jerobeams" im Sinne von „verführen"/„zum Götzendienst verleiten" (vgl. zur Sache 3 Βας 12,30; 13,24 und die Formeln in 3 Βας 15,26; 16,2; 20,22; 22,53; 4 Βας 1,18; 3,3; 10,29ff; 13,2; Sir 47,23 sowie (von Manasse) 4 Βας 21,11.16 u.ö.) liegt hier, in der Konstruktion ohne Akkusativobjekt sicher nicht vor. Hinzuweisen ist jedoch darauf, daß sowohl in Dan 3,29f. als auch in dem Bußgebet 2 Esr 19,33f ἐξαμαρτάνειν im folgenden mit Gesetzesungehorsam erläutert wird.

[49] Auch wenn der sogenannte Theodotion-Text V.30a (καὶ τῶν ἐντολῶν σου ἠκούσαμεν) ohne Hinweis auf den νόμος überliefert, so ist doch eine identische Aussage getroffen wie in der Lxx-Überlieferung. Auffällig ist noch, daß hier in Dan 3,29f. auch die Nichteinhaltung des Bundes durch das Volk, der Abfall von seinem Gott, ebenfalls als Gesetzesbruch formuliert wird (V.29b: ἠνομήσαμεν ἀποστῆναι ἀπὸ σοῦ) und schließlich der positive Sinn des Gesetzes eigens hervorgehoben wird (V.30c: ἵνα εὖ ἡμῖν γένηται). Parallel zu Dan 3,29f. siehe auch Dan 9,5b.10.11 und 2 Εσδρ 19,16.26.29.34.

Hier wird die Gerechtigkeit Gottes einerseits allgemein bekannt und lobend hervorgehoben (vgl. Tob 3,1-3), und andererseits kontrastierend der Schuld des Volkes gegenübergestellt, wie es in den sogenannten „Bußgebeten" zu finden ist. Diese doppelte Einbindung der Vorstellungen von der Gerechtigkeit Gottes läßt markant hervortreten, wie sehr die Gerechtigkeit und Wahrheit Gottes garantieren, daß die Reaktionen und Urteile Gottes den Taten des Volkes angemessen sind. Die Gerechtigkeit bewirkt daher im Falle der von den Betenden bekannten Gesetzesübertretungen Unheil und Strafe. Das Gebet Asarjas belegt ein Bild von dem gerechten Handeln Gottes, wie es ähnlich schon im Tobitbuch und auch in den Psalmen Salomos festgestellt werden konnte.

b) Der Väterbund

Der Gedanke des Bundes Gottes mit seinem Volk Israel wird im Gebet Asarjas allein unter heilsstiftendem und positivem Blickwinkel dargestellt (vgl. dagegen 2 Εσδρ 19,26-28; PsSal 9,1-3). In Dan 3,34f. wird Gott darum gebeten, die Betenden nicht völlig dem Untergang preiszugeben (παραδιδόναι), den Bund nicht aufzulösen (διασκευάζειν) und seine „Gnade" (ἔλεος) nicht abzuwenden.

Damit kommt im Blick auf den Bundesgedanken ein Zweifaches zum Ausdruck. Einmal scheint mit dem Hinweis auf die Väterverheißung ein Grund und Anlaß gefunden, die Bitte um Verschonung (V.34a) zu formulieren. So ist es denn auch Teil der Bitte, daß der Bund auch von Gottes Seite her weiter aufrechterhalten bleiben möge. Es ist der Duktus der gesamten Erzählung von den drei Männern im Feuer (Dan 3) aufgenommen, indem sowohl hier als auch in der zweiten Bittenreihe (V.42-43)[50] veranschaulicht wird, daß die Rettung der Betenden vor dem König Nebukadnezar als Erweis des Wirkens Gottes zu verstehen ist. Mit der vorliegenden Wendung (μὴ παραδῷς ἡμᾶς εἰς τέλος) wird dabei die Katastrophe über Israel weiterhin als rechtmäßig und „wahr" anerkannt (V.28 u.ö.). Aber dennoch ist eine Durchbrechung dieses Strafhandelns erhofft.

---

[50] Siehe vor allem den jeweiligen Hinweis auf den Namen Gottes in V.34a und V.43b; vgl. auch V.45.

Es wird gebeten, die Vernichtung nicht bis zur endgültigen Auslöschung durchzuführen. Aufgrund des Bundesverhältnisses besteht für das Volk die Hoffnung auf rettendes und verschonendes Eingreifen Gottes.

Zum anderen werden die Bundesworte an Abraham, Isaak und Jakob eigens nach Gen 22,17 zitiert (V.36), um einen Kontrast herstellen zu können zu der anschließend geschilderten Lage des Volkes (V.37+38). Die umfangreiche Aufzählung der Notstände enthält Situationsbeschreibungen, die den Widerspruch zur Verheißung deutlich werden lassen:[51] Das Volk ist nicht zahlreich, sondern vielmehr kleiner als alle Völker und überall gedemütigt, was nochmals auf die Verfehlungen der Betenden (διὰ τὰς ἁμαρτίας ἡμῶν) zurückgeführt wird (V.37).[52]

Der Bund Gottes mit seinem Volk dient also als Fundament für die Bitten und als Möglichkeit, die Klage des Volkes besonders eindrücklich zu veranschaulichen. Die Väterverheißungen spielen aber im weiteren keine Rolle mehr, da andere Attribute und Eigenschaften des Gottes Israels hervorgehoben werden, um das Anliegen des Gebetes deutlich werden zu lassen.

c) Die Barmherzigkeit Gottes

Getreu der schon beobachteten Vorgehensweise im Gebet Asarjas, die jeweils folgenden Gedanken aus dem vorhergehenden zu entwickeln, lenken die Klagesätze von der geringen Zahl des Volkes hinüber zur Führungslosigkeit des Volkes und schließlich zur Schilderung des Notstandes, der in der mangelnden Möglichkeit von kultischen Opfern besteht (V.38). Als zentraler Gedanke wird damit der Hoffnung auf das Bundesverhältnis das Attribut des göttlichen ἔλεος hinzugestellt bzw. wieder aufgegriffen und nun ins Zentrum der Aussagen gerückt. Denn neben der Bundestreue wird schon in

---

[51] *Koch*, Zusätze II, 51, deutet V.37 in den griechischen Versionen ebenso, hält den kausalen Zusammenhang der Aussagen aber für unpassend.

[52] Ob ebenso wie die Geringheit und Demütigung des Volkes auch die Führungslosigkeit (V.38a) als Widerspruch zur Väter-Verheißung verstanden wird, läßt sich nicht mehr ausmachen. V.38 wird schlicht parataktisch der vorhergehenden Aussage hinzugefügt. Zur Diskussion um die Deutung von ἡγούμενος als geistlichen Führer vgl. schon *Fritzsche*, Handbuch I, 126; *Koch*, Zusätze II, 52f.

V.35a auch Gottes ἔλεος erbeten, und es wird anschließend beklagt, daß das Volk derzeit aufgrund des nicht bestehenden Kultus keine Möglichkeit besitzt, „Erbarmen" zu finden: οὐ τόπος τοῦ καρπῶσαι ἐνώπιόν σου καὶ εὑρεῖν ἔλεος (V.38).

Wie gesehen ist für das Gebet Asarjas insbesondere charakteristisch, daß in den Wunschsätzen von V.39+40 Alternativen aus dieser Notsituation heraus aufgezeigt werden. Tragend bleibt aber für die dort ausgesagten Vorstellungen, die im folgenden ins Zentrum der Untersuchung zu stellen sein werden, der Gedanke der göttlichen Barmherzigkeit. Denn das abschließend erbetene Handeln Gottes soll nun gemäß seiner Barmherzigkeit an den Betenden vollzogen werden (V.42). Damit erscheint die Barmherzigkeit Gottes, die sich vor allem in dem rettenden und nicht weiter vernichtenden Handeln Gottes an den Betenden – also an der Unterbrechung des zuvor als gerecht anerkannten Unheilshandelns – auswirken soll (V.42), in einer derart pointierten Form als Grundgedanke der ausgedrückten Vorstellungen, wie es in den parallelen Gebetstexten nicht der Fall ist.[53] Da zugleich die Funktion des Opferkultus mit diesem Gedanken verbunden wird, ist im nächsten Abschnitt darauf einzugehen.

Insgesamt ergibt aber nun der Vergleich des Gebetes Asarjas mit den übrigen herangezogenen „Bußgebeten", daß im Blick auf die Gottesvorstellung dieses Gebetes mit dem Gedanken an den göttlichen ἔλεος die Vorstellungen vom „gerechten" und „wahren" Gotteshandeln erweitert und ergänzt wird. Es kann demnach auch angesichts der Verfehlungen des Volkes und dem sich aus ihm ergebenen Strafhandeln Gottes von einem Heilshandeln ausgegangen werden, das zumindest vor einer endgültigen Vernichtung bewahrt. Diese Suche und zugleich Nachweis von alternativen Möglichkeiten, dem gerechten Unheilshandeln Gottes zu entgehen und dazu auf den Kultus zu rekurrieren, finden sich in den übrigen Gebetstexten nicht. Über die einzelnen Veränderungen und Umwandlungen der

---

[53] In den Gebeten von Neh 9 und Bar 1-3 ist bis auf Bar 3,2 nicht von Gottes Barmherzigkeit die Rede. Zu vergleichen ist aber Dan 9,9, wo die Barmherzigkeit Gottes mit seiner διακαιοσύνη in einsgesetzt wird.

aufgenommenen Motive hinaus macht dieser Gedanke die Einzig-
artigkeit des Gebetes Asarjas unter den sogenannten „Bußgebeten"
aus.

III. VERGEBUNG ALS „ANNAHME" DER BETENDEN

Mit dem Gebet Asarjas stößt unsere Untersuchung auf die Frage
nach der soteriologischen Funktion, die dem Opferkultus in Texten
des griechisch sprechenden Judentums zugemessen wird. Wie gesehen bezieht C.-H. Sung ausgehend von der Frage nach dem „Sitz
im Leben" der Vorstellungen von „Vergebung" im Judentum die
analysierten Texte durchgehend auf die Geschichte der israelitischen
Opfer- und Kulttheologie.[54] Die im Rahmen der vorliegenden Arbeit bisher untersuchten Gebetstexte des griechisch sprechenden
Judentums widerstreben einer solchen Ein- und Zuordnung, da sie
nur selten auf den Kultus abheben. So konnten im Blick auf den
Umgang Gottes mit Verfehlungen allein Vorstellungen zu Tage
gebracht werden, die nicht von einer kultischen Vermittelbarkeit der
„Vergebung" ausgehen und den Kultus allenfalls als Veranschauli-
chungsmodell für das implizierte Geschehen heranziehen (Tob
4,11).

Für die Bitten im Gebet Asarjas sind die soteriologischen Funktionen des israelitschen Kultus konstitutiv. Hier wird aber um Alternativen zu der heilstiftenden Wirkung des Kultus gerungen, weil
dieser nicht mehr durchgeführt werden kann. Es ist also im folgenden zu erheben, wie die opfertheolgischen Prämissen in den Rahmen der entfalteten Vorstellungen von der Gerechtigkeit Gottes und
dem Bundesverhältnis eingebunden werden, worin die Funktion des
Kultus gesehen wird und in welchem Sinne Gottes Umgang mit den

---

[54] „Der eigentliche Sitz im Leben der Sündenvergebung Gottes ist auch im
Frühjudentum der Sühnekult (vgl. Traktat Joma)." *Sung*, Vergebung, 155, macht
mit diesem Zitat deutlich, wie sehr es ihm grundsätzlich um eine religions- und
theologie*geschichtliche* Erfassung der entsprechenden Aussagen auch im Frühjudentum geht. Anschaulich wird dies schließlich insbesondere in der Zusammenfassung seiner Ausführungen zum Alten Testament und Judentum, die von der
„Erlösungsgeschichte Gottes für Israel" als Zentrum ausgeht (ebenda 177).

Betenden und ihren Verfehlungen in der vorausgesetzten Notlage
für möglich erachtet wird, in der es keinen Opferkultus gibt.

1. Gottes ἔλεος als Fundament (V. 37f.)

Gleichermaßen wird in Dan 3,34 um die Aufrechterhaltung des
Bundes wie um Gottes ἔλεος gebeten. Doch die Notlage zeichnet
sich nach V.37f. eben nicht nur durch den Widerspruch zur Bundes-
verheißung, sondern auch durch die mangelnde Möglichkeit aus,
„Erbarmen zu finden" (siehe V.38): καὶ οὐκ ἔστιν ἐν τῷ καιρῷ
τούτῳ ἄρχων καὶ προφήτης καὶ ἡγούμενος οὐδὲ ὁλοκαύτωσις οὐδὲ
θυσία οὐδὲ προσφορὰ οὐδὲ θυμίαμα, οὐ τόπος τοῦ καρπῶσαι ἐναν-
τίον σου καὶ εὑρεῖν ἔλεος· Es wird eine Notlage beschrieben, die
sich dadurch auszeichnet, daß weder eine politische Führung noch
eine geistig-prophetische Leitung für das Volk vorhanden sind und
daß die unterschiedlichsten Opfer, die einzeln aufgezählt werden,
nicht dargebracht werden können. Im Rahmen dieser Aufzählung
wird die Aussage in V.38c zur zusammenfassenden Funktionsbestimmung des Kultus: Zentrum und Zweck des Kultus sind in dem
göttlichen ἔλεος begründet.

Die gebrauchte Wendung εὑρεῖν ἔλεος, die nur noch in DanLxx
9,3 sowie in 2 Tim 1,18 und den davon abhängigen Zitaten bei Ignatius und Origenes begegnet,[55] kann nicht als ein geläufiger kult-
technischer Terminus gedeutet werden.[56]

Die ntl. Textstelle findet sich im Kontext der kurzen Skizzierung des Onesiphoros
(2 Tim 1,16-18), und wie schon für seine Familie (V.16) wünscht der Briefschreiber dem Onesiphoros selbst, daß ihm ἔλεος gegeben werde bzw. er ἔλεος finden
möge. Welche Situation hier vorausgesetzt ist und ob der zweite Wunsch aus stilistischen Gründen und in Angleichung an V.17 mit der Vokabel εὑρίσκειν formuliert wurde,[57] läßt sich schwer ausmachen. Festgelegt wird aber der Akt des

---

[55] Siehe *Ignatius*, Epistulae 7,10,2 und *Origenes*, De principiis 3,1,21.

[56] Schwierig scheint daher auch, daß *J. Jeremias*, Die Briefe an Timotheus
und Titus, NTD 9, Göttingen 1975, 52f., in 2 Tim 1,18 geläufiges Formelgut entdeckt. Die semantische Interpretation dieser Stelle scheint keinem der Kommentare
von entscheidender Bedeutung.

[57] Dies vermutet *M. Dibelius*, Die Patoralbriefe, HNT 13, Tübingen [4]1966,
79.

„Erbarmen Findens" auf einen bestimmten Tag und im Gegenüber zu Gott, so daß man sich der Vermutung *Jeremias'* anschließen und den Wunsch auf die Situation des Sterbens des Onesiphoros beziehen mag.[58] Es sind nicht nur – wie in V.16 – Wohltätigkeitserweise im Blick, sondern eine endzeitliche Erlangung von göttlicher Barmherzigkeit, die als Dank und Ausgleich für die dem Briefschreiber erwiesenen Wohltätigkeiten verstanden werden.

In Dan 9,3 verwundert die gewählte Terminologie, da der Prophet eigentlich eine Antwort auf die drängende Frage nach den siebzig Jahren sucht.[59] Darüber hinaus läßt schon der hebräische Text von DanLxx 9,3 (וְתַחֲנוּנִים תְּפִלָּה לְבַקֵּשׁ) fragen, ob die Begriffe Gebet und Gnade als Objekte des Findens zu verstehen sind[60] oder nicht vielmehr angeben, auf welche Weise die Suche des Propheten vollzogen werden soll, so daß hier keine parallele Aussage zu Dan 3,38 vorliegt.

Die Wendung wird jedoch verständlich, wenn zum Vergleich die Aussagen εὑρίσκειν/εὑρεῖν χάριν herangezogen werden. In jüdischen Texten wird nämlich mit diesen Worten auf das gnädige Verhalten eines Menschen gegenüber Mitmenschen oder auch Gottes gegenüber einem Menschen referiert.[61] Doch weisen die Kontexte in diesen Fällen eher auf das gute Ansehen eines Menschen hin, so daß dieser sowohl von Gott als auch von den Menschen als tadellos befunden werden kann.[62] „Gnade finden" ist hier im Sinne von „anerkannt werden" verstanden.

Im Vergleich zu dieser parallelen Wendung besagt das Finden von ἔλεος, und zwar als zentrale Funktionsbestimmung des Kultus (V.38), weniger eine Feststellung der Tadellosigkeit eines Menschen. Um letzteres auszusagen, scheint eher die Vokabel χάρις verwendet zu werden. Es ist aber nach Dan 3,38 Ziel des Kultus, göttliches Handeln zu erfahren, und zwar im Sinne seines *rettenden Eingreifens*. In einem solchen Sinne läßt sich nämlich die Aussage

---

[58] Vgl. *Jeremias*, Briefe, 52.

[59] In der Version des Theodotion wird die Stelle wiederum anders interpretiert, die Wendung gemieden und durch ἐκζητῆσαι ... δεήσεις ersetzt.

[60] *Plöger*, Daniel, 133, vermutet hinter der Aussage einen terminus technicus für die Befragung von Orakeln, ohne freilich weiteres Belegmaterial zu bieten.

[61] Vgl. Hld 8,10; 1 Esr 8,4; Sir 3,18; 21,16; 41,27; 45,1; 1 Makk 6,13; TestRub 4,8; TestSim 5,2; JosAs 15,3 u.ö.

[62] Vgl. aber nochmals JosAs 15,3; hier faßt Aseneth die gesamte an sie durch den Mann Gottes ergangene Verheißung mit der Wendung εὑρεῖν χάρις zusammen.

in den weiteren Kontext des Gebetes einordnen. Denn wendet Gott seine Barmherzigkeit ab (vgl. V.34), so ergibt sich für die Betenden die beklagte Situation der Not, rettet er sie aber vor den Feinden, so handelt er κατὰ τὸ πλῆθος τοὺς ἐλέους (V.42). Das Handeln gemäß der Barmherzigkeit wird demnach als Ausnahmehandeln gesehen. Rettung und Bewahrung vor den Feinden kommt dem Abbruch des anerkanntermaßen gerechten Strafhandelns gleich und kann daher nur möglich sein, wenn der bundestreue Gott nicht mehr gerecht, sondern gnädig handelt.

Wie sehr das Walten des ἔλεος sich schließlich im konkreten Rettungshandeln ausdrückt, zeigt auch die Aussage in· V.40d (ὅτι οὐκ ἔστιν αἰσχύνη τοῖς πεποιθόσιν ἐπὶ σοί). Demnach ist es ebenfalls Teil dieses Vertrauensverhältnisses, daß die Betenden für sich die Bewahrung vor dem völligen Untergang erhoffen (vgl. auch V.34a). Mit αἰσχύνη ist dabei wohl kaum eine endzeitliche juridische Vernichtung ausgesagt,[63] vielmehr wird dem Vertrauen Ausdruck verliehen, daß die über Israel gekommene Vernichtung und Zerstreuung, wie sie in V.32f. beschrieben ist, nicht weiterhin denjenigen zuteil werden wird, die sich an den Gott Israels halten. Folglich liegt das Ziel der Opferhandlungen und damit das Fundament der soteriologischen Vorstellungen, die mit dem Opfer verbunden werden, in der Möglichkeit begründet, aus dem Zusammenhang von Verfehlungshandeln und göttlichem Strafgericht auszubrechen. Garantiert durch das Handeln κατὰ τὸ πλῆθος τοῦ ἔλεους ist zumindest die Möglichkeit, daß das Strafgericht nicht zu einer vollständigen Vernichtung der Täter von Verfehlungen führt. Diese Vorstellung von der göttlichen Barmherzigkeit, die auch in anderen Texten schon begegnete,[64] wird hier zunächst neben den allein heilstiftenden Bundesgedanken[65] gestellt und schließlich zum alleinigen Fun-

---

[63] Vgl. dazu R. *Bultmann*, αἰσχύνω κτλ., ThWNT I, Stuttgart u.a. 1933, 188f.

[64] Untersuchungen zu ἔλεος im Neuen Testament liegen aus neuester Zeit nicht vor, und man bleibt wohl weiterhin angewiesen auf die Ausführungen R. *Bultmanns*, ἔλεος κτλ., ThWNT II, Stuttgart u.a. 1935, 474-483.

[65] Auffällig ist hier in Dan 3,34-41, daß zwar der Kultus, nicht aber das Gesetz eine Rolle spielt. Zudem wird der Bundesgedanke – und zwar im Vergleich zu PsSal 9 ausgeprägter – als Bund der Väter herausgestellt. Daß die zentrale Gottes-

dament der Bitten in V.42ff. erhoben.[66] Denn ausgehend von den genannten Opfertermini[67] lassen sich keine Aussagen über Sinn und Funktion der implizierten Kulthandlungen erheben.[68]

Eine Identifikation der einzelnen in Dan 3,38 genannten Opfer mit den Opferarten des israelitischen Kultus gelingt überhaupt nur bedingt. Häufig begegnet sowohl in Erzähl- als auch in Gesetzestexten das Brandopfer (עוֹלָה),[69] das im Griechischen mit ὁλοκαύτωσις bzw. mit ὁλοκαύτωμα wiedergegeben wird, und ebenso auch das Schlachtopfer (זֶבַח), das überwiegend mit θυσία übersetzt wird. Doch gerade die hier vorliegende Verbindung von ὁλοκαύτωσις und θυσία findet sich an einer Vielzahl von Stellen, an denen nicht immer festgestellt werden kann, ob die Begriffe als termini technici (vgl. z.B. Lev 14,31; 23,27; Jer 17,26; Ez 45,15) oder zur allgemeinen Bezeichnung von Opfern verwendet werden (vgl. z.B. Lev 17,8; Jdc 13,23; Jer 6,20; Weish 3,6; 1 Makk 1,45).

Aus den in V.38 genannten Opfern ließe sich noch θυμίαμα als das Rauchopfer (קְטֹרֶת) verstehen, welches in Verbindung mit den Weihevorschriften für die Priester und die Stiftshütte (Ex 29 u.ö.) begegnet, während sich jedoch der bis auf Sirach selten im jüdischen Schrifttum verwendete griechische Terminus προσφορά mit keinem israelitischen Opfer eindeutig verbinden läßt.[70] Der schließlich noch enthaltene Ausdruck τόπος τοῦ καρπῶσαι findet sich in der gesamten griechischen Literatur nur in Abhängigkeit von Dan 3,38; wie das Verbum καρποῦν zudem

---

erfahrung für die Sünden- und Bußgebete Israels in der Exoduserfahrung begründet liege, wie es *Sung*, Vergebung, 178f. in Abhängigkeit von *Stuhlmacher*, Neue Gerechtigkeit, 48f., versucht herauszustellen, kann zumindest am Gebet Asarjas nicht belegt werden. Weder das Auszugsgeschehen selbst noch die Gabe des Gesetzes spielen hier eine Rolle. Hier im Gebet Asarjas wird im Rückgriff auf Gen 22,17 insbesondere die Verheißung, also die Zusage Gottes, in Erinnerung gerufen, das Volk zu vermehren.

[66] Es ist an dieser Stelle nochmals die mißliche Lage hervorzuheben, die durch die textliche Unsicherheit in V.40c hervorgerufen wird. Denn da die Wendungen der Septuaginta und der „Theodotion"-Überlieferung keine Möglichkeit der Interpretation bieten, bleibt die weitere Funktionsangabe für den Kultus – die an dieser Stelle zu vermuten ist – verborgen.

[67] Zum jüdischen Opferkult in der Zeit des Zweiten Tempels vgl. *W.O.E. Oesterley*, Sacrifices in Ancient Israel, New York 1938, 235ff.258ff.; *Sanders*, Judaism, 103-118.

[68] Hinzuweisen ist aber darauf, daß in der prophetischen Opferkritik teilweise eine ähnliche Terminologie zur Aufzählung von Opfern begegnet, auch wenn eine identische Liste nicht vorliegt; vgl. Jer 17,26; Am 5,22; PsLxx 39,6; Weish 3,6; Sir 34,19. Vor allem in V.40a+b klingt Micha 6,7 an.

[69] Vgl. *Rendtorff*, Studien, 251 passim.

[70] Siehe 3 Βας 7,48; 1 Es 5,52; Ps 39,6; Sir 14,11; 34,18.19; 35,1; 38,11; 46,16; 50,13f.; TestLev 3,6; 14,5; 18,2; EpArist 170 sowie *Josephus* Bell 6,197; Ant 11,77.156; 18,345; *Philo* Virt 2 u.ö..

äußerst selten zur Beschreibung von Opfervorgängen gebraucht wird.[71] Aus den Belegen geht jedoch hervor, daß mit dem Verb nicht ausschließlich die Darbringung vegetabilischer Opfer bezeichnet werden muß,[72] vielmehr ist es sogar möglich, die Opferung Isaaks mit dieser Terminologie zu rezipieren.[73]

2. Die Alternativen zum Kultus (V.39f.)

Im Gebet Asarjas werden schließlich diese soteriologischen Vorstellungen als Ausgangspunkt genommen, um das Verhältnis der Betenden zu Gott neu zu definieren und um Alternativen zum nicht durchführbaren Kultus und seinen heilstiftenden Möglichkeiten aufzuzeigen (V.39-40): ἀλλ᾽ ἐν ψυχῇ συντετριμμένῃ καὶ πνεύματι ταπεινωμένῳ προσδεχθείημεν ὡς ἐν ὁλοκαυτώμασιν κριῶν καὶ ταύρων καὶ ὡς ἐν μυριάσιν ἀρνῶν πιόνων οὕτως γενέσθω ἡμῶν ἡ θυσία ἐνώπιόν σου σήμερον [καὶ ἐξιλάσαι ὄπισθέν σου,][74] ὅτι οὐκ ἔσται αἰσχύνη τοῖς πεποιθόσιν ἐπὶ σοί.

Eine Interpretation dieser Aussagen bereitete in der Danielforschung besonders durch die vorliegende Rezeption des Gedankens von der contritio cordis in der ersten Doppelaussage (V.39) keine größeren Schwierigkeiten.[75] Doch bei genauerer Betrachtung erweist es sich als nötig, die Rezeptionsarbeit eindeutiger zu fassen, da schon die Verknüpfung des Verbes συντρίβειν mit dem Substantiv ψυχή in V.39 ein semantisches Problem darstellt. So dient das Verb üblicherweise zur Beschreibung von gewalttätigem Zerschlagungs- und Zerstörungshandeln[76] und wird auch in der jüdischen Literatur des Zweiten Tempels gebraucht, um das „Zerstö-

---

[71] Vgl. SIG 1025,33; Lev 2,11; Dtn 26,14; 1 Esr 4,52; HistDem 9,19,4; siehe OrSib 3,565.579. Die Danielzitate (Od 7,38) finden sich bei *Johannes Chrys.*, Adversus Judaeos 48,878; In Juventium et Maximum martyres 50,575; In epistulam ad Romam 60,596; In Psalmum 50 55,587; *Basilius*, Epistulae 243,2; In Gordium martyrem 31,496; *Epiphanius*, Anacephalaeosis 23,4.

[72] Vgl. auch die Ausführungen zu 1 Esr 4,52 bei *Fritzsche*, Handbuch I, 32.

[73] So beim Historiker Demetrius nach *Euseb*, praep.ev. 9,19,4.

[74] Danθ' 3,40c: καὶ ἐκτελέσαι ὄπισθέν σου.

[75] Die Mehrzahl der Exegeten begnügt sich daher auch mit einem schlichten Hinweis auf Ps 51/50 als Interpretationsgrundlage für den Kommentar.

[76] Vgl. *G. Bertram*, συντρίβω/σύντριμμα, ThWNT VII, Stuttgart 1964, 920 und auch *Louw/Nida*, Lexicon, § 19 D.

ren"/„Zerbrechen" von Gegenständen, Götzenbildnissen, Fremd-
herrschaft oder ganzen Völkern zu umschreiben.[77] Von daher ließe
sich sogar fragen, ob nicht in Dan 3,39 sowie auch in 3 Makk 2,20,
wo eine ähnliche Verknüpfung des Verbes mit $\psi v \chi \acute{\eta}$ vorliegt, über
die „Zerknirschung" hinaus die Zerstörung der Seele und damit des
Lebens der Betenden gemeint ist.[78]

Es lassen sich aber auch andere Bezeichnungsmöglichkeiten von
$\sigma v v \tau \rho \acute{\iota} \beta \epsilon \iota v$ nachweisen, da das Verb ebenfalls dazu dient, innere Zustände zu skizzieren.[79] In diesem Sinne beschreiben die Historiker
in Zusammenhang mit Kriegsereignissen, daß beispielsweise die
Hoffnung ($\epsilon \lambda \pi \acute{\iota} \varsigma$) oder die hoffende Einstellung ($\delta \iota \alpha \nu o \acute{\iota} \alpha$) zerbrechen.[80] Oder es wird davon berichtet, daß „Gedanken" verworfen
werden.[81] Und schließlich begegnet nicht nur im Übersetzungsgrie-
chisch der jüdischen Texte das Substantiv $\psi v \chi \acute{\eta}$ als Objekt zu
$\sigma v v \tau \rho \acute{\iota} \beta \epsilon \iota v$: die Wendung $\sigma v v \tau \rho \acute{\iota} \beta \epsilon \sigma \theta \alpha \iota \ \tau \alpha \tilde{\iota} \varsigma \ \psi v \chi \alpha \tilde{\iota} \varsigma$ wird verwendet, um die Reaktion einer großen Menge auf eine Schreckens-
nachricht[82] oder die Erschütterung von einzelnen zu beschreiben.[83]

---

[77] Siehe grHen 103,10; JosAs 10,12; PsSal 8,5; 17,24; TestJob 25,10; *Philo*,
Fug 197.201; LegGai 366; *Josephus*, Ant 10,79; Bell 1,43; 2,28; 5,464 u.ö.

[78] *Klaus Koch*, Zusätze I+II, passim, vertritt die Auffassung, daß die drei
Männer *freiwillig* in den Feuerofen hineingehen. Dies hängt mit seiner eigentümlichen Interpretation des als ursprünglich angesehenen aramäischen Textstückes aus
dem 10. Jahrhundert (siehe oben) und der ersten Zeile dieses rekonstruierten Textes zusammen. Warum aber ואזלו תלתיהון לגו אתון נורא (nach der Übersetzung
Kochs: „die Drei gingen zur/in die Mitte des brennenden Feuerofens", Zusätze I,
28 und passim) gleichzusetzen ist mit der Aussage, daß sie allererst in den Ofen
hineingehen und nicht schon hineingeworfen wurden, um dann gerettet in ihm
umherzugehen bzw. selbst an seinem heißesten Punkt verschont zu bleiben, läßt
Koch offen, obwohl er selbst darauf hinweist, daß der Anfang der Erzählung in
diesem aramäischen Textstück abgebrochen sei. Damit hängt nun aber zusammen,
daß *Koch* in V.39 einen Beleg für die Bedeutung von *Martyrien* als Sühnehandlungen findet, da hier von der Vernichtung ihres Lebens die Rede sei. In diesem Sinne
sei die griechische Übersetzung von נפשא mit $\psi v \chi \acute{\eta}$ in Dan 3,38 zu verstehen; vgl.
Zusätze II, 54 und unten Anm. 94.

[79] *Bertram*, συντρίβω, 919, spricht vom „uneigentlichen Gebrauch".

[80] Vgl. *Diodor Sic.*, 4,66,4; 16,59,3. *Polybios* 21,13,2; 30,32,11, parallelisiert
die Aussagen mit δυσελπίζω bzw. ἀπαλπισμός.

[81] Siehe *Diodor Sic.* 11,78,4; *Appian*, BellCiv 2,14,97, vgl. *Philo*, QEx 2,17.

[82] Vgl. *Diodor Sic.*, 16,81,3.

[83] Vgl. ebenda, 30,11,1 und siehe auch Jes 61,1.

Es kommt jeweils zum Ausdruck, daß die äußeren Umstände auch innere Zerrüttung und Furcht bewirken.[84] Ohne nun in die Diskussion um die Vergleichbarkeit verschiedener antiker Anthropologien samt der entsprechenden Begrifflichkeit einsteigen zu müssen, bleibt damit festzuhalten, daß συντρίβειν nicht ausschließlich verwendet wird, um das Zerstören von Körperteilen oder eines gesamten Menschen zu bezeichnen. Vielmehr kann gerade in Verbindung mit dem Substantiv ψυχή eine Erschütterung der Seelenzustände eines Menschen gemeint sein.

Im Blick auf Dan 3,39 und 3 Makk 2,20 ist damit herauszustellen, daß auch hier allein der innere Mensch als Objekt der Erschütterung angesehen wird, da es sprachlich möglich ist, mit Hilfe der hier begegnenden Termini einen solchen Vorgang auszudrücken. Darüber hinaus läßt sich sonst auch nicht nachweisen, daß συντρίβειν ψυχήν im Sinne von „töten", „die Seele/das Leben zerstören" verwendet wird. Zu fragen bleibt aber noch, auf welchen Vorgang konkret in Zusammenhang mit den übrigen Aussagen des Gebetes referiert werden soll. Worin besteht die contritio animae?

Verständlich wird aufgrund des bisher Gesagten, daß in den Schriften der Septuaginta neben שבר eine Reihe von unterschiedlichen hebräischen Verben des Zerstörens und Verderbens mit συντρίβειν übersetzt wird. An den für uns interessanten Stellen, die die innere Erschütterung aussagen und das Herz, den Geist oder die Seele eines Menschen zum direkten Objekt haben,[85] wird dabei einheitlich das Zerbrechen des *Herzens* (שבר לב) mit συντρίβειν καρδίαν wiedergegeben.[86] Wie gesehen begegnet in Dan 3,39 eine andere Terminologie, so daß genauer zu untersuchen ist, welche Tra-

---

[84] Auch in Jer 23,9 wird die Furcht des Propheten wiedergegeben, wobei hier ἡ καρδία συνετρίβη zur Übersetzung von נשבר לב[י] dient.

[85] Siehe PsLxx 33,19-23; 50,19; 146,3; Spr 17,10; Jes 57,15; 61,1; Jer 23,9; vgl. auch *Philo* Heres 201.

[86] Die Übersetzer interpretieren auch Spr 17,10 in diesem Sinne, entweder weil (fälschlicherweise) eine Form von תחת gelesen wurde oder weil weniger die Unanfechtbarkeit, sondern die Bußfälligkeit des Einsichtigen zum Ausdruck kommen soll.

dition hier aufgenommen wurde. Augenscheinlich ist, daß keine Schriftstelle zitiert wird, eine große Nähe aber zu den Doppelaussagen von der καρδία συντετριμμένη und dem πνεῦμα ταπεινωμένον in PsLxx 33,19; 50,19 vorliegt. Gemeinsam ist dabei beiden Psalmstellen, daß in ihren Kontexten ein Bezug zum Gebet sichtbar wird.[87]

Der letzte Abschnitt von Psalm 33 (34) in den Versen 16-23 ist dem Lob des Gottes gewidmet, der den Gerechten nahe, den Übeltätern jedoch um so ferner ist. Thematisch eingegrenzt wird dabei die Zuwendung Gottes zu den Gerechten im Blick auf ihre Rettung und Bewahrung[88] sowie auf die Gebetserhörung. Durch die parallelistischen Aussagen wird die Nähe Gottes als Gebetserhörung exemplifiziert (V.16a+b) und die Gebetserhörung mit der Rettung der Gerechten gleichgesetzt (V.18a/b+c). Wenn im folgenden (V.19) festgehalten wird, daß der Herr denen nahe ist, die ihr „Herz zerknirschen", und diejenigen retten wird, die im „Geiste niedrig sind", ergibt sich aus den vorherigen Aussagen, daß eine Demutshaltung beschrieben wird, die die Hinwendung zu Gott im Gebet impliziert. Es handelt sich nicht um eine Selbstzermarterung, sondern um die demutsvolle Hinwendung zum Gott Israels, dessen „Ohr auf die Gebete der Gerechten gerichtet ist."[89]
Ebenso lassen sich auch in Ps 50 (51) die Verse 18+19 als Erläuterung der mit

---

[87] Zum Vergleich lassen sich auch die Belege bei DtJes und in PsLxx 146,3 heranziehen. In Jes 57,15 wird die hebräische Vorlage durch die Übersetzung leicht verändert, indem die wörtliche Rede Gottes erst mit V.16, der Aussage vom nicht ewig dauernden Zorn Gottes, begonnen wird. Die Zuwendung Gottes und sein Wohnen in Israel werden dagegen als Gottesattribute herausgestellt. Im Blick auf die hier ausgedrückte Zerknirschung des Herzens scheint dabei ebenso wie in Jes 61,1 stärker die Wandlung der inneren Haltung fokussiert zu sein, denn das Leben und der Friede Gottes kommen denen zu, die bußfällig sind und nicht auf den Wegen der ἀσεβεῖς bleiben. Deren Schicksal bleibt weiterhin unter dem Zorn Gottes. Parallel begegnen Attribute für diejenigen, denen die Zuwendung Gottes verheißen wird (ἐν ἁγίοις und ὀλιγοψύχοις), so daß darüber hinaus darauf geschlossen werden kann, daß auch bei DtJes wie in PsLxx 146,3 die prophetische Tradition anklingt, wonach dem erniedrigten Israel (συντετριμμένη) Heilung und Sammlung zugesagt wird. In jenen Prophetenworten ist aber weniger die innere als die äußere Bedrängnis des Volkes angesprochen. Siehe Micha 4,6; Zeph 3,18; Sach 11,16; Ez 34,6.14.

[88] Inwieweit der Lösungsvorstellung in V.22f. eine eschatologische Dimension zukommt, ist eine für das Verständnis der hebräischen Psalmen wichtige, aber hier nicht zu erörternde Frage.

[89] Gegen A. Weiser, Die Psalmen, NTD 14/15, Göttingen [7]1966, 201f., ist eine reine Deutung des Verses auf die Leiden, die die Gerechten zu tragen haben, abzulehnen. Dies wird erst in V.20 hervorgehoben, wobei in V.21 mit Hilfe der Vokabel שבר/συντρίβειν die Bewahrung vor körperlichen Leiden bezeugt wird.

V.17 neu eingeleiteten Bitte verstehen.[90] Es wird um die Fähigkeit und Möglichkeit zum Gotteslob gebeten (V.17), was begründet wird (ὅτι) mit der Feststellung, daß nicht ein Brandopfer als „θυσία" gefordert ist, vielmehr ein πνεῦμα συντετριμμένον (V.19): θυσία τῷ θεῷ πνεῦμα συντετριμμένον, καρδίαν συντετριμμένην καὶ τεταπεινωμένην ὁ θεὸς οὐκ ἐξουθενώσει. Ist hier also gesagt, daß das gewünschte Opfer nicht im Brandopfer bestehen kann (V.18), gleichzeitig aber für das „Öffnen der Lippen" zum Gebet gedankt wird (V.17), so ist auch für PsLxx 50 zu vermuten, daß statt des kultischen Opfers die demütige Hinwendung zu Gott im Gebet gefordert ist. Wieder ist nicht allein die „Zerknirschung des Herzens" als Seelenzustand gefordert, sondern die in Tat, ins Gebet umgesetzte innere Ausrichtung von Herz und Geist.[91]

Sind diese Gedanken auch bei der Rezeption und Komposition von Dan 3 leitend gewesen? Ähnlich wie in PsLxx 50 wird die Funktion der Opfer, die in der „Annahme" durch Gott (προσδέχεσθαι) besteht (s.u.), auf die „Zerknirschung des Herzens" und die „Demütigung des Geistes" übertragen. Nach Dan 3,39ff. führen beide Wege zum gleichen Ziel der „Annahme", so daß keine Opferkritik vorliegt, sondern eine Übertragung der Funktionen des Opfers auf einen weiteren Bereich.[92] Schließlich wird wie in PsLxx 50 dieser neue Bereich ebenfalls mit dem Begriff θυσία belegt (V.40b/Ps 50,19), wenn gebeten wird, daß jener Vorgang der Buße auf diese Art (οὕτως) als Opferdarbringung gelten möchte.[93] Die aufgezeigten Alternativen zum Opfer sollen nach V.40b als θυσία gelten, als das, was die Betenden heute (σήμερον) Gott darbringen können.[94]

---

[90] Zur gut nachvollziehbaren Struktur des Psalmes vgl. H.-J. Kraus, Psalmen, BK XV/2, Neukirchen-Vluyn [5]1978, 540.

[91] In diesem Sinne wird PsLxx 50,19 wohl auch in einem anonymen Fragment interpretiert, das im Barnabasbrief überliefert ist (2,10): θυσία κυρίῳ καρδία συντετριμμένη ὀσμὴ εὐωδίας τῷ κυρίῳ καρδία δοξάζουσα τὸν πεπλακότα αὐτήν. Das Gebet, genauer das Loben Gottes gilt als wahres Opfer und als Ersatz für den Opferkultus, indem das „zerknirschte" Herz mit einem lobenden gleichgesetzt wird.

[92] Damit weicht das Gebet Asarjas entscheidend von Ps 50 (51) ab. Im Psalm begegnet nicht die Vergleichspartikel ὡς, vielmehr wird in V.18 dezidiert behauptet, daß Brandopfer (ὁλοκαυτώματα) nicht als das geforderte Opfer (θυσία) gelten können; vgl. Kraus, Psalmen, 541+547f.

[93] Zum Gebrauch von θυσία vgl. allein die Belege bei Bauer, Wörterbuch, s.v.

[94] Im Zentrum der Argumentation Kochs steht nun die Übersetzung von אנבדח/θυσία mit „Hinschlachten" (Zusätze I+II, passim), wobei daran gedacht ist, daß die Betenden sich selbst opfern, ihr eigenes Leben hingeben. Problematisch ist an der Deutung Kochs einerseits die Interpretation des aramäischen Substantivs

Mit Blick auf die anklingenden Stellen aus PsLxx 33 und 50 sowie im Zusammenhang des gesamten Gebetes Asarjas kann damit aber nicht das im Ofen Nebukadnezars bedrohte Leben der Betenden gemeint sein, da gerade um Rettung und Bewahrung gefleht wird.[95] Vielmehr wird als Darbringung die demutsvolle Ausrichtung von Geist und Seele angeboten. Als Alternative zum Opferkult gilt damit die bußfertige Haltung der Betenden, die zum Ausdruck kommt in dem formulierten Bußgebet, das die Gerechtigkeit Gottes anerkennt und die eigenen Verfehlungen bekennt. So wird unter der Zerknirschung und Demütigung von Geist und Seele nicht nur eine innere Haltung oder Einstellung verstanden, sondern die Ausrichtung des Menschen, die im Bußgebet ihre tätige Entsprechung findet.[96]

דבחא, da hiermit sowohl die Darbringung von Opfern als auch das Opfer selbst bezeichnet werden kann (vgl. *Jacob Levy*, Wörterbuch über die Talmudim und Midraschim I, Darmstadt 1963, 371), nicht aber das „Hinschlachten", also die brutale Erschlagung von Menschen. Andererseits fragt sich, weshalb die in jener mittelalterlichen Chronik begegnende Genitiv-Konstruktion דבחא אלינו die schwere Last eines sprachlichen Ausdrucks für den neuartigen Gedanken der Selbsthingabe tragen muß. Ohne auf die Möglichkeit zurückgreifen zu müssen, דבחא auch übertragen gebrauchen zu können (vgl. *Levy*, Wörterbuch, 371), läßt sich doch diese Genitiv-Konstruktion als schlichte Wort-für-Wort-Übertragung von θυσία ἡμῶν lesen. So bietet der aramäische Text an dieser Stelle nicht nur ein sprachliches, sondern wohl auch ein inhaltliches Äquivalent zur griechischen Vorlage.

Das Ziel *Kochs* ist offensichtlich (vgl. die Zusammenfassung seiner diesbezüglichen Danielstudien: K. *Koch*, Der „Märtyrertod" als Sühne in der aramäischen Fassung des Asarja-Gebetes Dan 3,38-40, in: Dramatische Erlösungslehre (IThS 38), Innsbruck/Wien 1992, 119-134), es liegt ihm daran, die im ersten Jahrhundert „selbstverständliche" Begrifflichkeit, mit der der Tod Jesu als stellvertretender Sühnetod dargestellt wird, in Texten des „späten Israelitentums" nachzuweisen (vgl. ebenda, 119). Von daher wird das Umhergehen der drei Männer in *der* Mitte des Feuers als Hineingehen in *die* Mitte des Ofens gedeutet, die Zerknirschung der Seele als Zerschlagung des Lebens und schließlich die Darbringung von Opfern als Hinschlachtung der Betenden selbst. Nun mag eine solche Auffassung zwar vorzüglich in die „spannende Geschichte der nachexilischen Sühneauffassung" (ebenda, 129) passen, m.E. jedoch nicht zum Wortlaut der entsprechenden Textpassagen. Hier liegt nicht der Fall vor, daß die drei Männer sich selbst, sondern daß dem Text Gewalt angetan wird.

[95] Gegen *Koch*, Zusätze II, 62f., der hier versucht, die Bereitschaft der Männer, sich selbst zu opfern, mit dem Hilfeschrei um Rettung zu harmonisieren.

[96] Damit erklärt sich wohl auch, aus welchem Grunde in Dan 3,39 nicht von einer contritio *cordis* die Rede ist. Siehe 3 Makk 2,20 und *Philo*, Heres 201; mit dem Ausdruck συντρίβειν τὴν ψυχήν.

3. Die Funktion von Opfer und Bußgebet

Die „Vergebungs"-Vorstellung im eigentlichen Sinne wird mit der
Wendung von der „Annahme" durch Gott zum Ausdruck gebracht.
Das Verbum προσδέχεσθαι in der Bedeutung „annehmen"[97] wird in
vielfältigen Zusammenhängen verwendet, um die Aufnahme von
Menschen, Gegenständen und Sachverhalten zu beschreiben, wobei
häufig eine pejorative Verwendung im Sinne von „akzeptieren"/
„sich mit einem Umstand oder Sachverhalt abfinden" vorherrscht.[98]
Im Blick auf das Annehmen von Opfern und Gebeten durch Götter[99]
läßt sich für die jüdische Literatur feststellen, daß das Verbum
προσδέχεσθαι nicht innerhalb der Gesetzestexte verwendet wird, um
die Wohlgefälligkeit (רצה) des Opfers wiederzugeben.[100] Dagegen
wird die prophetische Opferkritik mit Hilfe dieser Terminologie formuliert, wie sich in späteren hellenistischen Texten schließlich auch
Aussagen von der „Annahme" des Opfers durch den Gott Israels
finden.[101] Für unsere Fragestellung ist von besonderer Bedeutung,
daß die „Annahme" von Opfern mit einer Gebetserhörung parallelisiert werden kann.[102] Beide Vorgänge scheinen vergleichbar, wenn
nicht gar identisch. So verwundert es nicht, daß Philo und Josephus
darüber hinaus explizit zum Ausdruck bringen, daß Gebete „angenommen" werden (vgl. auch PsLxx 6,9). Das Verb προσδέχεσθαι
wird an diesen Stellen nahezu synonym zu εἰσακούειν verwendet.
(Josephus, Ant 3,191; vgl. 6,42). Philo rezipiert dementsprechend

---

[97] Daneben läßt sich auch in jüdischen Texten der Gebrauch des Verbes im
Sinne von „erwarten"/„trachten"/„versuchen" belegen; siehe DanLxx 7,25; 2
Makk 3,38; 8,11; 9,25; Weish 14,29; 18,7; Ruth 1,13; PsLxx 54,9; 103,11; Ez
32,10; *Josephus*, Ant 14,451; *Philo*, Jos 97.

[98] Siehe zum Beispiel *Josephus*, Bell 2,173.412; Ant 1,300; 2,253; 12,274;
13,81; 14,354 u.ö. Vgl. auch TestAser 4,3.

[99] Vgl. dazu die Belege bei W. Grundmann u.a., δέχομαι κτλ., ThWNT II,
Stuttgart u.a. 1935, 56.

[100] Das Verbum προσδέχεσθαι wird allein zur Übersetzung von Lev 22,23;
26,43 im Kontext von Opfervorschriften gebraucht (vgl. noch Hiob 29,23).

[101] Siehe Hos 8,13; Am 5,22; Micha 6,7; Zeph 3,10; Mal 1,8ff.13; Sir 7,9
und 2 Makk 1,26; *Philo*, Virt 135; *Josephus*, Ant 1,98; 4,54; 8,118.

[102] Siehe Sir 7,9; 35,11; TestJob 42,8; *Josephus*, Ant 6,25; 7,334.

in SpecLeg 2,218 das sogenannte kleine geschichtliche Credo (Dtn 26,5ff.) und gibt die Passage von der Erhörung Israels durch seinen Gott (εἰσήκουσεν κύριος τῆς φωνῆς ἡμῶν) unter Verwendung von προσδέχεσθαι wieder: προσδεξάμενος τὴν ἱκεσίαν ὁ πᾶσι τοῖς ἀδικουμένοις εὐμενής. Der Akt der Opferannahme und der der Gebetserhörung können damit zusammenfallen, so daß weniger ein Geschehen von Darbringung und Akzeptanz gemeint ist als eine Kommunikationssituation: das Volk bittet und betet, und Gott wendet sich seinem Volk hörend zu.

In Dan 3,39f. sind schließlich die Betenden selbst als Objekt der Handlung genannt,[103] wobei diejenigen Vokabelbelege wohl für eine Interpretation auszuschließen sind, die auf die *Erwählung* Israels oder einzelner Repräsentanten anspielen.[104] Die Vokabel scheint aber auch in diesem Falle, wo die „Annahme" von Menschen berichtet ist, über einen Akt des Akzeptierens hinauszugehen. Es geht vielmehr um die Gemeinschaft, die im Zuge dieses Annahmeaktes hergestellt wird. Es ließe sich wohl auch fragen, ob diese Vokabelverwendung traditionsgeschichtlich durch die Gedanken an die „Annahme" Israels auf dem Zion nach dem Exil schon (Ez 20,40.41; 43,27) vorgeprägt ist, da sich auch eine Übertragung dieser Vorstellung auf die Annahme der Gerechten nach harter Prüfung findet (Weish 3,6). Deutlich ist in jedem Fall, daß die Vokabel προσδέχεσθαί τινα auch in anderen Texten verwendet wird, um die Herstellung einer Gemeinschaft in einem An- und Aufnahmeakt zu bezeichnen. Beispielsweise impliziert die Frage nach der ἀποδοχή auf Reisen (EpArist 257), welche als φιλανθρωπεῖν verstanden ist, die gastfreundliche Aufnahme des Reisenden, so daß der Vergleich dieses Vorgangs mit der „Annahme" der Niedrigen durch Gott auf die fürsorgliche Zuwendung Gottes zu diesen Menschen anspielt. Ebenso können auch die neutestamentlichen Belege genannt werden, denn in diesem Sinne wird die Vokabel προσδέχεσθαι mit Per-

---

[103] Zu προσδέχεσθαι in Wendungen mit personalem, nicht göttlichem Subjekt siehe Gen 32,20; Ex 10,17; 22,11; 36,3; 1 Chr 12,18; Hiob 33,20; Spr 15,13; Weish 19,5; *Josephus*, Bell 2,412 und Phil 2,29; Lk 15,2. Vgl. auch Jes 55,12.
[104] Jes 42,1; 45,4; *Josephus*, Ant 3,84 (Mose); 6,235 (David).

sonalobjekt auch in dem lukanischen Bericht von Jesu Annahme der Zöllner und Sünder zum gemeinschaftlichen Mahl (Lk 15,2)[105] oder in den paulinischen Bitten um Aufnahme von einzelnen durch die angeschriebenen Gemeinden (Röm 16,2; Phil 2,29) gebraucht.[106] In Zusammenhang mit einem kultischen Geschehen wird schließlich zudem in TestJob 42,6ff. die Annahme von Menschen durch Gott ausgesagt, wobei in diesem Falle besonders deutlich wird, daß der θεὸς προσδεξάμενος sich als handelnder Gott gegenüber den Betreffenden verhält,[107] indem hier die Verfehlungen der Freunde Hiobs aufgehoben und erlassen werden: καὶ ὁ κύριος προσδεξάμενος ἀφῆκεν αὐτοῖς τὴν ἁμαρτίαν.

Wird dieses lexikologische Ergebnis auf die Interpretation von Dan 3,39f. übertragen und werden die obigen Ergebnisse zum Verständnis des Bundesverhältnisses mit herangezogen, so erweist sich das implizierte Gemeinschaftsverhältnis, auf das mit Hilfe der Vokabel προσδέχεσθαι angespielt werden kann, als das Bundesverhältnis zwischen Gott und den Betenden und damit die Herstellung der Gemeinschaft in einem Aufnahmeakt als die erneute Einbeziehung der Betenden in das Bundesverhältnis. Die Betenden erhoffen sich also, daß hier angesichts ihrer bußfertigen Einstellung und Haltung ein Akt Gottes vollzogen wird, der sie wieder aufnimmt in das bestehende Bundesverhältnis zwischen Israel und seinem Gott und das sichtbar wird in der Erfüllung der zitierten Verheißungen und in weiterem Handeln Gottes an den Betenden, wie es beispielsweise die folgenden Bitten zum Ausdruck bringen (V.42-45). Das verheißene Handeln, die Taten der göttlichen Barmherzigkeit können für die Betenden in Anspruch genommen werden, da sie durch die Ersatzhandlungen zum Kultus, durch ihre „Buße" (s.o.) aufgenommen zu werden hoffen in das bestehende Bundesverhältnis zwischen Israel und Gott.

---

[105] Lukas kann in Parallele dazu auch παραλαμβάνειν verwenden; vgl. 9,10.28; 18,31.

[106] Vgl. auch TestLev 16,5: ... ἕως αὐτὸς πάλιν ἐπισκέψηται καὶ οἰκτιρήσας προσδέξηται ὑμᾶς ἐν πίστει καὶ ὕδατι.

[107] Gott fordert hier die Freunde Hiobs auf, Opfer darbringen zu lassen, damit ihr Fehlverhalten aufgehoben werden könne (ὅπως ἀφαιρεθῇ ὑμῶν ἁμαρτία).

4. *Zusammenfassung: Der barmherzige Gott des Bundes*

Trägt man nun die einzelnen Teile zusammen, so wird anhand des Gebetes Asarjas eine weitere Vorstellung vom Umgang Gottes mit den Sündern in den griechischen Gebetstexten des Judentums sichtbar.

Mit dem deutschen Begriff „Vergebung" läßt sich ein Vorgang wiedergeben, der im Gebet Asarjas als ein Aufnahmeakt verstanden wird. Grundlegend ist dabei, daß dieser Akt als Ergebnis einer Darbringungshandlung beschrieben wird, die mit dem israelitischen Opferkultus vergleichbar erscheint, bzw. diesen Kultus in Zeiten der Not zu ersetzen vermag. Auf dieselbe Art wie mit den Opferdarbringungen wird diese Aufnahme durch Gott in einer Weise der „Darbringung" möglich. Alternativ zum Opferkult besteht dabei die Darbringung in der bußfertigen Ausrichtung des gesamten inneren Menschens, was aber nicht als Zustand oder Eigenschaft des Menschen gefordert wird, sondern was sich ausdrückt in einer Gebetshandlung. Die Zerknirschung von Geist und Seele wird umgesetzt in ein Bekenntnis der Verfehlungen, in ein Bußgebet und kann so als „Opfer" gelten.

Die Aufnahme wird dabei als ein erneutes Hineinnehmen in das Gottesverhältnis verstanden. Konkret wirkt sich dies für die Betenden in dem rettenden Eingreifen Gottes in ihre Notsituation und in der Umsetzung der Bundesverheißungen aus (Gen 22,17). Dem Auf- und Annahmeakt ist dabei aber zugleich eine Dimension eigen, die dem Erhören von Gebeten gleichkommt. Die Annahme von Menschen durch Gott und die Erhörung von Gebeten werden in der jüdischen Literatur mit ein- und derselben Terminologie ausgedrückt. Darin zeigt sich, daß unter der Annahme ein Vorgang verstanden wird, der einerseits den Zustand einer Beziehung wieder herstellt, der andererseits aber auch als positives Handeln Gottes gesehen wird, das durch menschliches Handeln ausgelöst werden kann. Die Betenden bringen ihre Bekenntnisse dar und erhoffen sich daraus ein ihnen gegenüber wohltätiges Gotteshandeln.

Voraussetzung ist dabei eine bestimmte Sicht von Gottes Gerechtigkeit, Bundestreue und Barmherzigkeit. Demnach ist es Ausdruck des Gerechtseins Gottes, daß die Betenden aufgrund ihres Gesetzesungehorsams durch Straf- und Vernichtungshandlungen verfolgt werden. Die übergeordnete Größe ist jedoch der Bund Gottes mit seinem Volk, denn dieser wird auch im Anblick der Not und Klage als bestehend vorausgesetzt, da der Bund und die entsprechenden Väterverheißungen den Betenden gerade in ihrer Notsituation das Fundament bleiben, sich Rettung vor der völligen Vernichtung zu erflehen. Schließlich ist das göttliche Handeln κατὰ τὸ πλῆθος τοῦ ἐλέους die letzte Möglichkeit des Verhaltens Gottes gegenüber den Menschen, die in der Bundestreue Gottes verankert ist und das gerechte Strafhandeln unterbricht. Gerade diese Möglichkeit soll nun aber mittels der genannten Darbringungen realisiert werden, da es gleichermaßen Ziel des Einwirkens des Menschen auf Gott ist, von ihm aufgenommen zu werden wie jenes barmherzigen Handelns teilhaftig zu werden, „Gnade zu finden".

So wird schließlich auch für das Gebet Asarjas deutlich, daß der größere gedankliche Rahmen, in den die „Vergebungs"-Vorstellung gestellt ist, entscheidend auf die Wahl der Terminologie Einfluß nimmt. Wurde schon in anderen Gebeten sichtbar, wie wenig von einer festen Vorstellung von „Vergebung" im griechisch sprechenden Judentum ausgegangen werden kann, so tritt auch hier die Abhängigkeit der jeweils gewählten Formulierung von den zugrundeliegenden Vorstellungen vom göttlichen Handeln an den Menschen und vom Tun-Ergehens-Zusammenhang zu Tage. Im Rahmen des Bundesgedankens geht es um eine Aufnahme in das Gottes- und Bundesverhältnis.

KAPITEL VII

DIE BITTE DES ZÖLLNERS UM
BARMHERZIGKEIT (LK 18,13)

Gottes bzw. Jesu Umgang mit den Menschen, die Verfehlungen begingen, spielt innerhalb der synoptischen Evangelien vor allem im Lukasevangelium eine herausragende Rolle. An verschiedenen Stellen wird die Begegnung Jesu mit Sünderinnen und Sündern und sein Verhalten ihnen gegenüber geschildert. Für die vorliegende Studie sei der in wörtlicher Rede wiedergegebene Gebetsruf des Zöllners innerhalb des Gleichnisses vom Pharisäer und Zöllner (Lk 18,9-14) herausgegriffen.[1] Im Vergleich zum Gebet des Zacharias (Lk 1,68-79) und zum Gebet Jesu am Kreuz (Lk 23,34) ist das Gebet des Zöllners zwar sehr kurz. Die Vergebungsaussage ist hier jedoch mit einer solch eigentümlichen Formulierung zum Ausdruck gebracht ($\dot{\iota}\lambda\dot{\alpha}\sigma\theta\eta\tau\acute{\iota}$ $\mu o\iota$), daß es lohnend erscheint, die enthaltene Vergebungsvorstellung eingehender zu untersuchen. Eine Untersuchung dieses Gebetsrufes verspricht vor allem Antworten auf die Frage, aus welchem sprachlichen Fundus in urchristlichen Gebetstexten Vergebungsaussagen formuliert werden und in welchem Maße besondere Vorstellungen vom vergebenden Handeln Gottes zum Ausdruck kommen.

I. DAS GLEICHNIS VOM PHARISÄER UND ZÖLLNER ALS INTERPRETATIONSRAHMEN

Das kurze Gebet des Zöllners in Lk 18,13c ist Teil der lukanischen Sonderguterzählung, in der Jesus anhand von typischen Erzählfiguren[2] das Beten zweier Menschen gegenüberstellt. Die Erzählung

---

[1] Bis auf das Vater-unser und die übrigen Gebete Jesu finden sich vor allem im Lukasevangelium wörtlich wiedergegebene Gebetstexte von Menschen; vgl. *B. Pittner*, Studien zum lukanischen Sondergut (EThS 18), Leipzig 1991, 87.

[2] „Der reuige Sünder ist der Mann des Evangeliums, der selbstgerechte Pha-

läuft darauf hinaus, die angemessene Haltung eines einzelnen „Sünders" gegenüber Gott in der modellhaften Gegenüberstellung von Pharisäer und Zöllner zu veranschaulichen.[3] Der zu untersuchende vergleichsweise kurze Gebetstext in Lk 18,13 soll wie in den bisherigen Kapiteln als eigenständige Texteinheit innerhalb dieses Gleichnisses analysiert werden. Jedoch kann gerade in diesem Fall die Einbettung des Gebetes in den vorliegenden Großtext nicht unberücksichtigt bleiben. Daher ist in einem ersten Schritt die Aufmerksamkeit auf das gesamte Gleichnis vom Pharisäer und Zöllner zu richten. Die Texteinheit ist als Interpretationsrahmen für das Gebet abzustecken und zu analysieren, um Aussagen über die Funktion des Gebetes innerhalb des Kontextes und über die Rezeption der enthaltenen Vergebungsvorstellung machen zu können.

Das Gebet des Zöllners soll im folgenden als Teil seines heute vorliegenden literarischen Kontextes ausgelegt werden. Damit wird nicht die Möglichkeit bestritten, nach der Bedeutung der zu erarbeitenden Vergebungsvorstellung für die Jesusverkündigung oder auch für eine etwaige Theologie des lukanischen Sondergutes zu fragen. Die vorliegende Untersuchung kann jedoch auf eine urchristliche Stimme, und zwar auf das Gebet des Zöllners im Rahmen seiner lukanischen Rezeption eingeschränkt werden.

---

risäer hat nur noch den Wert einer Kontrastfigur." *J. Ernst*, Lukas. Ein theologisches Portrait, Düsseldorf 1985, 146; ebenso sehen auch andere Kommentatoren in dem Zöllner und Pharisäer keine konkreten Personen abgebildet, vgl. *G. Petzke*, Das Sondergut des Evangeliums nach Lukas, Zürich 1990, 179. Zur Bewertung der beiden Erzählfiguren und zur Position von *L. Schottroff*, Die Erzählung vom Pharisäer und Zöllner als Beispiel für die theologische Kunst des Überredens, in: Neues Testament und christliche Existenz, Tübingen 1973, 448f., siehe unten Seite 251.

[3] Siehe unten. Seit *A. Jülicher*, Die Gleichnisreden Jesu, Band I+II, Nachdruck der 2. Auflage (Tübingen 1910), Darmstadt 1976, bes. Band I, 112ff., wird Lk 18,9-14 als „Beispielerzählung" verstanden; vgl. auch *Schottroff*, Erzählung, 441f. Dies wird insbesondere von *B. Heininger*, Metaphorik, Erzählstruktur und szenisch-dramatische Gestaltung in den Sondergutgleichnissen bei Lukas (NTA 24), Münster 1991, ausgeweitet, um zu demonstrieren, in welchem Maße die lukanischen Erzählungen als „Handlungsmodelle" zu interpretieren sind. Siehe auch *E. Baasland*, Zum Beispiel der Beispielerzählungen, NT 28 (1986) 193-219.

Diese Einschränkung vermeidet zudem *methodische Schwierigkeiten*. *F.W. Horn* zeigt in seinem Forschungsüberblick, daß heute nur noch selten von einer einheitlichen Sondergutquelle des Lukas ausgegangen wird.[4] Dennoch wird immer noch die Möglichkeit gesehen, auch in diesen Evangelientexten, deren Vorlagen sich nicht wortwörtlich rekonstruieren lassen, Tradition von Redaktion zu scheiden. So unterscheiden sich beispielsweise die neueren deutschen Arbeiten zum lukanischen Sondergut von *B. Pittner* und *G. Petzke* gerade in der Frage, ob sie einen Beitrag zur Erforschung der synoptischen Tradition[5] oder aber zur Theologie des dritten Evangelisten[6] leisten wollen. Die Möglichkeit, Aussagen über etwaiges Traditionsgut in Lk 18,9-14 zu treffen, ist mit Sicherheit gegeben. Die klassische redaktionskritische und formgeschichtliche Herangehensweise stößt für diese Fragestellung jedoch an ihre Grenzen,[7] da ein synoptischer Vergleich unmöglich ist. Es liegt keine Parallelüberlieferung zum Gleichnis in Lk 18,9-14 vor, so daß ein Quellentext nur schwer rekonstruiert werden kann.

---

[4] *F.W. Horn*, Glaube und Handeln in der Theologie des Lukas, Göttingen [2]1986, 16-21; siehe aber auch die ausführliche Diskussion der Problematik aus angelsächsischer Perspektive bei *C.F. Evans*, Saint Luke, (TPI New Testament Commentaries), London/Philadelphia 1990, 15-29.

[5] *Pittner* ist mit seiner Arbeit den Ergebnissen und der methodischen Vorgehensweise von *H. Schürmann* verpflichtet und verweist auf die „offenen Fragen" hinsichtlich der Quellenzugehörigkeit, der traditionsgeschichtlichen Einordnung, des überlieferungsgeschichtlichen „Zustandes" und hinsichtlich einer religionsgeschichtlichen Einordnung des Sondergutstoffes. Seine Aufgabe begreift er schließlich in der Suche nach „Kriterien, durch die sich das luk Sondergut, eindeutiger als bisher geschehen, von anderen Stoffen in Lk und von der luk Redaktion abheben läßt" (Studien, 9). Siehe auch ebenda Anm. 1, wo *Pittner* sein Verhältnis zu der Studie von *J. Jeremias*, Die Sprache des Lukasevangeliums, KEK Sonderband 3, Göttingen 1980, definiert.

[6] „Wenn der Verfasser eine Vorlage übernimmt, macht er sie sich zu eigen und verändert sie auch gegebenenfalls da, wo er es für notwendig erachtet; das gilt in gleicher Weise für mündliche, wie für schriftliche Überlegungen." Mit diesem Satz markiert *Petzke*, Sondergut, 18, seine Position, wonach es ihm im Anschluß beispielsweise an *K. Berger* und eine literaturgeschichtliche Erforschung der Evangelien unmöglich erscheint, zwischen lukanischem und vorlukanischem Gut mit Sicherheit zu differenzieren.

[7] Das erklärte Ziel der redaktionsgeschichtlichen Erforschung der Evangelien ist bekanntlich ebenfalls „die Erklärung des Werkes in seiner jetzigen Gestalt" (*Conzelmann*, Mitte, 1), und so nehmen die Analysen jeweils den gesamten (Evangelien-) Text in den Blick: „Nicht nur das Itinerar und die szenischen Verknüpfungen sind eingeschlossen, sondern ebenfalls die Umgestaltungen im Text" (*W. Marxen*, Der Evangelist Markus. Studien zur Redaktionsgeschichte des Evangeliums, Göttingen [2]1959, 12). Anders als in der vorliegenden Studie geht es jedoch darum, die Verbindung der vorher getrennten traditionellen und redaktionellen Einzelelemente des Textes zu beschreiben.

1. *Abgrenzung der Gleichniserzählung*

Für die Exegese des Zöllnergebetes in Lk 18,13 stellt sich zunächst die Frage nach der Abgrenzung des Gleichnisses: Sind die Verse 9 und 14b von vornherein als Überschrift bzw. als Kommentarwort zum Gleichnis zu werten, die dem eigentlichen Gedankengang des Gleichnisses im Laufe der Überlieferung bzw. der lukanischen Rezeption sekundär hinzugefügt wurden? Die folgenden Ausführungen wollen nachweisen, daß diese Verse nicht von vorherein aus der Interpretation des Gleichnisses ausgeschlossen werden können. Vielmehr läßt sich die Einheitlichkeit und relative Abgeschlossenheit der gesamten Einzelepisode zeigen. Folgende Argumente lassen sich anführen, V.9-14 als einen einheitlichen Interpretationsrahmen zu verstehen:

a) Sprachliche Argumente?

Ein erstes Argument, den gesamten Text der Verse Lk 18,9-14 als Interpretationskontext zugrundezulegen, ergibt sich aus den Beobachtungen zur sprachlichen Gestaltung des Textes. Sogenannte traditionelle und damit vorlukanische Sprachelemente lassen sich in der Erzählung feststellen.[8] Doch es ist zu betonen, daß in diesem Text keinerlei sprachliche *Eigentümlichkeiten* nachgewiesen werden können, die eine Zuordnung dieses Textes in der heute vorliegenden Gestalt zu einer besonderen Feder oder einem besonderen von Lukas klar zu unterscheidenden Autoren zuließen. Es gibt demnach also keine grammatische Konstellation oder besondere Vokabelwahl, die diese Verse oder Teile aus ihnen aus den anderen Abschnitten des Lukasevangeliums herausheben würden.[9]

b) Die Überschrift zur wörtlichen Rede (V.9)

Durch V.9 ist ein gewisser Neueinsatz im Erzählverlauf von Lk 18 gegeben, da mit der Erzähleinleitung εἶπεν δέ der Beginn einer weiteren Rede markiert ist, die von derjenigen in Lk 18,1-9 zu unter-

---

[8] Vgl. insbesondere *Jeremias*, Die Gleichnisse Jesu, Göttingen [7]1965, 106, und *ders.*, Sprache, 272f., und auch *Horn*, Glaube, 206.

[9] So auch *Pittner*, Studien, 42. Gerade *Pittner* geht von sprachlichen Eigentümlichkeiten aus und weiß diese an anderen Textstellen auch nachzuweisen!

scheiden ist, und da ausdrücklich neue Adressaten der Rede genannt werden. Nimmt man das kataphorische Demonstrativpronomen (τὴν παραβολὴν ταύτην) hinzu, so erweist sich dieser Satz als Überschrift zur folgenden Gleichniserzählung (V.10-14) in wörtlicher Rede. Inhaltlich kann man fragen, inwieweit die vorangegangene Erzählung über das Beten und Bitten der Witwe fortgeführt wird und in welchem Sinne die beiden Erzählungen zusammengehören; auf der formalen Ebene ist jedoch deutlich ein neuer Text- oder Gedankenabschnitt innerhalb des größeren Rahmens der Erzählung markiert.

Ob nun aber diese Überschrift und Einleitung zur folgenden wörtlichen Rede aus der Hand eines Redaktors stammt oder aber zu einer gegebenenfalls rekonstruierbaren vorlukanischen Erzählung schon dazugehörte, ist in der Forschung umstritten.[10] Verschiedentlich werden dafür auch inhaltliche Spannungen zwischen V.9 und der folgenden Erzählung angeführt, doch scheint jedes Argument wieder ein weiteres Gegenargument hervorzubringen, so daß L. Schottroff insbesondere die theologisch-hermeneutischen Hintergründe aufweist, die zu den unterschiedlichen Forschungspositionen führen.[11] Sollen nicht vorschnell exegetische Entscheidungen von anderen Textabschnitten des Evangeliums auf diesen Text übertragen werden, ist also eine semantische Interpretation für die Ent-

---

[10] Für einen vorlukanischen Ursprung plädieren bekanntlich *Bultmann*, Geschichte, 193, und *Jeremias*, Gleichnisse, 139, jedoch aus genau konträren Überlegungen. Während *Bultmann* in V.9 eine antipharisäische Polemik vermißt, die Kennzeichen der lukanischen Redaktion sei, sieht *Jeremias* in den genannten Adressaten (τοὺς πεποιθότας ἐφ᾽ ἑαυτοῖς ὅτι εἰσὶν δίκαιοι ...) die Pharisäer angesprochen, was die Erzählung als Teil der originären Jesusverkündigung ausweise. Die mehrheitliche Auffassung einer lukanischen Autorschaft dieses Verses wird in neuester Zeit u.a. von *J.A. Fitzmyer*, The Gospel according to Luke X-XXIV. A New Translation with Introduction and Commentary, AncB 28a, New York 1986, 1186; *H. Klein*, Barmherzigkeit gegenüber den Elenden und Geächteten. Studien zur Botschaft des lukanischen Sondergutes (BThS 10), Neukirchen-Vluyn 1987, 64, oder *Heininger*, Metaphorik, 209, (siehe ebenda, Anm. 6, auch die Hinweise auf die ältere Literatur) vertreten.

[11] Vgl. *Schottroff*, Erzählung, 457. Sie selbst läßt eine „Entscheidung über die Entwicklung der Geschichte" offen; vgl. ebenda 459. Ebenso auch *Petzke*, Sondergut, 162+164f.

scheidung nötig, ob die Adressatennennung in V.9 (τοὺς πεποιθότας ἐφ' ἑαυτοῖς ὅτι εἰσὶν δίκαιοι καὶ ἐξουθενοῦντας τοὺς λοιπούς)
der Beschreibung und Selbstbeschreibung des Pharisäers entspricht
oder in dem Grade widerspricht, daß ein inhaltlicher Bruch zwischen Überschrift und Rede festgestellt und damit eine quellenkriti-
sche Scheidung vollzogen werden kann. Daher ist es zwingend notwendig, auch diesen Vers mit in die Untersuchung einzubeziehen
und gegebenenfalls im Anschluß an die genauere Einzelanalyse zu
erwägen, in welchem Maße der formal als Überschrift zu ver-
stehende Satz inhaltliche Akzente setzt, die über die Erzählung
selbst hinausgehen bzw. sich mit ihr nicht zu einem kohärenten
Gedanken verbinden lassen.

c) Die Deutung der Erzählung (V.14)

Die wiedergegebene wörtliche Rede gliedert sich in die eigentliche
Gleichniserzählung aus einer Exposition (V.10) und einer gegenüberstellenden Handlungsschilderung von Pharisäer (V.11 + 12) und
Zöllner (V.13). Abgeschlossen ist die Erzählung durch eine Doppelaussage, die durch vorangestelltes λέγω ὑμῖν den Anredecharakter
der wörtlichen Rede betont. Die Rede endet also mit einer letzten
Handlungsschilderung beider Erzählfiguren, die komplementär zu
derjenigen der Exposition ist (καταβαίνειν, V.14a – ἀναβαίνειν,
V.10), eine Bewertung der Erzählfiguren enthält (V.14a) und
schließlich mit einem Begründungssatz, der das Logion von der
Selbsterhöhung und der Selbsterniedrigung aus Lk 14,11 wieder
aufnimmt (V.14b).[12]

Von der Textprogression her ist es daher möglich, den abschließenden Begründungssatz nicht mehr zur Erzählung vom Zöllner und
Pharisäer zu rechnen,[13] da er zwar unter formalem Gesichtspunkt
die Erzählung mit einem Deutesatz abschließt, sie aber nicht in dem

---

[12] Vgl. neben Mt 23,12 und 2 Kor 11,7; Phil 2,8; Jak 4,10 beispielsweise auch
1 Clem 59,3.

[13] In der Regel wird davon ausgegangen, daß erst im Zuge der lukanischen
Redaktion das Logion (V.14b) mit der Gleichniserzählung verbunden wurde. Vgl.
u.a. W. *Schmithals*, Das Evangelium nach Lukas, ZBK NT 3/1, Zürich 1980, 180;
G. *Schneider*, Das Evangelium nach Lukas, ÖTK 3, Gütersloh/Würzburg ²1984,
363; *Fitzmyer*, Gospel, 1183.

Sinne fortführt, daß die Erzählung ohne diesen Satz nicht verständlich wäre. Eine inhaltliche Spannung wird in der Literatur vor allem darin vermutet, daß der Zöllner sich nicht „selbst erniedrige" und der Pharisäer sich nicht „selbst erhöhe",[14] die damit als lukanische Deutung identifizierte Aussage also weitere, nicht in der Erzählung selbst enthaltene Gedanken dem Text hinzufüge.[15] Deutlich wird an dieser Stelle, daß - sich auch sonst findendes - synoptisches Traditionsgut mit einer Gleichniserzählung verbunden wurde. Auf welcher Ebene jedoch diese Kompositionsarbeit vollzogen wurde, läßt sich nicht mehr nachweisen. Und daß das Gleichnis der Verse 10-14a bis in die kleinste Formulierung hinein völlig unabhängig von dem Logion in V.14b erzählt und von Lukas wiedergegeben wurde, läßt sich erst dann behaupten, wenn der Aussagegehalt dieser Textelemente untersucht und miteinander verglichen wurde, indem also die Begriffe $\tau\alpha\pi\epsilon\iota\nu o\hat{\upsilon}\nu$ und $\dot{\upsilon}\psi o\hat{\upsilon}\nu$ auf ihren Aussagegehalt untersucht und mit den entsprechenden Aussagen der übrigen Erzählung verglichen werden.[16] In keinem Fall lassen sich aber Argumente finden, V.14b von vornherein aus der Interpretationsarbeit auszuschließen, da erst mit V.15 ein neuer Gedanke und die weitere Erzählepisode im lukanischen Großwerk von der Kindersegnung eingeleitet wird.

2. Die Gegenüberstellung von Pharisäer und Zöllner

Das Gleichnis lebt von der Gegenüberstellung nicht nur der Gebetsworte, sondern zusätzlich auch von der unterschiedlichen Darstellung der beiden Erzählfiguren. Gemeinsam benennt die Exposition der Erzählung beide Figuren, Ort und Haupthandlung (V.10). Die

---

[14] Dies stellt *Jülicher*, Gleichnisreden II, 607, heraus, dem die Mehrzahl der Kommentatoren folgt. *Bultmann*, Geschichte, 193, erweitert diese Beobachtung schließlich zu einem Argument der Quellenscheidung.

[15] Dies wird insbesondere an der futurischen Formulierung des Satzes festgemacht, der den völlig neuen Aspekt der Eschatologie in die Erzählung hineinlese. Vgl. *Schmithals*, Lukas, 180.

[16] Vgl. dazu auch unten Seite 257 sowie Anm. 55.

parallele Beschreibung der Erzählfiguren umfaßt im folgenden die Gebetshaltung des Pharisäers (V.11a) und seine Worte (V.11b-12) und ebenso die Gebetshaltung des Zöllners (V.13a+b) und seines kurzen Wortes (V.13c).[17] Innerhalb dieser parallelen Darstellung sind jedoch inhaltliche Schwerpunkte auf die Gebets*worte* des Pharisäers einerseits und auf die Gebets*haltung* des Zöllners andererseits gelegt. Sie werden unterschiedlich ausführlich wiedergegeben. Der Aufbau des Textes unterstreicht damit erkennbar, daß in dieser Erzählung zwei Menschen in ein und derselben Gebetssituation im Tempel (V.10) miteinander verglichen werden, da beide Erzählfiguren dieselben Handlungen verrichten, allein in unterschiedlicher Art und Weise. Im weiteren wird zu fragen sein, worin dieser Vergleich zwischen den Betenden besteht bzw. aus welchem Grund im Fortgang der Erzählung das Urteil (V.14) über den Pharisäer negativ und über den Zöllner positiv gesprochen wird.

a) Annäherung über die Forschung.

In der älteren Exegese ist die Beschreibung des Pharisäers einschließlich seines Gebetes durchaus als ein Negativbild verstanden worden.[18] Das Gebet wird dabei als Ausdruck heuchlerischer Selbstgerechtigkeit gedeutet, während der Zöllner im positiven Licht der vom Erzähler geforderten Frömmigkeitshaltung dargestellt werde. Eine zweite Position wird demgegenüber beispielsweise von J. Jeremias oder E. Linnemann vertreten, da im Rahmen des damaligen religiösen Empfindens das Dankgebet des Pharisäers mehr als angemessen erscheinen könne, so daß durch die Erzählung das Urteil provoziert werde: „Das ist ein Mann nach dem Herzen Gottes!"[19] Es handele sich bei dieser Erzählung nicht um eine Abwer-

---

[17] Der Aufbau des Textes ist immer wieder dargestellt und von *Heininger*, Metaphorik, 211, auch graphisch dargeboten worden.
[18] Vgl. schon *Jülicher*, Gleichnisreden II, 601ff. und siehe auch die scharfen Worte von *F. Hauck*, Das Evangelium des Lukas, ThHK 3, Leipzig 1934, 221, dem in dieser antijüdischen Polemik noch *W. Grundmann*, Das Evangelium nach Lukas, ThHK 3, Berlin 1969, 349, folgt.
[19] *E. Linnemann*, Gleichnisse Jesu. Einführung und Auslegung, Göttingen [6]1975, 66. Vgl. *J. Jeremias*, Gleichnisse, 143, und aus neuerer Zeit u.a. *Evans*, Luke, 643; *Heininger*, Metaphorik, 215f.

tung des Pharisäers, sondern um eine Aufwertung des Zöllners. L. Schottroff hat schließlich die These aufgestellt, daß es sich bei der vorliegenden Skizze des Pharisäers um eine „Karikatur" handele. Es werde also ein negatives Bild entworfen, jedoch allein aus erzähltechnischen Gründen, um die Hörenden zur Identifikation mit dem Zöllner zu bewegen.[20]

Die Disparatheit der Forschungspositionen verwundert insbesondere deshalb, weil grundsätzlich von einer Gegenüberstellung der beiden Erzählfiguren als konstitutives Element der Erzählung ausgegangen wird. Doch scheint immer noch fraglich, in welchem Sinne die Einzelelemente des Textes miteinander verknüpft sind und welchen Beitrag die Beschreibungen von Pharisäer und Zöllner zur Gesamtaussage der Erzählung leisten.

Ein gewisser methodischer Neuansatz zeigt sich dabei in der Auseinandersetzung mit der These von L. Schottroff auf seiten der katholischen Exegese. So entwickeln mit Hilfe einer Strukturanalyse des Textes zunächst H. Merklein und im Gefolge F. Schnider ein Interpretationsmodell, das das Urteil in V.14a mit dem zuvor Erzählten in Verbindung zu bringen und den roten Faden des Textes nachzuweisen sucht. Beide gehen davon aus, daß der Pharisäer sich nicht selbst erhöht, wie der Zöllner sich ebensowenig selbst erniedrige.[21] Merklein bezieht dabei die Beschreibung der Erzählfiguren mit in die Untersuchung ein und sieht in ihrer unterschiedlichen inhaltlichen Gestaltung einen Beleg dafür, daß der Erzähler um Sympathie für den Zöllner werben will. Dabei werde der Pharisäer nicht negativ dargestellt, sondern allein als immer mehr verblassende Gestalt, „weil er neben einem Beter zu stehen kommt, der ausgesprochen sympathisch gezeichnet ist."[22] Doch bleibt die Frage, warum der Ich-Erzähler dann schließlich doch den Pharisäer

---

[20] Vgl. *Schottroff*, Erzählung, 448-452.

[21] Vgl. *H. Merklein*, »Dieser ging als Gerechter nach Hause ...«. Das Gottesbild Jesu und die Haltung der Menschen nach Lk 18,9-14, BiKi 32 (1977), 36; *F. Schnider*, Ausschließen und ausgeschlossen werden. Beobachtungen zur Struktur des Gleichnisses vom Pharisäer und Zöllner Lk 18,10-14a, BZ 24 (1980) 42-56, und schon *Bultmann*, Geschichte, 193.

[22] *Merklein*, Gerechter, 37.

negativ beurteilt. Schnider gibt auf diese Frage eine Antwort und
setzt bei den Gebetsworten ein. So versuche der Pharisäer, den
Zöllner, von dem er sich durch seine Worte absetzen will, von Gott
auszuschließen, und werde daher letztlich selbst ausgeschlossen.[23]
Damit ist zwar eine Möglichkeit gefunden, die Kohärenz zwischen
der Darstellung der Erzählfiguren und der Beurteilung durch den
Erzähler herzustellen, doch bleibt unbefriedigend, daß in dem Gebet
des Pharisäers nirgends ein Handeln Gottes mit dem Zöllner oder
den anderen genannten „Sündern" genannt ist. In die Überlegungen
ist stärker die Frage nach dem Ziel der pharisäischen Gebetsworte
mit einzubeziehen, da bisher nicht deutlich genug herausgestellt
wurde, was der Pharisäer zum Inhalt seines Gebetes macht und welche erzählerische Intention mit diesen Worten verknüpft ist.

b) Die Darstellung des Pharisäers (V.11+12).

Die Darstellung der Figur des Pharisäers und seiner Handlungen ist
im Vergleich zu derjenigen des Zöllners und im Vergleich zur ausführlichen Wiedergabe seiner Gebetsworte äußerst knapp gehalten.
Aus der kurzen Bemerkung in V.11a (ὁ Φαρισαῖος σταθεὶς ταῦτα[24]
πρὸς ἑαυτὸν προσηύχετο) ließe sich allein die Partizipialaussage zur
Beschreibung der Gebetshaltung herausgreifen, die von Jeremias bekanntlich als „markanter Lukanismus" gewertet wurde.[25] Denn wie
diesem Urteil zu entnehmen, finden sich im lukanischen Doppelwerk eine Anzahl von Belegen dieses Partizips, welches stets im

---

[23] Siehe den Titel des Aufsatzes von *Schnider* („Ausschließen und ausgeschlossen werden") sowie ebenda, 49, und vgl. schon *Merklein*, Gerechter, 38f.

[24] Textkritisch nicht eben leicht ist die Wortfolge dieses Satzes zu klären.
Aufgrund der ungewöhnlichen Verbindung von προσεύχεσθαι mit der Präpositionalwendung πρὸς ἑαυτόν haben sich mehrere Varianten zu dieser Stelle gebildet, wobei die Lesart des Codex Alexandrinus, des Codex Freerianus und anderer
deutlich die schwierigere darstellt (πρὸς ἑαυτὸν προσηύχετο) und daher wohl seit
der 26. Auflage in den Nestle-Aland-Text aufgenommen wurde. Die hier wiedergegebene Lesart ist jedoch mit dem Codex Vaticanus, dem Papyrus 75, der Bearbeitung des Sinaiticus, der in der ursprünglichen Version allein das Demonstrativpronomen enthält, und einigen anderen von deutlich qualitätvolleren Handschriften
bezeugt. Vgl. dazu *Jülicher*, Gleichnisreden II, 601, und auch *Fitzmyer*, Gospel,
1186.

[25] *Jeremias*, Sprache, 273.

Sinne von „sich *zu einer Rede* hinstellen" verwendet wird.[26] Eine solche Verwendung der passiven Verbform im medialen Sinne findet sich auch in anderen Texten,[27] wie zum Beispiel bei Josephus.[28] Es kann daher vermutet werden, daß das Partizip σταθείς auch in Lk 18,11 gewählt wurde, um die Art und Weise zu skizzieren, in der sich der Pharisäer zu seinem Gebet aufstellt: Ein Vorgang des Hinstellens, der die Wichtigkeit der nachfolgenden Worte betont.

Welche Außenwirkung diese Handlung des Pharisäers hatte, ob sie als deutlich von allen erkennbarer Akt verstanden wurde, entscheidet sich darüber hinaus an der Deutung der eigentümlichen Präpositionalwendung πρὸς ἑαυτόν und deren Bezug innerhalb des Satzes.[29] Auch im Lukasevangelium wird die Präposition πρός in Verknüpfung mit Verben des Sagens verwendet, um die Richtung des Sprechens anzugeben. So wird beispielsweise in Lk 20,5 die Wendung πρὸς ἑαυτούς aus Mk 11,31 nicht abgeändert,[30] sondern die Diskussion der Schriftgelehrten *untereinander* wiedergegeben. Daher ist zu vermuten, daß auch in Lk 18,11 das Gebet des Pharisäers als ein stilles Sprechen *für sich* skizziert werden soll.[31]

Hervorgehoben schon allein durch die ausführliche Wiedergabe[32] der Worte ist aber vor allem die wörtliche Rede des Pharisäers.

---

[26] Diese Deutung ist allein in der lukanischen Bearbeitung von Mk 10,49 (στάς) in Lk 18,40 nicht zwingend, da hier eine Bewegung Jesu vorausgesetzt werden kann, aus der heraus er die Aufforderung, den Blinden zu ihm zu führen, ausspricht. Siehe aber Lk 19,8; Apg 2,14; 17,22; 27,21.

[27] Anders *Jülicher*, Gleichnisreden II, 601.

[28] Vgl. *Josephus*, Ant 4,209; 8,231.337; 9,214; 11,155. Jeweils ist mit dem Partizip σταθείς auf einen Vorgang referiert, der das Aufstellen eines Menschen zum Reden oder Vorlesen beinhaltet. Siehe auch die mediale Verwendung der Form in Vita Aesopi (W) 77b.

[29] Siehe nochmals Anm. 24.

[30] Anders rezipiert Mt 21,25 die Stelle aus Mk 11,31 mit ἐν ἑαυτοῖς.

[31] In dieser Frage ist daher nicht *Jeremias*, Gleichnisse, 139, zu folgen. Dennoch scheint die gegebene Übersetzung („er stellte sich sichtbar hin und sprach folgendes Gebet") gerade den Beobachtungen zur Verwendung des Partizips σταθείς durch den Erzähler angemessen. Zur Deutung des Gebetes als Selbstgespräch vgl. schon *Jülicher*, Gleichnisreden II, 601, und auch *Fitzmyer*, Gospel, 1186.

[32] Auch die Wahl des Imperfektes in V.11a (προσηύχετο) läßt sich in Richtung auf die Ausführlichkeit der Rede deuten, da der durative Aspekt des Imperfektes die Länge und den großen Umfang der folgenden Rede unterstreicht.

Dabei ist auffällig, daß über die Gliederung des Textes Aufschlüsse möglich sind, was Inhalt des Gebetes ist und in welchem Sinne die Worte des Pharisäers zu seiner Verurteilung führen. Denn auf die Gottesanrede[33] folgt im ersten Stichon (V.11b) der Dank des Beters (εὐχαριστῶ σοι) und anschließend ein abhängiger Aussagesatz zur Inhaltsangabe des Dankes oder, wenn die Konjunktion ὅτι kausal aufgefaßt wird, ein Begründungssatz, der durch den Vergleich des Pharisäers mit den anderen die Motivation für den Dank angibt (V.11c). Fortgeführt wird dieser erste Satz durch einen weiteren, der in zwei Anläufen das Handeln ausschließlich des Pharisäers beschreibt und zwar jeweils in der ersten Person Singular – als Selbstbeschreibung. Unabhängig von allen Voreinstufungen des Pharisäers erweisen sich die Gebetsworte damit als Dank an Gott, die ausschließlich mit Selbstbeschreibungen begründet werden bzw. ausgeführt werden. Formal geurteilt dankt demnach der Pharisäer Gott, indem er eine Beschreibung von sich selbst abgibt.

Im einzelnen vergleicht sich der Beter mit anderen Menschen, die einerseits mittels eines Lasterkataloges als Gebotsübertreter und andererseits mittels der als bekannt vorausgesetzten negativen Einschätzung der zweiten Erzählfigur als τελώνης[34] abgewertet werden. Doch dient dieser Vergleich zur Darstellung des Pharisäers selbst, denn der zweite Satz des Gebetes führt allein das Handeln des Beters, seine Übererfüllung der Fasten- und Abgabenforderungen, aus. Damit liegt zwar eine Abgrenzung der eigenen Person von

---

[33] Vgl. zur Verwendung von ὁ θεός als Vokativ BDR § 147 mit Anm 5.

[34] Im Anschluß an F. *Herrenbrück*, Jesus und die Zöllner, WUNT² 41, Tübingen 1990, 225-235, und W. *Stenger*, »Gebt dem Kaiser, was des Kaisers ist ...!«. Eine sozialgeschichtliche Untersuchung zur Besteuerung Palästinas in neutestamentlicher Zeit, BBB 68, Frankfurt 1988, 13-25, kann davon ausgegangen werden, daß die „Zöllner" bzw. Steuerpächter ebenfalls jüdischen Glaubens waren und im Rahmen des römischen Zensus-Steuer-Systems für die Besatzungsmacht die Abgaben eintrieben. Die Nachrichten bei *Josephus* (Ant 18,3.26; Bell 2,405ff.; 2,287ff.) lassen sich jedenfalls so deuten, daß auch in der Provinz Judäa die Oberschicht bzw. Steuerpächter von den Römern für die Eintreibung der Steuern verantwortlich gemacht wurden; vgl. *Stegemann / Stegemann*, Sozialgeschichte, 112f. Daß die Steuerpächter kein gutes Ansehen genossen, sondern mit ἁμαρτωλοί in einem Atemzug genannt werden konnten, zeigen auch die synoptischen Evangelien (vgl. Mt 5,46; 9,10f.; Mk 2,15f. parr. u.ö.).

anderen Menschen vor, jedoch wohl kaum eine Ausgrenzung der Genannten und des Zöllners aus dem Gottesverhältnis, da ein Handeln und Umgehen Gottes mit diesen Menschen weder explizit noch implizit im Blick ist.[35] Die Worte heben den Beter aus der Menge der in unterschiedlicher Weise fehlgegangenen Menschen heraus und führen die Stellung bzw. das mit εἶναι und den Handlungsverben umrissene Sein und Tun des Beters als Inhalt und Grund des Dankes an.[36]

Für das Gottesverhältnis, das in diesen Worten zum Ausdruck kommt, läßt sich damit zudem herausstellen, daß der Pharisäer zwar diese Stellung und sein Sein auf Gottes Handeln zurückführt und ihm daher seinen Dank abstattet. Er dankt Gott demnach auch dafür, daß er keine Verfehlungen beging und sich nicht unter die übrigen Menschen zählen muß. Jedoch wird ebensowenig ein weiteres Gotteshandeln erbeten, wie der Pharisäer sich selbst im Gegenüber zu Gott bewertet oder in seiner Position aufwertet. Es liegt keine Selbstrechtfertigung samt damit verbundenen Forderungen oder impliziten Aufforderungen an Gott vor, sich gegenüber dem Pharisäer in irgendeiner Weise zu verhalten. Der Pharisäer spricht ein Gebet des *Dankes*, er zeigt auf, was er nicht ist, was er ist und tut, und dankt Gott dafür.[37]

c) Die Selbstbeschreibung des Zöllners (V.13c)

Bestätigt wird die Beobachtung, daß die Gebetsworte des Gleichnisses mit der Intention gesetzt werden, Selbstbeschreibungen der Beter und deren Selbstverständnis vor Gott zu veranschaulichen, auf der einen Seite durch die Überschrift zur Erzählung in V.9. Deutlich wird hier herausgestellt, daß sich das Gleichnis an diejenigen wendet, die sich selbst als Gerechte einschätzen. Schon diese

---

[35] Anders *Schnider*, Ausschließen, passim.

[36] Zur Veranschaulichung der „pharisäischen" Gebetsworte wurden in der Vergangenheit immer wieder rabbinische Texte, wie Ber 28b oder pBer 2,7d, herangezogen, dies geschieht heute im Blick auf die Datierungsprobleme der Rabbinica nicht mehr durchgängig; vgl. *Fitzmyer*, Gospel, 1187; *Heininger*, Metaphorik, 215 mit Anm 31. Anders jetzt wieder *I.H. Marshall*, Commentary on Luke (NIGTC), Michigan 1992, 680.

[37] Vgl. zu Beispielen für Dankgebete die Listen bei *Berger*, Gebet, 47ff.

Einleitung weckt die Erwartung, daß in der folgenden Erzählung das sich selbst Einschätzen (πεποιθέναι ἐφ' ἑαυτόν) thematisiert wird. Auf der anderen Seite wird diese Thematik auch in einem vorausgenommenen Blick auf den parallelen Aufbau des Zöllnergebetes (V.13c) sichtbar. Ebenso wie das Gebet des Pharisäers gliedern sich die Worte des Zöllners in eine Gottesanrede und den schlichten Hauptsatz, der die Zentralaussage, nämlich die Bitte (ἱλάσθητί μοι), enthält. Innerhalb dieses Satzes folgt dann nur noch eine Apposition zum Personalpronomen μοι, durch die sich der Beter selbst als ἁμαρτωλός bekennt. Parallel zum Gebet des Pharisäers gibt also auch der Zöllner an, wie er sich selbst versteht, nämlich als jemand, der Verfehlungen begangen hat. Der Gegensatz zwischen beiden Beschreibungen ist offensichtlich: der Pharisäer setzt sich von den ἁμαρτωλοί ab und weist zudem noch auf die Übererfüllung der Fasten- und Abgabenforderungen hin, während der Zöllner sich als ἁμαρτωλός darstellt. Das erzählerische Ziel, die ausführlichen Worte des Pharisäers und das Gebetswort des Zöllners wiederzugeben, ist demnach identisch und liegt in dem Versuch, ein Bild davon zu geben, wie die beiden Betenden sich selbst vor Gott darstellen.

3. Das Ziel der Erzählung: Ein Exempel für das rechte Beten

Von dieser Perspektive aus betrachtet hat die Erzählung vom betenden Zöllner ihren Schwerpunkt in der gegenüberstellenden Beschreibung der beiden Erzählfiguren und in den Selbstdarstellungen der beiden Beter, die in wörtlicher Rede wiedergegeben werden. Aus dieser Perspektive wird aber auch das abschließende Urteil (V.14) und damit zugleich auch die Aussageabsicht dieser Gleichniserzählung deutlich. Bewertet wird – und zwar eigens als Rede Jesu hervorgehoben[38] – das in der Erzählung und Beschreibung der Gebetsworte und Gebetshaltung zum Ausdruck kommende Selbstverständnis der Betenden vor Gott.

---

[38] Vgl. zur Einleitungswendung λέγω ὑμῖν die Diskussion bei *Jülicher*, Gleichnisreden II, 605, und *Fitzmyer*, Gospel, 1185+1188.

a) Die „Rechtschaffenheit" des Zöllners (V.14a)

Eine grammatische Schwierigkeit liegt in der Phrase von V.14a (κατέβη οὗτος δεδικαιωμένος εἰς τὸν οἶκον αὐτοῦ παρ᾽ ἐκεῖνον) vor.[39] Die Präpositionalwendung παρ᾽ ἐκεῖνον erklärt sich wohl einerseits aus dem klassischen Gebrauch von παρά mit Akkusativ zur Angabe eines Vergleiches und andererseits aus der Tendenz, παρά τινα im komparativischen Sinne zu verwenden.[40] Fraglich ist dabei, ob diese Konstruktion exklusiv interpretiert werden muß, wonach allein der Zöllner als δεδικαιωμένος gilt, *anstelle* des Pharisäers.[41] Im Blick auf die vergleichenden Aussagen in Lk 13,2.4 wird jedoch meist davon ausgegangen, daß zwar beide Beter als gerechtgesprochen gelten, der Zöllner jedoch in höherem Maße als der Pharisäer.[42] Eine Klärung dieser Frage scheint aber für die Gesamtinterpretation nicht von entscheidender Bedeutung, denn welcher der möglichen Deutungen man sich auch anschließen mag, zentral ist, daß auch in diesem Urteil eine Gegenüberstellung von Pharisäer und Zöllner vorgenommen wird, wobei nun jedoch die Verhältnisse umgekehrt sind und der Zöllner positiv(er) dargestellt ist.

Inhaltlich gefaßt ist dies mit dem Ausdruck δεδικαιωμένος. Für die Deutung der Wendung kann herangezogen werden, daß im lukanischen Doppelwerk die Bezeichnung δίκαιος in Abgrenzung zum ἀμαρτωλός gebraucht wird[43] oder aber neben den Prädikaten εὐλαβής, ἀγαθός, φοβούμενος τὸν θεόν u.a. zur Bezeichnung der

---

[39] Zur textkritischen Diskussion von Lk 18,14a vgl. *J.B. Cortés*, The Greek Text of Luke 18:14a, CBQ 46 (1984) 255-273.

[40] Vgl. BDR § 236.

[41] Diese Deutung bevorzugt vor allem *Jeremias*, Gleichnisse, 142; ihm folgen *Linnemann*, Gleichnisse, 68; *Horn*, Glaube, 208, und auch *F. Rehkopf* in seiner Bearbeitung der Grammatik von Blaß/Debrunner, vgl. BDR § 236₄ + § 246, und führen beispielsweise auch Röm 1,25 oder die Vergleiche Jesu mit den Engeln in Hebr 1,4.9 als Parallelen an. Doch sollte zunächst überprüft werden, ob Pls tatsächlich zum Ausdruck bringen will, daß die Genannten den Schöpfer überhaupt nicht verehren, und ob in Hebr 1 gemeint ist, daß Gott im Gegenüber zu Jesus die Boten sogar verwirft und ihnen keinerlei Ehre mehr zukommen läßt. Demgegenüber ist zu vermuten, daß auch an diesen Stellen παρά τινα mit „mehr als" wiederzugeben ist, da eine Steigerung, nicht aber eine Ausgrenzung impliziert ist.

[42] Vgl. *Heininger*, Metaphorik, 217 mit Anm. 42 (dort Lit.).

[43] Vgl. Lk 1,6; 5,32; 15,7.

Rechtschaffenheit und der im Gegenüber zu Gott und seinen δικαιώματα (Lk 1,6) angemessenen Lebensführung dient. Das Verb δικαιοῦν, das allgemein mit „Recht verschaffen", „Recht/Gerechtigkeit setzen" übersetzt wird,[44] findet sich in aktiver wie in passiver Form im Lukasevangelium[45] und bezeichnet Akte der Anerkennung von Rechtmäßigkeit und Rechtschaffenheit (Lk 7,29.35), ist aber in der Wendung δικαιοῦν ἑαυτόν auch mit der negativen Bedeutung „sich selbst als rechtschaffen herausstellen" zu finden (Lk 10,29; 16,15).

In der Erzählung von Lk 18,9-14 ist ebenfalls die Entgegensetzung von δίκαιος und ἁμαρτωλός konstitutiv, da das Urteil über zwei Beter gesprochen wird, die sich von den Sündern absetzen bzw. sich selbst als Sünder bezeichnen. Dennoch ist wohl die Partizipialform δεδικαιωμένος nicht mit dem Prädikat δίκαιος gleichzusetzen, so daß weder Pharisäer noch Zöllner als „Gerechter" herausgestellt werden. Aufgrund der passiven Form ist vielmehr zu vermuten, daß auf einen Gerechtsprechungsakt referiert wird, welcher nicht vom Erzähler selbst durchgeführt, sondern vorausgesetzt und im Rahmen des Erzählten übernommen wird:[46] Gott hat den Zöllner „gerechtgesprochen", vor Gott gilt er als δεδικαιωμένος. Auffällig ist dabei, daß weder der Pharisäer, der keine Bitte vorbringt, noch der Zöllner in ihren Gebeten ein Gotteshandeln erflehen, das mit der δικαιοῦν-Terminologie in Verbindung gebracht werden könnte. Und da in jedem Falle eine Reaktion auf *beide* Gebete impliziert ist, kann die „Gerechtsprechung" wohl kaum als direkte Antwort Gottes auf die Gebetsanliegen gedeutet werden.[47] Es geht demnach in diesem Urteil Jesu nicht darum, dem Zöllner aufgrund von ethisch-sittlichen oder theologischen Voraussetzungen

---

[44] Vgl. LSJM, s.v. und *Bauer*, Wörterbuch, s.v.

[45] Vgl. zur Rezeption der paulinischen Rechtfertigungsaussagen in Apg 13,38.39 auch *J. Jervell*, Paul in the Acts of Apostles: Tradition, History, Theology, in: *ders.*, The Unknown Paul. Essays on Luke-Acts and Early Christian History, Minneapolis 1984, 68-76.

[46] Vgl. die Diskussion um die Position Jesu als Richter bei *G. Delling*, Das Gleichnis vom gottlosen Richter, ZNW 53 (1962) 19, und *Klein*, Barmherzigkeit, 66f.

[47] Anders *Heininger*, Metaphorik, 217.

sein „Heil" zuzusprechen, sondern es wird die vor Gott gültige Rechtschaffenheit dieses Menschen konstatiert.[48]

b) Der einheitliche Gedankengang der Gleichniserzählung.

Läßt sich aber diese Gerechtsprechung des Zöllners im Blick auf das bisher von ihm Berichtete nachvollziehen? Die Frage ist zu bejahen.[49] Denn die Gleichniserzählung hebt – wie gesehen – nicht das Gotteshandeln in diesem Urteil hervor, sondern bewertet beide Erzählfiguren. Diese sind aber allein in ihrem Beten und durch ihre Selbstdarstellungen vor Gott charakterisiert worden. So ist zu schließen, daß genau hier der Zielpunkt der Erzählung zu suchen ist. Es werden zwei Betende geschildert, ihre Gebetsworte werden wiedergegeben, und sie werden einander gegenübergestellt. Wird abschließend konstatiert, daß der eine vor Gott als gerechtgesprochen gilt, und zwar in höherem Maße als der andere (bzw. anstelle des anderen), so muß diese Gerechtsprechung auf das erzählte Beten der beiden zurückgeführt werden.

Es geht demnach in Lk 18,9-14 insbesondere darum, ein Bild von einem betenden Sünder vor Gott zu entfalten, welches in Gegenüberstellung zu einem anderen Beter entworfen wird. Es wird anhand einer für das Lukasevangelium typischen Erzählfigur verdeutlicht, welche Gebetshaltung und welche Gebetsworte, denn dieses wird berichtet, für angemessen erachtet werden, wobei durch die Schilderung und die Überschrift der Erzählung (V.9) der Ton darauf gelegt wird, wie sich der Beter im Gegenüber zu Gott selbst

---

[48] An dieser Stelle ist nicht gesagt, ob im Akt der Gerechtsprechung allein das Verhalten des Zöllners für angemessen erklärt wurde oder ob er zugleich nun auch nicht mehr als ἁμαρτωλός vor Gott gilt. Die Dimension der zugesprochenen Gerechtigkeit spielt für die Aussageabsicht des Textes keine Rolle, da sie nicht weiter ausgeführt wird; zentral ist, daß eine positive Reaktion Gottes vorausgesetzt wird. Zur Alternative einer theologischen und ethisch-moralischen Deutung von δικαιοῦν vgl. die Diskussion bei *Horn*, Glaube, 209, der sich mit den Thesen von *A. Lindemann*, Paulus im ältesten Christentum (BHTh 58), Tübingen 1979, 162f., zu einer Interpretation des Lukas vor einem *paulinischen* Horizont auseinandersetzt.

[49] Anders *Horn*, Glaube, 208.

versteht und selbst darstellt.[50] Das Selbstverständnis eines betenden
Sünders vor Gott steht im Zentrum der Erzählung.

c) Selbsterniedrigung und Selbsterhöhung (V.14b)

Es bleibt schließlich noch die Frage, ob die wiedergegebenen
Selbsteinschätzungen der Erzählfiguren in der Begründung des Urteils (V.14b) angemessen zusammengefaßt werden. Da der Pharisäer, auch wenn sein sonstiges Gebet als angemessen beurteilt werden
kann (s.o.), sich über andere Menschen erhebt und sich von ihnen
absetzt, ist eine Beschreibung mit $\dot{v}\psi o v v$ $\dot{\epsilon}\alpha v\tau\dot{o}v$ leicht nachvollziehbar. Umstritten ist aber insbesondere, ob mit $\tau\alpha\pi\epsilon\iota v o\hat{v}v$ $\dot{\epsilon}\alpha v\tau\dot{o}v$ die
Haltung und die Worte des Zöllners wiedergegeben werden können.
Die Auslegung des Gebetes Asarjars (bes. Dan 3,39-40) und insbesondere die Diskussion um die Selbsthingabe der drei Männer im
Feuer hat zumindest für den jüdischen Sprachgebrauch feststellen
können,[51] daß $\tau\alpha\pi\epsilon\iota v o\hat{v}v$ mit dem Inneren des Menschen ($\kappa\alpha\rho\delta\iota\alpha$/
$\psi v\chi\dot{\eta}$) als Objekt nicht verwendet wird, um auf einen Vorgang der
Selbstzermarterung und Selbstkasteiung zu referieren. Vielmehr
konnte sowohl in Dan 3,39-40 wie auch in anderen Texten eine
Rezeption von Ps 51(50),19 nachgewiesen werden, die unter der
Selbsterniedrigung Handlungen des Menschen im Gegenüber zu
Gott versteht, die insbesondere in der Wendung zum Bekenntnis
und der Aufnahme eines Gebetes sichtbar werden.

In den Texten des Neuen Testaments scheint $\tau\alpha\pi\epsilon\iota v o\hat{v}v$ ($\dot{\epsilon}\alpha v\tau\dot{o}v$)
in vielfältiger Weise verwendet zu werden. Als Begriff der Ethik
begegnet er, wenn in Mt 23,12 das Jüngerverhältnis untereinander
und in Lk 14,7-11 sowie 2 Kor 11,7 die Selbsteinschätzung der eigenen sozialen Position bedacht werden. Es wird dabei – zum Teil
mit Hilfe des traditionellen Q-Logions – zum Ausdruck gebracht,

---

[50] Demnach liegt hier auch nicht ein Beispiel für die allein aus Gnade erfol-
gende Sünderannahme durch Gott vor. Denn dieser Gedanke schwingt zwar in diesem Gleichnis mit, aber das erzählerische Ziel besteht wohl nicht in der Beschreibung eines Sünders, der allein glaubend sich an Gott wendet. Vielmehr steht die
Art und Weise des Betens dieses Sünders im Mittelpunkt. Aufgrund dieser Tat gilt
der Zöllner als $\delta\epsilon\delta\iota\kappa\alpha\iota\omega\mu\dot{\epsilon}\nu o\varsigma$. Anders *Klein*, Barmherzigkeit, 67f., und vgl. auch
E. *Schweizer*, Das Evangelium nach Lukas, NTD 3, Göttingen [19]1986, 188.

[51] Vgl. oben Seite 240ff.

daß die Haltung und das Verhalten der Menschen untereinander Konsequenzen für eine weitere Einschätzung der betreffenden Personen mit sich bringen. Die Vokabel dient Paulus jedoch auch dazu, das Christuswerk im Philipperhymnus zu beschreiben (Phil 2,8), während im Jakobusbrief und im 1 Petrusbrief in Zusammenhang mit den Leidenserfahrungen der Gemeinde zur Selbsterniedrigung aufgerufen wird, um von Gott erhöht zu werden, und nicht durch den Versuch, sich selbst zu retten.

Daß also unter ταπεινοῦν ἑαυτόν nicht ausschließlich ein Vorgang der Selbstzermarterung und Demütigung verstanden wurde, macht schließlich auch Mt 18,4 deutlich (ταπεινώσει ἑαυτὸν ὡς τὸ παιδίον τοῦτο). Hier kann allein eine Veränderung der eigenen inneren Einstellung und der Annahme der Gottesreichsbotschaft mit kindlichem Gemüt gemeint sein.[52] Damit ist von der Vokabelbedeutung her die in Lk 18,14b vorliegende Wendung durchaus offen, einen zu Mt 18,4 parallelen Vorgang einer selbst vorgenommenen Änderung der eigenen Haltung im Blick auf ein Gegenüber zu bezeichnen. Die Selbsterniedrigung meint demnach das Einnehmen einer bußfertigen Haltung, die sich schlicht in einer dem Gegenüber angemessenen Selbsteinschätzung, wie in diesem Fall als ἁμαρτωλός, ausdrücken kann.[53]

Somit läßt sich die Verbindung der Erzählteile zu einem Gesamten zwar ohne diesen Nachsatz, der formal die Begründung für die verkündigte Gerechtsprechung angibt, nachvollziehen. Es ist aber im Anschluß an die lexikologischen Anmerkungen und im Blick auf die Nachzeichnung des Gedankenganges von Lk 18,9-14 deutlich,

---

[52] Vgl. auch E. *Schweizer*, Das Evangelium nach Matthäus, NTD 2, Göttingen [13]1979, 236, und *R.H. Gundry*, Matthew, Grand Rapids [2]1994, 360f.

[53] Vermutlich schwingt auch hier die Vorstellung mit, daß die Selbsterniedrigung vor allem in der bußfertigen *Wendung zum Gebet* zum Ausdruck kommt. Erinnert sei dafür nochmals an das Fragment im Barnabasbrief (2,10), wo mittels der Partizipialkonstruktion δοξάσουσα τὸν πεπλακότα αὐτήν das zu demütigende *Herz* genauer bestimmt ist. Die „Demut" – hier ist jedoch der Parallelbegriff συντρίβειν verwendet – des Herzens ist also gleichbedeutend mit dem Lob Gottes, Selbsterniedrigung entspricht einer Bewegung hin zum Sündenbekenntnis; vgl. auch 1 Clem 18,17; 52,4. Einbeziehen läßt sich schließlich auch das ausführlich geschilderte Selbsterniedrigungshandeln der Priestertochter Aseneth (JosAs 10f.).

daß das Logion gerade im Sinne dieser Erzählung verstanden werden kann:[54] Es werden in Form einer Erzählung zwei Menschen in der Situation des Gebetes vor Augen geführt, von denen der eine in seiner Selbstdarstellung sich von den Sündern absetzt und seine positiven Taten herausstreicht, während der andere sich als Sünder selbst disqualifiziert. Diese Haltung und Selbstdarstellung wertet der Erzähler mit dem Hinweis auf die Gerechtsprechung durch Gott: das Verhalten des zweiten gilt vor Gott als angemessen. So wird diese Erzählung zu einer Beispielerzählung, indem nicht allgemein das Verhalten von Pharisäern und Zöllnern gegenübergestellt wird, sondern das Beten und die Gebete zweier Menschen verglichen und abschließend beurteilt werden.

II. LK 18,13: DER BETENDE SÜNDER VOR GOTT

Vor diesem Hintergrund ist im folgenden zu untersuchen, welches Handeln sich der Zöllner von seinem Gott erwünscht. Wie stellt er sich den Umgang Gottes mit sich selbst, dem ἁμαρτωλός, vor? Im Rückblick auf die bisher untersuchten Gebetstexte des Frühjudentums verwundert dabei nicht die Beobachtung, daß auch in den Gebetsworten von Lk 18,13c eine höchst seltene Formulierung einer Bitte vorliegt, die zudem in Anlehnung an alttestamentliche Vorlagentexte gestaltet ist.

---

[54] Die futurische Formulierung des Logions ist häufig als Argument angesehen worden, V.14b als inkohärente Hinzufügung von dem Gleichnis zu trennen, da die Erhöhung des Zöllners und die Herabsetzung des Pharisäers offensichtlich in der Erzählung schon erfolgte (s.o.). Wird jedoch dieses Logion nicht aus einem anderen, nämlich eschatologischen, Kontext heraus verstanden, sondern aus dem Kontext der vorliegenden Erzählung mit ihrer Anleitung zum rechten Beten, so erscheint die Erzählung sinnvoll in Richtung auf und vor dem Hintergrund dieser Weisheit entfaltet.

1. Die Anrufung der göttlichen Barmherzigkeit

Obwohl die Mehrzahl der Lukasauslegungen in den Worten des Zöllners eine Bitte um Gottes Barmherzigkeit sieht, finden sich kaum semantische oder lexikologische Überlegungen zu der einzigartigen syntaktischen Konstellation ἱλάσθητί μοι.[55] Im folgenden läßt sich aber zeigen, daß eine lexikologische Untersuchung zur Verwendung dieser Vokabel auf weitere Bezeichnungsmöglichkeiten stößt, welche auch für die Interpretation der Aussage in Lk 18,13 heranzuziehen sind. Zu berücksichtigen ist auch die Forschungsposition, die Passivformulierung in Lk 18,13 sei im Sinne der häufigen Verwendung von ἱλάσκεσθαι mit einem Gott oder einem Menschen als Objekt[56] zu verstehen, da auch im Zöllnergebet ein Akt des „Gnädigstimmens" ausgedrückt werden soll.[57] Wenn daher in einem ersten Schritt auch die Konstruktion (ἐξ)ἱλάσκεσθαι (τὸν) θεόν mit in die Überlegungen einbezogen wird, so soll an einzelnen

---

[55] Die häufig zu findende Übersetzung („Gott sei mir Sünder gnädig") wird selten mit Inhalt gefüllt, so daß offen bleibt, ob hier beispielsweise im Sinne eines Besänftigungswortes mit dem Gebet eine Veränderung bei Gott herbeigeführt werden soll oder aber auch ein Handeln Gottes erbeten wird, das die Sünden des Zöllners entfernt. *Jülicher*, Gleichnisreden II, 605, hebt sich mit seiner Untersuchung heraus, jedoch gibt er als Bezeichnungsmöglichkeit für das Verb ἱλάσκεσθαι die lutherdeutsche Übersetzung „versöhnen" an, die von der etymologischen Verbindung der Verben versöhnen und (ver)sühnen in der deutschen Sprache ausgeht. Vgl. zur Unterscheidung von καταλλάσσειν und (ἐξ)ἱλάσκεσθαι nochmals *C. Breytenbach*, Versöhnung, Stellvertretung und Sühne, NTS 39 (1993) 59-79. Siehe aber auch *Fitzmyer*, Gospel, 1188, und *Marshall*, Luke, 680.

[56] Vgl. die Belege bei *F. Büchsel / S. Herrmann*, ἵλεως, ἱλάσκομαι, ἱλασμος, ἱλαστήριον, ThWNT III, Stuttgart u.a. 1938, 300-324, *G.H.R. Horsley*, New Documents Illustrating Early Christianity, Vol 3. A Review of Greek Inscriptions and Papyri Published in 1978, Alexandria 1983, 24f., und die neueren Hinweise zum epigraphischen Material bei *C. Breytenbach*, Gnädigstimmen und opferkultische Sühne im Urchristentum und seiner Umwelt, Vortrag, November 1995.

[57] Wird in Lk 18,13 ἱλάσκεσθαι im Sinne von „gnädigstimmen" verstanden, so ist es nötig, das Subjekt der passiven Verbform, nämlich Gott, als logisches Objekt der Handlung zu sehen. Dies scheint im Blick auf die Verwendung der Passiva des Verbes nicht möglich (s.u.), ist aber in der Deutung von Lk 18,13 durch *Büchsel/ Herrmann*, ἵλεως, 316, impliziert, dem sich neuerdings auch *Breytenbach*, Gnädigstimmen, anschließt; vgl. aber *ders.*, Versöhnung, 87 (Exkurs zum Verhältnis von ἱλάσκεσθαι und סלח).

Beispielen gezeigt werden, daß auch diese Konstruktion nicht auf eine bestimmte Denotation festgelegt werden kann, sondern auch Möglichkeiten der Bezeichnung eröffnet, die über den Akt des „Gnädigstimmens" hinausgehen.

In einem zweiten Schritt gilt es schließlich mit Hilfe von parallelen Wendungen zu zeigen, daß die Passivformulierung in Lk 18,13 ebenfalls im aktiv-medialen Sinn verstanden werden kann, da die selten belegte Konstruktion von ἱλάσκεσθαί τινι mit anderer Bedeutung verwendet wird als ἱλάσκεσθαί τινα.[58] So wird mit der eigentümlichen Formulierung in Lk 18,13 ein Handeln Gottes bezeichnet, das von dem betenden Zöllner zu seinen Gunsten erfleht wird.[59]

a) Beobachtungen zum Gebrauch von (ἐξ)ιλάσκεσθαι θεόν

Auch in jüdischen und christlichen Texten wird die Vokabel ἱλάσκεσθαι bzw. die entsprechende Intensivform ἐξιλάσκεσθαι in der

---

[58] Siehe 4 Βας 5,18; Est 4,17[h]; Ps 25(24),11; 78(77),38; 79(78),9. Im Blick auf die sonstige Verwendung der Vokabel scheint hier ein Sondergebrauch vorzuliegen. Dieser ist jedoch nicht allein auf die jüdischen Texte beschränkt, wie ein Beleg bei *Plutarch*, Publicola 21, zeigt (den Hinweis auf diese Stelle verdanke ich meiner lieben Kollegin *Silvia Pellegrini*).

[59] Für die Interpretation der Wendung in Lk 18,13 können die Belege von (ἐξ)ιλάσκεσθαι ausgeklammert werden, die in Präpositionalkonstruktionen mit περί τινος oder περὶ ἁμαρτίας κτλ. vorliegen und in den griechischen Übersetzungen der hebräischen Bibel zur Wiedergabe der Sühneterminologie (כפר + Präp.) verwendet werden (vgl. Ex 32,30; Lev 4-7 u.ö.). Vgl. hierzu die Untersuchungen bei *C.H. Dodd*, ΙΛΑΣΚΕΣΘΑΙ in the Septuagint, JThS 32 (1931) 352-360, *K. Grayston*, ΙΛΑΣΚΕΣΘΑΙ and related Words in Lxx, NTS 27 (1981) 640-656, *D. Hill*, Greek Words and Hebrew Meanings. Studies in Semantics of Soteriological Terms, SNTSMS 5, Cambridge 1967, 23-48; *B. Lang*, כִּפֶּר *kippær*, ThWAT IV, Stuttgart u.a. 1984, 303-318, *N. Kiuchi*, The Purification Offering in the Priestly Literature. Its Meaning and Function, JSOT.SS 56, Sheffield 1987, und die drei Studien zum Sündopfer von *J. Milgrom*, Studies in Cultic Theology and Terminology, Leiden 1983, Nr. 4+5+6. Obwohl die alttestamentliche Forschung nicht einen einheitlichen Sühnebegriff herausarbeiten konnte (vgl. *Lang*, kippær, 308f.), kann zudem die seit den Arbeiten von *H. Gese*, Sühne, in: *ders.*, Zur biblischen Theologie (BEvTh 78), München 1977, 85-106, und *Janowski*, Sühne, a.a.O., sich durchsetzende Auffassung übernommen werden, daß כפר nie auf Vorgänge referiert, die eine Besänftigung Gottes von seiten des Menschen implizieren. Das Gnädigstimmen eines Menschen schließlich wird parallel zur hebräischen Vorlage in der Übersetzung von Gen 32,20 und Spr 16,14 ebenfalls mit ἐξιλάσκεσθαι übertragen.

syntagmatischen Konstruktion mit Gott als Objekt verwendet. [60] Anhand von einigen wenigen jüdischen und christlichen Belegen dieser Konstruktion soll im folgenden auf eine weitere Bezeichnungsmöglichkeit aufmerksam gemacht werden. An diesen Stellen wird nämlich höchstwahrscheinlich (ἐξ)ιλάσκεσθαι (τὸν) θεόν nicht im Sinne von „gnädigstimmen" verwendet, sondern dazu, ein flehentliches Bitten um Erbarmen zu bezeichnen. [61]

Auf eine besondere Sprachverwendung macht in diesem Sinne und im Vergleich zu sonstigen, auch jüdischen Texten[62] die Rezeption von EpArist 314ff. durch *Josephus* aufmerksam. Während nämlich *Josephus* in Ant 12,112 die Handlungen des Demetrios und des Dichters Theodektes einerseits mit ἐξιλάσκετο τὸν θεόν und andererseits mit ἐξευμενισάμενος τὸν θεόν umschreibt und somit andeutet, daß die menschlichen Handlungen angesichts der Notlage darauf abzielen, Gott umzustimmen, ist in der Vorlage (EpArist 314) ἐξιλάσκεσθαι τὸν θεόν mit einem folgenden Infinitiv konstruiert! Es wird dem Wunsch des Demetrios Ausdruck verliehen (EpArist 314): ... κατὰ δὲ τὴν ἄνεσιν ἐξιλάσκεσθαι τὸν θεὸν σαφὲς αὐτῷ γενέσθαι τίνος χάριν τὸ συμβαῖνόν ἐστι. Das flehentliche *Bitten* des Betreffenden wird unterstrichen.[63] Die Vorlage bringt einen anderen Gedanken zum Ausdruck, als

---

[60] Zur Verwendung der Derivate von ἱλάσκεσθαι in der klassischen und in der hellenistischen Literatur siehe unten Seite 272.

[61] Es kann also in diesem Abschnitt nicht darum gehen, eine griechisch-hellenistische Frömmigkeit mit der hebräisch-israelitischen zu vergleichen. Es sollen aber der Sprachgebrauch und die Vokabelverwendung untersucht und ausgewertet werden.

[62] Parallel zum üblichen Sprachgebrauch, wie er sich beispielsweise bei Diodor oder Strabon findet [vgl. zum Beispiel *Diodor Sic.* 1,59,2 (ἐπὶ χρόνους ἱκανοὺς πλείσταις θυσίαις καὶ τιμαῖς τὸ θεῖον ἐξιλασκόμενος); 40,1,1 (καὶ πειρᾶσθαι τὴν σύγκλητον εὐγνώμοσι λόγοις καὶ δεήσεσιν ἐξιλάσκεσθαι. διόπερ ἀπέστειλαν εἰς τὴν Ῥώμην τριάκοντα πρεσβευτὰς τοὺς ἐπιφανεστάτους ἄνδρας) oder *Strabon* 4,4,6 (οἰκεῖν δὲ ταύτην τὰς τῶν Σαμνιτῶν γυναῖκας, Διονύσῳ κατεχομένας καὶ ἱλασκομένας τὸν θεὸν τοῦτον τελεταῖς τε καὶ ἄλλαις ἱεροποίιαις ἐξηλλαγμέναις)], lassen sich insbesondere Belege aus den Schriften *Philos* und *Josephus* sowie aus den sibyllinischen Orakeln anführen; siehe bes. OrSib 3,625.628; 4,168; oder *Josephus*, Ant 6,124, wo Saul erwägt, durch das Töten seines Sohnes Gott gnädig zu stimmen (τὸν θεὸν οὕτως ἱλάσκεσθαι), oder auch Ant 10,59. *Josephus* gibt hier die Bitte König Josias an die Prophetin Hulda wieder, Gottes Gunst zu erwirken. Zu Philo siehe die Belege bei *Büchsel/Herrmann*, ἵλεως, 316.

[63] Von daher ist auch die Übersetzung von *P. Wendland*, Der Aristeasbrief, APAT II, Tübingen 1900, 30f., nachzuvollziehen, der ἐξιλάσκεσθαι hier nicht mehr als einen Sühnebegriff faßt: „beim Nachlassen [sc. der Plagen] aber habe er *zu Gott gefleht*, ihm zu offenbaren, weswegen ihn das Schicksal getroffen habe" (Hervorhebung nicht im Original).

Josephus rezipiert. Und es ist zu vermuten, daß *Josephus* deshalb die Infinitivkonstruktion vermeidet, weil er die damit gegebene Bezeichnungsmöglichkeit von ἐξιλάσκεσθαι nicht übernehmen will.[64] In EpArist wird demnach wohl das Verb mit
Akkusativobjekt und nachfolgender Infinitivkonstruktion im Sinne von „erbitten,
erflehen" eingesetzt.

Parallel dazu lassen sich auch christliche Aussagen, z.B. in 1 Clem 7,7 und Herm,
Vis I 2,2, heranziehen. So beschreibt *Klemens* das Tun der Niniviten, das ihnen
schließlich die Rettung vor dem angekündigten Unheil sichert, als Metanoia, die
ihren Ausdruck in der Wendung zum Beten findet. Die implizierte Handlung, welche mit ἐξιλάσκεσθαί τινα beschrieben ist, wird demnach im Gebet vollzogen.
Und es ist deutlich, daß der Ton der Aussage, die die Niniviten als μετανοήσαντες
darstellen will, durch die Verbindung des Verbes mit dem weiteren Partizip ἱκετεύ-
σαντες auf der Gebetshandlung liegt. Die Vokabel ἐξιλάσκεσθαι ist zusammen mit
ἱκετεύειν gewählt, um die Art und Weise der Metanoia der Niniviten zu beschreiben: sie beteten zu Gott.[65]

Ebenso steht das Gebet auch in der Frage des Hermas im Zentrum, die er sich angesichts der Aufforderung der schönen Rhode stellt. Diese forderte von ihm, er
solle wegen seiner Verfehlung zu Gott beten (I 1,9). Die Fragen des Hermas (πῶς

---

[64] Daß auch ihm diese Bezeichnungsmöglichkeit geläufig ist, scheint aus dem
Bericht des *Josephus* in Ap 1,308 hervorzugehen. Hier wird ἱλάσκεσθαι τοὺς
θεούς mit περί + substantiviertem Infinitiv konstruiert, so daß ebenfalls an einen
Vorgang des Bittens, in diesem Fall verbunden mit dem Fasten, gedacht werden
kann: νυκτὸς δὲ ἐπιγενομένης πῦρ καὶ λύχνους καύσαντας φυλάττειν ἑαυτοὺς
τήν τ' ἐπιοῦσαν νύκτα νηστεύσαντας ἱλάσκεσθαι τοὺς θεοὺς περὶ τοῦ σῶσαι
αὐτούς. Vgl. auch JosAs 28,7 sowie den Hinweis bei *Bauer*, Wörterbuch, s.v.
περί, auf JosAs 28,5. Der angegebene Beleg von ἐξιλάσκεσθαί τινα + περί muß
aber als *varia lectionis* gelten.

[65] *Breytenbach*, Gnädigstimmen, macht auf die Vorstellung im hellenistischen
Judentum aufmerksam, die in unserem Zusammenhang für die Interpretation von
Tob 12 von Bedeutung war, wonach verschiedene menschliche Handlungen es
ermöglichen, „den Folgen der Sünden zu entkommen." Demnach wäre eine
Verknüpfung von (ἐξ)ιλάσκεσθαι mit dem Gebet zu eng gefaßt, da auch andere
Handlungen zur Sühnung von Sünden dienen könnten. Die von *Breytenbach* herangezogenen Belege zeigen gut, daß im Judentum dem Menschen die Fähigkeit zugesprochen wird, Verfehlungen auf die unterschiedlichsten Arten zu „entfernen".
Daß nahezu ausschließlich *Sirach* für diesen Gedanken höchst ungewöhnliche Formulierungen mit ἐξιλάσκεσθαι und Sündenterminus als direktem Objekt wählt (Sir
3,3.30 u.ö.), erklärt sich aber wohl aus dem Versuch, solche Vorgänge der
Sünden-„Entfernung" mit Hilfe kultischer Terminologie zu veranschaulichen (vgl.
ebenso wohl auch Hebr 2,17). An den übrigen Stellen ist ἐξιλάσκεσθαι nirgends
als Synonym zu λυτροῦν (DanLxx/θ' 4,27), καλύπτειν (Jak 5,20) und dergleichen
verwendet, es sei denn, es geht um das Gebet (OrSib 4,167f.: καὶ εὐλογίαις
ἀσέβειαν πικρὰν ἱλάσκεσθε). Somit sind die Wendungen von ἐξιλάσκεσθαι τὸν
θεόν, die auf das Gebet rekurrieren, nicht Repräsentanten der jüdischen Vorstellungen einer Sünden-„Entfernung". Vielmehr bringen sie die besondere Bedeutung
des Gebetes für das Verhalten eines Sünders gegenüber Gott zum Ausdruck.

δυνήσομαι σωθῆναι; ἢ πῶς ἐξιλάσομαι τὸν θεὸν περὶ τῶν ἁμαρτιῶν μου τῶν τελείων; ἢ ποίοις ῥήμασιν ἐρωτήσω τὸν κύριον, ἵνα ἱλατεύσηται μοι;) nehmen unter anderem die Suche nach angemessenen Worten und nach der angemessenen Art des geforderten Gebetes in den Blick. Sollen aber die erwogenen Handlungen des Hermas der Aufforderung der Rhode entsprechen, so legt sich nahe, auch hier ἐξιλάσκεσθαι τὸν θεόν parallel zu ἐρωτᾶν τὸν θεόν zu sehen und die bezeichneten Taten jeweils als Bitten zu verstehen mit dem Ziel des gnädigen Handelns (ἵνα ἱλατεύσηταί μοι).[66]

Es ist jeweils deutlich, daß die Barmherzigkeit und Gnade Gottes an diesen Stellen nicht durch die Gebete hergestellt werden soll. Vielmehr ist sie Voraussetzung für die beschriebenen Handlungen, die zudem im Gebet ihren praktischen Ausdruck finden. Die Betenden erflehen eine konkrete Umsetzung der Barmherzigkeit, nämlich sichtbare Taten des barmherzigen Gottes in ihrer Situation.

Damit zeigt sich, daß in diesen herangezogenen Texten mit der Wendung (ἐξ)ἱλάσκεσθαι θεόν auf seiten des Menschen insbesondere auf eine Gebetshandlung abgehoben wird, wie auf seiten Gottes nicht eine Veränderung impliziert ist. Vielmehr zielen die mit dieser Formulierung wiedergegebenen (Gebets-) Handlungen der Menschen auf ein Gotteshandeln zu ihren Gunsten ab; die Menschen erflehen Gottes barmherziges Tun an ihnen. Zugleich wird aber auch für die weitere Untersuchung deutlich, daß mit Bezeichnungsmög-

---

[66] Beeinflußt mag ein solcher Sprachgebrauch auch durch einige Übersetzungstexte sein. Eine Konstruktion von (ἐξ)ἱλάσκεσθαι mit Gott als direktem Objekt begegnet dabei allein in Sach 7,2; 8,21f. und Mal 1,9, wobei in Sach 8,21f. und Mal 1,9 die eigentümliche Wendung ἐξιλάσκεσθαι τὸ πρόσωπον τοῦ κυρίου verwendet wird. Die zugrunde liegende Phrase חִלָּה אֶת פְּנֵי יהוה/אל wird sonst mit Hilfe der Verben δέομαι und ἐκζητέω wiedergegeben (Ex 32,11; Ps 119(118),58; Dan 9,13 u.ö.), zwar auch an einer der fraglichen Stellen, nämlich in Sach 8,21f., so daß in Zusammenhang mit der vorliegenden Schilderung der Völkerwallfahrt zum Zion ein und dasselbe hebräische Verb sowohl mit δέομαι als auch mit ἐξιλάσκεσθαι wiedergegeben ist. Die hebräischen Texte beschreiben ein intensives Bitten und Anrufen Gottes und verwenden dazu jene eigentümliche Vokabel im Sinne von „Krankmachen des Angesichtes Gottes"/„Anflehen". Angesichts der Kontexte und der verwendeten Parallelbegriffe legt sich daher die Vermutung nahe, daß in Sach 7,2; 8,21f. und Mal 1,9 weniger der hebräische Text im Zuge der Übersetzung mit einem neuen Akzent versehen werden sollte, wonach hier, zumal in der eigentümlichen Konstruktion mit πρόσωπον, ein Besänftigungsakt beschrieben werden soll, als vielmehr das *Bitten um Gnade*. In jedem Fall wird das Desiderat in der Forschung erkennbar, das bisher aus den Studien zu (ἐξ)ἱλάσκεσθαι die Frage nach der Septuaginta-Frömmigkeit und deren Auswirkung auf die Sprache des hellenistischen Judentums ausgeklammert hat.

lichkeiten und Verwendungsweisen dieser Vokabel gerechnet werden muß, die Aspekte in die jeweiligen Aussagen hineinnehmen und Gedanken bzw. Vorstellungen hervorheben, die an anderen Stellen vielleicht nur implizit enthalten sind. Denn der Vorgang des „Versühnens Gottes", der auch sonst mit Hilfe von Gebeten geschehen kann, wird hier modifiziert und ausschließlich als menschlicher Akt des „Erflehens von Gott" gesehen, dessen Ziel weniger die Umstimmung Gottes ist als eine barmherzige Tat.

b) „Gnade erweisen" (ἱλάσκεσθαί τινι)
Wird zunächst einmal der Befund erhoben, so zeigt sich, daß die lukanische Formulierung ἱλάσθητί μοι einem Gebetsruf entlehnt ist, der wohl ausschließlich in den Übersetzungstexten der hebräischen Bibel belegt ist. So findet sich die Verbalform in den Gebetsworten von PsLxx 78,9 (ἱλάσθητι ταῖς ἁμαρτίαις ἡμῶν); Est 4,17ʰ (ἱλάσθητι τῷ κληρῷ σου) und Danθ' 9,19 (κύριε, ἱλάσθητι).[67] Eine passive Form von ἱλάσκεσθαι wird aber auch in Ex 32,14; 4 Bας 5,18 (v.l.); 24,4 und Klgl 3,42 jeweils mit Gott als Subjekt zur Übersetzung herangezogen. Von Bedeutung ist dabei zudem, daß ἱλάσκεσθαι grundsätzlich als Äquivalent für סלח verwendet wird, bzw. dreimal für כפר (PsLxx 64,4; 77,38; 78,9) und in Ex 32,14 für נחם ni.[68] Sowohl die passiven Formen des Verbes als auch die medialen sind entweder absolut oder – bis auf PsLxx 64,4 (τὰς ἀσεβείας) – mit Dativobjekt der Person und Sache konstruiert.

Im weiteren empfiehlt es sich nicht, diesen Befund nach passiven und medialen Formen von ἱλάσκεσθαί τινι zu gliedern. Denn anhand der Gegenbegriffe und der parallelen Ausdrücke, die innerhalb der Kontexte dieser Vokabelkonstruktion begegnen, zeigt sich, daß jeweils eine Tat des genannten Subjektes an oder mit dem genannten

---

[67] Die Septuagintaversion der Danielübersetzung liest in 9,19 für אֲדֹנָי סְלָחָה κύριε, σὺ ἱλάτευσον, wobei zudem der erste Imperativ dieses Satzes (ἐπάκουσον/εἰσάκουσον) nachgestellt ist.
[68] Es ist nicht leicht zu ergründen, weshalb in Ex 32,14 und 32,12 נחם allein hier mit ἵλεως γένου ἐπί/ἱλάσθητι περί übertragen wurde. Zur semantischen Klärung der griechischen Vokabel kann diese Stelle wohl kaum herangezogen werden, da ein bestimmtes Verständnis von der „Reue" Gottes zugrunde zu liegen scheint. Aber auch hier steht die passive Verbform synonym zu ἵλεως γένου.

(Dativ-) Objekt beschrieben werden soll. Auch in den passiven Formulierungen läßt sich daher das Subjekt nicht als logisches Objekt der Aussage begreifen. Um zu erfassen, welche Art von Handlungen mit ἱλάσκεσθαί τινι bezeichnet werden, ist zunächst zu berücksichtigen, daß auch in der Übersetzung von סלח und כפר in den griechischen Texten mit ἱλάσκεσθαι nicht ein Akt des „Wegnehmens" oder „Entfernens" gemeint sein kann. Denn die griechischen Übersetzer setzen allein in Ps 65(64),4 – wohl in Parallele zum öfter belegten Gebrauch von ἐξιλάσκεσθαί τινα – ein Akkusativobjekt, so daß ausschließlich hier an einen Vorgang des „Entsühnens" oder „Reinigens" zu denken wäre.[69] Die griechische Dativkonstruktion der übrigen Belege sperrt sich jedoch gegen eine solche Deutung.

Werden nun die Gegenbegriffe zu ἱλάσκεσθαί τινι in den Blick genommen, so geht z.B. aus den Zusammenhängen von PsLxx 77,38f. und besonders aus Klgl 3,42f. hervor, daß ein Handeln Gottes erwartet und erhofft wird, das sich von der Vernichtung und Verfolgung der Betenden radikal unterscheidet.[70] Ebenso zielt auch die Bitte des Syrers Naemann (4 Βας 5,18), der auf seine möglichen Verfehlungen vorausschaut, sie also noch nicht begangen hat, auf eine Tat des israelitischen Gottes ab, die ihm angesichts (ἐν τῷ + AcI) der möglichen Verbindung zum Götzendienst seines Dienstherren zugute kommen möge. Die verwendeten Gegenbegriffe machen deutlich, daß ἱλάσκεσθαί τινι nicht ein menschliches Tun oder Einwirken auf Gott bezeichnet, sondern ein Handeln Gottes am Menschen.

Dies gilt auch für die passiven Formulierungen von ἱλάσκεσθαί (τινι). Denn wenn überhaupt in den Zusammenhängen beispielswei-

---

[69] Ein solches Verständnis des griechischen Textes legt sich wohl auch zu den Formulierungen mit der Intensivform ἐξιλάσκεσθαι + Sündenterminus als Objekt in Sir 3,3.30; 5,5; 20,28; 28,5; 34,19 nahe; vgl. auch *Breytenbach*, Versöhnung, 88f.

[70] PsLxx 77 stellt in seinem Geschichtsrückblick dem erbarmenden und rettenden Handeln Gottes immer wieder auch den Zorn Gottes gegenüber. Im engeren Kontext von V.38 wird dabei ἱλάσκεσθαί τινι antonym zu διαφθείρειν verwendet; Klgl 3,42f. nennt neben ἐπισκέπτειν und ἀποδιώκειν sogar ἀποκτείνειν.

se von Klgl 3,42 oder 4 Βας 24,4 von einem menschlichen Tun die Rede ist, dann ist deren Verfehlungshandeln im Blick oder aber das Unglück, das den Menschen widerfährt.[71] Die passiven und zudem verneinten Verbformen von ἱλάσκεσθαι beschreiben daher hier das ausbleibende Erbarmen und Rettungshandeln Gottes. Angesichts der babylonischen Zerstörungen in Jerusalem und angesichts der Verfehlungen des Volkes zeigte Gott keine Hilfe und kein Eingreifen. Die sprachlich aufgrund des fehlenden Dativobjektes vielleicht mögliche Deutung dieser Formulierungen im Sinne von „er ließ sich nicht versühnen",[72] schließt sich also durch den Aussagezusammenhang aus, da Sühne gegebenenfalls durch Opfer erzielt werden kann, wohl aber nicht durch von Gott selbst herbeigeführtes Leiden des Volkes.

Die Gebetsrufe, in denen wie in Lk 18,13 die passive Verbalform ἱλάσθητί (τινι) verwendet wird, bestätigen die Vermutung. Die Schreie nach Rettung vor den Feinden in PsLxx 78,8-9 dienen offensichtlich dazu, Gott zum Rettungshandeln zu bewegen. Dabei ist bemerkenswert, daß die Rufe in V.8a und V.9c gerahmt sind von Bitten zum Umgang Gottes mit den Verfehlungen des Volkes. So geht es hier um die Aufhebung und Ungültigmachung des Zusammenhangs von Verfehlungstaten und Leiden, wie es durch die Bekriegung Israels gegeben ist, indem um die Barmherzigkeitserweise Gottes gefleht wird (οἱ οἰκτιρμοί σου). In aller Deutlichkeit wird ein Umgang mit den Verfehlungen erbeten, der in Taten greifbar wird. Gott wird zum „Vergessen" der Verfehlungen, zum „gnädigen Handeln" ihnen gegenüber und zum helfenden Eingreifen aufgerufen.[73]

Eine ebensolche Rolle spielen auch die Barmherzigkeitserweise (οἱ οἰκτιρμοί σου) im Gebet des Propheten Daniel (siehe Danθ'

---

[71] Dies gilt auch für die Lesart ἱλασθήσεται in 4 Βας 5,18b, da von keinem Handeln Naemanns berichtet ist außer von seinem zukünftigen Götzendienst.

[72] Vgl. BDR § 101, Anm. 33 mit einer entsprechenden Deutung für Lk 18,13.

[73] Siehe PsLxx 78,8-9: μὴ μνησθῇς ἡμῶν ἀνομιῶν ἀρχαίων· ταχὺ προκαταλαβέτωσαν ἡμᾶς οἱ οἰκτιρμοί σου, ὅτι ἐπτωχεύσαμεν σφόδρα. βοήθησον ἡμῖν, ὁ θεὸς ὁ σωτὴρ ἡμῶν· ἕνεκα τῆς δόξης τοῦ ὀνόματός σου, κύριε, ῥῦσαι ἡμᾶς καὶ ἱλάσθητι ταῖς ἁμαρτίαις ἡμῶν ἕνεκα τοῦ ὀνόματός σου.

9,18b-19). Diese werden als Fundament für die Hoffnungen des Volkes Israel herausgestellt – und zwar im Gegensatz zu den eigenen Gerechtigkeitstaten (!) –, um im Anschluß Gott zu einer Reihe von Handlungen aufzufordern.[74] Deutlich ist aber, und das gilt schließlich auch für die abschließende Bittenreihe im Gebet der Esther (Est 4,17ʰ),[75] daß die mit ἱλάσκεσθαί (τινι) erbetenen Taten zwar in Zusammenhang mit einem rettenden Eingreifen in die Not des Volkes stehen, aber sonst eher unspezifiziert bleiben.

Darin mag schließlich der Grund liegen, warum diese Formulierung auch in Lk 18,13 gewählt bzw. rezipiert wurde. Es soll demnach wohl nicht ein bestimmtes Gotteshandeln erbeten werden, sondern in der allgemeinsten Form die barmherzige Zuwendung. Dieser Gedanke ist unten weiter zu verfolgen, wenn nach dem spezifischen Bild gefragt wird, das Lukas hier von einem betenden Sünder vor Gott zeichnet. Für die Bedeutung der gewählten Vokabel kann aber noch auf die Derivate aufmerksam gemacht werden, die ebenfalls mit Dativobjekt konstruiert werden und ebenfalls ohne weitere Spezifizierung ein wohltätiges und im Sinne der Durchbrechung des zu Erwartenden „barmherziges" Handeln bezeichnen können.

Neben dem schon genannten Neologismus (εὐ)ἱλατεύειν in Jud 16,15 und DanLxx 9,19[76] ist insbesondere an die stammverwandte Vokabel ἵλεως εἶναι/γίνεσθαί τινι zu erinnern. Diese wird nicht

---

[74] Siehe Danθ' 9,18b-19: ὅτι οὐκ ἐπὶ ταῖς δικαιοσύναις ἡμῶν ἡμεῖς ῥιπτοῦμεν τὸν οἰκτιρμὸν ἡμῶν ἐνώπιόν σου, ἀλλ' ἐπὶ τοὺς οἰκτιρμούς σου τοὺς πολλούς. κύριε, εἰσάκουσον· κύριε, ἱλάσθητι· κύριε, πρόσχες καὶ ποίησον· μὴ χρονίσῃς ἕνεκεν σου ... Die Septuagintaversion übersetzt an dieser Stelle mit ἔλεος und setzt wie gesehen für die passive Verbform den Neologismus ἱλάτευσον.

[75] Das allein griechisch überlieferte Gebet der Esther endet nach den Unschuldsbekundungen der Betenden (4,17ᵉ) mit Bitten zur Rettung und Bewahrung des erwählten Volkes in dieser speziellen Notlage und zählt verschiedene Rettungstaten auf. V.17ʰ bildet den Abschluß: ἐπάκουσον τῆς δεήσεώς μου καὶ ἱλάσθητι τῷ κλήρῳ σου καὶ στρέψον τὸ πένθος ἡμῶν εἰς εὐωχίαν, ἵνα ζῶντες ὑμνῶμέν σου τὸ ὄνομα, κύριε, καὶ μὴ ἀφανίσῃς στόμα αἰνούντων σοι.

[76] M.E. findet sich die Vokabel εὐϊλατεύειν allein in der Septuaginta als Übersetzung von סלח in Dtn 29,19; PsLxx 102,3; DanLxx 9,19 und Jdt 16,15. Suda und Hesych nehmen diese Vokabel wohl deshalb in ihre Werke auf, weil sie sich schließlich in den Kirchenväterzitaten von PsLxx 102,3 häufiger findet.

eingesetzt, um das Gnädigwerden Gottes, sondern um eine schon bestehende Haltung bzw. eine Handlung Gottes zu beschreiben, die für den Bittenden zur Anwendung gebracht werden soll.[77] Konstruiert werden diese ἵλεως-Wendungen mit Personalobjekt (stets im Dativ) oder mit Sündenterminus und stehen parallel zu Aussagen, die schlicht mit ποιεῖν, dem Eingreifen Gottes (3 Βας 8,30. 39 parr.), dem Erweis von Barmherzigkeit (οἰκτιρεῖν; 3 Βας 8,50 parr.; vgl. JosAs 6,6; 17,10),[78] der Rückführung des Volkes in das verheißene Land (3 Βας 8,34 parr.) wiedergegeben werden können oder aber der Heraufführung von Not und Gericht entgegenstehen (vgl. Am 7,2; Jer 5,1.7).

Hinzuweisen ist noch darauf, daß zu Lk 18,13 vergleichbare Gebetsrufe nicht allein in jüdischen und christlichen Texten begegnen. Die Form ἱλάσθητί (μοι) findet sich wohl nicht außerhalb des jüdisch-hellenistischen Sprachraumes, häufig ist aber in poetischen Texten der Ruf ἵλαθι/ἵληθι/εἴλλαθι belegt.[79] Konstruiert mit Dativ-

---

[77] Mit Ausnahme von Gen 43,23 (שָׁלֹם) und – wie gesehen – Ex 32,12 (נחם) werden die ἵλεως-Konstruktionen stets für סלח und zweimal für חליל (1 Βας 14,45; 2 Βας 20,20 parr.) gesetzt.

[78] Diese Vorstellung wird in JosAs 28,4-6 auch auf den zwischenmenschlichen Bereich übertragen. So steht hier die Bitte der abgefallenen Brüder Josephs an Aseneth (γενοῦ ἵλεως; V.6) einerseits parallel zu den Bittrufen um barmherziges Handeln (ἐλέησον ἡμᾶς; V.4) und andererseits parallel zu Bitten um Rettung (ῥῦσαι ἡμᾶς) und Bewahrung (φεῖσαι ἡμᾶς). Aseneth soll nicht gnädig gestimmt werden, sondern wird zum Rettungshandeln aufgefordert. Aseneth entspricht im folgenden (erfolgreich) dieser Bitte, wobei die Beschreibung ihres Tuns als Besänftigung der übrigen Brüder, aber auch als das Ersuchen um Gnade für die anderen Brüder gedeutet werden kann (V.7b): ... ἐξιλεώσομαι αὐτοὺς περὶ ὑμῶν καὶ καταπαύσω τὴν ὀργὴν αὐτῶν.

[79] Nur in der Scholie zu Theokrit wird ἵλαθι als Kurzform von ἱλάσθητι gedeutet („ἵλαθι· ἀντὶ τοῦ ἱλάσθητι κατὰ ἀποκοπήν, Δωρικῶς"; Scholia in Theokritum 15,143a). Diese Ableitung mag grammatisch nicht korrekt sein, sie zeigt aber, daß schon in der Antike die auch in Lk 18,13c belegte Passiv-Form im aktiven Sinne interpretiert wurde. Im übrigen wird ἵλαθι κτλ. von ἵλημι abgeleitet, wie beim Grammatiker Herodianus, Περὶ ὀδυσσίακες προσοδίας, 3,2,137 („ἵληθι ἀπὸ τοῦ ἵλημι"); und vgl. insbesondere die umfangreichen Ausführungen bei Eustathius, Od 1,134. Die Antiken führen immer wieder als Belege an: Homer, Od 3,380 und Kallimachos, Fragmenta incertae sedis 638; vgl. noch Apollonius Rhodius, Arg 2,693; Oppianus 1,22; das Simonides Zitat bei Porphyrius, Questionem Homericarum 10,252f. und auch die häufigen Belege bei Klemens v. Alexandrien und Gregor von Nazianz.

objekt oder auch in absoluter Form wird dieser Imperativ Aktiv schon von den antiken Lexikographen als Synonym zu ἵλεως + Imperativ von εἶναι/γίγνεσθαι gedeutet,[80] so daß letztere kaum im passiven Sinne verstanden werden können. Jeweils ist ein Handeln der Gottheit impliziert. Die große Zahl der Belege erlaubt dabei den Schluß, die entsprechenden Wendungen und Ausdrücke als Gebetsfloskeln zu deuten, die den eigentlichen Bitten vorangestellt werden und vorab die wohlwollende Zuwendung der Gottheiten gegenüber dem betenden Menschen sichern wollen.

Werden also die Gegenbegriffe und die Parallelbegriffe sowohl der ἱλάσκεσθαί-τινι-Wendungen als auch der entsprechenden Derivate untersucht, machen die jeweiligen Aussagezusammenhänge deutlich, daß nirgends mit dieser Terminologie auf eine Veränderung Gottes von seiten der Menschen angespielt ist. Vielmehr wird dieses Wortfeld, das nahezu durchgehend in Gebetstexten oder ausformulierten Bitten begegnet, eingesetzt, um dem Wunsch nach Gottes gnädigem bzw. rettendem Handeln Ausdruck zu verleihen. Mit Gott als Subjekt bezeichnet ἱλάσκεσθαί τινι, konstruiert sowohl in medialen als auch passiven Verbformen, das gnädige Handeln Gottes zugunsten von/im Blick auf ein Personal- oder Sachobjekt.

c) Zusammenfassung

Ist damit der lexikologische Rahmen skizziert, erweist sich die Bitte in Lk 18,13c als Anlehnung an eine Psalmenformulierung, die im Rahmen des jüdisch-hellenistischen Sprachgebrauches formuliert wurde. Es liegt die Bitte eines sich selbst als ἁμαρτωλός darstellenden Menschen vor, Gott möge an ihm, dem Sünder, gnädig handeln, ohne daß angedeutet wäre, welche Vorstellungen mit diesem Handeln verbunden sind. Das Schweigen des engeren und weiteren Kontextes über eine etwaige Zorneshaltung und überhaupt über ein bisheriges Handeln Gottes an diesem Menschen bestätigt die Vermutung, daß der Gebetsruf nicht auf den Vorgang einer Besänfti-

---

[80] Vgl. *Hesych*, s.v. (ἵληθι· χαῖρε, ἵλεως ἴσθι) und siehe auch s.v. εἵληθι (εἵληθι· ἵλεως γίνου); *Suda*, s.v. (Ἵλαθι: ἵλεως ἔσο), und siehe *Herodianus*, Περὶ ὀδυσσίακες προσοδίας, 3,2,137.

gung Gottes referiert. Nochmals sei zudem hervorgehoben, daß in hellenistischer Zeit die Passivform von Deponentien keine Bedeutungsänderung bewirken muß,[81] so daß auch dieser passive Imperativ Aorist gut im aktiven Sinne verstanden werden kann: *„handele gnädig an mir"*.

2. Die Vergebungsvorstellung als Teil der Zöllnerdarstellung

Soll im folgenden die Vorstellung beschrieben werden, die sich mit dieser Gebetsbitte verbindet und in ihr zum Ausdruck kommt, so ist der Blick nochmals auf die Funktion des Gebetes innerhalb der Gleichniserzählung zu lenken. Bisher konnte festgehalten werden, daß das Gebet gemeinsam mit der Beschreibung der Gebetshaltung des Zöllners dazu dient, das Verhalten des Zöllners im Gebet, das Verhalten eines Sünders vor Gott, zu veranschaulichen, und zwar im betonten Kontrast zu der ersten Erzählfigur des Gleichnisses. Im Zentrum steht also die mit Hilfe von Beispiel und Gegenbeispiel gegebene „Anleitung" zum Beten.

Das Gebet selbst kennzeichnet den Zöllner als ἁμαρτωλός. Die Gleichniserzählung, die den Titel τελώνης nennt, macht gegebenenfalls Rückschlüsse auf das etwaige Fehlverhalten des Steuerpächters möglich. Deutlich ist aber, daß die grundsätzliche Einschätzung als Sünder nicht begründet oder anhand von konkreten Verfehlungen veranschaulicht wird.[82] Das Fehlverhalten des hier betenden Sünders steht nicht im Zentrum des Darstellungsinteresses. Ebenso haben die lexikologischen Beobachtungen zur Vergebungsaussage ergeben, daß auch das Handeln Gottes nicht spezifiziert ist. Ohne Erläuterungen oder Konkretisierungen wird ein barmherziges Handeln von Gott erbeten. Genannt wird – wie gesehen – im weiteren allein die Wirkung des göttlichen Handelns, denn nun kann der Zöllner vor Gott als gerecht gelten.

---

[81] Vgl. BDR § 78 mit § 191. Siehe beispielsweise auch die Gebetsrufe in den Zusätzen zu Esther (Est 4,17ᵀ): μνήσθητι, κύριε, γνώσθητι ἐν καιρῷ θλίψεως ἡμῶν καὶ ἐμὲ θάρσυνον.
[82] Vgl. aber *Heininger*, Metaphorik, 215.

Damit kommt aber eine Vorstellung vom Umgang Gottes mit einem Menschen zum Ausdruck, der Verfehlungen beging, die absieht von spezifischen und einzelnen Taten Gottes. Vielmehr wird das erbetene Handeln Gottes in seinem ganzen Umfang unter das Vorzeichen der Barmherzigkeit gestellt. Der Zöllner erbittet sich eine barmherzige Aktion von Gott, ohne erläuternde Umstände für dieses barmherzige Handeln zu nennen. „Vergebung" bedeutet daher in diesem Falle eine grundsätzlich gütige *Zuwendung* Gottes zu einem Menschen.

Im Vergleich zu den bisher untersuchten frühjüdischen Vergebungsvorstellungen ist insbesondere auffällig, daß kein negatives Gotteshandeln angedeutet wird, was durch das barmherzige Handeln ausgeschlossen wäre. Barmherziges Handeln Gottes ist daher in Lk 18,13 nicht eines unter anderen, sondern die Barmherzigkeit wird als Attribut aller Aktionen Gottes gegenüber dem Sünder verstanden.

Wird im weiteren betrachtet, welche Funktion diese Vergebungsvorstellung für die Beschreibung des Zöllners hat, läßt sich nachvollziehen, warum diese vergleichsweise globale und umfassende Konzeption von der Vergebung Aufnahme in das Gleichnis vom Pharisäer und Zöllner gefunden hat.

Im Vergleich zur Charakteristik des Pharisäers wird nämlich äußerst detailliert und ausführlich berichtet, wie der Zöllner sich in die Gebetshaltung begibt und sein Gebet zu sprechen beginnt (V.13a+b). Wohlkomponiert ist die Gegenüberstellung der Partizipialwendungen σταθείς (V.11) und μακρόθεν ἐστώς, die sicher über die Parallelität der Vokabeln eine umso größere Differenz in der Aussage hervorruft. Der Pharisäer hebt also frei und offen an, wie zu einer großen Rede, sein Gebet zu sprechen, während schon in der äußeren Gebetshaltung des Zöllners Zurückhaltung und das sich selbst Zurücknehmen des Beters sichtbar wird. Zugleich gibt das Gleichnis einen Einblick in die Psyche des Zöllners, indem seine Furcht aufzublicken genannt ist. Die Skizze dieser Erzählfigur wird schließlich durch das Motiv des Brustschlagens unterstrichen. Dieses erst in jüngeren Texten begegnende Motiv kann im Blick auf Lk 23,48 als Zeichen der inneren Erschütterung gedeutet werden. Aber schon in JosAs 11,1x.15 ist das Brustschlagen auch als Begleithandlung zum Gebet hervorgetreten, das die Art und Weise des Betens auf ein Bußgebet und auf ein Schuldbekenntnis festzulegen scheint.[83] Der Fokus in der

---

[83] Vgl. ebenso *Fitzmyer*, Gospel, 1188, mit seinem Hinweis auf *Josephus*, Ant 7,10,5 und *Arrian*, Anab 7,24,3, sowie unten Anmerkung 86.

Darstellung des Zöllners liegt demnach auf seinem Verhalten, nicht auf seinen Worten.

In dieser Darstellung des Zöllners erweist sich damit die Vorstellung vom Umgang Gottes mit demjenigen, der Verfehlungen beging, als ein Baustein im Gedankengang des Textes, der die *Funktion einer Voraussetzung* erfüllt. In der hier vorliegenden Gestalt des Gebetsrufes innerhalb der Zöllnerbeschreibung ist die Vergebungsvorstellung Grundlage, nicht aber Aussageziel der zu vermittelnden Gedanken. Es soll eine Idealfigur entworfen werden, die sich angesichts ihrer Verfehlungen angemessen verhält. Die globale und kaum spezifizierte Vergebungsvorstellung macht es dabei möglich, das Bild von einem betenden Sünder vor Gott auf vergleichbare Situationen und andere Menschen zu übertragen.

3. *Vergleichbare Vorstellungen im Lukasevangelium*

Hinzu stellen läßt sich die Beobachtung, daß auch an anderen Stellen des Lukasevangeliums Skizzen von Sündern entworfen werden, die vor Gott stehen oder mit Jesus konfrontiert werden. Die Beschreibung des *Beters* vor Gott (Lk 18,9-14) läßt sich mit den Darstellungen der Sünderin von Kafarnaum und des Oberzöllners Zachäus vergleichen,[84] zweier Erzählfiguren, die ausdrücklich als ἁμαρτωλός tituliert werden.[85]

Der Zöllner, der sich schließlich betend im Tempel an Gott wendet, zeichnet sich durch seine Reue aus, die in der Zurückhaltung

---

[84] Gehört auch die Selbstbezeichnung des Petrus (Lk 5,8) in diese Reihe? Im Rahmen der Fischzugerzählung liegt das Schwergewicht wohl nicht auf einer Beschreibung des Petrus als ἁμαρτωλός. Im Zentrum steht vielmehr seine Reaktion auf die Wunderhandlung Jesu. Von der Funktion der Aussage des Petrus her innerhalb der Erzählung geurteilt, scheint es nicht sinnvoll, diesen Abschnitt mit in die Untersuchung einzubeziehen; vgl. aber das Verständnis des Menschen als Sünder bei *Taeger*, Mensch, 41f. mit Anm 157, im Gegenüber z.B. von *W. Dietrich*, Das Petrusbild des Lukasevangeliums (BWANT 94), Stuttgart u.a. 1972, 50f.

[85] Hier kann die Verknüpfung von „Vergebung" und „Buße" als Schritt auf dem Weg zu einer frühkatholischen Sakramentenlehre nicht diskutiert werden. Vgl. *Ernst*, Lukas, 130f., und siehe auch *F. Bovon*, Luke the Theologican, Pennsylvania 1987, 311-320, sowie *Taeger*, Mensch, passim.

und in der Wendung zum Gebet sichtbar wird.[86] Andere Aspekte heben die Schilderungen der Sünderin (7,36-50) und des Oberzöllners Zachäus (19,7) hervor. So verspricht der Oberzöllner Zachäus seinem Herrn Jesus ins Angesicht, durch materielle Zuwendungen an Arme und von ihm Geschädigte seine Vergehen wieder gutzumachen (19,8).[87] Hier ist also über das wohl öffentliche Bekenntnis der Verfehlungen hinaus von Ersatzleistungen für das Verfehlungshandeln die Rede. Die Erzählung von der Sünderin im Hause des Simon (Lk 7,36-50) bringt zudem den weiteren Gedanken der Zuwendung zu Jesus im Verhalten der Sünderin vor Gott mit hinein.

Die textkritische Diskussion zu Lk 7,47f. belegt, daß schon in der Antike umstritten war, ob die Handlungen der Sünderin von Kafarnaum ihrem von Jesus gewährten Sündenerlaß vor- oder nachzuordnen sind.[88] In jedem Falle aber veranschaulicht Lukas anhand dieser Frau, welche Ausdrucksmöglichkeiten er sich für das menschliche Verhalten angesichts der eigenen Verfehlungen denkt. Im Einklang mit den ebenfalls enthaltenen christologischen Aussageabsichten dieser Erzählung wird ihr Tun jedoch nicht ausschließlich als Abkehr von den begangenen Verfehlungstaten geschildert (7,37f.). In ihren Berührungen, die den Simon zur Frage nach der prophetischen Identität Jesu veranlassen (V.39), wird mehr noch und vergleichbar zum Verhalten des Zachäus die liebende Zuwendung zum Gegenüber herausgestellt und später mit dem Verhalten des Gastgebers kontrastiert.[89]

---

[86] Die Untersuchungen der Gebetshaltungen stellen meist einhellig heraus, daß der Akt des Brustschlagens als Kennzeichen der Reue und Buße gewertet werden müsse. Doch bleibt dies eine Beschreibung des Befundes; vgl. zum Beispiel *F.J. Dölger*, Sol Salutis. Gebet und Gesang im christlichen Altertum, Münster ²1925, 74f. Anm 3. Nicht geklärt ist damit der Ursprung dieses Gestus, der vielleicht in einem orientalischen bzw. altägyptischen Trauergestus gesucht werden kann; siehe *T. Ohm*, Die Gebetsgebärden der Völker und das Christentum, Leiden u.a. 1948, 105.281.

[87] *Schweizer*, Lukas, 193, deutet ebenfalls die Taten des Oberzöllners als „Bußleistungen", will aber den Heilszuspruch nicht auf diese zurückgeführt wissen, sondern sieht ihn unabhängig vom Tun des Menschen in der Gnade Gottes begründet.

[88] Zur Diskussionslage vgl. beispielsweise *Bovon*, Lukas, 385ff.

[89] Bekanntlich besteht das Problem, die Taten der Sünderin eindeutig als

Zu diesen Beobachtungen lassen sich die Passagen stellen, in denen Lukas von der Metanoia eines Menschen berichtet; denn auch hier wird geschildert oder eben gefordert, daß der Mensch angesichts seiner Verfehlungen tätig werden und sich bekennend von seinen Sünden abwenden soll.[90] Die Beschreibungen der drei ἁμαρτωλοί machen also eine Linie sichtbar. Lukas hebt in seinen Sünderdarstellungen die besondere Bedeutung des menschlichen Tuns angesichts der eigenen Verfehlungen hervor. Mit der Metanoia, der Zuwendung zu Jesus, der Wiedergutmachung und schließlich dem Gebet sind dabei in den untersuchten Texten Beispiele aufgezeigt, welches menschliche Handeln Lukas in diesem Zusammenhang vor Augen steht. Lukas veranschaulicht in seinen Erzählepisoden, wie sich die „Sünder" zu Jesus und zu Gott wenden: sie zeigen Zuneigung und Wohltaten an Jesus, bemühen sich, Jesus zu erreichen, und erweisen sich als Gastgeber oder nehmen – wie im Falle von Lk 18,9-14 – im Tempel das Gebet zu Gott auf.

Das göttliche Handeln, sein Umgang mit den Verfehlungen der Menschen, wird in diesen Episoden ebenfalls geschildert. Doch es ist offensichtlich, daß einzelne Taten Gottes nicht im Mittelpunkt der Beschreibungen stehen. Vielmehr tritt das konkrete Gotteshandeln bzw. ein konkretes Verhalten Jesu für die jeweiligen Vergebungsvorstellungen auffällig zurück. Wie in den bisher untersuchten griechischen Texten des Frühjudentums zeigen sich zwar unterschiedliche Formulierungen und wohl auch unterschiedliche Vorstellungen. Denn während in Lk 18,13 von einer Bitte um Barmherzigkeit die Rede ist, wird in Lk 7,47f. auf einen Sündenerlaß und schließlich in Lk 19,5.19f. auf die heilvolle Begegnung mit Jesus,

---

Bußhandlungen zu bezeichnen, in dem eingeflochteten Gleichnis (V.41-43), nach dem die Liebe eigentlich Ergebnis und nicht Voraussetzung des Schuldenerlasses ist. Der vorliegende Wortlaut der Erzählung einschließlich der Verse 47.48+50 macht jedoch den Sündenerlaß vom Glauben und der liebenden Zuwendung zu Jesus abhängig, so daß hier wohl ein kohärenter Text vorliegt, auch wenn vielleicht divergierende Traditionen miteinander verbunden wurden. Vgl. dazu auch *Taeger*, Mensch, 188-199.

[90] Vgl. zur lukanischen Verwendung der Vokabel μετανοεῖν/μετάνοια nochmals die Darstellung bei *Taeger*, Mensch, 130-147.

dem Menschensohn, rekurriert. Auch im Lukasevangelium spiegelt sich daher die Vielfalt an Ausdrucksmöglichkeiten wider, einen Umgang mit den Verfehlungen der Menschen zu beschreiben.

Die verwendeten Formulierungen dienen aber nicht dazu, das entsprechende Handeln Gottes oder Jesu klar zu veranschaulichen. Hierin unterscheiden sich die lukanischen Texte im gewissen Maße von den jüdischen. Am Beispiel des untersuchten Gleichnisses konnte herausgearbeitet werden, daß für Lukas offensichtlich die Feststellung ausreicht, daß der Zöllner „gerechtgesprochen" ist. Wie sich dieser „Zustand" ($\delta\epsilon\delta\iota\kappa\alpha\iota\omega\mu\acute{\epsilon}\nu o\varsigma$) auswirkt und worin er sich zeigt, wird nicht weiter ausgeführt.

Der Umgang Gottes mit den Verfehlungen der Menschen und mit den Menschen selbst, die Verfehlungen begingen, wird von Lukas auf eine grundsätzliche Ebene gehoben. Die grundsätzlich vorhandene Möglichkeit kommt zum Ausdruck, als „Sünder" – und nach Lk 18,9-14 besonders als betender Sünder – die Beziehung zu Jesus bzw. Gott wieder aufnehmen zu können.

KAPITEL VIII

DAS SCHLUSSGEBET IM ERSTEN KLEMENSBRIEF: VERGEBUNG IN DER SCHÖPFUNGSORDNUNG

Kaum ein anderes Gebet des Urchristentums zeigt schon allein von seinem Sprachgebrauch so deutlich die Spuren des jüdischen Erbes wie das Abschlußgebet im Ersten Klemensbrief, wie überhaupt das gesamte Schreiben die Verwurzelung des Christentums im Judentum des Zweiten Tempels sichtbar werden läßt.[1] Im Rahmen einer Untersuchung, die von jüdischen Gebetstexten ihren Ausgangspunkt nimmt, versteht es sich demzufolge von selbst, auch diesen Gebetstext auf seine Vorstellungen vom Umgang Gottes mit den Verfehlungen der Menschen und mit den betenden Menschen selbst zu befragen. Doch gewinnt das Gebet auch aus einer anderen Perspektive an Bedeutung; denn das Schlußgebet des Ersten Klemensbriefes steht am Anfang einer Traditionslinie christlicher Gebetstexte, in denen die Vorstellungen von „Vergebung" zu einem Gebetsanliegen erhoben werden. Spätere Generationen von Christen greifen auf das Gebet der römischen Gemeinde zurück bzw. gestalten ihre Gebetsworte in Anlehnung an diese Worte,[2] während es nur schwer möglich erscheint, im umgekehrten Schluß für das Gebet ältere (christliche) Vorlagen zu rekonstruieren.[3]

---

[1] Siehe zu einem Forschungsüberblick zum Ersten Klemensbrief und zu den wichtigsten im wesentlichen unstrittigen Einleitungsfragen die neueren Überblicke bei *O.B. Knoch*, Im Namen des Petrus und Paulus: Der Brief des Clemens Romanus und die Eigenart des römischen Christentums, ANRW II/27.1, Berlin/New York 1992, 3-54, und *A. Lindemann*, Die Clemensbriefe, HNT 17 (Die Apostolischen Väter I), Tübingen 1992, 5-22.

[2] Siehe insbesondere ConstApost VIII und vgl. dazu schon die Studie von *P. Drews*, Untersuchungen über die sog. clementinische Liturgie im VIII. Buch der apostolischen Konstitutionen. 1. Die Clementinische Liturgie in Rom, Studien zur Geschichte des Gottesdienstes und des gottesdienstlichen Lebens II.III, Tübingen 1906, bes. 45.

[3] Kritisch setzt sich schon *E. v.d. Goltz*, Das Gebet der ältesten Christenheit, Leipzig 1901, 194ff., mit der Möglichkeit auseinander, einen Vorlagentext für das

I. DAS GEBET UM BEWAHRUNG UND EINTRACHT DER GEMEINDE

Die Gebetsbitten, die in einer langen Aufzählung von Gott verschiedene Verhaltensweisen und Umgangsweisen mit den Verfehlungen der Betenden erflehen, bilden einen Teil des umfangreichen Abschlußgebetes im Schreiben an die Korinther (60,1b-3). Wie schon in den anderen untersuchten Gebetstexten sind damit die Vorstellungen vom Umgang Gottes mit den Verfehlungen eingebettet in ein weitergehendes Gebäude aus verschiedenen Gebetsanliegen, dessen Strukturen und Fundamente in einem ersten Schritt erfaßt und beschrieben werden sollen. Dabei ist jedoch nicht aus dem Blick zu verlieren, daß der textliche Mikroorganismus, wie er durch die Gebetsworte innerhalb des Briefes gebildet wird, bei aller Eigenständigkeit in vielfältigen Querverbindungen zu dem gesamten Schreiben steht. So sind die einzelnen Gebetsteile nicht nur untereinander verzahnt, sondern nehmen zentrale Anliegen des Briefes an die Korinther in betender Form wieder auf, bevor das Schreiben mit einer dezidierten Zusammenfassung (62-63) und einem Schlußformular endet.

1. *Die Hauptgedankenlinien des Gebetes*

Die Gebetsworte im Ersten Klemensbrief, die sich aufgrund der engen Verbindung von unterschiedlichen Formen, wie Anamnesen oder Bitten,[4] nicht eben leicht in einzelne klar zu trennende Abschnitte gliedern lassen,[5] verfolgen neben den ausführlichen Gottes-

---

Gebet im Ersten Klemesbrief zu rekonstruieren: „Diese stereotypen Wendungen, geformt in Anlehnung an das A.T. und jüdische Gebete, bildeten die erste Vorstufe für die kirchliche Fixierung bestimmter Gebetstexte" (ebenda, 206).

[4] Siehe vor allem den Abschnitt 60,4-61,2.

[5] *Lindemann*, Clemensbriefe, 165ff. schlägt jetzt neuerdings wieder eine Siebenteilung des Textes vor und orientiert sich dabei an den Gebetsanreden, die häufig, jedoch nicht durchgängig, neue Gedankenabschnitte einleiten.

prädikationen[6] drei zentrale Anliegen.[7] Einen ersten relativ geschlossenen Komplex bilden die Bitten und Fürbitten um Hilfe und Rettung vor Bedrängnissen und Not in 59,4. Diese Bitten zeichnen sich dabei durch eine Globalität und Allgemeinheit in der Darstellung der Bedrängnis aus, welche in auffälliger Parallelität zu den allgemeinen und universalen Schöpferprädikationen stehen, so daß diese Bitten gemeinsam mit dem vorausgehenden Gotteslob einen eigenen Gedanken bilden, welcher schlicht und ohne Konkretisierung die Anrufung des Schöpfers um Bewahrung vor und Rettung aus allerlei Notsituationen enthält.[8]

Das zweite Anliegen besteht in den Bitten um einen Umgang Gottes mit den Verfehlungen der Betenden (60,1b-3), welche im Anschluß an eine erneute Reihe von Gottesprädikationen formuliert werden (60,1a).[9] Auffällig ist, daß zwar in 60,4 mit der Bitte um ὁμόνοια und εἰρήνη ein neuer Gedanke aufgegriffen wird; aber schon in 60,2 fin und besonders in 60,3 wird, und damit noch im Rahmen der Verfehlungsthematik, auf das Verhältnis der Betenden zu ihren ἄρχοντες und zu ihren Widersachern (μισοῦντες ἡμᾶς ἀδίκως) sowie auf die Frage des „Friedens" (60,3) angespielt. Es ist

---

[6] Das Gotteslob bzw. die Anrufung Gottes steht auch in diesem Gebet allen übrigen Bitten voran (59,3) und wird in 60,1a wieder aufgenommen. Schließlich bildet ein letztes Bekenntnis zur göttlichen Kraft und Stärke gemeinsam mit einem Gelübde und einer Doxologie den Abschluß des Gebetes (61,3).

[7] Vgl. auch die knappe Zusammenfassung von Aufbau und Inhalt des Gebetes bei R. *Knopf*, Die Apostolischen Väter I. Die Lehre der Zwölf Apostel und die zwei Clemensbriefe, HNT-Ergänzungsband, Tübingen 1920, 138.

[8] Die Gottesprädikationen bzw. Beschreibungen der Taten und Handlungen des Ursprungs aller Schöpfung sind dabei mit den nachfolgenden Bitten auch durch den Versuch geeint, möglichst umfassend die Lebensbereiche der Schöpfung auf der einen Seite – es werden die jeweils entgegengesetzten Extreme genannt, die ein Erniedrigen und Erhöhen, Armmachen und Reichmachen, Töten wie Lebendigmachen umspannen – und die Adressaten der göttlichen Hilfe auf der anderen Seite in Form einer Aufzählung zu erfassen. Ebenso wie die Bandbreite des göttlichen Wirkens zur Darstellung kommt, wird auch eine Bandbreite an Hilfsbedürftigen genannt. Vgl. auch *Knopf*, Clemensbriefe, 141.

[9] Von der Gedankenfolge des Gebetes wäre es tatsächlich sinnvoller, den Abschnitt 60,2 schon mit der erneuten Anrede (ἐλεῆμον καὶ οἰκτίρμον) beginnen zu lassen, vgl. *Lindemann*, Clemensbriefe, 167. Da jedoch die Textausgaben die traditionelle Zählung beibehalten, wird im folgenden nach 60,1a und 60,1b unterschieden.

also davon auszugehen, daß das Anliegen, das angesichts der Verfehlungen der Betenden vorgebracht wird, eng mit weiteren und folgenden Gebetsanliegen verknüpft ist, welche in den anschließenden Sätzen zur Sprache kommen.[10]

Die Aussagen in 60,4-61,2 müssen dabei nicht zwangsläufig zu einem gemeinsamen Gedanken als ein drittes Gebetsanliegen zusammengefaßt werden, da eine Unterteilung nach Bitten für die Gemeinde und Fürbitten für andere ebenso denkbar ist. Dennoch ist die Vermutung naheliegend, daß die in Bitten, Anamnesen und Fürbitten vorgebrachten Anliegen von einem gemeinsamen, tragenden Gedanken geleitet sind, der überschriftsartig durch die erste Bitte in 60,4 zusammengefaßt ist (δὸς ὁμόνοιαν καὶ εἰρήνην ἡμῖν τε καὶ πᾶσιν τοῖς κατοικοῦσιν τὴν γῆν): Es geht den Betenden abschließend um eine Herstellung und von Gott selbst verbürgte Sicherung der „Eintracht" und des „Friedens" in der Gemeinde. Deutlich ist nämlich, daß die Anamnesen einerseits stets auf den von Gott gegebenen Frieden an die Väter (60,4) und vor allem auf die von Gott gegebenen Ehren und Vollmachten für die Ersten und Führer (61,1+2) rekurrieren und dabei jeweils den von der Gemeinde, dem betenden Wir, zu zollenden Gehorsam in den Blick nehmen. Andererseits wird in den Wunschsätzen jeweils um ὁμόνοια und εἰρήνη (60,4; 61,1) und um die angemessene Ausrichtung der Führer (61,2) gebeten, wobei auch hier durch die Betonung der Leitungsfunktionen der „Führer" das Miteinander der Menschen in einer wohlgeordneten Gemeinschaft im Blick ist.

Ob darin Kennzeichen für einen einheitlichen Gedanken gesehen werden müssen, kann zunächst offengelassen werden, da für unsere Fragestellung festzuhalten ist, daß die Bitten um einen Umgang Gottes mit den Verfehlungen der Betenden einen relativ geschlossenen Teil (60,1b-3) innerhalb des Gebetes bilden, welcher im Anschluß an eine erneut aufgenommene Reihe von Gottesprädikationen gesetzt ist und zudem schon Gedanken mit aufnimmt, die im folgenden Abschnitt eingehender thematisiert werden. Ob diese letzten

---

[10] Siehe dazu die Untersuchungen unten II.2.

Gedanken insgesamt den einheitlichen Zielpunkt des Gebetes darstellen, wird erst im Anschluß an weitere Einzeluntersuchungen zu entscheiden sein, die zunächst vor allem die Gottesprädikationen in den Blick zu nehmen haben, welche den Vergebungs-Bitten voranstehen.

2. Das Bekenntnis zum Schöpfergott (60,1a)

Wie in 59,3 wird Gott zu allererst als Schöpfer angerufen.[11] Doch während Gott zu Beginn des Gebetes noch als „Urgrund aller Schöpfung"[12] insbesondere zum Gegenstand der Hoffnung der Betenden erhoben wird, um anschließend als Schöpfer und Lenker allen Lebens um Hilfe angerufen werden zu können, werden in 60,1a andere Aspekte hervorgehoben. So kommt zu dem Gedanken der fürsorglichen Stärke Gottes insbesondere die Vorstellung der ordnenden Macht Gottes hinzu.

a) Die Zuverlässigkeit in Fürsorge und Gericht

Zentral scheint dabei auf der einen Seite, daß die bestaunenswerte Macht und Erhabenheit Gottes mit den Prädikaten der Zuverlässigkeit ($\pi\iota\sigma\tau\acute{o}\varsigma$ $\grave{\epsilon}\nu$ $\pi\acute{\alpha}\sigma\alpha\iota\varsigma$ $\tau\alpha\hat{\iota}\varsigma$ $\gamma\epsilon\nu\epsilon\alpha\hat{\iota}\varsigma$) und Gerechtigkeit ($\delta\acute{\iota}\kappa\alpha\iota\sigma\varsigma$ $\grave{\epsilon}\nu$ $\tau\hat{o}\iota\varsigma$ $\kappa\rho\acute{\iota}\mu\alpha\sigma\iota\nu$) verbunden wird.[13] Aus der Perspektive der Betenden

---

[11] In der Literatur wird häufig eine Auslegung dieser Passage des Gebetes vernachlässigt. So schließt *H.-U. Minke*, Die Schöpfung in der frühchristlichen Verkündigung nach dem Ersten Clemensbrief und der Areopagrede, Diss. Hamburg 1966, die Schöpferepiklese des Gebetes aus seinen Untersuchungen aus (vgl. aber Anm. 259) und in den Kommentaren von *Knopf*, Clemensbriefe, 142ff., und *Lindemann*, Clemensbriefe, 171f., werden leider zur Erläuterung des Textes nahezu ausschließlich die anklingenden Paralleltexte aufgeführt.

[12] Hier deutet sich an, welch zentrale Rolle Gott als Gegenstand der Hoffnung für das Gebet spielt und wie sehr die Macht und Stärke Gottes diese Hoffnung gewährleistet. Vgl. zur Frage der Akzentuierung der Vokabel *J.B. Lightfoot*, The Apostolic Fathers (Part I). S. Clement of Rome, Vol 1, London ²1890, 172.

[13] Schon die hier vorliegenden Formulierungen machen die Anlehnungen des Gebetes an alttestamentliches und sonstiges Traditionsgut deutlich. Eine Übersicht darüber gibt zum Beispiel *Goltz*, Gebet, 198ff., der sich an die Darstellung von *Lightfoot*, Fathers I/1, 382-396, anlehnt. Siehe auch die Belege bei *Knopf*, Clemensbriefe, 143, die von *Lindemann*, Clemensbriefe, 171ff., noch vermehrt werden.

geurteilt wird damit der Schöpfer als allen Völkern gegenüber gleichermaßen beständig gepriesen, wie zugleich auf die angemessenen Beurteilungen der Menschen durch den Schöpfer aufmerksam gemacht wird. Auffällig ist, daß die Souveränität Gottes, des Schöpfers, der dem menschlichen Tun als gerechter Richter gegenübertritt, auch in dem ausführlichen Abschnitt von 1 Clem 27,1-7 betont wird, wobei die Begriffe und die aufgenommenen alttestamentlichen Zitate und Anspielungen nahezu identisch sind.

In 1 Clem 27,1 wird dazu aufgerufen, sich glaubend an Gott zu binden, da Gott in seiner Macht die Schöpfungsordnung mit Wohltaten sichere aber auch mit Strafe und Vernichtung: Es ist an seiner Majestät zu schaffen und zu zerstören (27,4); er erweist sich als treu in seinen Verheißungen und als gerecht in seinen Urteilen (27,1).[14] Die Konkretisierung dieser Aussagen läuft schließlich auf eine Paränese zu. Die Souveränität Gottes über wohltätiges und strafendes Walten in seiner Schöpfung wird in 28,1-4 mit dem Handeln des Menschen in direkte Beziehung gebracht, wobei eindringlich zu rechtschaffenem Verhalten gemahnt wird, da es nicht möglich sei, Gottes Gerichten zu entfliehen.[15]

Entscheidend ist dabei wohl für den gesamten Brief an die Korinther, daß dieses Gottesbild gerade an den Stellen zum Tragen

---

[14] Siehe auch *Minke*, Schöpfung, 70f.

[15] Für das Verständnis des Gottesbildes im Ersten Klemensbrief ist es nicht entscheidend, die Herkunft der verschiedenen miteinander verbundenen Gedanken und Aussagen zu bestimmen. Zentral ist vielmehr die Rekonstruktion des Gedankens auf der Ebene des vorliegenden Textes, wobei das Charakteristikum wohl gerade in der Verbindung des Schöpfungs- und Ordnungsgedankens (1 Clem 20) mit der Vorstellung von Gott als Richter liegt (1 Clem 27). Eine exakte Einbettung der Ausführungen in einen jüdisch-christlichen Schöpfungsglauben (vgl. Ps 148), in stoische Ordnungsvorstellungen oder auch in allgemein antike Vorstellungen von einem friedlichen Miteinander innerhalb eines Staatswesens bereitete in der Forschung Schwierigkeiten. Vgl. insbesondere die Untersuchungen von *W.C.v. Unnik*, Is 1 Clement 20 purely Stoic?, VigChr 4 (1950), 181-189; *ders.*, „Tiefer Friede" (1. Klemens 2,2), VigChr 24 (1970) 261-279, und *P. Mikat*, Die Bedeutung der Begriffe Stasis und Aponoia für das Verständnis des 1. Clemensbriefes (1969), in: *ders.*, Religionsrechtliche Schriften. Abhandlungen zum Staatskirchenrecht und Eherecht (Staatskirchenrechtliche Abhandlungen 5/2), Berlin 1974, 719-751, sowie *Knopf*, Clemensbriefe, 93, und *Lindemann*, Clemensbriefe, 76f.

kommt, an denen Klemens auf den Aufruhr und die Streitsituation in Korinth eingeht. So wird beispielsweise im Anschluß an die letzte direkte Anrede an die Aufrührer (57,1-2) in Anlehnung an Spr 1,24-33 anschaulich ausgemalt, welche bedrohlichen Konsequenzen den Ungehorsam des Menschen gegenüber Gottes Geboten erwartet. Und mit dem Aufruf in 58,1 wird nochmals das Ansinnen des römischen Briefeschreibers zusammengefaßt, der die Unterordnung der sogenannten Aufrührer unter die abgesetzten Presbyter fordert (vgl. Kap. 44 und 57,1+2). Stets argumentiert Klemens mit den beiden Aspekten seiner Gottesvorstellung, die ebenso Gottes Heilshandeln gegenüber den Gehorsamen (57,7) beinhaltet wie die Bestrafung und Vernichtung der Ungehorsamen.[16]

Die kaum konkretisierten Aussagen in 1 Clem 60,1a erweisen sich also vor diesem Hintergrund als Bekenntnisse zur Schöpfermacht Gottes, die unter bestimmten Gesichtspunkten ausgewählt wurden. Die schlichte Aufzählung von Attributen erinnert dabei an die Macht und Stärke und an die Zuverlässigkeit des treuen und gerechten Gotteshandelns gegenüber den Menschen. Betont ist damit aber die Souveränität Gottes, des Schöpfers und Richters, der sich als machtvoll, gerecht und zuverlässig erweist, seine angesagten Wohltaten ebenso in die Tat umzusetzen wie sein Strafhandeln. Ohne daß die drohenden Untertöne der paränetischen Abschnitte und der Beschreibungen des göttlichen Schöpfungs- und Gerichtshandelns aus 1 Clem 27-28 oder 57-58 aufgenommen werden, lassen die im Gebet aufgezählten Attribute aber gerade angesichts jener vorausgegangenen Passagen die nachfolgenden Bitten um Gottes Umgang mit Verfehlungen in einem bestimmten Licht erscheinen. Die Dimensionen des Verfehlungshandeln des Menschen werden durch die Gottesprädikationen deutlich, da ein Gotteshandeln skizziert wird, das sich angesichts der genannten Attribute der Treue,

---

[16] Vgl. zur Situation in Korinth auch *Harnack*, Einführung, 90-92, und *Vielhauer*, Geschichte, 536ff. Eine Zusammenfassung bietet noch *Knoch*, Clemens Romanus, 3-11, und vgl. auch die weiterführenden Angaben von *Brunner* in: *A.W. Ziegler / G. Brunner*, Die Frage nach einer politischen Absicht des Ersten Klemensbriefes, ANRW II/27.1, Berlin/New York 1992, 71ff.

Gerechtigkeit und Stärke heilvoll, aber eben auch katastrophal für den Menschen auswirken kann.

b) Die ordnende Schöpfungsmacht Gottes

Die weiteren Attribute, welche die zuvor untersuchte Aufzählung umrahmen und ebenfalls dem Schöpfungshandeln Gottes hinzugefügt werden, beschreiben zunächst, daß Gott die Ordnung der Schöpfung sichtbar macht, führen die Schöpfung nochmals auf Gottes Wirken zurück und preisen schließlich in eigentümlicher Weise die Weisheit ($\sigma o\phi \acute{o}\varsigma$) und Verständigkeit ($\sigma v\nu \epsilon \tau \acute{o}\varsigma$) des Schöpfungshandelns. Die knappen Erläuterungen und traditionellen Begriffe[17] rufen dabei ebenfalls Gedankengänge in Erinnerung, die in vorausliegenden Abschnitten des Schreibens an die Korinther von großer Bedeutung waren. So läuft der große Rekurs auf die Schöpfungswerke Gottes in 19,2-20,10 ebenfalls darauf hinaus, die Ordnung der Schöpfung herauszustellen:

Es wird hervorgehoben, wie sehr die Schöpfung Gottes von einem Frieden und von einer Ordnung durchzogen ist, die gerade auch in der gegenseitigen Unterordnung besteht. Und so läuft der Abschnitt in 21,1 auf die Forderung nach Eintracht ($\acute{o}\mu \acute{o}\nu o\iota \alpha$) zu, die den Wohltaten und dem von Gott hergestellten Frieden sowie der durch ihn gebotenen Eintracht der Schöpfung entsprechen solle.[18] Klemens macht den Korinthern anschließend klar, wie sich für ihn konkret solche Eintracht und solcher Friede in der Gemeinde Christi umsetzt (21,2-9).[19] Die Vorstellungen von der geordneten

---

[17] Allein das Gottesprädikat $\sigma v\nu \epsilon \tau \acute{o}\varsigma$ erscheint ungewöhnlich, doch ist wohl hier ein Synonym zu $\sigma o\phi \acute{o}\varsigma$ gewählt, um eine Parallelität zum abschließenden Bekenntnis der Güte Gottes herzustellen. Denn die abschließende Aussage verwendet ebenfalls in einem Parallelismus zwei nahezu synonyme Begriffe ($\acute{\alpha}\gamma \alpha \theta \acute{o}\varsigma$ und $\chi \rho \eta \sigma \tau \acute{o}\varsigma$). Dabei bildet die letzte Aussage in 60,1a fin eine Überleitung von der Schöpfungsthematik zu der engeren Fragestellung des Verhaltens Gottes gegenüber den Betenden. Die Wohlgeordnetheit und Güte Gottes in den sichtbaren Dingen wird gepriesen und schließlich seine Güte gegenüber denen, die auf ihn hoffen.

[18] *Minke*, Schöpfung, 22, faßt seine Auslegung von 1 Clem 20 folgendermaßen zusammen: „Die Verwendung derselben Leitbegriffe für Schöpfung und Kirche deutet darauf, daß die Kirche zum Kosmos im Verhältnis abbildlicher Entsprechung steht." Vgl. ebenso *v. Unnik*, Friede, 278.

[19] Die Ausführungen sind parallel zur Beschreibung der Zustände in Korinth vor dem zu beklagenden Aufruhr ($\sigma \tau \acute{\alpha}\sigma \iota \varsigma$) gestaltet (vgl. 1,2-2,8).

Schöpfung werden zum Abbild für die Gemeindeverhältnisse stilisiert, und es wird deutlich, daß diese Ordnungen nicht allein von Gott geschaffen sind, um sich an ihnen zu orientieren. Vielmehr hat Gott nach 1 Clem 20,11 geboten, daß alles in Frieden und Eintracht bestehe (πάντα ... ἐν εἰρήνῃ καὶ ὁμονοίᾳ προσέταξεν εἶναι). Die Ordnung gilt demnach als Ergebnis und zugleich als *Forderung* Gottes für alles Geschaffene und ist damit auch von der Gemeinde einzuhalten.

Daß diese Gedanken auch für das Schöpferlob im Abschlußgebet eine Rolle spielen, wird nun nicht allein aus dem Bekenntnis zu Gott als Richter ersichtlich. Denn Gott wird zudem in der Aufzählung von Attributen als derjenige gepriesen, der die „ewige Weltordnung durch die waltenden Kräfte offenbar gemacht" hat.[20] Diese Aussage bildet durch die Plazierung am Beginn der Reihe die Überschrift, welche die Gedanken aus Kap. 20 aufnimmt. Wichtig scheint dabei auch die Terminologie, die hier gewählt wurde, denn mit dem Begriff σύστασις ist wohl nicht allein ein wichtiger Terminus der griechischen Philosophie,[21] sondern im Blick auf die übrigen Ausführungen des gesamten Schreibens ein Gegenbegriff zur στάσις herangezogen worden, die in der korinthischen Gemeinde zu beklagen ist.[22]

Die Bekenntnisaussagen zu Beginn des zweiten größeren Gebetsteiles preisen damit die Schöpfungstaten als Ordnung und sinnvolle bzw. gute Bestandssicherung (τὰ γενόμενα ἑδράσαι). Aber zugleich machen die Gottesprädikationen, die den „Vergebungs"-Bitten vorangestellt sind, nochmals deutlich, wie sehr die Schöpfung aufgrund des Waltens Gottes als Gegenbild zu den Mißständen in der korinthischen Gemeinde und als Vorbild für deren Ausrichtung gelten muß. Damit erweisen sich die Gebetsworte in diesem Abschnitt als

---

[20] Übersetzung nach *Harnack*, Einführung, 46; vgl. auch Weish 7,17.

[21] Vgl. die Hinweise bei *Lindemann*, Clemensbriefe, 171.

[22] Die Erhebung und der Aufruhr einzelner in der korinthischen Gemeinde veranlassen nach 1,1 das Schreiben des Klemens, und sie werden immer wieder aus den verschiedensten Perspektiven diskutiert. Vgl. 1 Clem 2,6; 3,2; 4,12; 14,1ff.; 43,6 (ἀκαταστασία); 46,5-9 (mit διχοστασία); 51,1ff.; 54,2; 57,1 u.ö.

Wiederaufnahme und Zusammenfassung wichtiger Anliegen des Gesamtschreibens.

3. Das Verhältnis von Barmherzigkeit und Schöpfermacht (60,1b)

Ein letztes Gottesbekenntnis liegt schließlich in der Anrede Gottes (ἐλεῆμον καὶ οἰκτίρμον) vor, die direkt vor der ersten Bitte in 60,1b aufgegriffen wird. Das Gebet reiht sich damit in die Tradition der jüdischen Texte ein, die Gottes Umgang mit Verfehlungen jeweils im Anschluß an eine Rezeption von Ex 34,6f. zum Ausdruck bringen, also das Vergebungshandeln stets mit der Barmherzigkeit Gottes in Beziehung setzen. Doch liegt hier in 1 Clem 60,1b eine eher unübliche Weise vor, die geprägten Worte aus Ex 34,6f. aufzunehmen, da sich zwar Belege nur dieser beiden Adjektive aus der prägnanten Viererreihe von Barmherzigkeitsattributen finden,[23] aber ansonsten stets als Attribute Gottes und nie in Form einer Anrufung. Damit ist hier in eigener Weise die Barmherzigkeit Gottes betont und als Fundament für die folgenden Bitten herangezogen.

Die eigene Bedeutung dieses Gottesattributes für den Ersten Klemensbrief wird auch an anderen Stellen des Schreibens deutlich. Denn es ist die Barmherzigkeit Gottes, die bittend angerufen wird (50,2), auch wenn es nicht um einen Sündenerlaß geht.[24]

Barmherzigkeit ist demnach Kennzeichen des Menschen rettenden Gottes (2,4), zu dem sich die Menschen wenden sollen (9,1) bzw. an den sich die Gemeinde Christi hält (20,11 fin). Welche Vorstellung im speziellen mit der Barmherzigkeit Gottes verbunden ist, die insbesondere mit den Begriffen οἰκτιρμοί/οἰκτίρμων, ἔλεος/ἐλεᾶν/ἐλεήμων beschrieben wird, zeigen schließlich die umfangreicheren Ausführungen zu den Reaktionen Gottes auf die Verfehlungen der Menschen. So veranschaulicht Klemens wie gesehen in Kap. 22-23 die Konsequenzen des menschlichen Verhaltens angesichts der von Gott angebotenen Wohltaten in der Schöpfung und greift dazu unter anderem in 22,6-8 z.B. auf die Unterscheidung von ἁμαρτωλός und δίκαιος zurück. Das Ziel dieses Abschnittes liegt, wie das Bild vom Weinstock (23,4f.) zeigt, darin, die Zwangsläufigkeit der Strafe für die Übeltäter herauszustel-

---

[23] Vgl. auch die Untersuchungen oben zu JosAs 11,10 oder OrMan 7f.

[24] Ein solcher wird jedoch in dem als Beispiel herangezogenen und neu formulierten Gebet Davids (PsLxx 50) aufgrund der Barmherzigkeit Gottes erbeten (vgl. 18,2).

len, auch wenn sie nicht auf den ersten Blick offensichtlich erscheint. Ausgangspunkt dieses Gedankens ist aber der Aufruf zum rechtschaffenen Handeln (22,1-3), da nämlich ganz gewiß von der Scheidung nach Gerechtem und Sünder vor Gott auszugehen ist. So werden den Sünder die Schläge Gottes treffen, den Gerechten und Gottesfürchtigen aber wird der ἔλεος Gottes umgeben: ἔλεος κυκλώσει (22,8). Und wenn im weiteren von den Zuwendungen des barmherzigen Vaters (ὁ οἰκτίρμων κατὰ πάντα καὶ εὐεργετικὸς πατήρ) für diejenigen, die ihn fürchten, die Rede ist, so wird deutlich, daß hier die mit ἔλεος und οἰκτίρμων bezeichnete Barmherzigkeit insbesondere die Wohltaten Gottes impliziert, die den ihm Zugetanen zuteil werden.

Ebenso führt Klemens vor der letzten Ermahnung an die Aufrührer in Korinth (57,1ff.) nochmals die Eigenart der göttlichen Züchtigung ἐν ἐλέει vor Augen (56,1-16). Die Barmherzigkeit umfaßt hier nicht ein Ausnahmehandeln und eine Durchbrechung der gesetzten Ordnung. Das Ziel der Züchtigung εἰς τὸ ἐλεηθῆναι ἡμᾶς liegt in der Erlangung von Barmherzigkeitserweisen, die sich beispielsweise in dem Schutz Gottes für die ihm Zugetanen zeigen können (56,16).

Im Blick auf die schon untersuchten Gebetstexte zeigt sich damit von neuem die zentrale Rolle der Barmherzigkeit für den Vergebungsglauben. Doch die Aussagen im Ersten Klemensbrief enthalten beispielsweise nicht Vorstellungen von einem Handeln Gottes κατὰ τὸ πλῆθος τοῦ ἐλέους (Dan 3,42),[25] das den bestehenden Zusammenhang aus Verfehlungstaten der Menschen und Strafhandeln Gottes ausnahmsweise durchbricht. Gott wird im Schlußgebet des Schreibens als Barmherziger angerufen, da es um *Gott, den Schöpfer,* geht, von dem sich die Betenden Wohltaten und Zuwendung erhoffen. Im Blick auf die vielen anderen Stellen im Schreiben erscheint die Barmherzigkeit nicht als Attribut Gottes, das primär ein Ausnahmehandeln an denjenigen ermöglicht, die sich zu diesem Gott zählen bzw. fliehen (20,11). Die Aussagen insbesondere in Kap. 21-23 und auch in Kap. 56 machen vielmehr deutlich, daß die Barmherzigkeit Kennzeichen des Schöpfergottes ist, der als Ausdruck der Schöpfungsordnung den Menschen Wohltaten zukommen läßt, die diese Ordnung anerkennen und sich in ihr bewegen.

---

[25] Siehe dazu oben Kapitel VI.

So ist die Anrufung der Barmherzigkeit zwar den Bitten um Sündenerlaß vorangestellt, aber nicht aufgenommen in die Reihe der Gottesprädikationen. Die Attribute des Schöpfers, Ordners und Erhalters der Welt werden vorgeordnet, sie bilden das Zentrum des Gotteslobes, während die Barmherzigkeit als ein unter anderen entfaltetes Element erscheint.

II. Die Vergebungsbitten (60,1b-3)
im Rahmen der Schöpfungstheologie

1. *Der Sprachgebrauch: Tradition und eigene Gestaltung*

In 1 Clem 60,1b-3 werden mehrere Bitten und Wunschsätze aneinandergereiht und zum Teil mit Infinitivkonstruktionen erweitert (Z.4+5; Z.7+8). Im Blick auf die bisher untersuchten Gebetstexte ist dabei auffällig, daß nahezu sämtliche Verben, die einen Umgang Gottes mit den Verfehlungen beschreiben, schon in anderen Zusammenhängen begegneten. Mit der Erlassensbitte, aber auch mit der Anlehnung an die Wendung von der Nichtanrechnung der Verfehlungen aus PsLxx 31,2 und mit der Bitte um Reinigung bzw. Ausrichtung (κατεύθυνον) sind Formulierungen aufgenommen, die in mehreren jüdischen und christlichen Texten verwendet werden, um einen Umgang Gottes mit Verfehlungen auszudrücken.[26] Seltener ist allein die letzte Bitte in 60,3, Gottes Angesicht möge sichtbar werden, der zudem eine Rettungsbitte hinzugefügt ist.[27]

a) Die Erlassens- und Nichtanrechnungsbitten (60,1b)
Die beiden ersten, asyndetisch einander nachgeordneten Bitten verwenden mit ἀφιέναι und μὴ λογίζεσθαι + Sündenterminus gängige Formulierungen, den Umgang Gottes oder auch eines Menschen mit Verfehlungen auszudrücken. Besonders ist in der ersten Zeile die

---

[26] Zu λογίζεσθαι vgl. TestSeb 9,7; JosAs 11,10; ApkSedr 16,6; Röm 4,8; 1 Kor 13,5; 2 Kor 5,19; und zu κατευθύνειν vgl. TestJud 26,1; PsSal 6,2; 7,10; 8,6; 12,5; 16,9; 18,8; Lk 1,79; 1 Thess 3,11; 2 Thess 3,5.
[27] Zu den Rettungsbitten vgl. auch oben Kapitel II (JosAs 13,12ff.).

lange Reihe von Verfehlungsbegriffen und in der zweiten die aus-
drückliche Nennung sowohl der männlichen als auch der weiblichen
Adressaten dieses Vergebungshandelns. Knopf vermerkt zu der Reihe der Sündentermini, daß sie „fallend" sei, da zunächst die
schwereren und zuletzt die leichteren Verfehlungen genannt seien.[28]
Doch scheint sich hier zunächst ein Anspruch auf Vollständigkeit
auszudrücken. Ein solcher konnte nämlich schon in den Aufzählun-
gen der Gottesprädikationen und Hilfsbitten beobachtet werden, so
daß wohl die Reihe der Verfehlungsbegriffe und auch die ungewöhnliche Erwähnung von Männern und Frauen aus diesem Anspruch heraus gesetzt sind.

Zusätzlich muß berücksichtigt werden, daß vor dem eigentlichen
Abschlußgebet mehrmals angekündigt wird, für die begangenen
Verfehlungen bitten zu wollen. Dabei wird in 51,1 und 59,1, also
im unmittelbaren Kontext des Gebetes, jeweils der Terminus $\pi\alpha\rho\acute{\alpha}$-
$\pi\tau\omega\mu\alpha$ verwendet, um die Vergehen des sogenannten Aufstandes zu
bezeichnen. Zudem wird aus der Überleitung zum Gebet in 59,1
deutlich, daß die Absender des Schreibens die Verfehlungen der
Korinther und eine etwaige Ablehnung der Ratschläge als *Verschulden* problematisieren. Daraus erklärt sich die Verwendung der für
jüdische und urchristliche Texte seltenen Vokabel $\pi\lambda\eta\mu\mu\epsilon\lambda\epsilon\acute{\iota}\alpha$ im
Sinne von „Verschuldung".[29]

Als ein vorläufiges Ergebnis kann demnach für die ersten beiden
Bitten festgehalten werden, daß hier traditionelle Wendungen gebraucht und zugleich so komponiert werden, daß der erbetene Vergebungsakt als Aufhebung von Schuld herausgestellt wird.[30] Die

---

[28] Vgl. *Knopf*, Clemensbriefe, 144.

[29] In jüngeren jüdischen Texten begegnet das Substantiv allein in DanLxx 9,7
sowie bei Sirach (7,31; 10,7; 18,27; 26,29; 38,10; 41,18; 49,4) und wird in den
sonstigen Übersetzungstexten stets für אשם-Wendungen gebraucht. Zur Verwendung des Verbes siehe neben DanLxx 9,7 und Sirach nur noch grHen 5,8 (neben
$\dot{\alpha}\mu\alpha\rho\tau\acute{\alpha}\nu\epsilon\iota\nu$) und TestGad 6,6 (antonym zu $\tau\iota\mu\hat{\alpha}\nu$ und $\phi o\beta\epsilon\hat{\iota}\sigma\theta\alpha\iota$ [$\tau\grave{o}\nu$ $\theta\epsilon\acute{o}\nu$]).

[30] Wie oben gesehen, impliziert sowohl der Gedanke der Anrechnung als auch
der des Erlassens, daß die Taten als Verfehlungstaten zu Lasten des Betreffenden
verbucht bzw. auch erlassen werden können. Das Erlassen meint in diesem Sinne
dann den Verzicht auf die aus diesen Taten entstehenden Ansprüche gegen den Täter der Verfehlungen, wie die nicht vollzogene Anrechnung zum Ausdruck bringt,

Aussagen können aufgrund der verwendeten Vokabeln als Anspielung auf schon im Schreiben verhandelte Fragen und Sachverhalte gelesen werden können.

b) Reinigung als Ausrichtung der Schritte (60,2)

Als Alternative zur Anrechnung der Verfehlungen, welche von den Dienerinnen und Dienern Gottes ferngehalten werden soll, bitten die Betenden um ihre Reinigung und zugleich um die Ausrichtung ihrer Schritte. Anders beispielsweise als in 1 Joh 1,7ff. oder in weiteren vergleichbaren Texten[31] ist jedoch in 1 Clem 60,2 keine Reinigung von Verfehlungen im Blick. Hervorgehoben ist hingegen die ἀλήθεια Gottes als Merkmal der Reinigungshandlung und durch den folgenden Satz das Entscheiden und Handeln der Betenden. Zudem stehen allein die erste und zweite Bitte asyndetisch nacheinander, während die weiteren Bitten durch die Konjunktionen ἀλλά und καί miteinander verwoben sind, also einen gemeinsamen Gedankengang bilden.

Wenn davon auszugehen ist, daß die Bitte um Reinigung die Herstellung eines bestimmten Zustandes impliziert, in den die Bittenden versetzt werden wollen, so kann die eigentümliche Phrase καθαρισμὸν τῆς σῆς ἀληθείας als Anspielung auf Gottes Reinigung bzw. Befähigung der Menschen zu einem angemessenen Handeln verstanden werden. Es ist deutlich, daß auch im Ersten Klemensbrief die Vokabel καθαρός/καθαρίζειν zur Bezeichnung von ethischen Kategorien verwendet wird. Das untadelige und im Gegenüber zu Gott angemessene Verhalten wird „rein" genannt.

Der Reinigungsvorgang, der insbesondere im Umgang der Menschen mit ihren Verfehlungen aber auch im Umgang Gottes mit den Verfehlungen der Menschen

---

daß die begangenen Taten nicht als solche registriert werden, aus denen sich Ansprüche des Gegenübers an den Täter ergeben. Vgl. dazu u.a. die lexikologischen Untersuchungen in Kapitel II.

[31] *Lindemann*, Clemensbriefe, 172, macht darauf aufmerksam, daß die figura etymologica καθαρίζειν τὸν καθαρισμόν selten sei. Mit Personalobjekt begegnet eine vergleichbare Wendung in jüdischen und christlichen Texten tatsächlich allein in der Wiederaufnahme von Ex 34,6f. durch Num 14,18 sowie in TestLev 14,6 (jeweils καθαρίζειν τινα καθαρισμῷ). In Verbindung mit der Verfehlungsthematik ist noch Hebr 1,3; 2 Petr 1,9 zu vergleichen.

eine Rolle spielen kann, besteht nach 1 Clem 8,4 darin, daß die Menschen sich von ihren Verfehlungen im Akt der Metanoia abwenden, oder nach 1 Clem 18,3.7.10, daß Gott durch sein Reinigungshandeln die Schuld der Verfehlungen entfernt.[32] An diesen Stellen ist jedoch jeweils eine „Reinigung" *von* den Verfehlungstaten impliziert; im Zusammenhang der Metanoia-Forderung des Klemens liegt der Schwerpunkt also auf der Abkehr und Fortschaffung der Verfehlungen. Ein Zustand von Reinheit steht hingegen in den Beschreibungen der Gemeinde und ihrer Lebensvollzüge im Hintergrund. So ist nach 1 Clem 21,8 Kennzeichen einer – für die Kinder – vorbildlichen und heiligen Lebensführung (ὁσίως ἀναστρεφομένοι) das „reine" Entscheiden (ἐν καθαρᾷ διανοίᾳ). Und der Dienst der von den Aufständigen abgesetzten Ältesten in der Gemeinde von Korinth habe sich durch ein reines Gewissen (ἐν καθαρᾷ συνειδήσει) ausgezeichnet. Dementsprechend wird die Vokabel καθαρός in der Beschreibung von Menschen als Wertebegriff für das Verhalten eines Menschen eingesetzt und steht neben ἄμεμπτος/untadelig (39,4f.) und parallel zu der langen Reihe von Prädikaten, die dem gerechten Hiob beigemessen werden (17,4).

Erbittet also die Gemeinde eine Reinigung ihrer selbst durch Gott, und zwar als Alternative zum Erlaß und zur Anrechnung der Verfehlungen, so ist als Ziel des entsprechenden Gotteshandelns die Grundlage des weiteren Handelns der Gemeinde im Blick. Das treue Gotteshandeln[33] soll demnach nicht auf die Verfehlungen ausgerichtet sein, sondern auf die Gemeinde selbst. Für das weitere Tun und die weitere Lebensführung wird eine von Gott „gereinigte", also von Gott befähigte Gemeinde erbeten.

Im Zentrum stehen zudem in der Bitte um Ausrichtung der Schritte gerade die Handlungen und Taten der Betenden. Spezifisch für die hier ausgedrückte Vorstellung ist dabei einerseits die Globalisierung des Gedankens. Denn als Objekte für κατευθύνειν in ethischen und paränetischen Kontexten[34] auch jüdischer Schriften wer-

---

[32] Daß καθαρίζειν ebenfalls auch zur Bezeichnung von Entfernungs- und Befreiungsvorgängen verwendet werden kann, zeigt insbesondere die Aufnahme von Jes 53,10 aus der Septuaginta in 1 Clem 16,10, wo mit καθαρίζειν αὐτὸν τῆς πληγῆς auf die körperliche Wiederherstellung des Gottesknechtes angespielt wird.

[33] Zu Tob 3,2 und Dan 3,27 war festgestellt worden, daß das Prädikat der Wahrheit insbesondere dann dem Handeln Gottes beigemessen wird, wenn es um ein richterliches Tun Gottes geht. Daß aber ein solcher Zusammenhang auch an dieser Stelle impliziert ist, läßt sich aufgrund der knappen und singulären Formulierung nur mutmaßen.

[34] Die Bezeichnungsmöglichkeiten von κατευθύνειν im transitiven Gebrauch sind nach LSJM mit „leiten"/„führen", „ausrichten", „gerade machen" wiederzugeben, wobei die unterschiedlichsten Zusammenhänge und Kontexte möglich sind.

den häufig nicht nur einzelne Aspekte des menschlichen Handelns, sondern die Wege (ὁδοί)[35] und Schritte (διαβήματα)[36] und damit das gesamte Handeln des Menschen genannt. Wie in allen anderen Bitten dieses Gebetes, wird demnach der Sachverhalt möglichst umfassend beschrieben und verstanden; es geht um die Ethik des Menschen als Gesamtes. Andererseits wird im weiteren das erwünschte Handeln eingehender benannt. So erbitten die Betenden einen ihrem Stand als Christen angemessenen Wandel[37] und zugleich gute Taten sowohl im Gegenüber zu Gott als auch im Gegenüber zu ihren Ersten (ἄρχοντες).

Insgesamt liegt also in 60,2 eine Kombination aus verschiedenen geläufigen Formulierungen und Wendungen vor. Fokussiert ist aber durch die Gestaltung der Bitten das weitere Handeln der Betenden, zu dem Gott sie im Akt der „Reinigung" befähigen möge und welches sie von Gott geleitet wissen wollen. Kennzeichnend ist auch für diesen Bittenkomplex, daß die Aussagen in einem allgemeinen Sinne und zugleich auch für den konkreten Fall zwischenmenschlichen Verhaltens gegenüber Autoritäten angewendet werden können. Dabei erscheint die konkrete Nennung der Archonten derart überraschend, daß sie aus dem bisherigen Gedankenverlauf des Gebetes kaum zu erläutern ist. An dieser Stelle ist das Gebet offen konzipiert, es verlangt nach weitergreifender Interpretation.[38]

c) Die Bitte um Epiphanie Gottes (60,3)

In Zusammenhang mit der Verfehlungsthematik bzw. mit der expli-

---

[35] Vgl. Jdt 12,8; PsSal 6,2; 8,6 Sir 2,6; 37,15; 38,10; 49,9 und TestJud 26,1; 1 Thess 3,11; u.ö.

[36] Vgl. Sir 51,20; PsSal 16,9 und Lk 1,79. Siehe auch die Belege in EpArist 18; 193; 216; 243 u.ö., die ebenfalls das umfassende Handeln und Entscheiden des Menschen (πρᾶξις und ἐπιβολή) nennen.

[37] Wie sehr die Erwählung und Aussonderung als Anhänger Christi von Klemens als Heiligung und Ehrung, aber zugleich auch als Zurechtbringung (Züchtigung) verstanden wird, geht aus der Doxologie hervor, die jene ersten Gottesbeschreibungen des Gebetes in 59,3 abschließt. Vgl. aber auch die ausführliche Darlegung des Sachverhaltes und die damit verbundene Aufforderung zum Handeln in 30,1ff.

[38] Siehe dazu unten Seite 302.

zit formulierten Zielangabe einer Bewahrung vor den Verfehlungen ist die wohl in Anlehnung an die stereotypen Wendungen von PsLxx 79,4.8.20 gestaltete Bitte um eine Epiphanie Gottes eher selten.[39]

R. Bultmann hat gemeinsam mit *D. Lührmann* nachzuweisen versucht, daß die Vokabel ἐπιφαίνειν, die allgemein im Sinne von „zeigen", „erscheinen" oder „leuchten" verwendet wird,[40] in religiösen Kontexten überwiegend zur Beschreibung eines hilfreichen Eingreifens der Gottheiten dient.[41] Dieses sei demnach auch die wichtigste Bezeichnungsmöglichkeit der Vokabel in jüdischen Texten, wobei als Belege insbesondere die Makkabäerbücher herangezogen werden.[42]
Hinzuweisen ist aber besonders auch auf die Bitte (Danθ' 9,17), die ebenfalls nicht schlicht auf eine Bitte um Anwesenheit zuläuft. Hier (V.18-19) wird vielmehr um den Erweis von Barmherzigkeitstaten gebeten; vgl. noch PsLxx 66,2; 118,135.

Damit zeigt sich, daß auch die jüdischen Bitten, die eine Epiphanie des Angesichtes Gottes erflehen, ein rettendes Handeln Gottes implizieren. Inwieweit dabei die ursprünglich griechisch verfaßten Texte bewußt ihre Sprache den Übersetzungen der hebräischen Texte anpassen[43] oder aber eine Umschreibung für die als Hilfshandeln *erfahrbare* und nicht unbedingt *sichtbare* Präsenz Gottes suchen, muß hier nicht entschieden werden.[44] Festzuhalten bleibt, daß auch

---

[39] Siehe PsLxx 79,4.8.20: (κύριε) ὁ θεὸς (τῶν δυνάμεων), ἐπίστρεψον ἡμᾶς καὶ ἐπίφανον τὸ πρόσωπόν σου, καὶ σωθησόμεθα.

[40] Vgl. auch *Spicq*, Notes I, a.a.O., 284ff. und *Bauer*, Wörterbuch, s.v., wobei letzterer die Vokabel wohl zu einseitig auf Offenbarungsvorgänge festlegt. Auffällig ist, daß auch in LSJM, s.v., der Artikel zu ἐπιφαίνω anhand der Verwendung der Vokabel in der Septuaginta und im Neuen Testament gegliedert worden zu sein scheint.

[41] Siehe *R. Bultmann / D. Lührmann*, φαίνω κτλ., ThWNT IX, Stuttgart u.a., 1973, 1-11, bes. 8f.

[42] Vgl. ebenda, 9. Deutlich ist zum Beispiel durch den Verweis auf die Arbeit von *E. Pax*, ΕΠΙΦΑΝΕΙΑ, Ein religionsgeschichtlicher Beitrag zur biblischen Theologie, Münchner Theologische Studien I/10, München 1955, 15, daß *Bultmann* und *Lührmann* anstreben, den sogenannten „Begriff" Epiphanie, also die Offenbarungsvorstellungen, die zum Teil in der Septuaginta mit ἐπιφαίνειν ausgedrückt werden, von den Bezeichnungsmöglichkeiten der Vokabel zu differenzieren.

[43] In Num 6,25 sowie in Ps 31,17; 67,2; 80,4.8.20; 119,135; Dan 9,17 wird ἐπιφαίνειν τὸ πρόσωπον stets für ראה hi. gesetzt.

[44] Pax, ΕΠΙΦΑΝΕΙΑ, 131-142, macht auf die Ambivalenz aus Verhüllung und Erscheinung der alttestamentlichen Epiphanievorstellungen aufmerksam. Auffällig ist in diesem Zusammenhang 3 Makk 6,18, wo Gottes Eingreifen zusammen mit

die Wendung in 1 Clem 60,3 (ἐπίφανον τὸ πρόσωπόν σου ἐφ᾿ ἡμᾶς) als Bezeichnung eines rettenden Eingreifens Gottes gelesen werden kann.

Denn wie im einzelnen diese Bitte genauer zu verstehen ist, ergibt sich vor allem aus dem weiteren Zusammenhang der Aussagen, da jene Epiphaniebitte mit Zielangaben versehen ist. Mit den folgenden Wendungen wird auf ein Gotteshandeln „zum Guten in Frieden" gedrungen sowie auf die Behütung der Betenden und deren Bewahrung vor allen Verfehlungen. Im Anschluß an die Epiphaniebitte wird demnach in bildlicher Sprache Gottes Schutz und helfendes Eingreifen erbeten, wobei mit der mächtigen Hand und dem erhobenen Arm die Stärke und große Macht Gottes hervorgehoben werden.

Dieser letzte Komplex von Bitten und Wunschaussagen, der die Verfehlungen in den Blick nimmt, zielt damit auf die Bewahrung der Betenden[45] und den Schutz durch Gottes große Macht ab. Traditionelle Elemente treten hier ganz zurück. Die Situation der Verfehlung und des Hasses steht im Vordergrund, so daß in 60,3 die Bitte um Rettung vor Widersachern den Abschluß bildet. Damit scheinen aber vor dem Hintergrund einer Konfliktsituation bzw. vor einer Situation, die nicht allein das Handeln und Verfehlen der Betenden im Gegenüber zu Gott betrachtet, die Bitten konkret zu werden. Es ist auffällig, daß sowohl die erste Bittenreihe (60,1b-2) als auch die zweite (60,3) auf ein zwischenmenschliches Verhalten zulaufen. Von daher ist für die weitere Auslegung der Einzelaussagen auf die

---

dem Zerreißen der Himmel und der Aussendung seiner Boten erfleht wird. Hier scheint die hellenistische Vorstellung von einer Gottheit, die im Augenblick der Schlacht erscheint und zu Gunsten der Bittenden eingreift (vgl. nochmals die Belege bei *Pax*, ebenda, 8-19) aufgenommen, aber mit der Wendung von der Erscheinung des Angesichtes Gottes umschrieben. Ist damit der Gedanke an eine reale Präsenz des Gottes Israels vermieden?

[45] Das Verbum σκεπάζειν wird auch in jüdischen Texten im Sinne von „bedecken" und „beschirmen"/„bewahren" verwendet, wobei letztere Bedeutung meist in Wendungen mit Personalobjekt und sowohl mit Gott als auch mit Menschen als Subjekt vorliegt; siehe PsSal 13,1 (neben φείσαι); Jdt 8,15 (antonym zu ὀλεθρεύειν); 1 Makk 11,16; Sir 28,19; 48,12; ParaJer 3,10; TestLev 2,3b,12; TestBen 3,4; 4,3 (vgl. auch JosAs 15,7) u.ö.

Frage nach der Funktion dieser Bitten im Gesamtzusammenhang des Schreibens einzugehen.

2. Die korinthische Situation als Hintergrund der Bitten

Die „Bittschrift bezüglich des Friedens und der Eintracht", als die der gesamte Erste Klemensbrief nach 63,2 gestaltet ist, setzt bekanntlich einen Streitfall in der korinthischen Gemeinde voraus, der sich nach 1 Clem 44+57 als Konflikt um die Autorität und die Gemeindeleitung herausstellt.[46] Umstritten ist dabei die Frage, ob das gesamte Schreiben unter der einheitlichen Zielvorgabe zu deuten ist, gerade diesen als Aufruhr (στάσις) verstandenen Streit zu schlichten und um die Wiederherstellung von Frieden und Eintracht zu ringen.[47] Demzufolge wird in manchen Auslegungen dem Schlußgebet eher eine gedankliche Eigenständigkeit zugemessen und als allgemeines Bitt- und Fürbittengebet gedeutet, das die Situation der jungen christlichen Gemeinde im römischen Staatswesen vor Augen habe.[48] Aber schon E.v.d. Goltz hat die Eigentümlichkeit (und In-

---

[46] Vgl. die oben unter Anm. 1 genannte Literatur.

[47] Zur Diskussion um die Gattung des Ersten Klemensbriefes vgl. insbesondere die Studie von *W.C.v. Unnik*, Studies over de zogenaamde Eerste Brief van Clemens, I. Het litteraire Genre, Amsterdam 1970, in der *v. Unnik* aufgrund der Zielsetzung (Funktion) des Schreibens, die in der Herstellung von Frieden und Eintracht liege („een ,advies' door overreding om weer tot ,vrede en eendracht' te komen"; ebenda, 204), den Brief zu der klassischen rhetorischen Gattung eines συμβουλευτικὸν γένος rechnet. Entscheidend ist für die vorliegende Fragestellung dabei die Bewertung der Funktion des Textes durch *v. Unnik*. Welche Gattungsbezeichnung zu vergeben ist und ob dem Vorschlag *Lindemanns*, Clemesbriefe, 13f. (ἔντευξις), zu folgen ist, scheint nebensächlich, da auch *Lindemann* im Anschluß an *Harnack*, Einführung, 52-54, keine andere Funktionsbestimmung vornimmt.

[48] Vgl. für eine entsprechende Auslegung des Gebetes beispielsweise *Knopf*, Clemensbriefe, 144ff., und den Exkurs bei *Lindemann*, Clemensbriefe, 175f., siehe aber auch die Auseinandersetzung von *Ziegler / Brunner*, Absicht des Ersten Klemensbriefes, 55-76, mit der These von *P. Mikat*, Zur Fürbitte der Christen für Kaiser und Reich im Gebet des 1. Clemensbriefes (1973), in: *ders.*, Religionsrechtliche Schriften. Abhandlungen zum Staatskirchenrecht und Eherecht (Staatskirchenrechtliche Abhandlungen 5/1+2), Berlin 1974, 829-844. Für weitere Literatur vgl. die bibliographischen Angaben von *Brunner*, ebenda, sowie *A. Lindemann*, Christliche Gemeinden und das römische Reich im ersten und zweiten Jahrhundert, WuD 18 (1985) 105-133; *K. Wengst*, Pax Romana – Anspruch und

nerlichkeit) der vorliegenden Formulierungen darauf zurückgeführt, daß hier im Abschlußgebet *auch* die korinthische Gemeindeleitung mitbedacht sei.[49] In Verbindung mit den obigen Beobachtungen zur Gestaltung der einzelnen Bitten ergibt sich daraus für die Auslegung der Gebetsbitten in 1 Clem 60,1b-3 die Vermutung, daß sowohl die Gestaltung der aus traditionellem biblischen Material übernommenen Aussagen als auch die Zusammenstellung der Bitten zu der vorliegenden Reihe sich insbesondere vor dem Hintergrund der Anliegen des gesamten Schreibens und damit vor dem Hintergrund der Streitsituation in Korinth erklären lassen. Schon in den Vergebungsbitten wäre demzufolge das zentrale Anliegen der Absender integriert, in der korinthischen Gemeinde Eintracht und Frieden und insbesondere Gehorsam gegenüber den Ersten in der Gemeinde wieder herzustellen.

a) Gehorsam und Verantwortung für Eintracht und Frieden

Daß in die Gebetsworte mit der Bitte um ὁμόνοια und εἰρήνη (60,4; 61,1 fin) die zentralen Begriffe und Gedanken aufgenommen wurden, mit denen im sonstigen Schreiben vor allem das Anliegen der Absender zum Ausdruck gebracht wird, ist häufig beobachtet worden und muß als ein wichtiger Hinweis auf die Verbindung des Gebetes mit dem Schreiben an die Korinther gedeutet werden.[50]

Wirklichkeit. Erfahrungen und Wahrnehmungen des Friedens bei Jesus und im Urchristentum, München 1986, 131-146.

[49] Vgl. *Goltz*, Gebet, 206. Aber auch das Urteil *Harnacks* über das Abschlußgebet als Höhepunkt und Zusammenfassung des gesamten Schreibens an die Korinther (siehe *A.v. Harnack*, Einführung in die Alte Kirchengeschichte. Das Schreiben der Römischen Kirche an die Korinthische aus der Zeit Domitians (I. Clemensbrief), Leipzig 1929, 54) impliziert, daß hier im Gebet nicht völlig neue Gedanken aufgegriffen werden. Und so bringt er die „politische Haltung" des Schreibens gegenüber der weltlichen Obrigkeit auch allein mit den Aussagen in 1 Clem 61,1f. in Verbindung (ebenda, 86f.). Für *Harnack* scheint der Erste Klemensbrief im Gegensatz zu *Knopf* nicht aus mehr oder weniger unverbundenen Einzelteilen (Einzellehren) zu bestehen!

[50] *Knopf*, Clemesbriefe, 145, geht freilich nicht auf diesen Zusammenhang ein, verweist allein auf Kap. 20; *Lindemann*, Clemensbriefe, 173, folgt ihm an dieser Stelle nicht: „Die in 60,4 folgende Bitte entspricht dem Kontext des ganzen Briefes." Eine Untersuchung zentraler Begriffe findet sich auch in der Studie von *G. Brunner*, Die theologische Mitte des Ersten Klemensbriefes. Ein Beitrag zur Hermeneutik frühchristlicher Texte (FThSt 11), Frankfurt 1972, 121ff.

Wie oben gesehen enthält der gesamte letzte Abschnitt des Gebetes (60,4-62,1) drei Bitten (60,4; 61,1 fin; 61,2 fin), da zusätzlich zu der ersten allgemeinen Bitte um Eintracht und Frieden (60,4) zunächst in Form der Fürbitte selbiges für die ἀρχόντες καὶ ἡγούμενοι erbeten wird und schließlich die Ausrichtung deren Pläne nach dem göttlichen Willen gewünscht wird.[51] Die Bitten sind aber jeweils auch mit Zielangaben versehen, die im Falle der Betenden auf die Unterordnung und den Gehorsam gegen die Führer (60,4 fin) und im Falle der Führer auf die angemessene Ausführung der ihnen von Gott übergebenen Leitungsfunktionen zugespitzt sind (διέπειν τὴν ἐξουσίαν; 61,1 fin; 61,2 fin). Die Bitten um die allgemeine „Wohlfahrt" sowohl der betenden Gemeinde (60,4) als auch der Führer hat demnach nicht ein allgemeines und unbestimmtes Ziel, sondern es wird in aller Deutlichkeit das Anliegen zum Ausdruck gebracht, die Betenden und ihre Führer mögen sich in einem *geordneten Miteinander* verhalten.[52]

Neben der zweimaligen Hervorhebung des Gehorsams gegenüber den Führern in 60,4 und auch in der Anamnese von 61,1[53] liegt ein wichtiger Aspekt darin, daß in sämtlichen anamnetischen Aussagen und schließlich in einer dreimal gebrauchten Floskel[54] die genannten

---

[51] Vgl. 1 Clem 61,2 fin: σύ, κύριε, διεύθυνον τὴν βουλὴν αὐτῶν κατὰ τὸ καλὸν καὶ εὐάρεστον ἐνώπιόν σου, ... Offensichtlich wird die Ausrichtungsbitte aus 60,2 wieder aufgenommen, nur daß hier die Perspektive gewechselt hat und nun das Verhalten der Führer im Blick ist.

[52] Vgl. auch den Hinweis bei *Knopf*, Clemensbriefe, 147, auf den „feinen Untergedanken ..., der aufrührerische Gesinnung bannen und beiseite schieben will." *Knopf* deutet diese Beobachtungen jedoch im Sinne einer Warnung vor Verfolgung der christlichen Gemeinde durch die römischen Machthaber.

[53] Verwendet ist hierzu neben der Wendung ὑπηκόους γινομένους in 60,4 die häufig im Ersten Klemensbrief gebrauchte Vokabel ὑποτάσσειν, die insbesondere in den Beispielen von der Schöpfungsordnung (20,1) oder der Heeresordnung (37,2) und in der direkten Anrede an die sogenannten Aufrührer (57,1) verwendet wird. Es wird deutlich, daß es Klemens auf die Bereitschaft zur Unterordnung innerhalb eines geordneten Gefüges ankommt. Siehe auch die statistischen Untersuchungen bei *Brunner*, Mitte, 59-74, bes. 71ff.

[54] Vgl. 61,1; 61,1 fin; 61,2 fin.

Gaben[55] als von Gott den Vätern und Führern der Betenden zur Verfügung gestelltes Gut herausgestellt werden. Denn so wie der Gehorsam gegenüber Gott und den Führern gleichermaßen gefordert wird, so wird die Verantwortung der Führer Gott gegenüber und gegenüber den von Gott verliehenen Gaben betont. Die Bitten zielen demnach darauf ab, der von Gott gegebenen menschlichen Ehre (δό-ξα καὶ τιμή; 61,1.2), Vollmacht (ἐξουσία; 61,1; 61,2; 61,2 fin) und Leitungsfunktion (ἡγεμονία; 61,1 fin) sowohl von Seiten derjenigen aus gerecht zu werden, die sich unterzuordnen haben, als auch von Seiten derjenigen, denen andere zur Verantwortung übergeben sind (ἐξουσία[ν] τῶν ἐπὶ τῆς γῆς ὑπαρχόντων).

Demnach wird hier der Wunsch nach einem einträchtigen und friedvollen Miteinander von Menschen deutlich, die sich unterordnen müssen unter Führungs- und Leitungspersonen, was zugleich mit der Fürbitte für eben jene verbunden wird, deren Funktion und Ansehen in immer neuen Worten von Gottes Macht abhängig gemacht wird. Deutlich ist, daß Klemens die Ämter der Gemeindeleitung ebenfalls als von Gott gegeben, bzw. als von Jesus und Gott ausgehende Sukzessionskette versteht.[56] Doch bleibt für die Auslegung des Gebetes zu fragen, wer mit den genannten Führern und Ersten gemeint sein kann und ob tatsächlich die Formulierungen zur gewünschten Eintracht und zum Frieden aus Gehorsam und Verantwortung auf die spezielle Konfliktsituation in Korinth gemünzt sind.

b) Die Archonten und Führer der Betenden

Die Besonderheit der gewählten Formulierungen und Wendungen in diesem Abschnitt des Gebetes, die das Verhältnis der Betenden zu anderen Menschen in den Blick nehmen, liegt darin, daß nirgends konkret bestimmte Ämter oder Personen genannt werden. Vielmehr ist der Text derart offen gestaltet, daß verschiedene Anliegen, und zwar über die explizit genannten hinaus, integriert werden können.

---

[55] Es ist auch in den Aussagesätzen stets eine Form von διδόναι verwendet.

[56] Vgl. Kap. 41,1-44,6, sowie insbesondere 42,2 (ὁ Χριστὸς οὖν ἀπὸ τοῦ θεοῦ καὶ οἱ ἀπόστολοι ἀπὸ τοῦ Χριστοῦ· ἐγένετο οὖν ἀμφότερα εὐτάκτως ἐκ θελήματος θεοῦ) und 43,1. Für einen Forschungsgeschichtlichen Überblick vgl. *J. Fuellenbach*, Ecclesiastical Office and the Primacy of Rome (1980), UMI, Ann Arbor 1991.

Zeigen läßt sich dies zunächst an der ersten Nennung der Archonten im Gebet (60,2 fin), die allein durch ein Pronomen (ἡμῶν) mit den Betenden in Beziehung gesetzt werden, sonst aber nicht erläutert sind. Es geht in der Aussage wie gesehen um das Handeln gegenüber diesen Archonten; vom Gedankenverlauf des Gebetes her ist dabei keine feste Größe vorgegeben, auf die mit dem Ausdruck ἐνώπιον τῶν ἀρχόντων ἡμῶν referiert werden kann. Gegenüber einer vorschnellen Festlegung der genannten Führer auf eine bestimmte (römische) Obrigkeit ist dabei hervorzuheben, daß diese Unbestimmtheit weiterhin aufrechterhalten wird, wenn in 60,4 für alle Bewohner der Erde um Eintracht und Frieden gebetet wird und zugleich der Gehorsam gegenüber allen Archonten und Führern auf der Erde fokussiert ist. Es wird allein das Irdische ihrer Herrschaft herausgestellt, wie im folgenden (61,1) überhaupt deutlich gemacht wird, daß sie herrschaftliche Funktionen (ἐξουσία τῆς βασιλείας und ἡγεμονία)[57] innehaben, welche ihnen freilich wie alle Ehre von Gott verliehen wurde. Doch diese Näherbestimmungen werden schließlich in 61,2 wieder in die völlige Allgemeinheit hinübergeführt, wenn nun die Gedanken der Vollmacht und Herrschaft sowie die Aussagen über die Verantwortung in den Leitungsfunktionen gegenüber Gott auf alle Menschen übertragen werden! Somit scheint die Offenheit, hier verschiedene und unterschiedliche Leitungs- und Führungspersonen angesprochen zu sehen, gerade beabsichtigt zu sein.[58]

---

[57] Die Möglichkeit, politische Führer in den Fürbitten des Gebetes angesprochen zu sehen, ergibt sich allein aus diesen beiden Wendungen zur irdischen Herrschaft. Daß aber auf eine konkrete politische Macht, wie etwa auf das römische Kaisertum geschlossen werden muß, ließe sich allein anhand der Verwendung von der Vokabel βασιλεία begründen. Im Ersten Klemensbrief bezeichnet die Vokabel übrigens ansonsten stets die zukünftige Herrschaft Gottes (42,3; 50,3).

[58] Im Anschluß an die Bestimmung der Intention des Ersten Klemensbriefes durch *Unnik*, Friede, 278, in Korinth Eintracht und Frieden herzustellen, und die Beobachtung *Unniks*, daß zu diesem Zwecke im gesamten Schreiben Terminologie aus dem „griechischen Staatsdenken" (278) verwendet sei, bettet auch *Mikat*, Fürbitte, 834, das Abschlußgebet in das Anliegen des Gesamtschreibens ein und versucht, auf diese Weise das Gebet zu interpretieren. *Mikat* liegt es jedoch daran, die Gedanken der Staatsloyalität, wie sie im Gebet und im gesamten Brief zum Ausdruck kommen, zu erläutern, und sieht in der politischen Situation der Ge-

Denn auch über die verwendete Begrifflichkeit lassen sich die genannten Führer und Archonten nicht von vornherein festlegen, da in 1 Clem 1,3 der Terminus ἡγούμενος beispielsweise auch zur Bezeichnung von Personen der Gemeindeleitung in Korinth verwendet wird.[59] Hinzuzunehmen ist aber vor allem die Beobachtung, daß Klemens in seinem Schreiben gerade dann auf Archonten, Führer und auch Könige zu sprechen kommt, wenn er nach Beispielen für geordnete und hierarchisch gegliederte Gemeinschaften sucht, welche als Vorbilder und Abbilder für die Gemeinde in Korinth herausgestellt werden. Dies gilt für die Herleitung aller Leitungsfunktionen von Gott selbst am Beispiel der israelitischen Führer (32,2), für den Vergleich der Gemeinde mit der Ordnung eines Heeres (37,1-3)[60] und für das Beispiel der freiwilligen Emigration von Königen und Führern zu Gunsten des Friedens in der Gemeinschaft (55,1).[61]

c) Das Verhältnis aus Konkretion und universaler Gültigkeit

Wird nun aber das Gebet im Zuge des fortlaufenden Gedankenganges des gesamten Ersten Klemensbriefes gelesen, also im direkten Anschluß an die Anreden und Aufrufe des Klemens an die sogenannten Aufrührer (57-58), so erweist sich die Offenheit der For-

---

meinde im römischen Staat den aktuellen Bezug der religiösen Rede gegeben (ebenda 843f.). Nicht berücksichtigt scheint dabei, daß die jeweiligen Vorstellungen, und zwar sowohl diejenigen von der Bedeutung der heidnischen Obrigkeit als auch diejenigen von der Aufruhrsituation in der korinthischen Gemeinde, durch die Formulierungen des Gebetes allein angedeutet werden. Zu schnell werden die enthaltenen Vorstellungen des Gebetes von *Mikat* aufgegriffen und interpretiert, so daß die Feinheiten in der sprachlichen Gestaltung derselben übergangen werden.

[59] Siehe auch die Verwendung der Vokabel προηγούμενοι in 21,6.

[60] Zu beachten ist auch, daß die Beschreibung des Apostelamtes in 44,2.5 mit dem Derivat φυλαρχόντες durchgeführt wird. Die herrscherlichen Funktionen, die im Ersten Klemensbrief dem Apostolat und der Gemeindeleitung beigemessen werden, sind hier besonders deutlich. Vgl. nochmals den Hinweis auf die staatstheoretischen Begriffe bei *v. Unnik*, Friede, 278.

[61] Zu vergleichen ist auch die Rezeption von PsLxx 50,12 in 1 Clem 18,12. Denn Klemens legt hier König David in Zusammenhang mit der Bitte um den neuen Geist Worte in den Mund, die wiederum die große Bedeutung der Leitungs- und Führungskraft für Klemens unterstreichen: πνεύματι ἡγεμονικῷ στήρισόν με.

mulierungen in 60,4-62,1 als Möglichkeit, die Konfliktsituation in Korinth als Folie zu begreifen, auf der die Gedanken Gestalt annehmen und konkret werden, da das angesprochene Verhältnis zu Autoritäten und die hierarchisch geordnete Form von Eintracht und Frieden dem Gesamtduktus des Schreibens anläßlich dieses Konfliktes entspricht. Zugleich bietet diese Offenheit jedoch auch die Möglichkeit, den konkreten Fall zu einem allgemeinen Gebetsanliegen zu erheben, um im Gebet nicht allein die verhandelten Probleme der Korinther vor Gott bringen zu müssen, sondern insgesamt dem Wunsch nach friedvoller und einträchtiger Ordnung des menschlichen Miteinanders in größeren Gemeinschaften Ausdruck verleihen zu können.

Von daher erklärt sich auch die durchgehende Verwendung des Pronomens ἡμεῖς. Einerseits ist es im Blick auf die kohortative Ankündigung der Absender, für die Verfehlungen gemeinsam beten zu wollen (51,1), nicht verwunderlich, daß das betende Wir sich bewußt mit der Situation in Korinth identifiziert[62] und den Konflikt der Schwestergemeinde zum eigenen Anliegen werden läßt. Andererseits wird durch die Offenheit der Formulierungen auch in diesem Sinne die Möglichkeit geschaffen, die grundsätzlichen Anliegen deutlich werden zu lassen, die das korinthische Problem zwar mit einschließen, aber auch über diesen speziellen Fall hinausgehen. Das betende Wir nimmt das Schreiben nach Korinth und damit den dortigen Konflikt zum Anlaß, dieses Gebet zu formulieren. Aber die Vorstellungen und Inhalte, die vor Gott gebracht werden, haben allgemeingültigen Charakter und leiten sich nicht aus der aktuellen Situation ab.[63] Der Ordnungs- und Friedensgedanke ist daher Ursprung und Grund der vorliegenden Aussagen. Dieser gewinnt hier in der allgemeinen Form einer Fürbitte für die Obrigkeit und in der

---

[62] Vgl. *Harnack*, Einführung, 54.

[63] Gegen *Mikat*, Fürbitte, 844, ist daher festzuhalten, daß nicht die politische Situation der Gemeinde, sondern gegebenenfalls die innerkirchliche Situation den aktuellen Bezugspunkt für das Gebet bildet. Denn es ist ein *allgemeines* Anliegen dieses christlichen Gebetes, auch die heidnische Obrigkeit zu bedenken. Dieses stellt *Mikat* unter Berücksichtigung weiterer jüdischer und heidnischer Fürbitten für die weltliche Obrigkeit auch selbst heraus; vgl. ebenda 836ff.

konkreteren Form einer Fürbitte für die Gemeindesituation in Korinth Gestalt. Wie im gesamten Schreiben werden feste Vorstellungen und Grundsätze für die Situation der Korinther zur Anwendung gebracht.

3. *Die Entschuldung und Ausrichtung durch den Schöpfergott*

Vor diesem Hintergrund ist im folgenden eine Zusammenschau der bisherigen Einzelbeobachtungen vorzunehmen, um die Bitten, welche Rückschlüsse auf die Vergebungsvorstellungen des Ersten Klemensbriefes zulassen, auslegen zu können.

a) Die erwünschte Herstellung der Schöpfungsordnung
Das Besondere der Vergebungsaussagen im Ersten Klemensbrief ist, daß hier diejenigen Taten eine Rolle spielen, die *zugleich* gegenüber Gott wie gegenüber den ἀρχόντες als Verfehlungen gelten. Damit sind aber nicht zwischenmenschliche Vergehen den Sündentaten gegen Gott gleichgesetzt, sondern die Gleichordnung der Adressaten des Handelns nimmt die zuvor im Brief an die Korinther öfter dargelegten Gedanken von der Schöpfungsordnung wieder auf (siehe Kap. 20-21 und 28-33). Das Tun und Lassen eines Menschen steht demnach in einem Rahmen, der durch ein festes Ordnungsgefüge gegeben ist, in dem sowohl Gott als Urheber und Erhalter dieser Ordnung wie auch jede andere Autorität ihren bestimmten Platz haben. Verfehlungstaten sind demnach als Verschulden gegen und als Bruch der Ordnung verstanden; ein Verfehlen gegen eine von Gott eingesetzte Autorität, gegen einen Archonten, impliziert ein Verschulden gegen diese Ordnung insgesamt und damit also auch gegen Gott.

Entscheidend scheint, daß das menschliche Handeln einen Ort in dieser Ordnung hat. Denn nach 1 Clem 29+30 ist es die Erwählung der Gemeinde, welche von Gott geschenkt wurde und verantwortungsbewußtes Handeln ermöglicht. Die Erwählung erfordert aber zugleich auch solches Handeln, da es dieser Gerechtsprechung und Heiligung zu entsprechen gilt (30,3). Als heiliger Teil Gottes (ἅγια μερὶς ὑπαρχόντες; 30,1) und damit als Teil innerhalb der von Gott gesetzten Ordnung ist der Gemeinde vorgegeben, welches Verhalten adäquat ist (vgl. 38,1-4). Der Gedanke von Gesetz oder Bund tritt zurück, und die Ethik wird ganz an der vorgegebenen Schöpfungs-ordnung orientiert.[64]

b) Vergebung im Rahmen der Schöpfungsordnung

Erkennbar ist auch, daß sich das erbetene Vergebungshandeln und der Umgang Gottes mit den Betenden an gerade dieser Ordnung orientiert. Neben der Schuld, die erlassen und nicht angerechnet werden soll, geht es demzufolge den Betenden um die Wiederher-stellung dieses Zustandes, aus dem heraus das gute und angemes-sene Handeln möglich ist; es geht ihnen um eine „Reinigung" ihrer selbst, welche zugleich als Lenkung und Leitung des weiteren Han-delns veranschaulicht wird.

Das Vergebungshandeln Gottes, welches hier impliziert ist, nimmt also sehr wohl die Verfehlungen ernst, und zwar als Bruch und Übertretung der bestehenden (Schöpfungs-)Ordnung. Doch im Gebet selbst und damit im Rahmen der ausgedrückten Vergebungs-vorstellung steht vor allem die weitere Bewahrung der Gemeinde und das weitere Handeln im Mittelpunkt. Der Erlaß und die Nicht-Anrechnung von Verfehlungen dient demnach dazu, die weitere Le-bensführung an der göttlichen Ordnung ausrichten zu können. Denn es hat sich gezeigt, daß die Reihe von Bitten in 1 Clem 60,1b-2 nicht einfach verschiedene Handlungen Gottes nacheinander ordnet, sondern mit ausführlichen Worten einen größeren „Vergebungs"-Akt erfleht, welcher auf das zukünftige Tun von angemessenen und guten Taten zugespitzt ist.

Im Abschlußgebet des Ersten Klemensbriefes kommt demnach eine Vergebungsvorstellung zum Ausdruck, welche zwei zentrale Anliegen miteinander verbindet. Einerseits beinhalten die Bitten den Wunsch nach Entschuldung. „Vergebung" meint daher zunächst, daß die Betenden aus einem Schuldverhältnis entlassen werden. An-dererseits bedeutet nach den Aussagen des Gebetes ein Vergebungs-

---

[64] Vgl. auch *Minke*, Schöpfung, 41ff.

handeln Gottes auch die von Gott selbst ermöglichte Neuorientierung des Handelns der Betenden im Rahmen jener Ordnung. Beide
Gedanken werden aufgenommen. Doch durch die Zusammenstellung der Bitten wird sichtbar, daß der Ton auf der zweiten Vorstellung liegt. Demzufolge ist die Vergebungsvorstellung des Abschlußgebetes im Ersten Klemensbrief von der Perspektive der zukünftigen
Taten und des weiteren Lebens der Betenden in dem Beziehungsverhältnis zu Gott konzipiert. Nicht so sehr der Umgang Gottes mit
den begangenen Verfehlungstaten der Betenden steht im Zentrum
als die zukünftige Bewahrung vor Verfehlungen und die Leitung des
Handelns der Betenden durch Gott selbst. Verfehlungen erscheinen
nicht als Last oder dergleichen, die das Gottesverhältnis in Frage
stellen und von denen die Menschen befreit werden wollen, sondern
sie werden vor allem von ihrer zwischenmenschlichen Seite her in
den Blick genommen, als zukünftig zu vermeidende Fehltaten, die
das von Gott geordnete Miteinander der Menschen stören.

c) Die Frage nach einer Begründung der Vorstellung

Abschließend bleibt für den Gesamtrahmen der vorliegenden Untersuchung zu fragen, in welchem Sinne die hier ausgedrückte Vergebungsvorstellung sich in dem Glauben an Sterben und Auferstehen
Jesu Christi gründet. Harnack faßt in einer langen Liste die „christlichen" Bezüge des Ersten Klemensbriefes und die Bedeutung des
Tuns und Handelns Jesu zusammen und muß dann aber feststellen:
„Wir haben aus dem Brief einen umfangreichen Komplex spezifisch
christlicher Überlieferung festgestellt, aber er ist nicht, oder so gut
wie nicht, gedankenmäßig-theologisch bearbeitet, sondern ist einfach reproduziert und thetisch ausgesprochen".[65] Für die Frage
nach den Verfehlungen und ihrer Bedeutung für das Gottesverhältnis der christlichen Gemeinde ist dabei herauszustellen, daß Kle-

---

[65] *Harnack*, Einführung, 77f. (im Original gesperrt). *Harnack* selbst führt
schließlich die mangelnde christologische Begründung der Ausführungen des Klemens auf seine Verwurzelung im „Spätjudentum" und im alttestamentlichen Glauben einerseits und auf den „rational-moralischen Idealismus des Zeitalters" andererseits zurück, wie er insbesondere in den Schriften Senekas, Epiktets und Plu-
tarchs gegeben sei; vgl. ebenda, 79-86.

mens die Bedeutung des Sterbens und Auferstehens Jesu für die Herstellung der Gottesbeziehung unterstreicht.[66] Im unmittelbaren Rahmen des Gebetes (59,2) weist Klemens darauf hin, daß sich die Gemeinde in Rom als eine Gemeinschaft versteht, die ihre heilvolle Existenz Jesus Christus verdankt. Somit ist nach 1 Clem 59,2 die Gottesbeziehung, die im Laufe des folgenden Gebetes als Grundlage auch für die Vergebungsvorstellungen genommen wird, nicht ohne die Erwählung der Gemeinde durch Jesus Christus zu denken.

Zugleich erbittet Klemens aber das Vergebungshandeln Gottes ohne jeglichen Rückgriff auf Jesus Christus. An keiner Stelle klingt im Rahmen der Bitten oder des gesamten Gebetes ein Gedanke an, der das göttliche Vergebungshandeln auf andere Zusammenhänge gründet als auf die Gottesbeziehung der Betenden zu ihrem Gott bzw. auf die Vorstellungen von Gott selbst. Der Glaube an Tod und Auferstehung Jesu spielt demnach für die hier enthaltene Vergebungsvorstellung allein eine indirekte Rolle.

---

[66] Siehe besonders 7,4, aber auch 49,6 und den Schlußsatz des Schreibens in 65,2. Vgl. auch *Bultmann*, Theologie, 536-541.

KAPITEL IX

DAS VATERUNSER: KORRESPONDENZ GÖTTLICHEN UND MENSCHLICHEN VERGEBUNGSHANDELNS

Das – zumindest von der Wirkungsgeschichte her geurteilt – wichtigste urchristliche Gebet, welches eine Aussage zum Umgang Gottes mit Verfehlungen der Menschen enthält,[1] ist das Vaterunser.[2] Ihm sei daher hier der letzte exegetische Paragraph gewidmet. Dieser Text ist in den bisherigen neutestamentlichen Arbeiten zu den urchristlichen Vergebungsvorstellungen stets herangezogen worden, um auf den irdischen Jesus von Nazareth und dessen „Vergebungs"-Verständnis rückschließen zu können. In der vorliegenden Untersuchung soll jedoch nicht die schwer zu rekonsturierende Verkündigung Jesu den Interpretationsrahmen bilden. Vielmehr soll das Gebet als literarischer Bestandteil des Matthäusevangeliums ausgelegt werden.[3] Dadurch ist schließlich auch die Möglichkeit gegeben, über das Gebet hinaus nach vergleichbaren Vergebungsvorstellungen innerhalb dieses Evangeliums zu fragen (siehe unten II.).

---

[1] Vgl. zu den bisher besprochenen Gebeten noch die Beispiele, die *Berger*, Gebet, 47ff., aus der jüdischen nicht-griechischen Gebetstradition anführt.

[2] Zur Wirkungsgeschichte vgl. den knappen Überblick bei *Luz*, Matthäus, 337f. Die deutsche Bezeichnung „Vaterunser" bzw. ist im folgenden zur vereinfachten Kennzeichnung des Textes von Mt 6,9-13 // Lk 11,2-4 gewählt, nicht aber, um eine korrekte Übersetzung des Gebetsanfangs wiederzugeben; vgl. anders *Luz*, ebenda, 333 mit Anm. 1.

[3] Auf die methodischen Implikationen einer Rückfrage nach dem irdischen Jesus muß daher an dieser Stelle nicht eingegangen werden. Deutlich dürfte jedoch aus dem bisherigen Vorgehen und der versuchten möglichst engen Bindung von Textauslegungen an die jeweiligen Kontexte geworden sein, daß dem derzeitigen Optimismus in der aktuellen (amerikanischen) Jesusforschung, durch die Texte hindurch bis zu Jesus von Nazareth vordringen zu können, große Skepsis entgegengebracht wird. Vgl. zu den neueren Arbeiten jetzt die Besprechung von *C. Breytenbach*, Jesusforschung 1990-1995, BThZ 12 (1995) 226-249.

I. DIE VERGEBUNGSBITTE IM RAHMEN DES GEBETES

Schon ein Blick in die Flut von Sekundärliteratur zum Vaterunser und in die verschiedenen Auslegungen und Interpretationen[4] macht ein Charakteristikum des Vaterunsers sichtbar, nämlich die Offenheit dieses Gebetes, in den verschiedensten Situationen und aus den verschiedensten Anlässen heraus gesprochen werden zu können. Zudem lassen sich für die Bitten des Vaterunsers die verschiedensten Hintergründe und Situationen zugrunde legen, aus denen heraus die Formulierungen einen guten Sinn ergeben.

1. Die Vergebungsbitte als Teil des zweiten Bittenganges im Gebet

Auch wenn in ältester Zeit schon Kontroversen über eine angemessene Aufteilung des Gebetes entbrannt sind,[5] ist der grobe Aufbau des Gebetes leicht nachzuzeichnen. Die einzelnen Gebetsworte des Vaterunsers in der matthäischen Überlieferung werden demnach üblicherweise unterteilt in die Gebetsanrede (V.9b) sowie in einen ersten und einen zweiten Bittengang (V.9c-10b und V.11-13).[6] Je nachdem, ob in V.13 die letzte Aussage als eigenständige Bitte verstanden wird, lassen sich die beiden Bittgänge wiederum in jeweils drei bzw. vier Bitten unterteilen, wobei die sogenannten „Du-Bitten" des ersten Bittganges asyndetisch nacheinander gestellt sind

---

[4] *H.D. Betz*, The Sermon on the Mount, Hermeneia, Minneapolis 1995, hat ausgehend von seiner These zur Überlieferungsgeschichte der Bergpredigt ein fulminantes Kommentarwerk auch zum Vaterunser geschaffen. Ein Exkurs, der den überlieferungsgeschichtlichen und theologischen Eigenheiten des Vaterunsers gewidmet ist, enthält zudem eine Übersicht über die wichtigsten Untersuchungen bis zum Jahre 1995 einschließlich altkirchlicher Vaterunserauslegungen und Hinweise auf ältere Bibliographien; siehe ebenda, 382-386.

[5] *Betz*, Sermon, 376, weist auf die unterschiedliche Bewertung und literarische Strukturierung des Herrengebetes in den ältesten Auslegungen zum Beispiel durch Tertullian und Origenes auf der einen Seite und Augustin auf der anderen Seite hin.

[6] Vgl. zum Beispiel die kaum voneinander abweichenden Gliederungen bei *G. Strecker*, Vaterunser und Glaube, in: Glaube im Neuen Testament (FS H. Binder), Neukirchen-Vluyn 1982, 11-28, hier 15; *Luz*, Matthäus, 334; *Sung*, Vergebung, 253f.

(formuliert jeweils in der 3. Person Imperativ Aorist). Die sogenannten „Wir-Bitten" des zweiten Bittganges sind hingegen durch καί (bzw. ἀλλά in V.13b) verbunden.[7]

Die Vergebungsaussage in Mt 6,12 gehört damit vom Aufbau des Gebetes zum zweiten Hauptteil des Textes, in dem vordringlich die Anliegen der Menschen und der Betenden formuliert werden, während im ersten Hauptteil globalere Themen im Mittelpunkt stehen und jeweils als „Sache" Gottes benannt werden (ὄνομα, βασιλεία, θέλημά σου). Die Vergebungsbitte ist gerahmt von der Bitte um Brot (V.11) und der bzw. den Versuchungsbitten (V.13). In diesem zweiten Bittengang werden damit jeweils Handlungen Gottes an den Betenden erfleht, die den Betenden zugute kommen sollen.

2. Das Gottesverhältnis der Betenden (V.9b)

Insbesondere anhand der Forschungen zur Gebetsanrede in Mt 6,9b zeigt sich, wie sehr das Herrengebet insgesamt als Teil der Jesusverkündigung,[8] als Teil einer urchristlichen Überlieferungsstufe[9] oder im Kontext der matthäischen Bergpredigt interpretiert wird.[10] Zu fragen ist aber angesichts der unterschiedlichen Ansätze, ob jeweils in angemessenem Maße berücksichtigt wird, wie sehr an die-

---

[7] Die Unterscheidung in Wir- und Du-Bitten sollte nicht suggerieren, daß damit die Bitten in V.9-10 und V.11-13 nach Subjekten und Objekten der Handlungen deutlich unterschieden werden könnten. Jeweils läßt sich das betende Wir als Objekt der Handlungen verstehen, auch wenn es allein in V.11-13 explizit genannt ist. Zum göttlichen Subjekt der implizierten und erbetenen Handlungen s.u.

[8] Siehe jetzt wieder *Sung*, Vergebung, 251ff. im Anschluß vor allem an *J. Jeremias*, Das Vater-unser im Lichte der neueren Forschung, in: *ders.*, Tradition und Gegenwart. Fünf Gastvorlesungen anläßlich des 150-jährigen Bestehens der Berliner Theologischen Fakultät, Berlin 1962, 7-34. *Luz*, Matthäus, 334-351, legt die Bitten des Gebetes zum Teil vor dem Hintergrund der Jesusverkündigung, zum Teil aber auch als Bestandteil der matthäischen Bergpredigt aus.

[9] Siehe beispielsweise den Exkurs zum Vaterunser im Kommentar von *Betz*, Sermon, 370-376, und schon *ders.*, The Sermon on the Mount: Its Literary Genre and Function, JR 59 (1979) 285-297.

[10] Siehe *H. Frankemölle*, Matthäus. Kommentar 1, Düsseldorf 1994, 243ff., der das Gebet als Teil eines Exkurses zum Beten innerhalb der weisheitlichen Mahnsprüche von Mt 6,1-18 begreift.

ser Stelle die bisherigen Aussagen zum Vatergott-Verhältnis der *Jünger Jesu* aufgenommen werden, so daß das Herrengebet schon über die Gebetsanrede in die weiteren Aussagen der Bergpredigt hineingestellt ist.[11] Doch auch wenn für die Fragestellung der vorliegenden Arbeit der Blick auf den Gebetstext an sich konzentriert bleiben soll, ergibt sich über die Interpretation der ersten Zeile des Gebetes ein wichtiger Schlüssel zum Verständnis des gesamten. Allein in der Anrede schimmert nämlich durch,[12] wie die Betenden ihr Gottesverhältnis sehen.[13]

Zunächst ist für die Deutung der Gebetsanrede jedoch auf der grammatischen Ebene zu fragen, auf wen das Personalpronomen ἡμῶν in Mt 6,9b bzw. die weiteren Personalpronomen der ersten Person Plural im Gebet zu beziehen sind. Das Gebet selbst läßt offen, wer diese Worte spricht.[14] Markiert ist durch die Anrede je-

---

[11] *Frankemölle*, Matthäus, 245-247, sieht in der Gottesanrede eine entscheidende Basis für das Verständnis des gesamten Gebetes gelegt. Er vernachlässigt jedoch, daß in der Bergpredigt die Vaterbezeichnung insbeondere verwendet wird, um die Gottesbeziehung der *Jünger* Jesu zu veranschaulichen, und bietet eine ausschließlich christologische Interpretation der Gebetsanrede.

[12] In der Forschung ist bekanntlich im Anschluß an *J. Jeremias* über die Anrede πάτερ und eine Verbindung zu den Abba-Belegen in Mk 14,36; Röm 8,35; Gal 4,6 versucht worden, das Vaterunser als Ausdruck der Vater-Beziehung Jesu zu interpretieren. Einen umfassenden Überblick und eine eigene Aufarbeitung der Frage bietet *G. Schelbert*, Abba, Vater! Stand der Frage, FrZThPh 40 (1993), 259-281. Es ist auffällig, daß zwar die Bewertung der Beziehung Jesu zu Gott als einer besonders intimen von *Jeremias* kaum mehr übernommen wird. Dennoch wird aber häufig daran festgehalten, die Gottesbeziehung Jesu als zentrales Fundament der weiteren Bitten zu verstehen.

[13] Tatsächlich scheint die Verwendung der Vater-Bezeichnung für Gott im Matthäusevangelium eine christologische Dimension zu enthalten, da Matthäus vermehrt gegenüber seinen Vorlagen und in verschiedenen Zusammenhängen die Beziehung zwischen Jesus und Gott als Vater-Sohn-Verhältnis herausstellt. Vgl. neben den Gebetsanreden in Mt 11,25f.; 26,39.42 vor allem 7,21; 10,32; 12,50; 15,13; 16,17.27; 18.10; 20,23; 24,36; 25,34; 26,29. Doch die Besonderheit der matthäischen Darstellung des Gottesverhältnisses Jesu kann nicht mehr darin gesehen werden, daß Gott im Rahmen eines Gebetstextes bzw. überhaupt als Vater angesprochen wird. Vgl. die Belege bei *F. Mußner*, Das Vaterunser als Gebet des Juden Jesus, in: *ders.*, Traktat über die Juden, München 1979, 198-208, hier 203-206, und insgesamt die Ergebnisse von *Strotmann*, Mein Vater, a.a.O.

[14] Vgl. u.a. *Luz*, Matthäus, 339-341, der zwischen der Gebetsanrede Jesu und der Erweiterung durch die matthäische Gemeinde unterscheidet.

doch, daß die Betenden sich zu Gott in einem Kindschaftsverhältnis sehen.[15]

Zudem ist herauszustellen, daß das Herrengebet erst durch die vorliegenden literarischen Kontextualisierungen zum Gebet Jesu wird. Parallel wird in den drei urchristlichen Texten von Lk 11,2ff., Did 8,2ff. und auch Mt 6,7-9 darauf hingewiesen, daß das Gebet als Teil der Lehre Jesu an seine Jünger zu verstehen sei. Über den eigentlichen Gebetstext hinaus und unter Einbeziehung der Kontextualisierungen könnte demnach die zu Worte kommende betende Gemeinschaft als ein Wir aus Anhängern Jesu und Jesus selbst gesehen werden.[16] Eine exklusive Deutung, wonach das Personalpronomen der ersten Person Plural innerhalb des Gebetes sich allein auf die in den drei vorliegenden Gebetseinleitungen angesprochenen Anhänger Jesu bezieht,[17] ist jedoch ebenfalls möglich.

Offen bleibt dabei die Frage, in welchem Sinne diese Vaterbeziehung der Betenden genau zu verstehen ist. A. Strotmann hat in ihrer Untersuchung eine Anzahl von „Konnotationen" erarbeitet, die mit dem Gebrauch der Vateranrede für den Gott Israels verbunden werden.[18] Im Vaterunser liegen jedoch keine weiteren Gottesprädikationen vor. Daher ist zu schließen, daß die Anrede $\pi\acute{\alpha}\tau\epsilon\rho$ $\dot{\eta}\mu\hat{\omega}\nu$ insbesondere die enge Beziehung der Betenden zu Gott deutlich machen soll. Ob an dieser Stelle Gedanken an die Fürsorge Gottes (vgl. Weish 14,3), die schützende Macht Gottes (vgl. JosAs 11,13;

---

[15] Dies gilt auch für die lukanische Version des Gebetes, denn ein Wechsel der Betenden zwischen den Bitten läßt sich nicht nachweisen. Auch die Du-Bitten enthalten daher die Anliegen derselben betenden Gemeinschaft, die in den Wir-Bitten zu Worte kommt; vgl. zur Auslegung der lukanischen Version des Vaterunsers jetzt auch *H. Schürmann*, Das Lukasevangelium. 2. Teil/Erste Folge: Kommentar zu Kapitel 9,51-11,54, HThK III/2,1, Freiburg u.a. 1993.

[16] Gerade im Blick auf die Vergebungsbitte zeigt ja die Auslegungsgeschichte, daß zumindest in der Alten Kirche aufgrund des Glaubens an die Sündlosigkeit Jesu auch Vorbehalte gegen ein solches Verständnis von $\dot{\eta}\mu\epsilon\hat{\iota}\varsigma$ im Vaterunser vorgebracht wurden; vgl. die Darstellung bei *Betz*, Sermon, 373ff.

[17] Während Lk 11,2a und Mt 6,9a im Rahmen ihres Berichtes von Jesu Reden und Taten die Jünger Jesu nennen, sind in Did 8,2a die Adressaten des gesamten Schreibens angesprochen.

[18] Siehe *Strotmann*, Mein Vater, 360-375.

12,8), die Barmherzigkeit Gottes (vgl. Tob 13,4) oder die Schöpfermacht Gottes (vgl. JosAs 12,1) eingeschlossen sein sollen, scheint unerheblich. Die Vater-Gott-Beziehung der Betenden wird ausschließlich durch die weiteren Gebetsanliegen im Vaterunser ausfüllt.

3. *Die Selbständigkeit der Wir-Bitten*

Im Gegensatz zu den drei ersten Bitten des Vaterunsers scheinen die Bitten im zweiten Bittengang weder auf der formalen Ebene noch der inhaltlichen in einem engen Bezug zueinander zu stehen.[19] Sie scheinen allein dadurch geeint, daß sie Gebetsanliegen dem Vatergott vorbringen.

a) Die Bitte um den täglichen Bedarf (V.11)

„The fourth petition in vs 11 poses some difficulties although the general meaning is clear enough".[20] Diese allgemeine Einschätzung ist jedoch im gewissen Sinne einzuschränken. Denn gerade der Inhalt dessen, was mit diesen Worten in Mt 6,11 von Gott erbeten wird, läßt sich nur schwer bestimmen. Es muß nämlich eingeräumt werden, daß bis heute der Sinn der Formulierung nicht vollständig aufzuklären ist, da die Wortbedeutung der Vokabel ἐπιούσιος immer noch unsicher ist.[21] Somit ist aus der Bitte und dem Kontext des Gebetes heraus nicht abschließend zu klären, ob ἄρτον hier tatsächlich in wörtlicher Bedeutung oder aber in irgendeinem metaphori-

---

[19] Mit einem Verweis auf die Auslegung des Gebetes durch *Johannes Calvin* sieht *Sung*, Vergebung, 260ff., eine starke Verknüpfung sämtlicher Bitten des Vaterunsers für gegeben an. Diese Sicht ergibt sich insbesondere daraus, daß *Sung* sämtliche Bitten unter dem Vorzeichen einer eschatologischen Naherwartung interpretiert.

[20] *Betz*, Sermon, 396, faßt mit diesen Worten seinen Eindruck von den exegetischen Aufgaben zu Mt 6,11 und von der bisherigen Forschungsarbeit seit der Alten Kirche zusammen.

[21] Zu den Belegen der Vokabel in den Papyri siehe die grundlegende Untersuchung von *B.M. Metzger*, How Many Times Does ἐπιούσιος Occur Outside the Lord's Prayer, ExpT 69 (1957) 52-54, und vgl. die Liste der möglichen Ableitungen und Erklärungen des Hapaxlegomenons bei *Luz*, Matthäus, 345ff., *Betz*, Sermon, 398ff., und auch *Spicq*, Notes, Suppl. 292-295.

schen Sinn gebraucht wird.[22] Rekonstruieren läßt sich allein, daß es sich bei der von Gott erbetenen Gabe um einen Gegenstand des (täglichen) Bedarfs handeln muß, da durch die Vokabel ἄρτον eine Sache bezeichnet sein muß, die für den Lebensunterhalt notwendig ist.

Daß aber ein täglich neu benötigter Gegenstand im Blickpunkt steht, ergibt sich schließlich aus der Zeitangabe. Für den gegenwärtigen Tag des Gebetes (σήμερον) erbitten sich die Betenden ihre Gabe von Gott. Auch wenn also das Objekt nicht mit voller Sicherheit bestimmt werden kann, so sind doch das Subjekt der Tat, die Handlung selbst, die Zeitangabe und auch die Personengruppe, denen die Tat zugute kommen soll, eindeutig: Gott wird aufgefordert, dem betenden Wir etwas zu geben (δὸς ἡμῖν), und zwar noch heute (σήμερον). Somit ergibt sich für den Zusammenhang der Vaterunserbitten, daß mit diesem Anliegen vielleicht eine inhaltliche Verbindung zur dritten Bitte geschaffen wird, in der sämtliche Lebenszusammenhänge Gottes Entscheidungen anbefohlen werden. Die vierte Bitte unterscheidet sich aber von den vorausgehenden darin, daß hier mit einer konkreten Zeitangabe, nämlich für den Tag, an dem das Gebet gesprochen wird, um eine ganz konkrete Gabe gebeten wird. Nicht die allgemeinen Weltzusammenhänge stehen zur Disposition, sondern das, was die Betenden an dem Tag des Gebetes notwendig brauchen und sich von Gott, ihrem Vater, erhoffen.

Damit bringt die vierte Bitte eine gegenüber den vorausgehenden Bitten neue Dimension in das Gebet, sowohl was die Gebetsinhalte als auch den Zeitpunkt der erwünschten Realisation der Bitte betrifft. Es geht um die Gegenwart der Betenden, jeder zukünftige Aspekt scheint durch die Festlegung auf das Heute ausgeschlossen.[23]

---

[22] Gerade der zusammengesetzte Ausdruck ἄρτον ἡμῶν τὸν ἐπιούσιον scheint eine Reihe von Interpretationsmöglichkeiten zu bieten, die von der täglichen Brot- oder Nahrungsration bis hin zum allgemeinen täglichen Bedarf an Unterhalt und dem Lebensnotwendigsten reichen können. Daß aber das „Lebensbrot", wie es beispielsweise in JosAs 15,5; 16,16; 19,5 eine Rolle spielt, mit den vorliegenden Worten und nicht mit dem Ausdruck ἄρτον ζωῆς bezeichnet werden kann, ist wohl zu bezweifeln; anders *Sung*, Vergebung, 262f.

[23] Vgl. *Betz*, Sermon, 400.

Und zugleich kommt gegenüber der Universalität der Du-Bitten hier
ein konkretes Anliegen der betenden Gemeinschaft zum Ausdruck,
selbst wenn es auch in diesem Fall verschiedene Möglichkeiten gibt,
den Gebetsgegenstand inhaltlich zu fassen. Erkennbar ist schließlich
auch, daß durch die folgenden Bitten in V.12+13 der in V.11 zugrundeliegende Gedanke nicht weiter aufgenommen wird. Die vierte
Bitte erweist sich damit als eine eigenständige, die ein eigenes Gebetsanliegen vorbringt, welches weder in den vorausgehenden noch
in den nachfolgenden Bitten eine Rolle spielt.

b) Die Beschränkung der Vergebungsaussage auf die fünfte Bitte
Für die Fragestellung der vorliegenden Arbeit nach Vorstellungen
von einem Umgang Gottes mit den Verfehlungen der Menschen
oder auch mit den Menschen selbst, die Verfehlungen begangen
haben, ist angesichts der weiteren Bitten des Vaterunsers zu klären,
ob deren Gebetsinhalte für die Interpretation der Vergebungsvorstellung mit in die engere Untersuchung einbezogen werden müssen.
Um also der Vergebungsvorstellung einen eigenen Abschnitt widmen zu können, ist zunächst nach der Verknüpfung der Bitten in
den Versen 12-13 zu fragen.

Der Gegenstand der fünften Bitte (V.12) kann vorläufig als
Schuldenerlaß bezeichnet werden, der von Gott erbeten wird und
auf den als ein Erlaß gegenüber den Schuldnern der Beter schon zu-
rückgeblickt wird (siehe dazu unten). Im Mittelpunkt steht damit das
schuldhafte Vergehen der Menschen sowohl im Gegenüber zu Gott
als auch im Gegenüber zu den Mitmenschen. Auch die letzten Bitten
des Vaterunsers in V.13 können so gelesen werden, daß sie die Verfehlungstaten der Menschen thematisieren. Möglich wird eine solche Interpretation durch die Verwendung der Vokabel πειρασμός,
die dann im Sinne einer Prüfung und einer Erprobung des menschlichen Tuns verstanden wird.[24] Der zweite Satz in V.13 erscheint

---

[24] In diesem Sinne wird die Vokabel in den griechischen Texten des Judentums
verwendet. Sie bezeichnet eine von Gott, dem Diabolos oder einem Menschen herbeigeführte Situation der Prüfung, in der das treue Handeln eines Menschen er-
probt werden soll. Parallel dazu kann der entsprechende Vorgang der Prüfung
auch mit δοκιμάζειν umschrieben werden, und im Anschluß an eine solche Prüfung
kann ein Mensch als πιστός gelten; siehe Sir 6,7; 27,5; 33,1; 44,20; 1 Makk 2,52;

dann als Wiederholung und generalisierende Erläuterung des ersten. Demnach enthielte V.13a den Wunsch, von Gott vor einer solchen Prüfungssituation bewahrt zu werden,[25] was durch V.13b auf eine Bewahrung vor Übel überhaupt ausgedehnt wäre. Doch selbst wenn einer solchen Interpretation der Versuchungsbitte vor anderen möglichen ein Vorzug gegeben wird, bleibt das zukünftige Tun und das noch ausstehende Verfehlungshandeln des Menschen Inhalt des Gedankens. Denn sowohl aus dem verneinten Konjunktiv von εἰσφέρειν als auch aus der Verwendung von ῥύεσθαι mit der Präposition ἀπό geht hervor, daß die Situation, in die die Betenden nicht kommen möchten bzw. vor der sie bewahrt werden möchten, für die Zukunft noch aussteht.[26]

Schon in der Untersuchung zum Gebet der Aseneth hat sich die Frage gestellt, ob die Vokabel ῥύεσθαι mit der Präposition ἀπό auf die Bezeichnung von Taten beschränkt ist, die vor ausstehenden Gefahren schützen, während ῥύεσθαι ἐκ verwendet wird, um Taten zu beschreiben, die aus bestehender Gefahr retten (siehe oben Kapitel II, IV.2.d). Und werden noch die urchristlichen Texte von Röm 15,31; 2 Thess 3,2; 2 Tim 4,18 auf der einen Seite und Röm 7,24; Kol 1,13; 1 Thess 1,10; 2 Tim 3,11; 4,17; 2 Petr 2,9 auf der anderen Seite hinzugezogen, so bestätigt sich, daß die Verwendung der Präpositionen ἐκ und ἀπό in Verbindung mit der Vokabel ῥύεσθαι tatsächlich eine semantische Differenz markiert. Es kann geschlossen werden, daß auch in Mt 6,13 der Ausdruck ῥύεσθαι ἀπό gewählt wurde, um die Bewahrung vor einer noch ausstehenden Gefahr bzw. vor „dem Bösen" auszusagen. Demnach geht es nicht um die Rettung aus einem vorhandenen Übel, sondern um die Bewahrung vor noch Ausstehendem, weshalb diese Aussage nicht zu den Vergebungsaussagen gezählt werden kann, die sämtlich schon begangene Verfehlungstaten voraussetzen.

TestJos 2,7; FragJub 10,3. In urchristlichen Texten findet sich ebenso diese Bedeutung in Lk 4,13; Hebr 3,8; 1 Petr 4,12 u.ö. Als weitere Möglichkeit ergäbe sich die in urchristlichen Texten begegnende Bezeichnung von Leiden („Anfechtung"), insbesondere im Rahmen von Ausdrücken wie καιρὸς πειρασμοῦ (Lk 8,13; Offb 3,12) oder wenn die Vokabel im Plural verwendet wird (Apg 20,19; Jak 1,2; 1 Petr 1,6). Wird letztere Deutung vorgezogen, findet sich in der Sekundärliteratur zum Vaterunser zudem häufig eine eschatologische Deutung dieses Leidens; vgl. aber *Luz*, Matthäus, 348f.

[25] Vgl. auch den Beleg in 11 QPs 24,11, auf den *Luz*, Matthäus, 349, hinweist.

[26] Werden V.13a+b hingegen als Bitten um Bewahrung vor einem (endzeitlichen) Leiden gedeutet, wird nicht mehr auf das Handeln der Menschen rekurriert, so daß gegenüber der Vergebungsbitte ein völlig neuer und eigenständiger Gedanke formuliert wäre.

Wird also die Doppelaussage in V.13 als Bitte um Bewahrung vor einer Situation der Prüfung und vor Übel überhaupt gedeutet, so kann eine Verknüpfung der Bitten mit der vorausgehenden Vergebungsbitte in einem bestimmten Sinne postuliert werden, da jeweils das Verfehlungshandeln des Menschen bedacht wird. Jedoch kann nicht davon gesprochen werden, daß in V.13 eine Vergebungsaussage enthalten wäre. Hier steht nicht das Handeln Gottes an Menschen im Zentrum, die schon Verfehlungen begingen. Die beiden letzten Aussagen des Vaterunsers sind auf zukünftige Ereignisse ausgerichtet. Die Vergebungsbitte in V.12 hingegen ist auf das Verfehlungshandeln der betenden Gemeinschaft konzentriert, welches schon zurückliegt.

Es kann daher zusammengefaßt werden, daß die Vergebungsbitte in V.12a gegenüber der ersten Wir-Bitte einen zusätzlichen Gedanken enthält, nämlich den des Schuldenerlasses. Zwar bleibt wie in jener Bitte das Verhältnis von Bittenden und Angesprochenem, von Handlungsausführendem und Empfängern der Tat konstant, da jeweils um ein Gotteshandeln an den Betenden gefleht wird. Aber es geht nun nicht mehr um den täglichen Bedarf der Betenden, sondern um deren Verfehlungshandeln. Die in V.13 folgenden Bitten schließen sich hier an, wenn die Aussagen im obigen Sinne verstanden werden sollen. Sie bringen aber wiederum einen eigenen Gedanken zum Ausdruck, indem nun das zukünftige Handeln der Menschen in den Blick gerät. Damit wird ein Umgang Gottes mit den Verfehlungen bzw. mit den Menschen selbst, die Verfehlungen begingen, allein in V.12 thematisiert.

4. Die Bitte um Schuldenerlaß

Wird nun die eigentliche Vergebungsaussage des Vaterunsers in den Mittelpunkt der Untersuchung gestellt, so ist zunächst festzuhalten, daß die matthäische Fassung der Vergebungsbitte gegenüber den

bisher untersuchten Texten, Aussagen und Wendungen einige Besonderheiten enthält. Auffällig ist einerseits die verwendete Terminologie, andererseits aber vor allem die Kombination der Bitte mit
einem Aussagesatz, der Gottes Vergebungshandeln mit menschlichem Vergebungshandeln in ein Verhältnis setzt.

a) Der Erlaß von den Verpflichtungen

In Mt 6,12 wird sowohl der Umgang der Menschen als auch der
Umgang Gottes mit „Verfehlungen" als ein Erlaß beschrieben
(ἀφιέναι). Und weder der Gebrauch der Vokabel an sich noch die
hier vorliegende Konstruktion mit Dativobjekt der Person (dativus
commodi) kann als Besonderheit gelten,[27] wenn die schon untersuchten Vergebungsaussagen in JosAs 11,18; PsSal 9,7 mit herangezogen werden. Auffällig ist hingegen, daß der in Mt 6,12a
erbetene Erlaß Gottes die „Schulden" der Betenden beinhalten soll,
denn es läßt sich in religiösen Kontexten wohl kaum ein weiterer
von Matthäus unabhängiger Beleg für die Verwendung von ὀφείλημα als „Sündenterminus" anführen.[28]

Allgemein dient die Vokabel dazu, die „Verpflichtung" eines
Menschen (gegenüber anderen Menschen) zu bezeichnen, wobei insbesondere Geldschulden eingeschlossen sind.[29] Belege, wie Dionysius Halic., Antiquitates 5,68,2; 11,14,3; Thykydides 2,40,5; Plutarch, Moralia 497 B, zeigen zudem, daß in der hellenistischen Lite-

---

[27] Siehe zur Konstruktion mit Sündenterminus und Personalpronomen im Dativ
Gen 50,17; Ex 32,32; Num 14,19; 15,25ff.; PsLxx 85,2; JosAs 11,18; PsSal 9,7;
ParaJer 2,3; TestAbr A 14,12 und Lk 5,20; 11,4; Jak 5,15 u.ö. Seltener begegnet
ein absoluter Gebrauch allein mit Personalpronomen (dat.); siehe Lev 4,26ff.;
TestGad 7,5; TestAbr B 2,10; 6,3.7.; Lk 17,3.4.

[28] *F. Hauck*, ὀφείλω κτλ., THWNT V, Stuttgart u.a., 565, erachtet Kombina-
tionen von ἀφιέναι mit Sündentermini wie ἁμαρτία oder ἀνομία für eigentlich
„unpassend", da ein Erlaß nur von Schulden, schwerlich aber von „Sünde" gewährt werden könne. Da aber dennoch eine Vielzahl von solchen Wendungen und
Konstruktionen vorliegt, muß wohl geschlossen werden, daß die jeweiligen „Sünden"-Termini an diesen Stellen vor allem die Verfehlungstat bzw. die Konsequenz
aus dieser Tat, nämlich die Schuld, bezeichnen.

[29] In diesem Sinne wird die Vokabel auch im biblischen Schrifttum gebraucht.
In Dtn 24,10; 1 Makk 15,8 dient sie zur Beschreibung von Geldschulden und wird
in 1 Εσδρ 3,20 und Röm 4,4 im allgemeineren Sinne von „Verpflich-
tung/Schuldigkeit" verwendet.

ratur die Vokabel durchaus auch in einem neutralen Sinne und nicht als negativer Schuldbegriff verwendet werden konnte. Überhaupt scheint die Wortgruppe ὀφείλειν κτλ. nirgends außerhalb der jüdisch-christlichen Literatur neben Vokabeln für Verfehlungen oder dergleichen gebraucht zu werden. Belegt ist allein auch hier die Bezeichnungsmöglichkeit einer Geldschuld.[30] Wird zudem das Verb ὀφείλειν in jüdischen und christlichen Texten und das auch in Mt 6,12 belegte Substantiv ὀφειλέτης[31] mit hinzugezogen, wird ebenso sichtbar, daß diese Vokabeln überwiegend in einem neutralen Sinne verwendet werden, um die verpflichtende und notwendige Art und Weise einer Handlung oder aber auch das bindende Verhältnis eines Menschen gegenüber einer Tat oder einem Sachverhalt zum Ausdruck zu bringen. Demzufolge kann ὀφείλειν (mit Infinitiv) schließlich auch gebraucht werden, um eine Notwendigkeit, das Müssen, auszusagen.[32]

Obwohl nun aber gerade in der urchristlichen Literatur dieser neutrale Gebrauch insbesondere des Verbes ὀφείλειν im Sinne von „verpflichten"/ „müssen" überwiegt[33] und nur selten die finanztechnische Bedeutung „schulden" vorliegt,[34] finden sich an einigen wenigen Stellen in der Literatur des Judentums und Urchristentums Belege für eine Verwendung des Verbes im Gott-Mensch-Verhältnis. Damit ist einerseits zu schließen, daß die Bedeutung der Wortgruppe insgesamt nicht auf einen bestimmten Bereich von Verschuldungen oder zwischenmenschlichen Verpflichtungen festgelegt werden kann. Ausgeschlossen werden kann also in jedem Falle als

---

[30] Vgl. zu den immer wieder herangezogenen Belegen von *Hauck*, ὀφείλω, 564, noch *Dionysius Halic.*, Antiquitates 6,81,3; *Cassius Dio* 40,60,3; *Polybius* 20,6,3; 25,3,3.

[31] Siehe zum Gebrauch von ὀφειλέτης insbesondere Röm 1,14; 8,12; 15,27. Allein in Mt 18,24 liegt die spezifische Verwendung zur Bezeichnung eines Geld-Schuldners vor.

[32] Siehe Tob 6,13; Weish 12,15; 3 Makk 7,10; 4 Makk 11,15; Lk 17,10; Joh 19,7; Apg 17,29. Hieraus leitet sich wohl auch der Gebrauch der Vokabel ὄφελον (= es ist nötig, man muß) in 2 Kor 11,1; Offb 3,15 ab.

[33] Siehe Lk 17,10; Joh 13,14; 19,7; Apg 17,29; Röm 13,8; 15,1.27; 2 Thess 1,3; 2,13 u.ö.

[34] Siehe Mt 18,28ff.; Lk 7,41; 16,5.7.

Bezeichnungsmöglichkeit für die Wendung in Mt 6,12a ein finanz-
technischer Sinn.[35] Andererseits steht aber die Formulierung der
Vergebungsbitte im Blick auf die verwendete Begrifflichkeit nicht
völlig allein da. Denn vereinzelt kann in religiösen Texten das Verhalten eines Menschen gegenüber Gott als Verpflichtung beschrieben werden (Weish 12,15.20; 4 Makk 16,19 und vgl. 4 Makk 11,3)
und die Bezeichnung ὀφειλέτης für Menschen gebraucht werden,
die Verfehlungen begingen (ὀφειλέτης ἁμαρτίας; grHen 6,3), bzw.
die zugleich auch ἁμαρτωλοί genannt werden können (Lk 13,2.4).

Demnach ist zu vermuten, daß auch die singuläre Verwendung
von ὀφείλημα zur Bezeichnung dessen, wovon sich Menschen einen
von Gott gewährten Erlaß erbeten, zurückgeführt werden kann auf
diese, an wenigen Stellen umgesetzte Möglichkeit, die Wortgruppe
ὀφείλειν/ὀφειλέτης nicht nur in Kontexten zwischenmenschlicher
Ethik, sondern auch in religiösen Zusammenhängen zu gebrauchen.[36] Doch die Frage bleibt weiter bestehen, welche Art von

---

[35] Vgl. dazu schon die von *Betz*, Sermon, 400 Anm. 480, wieder herausge-
stellten altkirchlichen Auslegungen.

[36] Es ist zu fragen, in welchem Sinne auch die Parallelüberlieferung der Vergebungsbitte in der lukanischen Version des Vaterunsers zu solchen Übertra-
gungen der Wortgruppe aus ethischen in religiöse Kontexte zu zählen ist. Dort
wird die Bitte um einen Erlaß von Hamartia fortgesetzt mit der Deklaration des
Erlasses der Menschen für diejenigen, die gegenüber den Betenden Verpflichtungen haben (παντὶ ὀφείλοντι ἡμῖν). Erscheinen die Betenden dieses Textes durch
diese Formulierung ebenso als „Schuldner" gegenüber Gott oder wird gerade
durch die Verwendung von ἁμαρτία ausschließlich das zwischenmenschliche
Verhältnis unter dem Aspekt der Verpflichtung gesehen? Hinzuweisen ist darauf,
daß eine mögliche Rekonstruktion einer gemeinsamen Vorlage für die lukanische
und die matthäische Fassung des Vaterunsers im allgemeinen angenommen wird,
Matthäus komme der Q-Fassung des Gebetes am nächsten; vgl. dazu *S. Carruth /
A. Garsky*, Documenta Q. Reconstruction of Q Through Two Centuries of Gospel
Research. Excerpted, Sorted and Evaluated. Q 11:[1-2a]2b-4, Leuven 1996, 145-
151 bzw. 151-155. Es kann also davon ausgegangen werden, daß die Verwendung
von ἁμαρτία eine Ersetzung der Vokabel ὀφείλημα bedeutet. Für die vorliegende
Fragestellung ergibt sich daraus einmal, daß Lukas ἁμαρτία wohl ebenso im Sinne
von „Schuld"/„Verpflichtung" verstanden haben muß, aber sprachlich den gängi-
geren Terminus gebraucht; vgl. auch *Schürmann*, Lukas, 197. Zum anderen wird
aber für die Bedeutung der Wortgruppe ὀφείλειν auch durch den lukanischen Zusammenhang deutlich, daß sie hier im neutralen Sinne von „verpflichten" gemeint
sein muß.

Verpflichtungen die Betenden des Vaterunsers sich von Gott erlassen wünschen.[37] Wieder gibt das Gebet selbst keine Antwort, da auch das zugrundeliegende Vater-Kind-Verhältnis, in dem sich die Betenden laut Anrede zu Gott stehen sehen, keine weiteren Schlüsse ermöglicht.[38] Da aber die Bitte im Rahmen eines Gebetes zu Gott formuliert wird und wohl kaum davon auszugehen ist, daß hier die Befreiung von allen Verpflichtungen der Menschen überhaupt erhofft wird, legt sich zudem die Vermutung nahe, daß die Art der Verpflichtung und Schuld in den Blick genommen wird, die sich aus dem Tun und Lassen der Betenden ergibt. Demnach wäre gerade durch die einzigartige Verwendung der Vokabel ὀφείλημα der Aspekt der Schuld und Verpflichtung, der sich aus einer (Verfehlungs-)Tat ergeben kann, präziser benannt, als es mit einem Sündenterminus je hätte geschehen können. Hinzugenommen werden muß aber noch der Sachverhalt, daß die Bitte in V.12b weitergeführt und das Handeln Gottes mit dem Handeln der Betenden korrespondiert wird.

b) Korrespondenz des göttlichen und des menschlichen Handelns

Die Aussage in Mt 6,12b läßt einen Gedanken aufleuchten, der insbesondere für die Frage nach der Rezeption des Vaterunsers in der Bergpredigt und im gesamten Matthäusevangelium eine entscheidende Rolle spielt. Aber auch auf der Ebene des Gebetes selbst läßt sich nachvollziehen, welche Vorstellungen und Gedanken für die hier vorliegende Wendung (ὡς καὶ ἡμεῖς ἀφήκαμεν τοῖς ὀφειλέταις ἡμῶν) tragend sind. Zu klären ist dabei zunächst, in welchem Sinne die Konjunktion ὡς gebraucht wird. Als Verbinder von Teilsätzen kann ὡς auch im urchristlichen Sprachgebrauch der Koine und

---

[37] Auch ein Rückgriff auf die aramäische Vokabel חובה scheint dabei nicht weiter zu helfen, da diese ebenfalls zwar zur Bezeichnung von Geldschulden gebraucht werden kann, aber auch allgemein im Sinne von Verschuldungen und Verpflichtungen verwendet wird, ohne diese weiter zu spezifizieren; vgl. *E. Lohmeyer*, Das Vaterunser, Göttingen [5]1962, 112f. und *G. Dalman*, Die Worte Jesu, Leipzig [2]1930, 335-338.

[38] *Betz*, Sermon, 402ff., läßt zwar die Bedeutung der Vokabel ὀφείλημα für den Zusammenhang von Mt 6,12 offen, deutet aber die Aussage insgesamt vor dem Hintergrund der Gerechtigkeitsvorstellung, wie sie seiner Auffassung nach der Bergpredigt insgesamt zugrundeliege.

ebenfalls auch im Matthäusevangelium als temporale Konjuktion eingesetzt werden (vgl. Mt 24,38) und in Verbindung mit einem Partizip auch als kausale Konjunktion.[39] Doch scheint gerade die kausale Bedeutung auf solche Konstruktionen mit einem Partizip beschränkt zu sein,[40] denn in den übrigen Fällen verbindet ὡς Teilsätze vergleichend miteinander bzw. so, daß eine beschriebene Handlung durch eine weitere in ihrer Art und Weise erläutert wird.

Die *Belege im Matthäusevangelium* für einen solchen Gebrauch sind vielfältig. Demnach präzisieren die mit ὡς eingeleiteten Teilsätze in Mt 1,24; 5,48; 8,13; 15,28; 18,33; 26,19.39.55; 27,65 die zuvor geschilderte Handlung, indem eine entsprechende und vergleichbare Handlung hinzugestellt wird. Joseph tut, wie ihm befohlen (ὡς προσέταξεν; 1,24), den Menschen soll geschehen, wie sie es wollen (15,28) bzw. gemäß ihres Vertrauens in Jesus (8,13). Und der Vorwurf Jesu beispielsweise gegenüber seinen Häschern, sie zögen zu ihm aus, als ob sie einen Räuber fangen wollten, (ὡς ἐπὶ λῃστὴν ἐξήλθατε ... συλλαβεῖν με; 26,55), zeigt, daß durchaus auch auf die Nennung eines zweiten Verbes verzichtet werden kann. Durch den Gebrauch der Konjunktion wird aber in jedem Fall ein Vergleich zwischen Handlungen hergestellt und eine Handlung weiter verdeutlicht.

Ohne also an dieser Stelle ein Urteil darüber abgeben zu müssen, in welchem Maße die sprachliche Wendung matthäischer Redaktions- und Kompositionsarbeit entspricht, ist die sprachliche Parallelität der Vergebungsbitte zu anderen ὡς-Formulierungen des Matthäusevangeliums offensichtlich.[41] Von daher kann wohl aufgrund der Ausdrucksmöglichkeiten, die mit der Verwendung von ὡς als Konjunktion gegeben sind, die gedankliche Verknüpfung der Bitte in V.12a mit der Aussage in V.12b nicht als ein Bedingungsgefüge rekonstruiert werden. Die in der zweiten Aussage beschriebene Handlung, der Erlaß der Betenden gegenüber ihren Schuldnern, ver-

---

[39] Eine solche Deutung bietet sich beispielsweise auch für Mt 7,29 an: ἦν γὰρ διδάσκων αὐτοὺς ὡς ἐξουσία ἔχων.

[40] Vgl. auch BDR § 425.

[41] Für eine Auslegung des vorliegenden gesamten Textes von Mt 6,9-13 ist es nicht von großem Belang, ob V.12b erst im Zuge der matthäischen Redaktion dem Gebetstext hinzugefügt wurde; vgl. *Strecker*, Die Bergpredigt. Ein exegetischer Kommentar, Göttingen 1984, 124f. Von Bedeutung ist aber für die Frage nach den Vorstellungen vom Umgang Gottes im Matthäusevangelium insgesamt, wie diese Aussage in Mt 6,12 zu vergleichbaren Aussagen in Mt 5,48 beispielsweise oder in Mt 18,23ff. steht. Siehe dazu unten.

anschaulicht vielmehr die Art und Weise, der im vorausgehenden Satz benannten Tat Gottes.

Deutlich ist, daß in der vorliegenden Fassung des Gebetes ein Gedanke aufgenommen ist, der sich auch in Sir 28,1-3 und in Mk 11,25f. findet. Das Vergebungshandeln Gottes wird mit dem Vergebungshandeln der Menschen in ein Verhältnis gesetzt. Während es jedoch durch die καὶ τότε-Formulierung in Sir 28,2 und durch die Konstruktion der Aussage in Mk 11,25 in einem Finalsatz (ἵνα καί ...) zwingend erscheint, nach den dortigen Vorstellungen das Vergebungshandeln des Menschen in einem gewissen Sinne als Voraussetzung für das Vergebungshandeln Gottes zu beurteilen, ist in Mt 6,12 allein das Miteinander von menschlichem und göttlichem Handeln enthalten. Denn aufgrund des im Aussagesatz (V.12b) verwendeten Vergangenheitstempus (Indikativ Aorist) kann wohl kein solches Bedingungsverhältnis gemeint sein, wonach das göttliche Handeln Folge des schon geschehenen Erlasses wäre.[42] Dem widersteht nämlich die Verwendung von ὡς, welches in der vorliegenden Konstruktion nicht kausal (..., weil wir erlassen haben) verstanden werden kann (s.o.). Vielmehr wird durch die Korrelation der beiden Handlungen das erbetene Gotteshandeln veranschaulicht.

Zu bedenken ist zudem, daß in der dritten Bitte des Vaterunsers ebenfalls ein Korrelationsgedanke vorliegt (ὡς ἐν οὐρανῷ καὶ ἐπὶ γῆς), da dort zwar nur ein Ereignis, aber für unterschiedliche Bereiche in vergleichbarer oder identischer Weise erbeten wird. Ebenfalls lassen sich diese Bereiche „Himmel" und „Erde" nach Göttlichem und Menschlichem unterscheiden, so daß der dritten Bitte nicht allein Universalität verliehen wird, sondern ebenso wie auch in der Vergebungsbitte wird eine Korrelation von Göttlichem und Menschlichem vorgenommen.[43] Da also im Kontext der Verge-

---

[42] Vgl. dazu die (schwer nachvollziehbaren) Ausführungen von *Luz*, Matthäus, 348, und insbesondere seinen Verweis auf die Interpretation der Bitte durch Gregor von Nyssa, ebenda.

[43] Nachgetragen werden kann in diesem Zusammenhang, daß häufig im Anschluß an *M. Dibelius*, Die dritte Bitte des Vaterunsers, in: *ders.*, Botschaft und Geschichte I, Tübingen 1953, 175, die Wendung ὡς ἐν οὐρανῷ καὶ ἐπὶ γῆς in Mt 6,10 als matthäischer Zusatz zum Vaterunser betrachtet wird. Für die Auslegung

bungsvorstellung ebenfalls eine Korrelation von Göttlichem und
Menschlichem vorliegt, beides aber nicht in ein Bedingungsverhältnis zueinander gesetzt wird, kann für die Vergebungsbitte gefolgert
werden, daß das erbetene Erlaßhandeln Gottes und das beschriebene
menschliche Erlaßhandeln miteinander verglichen werden. Ziel dieser Zusammenstellung scheint dabei aber die Erläuterung der Bitte
zu sein. Der Umgang Gottes mit den Verfehlungen der Menschen
wird demnach ebenso verstanden wie das Handeln und Umgehen
der Betenden selbst mit ihren Schuldnern. So wie Menschen ihren
Mitmenschen Schulden erlassen können, so erbitten die Betenden
des Vaterunsers von Gott einen Erlaß ihrer Schuldverpflichtungen,
die – wenn die obige Deutung zutrifft – sich aus ihrem Tun und
Lassen ergeben haben.

c) Die Voraussetzungen der Erlaßbitte

Werden die Erlassensaussage und Erlaßbitte darüber hinaus noch in
den Zusammenhang der übrigen Vaterunser-Bitten eingeordnet, ergeben sich auch Möglichkeiten, nach den Fundamenten und Voraussetzungen für die in Mt 6,12 ausgedrückte Vorstellung zu fragen.
Wie für die meisten übrigen Bitten des Gebetes ist auch für die Vergebungsbitte zunächst einmal ihre Offenheit kennzeichnend. Es ist
möglich, eine Vielzahl von Handlungen und Taten zu integrieren,
die Anlaß bieten, eine so formulierte Bitte zu sprechen. Und
zugleich läßt sich eine Reihe von Situationen und Lebensbezügen
finden, in denen die Gebetsbitte ihren Ort haben könnte. Daher ist
wohl auch zu vermuten, daß nicht allein für die Brotbitte, sondern
auch für die Vergebungsbitte eine Wiederholbarkeit impliziert ist.
Grundlegend scheint also zunächst einmal für die hier ausgedrückte
Vergebungsvorstellung, daß der Schuld-Erlaß im Akt des Gebetes
(täglich) immer wieder neu erbeten werden kann. Es ist daher nahe-

---

des vorliegenden Textes kann diese Beobachtung vernachlässigt werden, im Blick
auf die unten vorzunehmende Einordnung des Vaterunsers in die theologischen
Konzeptionen der Bergpredigt und des Matthäusevangeliums ist aber von Interesse,
daß in dieser Aussage ein spezifischer Ausdruck matthäischer Theologie gesehen
wird.

liegend, die fünfte Bitte des Vaterunsers als Bitte zu interpretieren, die aus der allgemeinen und alltäglichen Lebensführung der betenden Gemeinschaft heraus erwächst.

Zudem ist auffällig, daß im Gesamtzusammenhang des Gebetes und auch in der speziellen Bitte um Schulderlaß keine weitere Voraussetzung für das Vergebungsgeschehen explizit genannt wird. Heranziehen läßt sich vielleicht die Gottesanrede. Denn allein aus der Gottesanrede und den damit implizierten Vorstellungen von der Beziehung der Betenden zum angesprochenen Gott ließe sich ableiten, was für die Betenden einen positiven Umgang Gottes mit ihren Verfehlungen möglich macht. Wieder bleibt dabei relativ offen, wie im einzelnen die Vater-Kind-Beziehung gedeutet wird, in der sich die Betenden wissen. Im Blick auf die übrigen Bitten kann aber gesagt werden, daß sich die Betenden von Gott, ihrem Vater, die Leitung der Weltgeschicke insgesamt und im besondern auch die Begleitung der Geschicke der einzelnen erhoffen. Letzteres wird in der Brot-, Versuchungs- und eben auch in der Vergebungsbitte deutlich. Grundlage für die Wir-Bitten ist damit die Vorstellung, daß Gott als Vater der Betenden sich der Belange derer annimmt, die seine Kinder heißen.

Der Gedanke der Vaterschaft Gottes für die Betenden läßt sich anhand der Aussagen des Gebetes nicht weiter füllen. Aus dem Gesamtzusammenhang der Bergpredigt wird jedoch deutlich, daß die Vater-Kind-Beziehung der Betenden an der Vater-Sohn-Beziehung Jesu orientiert und durch Jesus vermittelt ist. Soteriologische Konzeptionen werden darüber hinaus aber nicht herangezogen. Im Vaterunser liegt ein urchristliches Gebet vor, das für die Ausbildung einer Vergebungsvorstellung auf Gedanken zu Sterben und Auferstehen Jesu verzichten kann. Die schon *bestehende Gottesbeziehung* bildet die Grundlage, den Umgang Gottes mit den Verfehlungen der Betenden zu beschreiben. Es wird nicht darauf eingegangen, wodurch die Beziehung zu Gott konstituiert wurde. Wichtig ist, daß die Betenden sich in dieser Beziehung wissen. *In* dieser Beziehung stellt sich die Frage nach dem Erlaß von Verpflichtungen.

II. Die Vergebungsvorstellung im Rahmen der Matthäischen Paränese

Der Blick über das Vaterunser hinaus auf das gesamte Matthäusevangelium läßt einen entscheidenden Zug am Umgang urchristlicher
Texte mit Vergebungsvorstellungen noch deutlicher als im Anschluß
an die Auslegung von Lk 18,13 und 1 Clem 60,1b-3 hervortreten.
Matthäus rezipiert die Vergebungsvorstellung im Kontext seiner
Paränese. Zwischenmenschliches Vergehen und Vergeben wird
theologisch gedeutet und als Problem eines angemessenen Verhaltens der Kinder Gottes in der Nachfolge Jesu thematisiert. Im Zentrum steht dabei die Korrespondenz von göttlichem und menschlichem Handeln. Dies geht aus dem Kommentarwort zur Vergebungsbitte in Mt 6,14f. hervor, aus dem weiteren Kontext des
Vaterunsers und schließlich auch aus dem Gleichnis vom Schalksknecht. Eine Linie im matthäischen Denken wird sichtbar.

1. *Die Bergpredigt: Das Verhalten vor Gott und den Menschen*

a) *Das Gebot der Vergebung (Mt 6,14+15)*
Das Kommentarwort in Mt 6,14f. greift die Gedanken zum Umgang
Gottes mit den Verfehlungen unvermittelt aus dem Gebetstext auf.[44]
Denn zuvor wird allein in der Erläuterung der ersten Antithese
(5,21ff.) das Verhältnis der Jünger untereinander bzw. das Thema
der Verfehlungen als Beispiel für den Umgang mit den Geboten angeführt. Dort wird jedoch nicht ein Erlaß der Verfehlungen gefordert, sondern die gegenseitige Aussöhnung der „Brüder" (διαλλάσσειν).[45] Durch das Kommentarwort wird aber das Vaterunser in die

---

[44] *Frankemölle*, Matthäus, 253, nennt die V.14-15 daher „Fußnote zur Vergebungsbitte in Vers 12".

[45] *Sung*, Vergebung, 265f., sieht in dem Akt der zwischenmenschlichen
Versöhnung ebenfalls einen Akt der Sündenvergebung. Vor dem Hintergrund der
in diesen Studien vorgenommenen lexikologischen Untersuchungen ergibt sich jedoch die Möglichkeit, feiner zu differenzieren: Daß Versöhnung und der Erlaß von
Verfehlungen zusammengedacht werden können, hat JosAs 11,18 gezeigt, auch
wenn deutlich ist, daß die Verben ἀφιέναι und διαλλάσσειν nirgends synonym

weiteren Aussagen der Bergpredigt zur Korrespondenz des göttlichen und des menschlichen Verhaltens eingebunden.

In den parallel gestalteten Sequenzen von V.14+15 klingt Mk 11,25 an, wo statt des Schuldbegriffes von den Übertretungen ($\pi\alpha\rho\alpha\pi\tau\omega\mu\alpha\tau\alpha$) die Rede ist. Zudem wird das Handeln Gottes als Reaktion und Folge auf das menschliche Handeln dargestellt.[46] Dies wird durch die Form der Aussage als doppelte Sequenz kräftig unterstrichen, indem zugleich auch die negative Konsequenz der Beziehung von menschlichem und göttlichem Handeln ausgesagt wird. Der Umgang Gottes mit den Übertretungen der Menschen wird demnach abhängig gemacht von einem entsprechenden Umgang der Menschen mit den Übertretungen ihrer Mitmenschen.

Deutlich ist die imperativische Spitze des Kommentarwortes. Das menschliche Tun wird so auf Gottes Vergebungshandeln bezogen, daß dieses Tun zum Maßstab wird: erlaßt die Übertretungen der Mitmenschen, denn dann wird euch erlassen werden! Damit zielt die hier ausgedrückte Vergebungsvorstellung zwar auf einen ähnlichen Erlassens-Vorgang ab wie das Vaterunser. Im Vergleich zu 6,12 wird die Korrespondenz zwischen göttlichem und menschlichem Vergebungshandeln aber unter einem neuen Blickwinkel dargestellt. Beide Konzeptionen scheinen dabei lose nebeneinander zu stehen.

b) Aspekte der Korrelation in Mt 5,21-6,18

Dieses Urteil bestätigt sich auch, wenn weitere Korrelationsaussagen der Bergpredigt mit herangezogen werden. In den Paränesen

---

verwendet werden. Doch scheint der Kontext von Mt 5,24 eher – wie so häufig in Zusammenhang mit Aussagen über die zwischenmenschliche Versöhnung – auf den Streit und den Zorn abzuheben (vgl. V.22). Das in V.22-24 ausgedrückte Beispiel ist demnach allgemeiner gehalten. Es wird nicht gesagt, ob sich der Zwist auf Taten oder Verschuldungen zurückführt. Vgl. auch Seite 77ff.

[46] Im Blick auf Sir 28,1-2 muß konstatiert werden, daß auch dem Judentum solche Vorstellungen nicht völlig fremd waren. Doch es sei daran erinnert, daß in den untersuchten Gebetstexten aus der frühen Kaiserzeit nirgends das göttliche Vergebungshandeln von einer menschlichen Vorausleistung abhängig gemacht wurde. Es scheint, daß eine Betonung der zwischenmenschlichen Dimension, wie sie im Gebet des Ersten Klemensbriefes festgestellt und wie sie wohl auch in Sir 28,1ff. zugrunde liegt, zur Ausbildung von eigenen Vergebungsvorstellungen

von Mt 5,21-6,18 wird an verschiedenen Stellen das Handeln Gottes
mit dem Handeln der Menschen verknüpft. Einer der Spitzensätze,
der die Forderungen der Bergpredigt zusammenfaßt, ist dabei sicher
die Vollkommenheitsforderung in Mt 5,48.[47] Sie beschreibt allgemein das Verhalten der Jünger, das sich am Verhalten Gottes messen soll, und eignet sich schon von daher besonders gut, die beiden
großen Abschnitte der Bergpredigt in 5,21-47 und 6,1-18 miteinander zu verzahnen. Sowohl die in den Antithesen aufgestellten Handlungsanweisungen zum Umgang mit anderen Menschen als auch die
Umsetzung der Gerechtigkeit vor Gott, dem himmlischen Vater
(6,1ff.; vgl. 5,20), stehen demnach unter der Überschrift der Vollkommenheitsforderung.[48] Da hier weder der Umgang der Menschen
noch der Umgang Gottes mit den Verfehlungen thematisiert wird,
kann die inhaltliche Füllung der Forderung für die vorliegende Fragestellung zurückgestellt bleiben.[49] Festzuhalten ist aber, daß die
Vollkommenheit der Menschen mit der Vollkommenheit Gottes *verglichen* wird. Das Handeln an den Mitmenschen[50] und innerhalb des
Vater-Kind-Verhältnisses zu Gott[51] steht zum Verhalten Gottes in
einer Korrelation der Entsprechung.

   Ein davon zu unterscheidender Korrelationsgedanke findet sich

---

führen kann, in denen das Handeln der Menschen untereinander betont wird und
schließlich als Voraussetzung für das Gotteshandeln gilt.

   [47] Vgl. zur Auslegungsgeschichte *Luz*, Matthäus, 312 mit Anm. 51-53.

   [48] Vgl. J. *Kürzinger*, Zur Komposition der Bergpredigt nach Matthäus, Bib 40
(1959) 586.

   [49] Wiederum ist aber auch hier zu fordern, die Vorstellung, die sich mit der
Vokabel τέλειος und dem Ausdruck in Mt 5,48 verbindet, nicht derart zu erheben,
daß die Vokabel einem bestimmten (ursprünglichen) Denk- und Vorstellungskon-
text zugewiesen wird, wie etwa der griechisch-hellenistischen Tugendlehre oder
der jüdischen Gotteslehre; anders z.B. *Luz*, Matthäus, 312f. Wenn geklärt ist, in
welchem Sinne die Vokabel in der griechischen Sprache verwendet werden konnte,
sollte anschließend untersucht werden, wie sich die Vollkommenheitsforderung in
den Kontext der matthäischen Bergpredigt einfügt; siehe daher die Einordnung der
Forderung in das Feindesliebegebot durch G. *Delling*, τέλειος, ThWNT VIII,
Stuttgart u.a. 1969, 74f.

   [50] In 5,21-47 werden unter anderem Streitfälle genannt (5,22ff.), das Verhalten
in der Ehe (5,27-32) und schließlich die Feindesliebe (5,44-47).

   [51] Wie gesehen werden in 6,1-18 das Almosengeben genannt (6,2-4), das
Beten, 6,5-6 mit V.7-15 und das Fasten 6,16-18.

in den weiteren Beschreibungen des menschlichen Verhaltens vor Gott in 6,1-18. In den plakativen Beispielschilderungen wird nämlich ein Folgezusammenhang zwischen dem menschlichen Tun von Gerechtigkeit und Gottes Anerkennung für diese Taten hergestellt. Es ist die Rede vom Lohn (μισθός; 6,1.16-18) und von der Vergeltung (ἀπόδωσις/ἀποδιδόναι; 6,4.6.16-18): Gott gibt entsprechend dem menschlichen Verhalten Lohn und Vergeltung. Der Hintergrund für diese Aussagen liegt dabei wohl nicht in einem Aufrechnungsgedanken. Das Ziel der verschiedenen Beispiele ist vielmehr in der Vorstellung zu suchen, daß die Vater-Beziehung der Jünger alles Streben nach Lohn und Anerkennung für das Handeln durch die Mitmenschen erübrigt. Die Art und Weise des Handelns und die dazugehörige Einstellung stehen demnach im Zentrum dieser Paränese.[52] Lohn und Vergeltung sind folglich Kennzeichen der besonders intimen Gottesbeziehung der Jünger, die ihr Almosengeben, ihr Beten und oder auch ihr Fasten nicht vor den Augen der Menschen, sondern im Verborgenen, also allein vor Gott, durchführen sollen.[53] Zudem geht aus den weiteren Ausführungen hervor, daß diese Beziehung zu Gott nicht allein ein Gotteshandeln in Reaktion, sondern auch vorausgehend als Fürsorge enthalten kann. Gott, der Vater, weiß demnach, was die Betenden bedürfen und worum sie sich sorgen (6,7f. + 25-27 + 28-32; 7,7-11). Grundlage für die Handlungsforderungen und Handlungsanweisungen ist demnach die Beziehung der Jünger Jesu zu Gott, ihrem himmlischen Vater.

Somit wird auch im weiteren Kontext des Vaterunsers das menschliche Handeln und das Handeln Gottes in zweierlei Weise miteinander in Beziehung gesetzt. Das Verhältnis von Kommentarwort (6,14f.) und Vergebungsbitte (6,12) findet sich hier wieder: einerseits wird in den Paränesen die Forderung herhoben, das menschliche Tun müsse sich am Tun Gottes orientieren. Zugleich

---

[52] Vgl. für diese Deutung von Mt 6,1-18, insbesondere die Qualität des geforderten Handelns und weniger die Quantität hervorzuheben, schon die altkirchlichen Belege bei *Luz*, Matthäus, 328f.

[53] Siehe die nahezu stereotype Forderung nach einem Handeln ἐν τῷ κρυπτῷ/κρυφαίῳ in 6,4.6.18.

wird deutlich gemacht, daß Gott auf das Handeln der Menschen reagiert. Gottes Verhalten entspricht den Taten der Menschen.

2. Das Schalksknechtsgleichnis: Die Basileia als Maßstab

Dieser Grundgedanke findet sich nun auch im Schalksknechtsgleichnis wieder, so daß wohl von einem Grundzug matthäischer Ethik gesprochen werden kann. Angesprochen ist in Mt 18,15-18.21-35 das Verhalten der Jünger untereinander und der gegenseitige Umgang mit Verfehlungen. Während dabei in V.15-18 Regelungen für Streitfälle gegeben werden, wird in V.21-22 in Form eines Dialoges die Forderung nach gegenseitigem Erlaß der Verfehlungen wiederholt. Es gilt, dem Bruder immer wieder seine Verfehlungsschuld zu erlassen. In der Rede folgt dann das Gleichnis vom Schalksknecht, welches als Erläuterung für diese Forderung gelesen werden kann.[54] Eine solche Deutung setzt jedoch voraus, daß der Text von Mt 18 in der vorliegenden Form einen guten Sinn gibt, der als Ausdruck der Intention und des Anliegens des Redaktors bzw. Evangelisten Matthäus zu verstehen ist.[55]

Wie eng die Erlassensforderung schon auf der sprachlich-grammatischen Ebene mit dem Gleichnis verknüpft ist, zeigt die Einleitung in V.23.[56] Der Vergleich der Basileia der Himmel mit dem

---

[54] Vgl. dazu auch *Schweizer*, Matthäus, 245.

[55] Diese Auffassung wird in den Gleichnisauslegungen leider nicht durchgehend geteilt. Dies gilt dabei auch für die Position von *W. Harnisch*, Die Gleichniserzählungen Jesu. Eine hermeneutische Einführung, Göttingen [2]1990, der zwar die rhetorische Verbindung der „Parabel" mit dem „Diktum" von V.22 herausarbeitet (ebenda, 253), schließlich dennoch aber im Rahmen seiner Gleichnistheorie zu einer Auslegung des Gleichnisses an sich gelangen möchte. *Harnisch* kommt daher nicht ohne literarkritische Operationen aus und unterscheidet am vorliegenden Text das eigentliche Gleichnis von der Hand des Redaktors. Wie das Gleichnis als Teil des Matthäusevangeliums gelesen werden könnte, wird damit vernachlässigt. Hinter der matthäischen Gestaltung des gesamten Abschnittes wird nämlich ein eher „jüdisch-gesetzliches Denken" vermutet und „ein christliches proprium" vermißt (ebenda, 254f.).

[56] „Die Verschränkung des Erzählten mit dem Diktum von v.22 ist durch das redaktionelle διὰ τοῦτο [‚darum'] in v.23 augenfällig pointiert." *Harnisch*, Gleichniserzählungen, 253.

Verhalten eines Königs erläutert demnach in Form einer Erzählung die soeben aufgestellte Forderung, die Verfehlungen des Bruders bis ins Unermeßliche zu erlassen. Inhalt dieses Vergleiches ist dabei zunächst der Schuldenerlaß, den der König seinem Knecht auf dessen Bitten hin gewährt. Die erste Szene der Erzählung stellt nämlich dar, wie eine schier unermeßliche Schuld von zehntausend Talenten aufgrund einer flehenden Bitte erlassen wird (V.23-27).[57] Charakteristisch für die Basileia der Himmel ist also gerade ein solches Verhalten des Schuldenerlassens *auf Bitten* hin.

Exkurs II. Anmerkungen zum Gebet um „Vergebung"

Auf welchen Wegen können nach urchristlichem Glauben Menschen von ihren Verfehlungen, von der Sünde befreit werden? Häufig wird diese Frage damit beantwortet, daß die Vorstellungen von der Sündenvergebung im Urchristentum ihren „Sitz im Leben" in der Taufverkündigung oder aber in der Verkündigung des Sterbens und Auferstehens Jesu Christi haben, so daß der einzelne Glaubende über die „Sakramente" der Sündenvergebung teilhaftig wird. Die Untersuchung der urchristlichen Gebetstexte einschließlich des Vaterunsers hat nun aber darüber hinaus ergeben, daß es ebenfalls Teil des urchristlichen *Gebetes* sein kann, um „Vergebung" zu bitten. Das Vergebungsgeschehen hat nach Auffassung dieser Texte seinen Ort in der unmittelbaren Gottesbeziehung des einzelnen Betenden oder der betenden Gemeinschaft und wird in unterschiedlichen Lebensbereichen erfahrbar.

Hinzugestellt werden können diesen Gebetstexten weitere Texte, die vergleichbare Vorstellungen vom Umgang Gottes mit den Verfehlungen vermitteln. Denn in dem oben genannten Text von Mk 11,25 wird ebenfalls die Situation des Gebetes vorausgesetzt. Im Anschluß an die Feigenbaum Perikope (Mk 11,12-14+20-21) und im Anschluß an die Worte vom bergeversetzenden Glauben (V.23) und vom Beten (V.24) fügt Markus ein weiteres Logion vom Beten an. Der Inhalt des Gebetsanliegens muß aber in der Bitte um Vergebung gesehen werden, denn der Erlaß der Übertretungen durch den himmlischen Vater wird als Ziel des Gebotes für die Menschen, ebenfalls zu erlassen, gesetzt. Vorausgesetzt ist also auch hier, daß die

---

[57] Sowohl zum Maß der Vergebungsbereitschaft, die Petrus anbefohlen wird (ἑβδομηκοντάκις ἑπτά), als auch zum Maß der Schuld des Schalksknechtes (ὀφειλέτης μυρίων ταλάντων) sind verschiedene Überlegungen angestellt worden; vgl. z.B. *Jeremias*, Gleichnisse, 208, oder *H. Weder*, Die Gleichnisse Jesu als Metaphern, Göttingen [3]1984, 212f. Deutlich ist, daß die Zahlen jeweils zu anderen Größen in einem Verhältnis stehen, nämlich zu dem siebenmaligen Erlassen (V.21) in der Petrusfrage bzw. zu den hundert Denaren Schuld des Mitknechtes im Gleichnis (V.28). Zugleich stehen die beiden maßlosen Zahlen aber auch zueinander in einem Verhältnis, denn auch wenn Jesus von Petrus eine schier unermeßliche Anzahl von Erlassen fordert, so scheint die Schuld, die dem Schalksknecht erlassen wird, demgegenüber nochmals gewaltiger.

Jünger im Gebet zu ihrem Vater einen Umgang Gottes mit ihren Übertretungen erbitten.

Deutlich wird diese urchristliche Praxis auch im Jakobusbrief beschrieben. Das Gebet wird demnach von dem Briefeschreiber nicht nur im Falle des üblen Ergehens und für den Fall der Krankheit empfohlen (5,13-15). Vielmehr wird durch den Nachsatz in V.15 (κἂν ἁμαρτίας ᾖ πεποιηκώς, ἀφεθήσεται αὐτῷ) eingeschlossen, daß das Gebet auch für den Fall wirkt, daß die betreffende Person Verfehlungen begangen haben sollte. Das Gebet wird dem Kranken helfen, Gott wird ihn aufrichten und – für jenen Fall des Fehlgehens – wird er ihm Erlaß gewähren. Als Bedingung für den Erlaß der Verfehlungen wird hier allein das Gebet genannt, sei es in Form der privaten Bitte oder in Form der Fürbitte.

Es kann damit geschlossen werden, daß die in den Psalmen der Hebräischen Bibel und auch in den Gebetstexten des Frühjudentums belegte Möglichkeit, im Gebet Gott um Vergebung zu bitten, auch im Urchristentum praktiziert wurde bzw. sich auch in urchristlichen Texten spiegelt. Dem Gebet an sich ist dabei wohl keine soteriologische Funktion zuzusprechen. Jedoch wird deutlich, daß auch im Urchristentum die unmittelbare Beziehung der einzelnen zu Gott als Fundament für eine Reihe von Vergebungsvorstellungen gesehen fungiert.

Die Gleichniserzählung veranschaulicht auf der inhaltlichen Ebene also die Korrelation zwischen göttlichem und menschlichem Erlassen von Verfehlungen. Auffällig ist schon die sprachliche Korrespondenz zwischen der ersten und der zweiten Szene der Erzählung. Die Bitte des Mitknechtes um Schuldenerlaß[58] entspricht der Bitte des Schalksknechtes nahezu wortwörtlich.[59] Das ablehnende Verhalten wird damit als eine offensichtlich unangemessene Reaktion auf die Bitte vor Augen geführt.[60]

Einen weiteren Aspekt der Korrelation von göttlichem und menschlichem Verhalten heben schließlich die geschilderte Verwerfung des Schalksknechtes durch den König (V.34) und das Kommentarwort in V.35 hervor. Das Kommentarwort bietet dabei auf der Ebene der Rede Jesu an seine Jünger eine allegorische Deutung des Gleichnisses,[61] indem Jesus die abschließende Reaktion des

---

[58] Parallel ist auch der Bericht von der Bitthaltung, die die beiden Knechte einnehmen in V.26//29.

[59] „Eine erzählerisch genau kalkulierende Regie ist dafür verantwortlich, daß sich in seiner Bitte die gerade erst verhallten Worte seines Gegenübers wie ein Echo wiederholen." *Harnisch*, Gleichniserzählungen, 258.

[60] Vgl. auch *Weder*, Metaphern, 214f.

[61] Vgl. hierzu aber auch C. *Dietzfelbinger*, Das Gleichnis von der erlassenen Schuld, EvTh 32 (1972) 437-451.

Königs auf das Fehlverhalten des Schalksknechtes mit dem zukünftigen Verhalten Gottes gegenüber denjenigen gleichsetzt, die ihren
Mitmenschen Schuld nicht erlassen.[62] Als Beispiel und Erläuterung
für die Aufforderung, Schuld zu erlassen, wird demnach in Mt 18
nicht die Geschichte irgendeines Königs erzählt. Vielmehr wird als
Verhaltensrichtschnur für Petrus und die Jünger auf die Basileia der
Himmel und das entsprechende Verhalten Gottes hingewiesen.[63]
Das Kommentarwort hebt dabei den negativen Aspekt des Korrespondenzverhaltens von Gott und Mensch hervor.[64] Die Gesamtaussage des Gleichnisses wird damit erweitert, aber nicht zurückgenommen.

Insgesamt wird nämlich an dem Verhalten des Königs und am
Verhalten des Schalksknechtes anschaulich gemacht, in welchem
Sinne das menschliche Tun und das Handeln Gottes in Korrelation
gedacht werden. Der Gedanke, der schon in der Bergpredigt angerissen wurde, wird hier noch einmal aufgenommen und weiter ausgeführt. Vor allem wird hier deutlich gemacht, daß die in der Bergpredigt scheinbar nebeneinander stehenden Aspekte dieser Korrelation als gemeinsame Kennzeichen des Verhaltens Gottes bzw. als
Ausweis der Basileia der Himmel gesehen werden. Mit der Erzäh-

---

[62] Diese Verse sind in der exegetischen Literatur immer wieder als nicht zum
Gleichnis gehörende Elemente des Textes ausgeschieden worden, da der Zorn des
Königs gegenüber dem Schalksknecht sich nicht mit seiner zuvor erwiesenen Güte
vereinbaren lasse. Auffällig ist, daß *Jülicher*, Gleichnisreden II, 314, ohne eine literarische Scheidung des Textes zu einer Interpretation kommt. Er ordnet mit Hilfe
von Sir 28,1-7 diese Parabel Jesu in das Judentum der Zeit ein, setzt die Erzählung
aber zugleich von einem „spezifisch christlichen" Denken ab.

[63] Die allegorische Deutung des Gleichnisses kann nur dann vermieden werden, wenn die Erzählung aus ihrem Zusammenhang herausgelöst wird. Und es
mag schließlich seine Berechtigung haben, nach dem ursprünglichen oder dem jesuanischen Sinn des Gleichnisses zu fragen; vgl. *Dietzfelbinger*, Schuld, 441ff. Der
Evangelist Matthäus bietet aber durch die Rezeption dieses Gleichnisses in der
vorliegenden Form ebenfalls eine Deutung, und zwar eine allegorische.

[64] Es kann vermutet werden, daß mit dem Kommentarwort ein weiterer Gedanke aufgenommen ist, der in der Bergpredigt und den dortigen Ausführungen
zum Umgang Gottes mit den Verfehlungen der Menschen ebenso anklingt. Denn
sowohl 6,15 als auch 18,35 sind futurisch formuliert, so daß an diesen Stellen wohl
auch Gedanken von einer Vergeltung im Gericht mit hineinspielen.

lung von dem Schalksknecht wird in seinem Kontext veranschaulicht, daß das Handeln des Menschen sich an der Basileia der Himmel und damit am Handeln Gottes zu orientieren hat. Denn der Erzählablauf und die Frage des Königs (V.33) erklären das Handeln des Schalksknechtes, das nicht der Basileia entsprach, für falsch. Der Schalksknecht hätte sich so wie der König verhalten sollen. Zugleich wird aber auch herausgestellt, daß das Handeln Gottes sich am Verhalten der Menschen orientiert.[65] Der Umgang Gottes mit den Verfehlungen der Menschen umfaßt also ein Doppeltes.

So wie der Erlaß von Schuld, der durch Gott den Menschen gewährt wird, mit dem zwischenmenschlichen Erlassen von Schuld (6,12) vergleichbar ist, so hat sich der menschliche Erlaß von Schuld, der insbesondere innerhalb der Gemeinde gewährt werden soll, an Gottes Handeln zu orientieren (vgl. 5,48). Der Erlaß muß daher vielfältig, vielfach (ἕως ἑβδομηκοντάκις ἑπτά) und großzügig sein, so daß zehntausende Talente erlassen werden können (18,27). Zugleich gilt von Gottes Umgang mit den Verfehlungen aber auch, daß er am Verhalten der Menschen ausgerichtet ist. Und Matthäus unterstreicht dies sowohl im Anschluß an das Vaterunser als auch im Anschluß an das Gleichnis vom Schalksknecht (6,14f.; 18,34f.). Der Evangelist betont durch die abschließenden Kommentarworte die negative Kehrseite dieser Korrelation, die darin besteht, daß dem, der Schuld nicht erläßt, selbst auch nicht erlassen wird (Mt 6,15). Derjenige, der auf seinen Ansprüchen beharrt, muß auch damit rechnen, daß alles von ihm gefordert wird (Mt 18,35).

---

[65] Dies sieht auch *Harnisch*, Gleichniserzählungen, 260, in der Erzählung enthalten.

KAPITEL X

AUSWERTUNG: URCHRISTLICHE VERGEBUNGSVORSTELLUNGEN IM HORIZONT FRÜHJÜDISCHER VORSTELLUNGEN

„Der betende Sünder vor Gott"; im Zentrum der vorliegenden Untersuchung stehen frühjüdische und urchristliche Vorstellungen von der „Vergebung", Konzeptionen vom wohlwollenden Handeln Gottes an Menschen, die Verfehlungen begehen.[1] Die Untersuchung wurde auf Gebetstexte und Reden beschränkt, um in möglichst leicht abgrenzbaren Texteinheiten die Vorstellungen erheben zu können. Ziel der vorliegenden Studien ist es, mit Hilfe der Textanalysen einen Beitrag zum Verständnis des urchristlichen „Vergebungs"-Glaubens zu liefern. Zum Vergleich wurden dabei zu den urchristlichen Zeugnissen auch pseudepigraphische und apokryphe Texte des Judentums herangezogen. Die Vorstellungen des Urchristentums sollen aus ihrem historischen Kontext heraus beschrieben werden und vor dem Hintergrund vergleichbarer Konzeptionen zur Geltung kommen.

In den vorangegangenen Kapiteln konnten die einzelnen Texte als je eigene Zeugen des Vergebungsglaubens analysiert und dargestellt werden. Aufgabe des vorliegenden Kapitels wird es daher sein, die Einzelergebnisse in einem Gesamtüberblick zusammenzufassen und die wichtigsten Aspekte der untersuchten Vergebungsvorstellungen unter systematischen Gesichtspunkten darzustellen.

---

[1] Als Vergebungsaussagen wurden all diejenigen Sätze und Textelemente herangezogen, die 1. ein Tun und Handeln Gottes bezeichnen und die 2. einen oder mehrere Sündentermini als Objekt der Handlung oder einen oder mehrere Menschen als Personalobjekt nennen, wobei 3. sämtliche Aussagen ausgeschlossen wurden, die auf vernichtende und zerstörerische Handlungen referieren.

I. DIE DIFFERENZIERBARKEIT VERSCHIEDENER VERGEBUNGSVORSTELLUNGEN

Als ein erstes Ergebnis ist festzuhalten, daß die erarbeiteten Vorstellungen von einem Umgang Gottes mit den Verfehlungen der Menschen bzw. mit den Menschen selbst, die Verfehlungen begingen, keineswegs einheitlich sind. Weder liegt ein einheitliches Vokabular vor, noch sind die Vorstellungen in stets ein und demselben theologischen Grundgedanken verankert. Nachdrücklich ist daher die Forderung zu wiederholen, den deutschen Begriff „Vergebung" allein als kategorisierenden Oberbegriff zu verwenden. Er ist zwar geeignet, die verschiedenen Formulierungen und Ausdrücke in den griechischen Texten zusammenzufassen. Mit dem Begriff „Vergebung" läßt sich jedoch kein bestimmter Vorgang oder eine bestimmte Tat Gottes im Umgang mit den Verfehlungen eines Menschen bezeichnen.

1. *Die Vorstellungen vom vergebenden Handeln Gottes*

a) *Die Vorstellungen in den jüdischen Texten*
In den vorliegenden Studien wurden jüdische Texte ausgelegt, die in griechischer Sprache überliefert sind und einen Einblick in Glauben und Denken des Judentums zur Zeit der Entstehung der urchristlichen Schriften liefern. Die Ergebnisse sind hier nicht im einzelnen zu wiederholen, kurz seien aber nochmals die wichtigsten Gedanken und Aussagen zusammengestellt, um einen geschlossenen Überblick zu bieten.

In dem Erzählwerk *Joseph und Aseneth* konnten gleich drei verschiedene Vergebungsvorstellungen ausgemacht werden. In den Monologen der Aseneth, die in JosAs 11,1b-14 und 16-18 ihrem eigentlichen Gebet vorausgehen, wird mit Hilfe von zwei unterscheidbaren Konzeptionen erwogen, welche Möglichkeiten für die ägyptische Priestertochter bestehen, sich trotz ihres begangenen Götzendienstes an den Gott Israels zu wenden. Und in den Gebetsworten selbst (JosAs 12-13) wird schließlich ein weiterer Gedanke zum Ausdruck gebracht.
Aseneth beschreibt zunächst, daß die Eigenschaften des Handelns Gottes, wie sie im Anschluß an Ex 34,6f. aufzählbar sind, es gewährleisten, daß er auch angesichts ihrer eigenen Situation Ausnahmen machen wird. Als Ausdruck seiner Barmherzigkeit wird das Nicht-Anrechnen und das Nicht-Strafen zum Cha-

rakteristikum des Umgangs Gottes mit den Verfehlungen der Menschen und mit denjenigen der Aseneth (JosAs 11,10). In dem zweiten Monolog wird zudem der Gedanke aufgenommen, wonach Gott sein Volk zwar „schlägt", aber anschließend wieder „heilt", und mit Hilfe der Vorstellung von der Versöhnung einer angesehenen Persönlichkeit, die der Beilegung seines Zorns gleichkommt, veranschaulicht. Demnach gilt für den Fall, daß Gott Aseneth aufgrund ihrer Verfehlungen tatsächlich mit seinem Zorn verfolgen wird, daß er sich auch wieder versöhnen wird und seine Ansprüche erläßt (JosAs 11,18). Im Gebet selbst greift Aseneth schließlich auf den in nicht-jüdischen Texten verbreiteten Gedanken zurück, daß ein Umgang mit den Verfehlungen eines Menschen darin bestehen kann, daß die Begleitumstände der betreffenden Taten berücksichtigt und eingesehen werden, so daß letztlich die Handlungen nicht mehr als Verschulden eingeschätzt werden können (JosAs 13,13).

Im *Gebet Manasses* werden die Konzeptionen ebenfalls im Anschluß an Ex 34,6f. entfaltet. Hier wird jedoch hervorgehoben, daß die Barmherzigkeit Gottes einen vollständigen Wechsel beinhalten kann von dem Entschluß, den Sünder zu vernichten, hin zu Handlungen und Taten der Rettung des Sünders aus der Notsituation, die durch die Strafschläge für die Sünden herbeigeführt wurde. Vor dem Hintergrund dieses Gottesbildes verdeutlicht der Beter dann seine Sicht von der Metanoia, die von Gott selbst für die Sünder als Möglichkeit „gesetzt" ist, um die betreffenden im obigen Sinne vor dem Verderben bewahren zu können. Zudem ergreift der Beter diese Möglichkeit im vorliegenden Gebet, indem er seine Verfehlungen bekennt, sich als Sünder von den Gerechten unterscheidet und selbst disqualifiziert, seine Notsituation als Konsequenz seiner Taten anerkennt und sich schließlich in Bitten an Gott wendet. Diese Bitten enthalten dabei gemäß der zuvor entfalteten Vorstellung den Wunsch, Gott möge von seinen bisherigen Strafschlägen absehen, sie nicht bis zum Verderben des Beters führen, ihn vielmehr aus der Not „retten" und sich also als θεὸς μετανοῶν erweisen.

Dieser Wunsch nach Rettung aus einer Notlage, die auf das eigene Verfehlungshandeln zurückgeführt wird, klingt auch im *Gebet des Tobit* an (Tob 3,3). Doch wird im *Tobitbuch* mit aller Konsequenz am Zusammenhang der Taten und dem Ergehen der Menschen festgehalten. Die Krise des weisheitlichen Diktums vom Tun-Ergehens-Zusammenhang wird in der Erzählung von dem rechtschaffenen Israeliten, der in Not gerät, sogar anschaulich dargestellt und auf die Frage zugespitzt, weshalb dieser leiden muß, von dem nur Taten der Rechtschaffenheit zu berichten sind. Doch wird über die gesamte Erzählung nicht von diesem Diktum abgewichen, vielmehr wird den guten Taten der Barmherzigkeit und Gerechtigkeit eine rettende Funktion zugesprochen (Tob 4,11; 12,9). Mit Hilfe der gesamten Erzählung wird demnach die Möglichkeit vor Augen geführt, durch gute Taten die Konsequenzen des Verfehlungshandelns zu beseitigen und aufzuwiegen. Die überbrachten Sprüche der Weisheit werden anhand des Tun und Ergehens der Erzählfigur Tobit zunächst problematisiert, um abschließend um so deutlicher unterstrichen werden zu können: Die Täter von Barmherzigkeit und Gerechtigkeit mehren ihr Leben, diejenigen von Verfehlungen aber sind Feinde ihres eigenen Lebens (Tob 12,9f.). Die Rettung des Menschen aus seiner Notsituation, die von Gott ausgeht, und damit der Umgang Gottes mit den Menschen, die Verfehlungen begingen, geschieht demnach nicht, ohne daß von seiten des Menschen Einfluß geübt werden könnte. In Tob 12,9 liegt damit ein Beleg einer Vergebungsaussage vor, in der nicht Gott Subjekt der Handlung ist: ἐλεημοσύνη γὰρ ἐκ θανάτου ῥύεται καὶ αὐτὴ ἀποκαθαριεῖ πᾶσαν ἁμαρτίαν. Auch im Gebet der Frommen in Israel, welches in PsSal 9 überliefert ist, spielt die Vorstellung von der Gerechtigkeit Gottes eine entscheidende Rolle. Gott, der Richter, mißt demnach einem jeden Menschen das zu, was ihm aufgrund seiner Unrechtstaten oder Gerechtigkeitstaten (δικαιοσύναι) zukommt. Es wird in diesem Gebet daran festgehalten, daß demjenigen, der Verfehlungstaten beging, ein entsprechendes Maß an negativen Konsequenzen zukommt. Ausnahmen von diesem Verfehlungs-Straf-Zusammenhang gibt es nicht. Dennoch ist auch für die Psalmen Salomos und gerade auch für PsSal 9 die Barmherzigkeit Gottes das zentrale Attribut seines Handelns, auf das sich alle Hoffnungen des Volkes stützen. Somit besteht für die Betenden dieses Psalmes kein Widerspruch zwischen einem Gotteshandeln „in Gerechtigkeit" und gemäß der Barmherzigkeit, da sich das barmherzige und gütige Handeln Gottes für sie darin ausdrückt, daß Gott zwar jeden gerecht straft, aber allein die ἁμαρτωλοί vernichtet, während die Gerechten und Frommen durch die Strafe gezüchtigt und „gereinigt" werden. Das Vergebungshandeln Gottes besteht für PsSal 9 folglich in der Ausrichtung der Menschen, die Verfehlungen begingen, und deren Neuorientierung. Niemand kann sich den gerechten „Schlägen" für das Verfehlungshandeln entziehen, doch führen diese Schläge nicht in allen Fällen zur endgültigen Vernichtung.

Grundlegend ist dabei der Gedanke, daß der Bund des Gottes Israels mit seinem Volk diese Möglichkeit von barmherzigem Handeln eröffnet und die Vernichtung des Volkes ausschließt. Die Gerechten und Frommen, die sich im Bund zu Gott zählen, werden von Gott nicht mit dem gleichen Maß gemessen wie die ἁμαρτωλοί. Sie stehen auch in der Züchtigung, die auf ihr Verfehlungshandeln folgt, stets unter dem Segen Gottes.

Grund und Anlaß, von einem vergebenden Handeln Gottes ausgehen zu können, ist auch für das sogenannte Gebet Asarjas die Vorstellung von dem Bundesverhältnis, das zwischen dem Volk Israel und Gott besteht. Stärker als in PsSal 9 wird hier aber die gegenseitige Verpflichtung betont, die in diesem Bundesverhältnis besteht. Denn die Betenden erinnern nicht nur Gott an seine Verheißungen, die zu der derzeitigen Notlage des Volkes offensichtlich im krassen Widerspruch stehen. Wichtig ist für die Betenden auch der institutionalisierte Weg des Kultus, um auf seiten der Menschen sich angemessen gegenüber Gott verhalten zu können. Die Vergebungsvorstellung, die im Rahmen dieses Gebetstextes ausgebildet wird, verbindet daher den Gedanken einer menschlichen Bußleistung mit dem Bundesgedanken: So wünschen sich die Betenden, daß ihr Bußgebet, das Bekenntnis ihrer Schuld bei gleichzeitiger Anerkennung der Gerechtigkeit des göttlichen Strafhandelns, ähnlich wie die – momentan nicht mehr durchführbaren – Opferhandlungen als angemessenes Verhalten des Volkes angesichts der Verfehlungstaten von Gott akzeptiert werden möge, damit die Betenden wieder teilhaben können an den Verheißungen des Bundes. Das Vergebungshandeln Gottes umfaßt hier also die Wiederaufnahme und zugleich die Gebetserhörung. Die Erhörung des Gebetes und die Aufnahme in das Bundesverhältnis werden hier als einziger „Vergebungs"-Akt begriffen, der schließlich in der Rettung des Volkes aus der derzeitigen Notsituation konkret wird.

b) Gottes Barmherzigkeit gegenüber dem Sünder (Lk 18,13)

Aus dem Lukasevangelium wurde mit dem Gebetsruf des Zöllners innerhalb des Gleichnisses vom Pharisäer und Zöllner ein vergleichsweise kurzes Gebet herausgegriffen, das aber eine besondere Vergebungsvorstellung enthält. Charakteristisch ist für die Vergebungsbitte im Gebet des Zöllners (Lk 18,13c) vor allem die allgemeine und umfassende Formulierung der Aussage:[2] Der Zöllner bittet um einen *barmherzigen* Umgang Gottes mit sich selbst, dem ἁμαρτωλός.

Für die vorliegende Vergebungsvorstellung rückt damit das Verhältnis zwischen „Sünder" und Gott ins Zentrum. Auffälligerweise spielen das konkrete Verfehlungshandeln des Zöllners und auch das konkrete Vergebungshandeln Gottes nur eine nachgeordnete Rolle. Erst die Informationen über Zöllner im Palästina des ersten Jahrhunderts lassen erahnen, welche Verfehlungstaten mit dem Bekenntnis des Zöllners konnotiert werden können. In dem Gebet selbst werden keine konkreten Verfehlungen angesprochen. Ebenso bleibt auch offen, welches konkrete Gotteshandeln dem Zöllner im einzelnen vor Augen steht. Ein einzelner Akt der Vergebung oder der Zueignung ist nicht Bestandteil der ausgedrückten Vorstellung.

Vor dem Hintergrund der untersuchten frühjüdischen Vergebungsvorstellungen wird damit eine Besonderheit dieses urchristlichen Gebetes deutlich. Gemeinsam mit vielen jüdischen Konzeptionen erscheint auch hier als Fundament der Vergebungsvorstellung die Barmherzigkeit Gottes. Jedoch erweist sich nach Lk 18,13 die Barmherzigkeit Gottes weniger in einem konkreten Umgang mit einem bestimmten Fehlverhalten des betreffenden Menschen. Vielmehr wird in diesem Gebet eine Auffassung von der göttlichen Barmherzigkeit erkennbar, wonach sich Gott im Blick auf den betenden und seine Verfehlungen bekennenden Menschen insgesamt barmherzig verhält. Anders als in den meisten jüdischen Gebeten ist in der hier vorliegenden Konzeption von „Vergebung" nicht an konkrete göttliche Aktionen gedacht, sondern an das grundsätzlich

---

[2] Zum Sprachgebrauch in Lk 18,13c siehe auch unten 2.c).

barmherzigem Verhalten Gottes gegenüber der gesamten Person desjenigen, der Verfehlungen beging. Gott wendet sich dem Sünder zu.

Erklären läßt sich der Gebrauch dieser unspezifizierten Vorstellung aus dem Kontext des Gebetes. Innerhalb des Gleichnisses vom Pharisäer und Zöllner hat das Gebet in Lk 18,13c die Funktion, zur Beschreibung des Zöllners beizutragen. Es wird anhand der Beispielfiguren das Bild von einem *angemessenen Beten* entworfen, indem die Gebetsworte selbst sowie der mit dem Gebet verbundene Gestus von Pharisäer und Zöllner einander gegenübergestellt werden. Der Zöllner erscheint dabei in der Zeichnung des Gleichnisses als derjenige, der sich im Gegenüber zu seinem Gott und angesichts seines bisherigen Tuns angemessen verhält und die richtigen Gebetsworte findet. Er, der sich selbst ἁμαρτωλός nennt, bittet um „Vergebung" und kann daher anschließend als δεδικαιωμένος gelten.

Im Blick auf die Vergebungsvorstellungen, die Lukas besonders im Rahmen seiner missionstheologischen Konzeptionen (vgl. Agp 5,30ff. u.ö.) zum Ausdruck bringt, hebt das Zöllnergleichnis einen wichtigen weiteren Aspekt im Glauben an den vergebenden Gott hervor. Nicht nur im Zusammenhang von der Aufnahme ins Christentum ist daher von der Vergebung zu reden, sondern gerade auch im Blick auf die Verfehlungen derjenigen, die ihr Leben bereits (als Christen) vor Gott führen. Der betende Sünder wird, ähnlich wie die Sünderin (Lk 7) oder der Oberzöllner Zachäus (Lk 19) als Exempel für einen Menschen stilisiert, der Gott bereits zugewandt ist, aber Verfehlungen beging.

c) Eingliederung der Sünder in die Schöpfungsordnung (1 Clem 60)
Eine ausführliche Reihe von Vergebungsaussagen (1 Clem 60,1b-3) findet sich im Abschlußgebet des Ersten Klemensbriefes. Als Teil der Zusammenfassung des Briefes kommt dabei dem Gebet eine herausragende Stellung im gesamten Schreiben zu: In Form von Gebetsworten werden die Anliegen der Absender nochmals formuliert. Die konkreten Probleme in der Gemeinde werden gemeinsam mit den allgemeinen Schwierigkeiten der jungen Christenheit betend vor Gott gebracht.

Die Vergebungsvorstellung des Gebetes gründet in dem Glauben an den Schöpfergott, der die Ordnung der Schöpfung garantiert. Als Erhalter dieser Schöpfungsordnung reagiert Gott auf das Fehlverhalten der Menschen nicht nur mit seinem Zorn. Vielmehr wird in diesem Gebet deutlich auf die Möglichkeit verweisen, daß Gott die Menschen wieder auf die bestehende Ordnung hin ausrichten kann. „Vergebung" wird in diesem Gebet demnach als Ausrichtung und Zurechtbringen der Menschen verstanden, die sich mit ihrem Fehlverhalten aus der Schöpfungsordnung herausbewegt haben.

Grundlegend für die spezifische Vergebungsvorstellung im Abschlußgebet des Ersten Klemensbriefes ist dabei die theologische Interpretation zwischenmenschlichen Fehlverhaltens. Die Absender des Schreibens betonen das Verhältnis der Gemeinde zu ihren Führern und zur weltlichen Obrigkeit. Und die im Gebet angesprochenen Verfehlungen der Menschen, die insbesondere auch die konkreten Mißstände in der korinthischen Gemeinde einschließen, sind als zwischenmenschliches Problem ernstgenommen. Daher beschreiben die Vergebungsaussagen ein Gotteshandeln, das auf die Herstellung von Eintracht und Frieden unter den Menschen abzielt. Die Frage nach der Lebensgestaltung der Menschen wird aber nicht unabhängig von der göttlichen Schöpfungsordnung gedacht. Zwischenmenschliches Fehlverhalten erscheint als Verstoß gegen diese Ordnung. Die Vergebungsvorstellung im Abschlußgebet des Ersten Klemensbriefes ist also aus dieser Konzeption des Schöpferglaubens abgeleitet und bildet zugleich einen zentralen Bestandteil derselben: Gott vergibt, indem er ein weiteres Miteinander der Menschen und ein neues Verhalten im Rahmen der göttlichen Ordnung ermöglicht.

d) Das Erlassen von Schuld (Mt 6,12)

In der Vergebungsbitte des Vaterunsers wird das vergebende Handeln Gottes mit menschlichem Vergebungshandeln in ein Verhältnis gesetzt. So wie sich die Menschen untereinander ihre Schuld erlassen, so soll Gott auch den Betenden ihre Schuld erlassen.

Kennzeichnend für die Vergebungsvorstellung des Vaterunsers ist dabei zunächst die Bewertung des menschlichen Fehlverhaltens als Schuld gegenüber Gott, die in singulärer Weise mit dem Begriff ὀφείλημα benannt wird, und die grundsätzliche Annahme, daß Gott

auf seine Ansprüche gegenüber dem Menschen verzichten kann.
„Erlassen von Schuld" bedeutet demnach das Verzichten auf Ansprüche, die aus dem Fehlverhalten erwachsen sind. Darüber hinaus
ist der Korrelationsgedanke tragend; denn menschliches und göttliches Handeln stehen zueinander in einem Verhältnis. Aus der vorliegenden Formulierung im Vaterunser läßt sich dabei kein Abhän-
gigkeitsverhältnis von menschlichem und göttlichem Vergeben rekonstruieren (vgl. aber Mk 11,25). Die spezifische Formulierung in
Mt 6,12 (ὡς mit Ind. Aorist) macht eine solche Deutung unwahrscheinlich. Vielmehr ist besonders im Blick auf die dritte Vaterunserbitte zu vermuten, daß auch in der Vergebungsbitte göttliches
und menschliches Verhalten miteinander verglichen werden sollen.
Die vorliegende Formulierung macht es möglich, das göttliche Handeln mit Hilfe des zwischenmenschlichen zu veranschaulichen und
zugleich das zwischenmenschliche Handeln am Handeln Gottes zu
orientieren.

Insgesamt machen der Gedanke der Schuldverpflichtung gegenüber Gott und der Gedanke der Korrelation deutlich, daß die Beziehung der Betenden zu Gott die Grundlage der Vergebungsvorstellung des Vaterunsers bildet. Die Beziehung zu Gott bringt Anforderungen an das Verhalten der Betenden mit sich, aber auch die Möglichkeit, etwaige Schuldansprüche erlassen zu bekommen.

Im Blick auf die Brotbitte des Gebetes wird schließlich ein be-
sonderes Charakteristikum der Beziehung der Betenden zu Gott,
ihrem Vater, deutlich. Denn es ist zu vermuten, daß die Vergebungsbitte als Teil des gesamten Vaterunsers ebenfalls ein alltägli-
ches Anliegen formuliert. Die Verfehlungen und die Schuld gegenüber Gott sind als Problem des Alltags qualifiziert, das sich aus der
Lebensgestaltung der Kinder Gottes ergibt. Die Betenden stehen in
der Beziehung zu ihrem Vater und sehen sich veranlaßt, täglich
nicht nur um das Lebensnotwendigste zu bitten, sondern auch um
den Erlaß ihrer Schuld.

2. Der Sprachgebrauch in den jüdischen und christlichen Texten

Eine wichtige Aufgabe der vorliegenden Studien bestand darin, die verwendeten Begriffe und Ausdrücke, die einen Umgang Gottes mit den Verfehlungen der Menschen bezeichnen, im Rahmen ihrer Kontexte lexikologisch zu beschreiben und die Bedeutung der jeweiligen Aussagen für den vorliegenden Gebetstext zu erheben. Eine bemerkenswerte Vielfalt an Vergebungsbegriffen ist dabei sichtbar geworden. Zugleich konnte ein kleiner, aber im Blick auf die Bedeutung der ausgesagten Vorstellungen entscheidender Ausschnitt aus dem religiösen Vokabular des Urchristentums beleuchtet werden. Im Zuge der Untersuchungen sind die sprachlichen Möglichkeiten des Urchristentums und des damaligen griechisch sprechenden Judentums deutlicher geworden, mit denen zur Zeit der Entstehung der neutestamentlichen Schriften ein Vergebungshandeln Gottes ausgedrückt werden konnte.

Im Rahmen dieser Auswertung müssen die untersuchten Begriffe und Wendungen nicht nochmals dargestellt werden. Rückblickend auf die Textuntersuchungen sind vielmehr einige weiterführende Beobachtungen zum untersuchten Sprachgebrauch anzufügen. Vorab ist festzuhalten, daß zwischen den jüdischen und christlichen Texten keine *sprachlichen* Unterschiede ausgemacht werden konnten. Auch wenn sich später in christlichen Texten die Vokabel ἀφιέναι/ἄφεσις als dominierender Vergebungsterminus durchsetzt, finden sich in den ältesten, urchristlichen Gebetstexten auch andere Konstruktionen und Wendungen, die ganz unterschiedliche Vokabeln verwenden.[3] Ein einheitlicher urchristlicher Terminus, das vergebende Handeln Gottes zu bezeichnen, liegt in den untersuchten Texten nicht vor.

a) Die Bedeutung der Septuaginta als sprachgebende Instanz

Die Formulierungen und Wendungen, mit denen in den untersuchten jüdischen und christlichen Texten ein Vergebungshandeln Gottes beschrieben wird, sind zu einem großen Teil von den griechischen

---

[3] Vgl. dazu nochmals die Aufstellungen bei *Sung*, Vergebung, § 36.

Texten der Heiligen Schriften geprägt. Bestimmte Psalmenworte,
wie PsLxx 31,2, spielen eine erhebliche Rolle.[4] Demnach muß geschlossen werden, daß im jüdisch-christlichen Sprachraum für die
Konzipierung der griechischen Texte ein gewisser biblischer Wortschatz an Begriffen und auch an geprägten Wendungen bereitstand,
um den Umgang Gottes mit den Verfehlungen der Menschen auszudrücken.

Doch nur selten wird im Rückgriff auf die geprägte Terminologie auch eine geprägte *Vorstellung* mit übernommen. Denn die
obige Zusammenstellung der Vergebungsvorstellungen zeigt, wie
sehr sie jeweils in den Kontext der untersuchten Texte eingebunden
sind und dem dort vorliegenden Gesamtrahmen entsprechen. Einzelne Passagen der Septuaginta dienen demnach allein als Formulierungshilfe und sprachgebende Instanz für die Vergebungsaussagen
in den jüdischen und christlichen Texten. Auf die Vorstellungen und
Konzeptionen der jeweiligen Vorlagentexte wird nur selten zurückgegriffen.

Gleichwohl stehen einige der untersuchten jüdischen und christlichen Vergebungsvorstellungen auch unter einem inhaltlichen und
theologischen Einfluß der Heiligen Schriften bzw. der Septuaginta.
Jedoch erfolgt dieser Einfluß auf indirektem Wege, und nicht über
die Rezeption der Vergebungs-Termini oder einzelner Wendungen
und Zitate. Dafür bietet beispielsweise die Reihe von Vergebungsbegriffen im Abschlußgebet des Ersten Klemensbriefes (1 Clem
60,1b-3) einen eindrücklichen Beleg.

Charakteristisch für die Vergebungsbitten im Abschlußgebet des Ersten Klemensbriefes ist die Verwendung von traditionellen und geprägten Formulierungen. Der
inhaltliche Rahmen des Gebetes und damit die Aussageabsicht auch der Vergebungsbegriffe ist jedoch durch die Gesamtkomposition des Gebetes vorgegeben: Es
geht um die Herstellung von Eintracht und Frieden im Rahmen der göttlichen
Schöpfungsordnung (s.o.). So wird beispielsweise die Reinigungsterminologie aus
PsLxx 50,4 bzw. vergleichbaren Texten übernommen. Eingebunden in den Zusammenhang des Abschlußgebetes kommt aber eine Vorstellung zum Ausdruck, die
nicht in PsLxx 50 enthalten ist: Gottes Vergebungshandeln ist als Reinigung be-

---

[4] Ebenso liegt an verschiedenen Stellen eine Kombination dieses Verses mit Ex
34,6f vor; siehe zum Beispiel JosAs 11,10; TestSeb 9,7; 1 Clem 60,1b.

schrieben im Sinne einer neuen Ausrichtung der Gemeinde, die es ermöglicht, von neuem gute Taten zu vollbringen. Auch die Bitte um Entschuldung und Nichtanrechnung (ἀφιέναι und μὴ λογίζεσθαι + Sündenterminus) entstammen dem Wortschatz der Septuaginta (vgl. PsLxx 31,2 u.ö.), sie sind aber in die Vorstellung eingebunden, wonach Gott durch einen Schuldenerlaß die Möglichkeiten für ein weiteres Miteinander im Rahmen der göttlichen Ordnung schafft. Ein Gedanke, der sich beispielsweise nicht in PsLxx 31 findet.

Nahezu in jeder Vergebungsaussage in diesem Gebet kann ein Anklang an Psalmenworte aus der Septuaginta festgestellt werden. Die Psalmstellen dienen offensichtlich als Formulierungshilfe für das Abschlußgebet im Ersten Klemensbrief. Der prägende Gedanke und die gemeinsam mit allen Formulierungen zum Ausdruck gebrachte Vergebungsvorstellung finden sich jedoch nicht in diesen Psalmen. Der theologisch-inhaltliche Rahmen der jeweiligen Psalmenstellen wird nicht übernommen. Vielmehr werden die Vergebungs-Aussagen aus ihrem Kontext genommen und unter einem neuen theologischen Konzept zusammengestellt, welches aber ebenfalls biblischen Ursprungs ist: der Glaube an Gott als Schöpfer und Erhalter.

Der theologische Einfluß der Septuaginta vermittelt sich also nicht über die Rezeption von einzelnen Vokabeln und sprachlichen Wendungen. Vielmehr muß die inhaltliche und konzeptionelle Verankerung einer Vergebungsvorstellung getrennt werden von der sprachlichen Anlehnung an eine bestimmte traditionelle Terminologie.

b) Neubildung von Vergebungsbegriffen

Zudem werden aber auch Vergebungs-Ausdrücke und Begriffe verwendet, die nicht in den Heiligen Schriften belegt sind und auch nicht als geprägte Wendungen und Phrasen bezeichnet werden können. Vielmehr kommt es an manchen Stellen zur Neubildung von Vergebungsbegriffen. Beobachtet werden konnten Anlehnungen und Weiterbildungen von bildlichen Aussagen zum Umgang Gottes mit den Verfehlungen, wie dem „Vorhalten des Übels" (OrMan 13: μὴ τηρεῖν τὰ κακά). Belegt werden konnte aber auch der Versuch, die religiösen Gedanken mit Hilfe von Begriffen und Wendungen aus dem zwischenmenschlichen Bereich zu veranschaulichen.[5]

Gerade in den Gebetstexten, in denen häufig mit verschiedenen Konzeptionen zum Umgang Gottes mit den Verfehlungen gerungen wird, werden verschiedene Gedanken angerissen und wieder verworfen und andere wiederum als Grundlage der schließlich entfalteten Vorstellung herausgestellt. Dabei kommt es zu der sprachschöpferischen Tendenz, neue und verständliche Begriffe zu entwickeln, die Gottes Vergebungshandeln in dem gegebenen Zusammenhang treffend zum Ausdruck bringen.

c) Beobachtungen zum Sondergebrauch der griechischen Sprache
Abschließend kann damit auch ein Beitrag zur Diskussion um die sprachlichen Besonderheiten der jüdisch-christlichen Texte innerhalb der Koine geleistet werden.[6] An verschiedenen Stellen mußten in den obigen Vokabeluntersuchungen syntagmatische und lexikalische Besonderheiten in Auswahl und Gestaltung der Vergebungsaussagen festgestellt werden. Diese lassen sich jedoch nicht auf einen generellen Sondergebrauch der griechischen Sprache durch das hellenistische Judentum und das griechisch sprechende Urchristentum, also auf ein sogenanntes Bibelgriechisch zurückführen.

Als veranschaulichendes Beispiel sei der Gebetsruf in Lk 18,13 ausgewählt:

In Lk 18,13 liegt wie gesehen die ungewöhnliche Verwendung der Vokabel ἱλάσκεσθαι mit Dativobjekt vor. Ansonsten findet sich die Vokabel meist in der Bedeutung „gnädig stimmen", und zwar in der syntagmatischen Konstellation ἱλάσκεσθαι (τὸν) θεόν. Die Kontruktion stellt eine Besonderheit dar, da nur ein weiterer Beleg für den Gebrauch von ἱλάσκεσθαι mit Dativobjekt außerhalb des jüdisch-christlichen Schrifttums gefunden werden konnte (vgl. *Plutarch*, Publicola 21). Die vorliegende syntagmatische Konstellation, also ἱλάσκεσθαι im Imperativ Aorist Passiv mit personalem Dativobjekt (ἱλάσθητί μοι) findet sich schließlich nur noch in eini-

---

[5] Siehe vor allem die Aussagen in JosAs 11,10 (μὴ ἐλέγχειν τάς ἀνομίας) und 13,13 (συγγνῶναι c.dat.). Nicht in Anlehnung an den zwischenmenschlichen Bereich, sondern in Anlehnung an die Annahme von Opfern durch Gott im Zuge des israelitischen Kultus und zugleich in Anlehnung an den Vorgang der Gebetserhörung wird auch in Dan 3,38ff. mit προσδέχεσθαι ein neuer und eigener Vergebungsbegriff gebildet.

[6] Vgl. zur Diskussion um ein jüdisch-christliches „Bibelgriechisch" nochmals oben im einführenden Kapitel I, Abschnitt I.2.b).

gen wenigen Gebetstexten in der Septuaginta (siehe 4 Βας 5,18; Est 4,17[h]; Ps 25(24),11; 78(77),38; 79(78),9). Belegt sind jedoch innerhalb und außerhalb der antiken jüdisch-christlichen Literatur Gebetsrufe, die mit den Derivaten ίλα-θι/ίληθι/είλλαθι formuliert sind.

Festgehalten wurde daher für den Gebetsruf in Lk 18,13, daß der Gebrauch von ίλάσκεσθαι mit Dativobjekt ungewöhnlich, aber nicht grammatisch unmöglich ist, zumal er sich an den Gebrauch der Derivate der Vokabel anlehnt. Schließlich leitet sich die vorliegende Verwendung von ίλάσκεσθαι nicht aus der Übersetzung einer einzigen hebräischen Kontruktion ab, vielmehr liegen den für Lk 18,13 möglichen Vorlagentexten aus der Septuaginta unterschiedliche hebräische Vokabeln zugrunde. Die Ursachen für die sprachliche Besonderheit in Lk 18,13 sind damit also nicht in einer von der allgemeinen Koine abweichenden (Übersetzungs-) Sprache des Urchristentums einschließlich des damaligen Judentums zu suchen.

Vielmehr beeinflußt die *inhaltliche und konzeptionelle Besonderheit* der Vergebungsvorstellung die syntagmatische Konstruktion der Vergebungsaussage und die damit verbundene Suche nach einem treffenden Vergebungsbegriff in den Übersetzungen der Heiligen Schriften. Denn im Rahmen der Gleichniserzählung von Lk 18 genügte die Verwendung eines Vergebungs-Ausdruckes, der ein barmherziges Handeln Gottes im möglichst umfassenden und unspezifizierten Sinne bezeichnet. Dies gelingt mit dem Ausdruck ίλάσθητί μοι. Ohne Konkretionen benennen zu müssen, wird ein barmherziges Verhalten Gottes dem Sünder gegenüber beschrieben.

Damit ist zu bezweifeln, daß allein die Zweisprachigkeit des hellenistischen Judentums und des ältesten Christentums als Ursache für den feststellbaren Sondergebrauch einzelner Vokabeln und Ausdrücke gesehen werden muß. Ausgehend von den obigen lexikologischen Untersuchungen ergibt sich vielmehr die Vermutung, daß gerade die theologischen und konzeptionellen Besonderheiten der jüdischen und christlichen Vorstellungen zu einem besonderen Gebrauch der griechischen Sprache beigetragen haben. So konnte in den untersuchten Texten das Bemühen nachgewiesen werden, die besonderen Vorstellungen vom Umgang Gottes mit den Verfehlungen der Menschen mit Hilfe der griechischen Sprache in angemessener Weise zum Ausdruck zu bringen. Das hat in einigen Texten zu grammatischen und syntagmatischen Besonderheiten geführt ebenso wie an anderen Stellen zur sprachlichen Neuschöpfung von Vergebungsbegriffen.

II. Aspekte des Urchristlichen Vergebungsglaubens im Kontext Frühjüdischer Vergebungsvorstellungen

Die untersuchten urchristlichen Gebetstexte sind als Zeugen für den Vergebungsglauben des Urchristentums herangezogen worden. Sie tragen spezifische Aspekte bei zum Verständnis der urchristlichen Vorstellungen von einen wohlwollenden Umgang Gottes mit den Verfehlungen der Menschen bzw. mit den Menschen selbst, die Verfehlungen begingen. Im folgenden sind diese Aspekte des Vergebungsglaubens darzustellen. Die erarbeiteten frühjüdischen Konzeptionen sollen in die Darstellung einbezogen werden, um das Profil der urchristlichen Vorstellungen sichtbar werden zu lassen.

1. „Sünde" als Verfehlungstat

Den untersuchten Vergebungsvorstellungen liegt ein durchaus einheitliches Verständnis von „Sünde" bzw. von dem Gegenstand des göttlichen Vergebungshandelns zugrunde. Gemeinsam wird in den herangezogenen frühjüdischen Texten und in den urchristlichen Gebeten „Sünde" als Verfehlungstat oder als die sich aus einer Verfehlungstat ergebene Schuld verstanden.

Spekulative Sündenvorstellungen fehlen in den untersuchten Texten. Nirgends wird etwa nach einer anthropologischen oder kosmologischen Begründung für das Verfehlungshandeln gefragt, auch wenn über die eigentlichen Anliegen von Gebeten hinaus grundlegende Reflexionen zum Handeln des Menschen *coram deo* angestellt werden. Unnötig erscheint in diesen Überlegungen auch die Frage, warum der Mensch beispielsweise eine Wahlfreiheit zwischen δικαιοσύνη und ἀδικία hat.[7] Daß solche Bedingungen für das menschliche Handeln bestehen, ist eine nicht weiter erörterte Voraussetzung für die untersuchten Texte.[8] Das Vergebungshandeln Gottes wird nötig durch die Verfehlungstaten der Menschen. Das „Sünden"-Verständnis in den untersuchten Texten unterscheidet sich damit von weiterreichenden Vorstellungen, wie sie sich in anderen jüdischen und urchristlichen Texten finden. Der Gedanke beispielsweise, daß alles Geschaffene dem Tun von Verfehlungstaten verfallen sei (vgl. Philo, Vita Mosis 2,147: παντὶ γενητῷ ... συμφυὲς τὸ ἁμαρτάνειν ἐστίν), spielt in den herangezogenen Texten ebensowenig eine Rolle wie die Vorstellung, daß „die Sünde" den Menschen knechte und in ihm am Werk sein könne (Röm 7).

Grundlegend ist hingegen insbesondere für die jüdischen Texte der Tat-Folge-Zusammenhang. Aufgrund der begangenen Taten sehen sich die Menschen gezwungen, das Gebet zu Gott aufzunehmen. Differenziert wird dabei im einzelnen beschrieben, wie der Zusammenhang der eigenen Verfehlungstaten mit den erwarteten und schon eingetretenen Konsequenzen dieses Tuns gedeutet wird.

Während Aseneth beispielsweise in JosAs 11-13 ihren Götzendienst als Verschulden gegen den Gott Israels begreift und befürchtet, daß ihre Taten den Zorn Gottes in Form von Strafhandlungen gegen sie auslösen (siehe JosAs 11,16), sieht sich der Beter des Gebetes Manasses schon solchen Strafhandlungen ausgesetzt und bittet um Milderung (siehe OrMan 9f.+13; vgl. auch Dan 3,28-33). Das Tobitbuch geht hingegen von der absoluten Gültigkeit des Zusammenhangs von Tun und Ergehen auch angesichts dessen aus, daß das Ergehen Tobits diesem Zusammenhang offensichtlich widerspricht. Im Tobitbuch werden demzufolge die Möglichkeiten erläutert, durch gute Taten schatzsammelnd Verfehlungstaten aufzuwiegen (siehe Tob 4,9-11; 12,9-10; vgl. PsSal 9,4f). Die Beter der Psalmen Salomos sehen sich ebenfalls mit der Erfahrung konfrontiert, daß gerade sie als „Fromme" leiden müssen. Jedoch halten auch sie in einem eingeschränkten Sinne am Zusammenhang von Tun und Ergehen fest. Sie deuten Gottes Strafhandeln an ihnen und dem Volk Israel zwar ebenso wie auch Tobit als Ausdruck der göttlichen Gerechtigkeit, die

---

[7] Siehe PsSal 9,4-5.

[8] Im Gebet Aseneths spielen jedoch die Motive ihres Handelns eine entscheidende Rolle (JosAs 13,12f.). Dies ist für die dort ausgedrückte Vergebungsvorstellung konstitutiv, geht es doch gerade darum, daß Gott die Unwissenheit als Ursache für ihren Götzendienst und für ihre Blasphemie gegen den Sohn Gottes anerkennt und somit ihre Taten nicht als Verfehlungen zur Geltung kommen läßt. Doch auch hier stehen die einzelnen Taten der Betreffenden im Mittelpunkt.

den Taten entsprechend zumißt. Darüber hinaus interpretieren sie die Strafe aber auch als Züchtigung derjenigen, die sich zum Abrahambund halten. Sie unterscheiden damit ihr Ergehen von dem Verderben und dem Untergang, wie er den ἁμαρτωλοί jetzt oder in Zukunft blüht (siehe PsSal 9,4-7 und PsSal 3;10;13).

Die Vergebungsvorstellungen entstammen damit in den untersuchten frühjüdischen Texten dem Bereich der theologischen Ethik. Alle Vergebungsaussagen blicken auf ein persönliches oder kollektives Verfehlungshandeln zurück und thematisieren die daraus erwachsenen negativen Konsequenzen.

In den untersuchten urchristlichen Gebetstexten zeigt sich kein grundsätzlich anderes Bild. Die Gebete enthalten allerdings keine expliziten Sündenbekenntnisse[9] und nehmen daher keine konkreten Einzelverfehlungen in den Blick. Somit tritt auch die Bedeutung des Tun-Ergehen-Zusammenhangs für die urchristlichen Vergebungsvorstellungen zurück. Die Auswirkung einzelner Taten spielt kaum eine Rolle. Dennoch geht auch aus den urchristlichen Gebeten hervor, daß sich die Betenden von ihren *Taten* distanzieren und sie bereuen. Zudem verdeutlichen dies die Kontexte der untersuchten Gebete: Der Pharisäer der Gleichniserzählung zählt sein positives Verhalten auf. Und die Bergpredigt sowie der Erste Klemensbrief weisen darauf hin, in welch hohem Maße das göttliche Handeln als Reaktion auf das menschliche (Fehl-) Verhalten gesehen wird.[10]

In den urchristlichen Gebetstexten wird stärker das gesamte Verhalten der Betenden in den Blick genommen. Die Tendenz, das Verfehlungshandeln zu generalisieren und neben einzelnen Taten das gesamte Tun und Lassen der Menschen zu thematisieren, findet sich gleichwohl auch in einigen jüdischen Gebetstexten.[11] In den ur-

---

[9] Siehe hingegen die Sündenbekenntnisse in JosAs 11,8.9; 11,16; 12,3.5 (vgl. 21,10-21); OrMan 9.10; Tob 3,3f.5; PsSal 9,2.6f.; Dan 3,29.30.

[10] Vgl. 1 Clem 27,1-28,3 und noch Mt 18,34f.

[11] Aseneth beispielsweise hat ihren Götzendienst im Blick, spricht aber von „all ihren Verfehlungen". Der Beter des Gebetes Manasse nennt ebenso keine Einzeltaten, scheint aber auf die biblischen Berichte von König Manasse und auf seine Greueltaten anzuspielen. Tobit, der ebenfalls Verfehlungen bekennt, wird schließlich in der gesamten Erzählung stets als rechtschaffener Mensch dargestellt. Die Verfehlungen bleiben also nicht nur im Gebetstext selbst (Tob 3,1-6) unkonkret, sondern im weiteren Kontext der Erzählung völlig unverifizierbar.

christlichen Gebeten wird damit eine bestimmte Vorstellung von den zu vergebenden Verfehlungstaten ausgebaut und verstärkt. Die Taten der Bittenden bleiben stets im Blick, aber der Schwerpunkt liegt nicht auf konkreten Einzeltaten, sondern auf dem Gesamtverhalten der Menschen.

Darüber hinaus wird in den untersuchten urchristlichen Gebeten eine entschiedenere Wertung des menschlichen Tuns und Lassens vorgenommen: Im Vergleich zu den untersuchten jüdischen Vorstellungen heben die urchristlichen Texte den Schuldaspekt der Verfehlungstaten hervor. Abzulesen war dies vor allem an dem ungewöhnlichen Gebrauch der Sündentermini ὀφείλημα (Mt 6,12) und πλημμελεία (1 Clem 60,1b). Hinzustellen läßt sich die Beobachtung, daß die soziale und zwischenmenschliche Dimension des Verfehlungshandelns in den urchristlichen Texten betont ist. Die Bitte um „Vergebung" und die Vorstellung von den zu vergebenden Taten sind damit in den urchristlichen Gebetstexten stärker von dem Gedanken der Beziehung geprägt, in der die betreffenden Menschen zu ihren Mitmenschen und zu Gott stehen. Die Verfehlungstaten werden damit gerade in den urchristlichen Texten als Problem des (alltäglichen) Miteinanders von Menschen und im Blick auf eine angemessene Lebensführung vor Gott thematisiert.

Im Blick auf diese Gemeinsamkeiten und Unterschiede in den Konzeptionen der untersuchten Texte bleibt es jedoch fragwürdig, die Sündenerkenntnis und die Beurteilung dessen, was „Sünde" ist, als Maßstab für die Scheidung von jüdischen und christlichen Vorstellungen zu nehmen.

Betz nimmt die Beobachtungen zum unterschiedlichen Sündenverständnis in den neutestamentlichen Texten zum Anlaß, das Vaterunser als einen jüdischen Text zu bezeichnen.[12] Er hält daran fest, das Sündenverständnis der Texte als Kennzeichen ihrer jüdischen oder christlichen Herkunft zu nehmen: „For Judaism sinfulness is a part of human limitation and consists of transgressions, committed consciously and unconsciously, of God's commandments, whereas the Christian notion of sin presupposes that demonic forces of evil posses humanity, which is hence alienated from God".[13] Aufgrund der obigen Ergebnisse ist es aber wohl verfehlt, alle Texte

---

12 Vgl. *Betz*, Sermon, 370ff. Siehe aber nochmals auch das ähnlich begründete Urteil von *Jülicher*, Gleichnisreden II, 314, über das Schalksknechts-Gleichnis.

als „nicht-christlich" zu bezeichnen, in denen sich die Sündenvorstellungen von
Röm 7 beispielsweise nicht wiederfinden lassen. Vielmehr wird gerade in den un-
tersuchten Gebetstexten die Verwurzelung der urchristlichen *common theology* im
Judentum sichtbar.

Die obigen Untersuchungen machen es schwer, die Sündenvorstellungen in den Gebetstexten nach der Herkunft aus dem Judentum
oder Christentum zu unterscheiden. Es ist vielmehr zu vermuten,
daß sich die Sünden- und auch die Vergebungsvorstellungen nach
ihrem Sitz im Glaubensleben des jeweiligen Textes unterscheiden
lassen. Die untersuchten urchristlichen Gebetstexte sind aus der Perspektive derjenigen formuliert, die sich zu Jesus Christus bekennen
und ihr Leben vor Gott führen.

2. *Vergebung als wiederholbares Geschehen*

Eine weitere Beobachtung zu den Vergebungsvorstellungen in den
untersuchten Texten bestätigt dies: Mit den Vorstellungen von den
Verfehlungstaten korrespondiert der Gedanke in den Gebetstexten,
daß das Vergebungshandeln Gottes innerweltlich und auf die aktuellen Lebensvollzüge der Betenden bezogen ist. Die herangezogenen
Gebets- und Redentexte nehmen häufig eine aktuelle Situation des
Leidens in den Blick und verknüpfen die Vergebungsbitten wie beispielsweise im Vaterunser mit Bitten um Bewahrung und Rettung.
Das entsprechende Vergebungshandeln Gottes wird damit als ein im
jeweiligen Lebensvollzug der Betenden erfahrbares Handeln Gottes
verstanden.

Daraus ergibt sich auch, daß das Vergebungshandeln als wieder-
holbar gedacht wird. Insbesondere in den herangezogenen urchristlichen Texten wird nicht um Vergebung ein für alle Mal gebeten. Es
ist für jene Vorstellungen gerade konstitutiv, daß das Vergebungshandeln Gottes jeweils angesichts begangener Verfehlungstaten neu
erbeten werden kann. Es ist also festzuhalten, daß die untersuchten
und oben skizzierten Vergebungsvorstellungen nicht davon ausge-

---

[13] *Betz*, Sermon, 373.

hen, daß durch den Vergebungsakt die Beziehung zwischen den Betenden und Gott hergestellt wird. Es ist vielmehr Voraussetzung, daß die Lebensvollzüge der einzelnen Menschen und der urchristlichen Gemeinde und damit auch die begangenen Taten eingebunden sind in ein bestehendes Gottesverhältnis.[14] Im gleichen Maße wie aber demnach die Lebensvollzüge und damit auch das gesamte Tun der Menschen als ein Handeln vor Gott verstanden wird, wird auch das Vergebungshandeln Gottes für die aktuell bestehende Beziehung Gottes zu den Betenden erwartet und erbeten.

Wieder ist zu betonen, daß sich in anderen frühjüdischen und urchristlichen Schriften *abweichende Vorstellungen* beispielsweise von einem endzeitlichen Vergebungshandeln Gottes finden. Dies gilt auch für die Kontexte der untersuchten urchristlichen Gebete, also für das lukanische Doppelwerk, den Ersten Klemensbrief und das Matthäusevangelium.[15] Die Vergebungsvorstellungen der untersuchten Texte stellen damit nur einen Teil des in den jeweiligen Schriften zum Ausdruck gebrachten Vergebungsglaubens dar.

3. Feste Strukturen als Basis der Vergebungsvorstellungen

Die untersuchten Texte haben jeweils Gedanken und Vorstellungen zur Voraussetzung, mit deren Hilfe das Beziehungsverhältnis der

---

[14] Auch das Ergebnis der Untersuchungen zu JosAs 11-13, wonach hier erwogen wird, wie eine Beziehung zum Gott Israels angesichts der Verfehlungen der Priestertochter aufgenommen werden könne, widersprechen dem nicht. Denn daß Aseneth bisher noch keine Beziehung zum Gott Israels eingehen konnte, liegt nicht an ihren Verfehlungstaten, ebensowenig wie der Auslöser, eine solche Beziehung aufzunehmen, in Gottes Vergebungshandeln an ihr begründet liegt. Vielmehr wird die Frage nach den Verfehlungstaten Aseneths in JosAs 11 erst aufgeworfen, nachdem Joseph seinen Gott schon gebeten hatte, Aseneth in sein erwähltes Volk aufzunehmen (JosAs 8,9). Die aufzunehmende Gottesbeziehung läßt die Taten Aseneths erst als Verfehlungstaten erscheinen und macht ein Vergebungshandeln Gottes nötig und zugleich möglich.

[15] Hervorzuheben sind aus den frühjüdischen Texten zudem JosAs 15, wo die himmlischen Dimensionen und Konsequenzen der Bekehrung Aseneths ausgemalt werden und die Vorstellungen von einem „ewigen Leben" zur Geltung kommen. Und auch die PsSal bringen wie gesehen endzeitliche Vorstellungen und einen Auferstehungsglauben zum Ausdruck (vgl. besonders PsSal 3,12).

Betenden zu Gott definiert werden kann. Bezeichnend ist, daß dieses Verhältnis in relativ fest umrissenen Bahnen gedacht wird. In jedem der untersüchten Texte gehen die Betenden von derart festen Strukturen in ihrem Verhältnis zu Gott aus, daß wiederholbare Vergebungshandlungen Gottes aus jenen grundsätzlichen Konzeptionen abgeleitet werden können. Die folgende Übersicht macht den Horizont deutlich, in dem in neutestamentlicher Zeit Vergebungsvorstellungen ausgebildet wurden.

a) *Der Bund Gottes mit den Vätern*

Von zentraler Bedeutung ist für die jüdischen Texte der Bundesgedanke, der in den herangezogenen Gebeten des Volkes Israel (PsSal 9; Dan 3) ebenso eine Rolle spielt wie Gebet Manasses. Die Zugehörigkeit zum Bund, den Gott mit Abraham bzw. mit den Vätern Israels geschlossen hat, hat demnach auch eine soteriologische Komponente. Es zeigt sich, daß in der synoptischen Täuferrede (Mt 3,9; Lk 3,8) und in Joh 8,33 Positionen anklingen, die im damaligen Judentum in ähnlicher Form tatsächlich vertreten wurden.[16] Denn gerade im Ringen um feste Strukturen, auf die zur Begründung von Vergebungsvorstellungen zurückgegriffen werden kann, wird in einigen der untersuchten Texte der Bund Gottes mit Israel als Garant für eine weiterhin, und zwar auch in Anbetracht der Verfehlungen bestehende Beziehung zu diesem Gott herangezogen. Auffällig ist in diesem Zusammenhang, daß das Gesetz keinerlei Rolle spielt. Der Bund zeichnet sich vielmehr durch die Verheißungen aus, die

---

[16] Zur Wirkungsgeschichte dieser Position gehört es, daß diese immer wieder als Kennzeichen *des* Judentums im Gegenüber zum Christentum beurteilt wurde. Ursache dessen ist aber wohl nicht die Möglichkeit, die Position tatsächlich in Texten des griechisch sprechenden Judentums verifizieren zu können, sondern die im Anschluß an die synoptischen Texte polemische Aufnahme dieser Gedanken und die unsachgemäße Gleichsetzung einer jüdischen Position mit der gesamten jüdischen Theologie, die als solche von einer urchristlichen unterscheidbar wäre. Denn die Berufung auf eine Zugehörigkeit zu Abraham wird zwar von einigen jüdischen Stimmen als eine gewisse Garantie für die Teilhabe an Gottes Verheißungen hervorgehoben, ist aber deshalb nicht weniger christlich – wie zum Beispiel Gal 3 zeigt.

Abraham und dem Volk gegeben wurden,[17] und ist Kennzeichen der besonderen Zuneigung Gottes zu seinem Volk.[18]

b) Die Barmherzigkeit Gottes

Ebenso wird die Barmherzigkeit Gottes als eine unverbrüchliche Institution herangezogen, aus der Vergebungsvorstellungen abgeleitet werden können. In nahezu allen untersuchten Gebetstexten wird das jeweils implizierte oder erbetene Vergebungshandeln Gottes mit der Barmherzigkeit Gottes zumindest in Verbindung gebracht. Nicht alle Vergebungsaussagen setzen die Barmherzigkeit zum direkten Ausgangspunkt und Grund für die dortige Vergebungsvorstellung. Dennoch wird in fast allen untersuchten Texten der erwartete und erbetene Umgang Gottes mit den Verfehlungen als ein barmherziges Handeln Gottes herausgestellt. Der Glaube an die Barmherzigkeit als Attribut des göttlichen Handelns im Umgang mit den Menschen muß daher auch im Anschluß an die in diesen Studien untersuchten Texte als eines der wichtigsten Grunddaten der Vergebungsvorstellungen des Urchristentums und des Frühjudentums bezeichnet werden.[19]

Hervorgehoben werden muß, daß die Barmherzigkeit Gottes im einzelnen durchaus unterschiedlich verstanden werden kann. Schon anhand der unterschiedlichen Rezeption der alttestamentlichen Gottesprädikationen aus Ex 34,6f. konnte sichtbar gemacht werden, daß das Verständnis des barmherzigen Handelns Gottes verschiedene Nuancen aufweist. Während beispielsweise Aseneth in ihrem Monolog den Schwerpunkt auf die Ausnahme legt, die ein barmherziges Handeln gegenüber dem zu erwartenden Umgang Gottes mit den Verfehlungen ausmacht, wird im Gebet Manasses der Gedanke hervorgehoben, daß Gott seine Vorhaben ins Gegenteil wan-

---

[17] Vgl. zum Beispiel das eigens wiedergegebene Zitat aus Gen 22,17 in Dan 3,36.

[18] Siehe PsSal 9,8-10 und vgl. OrMan 8.

[19] Allein im Gebet des Tobit spielt wie gesehen der Gedanke der Barmherzigkeitstaten Gottes eine untergeordnete Rolle für die dort anklingende Vergebungsvorstellung, und auch in den Bitten des Herrengebetes wird die Barmherzigkeit Gottes nicht explizit genannt. Wie gesehen findet sich dort über die Vaterprädikation hinaus kein weiteres Attribut göttlichen Handelns.

deln könne.[20] Und nach Lk 18,13 ist schließlich die Zuwendung
Gottes gerade zum *Sünder* Ausdruck der Barmherzigkeit. Die Aufnahme des Gedankens der göttlichen Barmherzigkeit führt folglich
nicht dazu, eine einheitliche Vergebungsvorstellung zu entfalten.[21]

c) Gott als Vater der Betenden

Die Vorstellung von Gott als Vater der Betenden ist in JosAs
11,13f.; 12,8 und im Vaterunser explizit angesprochen. Im Monolog und im Gebet der Priestertochter Aseneth wird vor allem der
Schutz und die helfende Zuwendung Gottes zu den Menschen mit
Hilfe dieser Gottesprädikation ausgedrückt, die im dortigen Text
eine unter mehreren ist. Gott wird als barmherziger Vater angerufen, weil mit dieser Gottesvorstellung das Bild einer Beziehung zu
Gott verbunden werden kann, die sich in Schutz, Zuneigung und
eben auch „Vergebung" ausdrückt.

Im *Vaterunser* gewinnt die Vorstellung von Gott als Vater der
Betenden erst im Zusammenhang des Matthäusevangeliums an deut-
lichem Profil. Im Gebet selbst ist aber angedeutet, worin sich für
die betende Gemeinschaft das Vaterverhältnis zu ihrem Gott zeigt.
Aus der Zusammenstellung sämtlicher Bitten des Vaterunsers zu
einem geschlossenen Gebetstext kann abgelesen werden, daß sich
die Vaterschaft Gottes für die Betenden vor allem in der umfassenden Leitung der Weltgeschicke ausdrückt. Das Handeln des Vaters
erweist sich damit in der Basileia-Herrschaft und der Leitung von
Ereignissen ebenso wie in der täglichen Fürsorge für die Betenden
und schließt auf diese Weise den Erlaß von Schuld mit ein. Hervorzuheben ist dabei, daß für die Betenden die Vaterbezeichnung Gottes das Miteinander der Menschen als Kinder Gottes und zugleich
die besonders innige Beziehung der einzelnen zu Gott besagt. Die
Gottesbeziehung der Betenden wird in der Nachfolge Jesu nicht unabhängig von der Beziehung zu den Mitmenschen verstanden.

---

[20] Siehe OrMan 7.

[21] An verschiedenen Stellen ist die Notwendigkeit sichtbar geworden, die
Nuancen in den Vorstellungen von Gottes Barmherzigkeit in einer eigenen Untersuchung aufzuarbeiten.

d) Die Gerechtigkeit des Schöpfergottes

Konstitutiv für einige der untersuchten jüdischen Vergebungsvorstellungen ist der Gedanke, daß das Verhältnis Gottes zu den Menschen durch die Gerechtigkeit Gottes geprägt ist. Insbesondere das Tobitbuch und auch PsSal 9 führen vor Augen, daß Gottes Handeln ἐν δικαιοσύνῃ das Miteinander von Mensch und Gott regelt und sich sowohl in Wohltaten (ἐλεημοσύναι) als auch in Strafhandlungen gegenüber den Menschen auswirken kann. Gott mißt den Menschen in seiner Gerechtigkeit gemäß den Taten der Menschen Heil und Unheil zu.

In den untersuchten urchristlichen Gebetstexten spielt die Vorstellung von der Gerechtigkeit Gottes keine Rolle für die Ausbildung von Vergebungsvorstellungen. Vergleichbar ist jedoch die Vorstellung vom Schöpfergott,[22] die im *Abschlußgebet des Ersten Klemensbriefes* Grundlage der Vergebungsvorstellungen ist. Auch in diesem urchristlichen Gebet prägt die Gottesvorstellung sowohl das Verhältnis der Betenden zu Gott als auch das Miteinander der Menschen untereinander. Dort spielen insbesondere die Konzeptionen von der Souveränität Gottes eine Rolle, der die geschaffene Ordnung aufrecht erhält. Aus der die Schöpfung erhaltenden Macht Gottes ergibt sich für die Betenden, daß Gott den Ungehorsam straft, aber auch die Möglichkeit schafft, diejenigen, die Verfehlungen begingen, wieder in die bestehende Ordnung aufzunehmen.

e) Der (Opfer-)Kultus

In der Forschung ist immer wieder nach der Bedeutung des Kultes, besonders des Opferkultes, als einer festen Institution im Verhältnis des Gottes Israels zu seinem Volk gefragt worden. Und tatsächlich konnte im Rahmen der Untersuchungen zum Gebet Asarjas festgestellt werden, daß die Betenden ihren Vergebungsglauben an Vorstellungen vom israelitischen Kultus und seinen soteriologischen Funktionen zumindest anlehnen.[23] Ob bei den dort genannten Auf-

---

[22] Vgl. auch die Schöpferprädikationen in JosAs 12,1.

[23] Siehe auch die Beschreibung der rettenden Funktion von Barmherzigkeitstaten in Tob 4,9-11, die mit Hilfe des Bildes von der soteriologischen Funktion von Opfergaben veranschaulicht wird. Die Bedeutung des Opferkultes wird hier in Tob

zählungen von kultischen Verrichtungen vor allem an den Sühnekultus gedacht ist, bleibt unsicher. Deutlich ist in jedem Fall, daß in diesem Gebet nach Alternativen für die kultisch institutionalisierte Form gesucht wird, bei Gott „Gnade zu finden" (εὑρεῖν ἔλεος). Und so gründet das Gebet Asarjas die zum Ausdruck gebrachte Vergebungsvorstellung eben nicht auf den Opferkultus selbst, sondern sieht die Fundamente für eine mögliche Wiederaufnahme in ein intaktes Bundesverhältnis einmal in dem vorhandenen Bund Gottes mit Israel und zudem in der Institution der Bußgebete gegeben. In den Bußgebeten wird ein Ersatz für die Opfer gesehen, so daß auch dieser Text – der einzige Beleg unter den herangezogenen Gebeten, in dem die Bedeutung des Opferkultes überhaupt zur Sprache kommt – seinen theologischen Schwerpunkt in einem anderen Bereich hat.

Nicht nachzuvollziehen ist damit das schon genannte Urteil von Sung: „Der eigentliche Sitz im Leben der Sündenvergebung Gottes ist auch im Frühjudentum der Sühnekult (vgl. Traktat Joma)."[24] Und auch das Vorgehen von Broer ist in Frage zu stellen, der die Sühnopfervorstellung zum Ausgangspunkt seiner Untersuchung macht. Er will aufzeigen, daß das Judentum Vorstellungen kennt, wonach es auch außerhalb des Kultus möglich sei, von der Sünde befreit zu werden.[25] Doch angesichts der oben dargestellten Vergebungsvorstellungen scheint Broer mit seiner Fragestellung dem Sühnekultus schon von vornherein einen zu hohen Stellenwert für die theologischen Konzeptionen des Judentums in neutestamentlicher Zeit zuzumessen. Damit soll die Bedeutung des Opferkults für die Ausbildung von soteriologischen Vorstellungen im Frühjudentum nicht vollständig negiert werden. Zu bestreiten ist aber angesichts der herangezogenen Gebetstexte, daß *sämtliche* Vergebungsvorstellungen in einer Beziehung zum Sühnopferkult oder überhaupt zu kultischen Verrichtungen und Institutionen gesehen werden müs-

---

4 vorausgesetzt, spielt aber für die Aussage und das Ziel der Rede Tobits an seinen Sohn keine Rolle.

[24] *Sung*, Vergebung, 155.

[25] Vgl. *Broer*, Jesus, 80ff.

sen. Die untersuchten urchristlichen Gebetstexte nehmen ohnehin keinerlei Bezug auf den Opferkultus.[26]

f) Das Gebet zu Gott

Ausgehend von der obigen Untersuchung kann ein weiterer Bereich herausgegriffen werden, der als Fundament für die Vergebungsvorstellungen in mehreren Texten fungiert. Von großer Bedeutung ist nämlich das Gebet selbst. So konnte im Gebet Asarjas, im Gebet Manasses, aber auch anhand der Einbindung des Zöllnergebetes und des Herrengebetes in ihre jeweiligen Kontexte festgestellt werden, daß die Aufnahme der Gebetsworte, die Wendung hin zu Gott, als zentraler Bestandteil des bußfertigen Verhaltens eines Menschen angesichts seiner Verfehlungen gesehen wird.[27] Das Gebet erfährt in den Texten des Frühjudentums und des Urchristentums eine hohe Wertschätzung im Blick auf die Gestaltung des Verhältnisses von Gott und Mensch.[28] Damit wird zugleich deutlich, daß das Gottes-

---

[26] M.E. sollte gefragt werden, ob in der hohen Wertschätzung des Kultus als angeblich zentralem und entscheidendem „Sitz im Leben" der israelitischen Literatur – ebenso wie in der Bestreitung dieser Position – nicht ein theologiegeschichtliches und damit hermeneutisches Problem sichtbar wird, das oftmals den Textbefunden zu wenig Beachtung schenkt. In jedem Falle gilt es wohl zu bedenken, daß die religionsgeschichtlichen Ursprünge, den Kultus als zentrale Ausdrucksform der israelitischen Religion zu untersuchen, wie sie in den Arbeiten beispielsweise von *P. Volz*, Das Neujahrfest Jahwes (Laubhüttenfest), Tübingen 1912, und *S. Mowinckel*, Psalmenstudien II: Das Thronbesteigungsfest Jahwäs und der Ursprung der Eschatologie, Kristiania 1922, sichtbar werden, zumindest von einem Teil der alttestamentlichen Forschung mit der deutlichen hermeneutischen Vorgabe weiterentwickelt worden sind, daß im Kultus ein angemessener Ausdruck des Gottesglaubens Israels zu sehen sei, während beispielsweise die aus „fremden Ursprüngen" stammende, „ganz andere Denkrichtung" der Weisheit eher negativ beurteilt wurde; vgl. zum Beispiel den Kommentar von *A. Weiser*, Die Psalmen, ATD 14/15, Göttingen ⁷1966, oder *E. Würthwein*, Die Weisheit Ägyptens und das Alte Testament (1958), in: *ders.*, Wort und Existenz. Studien zum Alten Testament, Göttingen 1970, 197-216, bes. 205f.

[27] Siehe auch Mk 11,25; Jak 5,13ff.

[28] Dies belegen die Erzählungen, die immer wieder an zentralen Stellen durch Gebetstexte unterbrochen werden; vgl. auch *M. Greenberg*, Biblical Prose Prayer, Berkeley 1983; und siehe zum Beispiel die Gebete in der Tobiterzählung Tob 3,2-6.11-15; 8,5-6.15-17; 13-1-18. Aber auch die Zusätze zum Buch Daniel oder zur Esternovelle belegen, daß gerade Gebetstexte als ein angemessenes Ausdrucksmittel empfunden wurden, theologische Zentralgedanken in betonter Weise zu formulieren und erzählerisch zu vermitteln.

verhältnis in manchen Texten auch von der Seite der Menschen und ihrem Tun für diese Beziehung her bedacht wird.

Zur vollen Entfaltung kommen die Reue und „Zerknirschung", das Bekenntnis der eigenen Sünden, die Gerechtsprechung Gottes und die Bitte um einen barmherzigen Umgang Gottes mit den Verfehlungen bzw. mit den Betenden selbst in den sogenannten *Bußgebeten*. Es konnte gezeigt werden, daß sich in manchen jüdischen Gebeten unter Aufnahme von biblischen Vorlagen, wie Neh 9 oder Dan 9, eine relativ feste Tradition an bestimmten stereotypen Gebetsinhalten herausbildet. In diesen Gebeten liegt ein religiöses und zugleich ein poetisches Ausdrucksmittel vor, das sich als Institution etablieren konnte und es ermöglichte, eine Vergebungsvorstellung in konkretes Handeln umzusetzen. Demnach ist es dem menschlichen Verhalten angesichts der eigenen Verfehlungen angemessen, die Verfehlungen und den Ungehorsam gegenüber Gott einzugestehen, Gottes Gerichtstaten anzuerkennen und um Strafverschonung oder Strafmilderung zu bitten.

g) Zusammenfassung

In den herangezogenen Texten ruhen die jeweils verschieden formulierten und unterschiedlich verstandenen Vergebungsvorstellungen auf wiederum voneinander differenzierbaren theologischen Fundamenten. Von vorschnellen Harmonisierungen ist also abzuraten. Auch die Barmherzigkeit wird nicht immer als Ursache und Grund für das erwartete und erbetene Vergebungsgeschehen gesehen, selbst wenn die Barmherzigkeit als Kennzeichen des göttlichen Handels eine insgesamt entscheidende Rolle spielt.

Gemeinsam ist jedoch den untersuchten Konzeptionen, daß sie den Vergebungsglauben auf eine bestehende Beziehung zu Gott gründen. Sichtbarster Ausdruck für die Beziehung ist dabei das Gebet selbst, die Kommunikation des Menschen mit Gott. Dennoch stehen die Betenden als „Sünder" vor Gott: Das Verhalten der Menschen gegenüber Gott und auch gegenüber den Mitmenschen wird zum grundlegenden Anlaß, überhaupt Vergebungsvorstellungen auszubilden. Somit haben die hier untersuchten Vergebungsvorstellungen ihren Ort in der theologischen Reflexion des Verhaltens der Menschen. Es geht insgesamt um die Frage, welche festen Strukturen in der Gottesbeziehung es den „Sündern" ermöglichen, das menschliche Fehlverhalten nicht zu einer folgenschweren Belastung dieser Gottesbeziehung werden zu lassen.

STELLENVERZEICHNIS

(in Auswahl)

Sonstige antike Autoren

LITERATURVERZEICHNIS

Albertz, Rainer, Religionsgeschichte Israels in alttestamentlicher Zeit 2, ATD Ergänzungsreihe Band 8/2, Göttingen 1992.
Altaner, Berthold / Stuiber, Alfred, Patrologie. Leben, Schriften und Lehre der Kirchenväter, Freiburg u.a. [8]1978.
Alvares Verdes, L., μετάνοια-μετανοεῖν en el griego extrabiblico, in: *ders. / E.J. Alonso Hernandez,* Homenaje a Juan Prado. Miscelanea de estudios biblicos y hebraicos, Madrid 1975, 503-525.
Attridge, Harold W., The Epistle to the Hebrews. A Commentary to the Epistle to the Hebrews (Hermeneia) Philadelphia 1989.
Baasland, E., Zum Beispiel der Beispielerzählung. Zur Formenlehre der Gleichnisse und Methodik der Gleichnisauslegung, NT 28 (1986) 193-219.
Bardtke, Hans, Zusätze zu Esther, JSHRZ I/1 (Historische und legendarische Erzählungen), Gütersloh 1973, 15-62.
Barr, James, The Semantics of Biblical Language, Oxford 1962.
Barth, G., Bergpredigt, TRE V, Berlin/New York 1980, 603-618.
Batiffol, P., Le Livre de la prière d'Aseneth, in: *ders.,* Studia patristica, Paris 1889/90, 1-87.
Baumgärtel, Friedrich / Behm, Johannes, καρδία κτλ., ThWNT III, Stuttgart u.a. 1938, 609-616.
Baumgartner, Wolfgang, Manasse-Gebet, RGG[3] IV, Tübingen 1960, 708.
Becker, Jürgen, Das Heil Gottes. Heils- und Sündenbegriffe in den Qumrantexten und im Neuen Testament (StUNT 3), Göttingen 1964.
–, Die Rede vom Sühnetod Jesu, in: Die Heilsbedeutung des Kreuzes für Glaube und Hoffnung des Christen (ZThK Bh. 8), Tübingen 1990, 29-49.
Begrich, Joachim, Der Text der Psalmen Salomos, ZNW 28 (1939) 131-164.
Bennet, W.H., Prayer of Azariah and Song of the Three Children, in: *R.H. Charles,* The Apokrypha and Pseudepigrapha of the Old Testament in English I (1913), Oxford 1963, 623-638.
Berger, Klaus, Exegese des Neuen Testaments, Neue Wege vom Text zur Auslegung, Heidelberg/Wiesbaden [3]1991.
–, Gebet. IV. Neues Testament, TRE XII, Berlin/New York 1984, 47-60.
–, Jüdisch-hellenistische Missionsliteratur und apokryphe Apostelakten, Kairos 17 (1975) 232-248.
–, Neues Material zur „Gerechtigkeit Gottes", ZNW 68 (1977) 266-275.
Bergmeier, R., Glaube als Gabe nach Johannes. Religionsgeschichtliche Studien zum prädestinatianischen Dualismus im vierten Evangelium, BWANT 112, Stuttgart u.a. 1980.
Berkowitz, Luci / Squitier, Karl A., Thesaurus Lingua Graecae. Canon of Greek Authors an Works, New York/Oxford 1986.
Berner, Ursula, Die Bergpredigt. Rezeption und Auslegung im 20. Jahrhundert, Göttingen [2]1983.
Bertram, Georg, παιδεύω κτλ. ThWNT V, Stuttgart u.a. 1954, 596-624.
–, συντρίβω/σύντριμμα, ThWNT VII, Stuttgart u.a. 1964, 919-925.
–, Vom Wesen der Septuagintafrömmigkeit, WO 2 (1956) 274-284.

Betz, Hans Dieter, The Sermon on the Mount. A Commentary on the Sermon on the Mount, including the Sermon on the Plain (Matthew 5:3-7:27 and Luke 6:20-49), Hermeneia, Minneapolis 1995.

–, The Sermon on the Mount: Its Literary Genre and Function, JR 59 (1979) 285-297.

Beyer, Klaus, Die aramäischen Texte vom Toten Meer, Ergänzungsband, Göttingen 1994.

Bierwisch, Manfred, Semantische und konzeptionelle Repräsentationen lexikalischer Einheiten, in: *R. Rudžička / W. Motsch*, Untersuchungen zur Semantik, Berlin 1983, 61-99.

Bishop, William, Greek Words for Forgiveness, Diss., Dallas 1953.

Blaß, Friedrich, Die Sibyllinischen Orakel, in: *E. Kautzsch*, Die Apokryphen und Pseudepigraphen des Alten Testaments II, Tübingen 1900, 177-217.

Bludau, August, Die alexandrinische Übersetzung des Buches Daniel. Und ihr Verhältnis zum massorethischen Text, Freiburg 1897.

Bornkamm, Günther, Enderwartung und Kirche im Matthäusevangelium, in: *ders. / G. Barth / G. Held*, Überlieferung und Auslegung im Matthäusevangelium, [7]1975, 13-47.

Bousset, Wilhelm, Die Religion des Judentums im neutestamentlichen Zeitalter, Berlin 1903.

Bousset, Wilhelm / Gressmann, Hugo, Die Religion des Judentums im späthellenistischen Zeitalter, HNT XXI, Tübingen [4]1966.

Bovon, François, Das Evangelium nach Lukas (Lk 1,1-9,50), EKK III/1, Zürich/ Neukirchen-Vluyn 1989.

–, Lukas in neuer Sicht. Gesammelte Aufsätze (BThS 8), Neukirchen-Vluyn 1985.

–, Luke the Theologican. Thirty-three years of research (1950-1983), Pennsylvania 1987.

Brandenburger, E., Fleisch und Geist. Paulus und die dualistische Weisheit, WMANT 29, Neukirchen-Vluyn 1968.

Braumann, G., Tot – lebendig, verloren – gefunden (Lk 15,24 und 32), in: Wort in der Zeit (FS K.H. Rengstorf, hrsg. v. *W. Haubeck / M. Bachmann*), Leiden 1980, 156-164.

Braun, Herbert, An die Hebräer, HNT 14, Tübingen 1984.

–, Vom Erbarmen Gottes über den Gerechten. Zur Theologie der Psalmen Salomos (1959), in: *ders.*, Gesammelte Studien zum Neuen Testament und seiner Umwelt, Tübingen [2]1967, 8-69.

Breytenbach, Cilliers, Exegese als Wissenschaft. Anlehnungen an Friedrich Schleiermacher, Antrittsvorlesung an der Humboldt-Universität zu Berlin am 31.5.95 [erscheint voraussichtlich 1999].

–, Glaube an den Schöpfer und Tierschutz, EvTh 50 (1990) 343-356.

–, Gnädigstimmen und opferkultische Sühne im Urchristentum und seiner Umwelt, Vortrag, November 1995 [erscheint voraussichtlich 1999].

–, Jesusforschung von 1990-1995, BThZ 12 (1995) 226-249.

–, Versöhnung. Eine Studie zur paulinischen Soteriologie, WMANT 60, Neukirchen-Vluyn 1989.

–, Versöhnung, Stellvertretung und Sühne, NTS 39 (1993) 59-79.

Brockelmann, C., Syrische Grammatik. Mit Paradigmen, Literatur, Chrestomathie und Glossar, Leipzig [13]1981.

Broer, Ingo, Jesus und das Gesetz. Anmerkungen zur Geschichte des Problems und zur Frage der Sündenvergebung durch den historischen Jesus, in: *ders.*, Jesus und das jüdische Gesetz, Stuttgart u.a. 1992, 61-104.

Brunner, Gerbert, Die theologische Mitte des Ersten Klemensbriefs. Ein Beitrag zur Hermeneutik frühchristlicher Texte (FThSt 11), Frankfurt 1972.

Büchler, A., Studies in Sin and Atonement, in: The Rabbinic Literature of the first Century (1927), Library of Biblical Studies, New York 1967.

Büchsel, Friedrich, Die griechische Sprache der Juden in der Zeit der Septuaginta und des Neuen Testaments, ZAW 60 (1944) 132-149.

–, κάτω κτλ., ThWNT III, Stuttgart u.a. 1938, 640-643.

–, κρίνω κτλ. A. Sprachliches, ThWNT III, Stuttgart u.a. 1938, 921.

Büchsel, Friedrich / Herrmann, Siegfried, ἵλεως, ἱλάσκομαι, ἱλασμος, ἱλαστήριον, ThWNT III, Stuttgart u.a. 1938, 300-324.

Bückers, H., Die Bücher Esdras, Nehemias, Tobias, Judith und Esther, Freiburg 1953.

Bultmann, Rudolf, αἰσχύνω κτλ., ThWNT I, Stuttgart u.a. 1933, 188-190.

–, ἀφίημι κτλ., ThWNT I, Stuttgart u.a. 1933, 506-509.

–, ΔΙΚΑΙΟΣΎΝΗ ΘΕΟΎ (1964), in: *ders.*, Exegetica, Tübingen 1967, 470-475.

–, ἔλεος κτλ., ThWNT II, Stuttgart u.a. 1935, 474-483.

–, Die Geschichte der synoptischen Tradition, Göttingen [8]1970.

–, Theologie des Neuen Testaments, 9. Aufl., durchgesehen und ergänzt von *Otto Merk*, Tübingen 1984.

Bultmann, Rudolf / Lührmann, Dieter, φαίνω κτλ., ThWNT IX, Stuttgart u.a., 1973, 1-11.

Burchard, Christoph, Der jüdische Asenethroman und seine Nachwirkung. Von Egeria zu Anna Katharina Emmerick oder von Moses aus Aggel zu Karl Kerényi, ANRW II/20.1, Berlin/New York 1987, 543-667.

–, Joseph and Aseneth, in: *J.H. Charlesworth*, The Old Testament Pseudepigrapha, Vol II, New York 1985, 177-247.

–, Joseph und Aseneth, JSHRZ II/4, Gütersloh 1983.

–, Joseph und Aseneth, TRE XVII, Berlin/New York 1987, 246-249.

–, The Importance of Joseph and Aseneth for the Study of the New Testament: A General Survey and a Fresh Look at the Lord's Supper, NTS 33 (1987) 102-134.

–, Ein vorläufiger griechischer Text von Joseph und Aseneth, DBAT 14 (1979) 2-53.

–, Zum Text von „Joseph und Aseneth", JSJ 1 (1970) 3-34.

–, Verbesserungen zum vorläufigen Text von Joseph und Aseneth (DBAT 14, 1979, 2-53), DBAT 16 (1982) 37-39.

–, Der dreizehnte Zeuge (FRLANT 103), Göttingen 1970.

Busse, D., Textinterpretation. Sprachtheoretische Grundlagen einer explikativen Semantik, Opladen 1992.

Carruth, Shawn / Garsky, Albrecht, Documenta Q. Reconstruction of Q Through Two Centuries of Gospel Research. Excerpted, Sorted and Evaluated. Q 11:[1-2a]2b-4, Leuven 1996.

Cavallin, Hans C.C., Leben nach dem Tode im Spätjudentum und im frühen Christentum, I. Spätjudentum, ANRW II/19.1, Berlin/New York 1979, 240-345.

–, Life after Death. Paul's Argument for the Resurrection of the Dead in ICor 15. Part I: An Equiry into the Jewish Background, CBNT 7,1, Lund 1974.

Charles, Robert Henry, A Critical and Exegetical Commentary to the Book of Daniel, Oxford 1929.

Charlesworth, James H., Forgiveness (Early Judaism), ABD II, New York 1992, 833-835.

–, In the Crucible: The Pseudepigrapha as Biblical Interpretation, in: *ders. / C.A. Evans*, The Pseudepigrapha and Early Biblical Interpretation (JSP SS 14), Sheffield 1993, 20-43.

–, Jewish Liturgies: Hymns and Prayers (c. 167 B.C.E.-135 C.E.), in: *R.A. Kraft / G.W.E. Nickelsburg*, Early Judaism and its Modern Interpreters (SBLCP 2), Atlanta 1986, 411-436.

–, The Pseudepigrapha and Modern Research. With a Supplement (SCS 7), Chico 1981.

–, Prayer of Mannaseh, in: *ders.*, The Old Testament Pseudepigrapha II, London 1985, 625-637.

–, A Prolegomenon to a Study of the Jewish Background of the Hymns and Prayers in the New Testament, JJS 33 (1982) 265-285.

Chesnutt, Randall D., The Social Setting and Purpose of Joseph and Aseneth, JSP 2 (1988) 21-48.

Chilton, Bruce D., God as "Father" in the Targumim, in Non-Canonical Literatures of Early Judaism and Primitive Christianity, and in Matthew, in: *J.H. Charlesworth / C.A. Evans*, The Pseudepigrapha and Early Biblical Interpretation (JSP SS 14), Sheffield 1993, 151-169.

Clamer, A., Tobie, La Sainte Bible IV, Paris 1952.

Collins, John Joseph, Daniel: A Commentary on the Book of Daniel, Hermeneia, Minneapolis 1993.

Condaniari-Michler, Slavomir, Über Schuld und Schaden in der Antike, Scritti in Onore di Furini, Cantrario III, Milano 1948, 28-108.

Conzelmann, Hans, Die Mitte der Zeit. Studien zur Theologie des Lukas (BHTh 17), Tübingen ^{5}1964.

Cortés, J.B., The Greek Text of Luke 18:14a: A Contribution to the Method of Reasoned Eclectisism, CBQ 46 (1984) 255-273.

Cremer, Herrmann, Die paulinische Rechtfertigungslehre (1899), Gütersloh ^{2}1900.

Crosgrove, Charles H., Justification in Paul: A Linguistic and Theological Reflection, JBL 106 (1987) 653-670.

Crossan, John Dominic, The Historical Jesus, Edinburgh 1991. = *ders.*, Der Historische Jesus, München 1994.

Crüsemann, Frank, Jahwes Gerechtigkeit (s^{e}daqa/sädäq) im Alten Testament, EvTh 36 (1976) 427-450.

Dalman, Gustaf, Die Worte Jesu. Mit Berücksichtigung des nachkanonischen jüdischen Schrifttums und der aramäischen Sprache I. Einleitung und die wichtigsten Begriffe, Leipzig ^{2}1930.

Dancy, J.C., The Prayer of Manasseh, CBC. The Shorter Books of the Apokrypha, Cambridge 1972.

–, Tobit, CBC. The Shorter Books of the Apokrypha, Cambridge 1972.

Dauer, Anton, Beobachtungen zur literarischen Arbeitstechnik des Lukas (BBB 79), Bonn 1990.

Debrunner, Albrecht, Ἐπιούσιος, Glotta 4 (1913) 249-253.

Deißmann, Adolf, Hellenistisches Griechisch (mit besonderer Berücksichtigung der griechischen Bibel), RE³ 7, Leipzig 1899, 627-639.

–, The Philology of the Greek Bible. Its Present and Future, London 1908.

Delcor, Matthias, Le Livre de Daniel, Paris 1971.

Delling, Gerhard, Einwirkungen der Sprache der Septuaginta in "Joseph und Aseneth", JSJ 9 (1978) 29-56.

–, Das Gleichnis vom gottlosen Richter, ZNW 53 (1962) 1-25.

–, Die Kunst des Gestaltens in "Joseph und Aseneth", NT 26 (1984) 1-42.

–, τέλειος, ThWNT VIII, Stuttgart u.a. 1969, 68-79.

Denis, Albert-Marie, Concordance greque des pseudépigraphes d'Ancien Testament. Concordance, Corpus des textes, indices, Louvain-la-Neuve 1987.

–, Fragmenta pseudepigraphorum quae supersunt graeca, StVTP 3, Leiden 1970.

–, Introduction aux pseudépigraphes greques d'Ancien Testament (StVTP 1), Leiden 1970.

Deselaers, Paul, Das Buch Tobit. Studien zu seiner Entstehung, Komposition und Theologie, OBO 43, Freiburg (Schweiz)/Göttingen 1982.

Dibelius, Martin, Die dritte Bitte des Vaterunsers, in: *ders.*, Botschaft und Geschichte I, Tübingen 1953.

–, Die Formgeschichte des Evangeliums, Tübingen ⁶1971.

Dietrich, Erich K., Die Umkehr im Alten Testament und im Judentum, Stuttgart 1936.

Dietrich, Walter, Das Petrusbild der lukanischen Schriften (BWANT 94), Stuttgart u.a. 1972

–, Rache. Erwägungen zu einem alttestamentlichen Thema, EvTh 36 (1976) 450-472.

Dietzfelbinger, Christian, Das Gleichnis von der erlassenen Schuld. Eine theologische Untersuchung von Matthäus 18,23-35, EvTh 32 (1972) 437-451.

Dihle, Albrecht, Gerechtigkeit, RAC X, 233-360 (254-289).

Dirksen, Aloys H., The New Testament Concept of Metanoia, Diss. The Catolic University of Amerika, Washington D.C. 1932.

Dobbeler, Stephanie von, Das Gericht und das Erbarmen Gottes. Die Botschaft Johannes des Täufers und ihre Rezeption bei den Johannesjüngern im Rahmen der Theologiegeschichte des Frühjudentums, BBB 70, Frankfurt 1988.

Dodd, Charles Harold, The Bible and the Greeks, London 1954.

–, ΙΛΑΣΚΕΣΘΑΙ in the Septuagint, JThS 32 (1931) 352-360.

Dölger, Franz Joseph, Sol Salutis. Gebet und Gesang im christlichen Altertum mit besonderer Rücksicht auf die Ostung in Gebet und Liturgie, Münster ²1925.

Donahue, John R., The Gospel in Parable. Metaphor, Narrative, and Theology in the Synoptic Gospels, Philadelphia 1988.

Dorneich, M., Vater-unser. Bibliographie, Freiburg 1982.

Douglas, Rees Conrad, Liminality and Conversion in Joseph and Aseneth, JSP 3 (1988) 31-42.

Drews, P., Untersuchungen über die sog. clementinische Liturgie im VIII. Buch der apostolischen Konstitutionen. 1. Die Clementinische Liturgie in Rom, Studien zur Geschichte des Gottesdienstes und des gottesdienstlichen Lebens II.III, Tübingen 1906.

Drijepondt, H.L.F., I. Clement 2,4 and 59,3: Two Emandations, Acta Classica 8 (1965) 102-105.

Dschulnigg, Peter, Gleichnis vom Kind, das zum Vater flieht (JosAs 12,8), ZNW 80 (1989) 269-271.

–, Überlegungen zum Hintergrund der Mahlformel in JosAs. Ein Versuch, ZNW 80 (1989) 272-275.

Dupont, J., Repentir et conversion d'après les Actes des Apôtres, in: *ders.*, Études sur les Actes des Apôtres (LeDiv 45), Paris 1967, 421-457.

Eberhardter, A., Die im AT üblichen Ausdrücke für die Sündenvergebung und ihre Entsprechungen in der Septuaginta und Vulgata, BZ 14 (1916) 293-300.

Eggenberger, Christian, Die Quellen der politischen Ethik des 1. Klemensbriefes, Zürich 1951.

Egger, Wilhelm, Handlungsorientierte Auslegung der Antithesen Mt 5,21-48, in: *K. Kertelge*, Ethik im Neuen Testament, Freiburg u.a. 1984, 119-144.

–, Methodenlehre zum Neuen Testament. Einführung in linguistische und historisch-kritische Methoden, Freiburg i.Br. u.a. [3]1987.

Ernst, Josef, Lukas. Ein theologisches Portrait, Düsseldorf 1985.

Eßer, Hans-Helmut, Barmherzigkeit, TBLNT I, Wuppertal 1967, 52-58.

Evans, C.F., Saint Luke, (TPI New Testament Commentaries), London/Philadelphia 1990.

Fabry, H.-J., שׁוּב, ThWAT VII, 1166-1176.

–, Die Wurzel SUB in der Qumranliteratur. Zur Semantik eines Grundbegriffes (BBB 46), Köln/Bonn 1975.

Feld, Helmut, Der Hebräerbrief, EdF 228, Darmstadt 1985.

–, Der Hebräerbrief: Literarische Form, religionsgeschichtlicher Hintergrund, theologische Fragen, ANRW II 25.4, Berlin/New York 1987, 3522-3601.

Feldmeier, Reinhard, Weise hinter „eisernen Mauern". Tora und jüdisches Selbstverständnis zwischen Akkulturation und Absonderung im Aristeasbrief, in: *M. Hengel / A.M. Schwemer*, Die Septuaginta zwischen Judentum und Christentum, WUNT 72, Tübingen 1994, 20-37.

Fiedler, Martin Johannes, Δικαιοσύνη in der diasporajüdischen und intertestamentarischen Literatur, JSJ 1 (1970) 120-143.

Fiedler, Peter, Jesus und die Sünder, BET 3, Frankfurt/Bern 1976.

–, Sung, Vergebung der Sünden, TR 91 (1995) 368-388.

Field, Frederick, Origenes Hexaplorum, Vol I+II, Oxford 1875.

Fiensy, David A., Prayers Alleged to be Jewish. An Examination of the Constitutiones Apostolorum (BJS 65), Chico 1985.

Fischer, Ulrich, Eschatologie und Jenseitserwartung im hellenistischen Diasporajudentum, BZNW 44, Berlin/New York 1978.

Fitzmyer, Joseph A., The Gospel according to Luke I-IX. A New Translation with Introduction and Commentary, AncB 28, New York 1981.

–, The Gospel according to Luke X-XXIV. A New Translation with Introduction and Commentary, AncB 28a, New York 1986.

Flusser, David, Psalms, Hymns, and Prayers, in: *Michael E. Stone*, Jewish Writings of the Second Tempel Period, (CRINT II/2), Assen 1984, 551-577.

Foerster, Werner, ἐπιούσιος, ThWNT II, Stuttgart u.a. 1937, 587-595.

Foerster, Werner / Fohrer, Georg, σῴζω κτλ., ThWNT VII, Stuttgart u.a. 1966, 966-1024.

Fohrer, Georg u.a., Exegese des Alten Testaments. Einführung in die Methodik, Heidelberg [4]1983.

Frankemölle, Hubert, Matthäus. Kommentar 1, Düsseldorf 1994.

Friedrich, Gerhard, Die Verkündigung des Todes Jesu im Neuen Testament (BThSt 6), Neukirchen-Vluyn [2]1985.

–, Zur Vorgeschichte des Theologischen Wörterbuchs zum Neuen Testament, ThWNT X/1, Stuttgart u.a. 1978, 1-51.

Fritzsche, Otto Fridolin, Kurzgefasstes exegetisches Handbuch zu den Apokryphen des Alten Testamentes I (Das dritte Buch Esra, die Zusätze zum Buche Esther und Daniel, das Gebet Manasse, das Buch Baruch und der Brief Jeremia), Leipzig 1851.

–, Kurzgefasstes exegetisches Handbuch zu den Apokryphen des Alten Testamentes II (Die Bücher Tobi und Judith), Leipzig 1853.

Fuellenbach, John, Ecclesiastical Office and the Primacy of Rome. An Avaluation of Recent Theological Discussion of First Clement (CUStChA 20, Washington 1980), UMI, Ann Arbor 1991.

Gaiser, Konrad, Griechisches und christliches Verzeihen. Xenophon, Kyrupädie 3,1,38-40 und Lukas 23,34a, in: Latinität und Kirche (FS R. Hanslik), Wiener Studien Beiheft 8, Wien u.a. 1977, 78-100.

Gaster, M., The Unknown Aramaic Original of Theodotion's Additions to the Book of Daniel (1894-95), in: *ders.*, Studies and Texts in Folklore, Magic, Mediaeval Romance, Hebrew Apokrypha and Samaritan Archaeology I (1928), New York 1971, 39-68.

Gebhardt, Oscar von, Die Psalmen Salomos, Leipzig 1895.

Geeraerts, Dirk, Cognitive Grammar and the History of Lexical Semantics, in: *B. Rudzka-Ostyn*, Topics in Cognitive Linguistics, Amsterdam 1988, 647-677.

Gese, Hartmut, Sühne, in: *ders.*, Zur biblischen Theologie (BEvTh 78), München 1977, 85-106

Gestrich, Christoph, Die Wiederkehr des Glanzes in der Welt. Die christliche Lehre von der Sünde und ihrer Vergebung in gegenwärtiger Verantwortung, Tübingen 1989.

Gnilka, Joachim, Theologie des Neuen Testaments, HThK.Suppl 5, Freiburg u.a. 1994.

Goetzmann, Jürgen, Bekehrung, TBLNT I, Wuppertal 1967, 72-74.

Goltz, Eduard Freiherr von der, Das Gebet der ältesten Christenheit. Eine geschichtliche Untersuchung, Leipzig 1901.

Goodman, Martin, Jewish Proselytizing in the First Century, in: *Tessa Rajak u.a.*, The Jews among Pagans and Christians in the Roman Empire, London 1992, 53-78.

Grässer, Erich, An die Hebräer, EKK XVII/1+2, Zürich/Neukirchen-Vluyn 1990 und 1993.

Gray, B. Buchanan, The Psalms of Solomon, in: *R. H. Charles*, The Apokrypha and Pseudepigrapha of the Old Testament in English II (1913), Oxford 1963, 625-652.

Grayston, K., ΙΛΑΣΚΕΣΘΑΙ and related Words in Lxx, NTS 27 (1981) 640-656.

Greenberg, Moshe, Biblical Prose Prayer. As a Window to the Popular Religion of Ancient Israel, Berkeley 1983.

Groß, Heinrich, Tobit. Judith (EB 19), Würzburg 1987.

Grundmann, Walter, Das Evangelium nach Lukas, ThHK 3, Berlin 1969.

–, δέχομαι κτλ., ThWNT II, Stuttgart u.a. 1935, 49-59.

Gubler, Marie-Loise, Die frühesten Deutungen des Todes Jesu. Eine motivgeschichtliche Darstellung aufgrund der neueren exegetischen Forschung (OBO 15), Freiburg (Schweiz)/Göttingen 1977.

Gundry, Robert H., Matthew. A Commentary on His Handbook for a Mixed Church under Persecution, Grand Rapids ²1994.

Gunkel, Hermann, Die Psalmen II/2, Göttingen ⁵1968.

Gunkel, Hermann / Joachim Begrich, Einleitung in die Psalmen HAT 2/Ergänzungsband, Göttingen 1933.

Gunneweg, Antonius H.J., Biblische Theologie des Alten Testaments. Eine Religionsgeschichte Israels in biblisch-theologischer Sicht, Stuttgart u.a. 1993.

Hägg, Tomas, Eros und Tyche. Der Roman in der antiken Welt (Uppsala 1980), Mainz 1987.

–, Narrative Technique in Ancient Greek Romances. Studies of Chariton, Xenophon Ephesius and Achilles Tatius, Stockholm 1971.

Haenchen, Ernst, Die Apostelgeschichte, KEK 3, Göttingen ⁵1968.

Hahn, Ferdinand, Die Bedeutung der alttestamentlich-jüdischen Traditionen für die christliche Theologie, in: *ders.*, Die Verwurzelung des Christentums im Judentum. Exegetische Beiträge zum christlich-jüdischen Gespräch, Neukirchen-Vluyn 1996, 34-48.

–, Neue Beiträge zur Theologie des Neuen Testaments. Zu Joachim Gnilka und Klaus Berger, BThZ 12 (1995) 250-268.

–, Gen 15₆ im Neuen Testament, in: Probleme biblischer Theologie (FS G.v.Rad), München 1971, 90-107.

–, Taufe und Rechtfertigung, in: Rechtfertigung (FS E. Käsemann), Tübingen/Göttingen 1976, 95-124.

–, Das frühjüdische Traditionsgut und das Neue Testament (1993), in: *ders.*, Die Verwurzelung des Christentums im Judentum. Exegetische Beiträge zum christlich-jüdischen Gespräch, Neukirchen-Vluyn 1996, 172-189.

Hahnhart, Robert, Die Bedeutung der Septuaginta für die Definition des 'Hellenistischen Judentums', VT Suppl. 40, Leiden 1986, 67-80.

–, Die Bedeutung der Septuaginta in neutestamentlicher Zeit, ZThK 81 (1984) 395-416.

–, Septuaginta. Vetus Testamentum Graecum Auctoritate Academiae Scientarum Gottingensis editum, VIII/5 (Tobit), Göttingen 1983.

Hamann, Albert Gautier, Das Gebet in der Alten Kirche (Traditio Christiana VII). Aus dem Französischen ins Deutsche übertragen von *A. Spoerri*, Bern u.a. 1989.

Hamman, Adalbert, La prière chrètienne et la prière païenne, formes et différences, ANRW II/23.2, Berlin/New York 1980, 1190-1247.

Hamp, V., בָּרָא, ThWAT I, Stuttgart u.a. 1973, 841-845.

Hampel, Volker, Menschensohn und historischer Jesus, Neukirchen-Vluyn 1990.

Hann, Robert R., The Community of the Pious: The Social Setting of the Psalms of Solomon, SR 17 (1988) 169-189.

Harl, Marguerite u.a., La bible greque des Septante. Du judaisme hellénistique au christianisme ancien, Cerf 1988.

Harnack, Adolf von, Einführung in die Alte Kirchengeschichte. Das Schreiben der Römischen Kirche an die Korinthische aus der Zeit Domitians (I. Clemensbrief), Leipzig 1929.

Harnisch, Wolfgang, Die Gleichniserzählungen Jesu. Eine hermeneutische Einführung, Göttingen ²1990.

Hauck, Friedrich, Das Evangelium des Lukas, ThHK 3, Leipzig 1934.

–, ὀφείλω κτλ., ThWNT V, Stuttgart u.a. 1954, 559-565.

Hausmann, Jutta, Studien zum Menschenbild der älteren Weisheit (FzAT 7), Tübingen 1995.

Hegermann, Harald, Der Brief an die Hebräer, ThHK 16, Berlin 1988.

Heidland, Hans-Wolfang, Die Anrechnung des Glaubens zur Gerechtigkeit (BWANT 4/18), Stuttgart 1936.

–, λογίζομαι κτλ., ThWNT IV, Stuttgart u.a. 1942, 287-295.

Heiler, Friedrich, Das Gebet. Eine religionsgeschichtliche und religionspsychologische Untersuchung, München ²1920.

Heinemann, Wolfgang / Viehweger, Dieter, Textlinguistik. Eine Einführung (RGL 115), Tübingen 1991.

Heininger, Bernd, Metaphorik, Erzählstruktur und szenisch-dramatische Gestaltung in den Sondergutgleichnissen bei Lukas, NA 24, Münster 1991.

Helfritz, Hartwig, ΟΙ ΟΥΡΑΝΟΙ ΤΗΙ ΔΙΟΙΚΗΣΕΙ ΑΥΤΟΥ ΣΑΛΕΟΥΜΕΝΟΙ ΕΝ ΕΙΡΗΝΗΙ ΥΠΟΤΑΣΣΟΝΤΑΙ ΑΥΤΩΙ (I Clem 29,1), VigChr 22 (1968) 1-7.

Hengel, Martin, Zur matthäischen Bergpredigt und ihrem jüdischen Hintergrund, ThR 52 (1987) 327-400.

Hengel, Martin / Schwemer Anna Maria, Königsherrschaft Gottes und himmlischer Kult im Judentum, im Urchristentum und in der hellenistischen Welt, WUNT 55, Tübingen 1991.

Herder, Johann Gottfried, Vom Geist der Ebräischen Poesie. Eine Anleitung für die Liebhaber derselben, und der ältesten Geschichte des menschlichen Geistes. Zweither Teil (²1787), in: *B. Suphan*, Herders sämtliche Werke XII, Berlin 1880, 1-308.

Hermisson, Hans-Jürgen, Sprache und Ritus im altisraelitischen Kultus, WMANT 19, Neukirchen-Vluyn 1965.

Herrenbrück, F., Jesus und die Zöllner, WUNT² 41, Tübingen 1990.

Hilgenfeld, Adolphus, Messias Judaeorum, Leipzig 1869.

Hill, David, Greek Words and Hebrew Meanings. Studies in Semantics of Soteriological Terms, SNTSMS 5, Cambridge 1967.

Hock, Ronald F., The Greek Novel, in: *David E. Aune*, Greco-Roman-Literature and the New Testament (SBL SBS 21), Atlanta 1988, 127-146.

Hoffer, M., Metanoia (Bekehrung und Buße) im Neuen Testament, Diss., Tübingen 1947.

Hoffmann, Lawrence A., Gebet III. Judentum, TRE XII, Berlin/New York 1984, 42-47.

Hofius, Otfried, Erwägungen zur Gestalt und Herkunft des paulinischen Versöhnungsgedankens, ZThK 77 (1980) 186-199.

–, Jesu Zuspruch der Sündenvergebung. Exegetische Erwägungen zu Mk 2,5b, in: Sünde und Gericht, JBTh 9, Neukirchen-Vluyn 1994, 125-143.

–, „Rechtfertigung des Gottlosen" als Thema biblischer Theologie, in: *ders.*, Paulusstudien (WUNT 51), Tübingen 1989, 121-147.

–, Sühne und Versöhnung. Zum paulinischen Verständnis des Kreuzestodes Jesu, in: *ders.*, Paulusstudien, WUNT 51, Tübingen 1989, 33-49.

–, Vergebungszuspruch und Vollmachtsfrage. Mk 2,1-12 und das Problem der priesterlichen Absolution im antiken Judentum, in: „Wenn nicht jetzt, wann dann?" (FS H.-J. Kraus, hrsg. v. *H.G. Geyer*) Neukirchen-Vluyn 1983, 115-127.

Holm-Nielsen, Svend, Die Psalmen Salomos, JSHRZ V/2 (Poetische Schriften), Gütersloh 1977, 49-112.

Holtzmann, Heinrich, Neutestamentliche Theologie I, 1. Auflage, Tübingen 1897.

Holtz, Traugott, Christliche Interpolationen in „Joseph und Aseneth", NTS 14 (1968) 482-497.

–, Zur Bedeutung der judengriechischen Terminologie für die Übersetzung des Neuen Testaments (1980), in: *ders.*, Geschichte und Theologie des Urchristentums, WUNT 57, Tübingen 1991, 121-125.

Horn, Friedrich Wilhelm, Glaube und Handeln in der Theologie des Lukas, Göttingen ²1986.

Horsley, G.H.R., New Documents Illustrating Early Christianity, Vol 3. A Review of Greek Inscriptions an Papyri Published in 1978, Alexandria 1983.

–, The Fiction of 'Jewish Greek', NDIEC 5 (1989) 6-40.

Horst, Friedrich, Recht und Theologie im Bereich des Alten Testaments, EvTh 16 (1956) 49-75.

Horst, Pieter van der, Gebeden uit de Antieke Wereld. Grieks-romeinse, joodse en christlijke gebedsteksten in het Nederlands vertaald en toegelicht, Kampen 1994.

Jaeger, Werner, Rezension zu E. Norden, Agnostos Theos, 1913, GGA 175 (1913) 569-610.

Janowski, Bernd, Er trug unsere Sünden. Jesaja 53 und die Dramatik der Stellvertretung (1993), in: *ders.*, Gottes Gegenwart in Israel. Beiträge zur Theologie des Alten Testaments, 303-326.

–, Sühne als Heilsgeschehen. Studien zur Sühnetheologie der Priesterschrift und zur Wurzel KPR im Alten Orient und im Alten Testament, WMANT 55, Neukirchen-Vluyn 1982.

Jansen, H. Ludien, Die spätjüdische Psalmendichtung, ihr Entstehungskreis und ihr „Sitz im Leben". Eine literaturgeschichtlich-soziologische Untersuchung, Oslo 1937.

Jeremias, Joachim, Die Gleichnisse Jesu, Göttingen ⁷1965.

–, Die Sprache des Lukasevangeliums, KEK Sonderband 3, Göttingen 1980.

–, Das Vater-unser im Lichte der neueren Forschung, in: *ders.*, Tradition und Gegenwart. Fünf Gastvorlesungen anläßlich des 150jährigen Bestehens der Berliner Theologischen Fakultät, Berlin 1962, 7-34.

Jeremias, Jörg, Die Reue Gottes. Aspekte alttestamentlicher Gottesvorstellung, Neukirchen-Vluyn 1975.

Jervell, Jacob, Paul in the Acts of Apostles: Tradition, History, Theology, in: *ders.*, The Unknown Paul. Essays on Luke-Acts and Early Christian History, Minneapolis 1984, 68-76.

Joly, R., Note sur μετάνοια, RHR 160 (1961) 149-156.

Jones, B.W., The Prayer in Daniel IX, VT 18 (1968) 488-493.

Jonge, Marinus de, De toekomstverwachting in de Psalmen van Salomo, Leiden 1965 = *ders.*, The Expectation of the Future in the Psalms of Solomon (1989), in: *ders.*, Jewish Eschatology, Early Christian Christology and the Testaments of the Twelve Patriarchs. Collected Essays, Leiden 1991, 1-27.

Joyce, P., Devine Initiative and Human Response in Ezechiel, JSOT SS 51, Sheffield 1989.

Jülicher, Adolf, Die Gleichnisreden Jesu, Band I+II, Nachdruck der 2. Auflage (Tübingen 1910), Darmstadt 1976.

Käsemann, Ernst, Gerechtigkeit bei Paulus (1961), in: *ders.*, Exegetische Versuche und Besinnungen II, Tübingen 1964, 181-193.

Kaiser, Otto, Der Gott des Alten Testaments. Theologie des Alten Testaments Teil 1, Grundlegung, Göttingen 1993.

Kalt, Edmund, Das Buch Baruch, HSAT VII/4, Bonn 1932.

Kasch, Wilhelm, ῥύομαι, ThWNT VI, Stuttgart u.a. 1959, 999-1004.

Kee, Howard Clark, The Socio-Cultural Setting of Joseph and Aseneth, NTS 29 (1983) 394-413.

Kertelge, Karl, δικαιοσύνη, δικαιόω, EWNT I, Stuttgart u.a. 1980, 784-810.

-, „Rechtfertigung" bei Paulus (NTA NF 3), Münster 1967.

Kittel, Rudolf, Die Psalmen Salomos, in: *E. Kautzsch,* Die Apokryphen und Pseudepigraphen des Alten Testaments II, Tübingen u.a. 1900, 127-148.

Kiuchi, N., The Purification Offering in the Priestly Literature. Its Meaning and Function, JSOT.SS 56, Sheffield 1987.

Klauck, Hans-Jürgen, Die Frage der Sündenvergebung in der Perikope von der Heilung des Gelähmten (Mk 2,1-12), BZ 25 (1981) 223-248.

-, Die religiöse Umwelt des Urchristentums I. Stadt- und Hausreligion, Mysterienkulte, Volksglaube, Stuttgart u.a. 1995.

Klein, Christian, Kohelet und die Weisheit Israels. Eine formgeschichtliche Studie, BWANT 12, Stuttgart u.a. 1994.

Klein, Günter, Gottes Gerechtigkeit als Thema der neuesten Paulus-Forschung (1967), in: *ders.*, Rekonstruktion und Interpretation, München 1969, 225-236.

Klein, Hans, Barmherzigkeit gegenüber den Elenden und Geächteten. Studien zur Botschaft des lukanischen Sondergutes (BThS 10), Neukirchen-Vluyn 1987.

Klein, R.W., Ezechiel. The Prophet and his Message, Columbia 1988.

Kluge, Friedrich, Etymologisches Wörterbuch der deutschen Sprache, Berlin 22 1989.

Klumbies, Paul-Gerhard, Die Rede von Gott bei Paulus in ihrem zeitgeschichtlichen Kontext (FRLANT 155), Göttingen 1992.

Knoch, Otto B., Im Namen des Petrus und Paulus: Der Brief des Clemens Romanus und die Eigenart des römischen Christentums, ANRW II/27.1, Berlin/ New York 1992, 3-54.

Knopf, Rudolf, Der Erste Clemensbrief. Untersucht und herausgegeben, Leipzig 1899.

-, Die Apostolischen Väter I. Die Lehre der Zwölf Apostel und die zwei Clemensbriefe, HNT-Ergänzungsband, Tübingen 1920.

Koch, Klaus, Der Märtyrertod als Sühne in der aramäischen Fassung des Asarja-Gebetes Dan 3,38-40, in: *J. Niewiadomski / W. Palaver,* Dramatische Erlösungslehre. Ein Symposion, IThS 38, Innsbruck-Wien 1992, 119-134.

-, Der Messias und Sündenvergebung in Jesaja 53-Targum, JSJ 3 (1972) 117-148.

-, Deuterokanonische Zusätze zum Danielbuch. Entstehung und Textgeschichte, AOAT 38/1, Kevelaer/ Neukirchen-Vluyn 1987.

-, צדק, THAT II, München 1976, 506-530.

Köberle, Justus, Sünde und Gnade im religiösen Leben des Volkes Israel. Eine Geschichte des vorchristlichen Heilsbewußtseins, München 1905.

Koehlhoeffer, Chr.-L., Le livre de Tobit. Introduction, Traduction et Notes I-III, Strasborg 1976.

Kraus, Hans-Joachim, Geschichte der historisch-kritischen Erforschung des Alten Testaments, Neukirchen-Vluyn ⁴1988, 114-132.

-, Psalmen BK XV/1+2, Neukirchen-Vluyn ⁵1978.

-, Theologie der Psalmen, BK XV/3, Neukirchen-Vluyn ²1989.

Kraus, Wolfgang, Der Jom Kippur, der Tod Jesu und die „Biblische Theologie", JBTh 6 (1991) 155-172.

-, Der Tod Jesu als Heiligtumsweihe. Eine Untersuchung zum Umfeld der Sühnevorstellung in Römer 3,25-26a, WMANT 66, Neukirchen-Vluyn 1991.

Kreuzer, Siegfried, Der lebendige Gott. Bedeutung, Herkunft und Entwicklung einer alttestamentlichen Gottesbezeichnung (BWANT 6/16), Stuttgart 1983.

Kselman, John S., Forgiveness (OT), ABD II, New York u.a. 1992, 831-833.

Küchler, Max, Frühjüdische Weisheitaditionen. Zum Fortgang weisheitlichen Denkens im Bereich des frühjüdischen Jahweglaubens (OBO 26), Freiburg (Schweiz)/Göttingen 1979.

Kümmel, Werner Georg, Das Erbe des 19. Jahrhunderts für die neutestamentliche Wissenschaft von heute, in: *ders.*, Heilsgeschehen und Geschichte, Marburg 1965, 364-381.

-, Das Neue Testament. Geschichte der Erforschung seiner Probleme, Freiburg/München ²1970.

Kürzinger, J., Zur Komposition der Bergpredigt nach Matthäus, Bib 40 (1959) 569-589

Kuhl, Curt, Die drei Männer im Feuer. Daniel Kapitel 3 und seine Zusätze, BZAW 55, Gießen 1930.

Kuhn, H.W., Achtzehngebet und Vaterunser und der Reim, WUNT 1, Tübingen 1950.

Kuhn, Karl Georg, Die älteste Textgestalt der Psalmen Salomos, insbesondere auf Grund der syrischen Übersetzungen neu untersucht, Stuttgart 1937.

Lackmann, M., Tobit und Tobias. Das Wirken Gottes durch seine Engel, Aschaffenburg 1971.

Lagarde, Paul de, Didascalia Apostolorum syriacae, Reproductio phototypica editionis 1854, Osnabrück/Wiesbaden 1967.

Lang, B., כִּפֶּר kippær, ThWAT IV, Stuttgart u.a. 1984, 303-318.

Langacker, Ronald W., A View of Linguistic Semantics, in: *B. Rudzka-Ostyn*, Topics in Cognitive Linguistics, Amsterdam 1988, 49-90.

Latte, Kurt, Schuld und Sühne in der griechischen Religion (1921) in: *ders.*, Kleine Schriften zu Religion, Recht, Literatur und Sprache der Griechen und Römer (hrsg. v. *O. Gigon / W. Buchwald / W. Kunkel*), München 1968, 1-35.

Lehnhardt, Thomas, Der Gott der Welt ist unser König. Zur Vorstellung von der Königsherrschaft Gottes im Shema und seinen Benedictionen, in: *M. Hengel / A.M. Schwemer*, Königsherrschaft Gottes und himmlischer Kult im Judentum, Urchristentum und in der hellenistischen Welt, WUNT 55, Tübingen 1991, 285-307.

Leroy, Herbert, ἀφίημι, ἄφεσις, EWNT I, Stuttgart u.a. 1980, 436-441.

–, Vergebung und Gemeinde nach dem Zeugnis der Evangelien, Habil. Tübingen 1972.

–, Zur Vergebung der Sünden. Die Botschaft der Evangelien, (SBS 73), Stuttgart 1974.

–, Vergebung und Gemeinde nach Lk 7,36-50, in: Werk Gottes in der Zeit (FS K.H. Schelkle, hrsg. v. *H. Feld*), Düsseldorf 1973, 85-94.

Levy, Jacob, Wörterbuch über die Talmudim und Midraschim I, Darmstadt 1963.

Liddell, H.G. / Scott, R. / Jones, H.S., A Greek-English Lexicon (1925-1940), With a Supplement, Oxford 1968 (LSJM).

Lightfoot, Joseph Barber, The Apostolic Fathers (Part I). S. Clement of Rome, Vol 1+2, London [2]1890.

Limbeck, Meinrad, Die Ordnungen des Heils. Untersuchungen zum Gesetzesverständnis des Frühjudentums, Düsseldorf 1971.

Lindemann, Andreas, Die Clemensbriefe, HNT 17 (Die Apostolischen Väter I), Tübingen 1992.

–, Christliche Gemeinden und das römische Reich im ersten und zweiten Jahrhundert, WuD 18 (1985) 105-133.

–, Paulus im ältesten Christentum, BHTh 58, Tübingen 1979.

Lindemann, Andreas / Paulsen, Henning, Die Apostolischen Väter. Griechisch-deutsche Parallelausgabe, Tübingen 1992.

Linke, Angelika / Nussbaumer, Markus / Portmann, Paul R., Studienbuch Linguistik (Reihe Germanistische Linguistik 121), Tübingen 1991.

Linnemann, Eta, Gleichnisse Jesu. Einführung und Auslegung, Göttingen [6]1975.

Lipinski, E., נקם nāqam, ThWAT V, Stuttgart u.a. 1986, 602-612.

Lips, Hermann von, Weisheitliche Traditionen im Neuen Testament, WMANT 64, Neukirchen-Vluyn 1990.

Löhr, Helmut, Umkehr und Sünde im Hebräerbrief, BZNW 73, Berlin/New York 1994.

Löhr, Martin, Das Buch Tobit, in: *E. Kautzsch*, Die Apokryphen und Pseudepigraphen des Alten Testaments I, Tübingen u.a. 1900, 135-147.

Lohfink, Gerhard, Der präexistente Heilsplan. Sinn und Hintergrund der dritten Vaterunserbitte, in: Neues Testament und Ethik (FS R. Schnackenburg, hrsg. v. *H. Merklein*), Freiburg u.a. 1989, 110-133.

Lohmeyer, Ernst, Das Vaterunser, Göttingen [5]1962.

Lohse, Eduard, Märtyrer und Gottesknecht. Untersuchungen zur urchristlichen Verkündigung vom Sühntod Jesu Christi (FRLANT 46), Göttingen 1955.

Louw, Johannes P. / Nida, Eugene A., Greek English Lexicon of the New Testament based on semantic Domains, Vol 1+2, New York 1988.

Luck, Ulrich, Was wiegt leichter?, in: Vom Urchristentum zu Jesus (FS J. Gnilka, hrsg. v. *H. Frankemölle*) Freiburg u.a. 1990, 103-108.

Lust, J. / Eynickel, E. / Hauspie, K., A Greek-English Lexicon of the Septuagint, Part I, Stuttgart 1992.

Luz, Ulrich, Das Evangelium nach Matthäus (Mt 1-7), EKK I/1, Zürich/Neukirchen-Vluyn ²1989.

Lyons, John, Language and Linguistics, Cambridge 1981. = *ders.*, Die Sprache, München ²1987.

–, Semantics, Vol I+II, Cambridge 1977. = *ders.*, Semantik, Band I+II, München ²1983.

Maier, Johann, Geschichte der jüdischen Religion, Berlin 1972.

–, Schuld und Versöhnung im Judentum, in: *B. Mensen*, Schuld und Versöhnung in verschiedenen Religionen, St. Augustin 1986, 21-37.

–, Sühne und Vergebung in der jüdischen Liturgie, in: Sünde und Gericht, JBTh 9, Neukirchen-Vluyn 1994, 145-171.

Marshall, I. Howard, Commentary on Luke (NIGTC), Michigan 1992.

Marxsen, W., Der Evangelist Markus. Studien zur Redaktionsgeschichte des Evangeliums, Göttingen ²1959.

Mayer, Günter, Die Funktion der Gebete in den alttestamentlichen Apokryphen, in: Theokratia II (FS K. H. Rengstorf, hrsg. v. *Wolfgang Dietrich u.a.*), Leiden 1973, 16-25.

–, Index Philonensis, Berlin/New York 1974.

McCracken, David, Narration and Comedy in the Book of Tobit, JBL 114 (1995) 401-418.

McKnight, E.V., Is the New Testament Written in 'Holy Ghost' Greek?, BiTrans 16 (1965) 87-93.

McKnight, Scot, A Light Among the Gentiles. Jewish Missionary Activity in the Second Temple Period, Minneapolis 1991.

Merkel, Helmut, Die Gottesherrschaft in der Verkündigung Jesu, in: *M. Hengel / A.M. Schwemer*, Königsherrschaft Gottes und himmlischer Kult im Judentum, Urchristentum und in der hellenistischen Welt, WUNT 55, Tübingen 1991, 119-161.

Merklein, Helmut, »Dieser ging als Gerechter nach Hause ...«. Das Gottesbild Jesu und die Haltung der Menschen nach Lk 18,9-14, BiKi 32 (1977) 34-42.

–, μετάνοια κτλ., EWNT II, 1022-1031.

Metzger, Bruce M., An Introduction to The Apocrypha, New York 1957.

–, How Many Times Does ἐπιούσιος Occur Outside the Lord's Prayer, ExpT 69 (1957) 52-54.

Metzger, Marcel, Les Constitutions apostoliques. Introduction, texte critique et notes, I+II, Paris 1985.

Metzler, Karin, Der griechische Begriff des Verzeihens. Untersucht am Wortstamm συγγνώμη von den ersten Belegen bis zum vierten Jahrhundert n.Chr., WUNT² 44, Tübingen 1991.

Meyer, Rudolf / Hauck, Friedrich, καθαρός κτλ. ThWNT III, Stuttgart u.a. 1938 (416-434).

Michel, Otto, Der Brief an die Hebräer (1936), KEK 13, Göttingen ¹⁴1984.

–, Die Umkehr nach der Verkündigung Jesu, EvTh 5 (1938) 403-414.

Michiels, R., La conception lucanienne de la conversion, EThL 41 (1965) 42-78.

Mikat, Paul, Die Bedeutung der Begriffe Stasis und Aponoia für das Verständnis des 1. Clemensbriefes (1969), in: *ders.*, Religionsrechtliche Schriften. Abhandlungen zum Staatskirchenrecht und Eherecht (Staatskirchenrechtliche Abhandlungen 5/2), Berlin 1974, 719-751.

–, Zur Fürbitte der Christen für Kaiser und Reich im Gebet des 1. Clemensbriefes (1973), in: *ders.*, Religionsrechtliche Schriften. Abhandlungen zum Staatskirchenrecht und Eherecht (Staatskirchenrechtliche Abhandlungen 5/1+2), Berlin 1974, 829-844.

Milgrom, Jacob, The Priestly Doctrine of Repentance (1975), in: *ders.*, Studies in Cultic Theology and Terminology (SJLA 36), Leiden 1983, 47-66.

–, Israel's Sanctuary: The Priestly «Picture of Dorian Gray» (1976), in: *ders.*, Studies in Cultic Theology and Terminology (SJLA 36), Leiden 1983, 75-84.

–, Two Kinds of Ḥaṭṭā't (1976), in: *ders.*, Studies in Cultic Theologiy and Terminology (SJLA 36), Leiden 1983, 70-74.

–, Leviticus 1-16. A New Translation with Introduction and Commentary, AncB 3, New York u.a. 1991.

–, Sin-offering or Purification-offering? (1971), in: *ders.*, Studies in Cultic Theology and Terminology (SJLA 36), Leiden 1983, 67-69.

–, Studies in Cultic Theology and Terminology, Leiden 1983.

Miller, Athanasius, Das Buch Tobit, HSAT IV, Bonn 1940.

Minke, Hans-Ulrich, Die Schöpfung in der frühchristlichen Verkündigung nach dem Ersten Clemensbrief und der Areopagrede, Diss., Hamburg 1966.

Moessner, David P., Lord of the Banquet. The Literary and Theological Significance of Lukan Travel Narrative, Minniapolis 1989.

Montgomery, James A., A Critical and Exegetical Commentary on the Book of Daniel, ICC, New York 1927.

Moore, Carey A., Daniel, Esther and Jeremiah. The Additions. A New Translation with Introduction and Commentary, AncB 44, New York 1977.

Moore, George Foot, Judaism in the First Centuries of the Christian Era the Age of the Tannaim, Vol. I, Cambridge 1958.

Mowinckel, Siegmund, Psalmenstudien II: Das Thronbesteigungsfest Jahwäs und der Ursprung der Eschatologie, Kristiania 1922.

Müller, Carl Werner, Der griechische Roman, in: *Ernst Vogt*, Neues Handbuch der Literaturwissenschaft II (Griechische Literatur), Wiesbaden 1981, 377-412.

Müller, Karlheinz, Zur Datierung rabbinischer Aussagen, in: Neues Testament und Ethik (FS R. Schnackenburg, hrsg. v. *H. Merklein*), Freiburg u.a. 1989, 551-587.

Nebe, G., Hoffnung bei Paulus. Elpis und ihre Synonyme im Zusammenhang der Eschatologie, StUNT 16, Göttingen 1983.

Negoiță, A. / Ringgren, Helmer, זָכָה zakah, זכך zkk, ThWAT II, Stuttgart u.a. 1977, 569-571.

Nestle, Eberhard, Septuagintastudien III, Wissenschaftliche Beilage zum Programm des Königlich Württembergischen Evangelisch-Theologischen Seminars Maulbronn, Stuttgart 1899.

–, Septuagintastudien IV, Wissenschaftliche Beilage zum Programm des Königlich Württembergischen Evangelisch-Theologischen Seminars Maulbronn, Stuttgart 1903.

Neusner, Jacob, Judentum in frühchristlicher Zeit, Stuttgart 1988.

Nickelsburg, George W.E., Tobit and Enoch: Distant Cousins With an Recognizable Resemblance, SBL SP 1988, 54-68.

Nitzan, Bilhah, Qumran Prayer and Religious Poetry, Leiden u.a. 1994.

Nock, Arthur D., Bekehrung, RAC II, Stuttgart 1954, 105-118.

Norden, Eduard, Agnostos Theos. Untersuchungen zur Formengeschichte religiöser Rede, Leipzig/Berlin 1913.

Nowell, Irene, The book of Tobit: Narrative Technique and Theology. Diss. Catholic University of America 1983.

–, The Narrator in the Book of Tobit, SBL.SP Atlanta 1988, 27-38.

O'Dell, Jerry, The Religious Background of the Psalms of Solomon. Re-evaluated in the light of the Qumran Texts, RQ 3 (1961-62) 241-257.

Oeing-Hanhoff, Ludger, Verzeihen, Ent-schuldigen, Wiedergutmachen. Philologisch-philosophische Klärungsversuche, Gießener Universitätsblätter 11 (1978) H.1 68-80.

Oesterley, W.O.E., An Introduction to the Books of the Apokrypha, New York 1935.

Ohm, Thomas, Die Gebetsgebärden der Völker und das Christentum, Leiden u.a. 1948.

Osten-Sacken, Peter von der, Zur Christologie des lukanischen Reiseberichtes, EvTh 33 (1973) 476-496.

Oßwald, Eva, Gebet Manasses, JSHRZ IV, Gütersloh 1974, 15-27.

Ott, Wilhelm, Gebet und Heil. Die Bedeutung der Gebetsparänese in der lukanischen Theologie (StANT 12), München 1965.

Pannenberg, Wolfhart, Grundlagen der Ethik. Philosophisch-theologische Perspektiven, Göttingen 1996.

Pax, E., ΕΠΙΦΑΝΕΙΑ, Ein religionsgeschichtlicher Beitrag zur biblischen Theologie, Münchner Theologische Studien I/10, München 1955.

Penar, Tadeusz, Northwest Semitic Philology and the Hebrew Fragments of Ben Sira, Biblica et Orientlia 28, Rom 1975.

Petzke, Gerd, Das Sondergut des Evangeliums nach Lukas (ZWKB), Zürich 1990.

Philonenko, Marc, Joseph et Aseneth. Introduction, texte critique et notes (Studia post biblia XIII), Leiden 1968.

Pittner, Bertram, Studien zum lukanischen Sondergut. Sprachliche, theologische und formkritische Untersuchungen zu Sonderguttexten in Lk 5-19 (EThS 18), Leipzig 1991.

Plöger, Otto, Das Buch Daniel, KAT XVIII, Gütersloh 1965.

–, Zusätze zu Daniel, JSHRZ I/1 (Historische und legendarische Erzählungen), Gütersloh 1973, 63-87.

Poulssen, Nils, Tobit, BOT, Roermond 1968.

Preuß, Horst Dietrich, Theologie des Alten Testaments Band 2. Israels Weg mit JHWH, Stuttgart 1992.

Quasten, Johannes, Patrology II. The Ante-Nicene Literature after Ireneus (1950), Westminster 1986.

Quell, Gottfried / Schrenk, Gottlob, δίκη, δίκαιος, δικαιοσύνη κτλ., ThWNT II, Stuttgart u.a. 1935, 176-229.

Rad, Gerhard von, Weisheit in Israel, Neukirchen-Vluyn ²1982.

Rad, Gerhard von / Bertram, Georg / Bultmann, Rudolf, ζάω κτλ., ThWNT II (1935) 833-877.

Radl, Walter, Das Lukasevangelium (EdF 261), Darmstadt 1988.

Räisänen, Heikki, Beyond New Testament Theology, London/Philadelphia 1990.

Rahlfs, Alfred, Septuaginta. Id est vetus testamentum graece iuxta LXX interpretes II, Stuttgart 1935.

–, Septuaginta. Vetus Testamentum Graecum Auctoritate Academiae Scientarum Gottingensis, X (Psalmi com Odis), Göttingen 1931.

Raible, Wolfgang, Was sind Gattungen?, Poetica 12/1980, 320-349.

Reiterer, Friedrich Vinzenz, Deutung und Wertung des Todes durch Ben Sira, in: Die alttestamentliche Botschaft als Wegweisung (FS H. Reinelt, hrsg v. *J. Zmijewski*), Stuttgart 1990, 203-236.

Rendtorff, Rolf, Studien zur Geschichte des Opfers im Alten Israel, WMANT 24, Neukirchen-Vluyn 1967.

Rengstorf, Karl Heinrich, A Complete Concordance to Flavius Josephus, Vol I-III, Leiden 1973-1983.

Rießler, Paul, Altjüdisches Schrifttum außerhalb der Bibel, Heidelberg [2]1966.

Rimmon-Kenan, Shlomith, Narrative Fiction: Contemporary Poetics, London/New York 1983.

Ringgren, Helmer / Kornfeld, W., קדש qdš, ThWAT VI, Stuttgart u.a. 1989, 1179-1204.

Röhser, Günter, Metaphorik und Personifikation der Sünde. Antike Sündenvorstellungen und paulinische Hamartia, WUNT[2] 25, Tübingen 1987.

Rothstein, Johann W., Die Zusätze zu Daniel, in: *E. Kautzsch*, Die Apokryphen und Pseudepigraphen des Alten Testaments I, Tübingen u.a. 1900, 172-193.

Rüger, Horst-Peter, Apokryphen I. Apokryphen des Alten Testaments, TRE III, Berlin/New York 1978, 289-316.

–, „Werkgerechtigkeit" – eine „frühkatholische" Lehre? Überlegungen zum 1 Klemensbrief, StTh 37, 79-99.

Ryssel, Victor, Das Gebet Manasses, in: *E. Kautzsch*, Die Apokryphen und Pseudepigraphen des Alten Testaments I, Tübingen u.a. 1900, 165-171.

Sänger, Dieter, Antikes Judentum und die Mysterien. Religionsgeschichtliche Untersuchungen zu Joseph und Aseneth, WUNT[2] 5, Tübingen 1980.

–, Erwägungen zur historischen Einordnung und zur Datierung von »Joseph und Aseneth«, ZNW 76 (1985) 86-106.

Sanders, E. P., Judaism. Practice and Belief 63 BCE-66 CE, London/Philadelphia 1992.

Sanders, James A., Why the Pseudepigrapha?, in: *J.H. Charlesworth / C.A. Evans*, The Pseudepigrapha and Early Biblical Interpretation (JSP SS 14), Sheffield 1993, 13-19.

Sauer, Georg, נקם nqm rächen, THAT II, München 1984, 606-609.

Saussure, Ferdinand de, Cours de Linguistique Générale (1915), Paris 1969.

Schelkle, Karl Hermann, Theologie des Neuen Testaments I-IV, Düsseldorf 1968-1976.

Schenker, Adrian, Versöhnung und Sühne. Wege gewaltfreier Konfliktlösung im Alten Testament. Mit einem Ausblick auf das Neue (BB 15), Freiburg (Schweiz) 1981.

Schäfer, Peter, Geschichte der Juden in der Antike. Die Juden Palästinas von Alexander dem Großen bis zur arabischen Eroberung, Stuttgart/Neukirchen-Vluyn [2]1989.

Schlier, Heinrich, Über Sinn und Aufgabe einer Theologie des Neuen Testaments (1957), in: *ders.*, Besinnung auf das Neue Testament, Freiburg 1964, 7-24.

Schmidt, Karl Ludwig, καλέω κτλ., ThWNT III, Stuttgart u.a. 1938, 488-539.

Schmithals, Walter, Das Evangelium nach Lukas, ZBK NT 3/1, Zürich 1980.

Schmitt, Armin, Stammt der sogenannte "Θ"-Text bei Daniel wirklich von Theodotion, Mitteilungen des Septuaginta-Unternehmens 9, Göttingen 1966.

Schnackenburg, Rudolph, Alles kann, wer glaubt. Bergpredigt und Vaterunser in der Absicht Jesu, Freiburg u.a. 1984.

–, Der Brief an die Epheser, EKK X, Zürich/Neukirchen-Vluyn 1982

Schneider, Gerhard, Das Evangelium nach Lukas, ÖTK 3, Gütersloh/Würzburg ²1984.

Schneider, Heinrich, Der Vulgata-Text der Oratio Manasse eine Rezension des Robertus Stephanus, BZ 4 (1960) 277-285.

Schneider, Johannes, παραβαίνω κτλ., ThWNT V, Stuttgart u.a. 1954, 733-741.

Schnelle, Udo, Einleitung in das Neue Testament, Göttingen 1994.

Schnider, F., Ausschließen und ausgeschlossen werden. Beobachtungen zur Struktur des Gleichnisses vom Pharisäer und Zöllner Lk 18,10-14a, BZ 24 (1980) 42-56.

Schönfeld, Hans-Gottfried, METANOIA. Ein Beitrag zum Corpus Hellenisticum Novi Testamenti, Heidelberg (Diss.) 1970.

Schottroff, Luise, Die Erzählung vom Pharisäer und Zöllner als Beispiel für die theologische Kunst des Überredens, in: Neues Testament und christliche Existenz (FS H. Braun, hrsg. v. *H.D. Betz / L. Schottroff*), Tübingen 1973, 439-461.

Schrenk, Gottlob, ἐκδικέω κτλ., ThWNT II, Stuttgart u.a. 1935, 440-444.

Schröter, Jens, A Written Source or Oral Traditions behind Q? Methodological and Exegetical Reflections on the Problem of the Relationship between the Jesustradition and the Concepts of Early Christian Gospels With Special Regard to Q, JBL SP 1996.

Schüpphaus, Joachim, Die Psalmen Salomos. Ein Zeugnis jerusalemer Theologie und Frömmigkeit in der Mitte des vorchristlichen Jahrhunderts, Leiden 1977.

–, Das Verhältnis von LXX- und Theodotion-Text in den apokryphen Zusätzen zum Danielbuch, ZAW 83 (1971) 49-72.

Schürer, Emil, Geschichte des jüdischen Volkes im Zeitalter Jesu Christi, Band I-III, Leipzig ⁴1901-1909.

Schürmann, Heinz, Das Gebet des Herrn, Freiburg 1958.

–, Das Lukasevangelium. 2. Teil/Erste Folge: Kommentar zu Kapitel 9,51-11,54, HThK III/2,1, Freiburg u.a. 1993.

Schumpp, M., Das Buch Tobias, Münster 1933.

Schweizer, Eduard, Das Evangelium nach Lukas, NTD 3, Göttingen ¹⁹1986.

–, Das Evangelium nach Matthäus, NTD 2, Göttingen ¹³1979.

Segbroeck, Frans van, The Gospel of Luke. A Cumulative Bibliography 1973-1988, Leuven 1989.

Seifrid, Mark, Justification by Faith. The Origin and Development of a Central Pauline Theme, NT.S 48, Leiden u.a. 1992.

Sellin, Volker, Einführung in die Geschichtswissenschaft, Göttingen 1995.

Seybold, Klaus, חָשַׁב hāšab, ThWAT III, Stuttgart u.a. 1982, 243-261.

Shogren, Gary S., Forgiveness, ABD II New York u.a. 1992, 835-838.

Silva, Moisés, Biblical Words and their Meaning. An Introduction to Lexical Semantics, Michigan 1983.

–, Bilingualism and the Character of Palastinian Greek, Biblica 61 (1980) 198-219.

Simpson, D.C., The Book of Tobit, in: R.H. Charles, The Apokrypha and Pseudepigrapha of the Old Testament in English I (1913), Oxford 1963, 174-241.

Sjöberg, Erik, Gott und die Sünder im palästinischen Judentum. Nach dem Zeugnis der Tannaiten und der apokryphisch-pseudepigraphischen Literatur, BWANT 4/27, Stuttgart/Berlin 1938.

Skehan, Patrick W. / Lella, Alexander A. di, The Wisdom of Ben Sira, AncB 39, New York 1987.

Soll, William, Tobit and Folklore Studies, With Emphasis on Propp's Morphology, SBL SP 1988, 39-53.

Spicq, Ceslas, Notes de lexicographie néo-testamentaire (OBO 22), 3 Bände, Göttingen/Fribourg 1978.1982.

Stadelmann, Helge, Ben Sira als Schriftgelehrter, WUNT^2 6, Tübingen 1980.

Stahl, Rainer, Von Weltengagement zu Weltüberwindung. Theologische Positionen im Danielbuch, Kampen 1994.

Stamm, J.J., Erlösen und Vergeben im Alten Testament, Bern 1940.

Standhartinger, Angela, Das Frauenbild im Judentum der hellenistischen Zeit. Ein Beitrag anhand von 'Joseph und Aseneth', AGJU 26, Leiden 1995.

Steck, Odil Hannes, Das apokryphe Baruchbuch. Studien zu Rezeption und Konzentration »kanonischer« Überlieferung, (FRLANT 160) Göttingen 1993.

–, Israel und das gewaltsame Geschick der Propheten. Untersuchungen zur Überlieferung des deuteronomistischen Geschichtsbildes im Alten Testament, Spätjudentum und Urchristentum, WMANT 23, Neukirchen-Vluyn 1967.

Stegemann, Ekkehard W. / Stegemann, Wolfgang, Urchristliche Sozialgeschichte. Die Anfänge im Judentum und die Christusgemeinden in der mediterranen Welt, Stuttgart u.a. 1995.

Stegemann, Wolfgang, Zwischen Synagoge und Obrigkeit. Zur historischen Situation der lukanischen Christen, Göttingen 1991.

Stemberger, Günther, Pharisäer, Sadduzäer, Essener, SBS 144, Stuttgart 1991.

Stenger, Werner, »Gebt dem Kaiser, was des Kaisers ist ...!« Eine sozialgeschichtliche Untersuchung zur Besteuerung Palästinas in neutestamentlicher Zeit (BBB 68), Frankfurt 1988.

–, Die Gottesbezeichnung „lebendiger Gott" im Neuen Testament, TrThZ 87 (1978), 61-69.

Stone, Michael E., Why Study the Pseudepigrapha? BA 46 (1983) 235-244.

Strecker, Georg, Die Bergpredigt. Ein exegetischer Kommentar, Göttingen 1984.

–, Die Johannesbriefe, KEK 14, Göttingen 1989.

–, Theologie des Neuen Testaments (hrsg. v. F. W. Horn), Berlin/New York 1996.

–, Vaterunser und Glaube, in: Glaube im Neuen Testament (FS H. Binder, hrsg. v. F. Hahn / H. Klein), BThSt 7, Neukirchen-Vluyn 1982, 11-28.

Strecker, Georg / Schnelle, Udo, Einführung in die neutestamentliche Exegese, Göttingen ^{4}1994.

Strobel, August, Erkenntnis und Bekenntnis der Sünde in neutestamentlicher Zeit, Arbeiten zur Theologie 1. Reihe, Heft 37, Stuttgart 1968.

Strotmann, Angelika, »Mein Vater bist Du!« (Sir 51,10). Zur Bedeutung der Vaterschaft Gottes in kanonischen und nichtkanonischen frühjüdischen Schriften, FTS 39, Frankfurt 1991.

Stuhlmacher, Peter, Biblische Theologie des Neuen Testaments I. Grundlegung: von Jesus zu Paulus, Göttingen 1992.

–, Cilliers Breytenbachs Sicht von Sühne und Versöhnung, JBTh 6 (1991) 339-354.

–, Gerechtigkeit Gottes bei Paulus (FRLANT 87), Göttingen ²1966.

–, Die Gerechtigkeitsanschauung des Apostels Paulus, in: *ders.*, Versöhnung, Gesetz und Gerechtigkeit, Göttingen 1981, 87-116.

–, Jesu vollkommenes Gesetz der Freiheit. Zum Verständnis der Bergpredigt, ZThK 79 (1982) 283-322.

–, Sühne oder Versöhnung?, in: Die Mitte des Neuen Testaments (FS E. Schweizer, hrsg. v. *U. Luz / H. Weder*), Göttingen 1983, 292-316.

Sung, Chong-Hyon, Vergebung der Sünden, Jesu Praxis der Sündenvergebung nach den Synoptikern und ihre Voraussetzungen im Alten Testament und im frühen Judentum, WUNT² 57, Tübingen 1993.

Swete, Henry Barcley / Ottley, Richard Rusden / Thackeray, J., An Introduction to the Old Testament in Greek (1902), New York 1968.

Taeger, Jens-Wilhelm, Der Mensch und sein Heil. Studien zum Bild des Menschen und zur Sicht der Bekehrung bei Lukas (StNT 14), Gütersloh 1982.

Thiel, Winfried, Die deuteronomistische Redaktion von Jeremia 26-45, WMANT 52, Neukirchen-Vluyn 1981.

Thüsing, Wilhelm, Die neutestamentlichen Theologien und Jesus Christus I: Kriterien, Düsseldorf 1981.

Thyen, Hartwig, Βάπτισμα μετανοίας εἰς ἄεσιν ἁμαρτιῶν, in: Zeit und Geschichte (FS R. Bultmann), Tübingen 1964, 97-127.

–, Schlüsselgewalt, RGG³, Tübingen 1961, 1449-1451.

–, Studien zur Sündenvergebung. Im Neuen Testament und seinen alttestamentlichen und jüdischen Voraussetzungen (FRLANT 96), Göttingen 1970.

–, Versuch über Metanoia, in: Elementarisierung theologischer Inhalte und Methoden 2 (Comenius-Institut), Münster 1977, 109-113.

Tosato, A., Per una revisione degli studi sulla metanoia neotestamentaria, RivBib 23 (1975) 3-45.

Tov, Emanuel, Die griechischen Bibelübersetzungen, ANRW II/20.1, Berlin/New York 1987, 121-189.

–, Three Dimensions of Lxx Words, RB 83 (1976) 529-544.

–, Some Thoughts on a Lexicon of the Lxx, BIOSCS 9 (1976) 14-46.

Trafton, J.L., The Psalms of Solomon. New Light from the Syriac Version?, JBL 105 (1986) 227-237.

Turner, Nigel, The Language of the New Testament (Peake's Commentary on the Bible), London 1962, 659-662.

–, The 'Testament of Abraham': Problems in Biblical Greek, VT 5 (1955) 208-213.

Ubigli, L. Rosso, Gli apocrifi (o pseudepigrafi) dell' Antico Testamento. Bibliografia (1979-1989), Henoch 12 (1990) 259-321.

Übelacker, Walter G., Der Hebräerbrief als Appell. I. Untersuchungen zu *exordium, narratio* und *postscriptum* (Hebr 1-2 und 13,22-25), CB.NTS 21, Lund 1989.

Umemoto, Naoto, Juden, »Heiden« und das Menschengeschlecht in der Sicht Philos von Alexandrien, in: *R. Feldmeier / U. Heckel*, Die Heiden, Juden, Christen und das Problem des Fremden, WUNT 70, Tübingen 1994, 22-51.

Unnik, Willem Cornelius van, Is 1 Clement 20 purely Stoic?, VigChr 4 (1950), 181-189.

–, Das Selbstverständnis der jüdischen Diaspora in der hellenistisch-römischen Zeit. Aus dem Nachlaß hrsg. und bearbeitet v. *P.W.v.d. Horst*, AGJU 17, Leiden u.a. 1993.

–, Studies over de zogenaamde Eerste Brief van Clemens, I. Het litteraire Genre, Amsterdam 1970.

–, „Tiefer Friede" (1. Klemens 2,2), VigChr 24 (1970) 261-279.

Utzschneider, Ulrich, Das Heiligtum und das Gesetz. Studien zur Bedeutung der sinaitischen Heiligtumstexte (Ex 25-40; Lev 8-9) (OBO 77), Freiburg (Schweiz)/Göttingen 1988.

Vanhoye, Albert, La structure littéraire de l'épître aux Hébreux, Lyon ²1976.

Vielhauer, Philipp, Geschichte der urchristlichen Literatur. Einleitung in das Neue Testament, die Apokryphen und die Apostolischen Väter, Berlin/New York 1975.

Vögtle, Anton, „Der eschatologische" Bezug der Wir-Bitten des Vaterunsers, in: Jesus und Paulus (FS W.G. Kümmel, hrsg. v. *E. Ellis / E. Grässer*), Göttingen 1975, 344-362.

Volz, Hans, Zur Überlieferung des Gebetes Manasse, ZKG 70 (1959) 293-307.

Volz, James W., What Does This Mean? Principles of Biblical Interpretation in the Post-Modern World, St. Louis 1995.

Volz, Paul, Das Neujahrfest Jahwes (Laubhüttenfest), Tübingen 1912.

Vorländer, Herwart, Vergebung, ThBNT II/2, Wuppertal 1971, 1263-1267.

Wahl, Harald Martin, »Ich bin, der ich bin!« Anmerkungen zur Rede vom Gott des Alten Testamentes, in: »Wer ist wie du, Herr, unter den Göttern?« (FS O. Kaiser, hrsg. v. *I. Kottsieper u.a.*), Göttingen 1994, 32-48.

Wambacq, B.N., Jeremias, Klaagliederen, Baruch, Brief van Jeremias, BOT 10, Roermond 1957.

Weder, Hans, Die Gleichnisse Jesu als Metaphern. Traditions- und redaktionsgeschichtliche Analysen und Interpretationen (FRLANT 120), Göttingen ³1984.

Weiser, Alfons, Theologie des Neuen Testaments II. Die Theologie der Evangelien, Stuttgart u.a. 1993.

Weiser, Arthur, Die Psalmen, ATD 14/15, Göttingen ⁷1966.

Weisgerber, Leo, Die Bedeutungslehre – ein Irrweg der Sprachwissenschaft, in: Germanistisch-Romanistische Monatsschrift 15 (1927) 161-183.

–, Die Sprachfelder in der geistigen Erschließung der Welt, Mensenheim 1954.

Weiss, Hans-Friedrich, Der Brief an die Hebräer, KEK 13, Göttingen ¹⁵1991.

Wellhausen, Julius, Die Pharisäer und die Sadduzäer (1874), Greifswald ²1924.

Wendland, Paul, Der Aristeasbrief, APAT II, Tübingen 1900, 1-31.

Wengst, Klaus, Demut - Solidarität der Gedemütigten. Wandlung eines Begriffes und seines sozialen Bezuges in griechisch-römischer, alttestamentlich-jüdischer und urchristlicher Tradition, München 1987.

–, Pax Romana - Anspruch und Wirklichkeit. Erfahrungen und Wahrnehmungen des Friedens bei Jesus und im Urchristentum, München 1986.

West, S., Joseph und Asenath: A Neglected Greek Romance, The Classical Quarterly 24 (1974) 70-81.

Westermann, Claus, Manasse, Gebet des, BHH II, Göttingen 1964, 1137-1138.

–, Ausgewählte Psalmen, Göttingen 1984.

–, Rache, BHH III, Göttingen 1966, 1546.

Wickert, Ulrich, Eine Fehlübersetzung zu I Clem 19,2, ZNW 49 (1958) 270-275.

Wilckens, Ulrich, Die Missionsreden der Apostelgeschichte, WMANT 5, Neukirchen-Vluyn ³1974.

Windisch, Hans, Taufe und Sünde im ältesten Christentum bis auf Origenes. Ein Beitrag zur altchristlichen Dogmengeschichte, Tübingen 1908.

Wolter, Michael, Rechtfertigung und zukünftiges Heil. Untersuchungen zu Röm 5,1-11, BZNW 43, Berlin/New York 1978.

Wrede, William, Über Aufgabe und Methode der sogenannten Neutestamentlichen Theologie (1897), in: *G. Strecker*, Das Problem der Theologie des Neuen Testaments (WdF 167), Darmstadt 1975, 81-154.

–, Miscellen I. Μετάνοια Sinnesänderung?, ZNW 1 (1900) 66-69.

Wright, Robert B., Psalmes of Solomon, in: *J. H. Charlesworth*, The Old Testament Pseudepigrapha II, London 1985, 639-670.

Würthwein, Ernst, Die Weisheit Ägyptens und das Alte Testament (1958), in: *ders.*, Wort und Existenz. Studien zum Alten Testament, Göttingen 1970, 197-216.

Würthwein, Ernst / Behm, Georg, μετανοέω, μετάνοια, ThWNT IV, Stuttgart u.a. 1942, 972-1004.

Wunderlich, Dieter, Bedeutung und Gebrauch, in: Semantik. Handbücher zur Sprach- und Kommunikationswissenschaft VI, Berlin 1991, 1-24.

Zahn, Theodor, Das Evangelium des Matthäus, Leipzig 1903.

Ziegler, Adolf Wilhelm / Brunner, Gerbert, Die Frage nach einer politischen Absicht des Ersten Klemensbriefes, ANRW II/27.1, Berlin/New York 1992, 55-76.

Ziegler, Joseph, Septuaginta. Vetus Testamentum Graecum Auctoritate Academiae Scientarum Gottingensis XV (Jeremias, Baruch, Threni, Epistula Jeremiae), Göttingen ²1976.

–, Septuaginta. Vetus Testamentum Graecum Auctoritate Academiae Scientarum Gottingensis XVI/1 (Ezechiel), Göttingen 1952.

–, Septuaginta. Vetus Testamentum Graecum Auctoritate Academiae Scientarum Gottingensis XVI/2 (Susanna, Daniel, Bel et Draco), Göttingen 1954.

Ziesler, J.A., Lukas and the Pharisees, NTS 25 (1979) 146-157.

Zimmerli, Walter, Ezechiel, BK XIII/1+2, Neukirchen-Vluyn ²1979.

Zimmermann, Frank, The Book of Tobit (JAL), New York 1958.

ARBEITEN ZUR GESCHICHTE
DES ANTIKEN JUDENTUMS UND DES URCHRISTENTUMS

———

MARTIN HENGEL *Tübingen* · PETER SCHÄFER *Berlin*
PIETER W. VAN DER HORST *Utrecht* · MARTIN GOODMAN *Oxford*
DANIEL R. SCHWARTZ *Jerusalem*

———

1 M. Hengel. *Die Zeloten.* Untersuchungen zur jüdischen Freiheitsbewegung in der Zeit von Herodes I. bis 70 n. Chr. 2. verbesserte und erweiterte Auflage. 1976. ISBN 90 04 04327 6

2 O. Betz. *Der Paraklet.* Fürsprecher im häretischen Spätjudentum, im Johannes-Evangelium und in neu gefundenen gnostischen Schriften. 1963. ISBN 90 04 00109 3

5 O. Betz. *Abraham unser Vater.* Juden und Christen im Gespräch über die Bibel. Festschrift für Otto Michel zum 60. Geburtstag. Herausgegeben von O. Betz, M. Hengel, P. Schmidt. 1963. ISBN 90 04 00110 7

6 A. Böhlig. *Mysterion und Wahrheit.* Gesammelte Beiträge zur spätantiken Religionsgeschichte. 1968. ISBN 90 04 00111 5

7 B. J. Malina. *The Palestinian Manna Tradition.* The Manna Tradition in the Palestinian Targums and its Relationship to the New Testament Writings. 1968. ISBN 90 04 00112 3

8 J. Becker. *Untersuchungen zur Entstehungsgeschichte der Testamente der zwölf Patriarchen.* 1970. ISBN 90 04 00113 1

9 E. Bickerman. *Studies in Jewish and Christian History.*
  1. 1976. ISBN 90 04 04396 9
  2. 1980. ISBN 90 04 06015 4
  3. 1986. ISBN 90 04 07480 5

11 Z. W. Falk. *Introduction to Jewish Law of the Second Commonwealth.*
  1. 1972. ISBN 90 04 03537 0
  2. 1978. ISBN 90 04 05249 6

12 H. Lindner. *Die Geschichtsauffassung des Flavius Josephus im Bellum Judaicum.* Gleichzeitig ein Beitrag zur Quellenfrage. 1972. ISBN 90 04 03502 8

13 P. Kuhn. *Gottes Trauer und Klage in der rabbinischen Überlieferung.* Talmud und Midrasch. 1978. ISBN 90 04 05699 8

14 I. Gruenwald. *Apocalyptic and Merkavah Mysticism.* 1980. ISBN 90 04 05959 8

15 P. Schäfer. *Studien zur Geschichte und Theologie des rabbinischen Judentums.* 1978. ISBN 90 04 05838 9

16 M. Niehoff. *The Figure of Joseph in Post-Biblical Jewish Literature.* 1992. ISBN 90 04 09556 X

17 W. C. van Unnik. *Das Selbstverständnis der jüdischen Diaspora in der hellenis-*

18 A.D.Clarke. *Secular and Christian Leadership in Corinth*. A Socio-Historical and Exegetical Study of 1 Corinthians 1-6. 1993. ISBN 90 04 09862 3

19 D.R.Lindsay. *Josephus and Faith*. Πίστις and πιστεύειν as Faith Terminology in the Writings of Flavius Josephus and in the New Testament. 1993. ISBN 90 04 09858 5

20 D.M.Stec (ed.). *The Text of the Targum of Job*. An Introduction and Critical Edition. 1994. ISBN 90 04 09874 7

21 J.W. van Henten & P.W. van der Horst (eds.). *Studies in Early Jewish Epigraphy*. 1994. ISBN 90 04 09916 6

22 B.S.Rosner. *Paul, Scripture and Ethics*. A Study of 1 Corinthians 5-7. 1994. ISBN 90 04 10065 2

23 S.Stern. *Jewish Identity in Early Rabbinic Writings*. 1994. ISBN 90 04 10012 1

24 S.Nägele. *Laubhütte Davids und Wolkensohn*. Eine auslegungsgeschichtliche Studie zu Amos 9:11 in der jüdischen und christlichen Exegese. 1995. ISBN 90 04 10163 2

25 C.A.Evans. *Jesus and His Contemporaries*. Comparative Studies. 1995. ISBN 90 04 10279 5

26 A.Standhartinger. *Das Frauenbild im Judentum der hellenistischen Zeit*. Ein Beitrag anhand von 'Joseph und Aseneth'. 1995. ISBN 90 04 10350 3

27 E.Juhl Christiansen. *The Covenant in Judaism and Paul*. A Study of Ritual Boundaries as Identity Markers. 1995. ISBN 90 04 10333 3

28 B.Kinman. *Jesus' Entry into Jerusalem*. In the Context of Lukan Theology and the Politics of His Day. 1995. ISBN 90 04 10330 9

29 J.R.Levison. *The Spirit in First Century Judaism*. 1997. ISBN 90 04 10739 8

30 L.H.Feldman. *Studies in Hellenistic Judaism*. 1996. ISBN 90 04 10418 6

31 H.Jacobson. *A Commentary on Pseudo-Philo's* Liber Antiquitatum Biblicarum. With Latin Text and English Translation. Two vols. 1996. ISBN 90 04 10553 0 (Vol. 1); ISBN 90 04 10554 9 (Vol. 2); ISBN 90 04 10360 0 (Set)

32 W.H.Harris III. *The Descent of Christ*. Ephesians 4:7-11 and Traditional Hebrew Imagery. 1996. ISBN 90 04 10310 4

33 R.T.Beckwith. *Calendar and Chronology, Jewish and Christian*. Biblical, Intertestamental and Patristic Studies. 1996. ISBN 90 04 10586 7

34 L.H.Feldman & J.R.Levison (eds.). *Josephus'* Contra Apionem. Studies in its Character and Context with a Latin Concordance to the Portion Missing in Greek. 1996. ISBN 90 04 10325 2

35 G.Harvey. *The True Israel*. Uses of the Names Jew, Hebrew and Israel in Ancient Jewish and Early Christian Literature. 1996. ISBN 90 04 10617 0

36 R.K.Gnuse. *Dreams and Dream Reports in the Writings of Josephus*. A Traditio-Historical Analysis. 1996. ISBN 90 04 10616 2

37 J.A.Draper. *The* Didache *in Modern Research*. 1996. ISBN 90 04 10375 9

38 C.Breytenbach. *Paulus und Barnabas in der Provinz Galatien*. Studien zu Apostelgeschichte 13f.; 16,6; 18,23 und den Adressaten des Galaterbriefes. 1996. ISBN 90 04 10693 6

39 B.D.Chilton & C.A.Evans. *Jesus in Context*. Temple, Purity, and Restoration. 1997. ISBN 90 04 10746 0

40 C.Gerber. *Ein Bild des Judentums für Nichtjuden von Flavius Josephus*. Untersuchungen zu seiner Schrift *Contra Apionem*. 1997. ISBN 90 04 10753 3

41 T. Ilan. *Mine and Yours are Hers.* Retrieving Women's History from Rabbinic Literature. 1997. ISBN 90 04 10860 2
42 C. A. Gieschen. *Angelomorphic Christology.* Antecedents and Early Evidence. 1998. ISBN 90 04 10840 8
43 W. J. van Bekkum. *Hebrew Poetry from Late Antiquity.* Liturgical Poems of Yehudah. Critical Edition with Introduction & Commentary. 1998. ISBN 90 04 11216 2